银川市统计局
国家统计局银川调查队 编

银川统计年鉴

2020

YINCHUAN STATISTICAL YEARBOOK

中国统计出版社
China Statistics Press

图书在版编目（CIP）数据

银川统计年鉴. 2020 = Yinchuan Statistical Yearbook 2020 : 汉英对照 / 银川市统计局, 国家统计局银川调查队编. -- 北京 : 中国统计出版社, 2021.1
ISBN 978-7-5037-9439-1

Ⅰ. ①银… Ⅱ. ①银… ②国… Ⅲ. ①统计资料－银川－2020－年鉴－汉、英 Ⅳ. ①C832.431-54

中国版本图书馆 CIP 数据核字(2021)第 014432 号

银川统计年鉴－2020

作　　者 / 银川市统计局　国家统计局银川调查队
责任编辑 / 钟钰
装帧设计 / 王丽
出版发行 / 中国统计出版社有限公司
地　　址 / 北京市丰台区西三环南路甲 6 号
邮政编码 / 100073
电　　话 / 邮购（010）63376909　书店（010）68783171
网　　址 / http://www.zgtjcbs.com
印　　刷 / 宁夏凤鸣彩印广告有限公司
经　　销 / 新华书店
开　　本 / 890mm × 1240mm　1/16
字　　数 / 1300 千字
印　　张 / 41.5
版　　别 / 2021 年 1 月第 1 版
版　　次 / 2021 年 1 月第 1 次印刷
定　　价 / 300.00 元　　Price:300.00yuan(RMB)

如有印装差错，由本社发行部调换。

《银川统计年鉴—2020》编辑委员会

《银川统计年鉴—2020》编辑部

二、人口及劳动力

Population and Labor Resources

三、农 业

Agriculture

四、工　业

Industry

五、能　源

Energy

六、固定资产投资

Investment in Fixed Assets

七、建筑业

Construction

八、交通运输与邮电

Transport,Postal and Telecommunication Services

九、内贸、外贸和旅游

Domestic Trade,Foreign Trade and Tourism

十、财政金融保险

Governement Finance,Financial Intermediation and Insurance

十一、人民生活和物价

People's living conditions ang price indices

十二、城市公用事业

City Public Utilities

十三、教育、科学、文化

Education, Science and Culture

十四、卫生、体育、民政、司法及其他

Public Health, Sports, Civil Administration,Justic ang Others

十五、全区分市县资料

Statistical Data ba City and County

附 记
Apprndix

特　载

Special Issue

政府工作报告

——2020年1月6日在银川市第十五届人民代表大会第四次会议上

银川市人民政府市长　杨玉经

各位代表：

现在，我代表市人民政府向大会作工作报告，请予审议，并请市政协委员和其他列席会议的同志提出意见。

一、2019年工作回顾

过去的一年，在自治区党委、政府和市委的坚强领导下，我们认真学习贯彻落实习近平新时代中国特色社会主义思想和党的十九届四中全会精神，积极应对经济下行，直面各类风险挑战，统筹做好“六稳”工作，迎难而上、奋勇攻坚，用汗水浇灌收获，以实干笃定前行，“绿色高端和谐宜居”美丽新银川建设迈出新步伐、取得新成效，荣获全国民族团结进步示范市，获批国家跨境电子商务综合试验区，经开区高质量发展领跑全区，宝丰能源成功上市，刷新宁夏企业上市募资规模新纪录，银川都市圈标志性工程城乡西线供水一期项目建成通水，银川国际航空港年旅客吞吐量突破千万大关，“放管服”改革“1230”模式得到国务院大督查通报表扬，蓝天保卫战成果显著、空气质量改善幅度位列全区第一，社会主义核心价值观引领时代新风尚，涌现出“人民楷模”王有德、“最美奋斗者”裘志新等全国先进典型，经济社会发展继续保持了稳中有进的态势。预计2019年全市地区生产总值同比增长6.5%；规模以上工业增加值同比增长5.0%；地方一般公共预算收入同口径增长7.5%；社会消费品零售总额同比增长6.0%；城镇和农村居民人均可支配收入分别增长7.0%和7.5%。较好地完成了市人大十五届三次会议确定的任务。

一年来，我们坚持人与自然和谐共生，致力于推进绿色发展，生态建设实现新跨越。严格执行《银川市空间规划》，完成贺兰山国家级自然保护区外围综合整治11处，永久性城市公共生态绿地保护取得新进展，植树造林13万亩。加快生产生活方式绿色化转型，新增绿色工厂国家级6家、自治区级3家，淘汰落后产能6.7万吨，整治散乱污企业723家，中央环保督察及“回头看”转办件办结率达99%。全面打响新时代黄河保卫战，黄河河滩地收回及生态修复稳步实施，滨河水系扩整连通新增万亩湿地，黄河银川段稳定保持“Ⅱ类进Ⅱ类出”，入黄排水截流治理经验做法得到自然资源部肯定。第一再生水厂、第四污水处理厂提标改造等项目顺利实施，入选全国黑臭水体治理示范城市。坚决打好蓝天保卫战，统筹推进“四治一禁”，全年空气优良天数达到324天，同比新增28天。持续推进净土保卫战，创建农业“三减”示范区47个，一般工业固废综合处置率稳定在90%以上。

一年来，我们坚持新发展理念，致力于推进高端发展，创新驱动迸发新活力。供给侧结构性改革扎实推进，国家高新技术企业达到111家，新认定自治区级“专精特新”企业90家，为企业减免各类税费89.1亿元，清偿民营企业中小企业欠款36.1亿元，预计全社会R&D投入强度达1.7%。园区整合全面完成，苏银产业园获批自治区高新技术产业开发区，中关村双创园集聚创新型企业超200家。互联网数字经济蓄势启航，入选全国5G试点城市，中电科西部云基地、中建材工业互联网产业园落户银川，培育行业示范性信息化科技企业250余家。高端装备制造、新材料、新能源产业加速聚集，中轴小镇、新松机器人等一批项目落地建设。石墨烯改性三元正极材料填补国内空白，银利电器电磁元器件为“复兴号”高铁配套，银和12英寸半导体大硅片下线标志该领域产品国产化实现重大突破。文化旅游等服务业快速增长，第三产业对经济增长的贡献率达60%以上。改革开放不断催生发展活力，党政机构改革全面完成，“南有衢州、北有银川”优化营商环境模式得到国家测评组肯定推广，市场主体同比增长27.7%。62家国有企业全部完成整合重组。综保区获批企业增值税一般纳税人试点资格，银川国际航空港货邮吞吐量增长20%。中沙（吉赞）产业园正式运营，中国商标节、国际葡萄酒大赛、智慧城市峰会等重大赛事节会展现银川魅力。

一年来，我们坚持在发展中保障和改善民生，致力于推进和谐发展，人民群众获得感、幸福感、安全感有了新提升。财政用于民生领域支出比例达到75.7%，10件民生实事全部完成。强力推进精准脱贫，19个贫困村脱贫出列、8808人脱贫退出，贫困发生率下降至0.18%，闽宁镇经验做法成为全国“213”精准脱贫典范。建立社会救助保障联动机制，城镇登记失业率3.78%。普及高中阶段教育率先通过自治区验收，北师大银川学校等一批学校建成启用。“互联网+医疗健康”走在全国前列，首创互联网医院就诊报销新模式，获批国家城市医疗联合体试点。建设西夏博物馆新馆、黄河军事文化博览园“五馆”，西夏区获批全国全域旅游示范区。关心关爱退役军人，率先搭建市级创新创业孵化基地，发放“双拥”卡5.7万张。中央第八巡视组移交信访件办结率达95.4%。平安银川建设扎实推进，扫黑除恶专项斗争取得阶段性胜利，成功打掉涉黑涉恶犯罪团伙36个，破获案件1231起，“打财断血”查扣涉案资产2.66亿元，14个重点行业乱象整治成效明显，受到中央督导组肯定。重大风险防范化解力度加大，清偿政府债务47.8亿元，中银绒业、上陵实业破产重组取得实质性进展。用心用情化解尚东帝景、丰友化工等一批信访积案，社会保持和谐稳定。“凤城儿女一家亲、民族和美共筑梦”品牌引领民族团结进步示范创建。全民参与整改创建全国文明城市，“六大攻坚行动”“十大惠民工程”稳步实施，新增停车泊位11.5万个，拆除违章建筑96万平方米，新增学前教育学位6000多个，停车难、养犬乱等一批老大难问题逐步解决，城市精细化治理、智慧化监管、人性化服务稳步推进，文明出行、志愿服务正在成为市民行动自觉。金凤区获评全国新时代文明实践中心建设试点区。广泛开展“万人同升一面旗同唱一首歌”等庆祝新中国成立70周年系列活动。民族、生态、地震、档案、市场监管、审批服务等工作获评全国先进，统计、审计、史志、外事、气象、人防、残联、妇女儿童、红十字等各项事业持续加强。

一年来，我们坚持城乡区域统筹协调，致力于推进宜居发展，银川都市圈建设取得新突破。西线供水一期工程竣工通水，180万城乡群众喝上了甘甜的黄河水。银西河水系全线贯通，城市西部水系框架基本建成。都市圈协作发展稳步推进，银中高铁客运专线建成通车，京藏高速过境段改道工程建成投用，“半小时经济圈”加速形成，“首都带首府·首府带县乡”联动效应持续释放。城市功能不断完善，启动中北部城区综合改造，沈阳路快速通道等一批项目加快建设，宏图街、大连西路等21条市政道路建成通车，各类管线入廊127公里，生活垃圾分类逐步推开。改造老旧小区135个398万平方米，交付使用各类保障房4873套33万平方米。城市生活更加智慧，“i银川”APP上线运行，“城市大脑”—智慧城市运营管理指挥中心建成投运。乡村振兴战略扎实推进，“大棚房”整治全面完成，得到自治区表扬肯定。新建农村卫生厕所3.8万座、普及率达74%，生活垃圾处理率达85%，新建基层综合文化服务中心40个。贺兰县获批国家现代农业产业园，永宁县获批全国电子商务进农村综合示范县，灵武市获批国家农产品质量安全示范县。

一年来，我们坚持党对一切工作的领导，致力于加强政府自身建设，履职能力和服务水平有了新变化。坚持以学习贯彻习近平新时代中国特色社会主义思想为主线，推进“不忘初心、牢记使命”主题教育走深走实，“四个意识”更加牢固，“四个自信”更加坚定，践行“两个维护”更加自觉，党员干部受到教育、人民群众得到实惠，市政府党组主题教育共检视和收到反馈问题199条，完成整改176条，占88.4%。严格履行重大事项请示报告制度和依法行政职责，提请市委研究重大事项75件，提请市人大常委会制定、修改地方性法规5件。办理人大议案建议149件、政协提案232件，办复率均达100%。政府数据开放工作进入全国十强，位列省会城市第四位。兴庆区荣获全国"七五"普法中期先进县区。严格执行中央八项规定精神，认真落实基层减负年各项任务，坚决整治形式主义、官僚主义，重实干、敢担当、善作为，政府系统党风廉政建设全面深化，政府执行力、落实力不断增强。

在看到成绩的同时，我们也清醒地认识到，发展中还有不少困难和问题：一是主导产业带动力不强，新旧动能接续不畅，缺乏大项目好项目支撑，固定资产投资未能实现正增长。二是全面建成小康社会还有短板，棚户区改造、"一老一小"等群众关心的问题还未有效解决，全国文明城市资格暂停一年，暴露出创建长效工作机制还不健全。三是部分领域重大风险依然存在，财政收支矛盾加剧，多元化化解债务风险的能力不足。四是政府职能转变有待加强，一些干部改革创新、担当作为、争先进位的意识和能力还不适应新形势的要求。我们将正视问题、直面矛盾、勇于斗争，在今后的工作中切实加以解决。

各位代表！为者常成、行者常至。过去一年，我们顶住各种压力，克服重重困难，滚石上山抓落实，逆水行舟勇向前，付出了艰辛，取得了成绩。这是习近平新时代中国特色社会主义思想科学指引、总书记视察宁夏重要讲话精神生动实践的结果，是自治区党委和政府亲切关心、坚强领导的结果，是市委把方向、谋大局、定政策、促改革的结果，是市人大、市政协监督协商、鼎力支持的结果，更是全市广大干部群众勠力同心、锐意进取的结果。在此，我代表市人民政府，向为银川经济社会发展付出辛勤劳动、给予充分理解的全市人民，向给予政府工作大力支持的人大代表、政协委员、各民主党派、工商联、无党派人士和各人民团体，向中央、自治区驻银单位、驻银部队、武警官兵、政法干警，以及所有参与银川建设的劳动者、关心支持银川发展的朋友们，表示崇高的敬意和衷心的感谢！

二、2020年工作安排

今年是全面建成小康社会和"十三五"规划收官之年，要实现第一个百年奋斗目标，为"十四五"发展和第二个百年奋斗目标起好步，做好今年的工作至关重要、意义重大。

市委十四届九次全会确定，今年全市工作的总体要求是：坚持以习近平新时代中国特色社会主义思想为指导，全面贯彻党的十九届四中全会、中央经济工作会议和习近平总书记视察宁夏重要讲话精神，全面落实自治区党委十二届八次、九次全会决策部署，紧扣全面建成小康社会和"一高三化"目标要求，坚持新发展理念，牢牢抓住"三个着力"重点，守好"三条生命线"，坚决打赢三大攻坚战，接续实施三大战略，统筹推进经济、政治、文化、社会、生态文明建设，走在前列、勇立潮头、做好表率，大力发展互联网数字经济，走出一条高质量发展的新路子，加快建设"绿色高端和谐宜居"美丽新银川，确保与全国同步全面建成小康社会和"十三五"规划圆满收官，奋力开启全面建设社会主义现代化新征程，为"建设美丽新宁夏、共圆伟大中国梦"贡献力量。

预期目标是：地区生产总值同比增长6.5%；地方一般公共预算收入同比增长3.0%；规模以上工业增加值同比增长7.0%；全社会固定资产投资确保实现恢复性增长，争取更好的结果；社会消费品零售总额同比增长6.0%；城镇和农村居民人均可支配收入分别同比增长7.0%、7.5%。高质量完成全面建成小康社会各项监测指标和自治区下达的约束性指标。

各位代表！站在重要的历史交汇点上，要实现上述目标，必须坚定不移贯彻新发展理念，坚决走好银川高质量发展之路。

（一）统筹推进共享发展，决胜全面建成小康社会。共享是中国特色社会主义的本质要求，也是高质量发展的目标追求。

坚决打赢脱贫攻坚战。围绕"两不愁三保障"，着力抓好月牙湖乡等集中连片贫困地区脱贫攻坚，实现剩余3个贫困村1049人稳定脱贫，扎实做好特殊群体的兜底保障，确保现行标准下贫困村全部出列、贫困人口全部脱贫。坚持"四个不摘"，强化脱贫人口跟踪扶持，建立城市"夹心层"群众生活改善长效机制，巩固好"十三五"脱贫攻坚成果。深化闽宁对口扶贫协作，着力打造"四个示范点"，加快闽宁镇由脱贫向富民转变。

扎实推进乡村振兴。大力发展都市型现代农业，突出"1+2+4"优势特色产业，建设10个数字农业示范基地，做大做强银川大米、供港蔬菜、贺兰淡水鱼、灵武长枣、兴庆花卉等特色优势农产品，打造

2个以上自治区级现代农业示范区，加速农业产业集群发展。培育壮大新型经营主体，推动农业与休闲旅游、饮食民俗、文化传承、健康养生融合发展。持续开展农村人居环境综合整治，扎实推进农村“厕所革命”、污水治理、垃圾分类，改水改厕2.6万户，力争卫生厕所普及率达到85%、农村生活垃圾治理率达到90%。加快农村产权制度改革，探索建立农村集体经营性建设用地入市和宅基地、农房租赁、置换、转让、退出等制度，让沉睡的资产活起来，让农民富起来，确保农民收入增幅高于城镇居民收入增幅。

提升基本公共服务水平。深化“互联网+教育”“互联网+医疗健康”示范区建设，实施好首都师范大学“双优云桥”和一批中小学、幼儿园新建续建项目，完成普惠性幼儿园“5080”目标。抓好国家医疗大数据中心及产业园建设。扎实推进城市医联体、县域医共体健康发展，集中优势资源打造有实力的区域医疗中心，加强基层医疗卫生体系和全科医生队伍建设。大力推进文化惠民工程，加快“三馆一站”建设，实施全民健身中心、职工活动中心等12个文旅体育项目，争创全国全民运动健身模范市。培育发展“文化+”等新业态，推动文化及相关产业增加值占GDP比重达到5%。

强化社会保障。实施更加积极的就业政策，大力推动“双创”行动，开展万人技能培训，城镇登记失业率控制在4.5%以内。推进医养结合，支持社会力量参与养老服务事业，探索发展社区嵌入式养老服务模式，确保城镇社区养老服务设施基本全覆盖。大力推进城镇棚户区和农村危房改造，加强公租房分配入住管理，实施197个老旧小区改造，确保城乡居民家庭人均住房面积达标率达到60%以上，力争2021年基本消除棚户区和城中村。

各位代表！小康不小康，关键看老乡；老乡富不富，关键看干部。我们要以更加坚定的信心、更加务实的举措，固根基、补短板、强弱项，用民生凝聚民心，确保全面建成小康社会一个不能少、共同富裕路上一个不掉队！

（二）统筹推进创新发展，促进经济向高质量迈进。创新是产业转型升级的关键所在，也是高质量发展的第一动力。

加快发展方式转变。建设“数字银川”，以数字经济引领高质量发展。推进产业数字化，充分运用互联网、云计算、人工智能、3D打印、虚拟现实等数字化技术改造提升传统产业，推动工业、农业、服务业数字化转型。开展“互联网+产业”行动、企业上云行动，上线100个工业应用APP，建成3个以上自治区级智能工厂、4个以上数字化车间、10条以上智能化生产线，培育3个区市级工业机器人试点示范项目。积极促进企业发展智慧服务，构建功能完善便捷的智慧城市生活网络。推进数字产业化，大力发展物联网、云计算、区块链等新一代信息技术产业、数字创意产业、电子信息制造业、通信业，加快发展网络经济、共享经济、智能经济，培育数字产业集群。抓好5G网络建设，年内实现市区和县域城区5G网络基本全覆盖。组建大数据资产运营、研究和创新创业等机构，加快“数据变现”。实施中建材、中电科等7个大数据中心建设，抓好百度自动驾驶商用测试运营项目落地，培育壮大物联网、人工智能等新兴产业，促进产网融合、万物互联。推进园区集约发展，把园区作为新型工业发展的引领区、大众创业万众创新的集聚区、地区经济发展的增长极来打造。突出主导产业，加速产业链、创新链、人才链集聚融合，经开区要围绕新材料、高端装备制造、新能源打造千亿级升级版园区，引领全市经济高质量发展；高新区要充分发挥“一区多园”优势，瞄准循环经济、军民融合、互联网数字经济以及民营经济等各展所长，向五百亿级园区迈进；苏银产业园要充分发挥“东西协作”体制机制优势，围绕生命健康、电子信息、先进制造等产业集中发力，向百亿级园区行列迈进。加快各县（市）区园区“腾笼换鸟”步伐，完成园区低成本和循环化改造，盘活闲置、低效用地和空置厂房。坚持创新引领，积极探索机制创新、模式创新、管理创新、技术创新、业态创新，加速项目、企业向园区聚集。全面推行“区域评”和E站式服务模式，实现“园区的事情园内办”。

加快产业结构调整。着眼于增强供给结构与需求结构的适应性、平衡性、灵活性，落实“十大产业”规划，推动产业高端化、绿色化、智能化、融合化发展。提升传统产业，开展工业对标提升转型发展行动计划，抓好30个重点技改项目，推动能源化工、食品加工等产业转型升级。全面完成荣昌等羊绒企业重整重组，力促中银绒业实现恢复性增长。提速新兴产业，推进新松机器人、汉尧石墨烯导电浆料、隆基硅 3GW 单晶电池、蒙牛乳业高端液态奶等项目建设,推动新能源、新材料、军民融合等产业增链延链补链强链,新兴产业产值达到 50 亿元以上。提档现代服务业,大力发展生产性服务业,完善冷链物流体系,加快全国绿色货运配送示范城市、全国供应链创新与应用试点城市建设。实施吾悦广场、砂之船奥特莱斯、深蓝广场、城南商业综合体等商贸项目,升级改造传统农贸市场,大力发展夜间经济、假日经济及新零售、"互联网 +"服务等新业态,形成经济增长点、消费新热点。提质特色产业,大力发展"葡萄酒 +""旅游 +"等复合业态,建设葡萄酒大数据中心和产业数字化交易平台,加快丝路明珠塔、银川文化园、丝路康养小镇、西夏陵国家考古遗址公园等项目建设,推动文化旅游、葡萄酒、生命健康等产业融合发展。

加快新旧动能转换。围绕产业链布局创新链、畅通金融链、提升服务链,推进沿黄科技创新改革试验区和国家级农业高新技术示范区建设。加大科技研发投入,力争全社会 R&D 投入强度达到 2%。加快"四院一中心"建设,建成上海、杭州等 5 个离岸孵化器和俄罗斯、乌克兰 2 个飞地育成平台,形成"连锁孵化育成"新模式。实施高新技术企业培育工程,培育一批"科技型小巨人"企业,力争国家级高新技术企业达到 135 家,自治区级科技型中小企业达到 500 家。聚焦区块链、人工智能、工业互联网等新技术,实施 30 个重大科技项目,提升产业创新力和竞争力。以项目比贡献,举全市之力招商引资,围绕"十大产业"开展以商招商、定点招商、精准招商,强化招商责任制,确保招商引资增长 10%以上。

加快要素高效配置。企业是经济的基本细胞,细胞活力四射经济才会身强体健。深化投融资体制改革,完善政府融资性担保体系,扩大政策性纾困基金、风险补偿、担保贴息等受惠面,发展科技金融、普惠金融,探索股权融资、债券融资方式,鼓励企业直接融资和上市融资,降低中小企业和项目建设融资成本。打破行政性垄断,放宽准入,加快要素价格市场化改革,毫不动摇鼓励、支持、引导非公有制经济发展。完善市场监管体制,拆除民营企业面对的"玻璃门""弹簧门"和"旋转门",促进形成更加公平的竞争环境和创新发展的土壤。加大"筑巢引凤"和实用性技能人才培养力度,加快人力资源服务产业园、人才社区建设,吸引高端人才、技术、资本向银川集聚,柔性引进科技团队 20 余个、专家 100 余名。

各位代表!抓产业就是抓发展,谋创新就是谋未来。我们要把发展的重点放在产业结构转型升级上,抢占产业链高端、价值链顶端、技术链尖端,让实体经济真正成为银川高质量发展的中流砥柱。

(三)统筹推进开放发展,加快城市国际化进程。开放是国际化的客观要求,也是高质量发展的必由之路。

建设开放平台。用好"中阿博览会"金字招牌,创新综保区"一区多功能"监管服务模式,健全完善"1+7"口岸功能,推进区港一体化联动融合发展,配合自治区争取国家在银川建立自贸区。对接国家"信息丝路"计划,加快建设京东"亚洲一号"电商物流园,全力推进中国(银川)跨境电子商务综合试验区建设,完善以综合保税区为中心的贵金属、珠宝玉石、钻石和纺织业外贸公共服务平台。加快中沙(吉赞)、中阿(杜古姆)产业园建设,动员更多企业在银川注册、到境外投资,推动中国企业、中国制造"在银川集聚、去中东中亚"。

拓宽对外通道。积极参与西部陆海新通道建设,巩固提升"一带一路"重要节点城市地位。依托 5G 试点城市建设、银川滨河大数据中心等资源,打通国际网络通道,拓展"网上丝绸之路"。加快银川公铁物流特殊监管区和铁路口岸建设,深化与天津港、青岛港、连云港等港口的合作,提升中阿班列常态化运营质量。大力发展公铁空海多式联运,协调建立银川与国内主要城市空中快线,争取向更多国家开放航权,打造西北地区国际航空枢纽和货运集散中心。

推进贸易便利化。落实"稳外贸"措施,重点支持外向型企业开拓市场,降低运营和交易成本。启动跨境电商孵化园规划建设工作,支持企业在目标市场和国际贸易中转地建立公共海外仓和分拨中心,促进与目标市场精准对接。引导企业利用"互联网 + 外贸"拓宽海外营销渠道,组织参加采购洽谈、新品发布、专题推介、信息技术交流等营销活动,巩固欧美、日韩传统市场,积极拓展"一带一路"沿线国家新兴市场,参与国际经济技术合作,提升外向型经济发展水平。

扩大国际交流交往。广泛参与中国—中东欧国家"17+1"合作机制。深入实施国家、自治区"千人计划”和国外引智引才计划。创建海外人才离岸创新创业基地，建好海归小镇，鼓励学校、医院、研究和规划设计机构，选派专业技术人才到国外学习、交流和培训。支持建设中国人民大学宁夏国际教育(中法)学院。加强国际交流，争取承办“2020年第十九届中日地方交流促进会”、实施“中德可持续城市交通规划(SUMP)项目”。筹办第28届比利时布鲁塞尔国际葡萄酒大赛、国际音乐节，办好国际智慧城市峰会、银川国际马拉松、青海湖环湖赛(银川段)等活动，着力提升银川影响力、知名度和美誉度。

打造一流营商环境。借鉴国际先进城市发展经验，成立推进城市国际化专家咨询机构，编制城市国际化发展规划和年度工作计划，统筹规划国际化公共服务和基础设施，不断提升城市承载能力。对标世行标准，抓好优化营商环境150项改革任务，巩固“1230”审批服务改革成果，办好第十六届全国政务服务工作交流研讨会。设立国际化综合服务站，完善外籍人员居住登记、签证咨询、旅游观光、安全防范等“一站式”服务平台。

各位代表！开放带来进步，封闭必然落后。我们要坚持全球思维、世界眼光、国际标准，主动融入“一带一路”，建平台、畅通道、拓市场、聚要素，打造独具银川特色的国际化城市。

(四)统筹推进绿色发展，夯实生态园林化靓丽底色。绿色是幸福城市的最美底色，也是高质量发展的首要任务。

坚持保护优先。坚决守好改善生态环境生命线，落实“三线一单”，建立差别化水资源使用、生态环境补偿机制，守护好“父亲山”，保护好“母亲河”。按照山地森林化、平原林网化、城市园林化、乡村林果化、廊道林荫化、庭院花园化思路，统筹推进森林、湿地、城市、农田、流域五大生态系统治理。开展大规模国土绿化行动，抓好“一河两路三廊四类”生态绿化，植树造林9.26万亩。巩固国际湿地城市创建成果，推动湿地水系互联互通，让老百姓近水、亲水、拥水。启动规划建设4大城市公园和动物园，改造提升一批城市综合公园，建设一批小微公园。积极推动国家生态园林城市创建。

狠抓环境整治。持之以恒推进中央环保督察及“回头看”反馈问题整改，严格落实“四治一禁”，实施12个“煤改电”“煤改气”项目，32个散煤“双替代”项目，完成“东热西送”二期工程建设，确保空气质量优良天数稳定在80%以上。压实河(湖)长责任制，坚持“五水同治”，抓好黄河河滩地收回及生态修复，减少泥沙向黄河排放；完成第一再生水厂和雨污分流项目建设，推进城市生活污水全收集全处理，严禁污水不达标向黄河排放，确保入黄水质稳定达标排放。持续开展农业“三减”和清废行动，确保受污染耕地安全利用率达到98%以上，污染地块安全利用率达到90%以上。

示范引领银川都市圈建设。主动融入黄河流域生态保护和高质量发展国家战略，积极参与黄河“几”字弯都市圈建设。深化“三市一地”融合发展，加强教育、医疗健康协同发展和人才技术交流。抓好火车站综合客运枢纽改造、城乡西线供水二期等重大项目建设，加快推进贺兰、永宁与主城区一体化发展，灵武与高新区、综保区、苏银产业园、宁东联动融合发展，推动形成优势互补、高质量发展的区域协调经济布局。完成亲水街、沈阳路快速通道建设，构建“十字型”快速交通大动脉。加快城市中北部和南部片区建设，冲刺西夏陵申遗，推动水洞沟、贺兰山岩画申报国家文化地标。

加快绿色发展。实施产业绿色化改造、资源循环化利用、企业清洁化生产，推动发展方式由粗放向集约转变。淘汰落后过剩产能40万吨，加快培育国家级“绿色工厂”，创建自治区级以上绿色园区1家、绿色工厂10家。建设静脉产业园和建筑垃圾资源化利用分拣中心，倡导发展绿色建筑。巩固国家公交都市建设示范城市创建成果，实施一体化绿色交通建设示范项目，更换电动公交车600辆，建设一批慢行绿道。广泛开展创建节约型机关、绿色家庭、绿色学校、绿色社区等行动，培育绿色商场、绿色街区，推进垃圾分类示范城市建设，城市生活垃圾无害化处理率达到100%，掀起绿色生活方式革命。

各位代表！环境就是民生，青山就是美丽，蓝天也是幸福。我们要在人与自然和谐共生上持续用力，让生态园林遍布城乡，让绿水青山触手可及，让清新空气沁人心脾，让生态惠民、生态利民、生态为民成为常态。

(五)统筹推进协调发展，开启市域治理现代化新征程。协调是市域治理的内在要求，也是高质量发展的基本方略。

加强政府治理体系建设。全面建设数字政府，加快政务信息系统整合,促进数字技术与公共服务深度融合,提速再造政务事项办理流程,加快效率变革。构建适应高质量发展的指标体系、绩效考核体系、第三方评估体系。推进跨领域跨部门综合执法改革,实现执法重心下沉、力量下沉;推进事业单位改革,实现政事分开、事企分开、管办分离,理顺政府和市场的关系。深化文旅集团等国企股权多元化混改。抓好市级、辖区财权事权改革,切实解决财权上收、事权下移、权责不对等问题。

提升智慧治理水平。完善智慧城市运营管理指挥中心功能,发挥“城市大脑”作用,着力破壁垒、搭平台、聚数据、推应用,逐步构建起市、县、乡、村(社区)四级联动智慧治理平台。完善“互联网+监管”,强化监管效能,提高服务水平。加快“雪亮工程”、一体化联合作战平台建设,促进“网络+网格”“线上+线下”深度融合,丰富“i银川”APP功能,建设“掌上办事之城”,实现科技驱动、智慧治理、智能便民。创新基层治理。深化街道社区管理体制改革,实行社区事务“清单化”管理,推进农村社区建设试点全覆盖,打造村、社区“一窗式”综合便民服务平台,规划布局教育、医疗、公交站、小微图书馆等微循环公共设施,推动服务功能合理布局,争创全国首批市域社会治理现代化试点城市。推广“街巷吹哨、部门报到”模式,做到“群众有所呼,政府有所为”。推进社区、社会组织、社工“三社联动”,探索建立“服务群众群众抓、群众自治群众治”的社区自治新模式。防范化解重大风险。坚持总体国家安全观,认真落实意识形态责任制,旗帜鲜明整治宗教领域突出问题,坚决守好维护政治安全生命线。按照“稳定大局、统筹协调、分类施策、精准拆弹”的基本政策,重点防范、有效化解、快速处置,确保不发生系统性风险。落实中央减税降费政策,完成民营企业中小企业账款清欠工作。积极稳妥化解政府债务,落实县(市)区举债偿债责任,严控隐性债务,多元化化解政府债务,确保债务存量稳步减少。加强金融风险监测预警,稳妥处理金融领域风险,严厉打击违法违规活动。构建房地产健康发展的长效机制,防止房地产市场大起大落。坚持市场化原则,化解烂尾工程遗留问题。严格落实安全生产责任制,坚决防范和遏制重特大安全生产事故发生。

维护社会安定团结。坚决守好促进民族团结生命线,巩固全国民族团结进步示范市创建成果,推动建立各民族相互嵌入式社会结构和社区环境,铸牢中华民族共同体意识。深入开展双拥共建、军地共建,争创双拥模范城“九连冠”。积极培育和践行社会主义核心价值观,持续实施“六大攻坚行动”和“十大惠民工程”,确保全国文明城市整改创建通过复验。坚持和发扬新时代“枫桥经验”,完善多元化矛盾纠纷化解机制,促进人民群众合理合法利益诉求及时解决。积极维护农民工合法权益,实现农民工工资基本无拖欠目标。落实“四个最严”要求,加强食品药品监管,创建食品安全示范城市。加大重点领域行业乱象治理力度,依法严厉打击各类违法犯罪,着力构建长效机制,确保扫黑除恶专项斗争取得决定性胜利。

各位代表!现代化的城市需要现代化的治理。我们要以共建共治共享为导向,树牢法治思维,尊崇法律规则,强化制度供给,加强智慧治理,推动政府有形之手、市场无形之手、市民勤劳之手同向发力、同频共振,集聚起城市发展的强大力量。

三、加强政府自身建设

打铁必须自身硬,高质量发展需要高效能服务型政府。面对时代的呼唤、发展的重任、人民的期望,我们将更加勤勉敬业,务实担当,廉洁奉公,全面提高依法履职能力和服务水平,为各项目标任务圆满完成提供坚强保障。

加强政治建设。始终把政治建设摆在政府自身建设的首要位置,树牢“四个意识”,坚定“四个自信”,坚决做到“两个维护”,在政治立场、政治方向、政治原则、政治道路上,始终同以习近平同志为核心的党中央保持高度一致,坚决落实区市党委的决策部署,确保同心同向、步调一致、令行禁止。推动“不忘初心、牢记使命”主题教育常态化,使守初心担使命成为政府系统干部的思想自觉和行动自觉。

切实解放思想。始终保持思想的敏锐性和开放度,树立与时代进步和实践发展相适应的思维方式,紧密联系实际,切实把新发展理念转化为统筹全局的行动纲领、谋划工作的具体思路、落实任务的有力举措、推动发展的实际成效,坚决防止思想僵化、知识老化、本领弱化,使政府工作更好地体现时代性、把握规律性、富于创造性。

勇于真抓实干。深入开展“强作风提效能优环境”专项行动，建立重点工作重点项目清单式管理制度，坚持一项任务、一名领导、一个团队、一个图表、一抓到底。抓好“一高三化”“十大产业”等重点课题研究，问题攻关，做到情况在一线掌握、问题在一线解决、矛盾在一线化解、措施在一线落实、成效在一线体现。大力倡导“不会说不”的干事之风，说了算、定了干，始终牵住服务民生、推进改革、高质量发展的“牛鼻子”，撸起袖子、甩开膀子，越是艰难越向前，用实干担当诠释忠诚。

推进依法行政。加强依法治市，健全完善政府系统权力清单、责任清单。严格落实民主集中制，完善决策程序，实施重大决策风险评估，探索建立开门决策机制，切实杜绝违法决策、随意决策、拍脑袋决策。推进政务公开，加强政策宣传解读，主动回应社会关切。依法接受人大及其常委会监督，自觉接受政协民主监督，认真办理人大建议和政协提案。办好10件民生实事。开展市、县法治政府示范创建活动。深入推进“七五”普法。

保持廉洁本色。坚决贯彻落实中央八项规定精神，驰而不息正风肃纪。加强审计和巡视巡察结果运用，强化行政监督和行政执法监督，加强公共资金、国有资产、招投标、公共资源交易等重点领域和关键环节的监管，从严查处侵害群众利益行为。大力整治形式主义、官僚主义，切实为基层减负。牢固树立过紧日子的思想，压减一般性支出，从严控制新增支出，重点保工资、保运转、保基本民生。加强政府系统工作人员管理和监督考核，做到不碰红线、守住底线，忠诚干净担当。

各位代表！2020年是具有里程碑意义的一年，做好今年工作使命光荣，责任重大！让我们更加紧密地团结在以习近平同志为核心的党中央周围，在自治区党委、政府和市委的坚强领导下，只争朝夕，不负韶华，确保与全国同步全面建成小康社会，努力走好银川高质量发展的新路子，为“建设美丽新宁夏、共圆伟大中国梦”贡献力量！

银川市2020年国民经济和社会发展计划

银川市发展改革委员会

一、总体思路及主要预期目标

2020年是全面建成小康社会和"十三五"规划收官之年，做好全年经济社会发展工作意义重大，全市经济社会发展的总体思路是：要以习近平新时代中国特色社会主义思想为指导，全面贯彻党的十九大和十九届三中、四中全会精神，认真落实中央、自治区经济工作会议精神，紧扣全面建成小康社会目标任务，坚持稳中求进工作总基调，坚持新发展理念，坚持以供给侧结构性改革为主线，坚持以改革开放为动力，推动高质量发展，坚决打赢三大攻坚战，全面做好"六稳"工作，统筹推进稳增长、促改革、调结构、惠民生、防风险、保稳定，大力推进"发展高质量、治理现代化、城市国际化、生态园林化"，保持经济运行在合理区间，确保全面建成小康社会和"十三五"规划圆满收官，"绿色高端和谐宜居"美丽新银川建设迈出坚实步伐。

分析研判当前经济运行态势，立足银川实际，2020年国民经济和社会发展主要预期目标如下：地区生产总值同比增长6.5%；规模以上工业增加值同比增长7.0%；服务业增加值同比增长8.5%；全社会固定资产投资确保实现恢复性增长，争取更好的结果；社会消费品零售总额同比增长6.0%；地方一般公共预算收入同比增长3.0%；城镇居民人均可支配收入同比增长7.0%；农村居民人均可支配收入同比增长7.5%；居民消费价格指数控制在3.0%以内；城镇登记失业率保持在4.5%以内，城镇新增就业人数4.3万人；研发投入占地区生产总值比重(R&D)达到2.0%；万元地区生产总值能耗(吨标准煤)同比下降1.5%；二氧化硫、氮氧化物排放完成自治区下达年度任务。

二、主要任务

为顺利实现上述目标，全市上下要按照市委、政府的统一部署，重点抓好以下工作：

（一）建立现代化经济体系，推动经济高质量发展。加快经济结构转型。积极推进新技术新业态与羊绒、生物制药等产业融合，实施30个重点技改项目。实施特色农产品"品牌"塑造行动，突出"1+2+4"优势特色产业，打造2个以上自治区级现代农业示范区。做强"葡萄酒+"复合业态，建设葡萄酒大数据中心和产业数字化交易平台。加快发展现代服务业，推进兴庆万达广场、吾悦广场等城市商业综合体项目，做好民生商业街、鼓楼尚街等夜生活聚集区发展规划，培育夜间经济新模式。加快发展方式转变。大力实施创新驱动战略，推进沿黄科技创新改革试验区建设。加快"四院一中心"建设，建设自治区级"智能工厂"3个以上、"数字化车间"4个以上、智能化生产线10条以上。组建大数据资产运营、研究和创新创业等机构。加快推进"海归小镇"、高端人才社区建设。加快发展动能转换。扩大精准有效投资，优化投资方向，加大对新兴产业培育壮大、基础设施补短板、社会事业均衡发展等方面的支持力度。发挥好隆基硅3GW单晶电池、蒙牛乳业高端液态奶等重大项目引领作用。强化主导产业精准招商，鼓励建立专业化招商队伍，探索成立专业化招商公司，打造招商信息平台和招商智库。

（二）持续扩大对外开放，推动城市国际化。加快银川都市圈建设。加快城乡西线供水、火车站综合客运枢纽、天然气储气设施等重点项目建设。加强与“两市一地”产业分工协作，持续推进银川都市圈生态廊道建设工程。持续深化“首都带首府·首府带县乡”惠民模式、优质教育合作、医疗卫生资源共享。全面深化改革。推行审批改革“1230”模式，园区“区域评”“多验合一”率分别达到100%、90%。深化国资监管制度改革，全面推行国资国企权力清单和责任清单制度，推动国资国企改革“1+N”政策落实落地。优化国有资本战略布局，加快实施国企股权多元化和混合所有制改革。积极融入“一带一路”建设。有力推进银川跨境电子商务综合试验区建设，加快银川公铁物流园建设。全面实行准入前国民待遇加负面清单管理制度。办好葡萄酒大赛、智慧城市峰会。

（三）积极推动绿色发展，推进生态园林化。狠抓空气、水、土壤等污染防治。加快“东热西送”二期、大气污染网格化监测监控平台、燃气锅炉低氮改造项目建设，确保空气质量优良天数稳定在80%以上。压实河（湖）长责任制，实施城镇污水处理提质增效行动，确保入黄水质稳定达标排放。建立污染地块名录及开发利用的负面清单，持续开展农业“三减”行动，确保受污染耕地安全利用率达到98%以上。坚持生态优先、绿色发展。发挥科技引领作用，用数字经济提升绿色发展效率、水平。坚决守好生态保护红线、环境质量底线、资源利用上线，高标准编制《银川市国土空间总体规划》，启动规划建设4大郊野公园和动物园，改造提升一批城市综合公园。扎实开展黄河两岸河滩地收回整治，实施引黄灌区平原绿网提升、天然林保护、防风固沙林等工程。构建绿色产业体系。创建自治区级以上绿色园区1家、绿色工厂10家，建设静脉产业园和建筑垃圾资源化利用分拣中心。严格能源、水资源、建设用地总量和强度双控管理，推行电力需求侧管理和合同能源管理模式。完成国家下达的“十三五”能耗总量和强度双控目标任务。

（四）大力发展社会事业，推进治理现代化。抓好脱贫攻坚。深化闽宁对口扶贫协作，全力打造闽宁镇“四个示范点”。紧扣“两不愁、三保障”，集中力量补短板，完成3个贫困村1049名贫困人口脱贫任务。完善社会保障。坚持就业优先，全年增加城镇就业4.3万人，城镇登记失业率控制在4.5%以内，建成银川人力资源产业园。实施好全民参保计划，基本养老保险和城乡医保参保率达到95%。规范异地就医结算行为，实现银川都市圈就医直接结算。推进养老机构医养结合服务，探索发展社区嵌入式养老机构，城镇社区养老服务设施基本全覆盖。继续推进城镇棚户区和农村危房改造。提升公共服务。优先发展教育，实施一批中小学、幼儿园新建续建项目。推进“大学区”改革试点，全力推进城镇小区配套幼儿园专项治理，完善中小学招生工作机制。强化健康银川建设，加快推进市妇幼保健院产科大楼、中医院迁建等项目。加快国家文化消费试点城市建设，推进“三馆一站”建设。争创全国全民健身示范市，实施银川市职工活动中心、全民健身中心等体育项目。有效防范化解重大风险。加强地方财政预算管理，合理控制政府债务规模，积极稳妥化解地方性债务，确保政府债务率处于合理水平。持续开展金融风险排查整治行动，严厉打击非法集资等违法行为。落实国有企业资产负债约束机制，强化民营企业金融风险监管，加大不良贷款处置力度。全面完成荣昌等羊绒企业重整重组，力促中银绒业实现恢复性增长。推进社会治理创新。深化民族团结进步教育，深入推进平安银川建设，开展“塞上枫桥”警务品牌创建，加快“雪亮工程”、一体化联合作战平台建设。全力以赴推动扫黑除恶专项斗争向纵深发展，确保扫黑除恶专项斗争取得决定性胜利。加强食品药品监管，加大禁毒工作力度，

保护妇女儿童合法权益，维护社会和谐稳定。严格落实安全生产责任制，强化消防安全，坚决防范和遏制重特大事故发生。亿元地区生产总值生产安全事故死亡人数控制在0.080人以内，10万人口火灾死亡率控制在0.19%以内，亿元地区生产总值火灾直接财产损失控制在0.7万元以下。

附件：

银川市2020年国民经济和社会发展计划草案主要指标表

指标名称	2018年完成情况		2019年计划	2019年完成情况	2020年计划建议
	总量(亿元)	增速(%)	增速(%)	增速(%)	增速(%)
地区生产总值(GDP)	1901.48	7.2	7.0	6.3	6.5
第一产业	67.31	3.6	3.5	2.0	3.5
第二产业	867.33	5.5	6.3	6.4	
#规上工业增加值	–	7.5	6.5	6.0	7.0
第三产业	966.84	9.2	8.0	6.5	8.5
全社会固定资产投资	–	–21.9	3.0	–6.2	确保实现恢复性增长，争取更好的结果
社会消费品零售总额	552.73	4.8	6.0	6.2	6.0
地方财政一般公共预算收入	181.17	8.0(同口径)	7.0(同口径)	7.5(同口径)	3.0(同比)
城镇居民人均可支配收入(元)	35586	7.9	7.0	7.4	7.0
农村居民人均可支配收入(元)	14160	8.2	7.5	7.9	7.5
居民消费价格指数		2.2	3.0以内	2.2	3.0以内
城镇新增就业人数(万人)		5.53	4.5	6.13	4.3
城镇登记失业率		3.58	4.0以内	3.87	4.5以内
人口自然增长率‰		6.27	8.6	9.04	8.8
研发投入占地区生产总值比重(RD)		1.4	2.12		2.0
亿元地区生产总值生产安全事故死亡人数(人)		0.071	0.070	0.024	0.080
万元地区生产总值能耗（吨标准煤）		下降7.8%	下降1.5%	下降5.5%	下降1.5%
二氧化硫、氮氧化物排放		完成自治区下达年度任务	完成自治区下达年度任务	完成自治区下达年度任务	完成自治区下达年度任务

关于2019年银川市及市本级预算执行情况和2020年银川市及市本级预算草案的报告

——2020年1月6日在银川市第十五届人民代表大会第四次会议上

银川市财政局

各位代表：

受市人民政府委托，现将2019年银川市及市本级预算执行情况和2020年银川市及市本级预算草案的报告提请市十五届人大四次会议审议，请市政协委员和其他列席会议的同志提出意见。

一、2019年全市及市本级预算执行情况

今年以来，在市委的坚强领导下，全市上下以习近平新时代中国特色社会主义思想为指导，深入贯彻落实中央、自治区各项决策部署和市第十五届人大第三次会议的各项决议，坚持稳中求进工作总基调，统筹推进稳增长、促改革、调结构、惠民生、防风险各项工作，实现了全市财政平稳有序运行，有力促进了经济社会持续健康发展。

（一）一般公共预算执行情况

1.全市一般公共预算执行情况。全口径公共财政预算总收入预计完成375.05亿元（含宁东）。其中：一般公共预算收入完成152.63亿元，完成年初预算的88.0%，同口径增长7.5%；自治区转移支付174.76亿元。公共财政预算总支出375.05亿元。其中：一般公共预算支出352.07亿元，同比下降3.1%；上解自治区7.70亿元。

2.市本级一般公共预算执行情况。公共财政预算总收入预计完成177.78亿元。其中：一般公共预算收入70亿元，为年初预算的78.3%，同口径增长2.3%；上级补助收入88.46亿元。市本级公共财政预算总支出177.78亿元。其中：一般公共预算支出124.51亿元，同比下降11.2%；补助下级39.86亿元。

3. 银川经济技术开发区一般公共预算执行情况。一般公共预算收入预计完成14亿元，完成年初预算的90.9%，和上年持平。一般公共预算支出18.55亿元，同比增长8.1%。

（二）政府性基金预算执行情况

1.全市政府性基金预算执行情况。全口径政府性基金预算总收入预计完成130.13亿元（含宁东）。其中：政府性基金收入61.17亿元，完成年初预算的63.3%；上级转移支付收入1.43亿元。地方政府性基金预算总支出130.13亿元。其中：政府性基金支出105.24亿元；专项债务还本17.00亿元。

2.市本级政府性基金预算执行情况。政府性基金预算总收入预计完成85.36亿元。其中：政府性基金预算收入45.77亿元，完成年初预算的83.2%，同比增长1.7%；专项债务转贷收入37.51亿元。政府性基金预算总支出85.36亿元。其中：政府性基金支出54.33亿元，同比增长65.6%；专项债务转贷支出21.43亿元。

3. 银川经济技术开发区政府性基金预算执行情况。政府性基金预算收入完成5.09亿元，同比增长167.4%。政府性基金预算支出8.90亿元。

（三）国有资本经营预算执行情况。市属企业国有资本经营预算收入0.62亿元。国有资本经营预算支出0.62亿元。

（四）社会保险基金预算执行情况。社会保险基金总收入132.35亿元，社会保险基金总支出144.70亿元。社会保险基金滚存结余75.72亿元。上述预算收支情况为预计全年数，最终执行结果待决算完成后，再向市人大常委会报告。

（五）需要说明的情况。

2019年预算执行中，因地方政府债券资金及政策

等因素,市本级预算收支发生变化。经人大常委会批准,一是调整新增债券当年资金17.5亿元及历年结余1.12亿元,重点用于道路建设、棚户区改造等重点项目。二是将市本级一般公共预算收入预算89.38亿元调减为70亿元。其中,调减税收收入预算8亿元;调减非税收入预算11.38亿元。相应调减市本级支出预算48.4亿元,调增市本级支出29.02亿元。三是调减社保基金预算20.64亿元。

二、2019年落实市人大决议和主要财政工作情况

(一)围绕稳中求进、持续发展,财政收支平稳健康运行

着力实施减税降费。进一步推进企业所得税优惠、减征增值税小规模纳税人"六税两费"等优惠政策,预计全年全口径减免税费89.09亿元,进一步激发市场主体创新创业的活力。着力加强税费征管。依法加强税收征管,提高收入研判、预测的精准性。加强非税收入管理,盘活闲置国有资产11.36亿元,保障各项收入平稳有序入库。着力强化节支措施。牢固树立过"紧日子"的思想,2019年一般性支出压减20%,"三公"经费压减30%。出台《财政资金支出审批管理办法(试行)》,强化预算刚性约束。加大资金统筹力度,重点保障市委、政府重大决策部署和重点项目支出。

(二)围绕创新驱动、产业发展,推动经济发展提质增效

深入推进产业结构调整。安排8.35亿元,重点支持石墨烯、新松机器人等项目建设,促进战略性新兴产业、现代服务业和高端智能制造业发展,培育发展十大产业,构建"互联网+"新产业新业态,加快隆基硅、共享装备等智能工厂建设,推动产业融合发展。创新财政资金投入模式。投入民营企业纾困基金0.5亿元,为民营企业"植髓造血";注入4.5亿元设立高新技术产业投资母基金,增强产业引入优势和投入力度。统筹资金3亿元,加快都市圈建设投资基金运营,推动区域城乡一体化协同发展。大力支持科技创新战略。安排资金3.6亿元,支持清华大学-银川水联网数字治水联合研究院建设。加大财政对R&D投入,预计全社会R&D投入强度达到1.7%,领跑全区。

(三)围绕民生改善、共享发展,社会保障水平继续加强

聚焦人民群众普遍关心的突出问题,持续加大财政民生投入。预计全年民生支出90.63亿元,占一般公共预算支出的75.70%。打赢脱贫攻坚硬仗。支出1.1亿元,重点保障兴庆区月牙湖集中连片贫困地区产业发展,深化闽宁对口扶贫协作,持续推进贫困村提升、产业扶贫提质等工程,确保实现全年脱贫目标。提高社会医疗水平。支出10.52亿元,加快"互联网+医疗健康"建设,支持大数据共享平台、多级综合远程诊疗体系等重点项目。加快医疗卫生体制改革,促进基层医疗卫生水平再上台阶。兜牢民生保障底线。支出7.41亿元,强化全方位公共就业服务,支持职业技能和创业培训。稳步提高退休人员基本养老金水平,企业及机关事业单位退休人员分别月增发170.43元和201元。实施企业职工养老保险省级统筹,上解自治区15.43亿元。提高城乡低保补助标准,切实保障群众基本生活。推动惠民事业发展。支出9.18亿元,落实"首都带首府"战略决策,力促北师大银川学校幼儿园、小学建成投用,加快推进"互联网+教育"行动计划,推进城镇小区配套幼儿园治理工作。支出2.48亿元,支持公共文化服务体系建设,全力办好银川智慧城市峰会、国际葡萄酒大赛等重大活动。夯实社会治理基础。支出1.27亿元,推动基层组织建设、意识形态等工作发展。支出6.61亿元,大力支持整改创建文明城市、无毒示范城市、食品安全城市、民族团结进步示范城市等重点工作。安排622万元,完成冷冻猪肉、粮食和食用植物油等储备工作,维护社会和谐稳定。

(四)围绕生态治理、城乡发展,人居环境品质不断提升

坚决打好污染防治攻坚战。支出3.92亿元,支持第一再生水厂、清污分流等项目建设,确保黄河水质达标排放;着力推进"治煤、治气"等工作,重点整治"散乱污"企业193家;强化重点区域污染土壤治理修复,完成主佛沟、大口子沟矿区等生态环境恢复治理。全面实施乡村振兴战略。支出5.72亿元,聚焦粮食、蔬菜等绿色农业,扎实推进农村人居环境整治,力促一二三产融合发展。完善城市基础设施建设。统筹资金38.83亿元,积极推进"三区四园"、中北部城区综合改造等重点项目建设,加大东

热西送、西线供水、“疏堵提畅”等工程的建设力度，完成凤凰南街、沈阳路快速通道等22项道路建设，全力推动我市重点工程、重大项目开工建设。

（五）围绕防范风险、平稳发展，政府债务风险有效管控

强化债券资金争取力度。全市争取地方政府债券资金95.58亿元，其中：市本级争取27.62亿元，切实减轻财政资金支出压力。强化政府债务化解措施。加强地方政府债务管理，稳妥化解隐性债务，市本级全年化解政府债务47.84亿元，其中：清偿民营企业欠款10.92亿元，偿还到期债务本息27.65亿元，清理压缩暂付款9.27亿元。强化政府债务监督管理。出台《银川市地方政府隐性债务应急处置预案》，增强风险防控能力。加强辖区债务动态监控，重点监管被风险预警的市（县）区。聘请专业机构开展绩效评价，加强债券资金支出管理。

（六）围绕深化改革、财政发展，依法理财水平持续提高

推进财政事权改革。制定《银川市与辖区财政事权和支出责任划分改革实施方案》，完善收入划分、转移支付管理等配套制度，逐步形成依法规范、权责匹配的分工体系。推进预算管理改革。深入贯彻落实《政府投资条例》，加强政府投资评审工作，全年评审项目212个审定56.53亿元，审减率14.20%。建立财政收支通报制度，预算执行进度持续加快。实施预算绩效管理，完成205个部门项目评价工作，涉及预算资金41亿元，不断提升财政资金使用效率。推进资产管理改革。印发《银川市国有资产进场交易实施细则（试行）》等制度性文件；核查国有土地房屋及经营性资产8处；清理移交闲置、可经营性资产103处，进一步盘活国有资产，促进国有资产保值增值。

各位代表，过去的一年，我们积极践行新发展理念，努力增收节支，财政运行总体平稳，各项政策得到有效落实。但我们也清醒地认识到，财政工作还面临一些矛盾和困难，主要表现在：面对经济下行的压力，涵养财源动力不足，财政收入增长缓慢；财政预算紧平衡日益凸显，刚性支出持续加大，收支矛盾依旧突出；预算编制执行、预算绩效、政府债务等财政管理水平亟需进一步提高等等。对此，我们将高度重视，采取切实有效措施加以解决。

三、2020年财政预算草案

2020年是全面建成小康社会和“十三五”规划收官之年，我们要实现第一个百年奋斗目标，还要为“十四五”规划发展打好基础，做好财政工作至关重要。随着外部环境的变化，不稳定不确定因素增多，财政减收增支因素较多。一方面，实体经济运行仍较困难，传统产业持续增收难度放大，新兴产业尚未形成经济增长点，2020年财政收入增收形势依然严峻。另一方面，深化供给侧结构改革，推动高质量发展和加快建设现代化经济体系对资金保障提出了新的更高要求，支出刚性继续增强。

综合分析，2020年我市财政工作及预算安排的指导思想是：以习近平新时代中国特色社会主义思想为指导，全面贯彻党的十九大和十九届四中全会及中央经济工作会议精神，全面落实自治区第十二次党代会和十二届八次、九次全会决策部署，紧扣全面建成小康社会目标任务，坚持稳中求进工作总基调，坚持推进高质量发展，认真落实“六稳”工作要求，以“一高三化”为目标，继续实施积极财政政策，巩固和拓展减税降费成效，加快推进财政体制改革，坚决打赢“三大攻坚战”，以“走在前列、勇立潮头、做好表率”的首府意识、首府责任、首府标准和首府担当，加快建设“绿色高端和谐宜居”美丽新银川，为确保与全国同步全面建成小康社会提供有力支撑。

根据上述指导思想，2020年预算编制原则：牢固树立“过紧日子”的思想，将“预算紧平衡”作为一种新常态，按照“保重点、控一般、促统筹、防风险”的要求编制全年预算。收入预算按照“实事求是、积极稳妥”的原则编制，考虑影响收入增减的各项因素，确保与经济增长预期目标和辖区收入增长目标相衔接。2020年全市一般公共预算收入预期同比增长3%，同时，进一步提高收入质量，力争税收占比达到70%。支出预算按照“保障重点、兼顾一般、留有余地”的原则编制，有保有压，优先用于“保工资、保运转、保基本民生”等刚性支出方面，继续大力压减一般性支出，从严控制行政事业单位开支，坚决取消低效无效支出，确保全年财政收支平衡和财政可持续发展。

（一）一般公共预算收支草案

1.全市一般公共预算安排草案。公共财政预算总收入232.70亿元。其中：一般公共预算收入安排138.24亿元，同比增长3%；自治区转移支付补助收入89.60亿元。据此，公共财政预算总支出232.70亿元。其中：一般公共预算支出230.15亿元；上解自治区支出1.24亿元。

2.市本级一般公共预算安排草案。公共财政预算总收入121.85亿元。其中：一般公共预算收入安排71.10亿元，同比增长1.6%；自治区转移性补助收入49.48亿元。据此，公共财政预算总支出121.85亿元。其中：一般公共预算支出110.60亿元；上解自治区支出0.70亿元。

3. 银川经济技术开发区一般公共预算安排草案。公共财政预算总收入17.14亿元。其中：一般公共预算收入安排15.4亿元，同比增长10.0%。据此，一般公共预算总支出17.14亿元。其中：一般公共预算支出16.53亿元，同比下降4.9%。

（二）政府性基金预算安排草案

1.全市政府性基金预算。政府性基金预算总收入110.40亿元。据此，安排政府性基金预算总支出110.40亿元。

2.市本级政府性基金预算草案。政府性基金预算总收入71.38亿元。据此，安排政府性基金预算支出71.38亿元。

3.银川经济技术开发区政府性基金预算草案。政府性基金预算收入20.14亿元，上年结余0.39亿元。据此，安排政府性基金预算支出20.53亿元。

（三）国有资本经营预算安排草案

按照有关规定，2020年市本级国有资本经营预算收入安排0.59亿元。国有资本经营预算支出0.59亿元。

（四）社会保险基金预算安排草案

全市社会保险基金收入预算安排181.49亿元。全市社会保险基金支出预算安排174.56亿元。滚存结余82.65亿元。

（五）市本级重大支出政策及预算安排

2020年市本级可用于统筹安排的总财力为174.39亿元。据此，按照“轻重缓急”的思路综合考虑，统筹安排。一是足额保障基本支出。安排27.77亿元，优先保障人员工资发放和党政机关正常运转，重点保障机关事业单位养老保险财政补助、社会保障缴费支出等基本支出需要。二是全面落实民生政策。安排26.01亿元，加大对医疗卫生事业、社会保障、教育、文化事业等各项民生资金投入，确保群众基本生活得到有效保障和改善。三是坚决打赢攻坚战役。安排70.15亿元，其中，安排1.3亿元，加大支持精准脱贫力度，重点支持月牙湖集中连片扶贫，确保实现脱贫攻坚目标任务；安排5.67亿元，支持污水处理、生态造林，确保实现污染防治攻坚战阶段性目标；安排63.18亿元用于化解政府债务，重点支持政府购买服务、棚户区改造及清理工程欠款等按期偿还债务资金，确保不发生系统性风险。四是大力促进经济发展。安排6.34亿元，重点支持石墨烯、单晶硅等新材料产业项目发展，增强产业竞争力；鼓励科技创新，推动工业创新驱动转型升级；大力推动互联网数字经济发展，支持引进专业技术人才。五是全力保障重点项目。安排22.60亿元，重点支持亲水大街高架快速通道、“东热西送”、西线供水、东郊生态园、南郊植物园、北郊湿地园、西郊森林园、动物园及苏银产业园等项目建设，保障融媒大厦、青少年宫、职工文化活动中心等项目建设。六是维护社会稳定发展。安排预算11.25亿元，其中，安排3.25亿元重点用于公安保障及扫黑除恶专项斗争等经费；安排5亿元用于保障国有土地征地拆迁各项工作有序进行；安排预备费3亿元用于应对自然灾害、突发事件等不可预见事项。

四、共克时艰，砥砺奋进，奋力完成2020年财政各项任务

2020年，财政部门将加力提效继续落实积极的财政政策，扎实做好各项财政管理改革工作，努力实现全年预算预期目标，为经济社会发展提供强有力的财政支撑和保障。

（一）突出抓好财源建设，力促经济高质量发展。

充分发挥财政资金、政策的导向作用，精准施策促进经济平稳健康高质量发展。继续扶持石墨烯、单晶硅、蓝宝石等新材料产业项目，推动以轴承小镇为引领的高端装备制造业，加快新兴产业发展。抢抓全国5G试点城市机遇，支持建设智慧城市运营体系，推动互联网数字经济发展。进一步巩固和拓展减税降费成效，降低实体经济成本。

（二）突出抓好财政收支，增强财政统筹兼顾能力。

密切关注经济运行形势，加强财政收入研判分析，确保财政收入应收尽收。严禁超预算或无预算安排支出，严控预算追加事项。坚持厉行节约，严控一般性支出和“三公经费”支出。优化支出结构，全面清理结余结转资金，集中财力保障中央、自治区以及市委市政府重大决策部署及重点支出。

（三）突出抓好资金筹集，保障重大投资项目建设。

创新思路准确研判中央和自治区政策形势，积极主动争项目争资金。运用地方政府债券工具，做好项目储备工作，积极争取新增政府债券，保障合理融资需求。探索合法合规的融资新渠道，引导社会资本投向科技创新、民生事业等领域。加大土地收储和出让力度，为项目建设提供资金保障。

（四）突出抓好民生保障，满足人民美好生活需要。

发挥政府作用保基本，以普惠性、基础性、兜底性为原则，大力保障和改善民生。支持打赢脱贫攻坚战，优先保障贫困村资金需求。支持推进乡村振兴战略，加快补齐乡村基础设施和公共服务短板。支持社会保障体系建设，继续深化与北京医疗卫生机构合作，保障市中医院迁建、妇幼保健院产科大楼等项目建设。支持教育文化事业发展，推动城镇小区配套幼儿园治理工作，改造农村义务教育薄弱学校，促进农村教育均衡发展。推动文化惠民活动，构建覆盖城乡的四级公共文化服务设施网络体系，丰富市民文化体育生活。

（五）突出抓好风险防控，确保财政运行安全稳健。

严格执行地方政府举债融资规定，加强政府债务动态监控，妥善处置政府债务存量和存量隐性债务，做好政府隐性债务化解以及政府隐性债务风险事前干预和应急处置工作，牢牢守住不发生系统性区域性债务风险底线。加强征拆资金预算管理，盘活沉淀资金。加强库款管理，全面清理暂付款，降低财政支付风险。

（六）突出抓好财政改革，推进财政管理科学规范。

统筹推进市与辖区财政事权和支出责任划分改革，逐步开展市与辖区教育、生态、环保、科技等领域划分改革工作。全面实施绩效管理，建立绩效评价结果与预算安排和政策调整挂钩机制，不断提高财政资金使用效益。扎实推进预决算公开工作，进一步提高预决算信息公开质量，打造阳光财政、透明财政。

各位代表，2020年财政工作任务艰巨、意义重大。我们将在区、市党委的正确领导下，自觉接受人民代表大会及其人大常委会的指导监督，虚心听取人民政协意见建议，关切社会民生，扎实工作，锐意进取，确保全年财政收支预算及各项财政工作任务完成，为全面建成小康社会和“十三五”规划圆满收官提供坚实保障！

附件

财政名词解释

全市：是指银川市本级、银川经济技术开发区、兴庆区、金凤区、西夏区、永宁县、贺兰县、灵武市和宁东管委会。市级是指银川市本级、银川经济技术开发区、兴庆区、金凤区、西夏区。市本级是指银川市政府本级。

政府性基金预算：是指政府通过向社会征收基金、收费，以及出让土地、发行彩票等方式取得收入，专项用于支持特定基础设施建设和社会事业发展等方面的收支预算。政府性基金预算应当根据基金项目收入情况和实际支出需要，按基金项目编制，做到以收定支。

国有资本经营预算：是指国家以所有者身份依法取得国有资本收益，并对所得收益进行分配而发生的收支预算。国有资本经营预算支出按照当年预算收入规模安排，不列赤字。

社会保险基金预算：是指对社会保险缴款、一般公共预算安排和其他方式筹集的资金，专项用于社会保险的收支预算。社会保险基金预算应当按照统筹层次和社会保险项目分别编制，做到收支平衡。

一般公共预算收入：指政府凭借国家政治权力，以社会管理者身份筹集以税收为主体的财政收入，主要包括税收收入和非税收入。

税收收入：是指政府为履行其职能，凭借政治权力，按照特定标准，强制、无偿地取得公共收入的一种形式。包括：增值税、企业所得税、个人所得税、资源税、城市维护建设税、房产税、印花税、城镇土地使用税、土地增值税、车船税、契税、耕地占用税等税收收入。

非税收入：是指一般公共预算收入中除税收以外的其他各项收入，包括：专项收入（包括排污费收入、水资源收入、教育费附加收入、广告收入等）、行政性事业性收费收入、罚没收入、国有资本经营收入、国有资产有偿使用收入、其他收入等。

一般公共预算支出：指国家对集中的预算收入有计划地分配和使用而安排用于保障和改善民生、推动经济社会发展、维护国家安全、维持国家机构正常运转等方面的支出。

全口径预算：是指中央或地方政府对全部收支实行统一、完整、全面、规范的预算管理。按照预算级次即指在本地区产生的各县（市）区级的总和。

预算总收入：是指地方财政预算内安排的总财力（不含基金预算收入、国有资本经营预算收入），包括地方政府本级一般公共预算收入、税收返还收入、上级补助收入、上年结余、上解收入和调入资金等。地方财政总收入再加上政府性基金收入（含缴库社会保险基金），即为同口径财政总收入。

预算总支出：是指地方财政预算内安排的各项支出总和（不含基金预算支出、国有资本经营预算支出），包括地方政府本级一般公共预算支出、专项上解支出、补助支出等。

上级转移支付：是指上级对下级的一种补助，目的是弥补财政实力薄弱地区的财力缺口，均衡地区间财力差距，以实现各地公共服务均等化为目标，而实行的一种财政资金转移或财政平衡制度。目前转移支付主要由一般性转移支付和专项转移支付构成。

上年结余：是指在各级总预算年终决算时，总收入大于总支出而出现的收支差额。其内容包括：(1) 本年度支出中因上级下达专项指标较晚等原因，需结转下年度按专项资金的管理办法继续使用的部分；(2) 根据建设规划和施工进度需要跨年度进行安排的建设项目资金；(3) 该年度由于增收节支而形成的净结余或因特定原因形成收不抵支产生的赤字。

同比增长：是指和上一时期、上一年度或历史相比的增长。同比增长率 =（本期数 − 同期数）/ 同期数 *100%。

同口径增长：是指在本次的统计方法与上一次完全相同情况下的增长比率。

预算调整：是指根据预算法规定，对于年度财政体制调整等因素给预算收入带来的变化，对收入预算进行调整，并将调整情况上报人大批准。与调整预算的区别在于预算总量保持不变。

调整预算：是指经人大批准的地方本级预算，在执行中因特殊情况需要增加支出或者减少收入，使原批准的收支平衡预算的总支出超过总收入。与预算调整的区别在于预算总量发生变化。

变动预算数：是指在年初预算数的基础上，增加转移支付、本年超短收安排、债券转贷收入安排、预算稳定调节基金、调入资金以及科目调剂安排之后的预算数。

预算稳定调节基金：是指财政通过超收收入和支出预算结余安排的具有储备性质的基金，视预算平衡情况，在安排下年度预算时调入并安排使用，或用于弥补短收年份预算执行的收支缺口，基金的安排使用接受同级人大及其常委会的监督。

政府债务：是指各级政府机关、事业单位或其他组织，以政府的名义向国内外或境内外承借或担保的，负有直接或间接偿还责任的债务。

地方政府债券：是指经国务院批准同意，以省、自治区、直辖市和计划单列市政府为发行和偿还主体发行的地方政府债券。具体分为置换债券和新增债券，再融资债券是指由地方政府发行的债券用于偿还即将到期的地方政府存量债务；新增债券是指由地方政府发行用于新增建设项目的债券。

部门预算：是指政府各部门依据国家有关政策的规定及其行使职能的需要，由基层预算单位编制，逐级上报、审核、汇总，经财政部门审核后提交人大批准的涵盖部门各项收支的综合财政计划。

预算草案：是指未经法定程序审查和批准的政府、机关、团体、事业单位的年度收支计划，通常指未经人大批准的某一年度政府财政预算收支计划。地方各级财政部门根据同级人民政府的指示和上级政府及财政部门的部署，具体布置本级各部门和下级财政部门编制预算草案，并负责审核、汇总编制本行政区域的预算草案，报同级人民政府和上一级财政部门审核。

决算：是指各级政府、各部门、各单位编制的经法定程序审查和批准的预算收支的年度执行结果。它反映和总结预算执行情况和结果，是社会经济活动在财政上的综合反映，是预算管理中不可缺少的环节。决算草案由各级政府、各部门、各单位在每一预算年度终了后按照国务院规定的时间编制。

国有资本经营收益：是指国家以所有者身份依法从国家出资企业取得国有资本收益，包括应缴利润、股利股息收入、产权转让收入、清算收入、其它国有资本收益等。

财政预算绩效管理：是指一级政府财政预算（包括收入和支出）为对象，以政府财政预算在一定时期内所达到的总体产出和结果为内容，根据设定的绩效目标，运用科学、合理的绩效评价指标、评价标准和评价方法进行客观、公正的评价，以促进政府透明、责任、高效履职为目的所开展的绩效管理活动。

政府购买服务：是指政府通过公开招标、定向委托、邀标等形式将原来由自身承担的公共服务转交给社会组织、企事业单位履行，以提高公共服务供给的质量和财政资金的使用效率，改善社会治理结构，满足公众的多元化、个性化需求。

供给侧结构性改革：是指从提高供给质量出发，用改革的办法推进结构调整，矫正要素配置扭曲，扩大有效供给，提高供给结构对需求变化的适应性和灵活性，提高全要素生产率，更好满足广大人民群众的需要，促进经济社会持续健康发展。

财政事权和支出责任划分：是处理好政府间财政关系最重要的制度安排。建立政府间财政事权和支出责任相适应的制度，就是要根据各级政府“谁该干什么事”决定“谁掏钱”，再通过收入划分、转移支付，让“钱”与“事”相匹配，让办事与花钱、权利与责任相统一。

中华人民共和国
2019 年国民经济和社会发展统计公报[1]

国家统计局

2020 年 2 月 28 日

强领导下，各地区各部门以习近平新时代中国特色社会主义思想为指导，全面贯彻党的十九大和十九届二中、三中、四中全会精神，按照党中央、国务院决策部署，坚持稳中求进工作总基调，坚持新发展理念和推动高质量发展，坚持以供给侧结构性改革为主线，着力深化改革扩大开放，持续打好三大攻坚战，统筹稳增长、促改革、调结构、惠民生、防风险、保稳定，扎实做好稳就业、稳金融、稳外贸、稳外资、稳投资、稳预期工作，经济运行总体平稳，发展水平迈上新台阶，发展质量稳步提升，人民生活福祉持续增进，各项社会事业繁荣发展，生态环境质量总体改善，“十三五”规划主要指标进度符合预期，全面建成小康社会取得新的重大进展。

一、综合

初步核算，全年国内生产总值[2]990865 亿元，比上年增长 6.1%。其中，第一产业增加值 70467 亿元，增长 3.1%；第二产业增加值 386165 亿元，增长 5.7%；第三产业增加值 534233 亿元，增长 6.9%。第一产业增加值占国内生产总值比重为 7.1%，第二产业增加值比重为 39.0%，第三产业增加值比重为 53.9%。全年最终消费支出对国内生产总值增长的贡献率为 57.8%，资本形成总额的贡献率为 31.2%，货物和服务净出口的贡献率为 11.0%。人均国内生产总值 70892 元，比上年增长 5.7%。国民总收入[3]988458 亿元，比上年增长 6.2%。全国万元国内生产总值能耗[4]比上年下降 2.6%。全员劳动生产率[5]为 115009 元 / 人，比上年提高 6.2%。

图 1　2015–2019 年国内生产总值及其增长速度

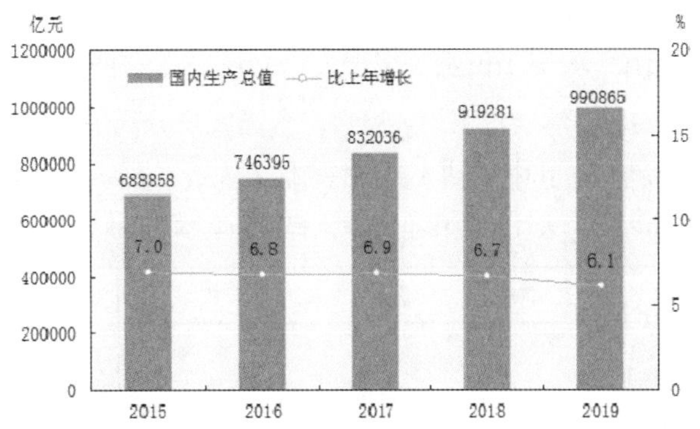

图 2　2015–2019 年三次产业增加值占国内生产总值比重[6]

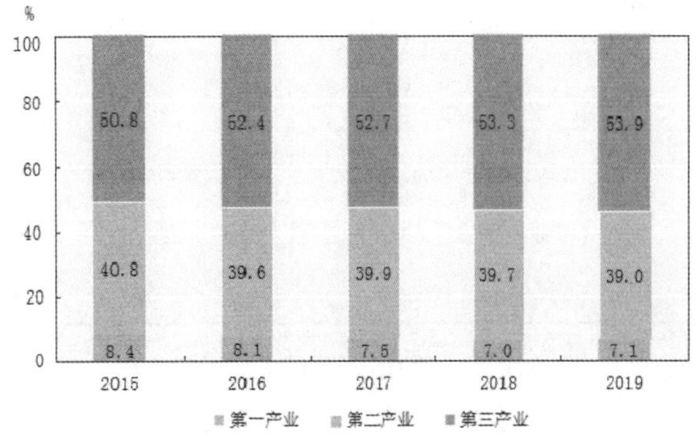

图 3　2015–2019 年万元国内生产总值能耗降低率[7]

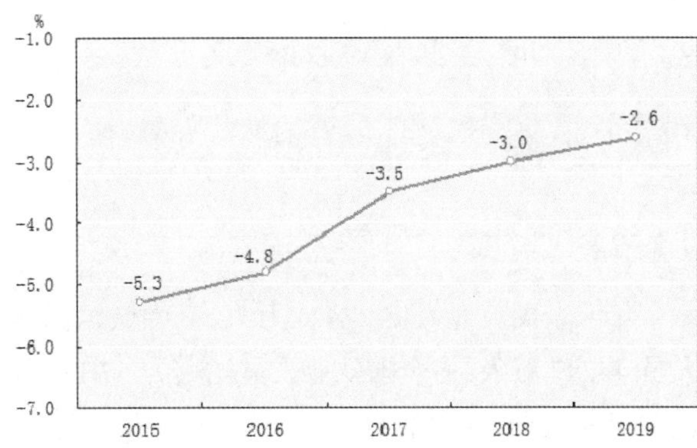

图 4　2015–2019 年全员劳动生产率[8]

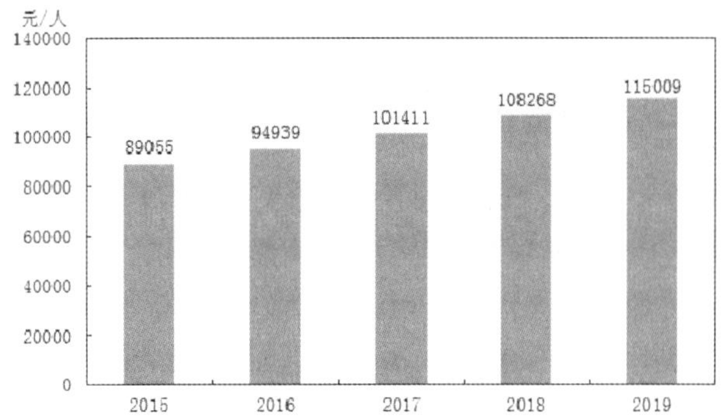

年末全国大陆总人口 140005 万人，比上年末增加 467 万人，其中城镇常住人口 84843 万人，占总人口比重(常住人口城镇化率)为 60.60%，比上年末提高 1.02 个百分点。户籍人口城镇化率为 44.38%，比上年末提高 1.01 个百分点。全年出生人口 1465 万人，出生率为 10.48‰；死亡人口 998 万人，死亡率为 7.14‰；自然增长率为 3.34‰。全国人户分离的人口[9] 2.80 亿人，其中流动人口[10] 2.36 亿人。

表 1　2019 年年末人口数及其构成

指标	年末数(万人)	比重(%)
全国总人口	140005	100.0
其中：城镇	84843	60.6
乡村	55162	39.4
其中：男性	71527	51.1
女性	68478	48.9
其中：0–15 岁(含不满 16 周岁)[11]	24977	17.8
16–59 岁(含不满 60 周岁)	89640	64.0
60 周岁及以上	25388	18.1
其中：65 周岁及以上	17603	12.6

图 5　2015–2019 年常住人口城镇化率

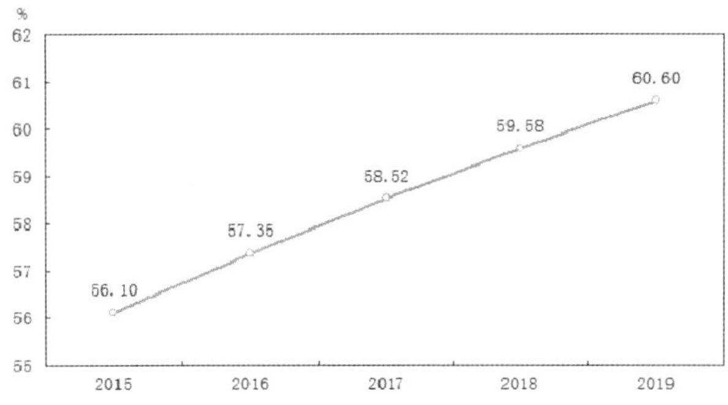

年末全国就业人员 77471 万人，其中城镇就业人员 44247 万人，占全国就业人员比重为 57.1%，比上年末上升 1.1 个百分点。全年城镇新增就业 1352 万人，比上年少增 9 万人。年末全国城镇调查失业率为 5.2%，城镇登记失业率为 3.6%。全国农民工[12]总量 29077 万人，比上年增长 0.8%。其中，外出农民工 17425 万人，增长 0.9%；本地农民工 11652 万人，增长 0.7%。

图 6　2015–2019 年城镇新增就业人数

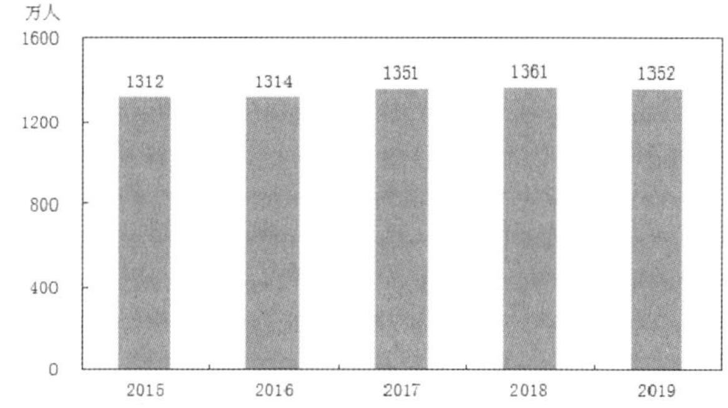

全年居民消费价格比上年上涨 2.9%。工业生产者出厂价格下降 0.3%。工业生产者购进价格下降 0.7%。固定资产投资价格上涨 2.6%。农产品生产者价格[13]上涨 14.5%。12 月份，70 个大中城市新建商品住宅销售价格同比上涨的城市个数为 68 个，下降的为 2 个。

图 7　2019 年居民消费价格月度涨跌幅度

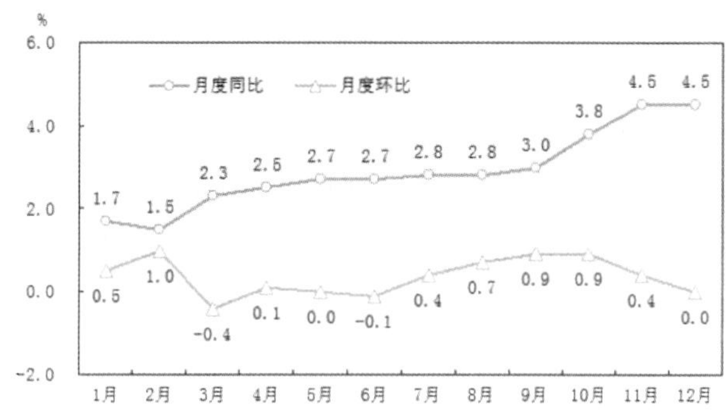

表 2　2019 年居民消费价格比上年涨跌幅度

单位：(%)

指标	全国	城市	农村
居民消费价格	2.9	2.8	3.2
其中：食品烟酒	7.0	6.7	7.9
衣　着	1.6	1.7	1.2
居　住[14]	1.4	1.3	1.5
生活用品及服务	0.9	0.9	0.8
交通和通信	−1.7	−1.8	−1.4
教育文化和娱乐	2.2	2.3	1.9
医疗保健	2.4	2.5	2.1
其他用品和服务	3.4	3.5	3.1

年末国家外汇储备 31079 亿美元，比上年末增加 352 亿美元。全年人民币平均汇率为 1 美元兑 6.8985 元人民币，比上年贬值 4.1%。

图 8　2015-2019 年年末国家外汇储备

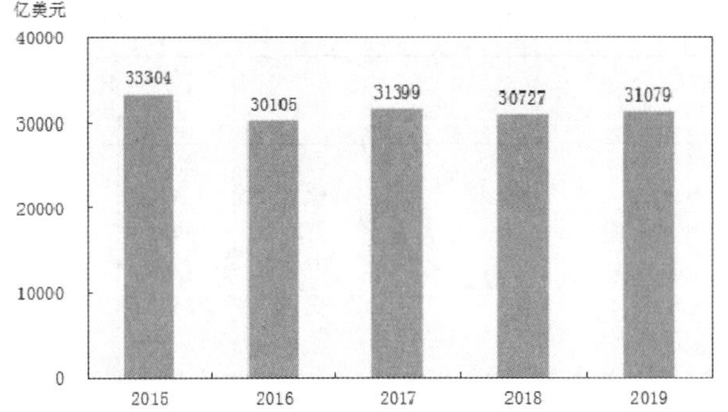

供给侧结构性改革继续深化。全年全国工业产能利用率[15]为 76.6%，比上年提高 0.1 个百分点。其中，黑色金属冶炼和压延加工业产能利用率为 80.0%，提高 2.0 个百分点；煤炭开采和洗选业产能利用率为 70.6%，与上年持平。年末商品房待售面积 49821 万平方米，比上年末减少 2593 万平方米。其中，商品住宅待售面积 22473 万平方米，减少 2618 万平方米。年末规模以上工业企业资产负债率为 56.6%，比上年末下降 0.2 个百分点[16]。全年教育、生态保护和环境治理业固定资产投资（不含农户）分别比上年增长 17.7%和 37.2%。“放管服”改革持续深化，微观主体活力不断增强。全年新登记市场主体 2377 万户，日均新登记企业 2 万户，年末市场主体总数达 1.2 亿户。全年减税降费超过 2.3 万亿元。

新动能保持较快发展。全年规模以上工业中，战略性新兴产业[17]增加值比上年增长 8.4%。高技术制造业[18]增加值增长 8.8%，占规模以上工业增加值的比重为 14.4%。装备制造业[19]增加值增长 6.7%，占规模以上工业增加值的比重为 32.5%。全年规模以上服务业[20]中，战略性新兴服务业[21]企业营业收入比上年增长 12.7%。全年高技术产业投资[22]比上年增长 17.3%，工业技术改造投资[23]增长 9.8%。全年服务机器人产量 346 万套，比上年增长 38.9%。全年网上零售额[24]106324 亿元，按可比口径计算，比上年增长 16.5%。

区域协调发展扎实推进。分区域看[25]，全年东部地区生产总值 511161 亿元，比上年增长 6.2%；中部地区生产总值 218738 亿元，增长 7.3%；西部地区生产总值 205185 亿元，增长 6.7%；东北地区生产总值 50249 亿元，增长 4.5%。全年京津冀地区生产总值 84580 亿元，比上年增长 6.1%；长江经济带地区生产总值 457805 亿元，增长 6.9%；长江三角洲地区生产总值 237253 亿元，增长 6.4%。

脱贫攻坚成效明显。按照每人每年 2300 元（2010 年不变价）的农村贫困标准计算，年末农村贫困人口 551 万人，比上年末减少 1109 万人[26]；贫困发生率[27]0.6%，比上年下降 1.1 个百分点。全年贫困地区[28]农村居民人均可支配收入 11567 元，比上年增长 11.5%，扣除价格因素，实际增长 8.0%。

图 9　2015-2019 年年末全国农村贫困人口

和贫困发生率

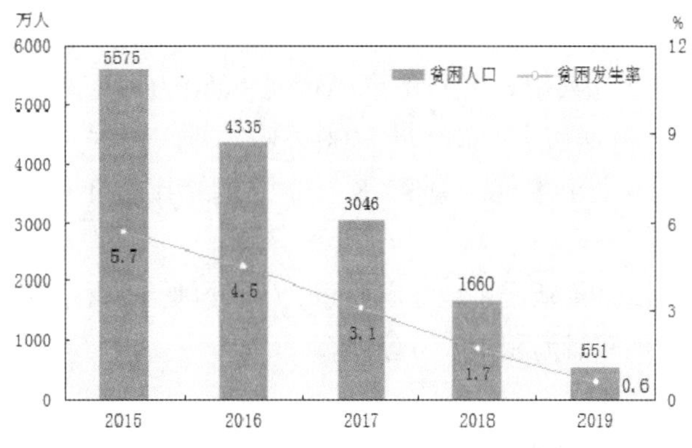

二、农业

全年粮食种植面积 11606 万公顷，比上年减少 97 万公顷。其中，小麦种植面积 2373 万公顷，减少 54 万公顷；稻谷种植面积 2969 万公顷，减少 50 万公顷；玉米种植面积 4128 万公顷，减少 85 万公顷。棉花种植面积 334 万公顷，减少 2 万公顷。油料种植面积 1293 万公顷，增加 6 万公顷。糖料种植面积 162 万公顷，减少 1 万公顷。

全年粮食产量 66384 万吨，比上年增加 594 万吨，增产 0.9%。其中，夏粮产量 14160 万吨，增产 2.0%；早稻产量 2627 万吨，减产 8.1%；秋粮产量 49597 万吨，增产 1.1%。全年谷物产量 61368 万吨，比上年增产 0.6%。其中，稻谷产量 20961 万吨，减产 1.2%；小麦产量 13359 万吨，增产 1.6%；玉米产量 26077 万吨，增产 1.4%。

图 10　2015-2019 年粮食产量

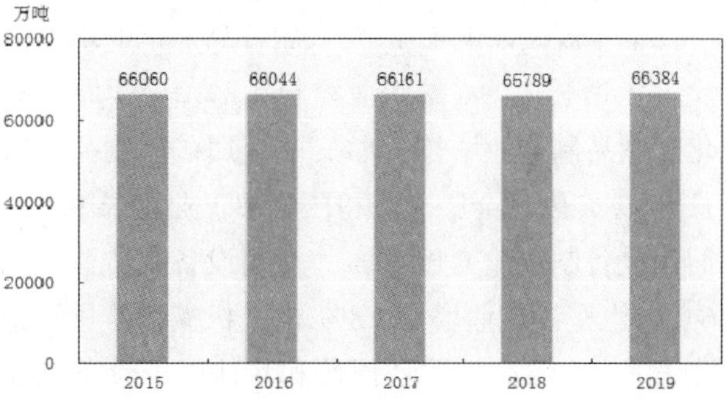

年份	2015	2016	2017	2018	2019
粮食产量（万吨）	66060	66044	66161	65789	66384

料产量3495万吨，增产1.8%。糖料产量12204万吨，增产2.2%。茶叶产量280万吨，增产7.2%。

全年猪牛羊禽肉产量7649万吨，比上年下降10.2%。其中，猪肉产量4255万吨，下降21.3%；牛肉产量667万吨，增长3.6%；羊肉产量488万吨，增长2.6%；禽肉产量2239万吨，增长12.3%。禽蛋产量3309万吨，增长5.8%。牛奶产量3201万吨，增长4.1%。年末生猪存栏31041万头，下降27.5%；生猪出栏54419万头，下降21.6%。

全年水产品产量6450万吨，比上年下降0.1%。其中，养殖水产品产量5050万吨，增长1.0%；捕捞水产品产量1400万吨，下降5.0%。

全年木材产量9028万立方米，比上年增长2.5%。

全年新增耕地灌溉面积27万公顷，新增高效节水灌溉面积146万公顷。

三、工业和建筑业

全年全部工业增加值317109亿元，比上年增长5.7%。规模以上工业增加值增长5.7%。在规模以上工业中，分经济类型看，国有控股企业增加值增长4.8%；股份制企业增长6.8%，外商及港澳台商投资企业增长2.0%；私营企业增长7.7%。分门类看，采矿业增长5.0%，制造业增长6.0%，电力、热力、燃气及水生产和供应业增长7.0%。

图11　2015-2019年全部工业增加值及其增长速度[29]

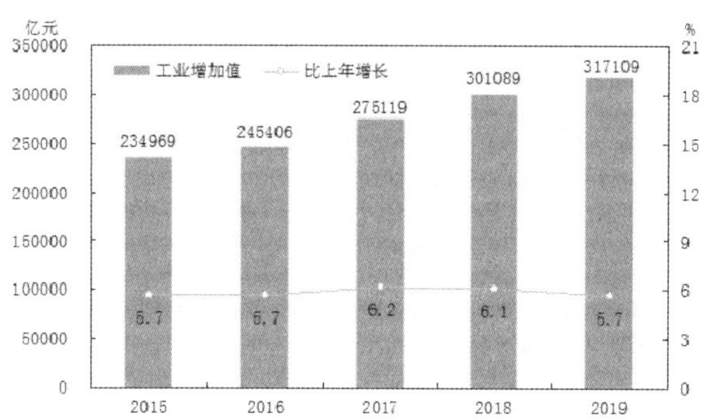

全年规模以上工业中，农副食品加工业增加值比上年增长1.9%，纺织业增长1.3%，化学原料和化学制品制造业增长4.7%，非金属矿物制品业增长8.9%，黑色金属冶炼和压延加工业增长9.9%，通用设备制造业增长4.3%，专用设备制造业增长6.9%，汽车制造业增长1.8%，电气机械和器材制造业增长10.7%，计算机、通信和其他电子设备制造业增长9.3%，电力、热力生产和供应业增长6.5%。

表3　2019年主要工业产品产量及其增长速度[30]

产品名称	单位	产量	比上年增长（%）
纱	万吨	2892.1	-6.1
布	亿米	575.6	-17.6
化学纤维	万吨	5952.8	9.9
成品糖	万吨	1389.4	15.9
卷　烟	亿支	23642.5	1.1
彩色电视机	万台	18999.1	-3.5
其中：液晶电视机	万台	18689.7	-1.5
家用电冰箱	万台	7904.3	6.3
房间空气调节器	万台	21866.2	4.3
一次能源生产总量	亿吨标准煤	39.7	5.1
原　煤	亿吨	38.5	4.0
原　油	万吨	19101.4	0.9
天然气	亿立方米	1761.7	10.0
发电量	亿千瓦小时	75034.3	4.7
其中：火电[31]	亿千瓦小时	52201.5	2.4
水电	亿千瓦小时	13044.4	5.9
核电	亿千瓦小时	3483.5	18.3
粗　钢	万吨	99634.2	7.2
钢　材[32]	万吨	120477.4	6.3
十种有色金属	万吨	5866.0	2.2
其中：精炼铜（电解铜）	万吨	978.4	5.5
原铝（电解铝）	万吨	3504.4	-2.2
水　泥	亿吨	23.5	4.9
硫　酸（折100%）	万吨	8935.7	-1.3
烧　碱（折100%）	万吨	3464.4	-0.3
乙　烯	万吨	2052.3	10.2
化　肥（折100%）	万吨	5731.2	6.1
发电机组（发电设备）	万千瓦	9274.1	-14.9
汽　车	万辆	2552.8	-8.3
其中：基本型乘用车（轿车）	万辆	1018.2	-16.4
运动型多用途乘用车（SUV）	万辆	876.0	-3.6
大中型拖拉机	万台	27.8	5.9
集成电路	亿块	2018.2	8.9
程控交换机	万线	790.5	-23.7
移动通信手持机	万台	170100.6	-5.5
微型计算机设备	万台	34163.2	8.2
工业机器人	万台（套）	17.7	-3.1

年末全国发电装机容量201066万千瓦，比上年末增长5.8%。其中[33]，火电装机容量119055万千瓦，增长4.1%；水电装机容量35640万千瓦，增长1.1%；核电装机容量4874万千瓦，增长9.1%；并网风电装机容量21005万千瓦，增长14.0%；并网太阳能发电装机容量20468万千瓦，增长17.4%。

全年规模以上工业企业利润61996亿元，比上年下降3.3%[34]。分经济类型看，国有控股企业利润16356亿元，比上年下降12.0%；股份制企业45284亿元，下降2.9%，外商及港澳台商投资企业15580亿元，下降3.6%；私营企业18182亿元，增长2.2%。分门类看，采矿业利润5275亿元，比上年增长1.7%；制造业51904亿元，下降5.2%；电力、热力、燃气及水生产和供应业4816亿元，增长

15.4%。全年规模以上工业企业每百元营业收入中的成本为 84.08 元，比上年增加 0.18 元；营业收入利润率为 5.86%，下降 0.43 个百分点。

全年全社会建筑业增加值 70904 亿元，比上年增长 5.6%。全国具有资质等级的总承包和专业承包建筑业企业利润 8381 亿元，比上年增长 5.1%，其中国有控股企业 2585 亿元，增长 14.5%。

图 12　2015-2019 年建筑业增加值及其增长速度[35]

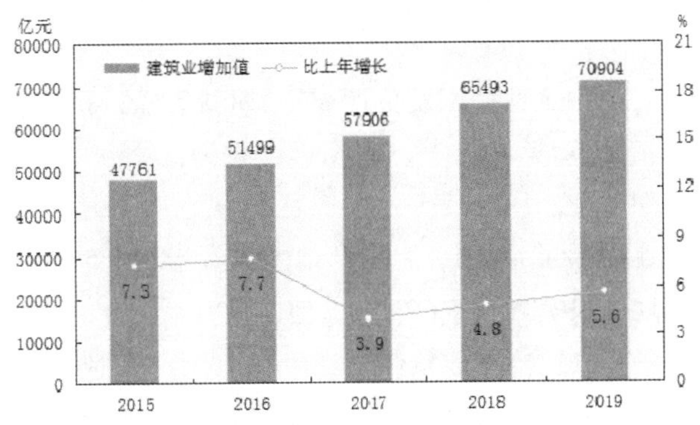

四、服务业

全年批发和零售业增加值 95846 亿元，比上年增长 5.7%；交通运输、仓储和邮政业增加值 42802 亿元，增长 7.1%；住宿和餐饮业增加值 18040 亿元，增长 6.3%；金融业增加值 77077 亿元，增长 7.2%；房地产业增加值 69631 亿元，增长 3.0%；信息传输、软件和信息技术服务业增加值 32690 亿元，增长 18.7%；租赁和商务服务业增加值 32933 亿元，增长 8.7%。全年规模以上服务业企业营业收入比上年增长 9.4%，营业利润增长 5.4%。

图 13　2015-2019 年服务业增加值及其增长速度[36]

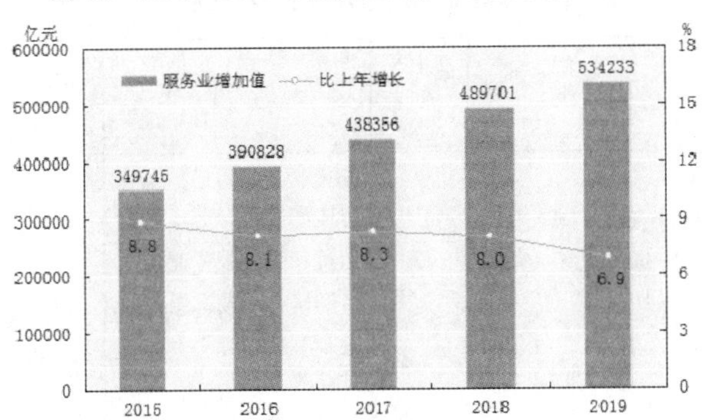

全年货物运输总量 471 亿吨，货物运输周转量 199290 亿吨公里。全年港口[37]完成货物吞吐量 140 亿吨，比上年增长 5.7%，其中外贸货物吞吐量 43 亿吨，增长 4.7%。港口集装箱吞吐量 26107 万标准箱，增长 4.4%。

表 4　2019 年各种运输方式完成货物运输量及其增长速度[38]

指　标	单位	绝对数	比上年增长（%）
货物运输总量	亿吨	470.6	—
铁路	亿吨	43.2	7.2
公路	亿吨	343.5	—
水运	亿吨	74.7	6.3
民航	万吨	753.2	2.0
管道	亿吨	9.1	1.8
货物运输周转量	亿吨公里	199289.5	—
铁路	亿吨公里	30074.7	4.4
公路	亿吨公里	59636.4	—
水运	亿吨公里	103963.0	5.0
民航	亿吨公里	263.2	0.3
管道	亿吨公里	5352.2	1.0

全年旅客运输总量 176 亿人次，比上年下降 1.9%[39]。旅客运输周转量 35349 亿人公里，增长 3.3%。

表 5　2019 年各种运输方式完成旅客运输量及其增长速度

指　标	单位	绝对数	比上年增长（%）
旅客运输总量	亿人次	176.0	-1.9
铁路	亿人次	36.6	8.4
公路	亿人次	130.1	-4.8
水运	亿人次	2.7	-2.6
民航	亿人次	6.6	7.9
旅客运输周转量	亿人公里	35349.1	3.3
铁路	亿人公里	14706.6	4.0
公路	亿人公里	8857.1	-4.6
水运	亿人公里	80.2	0.8
民航	亿人公里	11705.1	9.3

年末全国民用汽车保有量 26150 万辆（包括三轮汽车和低速货车 762 万辆），比上年末增加 2122 万辆，其中私人汽车保有量 22635 万辆，增加 1905 万辆。民用轿车保有量 14644 万辆，增加 1193 万辆，其中私人轿车保有量 13701 万辆，增加 1112 万辆。

全年完成邮政行业业务总量[40]16230 亿元，比上年增长 31.5%。邮政业全年完成邮政函件业务 21.7 亿件，包裹业务 0.2 亿件，快递业务量 635.2 亿件，快递业务收入 7498 亿元。全年完成电信业务总量[41]106789 亿元，比上年增长 62.9%。年末全国电话用户总数 179238 万户，其中移动电话用户 160134 万户。移动电话普及率上升至 114.4 部 / 百人。固定互联网宽带接入用户[42]44928 万户，比上年末增加 4190 万户，其中固定互联网光纤宽带接入用户[43]41740 万户，增加 4907 万户。全年移动互联网用户接入流量 1220 亿 GB，比上年增长 71.6%。全年软件和信息技术服务业[44]完成软件业务收入

71768亿元，按可比口径计算，比上年增长15.4%。

图14　2015-2019年快递业务量及其增长速度

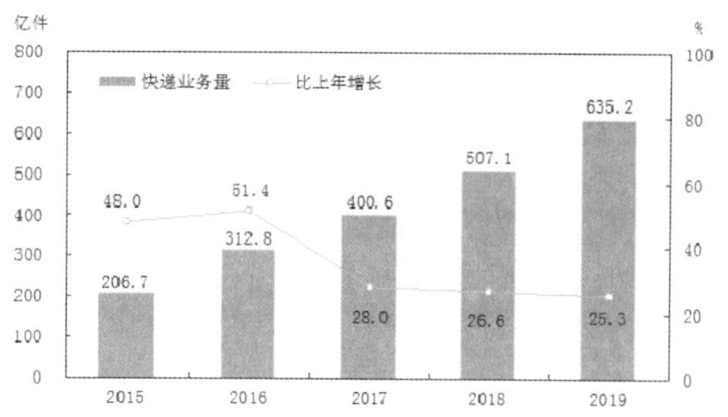

图15　2015-2019年年末固定互联网宽带接入用户数

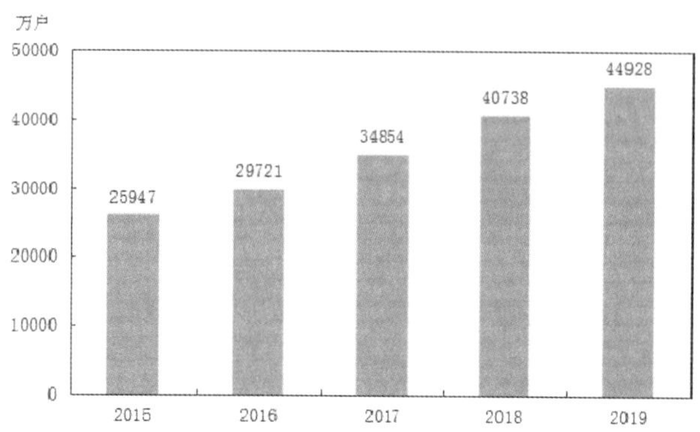

五、国内贸易

全年社会消费品零售总额411649亿元，比上年增长8.0%。按经营地统计，城镇消费品零售额351317亿元，增长7.9%；乡村消费品零售额60332亿元，增长9.0%。按消费类型统计，商品零售额364928亿元，增长7.9%；餐饮收入额46721亿元，增长9.4%。

图16　2015-2019年社会消费品零售总额

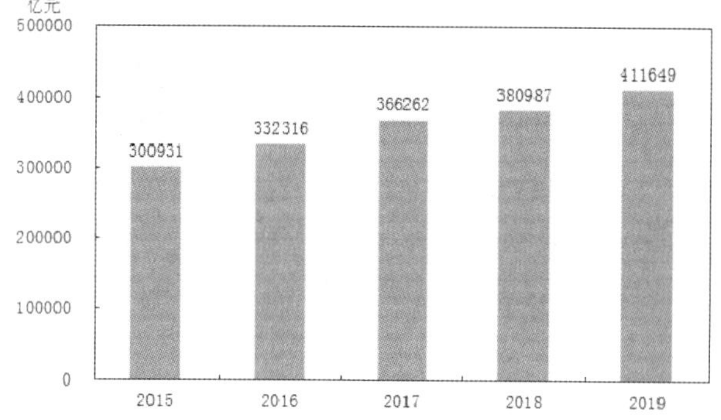

在限额以上单位商品零售额中，粮油、食品类零售额比上年增长10.2%，饮料类增长10.4%，烟酒类增长7.4%，服装、鞋帽、针纺织品类增长2.9%，化妆品类增长12.6%，金银珠宝类增长0.4%，日用品类增长13.9%，家用电器和音像器材类增长5.6%，中西药品类增长9.0%，文化办公用品类增长3.3%，家具类增长5.1%，通讯器材类增长8.5%，建筑及装潢材料类增长2.8%，石油及制品类增长1.2%，汽车类下降0.8%。

全年实物商品网上零售额85239亿元，按可比口径计算，比上年增长19.5%，占社会消费品零售总额的比重为20.7%，比上年提高2.3个百分点。

六、固定资产投资

全年全社会固定资产投资[45]560874亿元，比上年增长5.1%。其中，固定资产投资（不含农户）551478亿元，增长5.4%。分区域看[46]，东部地区投资比上年增长4.1%，中部地区投资增长9.5%，西部地区投资增长5.6%，东北地区投资下降3.0%。

在固定资产投资（不含农户）中，第一产业投资12633亿元，比上年增长0.6%；第二产业投资163070亿元，增长3.2%；第三产业投资375775亿元，增长6.5%。民间固定资产投资[47]311159亿元，增长4.7%。基础设施投资[48]增长3.8%。六大高耗能行业投资增长4.7%。

图17　2019年三次产业投资占固定资产投资（不含农户）比重

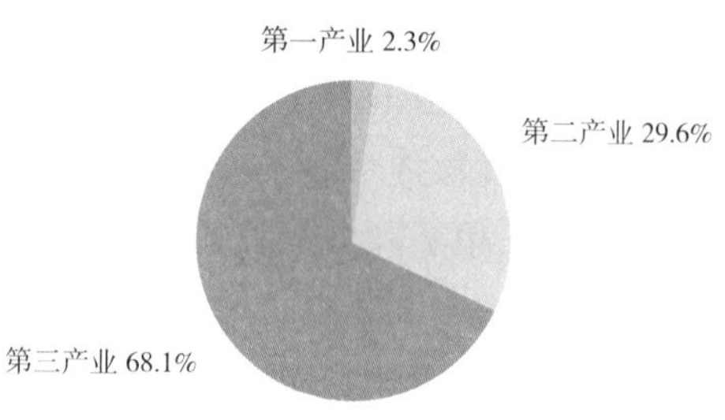

表6　2019年分行业固定资产投资（不含农户）增长速度

行　业	比上年增长（%）	行　业	比上年增长（%）
总计	5.4	金融业	10.4
农、林、牧、渔业	0.7	房地产业[49]	9.1
采矿业	24.1	租赁和商务服务业	15.8
制造业	3.1	科学研究和技术服务业	17.9
电力、热力、燃气及水生产和供应业	4.5	水利、环境和公共设施管理业	2.9
建筑业	−19.8	居民服务、修理和其他服务业	−9.1
批发和零售业	−15.9	教育	17.7
交通运输、仓储和邮政业	3.4	卫生和社会工作	5.3
住宿和餐饮业	−1.2	文化、体育和娱乐业	13.9
信息传输、软件和信息技术服务业	8.6	公共管理、社会保障和社会组织	−15.6

表 7　2019 年固定资产投资新增主要生产与运营能力

指　标	单位	绝对数
新增 220 千伏及以上变电设备	万千伏安	23042
新建铁路投产里程	公里	8489
其中：高速铁路[50]	公里	5474
增、新建铁路复线投产里程	公里	6448
电气化铁路投产里程	公里	7919
新改建公路里程	公里	327626
其中：高速公路	公里	8313
港口万吨级码头泊位新增通过能力	万吨 / 年	12022
新增民用运输机场	个	3
新增光缆线路长度	万公里	434

全年房地产开发投资 132194 亿元，比上年增长 9.9%。其中住宅投资 97071 亿元，增长 13.9%；办公楼投资 6163 亿元，增长 2.8%；商业营业用房投资 13226 亿元，下降 6.7%。

全年全国各类棚户区改造开工 316 万套，基本建成 254 万套。全国农村地区建档立卡贫困户危房改造 63.8 万户[51]。

表 8　2019 年房地产开发和销售主要指标及其增长速度

指标	单位	绝对数	比上年增长(%)
投资额	亿元	132194	9.9
其中：住宅	亿元	97071	13.9
房屋施工面积	万平方米	893821	8.7
其中：住宅	万平方米	627673	10.1
房屋新开工面积	万平方米	227154	8.5
其中：住宅	万平方米	167463	9.2
房屋竣工面积	万平方米	95942	2.6
其中：住宅	万平方米	68011	3.0
商品房销售面积	万平方米	171558	-0.1
其中：住宅	万平方米	150144	1.5
本年到位资金	亿元	178609	7.6
其中：国内贷款	亿元	25229	5.1
个人按揭贷款	亿元	27281	15.1

七、对外经济

全年货物进出口总额 315505 亿元，比上年增长 3.4%。其中，出口 172342 亿元，增长 5.0%；进口 143162 亿元，增长 1.6%。货物进出口顺差 29180 亿元，比上年增加 5932 亿元。对"一带一路"[52]沿线国家进出口总额 92690 亿元，比上年增长 10.8%。其中，出口 52585 亿元，增长 13.2%；进口 40105 亿元，增长 7.9%。

图 18　2015-2019 年货物进出口总额

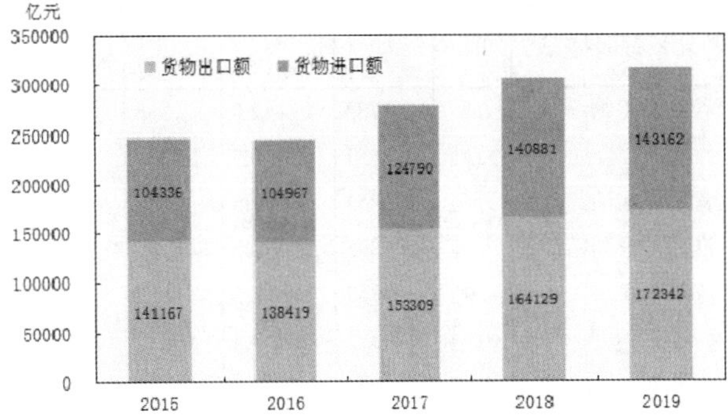

表 9　2019 年货物进出口总额及其增长速度

指标	金额(亿元)	比上年增长(%)
货物进出口总额	315505	3.4
货物出口额	172342	5.0
其中：一般贸易	99546	7.8
加工贸易	50729	-3.7
其中：机电产品	100631	4.4
高新技术产品	50427	2.1
货物进口额	143162	1.6
其中：一般贸易	86599	3.1
加工贸易	28778	-7.4
其中：机电产品	62596	-1.8
高新技术产品	43978	-0.8
货物进出口顺差	29180	—

表 10　2019 年主要商品出口数量、金额及其增长速度

商品名称	单位	数量	比上年增长(%)	金额(亿元)	比上年增长(%)
钢材	万吨	6429	-7.3	3699	-7.1
纺织纱线、织物及制品	—	—	—	8283	5.5
服装及衣着附件	—	—	—	10447	0.3
鞋类	万吨	451	0.6	3290	6.3
家具及其零件	—	—	—	3730	5.3
箱包及类似容器	万吨	307	-2.9	1878	5.1
玩具	—	—	—	2152	29.6
塑料制品	万吨	1424	8.5	3333	16.2
集成电路	亿个	2187	0.7	7008	25.3
自动数据处理设备及其部件	万台	148430	0.8	11415	0.5
手持或车载无线电话机	万台	99433	-11.1	8611	-7.8
集装箱	万个	242	-29.0	459	-33.0
液晶显示板	万个	150780	-14.2	1475	-3.4
汽车	万辆	122	6.1	1049	8.0

表 11　2019 年主要商品进口数量、金额及其增长速度

商品名称	单位	数量	比上年增长(%)	金额(亿元)	比上年增长(%)
谷物及谷物粉	万吨	1785	-12.8	358	-7.0
大豆	万吨	8851	0.5	2437	-2.6
食用植物油	万吨	953	51.5	438	39.9
铁矿砂及其精矿	万吨	106895	0.5	6995	39.6
煤及褐煤	万吨	29967	6.3	1605	-1.1
原油	万吨	50572	9.5	16627	4.6
成品油	万吨	3056	-8.7	1175	-11.7
天然气	万吨	9656	6.9	2875	12.8
初级形状的塑料	万吨	3691	12.4	3670	-1.3
纸浆	万吨	2720	9.7	1178	-9.3
钢材	万吨	1230	-6.5	973	-10.2
未锻轧铜及铜材	万吨	498	-6.0	2240	-9.2
集成电路	亿个	4451	6.6	21079	2.4
汽车	万辆	105	-7.6	3332	0.0

表 12　2019 年对主要国家和地区货物进出口金额、增长速度及其比重

国家和地区	出口额(亿元)	比上年增长(%)	占全部出口比重(%)	进口额(亿元)	比上年增长(%)	占全部进口比重(%)
欧盟	29564	9.6	17.2	19063	5.5	13.3
东盟	24797	17.8	14.4	19456	9.8	13.6
美国	28865	-8.7	16.7	8454	-17.1	5.9
日本	9875	1.7	5.7	11837	-0.6	8.3
中国香港	19243	-3.6	11.2	626	10.9	0.4
韩国	7648	6.6	4.4	11960	-11.4	8.4
中国台湾	3799	18.3	2.2	11934	1.9	8.3
巴西	2453	10.8	1.4	5501	7.4	3.8
俄罗斯	3434	8.5	2.0	4208	7.5	2.9
印度	5156	2.1	3.0	1239	-0.2	0.9
南非	1141	6.4	0.7	1784	-0.8	1.2

全年服务进出口[53]总额 54153 亿元，比上年增长 2.8%。其中，服务出口 19564 亿元，增长 8.9%；服务进口 34589 亿元，下降 0.4%。服务进出口逆差 15025 亿元。

全年外商直接投资（不含银行、证券、保险领域）新设立企业 40888 家，比上年下降 32.5%。实际使用外商直接投资金额 9415 亿元，增长 5.8%，折 1381 亿美元，增长 2.4%。其中“一带一路”沿线国家对华直接投资新设立企业 5591 家，增长 24.8%；对华直接投资金额（含通过部分自由港对华投资）576 亿元，增长 36.0%，折 84 亿美元，增长 30.6%。全年高技术产业实际使用外资 2660 亿元，增长 25.6%，折 391 亿美元，增长 21.7%。

表 13　2019 年外商直接投资（不含银行、证券、保险领域）及其增长速度

行业	企业数(家)	比上年增长(%)	实际使用金额(亿元)	比上年增长(%)
总计	**40888**	**-32.5**	**9415**	**5.8**
其中：农、林、牧、渔业	495	-33.2	38	-27.9
制造业	5396	-12.3	2416	-11.0
电力、热力、燃气及水生产和供应业	295	3.9	239	-17.6
交通运输、仓储和邮政业	591	-21.6	309	-1.6
信息传输、软件和信息技术服务业	4295	-40.5	999	29.4
批发和零售业	13837	-39.5	614	-4.5
房地产业	1050	-0.3	1608	8.0
租赁和商务服务业	5777	-36.5	1499	20.6
居民服务、修理和其他服务业	361	-25.6	37	-0.4

全年对外非金融类直接投资额 7630 亿元，比上年下降 4.3%，折 1106 亿美元，下降 8.2%。其中，对“一带一路”沿线国家非金融类直接投资额 150 亿美元，下降 3.8%。

表 14　2019 年对外非金融类直接投资额及其增长速度

行业	金额(亿美元)	比上年增长(%)
总计	**1106.0**	**-8.2**
其中：农、林、牧、渔业	15.4	-13.0
采矿业	75.2	-18.5
制造业	200.8	6.7
电力、热力、燃气及水生产和供应业	25.2	-20.5
建筑业	85.1	15.6
批发和零售业	125.7	18.6
交通运输、仓储和邮政业	55.5	-4.3
信息传输、软件和信息技术服务业	61.2	-10.5
房地产业	48.2	22.0
租赁和商务服务业	355.6	-20.3

全年对外承包工程完成营业额 11928 亿元，比上年增长 6.6%，折 1729 亿美元，增长 2.3%。其中，对“一带一路”沿线国家完成营业额 980 亿美元，增长 9.7%，占对外承包工程完成营业额比重为 56.7%。对外劳务合作派出各类劳务人员 49 万人。

八、财政金融

全年全国一般公共预算收入 190382 亿元，比上年增长 3.8%。其中税收收入 157992 亿元，比上年增加 1589 亿元，增长 1.0%。全国一般公共预算支出 238874 亿元，比上年增长 8.1%。

图 19　2015-2019 年全国一般公共预算收入

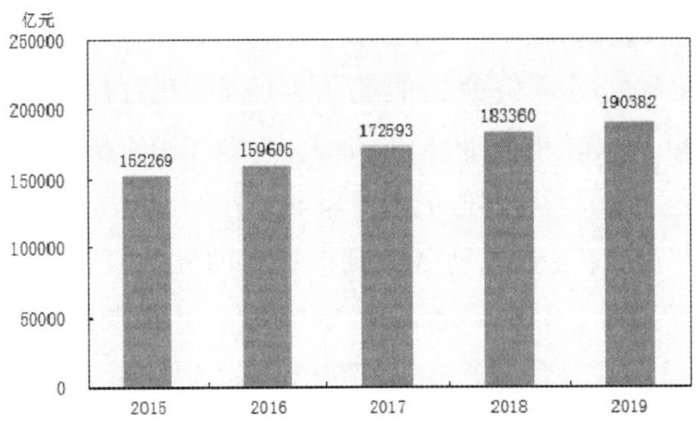

注：图中 2015 年至 2018 年数据为全国一般公共预算收入决算数，2019 年为执行数。

年末广义货币供应量（M2）余额 198.6 万亿元，比上年末增长 8.7%；狭义货币供应量（M1）余额 57.6 万亿元，增长 4.4%；流通中货币（M0）余额 7.7 万亿元，增长 5.4%。

全年社会融资规模增量[54]25.6 万亿元，按可比口径计算，比上年多 3.1 万亿元；年末社会融资规模存量[55]251.3 万亿元，按可比口径计算，比上年末增长 10.7%，其中对实体经济发放的人民币贷款余额 151.6 万亿元，增长 12.5%。年末全部金融机构本外币各项存款余额 198.2 万亿元，比年初增加 15.7 万亿元，其中人民币各项存款余额 192.9 万亿元，增加 15.4 万亿元。全部金融机构本外币各项贷款余额 158.6 万亿元，增加 16.8 万亿元，其中人民币各项贷款余额 153.1 万亿元，增加 16.8 万亿元。

表 15　2019 年年末全部金融机构本外币存贷款余额及其增长速度

指标	年末数（亿元）	比上年末增长（%）
各项存款	1981643	8.6
其中：境内住户存款	821296	13.4
其中：人民币	813017	13.5
境内非金融企业存款	621147	5.4
各项贷款	1586021	11.9
其中：境内短期贷款	472380	6.6
境内中长期贷款	971805	13.7

年末主要农村金融机构（农村信用社、农村合作银行、农村商业银行）人民币贷款余额 190688 亿元，比年初增加 20866 亿元。全部金融机构人民币消费贷款余额 439669 亿元，增加 61667 亿元。其中，个人短期消费贷款余额 99226 亿元，增加 14519 亿元；个人中长期消费贷款余额 340443 亿元，增加 47148 亿元。

全年沪深交易所 A 股累计筹资[56]13534 亿元，比上年增加 2076 亿元。首次公开发行 A 股 201 只，筹资 2490 亿元，比上年增加 1112 亿元，其中科创板股票 70 只，筹资 824 亿元；A 股再融资（包括公开增发、定向增发、配股、优先股、可转债转股）11044 亿元，增加 964 亿元。全年各类主体通过沪深交易所发行债券（包括公司债、可转债、可交换债、政策性金融债、地方政府债和企业资产支持证券）筹资 71987 亿元，比上年增加 15109 亿元。全国中小企业股份转让系统[57]挂牌公司 8953 家，全年挂牌公司累计股票筹资 265 亿元。

全年发行公司信用类债券[58]10.71 万亿元，比上年增加 2.92 万亿元。

全年保险公司原保险保费收入[59]42645 亿元，比上年增长 12.2%。其中，寿险业务原保险保费收入 22754 亿元，健康险和意外伤害险业务原保险保费收入 8241 亿元，财产险业务原保险保费收入 11649 亿元。支付各类赔款及给付 12894 亿元。其中，寿险业务给付 3743 亿元，健康险和意外伤害险业务赔款及给付 2649 亿元，财产险业务赔款 6502 亿元。

九、居民收入消费和社会保障

全年全国居民人均可支配收入 30733 元，比上年增长 8.9%，扣除价格因素，实际增长 5.8%。全国居民人均可支配收入中位数[60]26523 元，增长 9.0%。按常住地分，城镇居民人均可支配收入 42359 元，比上年增长 7.9%，扣除价格因素，实际增长 5.0%。城镇居民人均可支配收入中位数 39244 元，增长 7.8%。农村居民人均可支配收入 16021 元，比上年增长 9.6%，扣除价格因素，实际增长 6.2%。农村居民人均可支配收入中位数 14389 元，增长 10.1%。按全国居民五等份收入分组[61]，低收入组人均可支配收入 7380 元，中间偏下收入组人均可支配收入 15777 元，中间收入组人均可支配收入 25035 元，中间偏上收入组人均可支配收入 39230 元，高收入组人均可支配收入 76401 元。全国农民工人均月收入 3962 元，比上年增长 6.5%。

全年全国居民人均消费支出 21559 元，比上年增长 8.6%，扣除价格因素，实际增长 5.5%。其中，人均服务性消费支出[62]9886 元，比上年增长12.6%，占居民人均消费支出的比重为45.9%。按常住地分，城镇居民人均消费支出28063元，增长7.5%，扣除价格因素，实际增长4.6%；农村居民人均消费支出13328元，增长9.9%，扣除价格因素，实际增长6.5%。全国居民恩格尔系数为28.2%，比上年下降0.2个百分点，其中城镇为27.6%，农村为30.0%。

图20 2015-2019年全国居民人均可支配收入及其增长速度

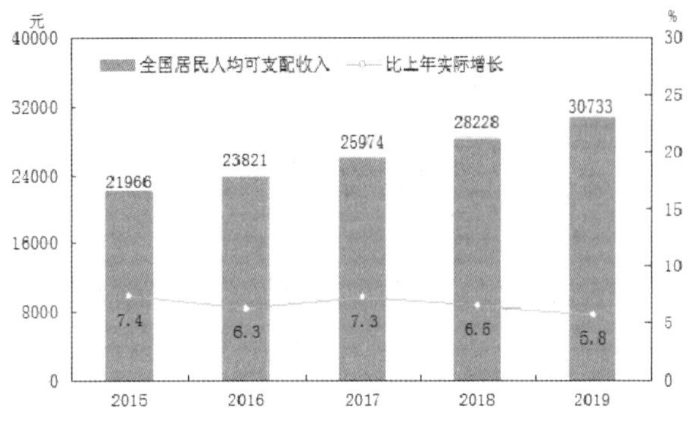

图21 2019年全国居民人均消费支出及其构成

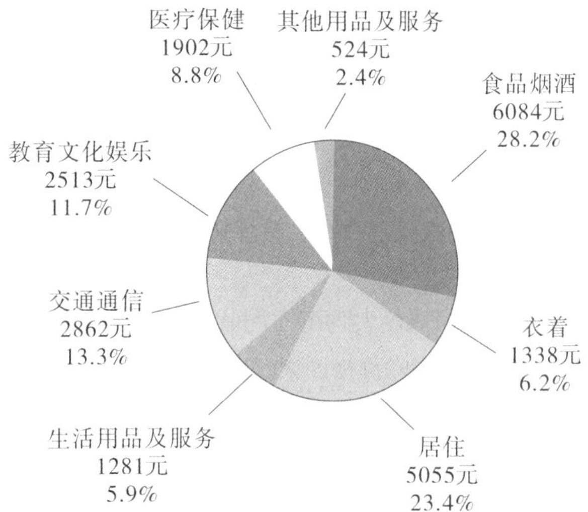

年末全国参加城镇职工基本养老保险人数43482万人，比上年末增加1581万人。参加城乡居民基本养老保险人数53266万人，增加874万人。参加基本医疗保险人数135436万人，增加978万人。其中，参加职工基本医疗保险人数32926万人，增加1245万人；参加城乡居民基本医疗保险人数102510万人。参加失业保险人数20543万人，增加899万人。年末全国领取失业保险金人数228万人。参加工伤保险人数25474万人，增加1600万人，其中参加工伤保险的农民工8616万人，增加530万人。参加生育保险人数21432万人，增加997万人。年末全国共有861万人享受城市最低生活保障，3456万人享受农村最低生活保障，439万人享受农村特困人员[63]救助供养，全年临时救助[64]918万人次。全年资助7782万人参加基本医疗保险，实施门诊和住院救助6180万人次。全年国家抚恤、补助退役军人和其他优抚对象861万人。

年末全国共有各类提供住宿的社会服务机构3.7万个，其中养老机构3.4万个，儿童服务机构663个。社会服务床位[65]790.1万张，其中养老服务床位761.4万张，儿童服务床位9.7万张。年末共有社区服务中心2.6万个，社区服务站16.7万个。

十、科学技术和教育

全年研究与试验发展（R&D）经费支出21737亿元，比上年增长10.5%，与国内生产总值之比为2.19%，其中基础研究经费1209亿元。国家科技重大专项共安排234个课题，国家自然科学基金共资助45192个项目。截至年底，正在运行的国家重点实验室515个，累计建设国家工程研究中心133个，国家工程实验室217个，国家企业技术中心1540家。国家科技成果转化引导基金累计设立21支子基金，资金总规模313亿元。国家级科技企业孵化器[66]1177家，国家备案众创空间[67]1888家。全年境内外专利申请438.0万件，比上年增长1.3%；授予专利权259.2万件，增长5.9%；PCT专利申请受理量[68]为6.1万件。截至年底，有效专利972.2万件，其中境内有效发明专利186.2万件，每万人口发明专利拥有量13.3件。全年商标申请783.7万件，比上年增长6.3%；商标注册640.6万件，增长27.9%。全年共签订技术合同48.4万项，技术合同成交金额22398亿元，比上年增长26.6%。

图22 2015-2019年研究与试验发展（R&D）经费支出及其增长速度

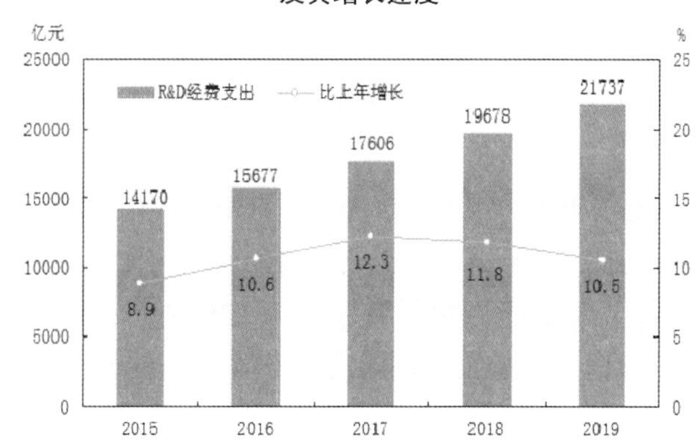

表 16　2019 年专利申请、授权和有效专利情况

指标	专利数（万件）	比上年增长（%）
专利申请数	438.0	1.3
其中：境内专利申请	417.2	1.2
其中：发明专利申请	140.1	-9.2
其中：境内发明专利	123.1	-10.8
专利授权数	259.2	5.9
其中：境内专利授权	245.8	6.0
其中：发明专利授权	45.3	4.8
其中：境内发明专利	35.4	4.3
年末有效专利数	972.2	16.0
其中：境内有效专利	869.2	17.5
其中：有效发明专利	267.1	12.9
其中：境内有效发明专利	186.2	16.3

全年成功完成 32 次宇航发射。长征五号遥三运载火箭和高分七号卫星成功发射，长征系列运载火箭发射突破 300 次大关。嫦娥四号探测器世界上首次实现月球背面软着陆和巡视探测。固体运载火箭海上发射圆满完成。北斗三号全球系统核心星座完成部署，雪龙 2 号首航南极，首艘国产航母正式列装。

年末全国共有国家质检中心 835 家。全国现有产品质量、体系和服务认证机构 596 个，累计完成对 72 万家企业的认证。全年制定、修订国家标准 2021 项，其中新制定 1448 项。全年制造业产品质量合格率[69]为 93.86%。

全年研究生教育招生 91.7 万人，在学研究生 286.4 万人，毕业生 64.0 万人。普通本专科招生 914.9 万人，在校生 3031.5 万人，毕业生 758.5 万人。中等职业教育[70]招生 600.4 万人，在校生 1576.5 万人，毕业生 493.4 万人。普通高中招生 839.5 万人，在校生 2414.3 万人，毕业生 789.2 万人。初中招生 1638.8 万人，在校生 4827.1 万人，毕业生 1454.1 万人。普通小学招生 1869.0 万人，在校生 10561.2 万人，毕业生 1647.9 万人。特殊教育招生 14.4 万人，在校生 79.5 万人，毕业生 9.8 万人。学前教育在园幼儿 4713.9 万人。九年义务教育巩固率为 94.8%，高中阶段毛入学率为 89.5%。

图 23　2015-2019 年普通本专科、中等职业教育及普通高中招生人数

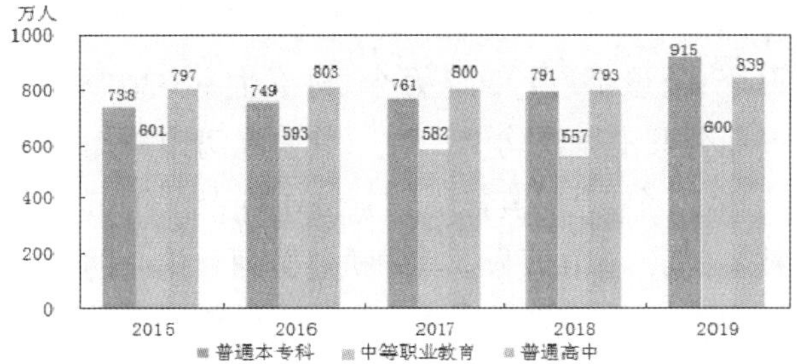

十一、文化旅游、卫生健康和体育

年末全国文化和旅游系统共有艺术表演团体 2072 个，博物馆 3410 个。全国共有公共图书馆 3189 个，总流通[71]87774 万人次；文化馆 3325 个。有线电视实际用户 2.12 亿户，其中有线数字电视实际用户 1.98 亿户。年末广播节目综合人口覆盖率为 99.1%，电视节目综合人口覆盖率为 99.4%。全年生产电视剧 254 部 10646 集，电视动画片 94659 分钟。全年生产故事影片 850 部，科教、纪录、动画和特种影片[72]187 部。出版各类报纸 315 亿份，各类期刊 22 亿册，图书 102 亿册（张），人均图书拥有量[73]7.29 册（张）。年末全国共有档案馆 4136 个，已开放各类档案 14341 万卷（件）。全年全国规模以上文化及相关产业企业营业收入 86624 亿元，按可比口径计算，比上年增长 7.0%。

全年国内游客 60.1 亿人次，比上年增长 8.4%；国内旅游收入 57251 亿元，增长 11.7%。入境游客 14531 万人次，增长 2.9%。其中，外国人 3188 万人次，增长 4.4%；香港、澳门和台湾同胞 11342 万人次，增长 2.5%。在入境游客中，过夜游客 6573 万人次，增长 4.5%。国际旅游收入 1313 亿美元，增长 3.3%。国内居民出境 16921 万人次，增长 4.5%。其中因私出境 16211 万人次，增长 4.6%；赴港澳台出境 10237 万人次，增长 3.2%。

图 24　2515-2019 年国内游客人次及其增长速度

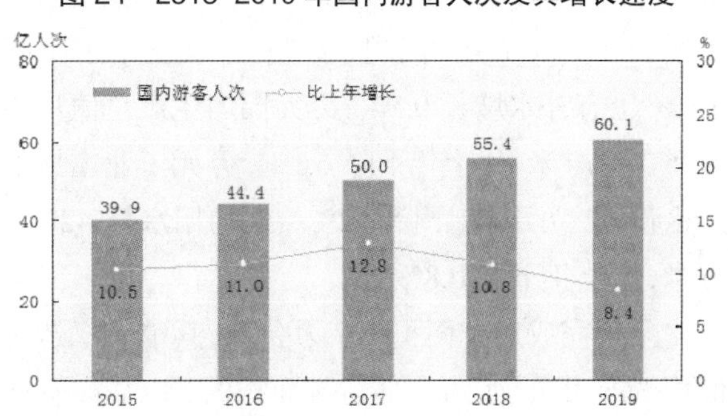

医院3.4万个，在医院中有公立医院1.2万个，民营医院2.2万个；基层医疗卫生机构96.0万个，其中乡镇卫生院3.6万个，社区卫生服务中心（站）3.5万个，门诊部（所）26.7万个，村卫生室62.1万个；专业公共卫生机构1.7万个，其中疾病预防控制中心3456个，卫生监督所（中心）3106个。年末卫生技术人员1010万人，其中执业医师和执业助理医师382万人，注册护士443万人。医疗卫生机构床位892万张，其中医院697万张，乡镇卫生院138万张。全年总诊疗人次[74]85.2亿人次，出院人数[75]2.7亿人。

图25　2015-2019年年末卫生技术人员人数

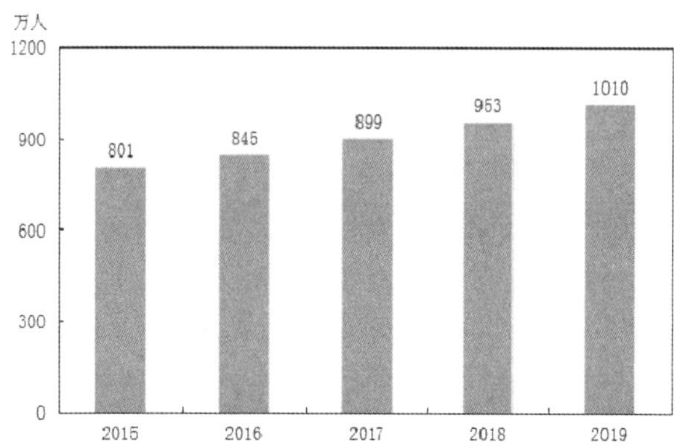

全国共有体育场地[76]316.2万个，体育场地面积[77]25.9亿平方米，人均体育场地面积1.86平方米。全年我国运动员在33个运动大项中获得128个世界冠军，共创16项世界纪录。全年我国残疾人运动员在53项国际赛事中获得350个世界冠军。

十二、资源、环境和应急管理

全年全国国有建设用地供应总量[78]62.4万公顷，比上年下降3.6%。其中，工矿仓储用地14.7万公顷，增长10.3%；房地产用地[79]14.2万公顷，下降1.4%；基础设施用地33.5万公顷，下降9.5%。

全年水资源总量28670亿立方米。全年总用水量5991亿立方米，比上年下降0.4%。其中，生活用水增长1.9%，工业用水下降2.1%，农业用水下降0.5%，生态补水增长0.5%。万元国内生产总值用水量[80]67立方米，比上年下降6.1%。万元工业增加值用水量42立方米，下降7.2%。人均用水量429立方米，比上年下降0.8%。

全年完成造林面积707万公顷，其中人工造林面积365万公顷，占全部造林面积的51.6%。森林抚育面积773万公顷。截至年底，国家级自然保护区474个。新增水土流失治理面积5.4万平方公里。

初步核算，全年能源消费总量[81]48.6亿吨标准煤，比上年增长3.3%。煤炭消费量增长1.0%，原油消费量增长6.8%，天然气消费量增长8.6%，电力消费量增长4.5%。煤炭消费量占能源消费总量的57.7%，比上年下降1.5个百分点；天然气、水电、核电、风电等清洁能源消费量占能源消费总量的23.4%，上升1.3个百分点。重点耗能工业企业单位电石综合能耗下降2.1%，单位合成氨综合能耗下降2.4%，吨钢综合能耗下降1.3%，单位电解铝综合能耗下降2.2%，每千瓦时火力发电标准煤耗下降0.3%。全国万元国内生产总值二氧化碳排放下降4.1%。

图26　2015-2019年清洁能源消费量占能源消费总量的比重

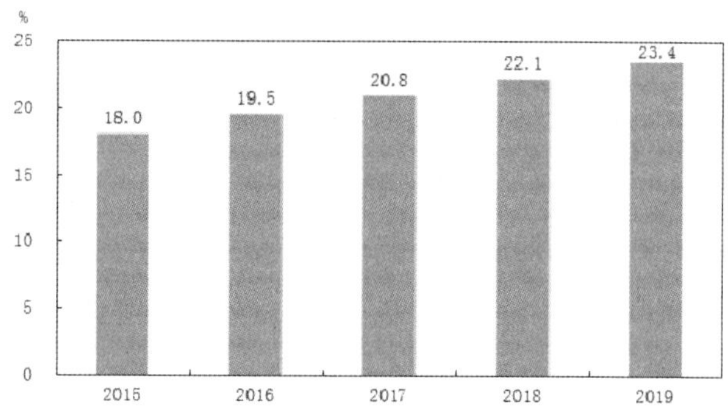

近岸海域1257个海水水质监测点中，达到国家一、二类海水水质标准的监测点占76.6%，三类海水占7.0%，四类、劣四类海水占16.4%。

在监测的337个地级及以上城市中，空气质量达标的城市占46.6%，未达标的城市占53.4%。细颗粒物（PM2.5）未达标城市（基于2015年PM2.5年平均浓度未达标的城市）年平均浓度40微克/立方米，比上年下降2.4%。

在开展城市区域声环境监测的322个城市中，声环境质量好的城市占2.5%，较好的占66.8%，一般的占28.9%，较差的占1.9%。

全年平均气温为10.34℃，比上年上升0.25℃。共有5个台风登陆。

全年农作物受灾面积1926万公顷，其中绝收280万公顷。全年因洪涝和地质灾害造成直接经济损失1923亿元，因旱灾造成直接经济损失457亿元，因低温冷冻和雪灾造成直接经济损失28亿元，因海洋灾害造成直接经济损失117亿元。全年大陆地区共发生5.0级以上地震20次，成灾13次，造成直接经济损失约59亿元。全年共发生森林火灾2345起，受灾森林面积1.4万公顷。

全年各类生产安全事故共死亡29519人。工矿商贸企业就业人员10万人生产安全事故死亡人数1.474人，比上年下降4.7%；煤矿百万吨死亡人数0.083人，下降10.8%。道路交通事故万车死亡人数1.80人，下降6.7%。

注释

[1]本公报中数据均为初步统计数。各项统计数据均未包括香港特别行政区、澳门特别行政区和台湾省。部分数据因四舍五入的原因，存在总计与分项合计不等的情况。

[2]国内生产总值、三次产业及相关行业增加值、地区生产总值、人均国内生产总值和国民总收入绝对数按现价计算，增长速度按不变价格计算。根据第四次全国经济普查结果，对国内生产总值、三次产业及相关行业增加值等相关指标的历史数据进行了修订。

[3]国民总收入，原称国民生产总值，是指一个国家或地区所有常住单位在一定时期内所获得的初次分配收入总额，等于国内生产总值加上来自国外的初次分配收入净额。

[4] 万元国内生产总值能耗按2015年价格计算，根据第四次全国经济普查结果对历史数据进行了修订。

[5]全员劳动生产率为国内生产总值(按2015年价格计算)与全部就业人员的比率，根据第四次全国经济普查结果对历史数据进行了修订。

[6]见注释[2]。

[7]见注释[4]。

[8]见注释[5]。

[9] 人户分离的人口是指居住地与户口登记地所在的乡镇街道不一致且离开户口登记地半年及以上的人口。

[10]流动人口是指人户分离人口中扣除市辖区内人户分离的人口。市辖区内人户分离的人口是指一个直辖市或地级市所辖区内和区与区之间，居住地和户口登记地不在同一乡镇街道的人口。

[11]2019年年末，0－14岁(含不满15周岁)人口为23492万人，15－59岁(含不满60周岁)人口为91125万人。

[12]年度农民工数量包括年内在本乡镇以外从业6个月及以上的外出农民工和在本乡镇内从事非农产业6个月及以上的本地农民工。

[13]农产品生产者价格是指农产品生产者直接出售其产品时的价格。

[14]居住类价格包括租赁房房租、住房保养维修及管理、水电燃料等价格。

[15]产能利用率是指实际产出与生产能力(均以价值量计量)的比率。企业的实际产出是指企业报告期内的工业总产值；企业的生产能力是指报告期内，在劳动力、原材料、燃料、运输等保证供给的情况下，生产设备(机械)保持正常运行，企业可实现并能长期维持的产品产出。

[16]由于统计调查制度规定的口径调整、统计执法、剔除重复数据、企业改革剥离、第四次全国经济普查核实调整等因素，2019年规模以上工业企业财务指标增速及变化按可比口径计算。

[17] 工业战略性新兴产业包括新一代信息技术产业，高端装备制造产业，新材料产业，生物产业，新能源汽车产业，新能源产业，节能环保产业和数字创意产业等八大产业中的工业相关行业。2019年工业战略性新兴产业增加值增速按可比口径计算。

[18]高技术制造业包括医药制造业，航空、航天器及设备制造业，电子及通信设备制造业，计算机及办公设备制造业，医疗仪器设备及仪器仪表制造业，信息化学品制造业。

[19]装备制造业包括金属制品业，通用设备制造业，专用设备制造业，汽车制造业，铁路、船舶、航空航天和其他运输设备制造业，电气机械和器材制造业，计算机、通信和其他电子设备制造业，仪器仪表制造业。

[20]规模以上服务业统计范围包括年营业收入1000万元及以上，或年末从业人员50人及以上的交通运输、仓储和邮政业，信息传输、软件和信息技术服务业，房地产业(不含房地产开发经营)，租赁和商务服务业，科学研究和技术服务业，水利、环境和公共设施管理业，教育，卫生和社会工作；年营业收入500万元及以上，或年末从业人员50人及以上的居民服务、修理和其他服务业，文化、体育和娱乐业法人单位。

[21]战略性新兴服务业包括新一代信息技术产业，高端装备制造产业，新材料产业，生物产业，新能源汽车产业，新能源产业，节能环保产业和数字创意产业等八大产业中的服务业相关行业，以及新技术与创新创业等相关服务业。2019 年战略性新兴服务业企业营业收入增速按可比口径计算。

[22]高技术产业投资包括医药制造、航空航天器及设备制造等六大类高技术制造业投资和信息服务、电子商务服务等九大类高技术服务业投资。

[23]工业技术改造投资是指工业企业利用新技术、新工艺、新设备、新材料对现有设施、工艺条件及生产服务等进行改造提升，实现内涵式发展的投资活动。

[24]网上零售额是指通过公共网络交易平台（主要从事实物商品交易的网上平台，包括自建网站和第三方平台）实现的商品和服务零售额。

[25]东部地区是指北京、天津、河北、上海、江苏、浙江、福建、山东、广东和海南 10 省（市）；中部地区是指山西、安徽、江西、河南、湖北和湖南 6 省；西部地区是指内蒙古、广西、重庆、四川、贵州、云南、西藏、陕西、甘肃、青海、宁夏和新疆 12 省（区、市）；东北地区是指辽宁、吉林和黑龙江 3 省。

[26] 减贫人口等于当年贫困人口减去上年贫困人口，也相当于当年脱贫人口减去当年返贫人口。

[27] 贫困发生率是指贫困人口占目标调查人口的比重。

[28]贫困地区包括集中连片特困地区和片区外的国家扶贫开发工作重点县，原共有 832 个县。2017 年开始将新疆阿克苏地区纳入贫困监测范围。

[29]见注释[2]。

[30]2018 年部分产品产量数据根据第四次全国经济普查结果进行了修订，2019 年产量增速按可比口径计算。

[31]火电包括燃煤发电量，燃油发电量，燃气发电量，余热、余压、余气发电量，垃圾焚烧发电量，生物质发电量。

[32] 钢材产量数据中含企业之间重复加工钢材约 25200 万吨。

[33]少量发电装机容量（如地热等）公报中未列出。

[34]见注释[16]。

[35]见注释[2]。

[36]见注释[2]。

[37]2019 年港口统计范围由规模以上港口调整为全国所有港口，相关指标增速按可比口径计算。

[38]交通运输部根据专项调查，调整 2019 年公路货物运输量、公路货物运输周转量统计口径，数据与上年不可比。

[39]旅客运输总量包括铁路、公路、水运、民航营业性旅客运输量，其中公路旅客运输量占 70%以上。近年来，随着人们出行方式的变化，居民自驾出行、网络约车及拼车人数增长较快，分流了公路客运量，导致旅客运输总量下降。

[40]邮政行业业务总量按 2010 年价格计算。

[41]电信业务总量按 2015 年价格计算。

[42]固定互联网宽带接入用户是指报告期末在电信企业登记注册，通过 xDSL、FTTx+LAN、FTTH/O 以及其他宽带接入方式和普通专线接入公众互联网的用户。

[43]固定互联网光纤宽带接入用户是指报告期末在电信企业登记注册，通过 FTTH 或 FTTO 方式接入公众互联网的用户。

[44]软件和信息技术服务业包括软件开发，集成电路设计，信息系统集成和物联网技术服务，运行维护服务，信息处理和存储支持服务，信息技术咨询服务，数字内容服务和其他信息技术服务等行业。

[45]根据第四次全国经济普查、统计执法检查和统计调查制度规定，对 2018 年固定资产投资数据进行修订，2019 年增速按可比口径计算。

[46]见注释[25]。

[47]民间固定资产投资是指具有集体、私营、个人性质的内资企事业单位以及由其控股（包括绝对控股和相对控股）的企业单位建造或购置固定资产的投资。

[48]基础设施投资包括交通运输、邮政业，电信、广播电视和卫星传输服务业，互联网和相关服务业，水利、环境和公共设施管理业投资。

[49]房地产业投资除房地产开发投资外，还包括建设单位自建房屋以及物业管理、中介服务和其他房地产投资。

[50]高速铁路是指线路最大速度200公里/小时及以上的铁路和200公里/小时以下仅运行动车组列车的铁路。

[51] 数据为截至2019年年底全国建档立卡贫困户农村危房改造中央任务开工数。

[52]“一带一路”是指“丝绸之路经济带”和“21世纪海上丝绸之路”。

[53]服务进出口按照《国际收支手册(第六版)》标准统计,增速按可比口径计算。

[54]社会融资规模增量是指一定时期内实体经济从金融体系获得的资金额。2019年,社会融资规模统计口径有所调整。

[55]社会融资规模存量是指一定时期末(月末、季末或年末)实体经济从金融体系获得的资金余额。

[56]沪深交易所股票筹资额按上市日统计,筹资额包括了可转债实际转股金额,2018年、2019年可转债实际转股金额分别为80亿元和995亿元。

[57]全国中小企业股份转让系统又称“新三板”,是2012年经国务院批准的全国性证券交易场所。全年全国中小企业股份转让系统挂牌公司累计筹资不含优先股,股票筹资按发行报告书的披露日统计。

[58] 公司信用类债券包括非金融企业债务融资工具、企业债券以及公司债、可转债等。

[59]原保险保费收入是指保险企业确认的原保险合同保费收入。

[60]人均收入中位数是指将所有调查户按人均收入水平从低到高(或从高到低)顺序排列,处于最中间位置调查户的人均收入。

[61]全国居民五等份收入分组是指将所有调查户按人均收入水平从高到低顺序排列,平均分为五个等份,处于最高20%的收入群体为高收入组,依此类推依次为中间偏上收入组、中间收入组、中间偏下收入组、低收入组。

[62]服务性消费支出是指调查户用于本家庭生活方面的各种非商品性服务费用。

[63]农村特困人员是指无劳动能力,无生活来源,无法定赡养、抚养、扶养义务人或者其法定义务人无履行义务能力的农村老年人、残疾人以及未满16周岁的未成年人。

[64]临时救助是国家对遭遇突发事件、意外伤害、重大疾病或其他特殊原因导致基本生活陷入困境,其他社会救助制度暂时无法覆盖或救助之后基本生活暂时仍有严重困难的家庭或个人给予的应急性、过渡性的救助。

[65]社会服务床位数除收养性机构外,还包括救助类机构、社区类机构的床位。

[66]国家级科技企业孵化器是指符合《科技企业孵化器管理办法》规定的,以促进科技成果转化、培育科技企业和企业家精神为宗旨,提供物理空间、共享设施和专业化服务的科技创业服务机构,且经过科技部批准认定的科技企业孵化器。

[67]国家备案众创空间是指符合《发展众创空间工作指引》规定的新型创新创业服务平台,且按照《国家众创空间备案暂行规定》经科技部火炬中心审核备案的众创空间。

[68]PCT专利申请受理量是指国家知识产权局作为PCT专利申请受理局受理的PCT专利申请数量。PCT(Patent Cooperation Treaty)即专利合作条约,是专利领域的一项国际合作条约。

[69]制造业产品质量合格率是指以产品质量检验为手段,按照规定的方法、程序和标准实施质量抽样检测,判定为质量合格的样品数占全部抽样样品数的百分比,统计调查样本覆盖制造业的29个行业。

[70]中等职业教育包括普通中专、成人中专、职业高中和技工学校。

[71]总流通人次是指本年度内到图书馆场馆接受图书馆服务的总人次,包括借阅书刊、咨询问题以及参加各类读者活动等。

[72] 特种影片是指采用与常规影院放映在技术、设备、节目方面不同的电影展示方式,如巨幕电影、立体电影、立体特效(4D)电影、动感电影、球幕电影等。

[73]人均图书拥有量是指在一年内全国平均每人能拥有的当年出版图书册数。

[74]总诊疗人次指所有诊疗工作的总人次数,包括门诊、急诊、出诊、预约诊疗、单项健康检查、健康咨询指导(不含健康讲座)人次。

[75] 出院人数指报告期内所有住院后出院的人数,包括医嘱离院、医嘱转其他医疗机构、非医嘱离院、死亡及其他人数,不含家庭病床撤床人数。

[76]体育场地相关数据来源于第七次全国体育场地普查结果，体育场地普查调查对象不包括军队、铁路系统所属体育场地，数据为截至2018年年底。

[77]体育场地面积指体育训练、比赛、健身场地的有效面积。

[78]国有建设用地供应总量是指报告期内市、县人民政府根据年度土地供应计划依法以出让、划拨、租赁等方式与用地单位或个人签订出让合同或签发划拨决定书、完成交易的国有建设用地总量。

[79]房地产用地是指商服用地和住宅用地的总和。

[80]万元国内生产总值用水量、万元工业增加值用水量按2015年价格计算。

[81]根据第四次全国经济普查结果，对能源消费总量等相关指标历史数据进行了修订。

资料来源：

本公报中户籍人口城镇化率、民用汽车、道路交通事故数据来自公安部；城镇新增就业、登记失业率、社会保障、技工学校数据来自人力资源和社会保障部；外汇储备、汇率数据来自国家外汇管理局；市场主体、质量检验、国家标准制定修订、制造业产品质量合格率数据来自国家市场监督管理总局；减税降费数据来自国家税务总局；水产品产量、新增高效节水灌溉面积数据来自农业农村部；木材产量、造林面积、森林抚育面积、国家级自然保护区数据来自国家林业和草原局；新增耕地灌溉面积、水资源、新增水土流失治理面积数据来自水利部；发电装机容量、新增220千伏及以上变电设备、电力消费量数据来自中国电力企业联合会；港口货物吞吐量、港口集装箱吞吐量、公路运输、水运、新改建公路里程、港口万吨级码头泊位新增通过能力数据来自交通运输部；铁路运输、新建铁路投产里程、增新建铁路复线投产里程、电气化铁路投产里程数据来自中国国家铁路集团有限公司；民航、新增民用运输机场数据来自中国民用航空局；管道数据来自中国石油天然气集团有限公司、中国石油化工集团有限公司、中国海洋石油集团有限公司；邮政业务数据来自国家邮政局；通信业、软件业务收入、新增光缆线路长度等数据来自工业和信息化部；棚户区改造、农村地区建档立卡贫困户危房改造数据来自住房和城乡建设部；货物进出口数据来自海关总署；服务进出口、外商直接投资、对外直接投资、对外承包工程、对外劳务合作等数据来自商务部；财政数据来自财政部；货币金融、公司信用类债券数据来自中国人民银行；境内交易场所筹资数据来自中国证券监督管理委员会；保险业数据来自中国银行保险监督管理委员会；医疗保险、生育保险、资助参加基本医疗保险、实施门诊和住院救助数据来自国家医疗保障局；城乡低保、农村特困人员救助供养、临时救助、社会服务数据来自民政部；优抚对象数据来自退役军人事务部；国家科技重大专项、国家重点实验室、国家科技成果转化引导基金、国家级科技企业孵化器、国家备案众创空间、技术合同等数据来自科学技术部；国家自然科学基金项目数据来自国家自然科学基金委员会；国家工程研究中心、国家工程实验室、国家企业技术中心等数据来自国家发展和改革委员会；专利、商标数据来自国家知识产权局；宇航发射数据来自国家国防科技工业局；教育数据来自教育部；艺术表演团体、博物馆、公共图书馆、文化馆、图书、旅游数据来自文化和旅游部；电视、广播数据来自国家广播电视总局；电影数据来自国家电影局；报纸、期刊数据来自国家新闻出版署；档案数据来自国家档案局；居民出境数据来自国家移民管理局；医疗卫生数据来自国家卫生健康委员会；体育数据来自国家体育总局；残疾人运动员数据来自中国残疾人联合会；国有建设用地供应、海洋灾害造成直接经济损失数据来自自然资源部；万元国内生产总值二氧化碳排放、环境监测等数据来自生态环境部；平均气温、登陆台风数据来自中国气象局；农作物受灾面积、洪涝和地质灾害造成直接经济损失、旱灾造成直接经济损失、低温冷冻和雪灾造成直接经济损失、森林火灾、受灾森林面积、安全生产数据来自应急管理部；地震次数、地震灾害造成直接经济损失数据来自中国地震局；其他数据均来自国家统计局。

宁夏回族自治区 2019 年国民经济和社会发展统计公报[1]

宁夏回族自治区统计局　国家统计局宁夏调查总队

2020 年 4 月 30 日

2019 年，面对国内外风险挑战明显上升的复杂局面，在自治区党委和政府的坚强领导下，全区各地各部门以习近平新时代中国特色社会主义思想为指导，认真贯彻习近平总书记视察宁夏时的重要讲话精神，全力落实党中央、国务院各项决策部署，坚持稳中求进工作总基调，坚定践行新发展理念，扎实做好"六稳"工作，以供给侧结构性改革为主线，主动对标对表高质量发展要求，统筹推进稳增长、促改革、调结构、惠民生、防风险、保稳定各项工作，全区经济运行呈现"总体平稳、稳中有进、稳中向好"的发展态势，结构调整深入推进，发展动能显著增强，质量效益稳步提升，民生福祉持续改善，为与全国同步全面建成小康社会打下了坚实基础。

一、综合

初步核算，全年全区实现生产总值[2]3748.48 亿元，按可比价格计算，比上年增长 6.5%。其中，第一产业增加值 279.93 亿元，增长 3.2%；第二产业增加值 1584.72 亿元，增长 6.7%；第三产业增加值 1883.83 亿元，增长 6.8%。第一产业增加值占地区生产总值的比重为 7.5%，第二产业增加值比重为 42.3%，第三产业增加值比重为 50.2%，比上年提高 0.6 个百分点。按常住人口计算，人均地区生产总值 54217 元，增长 5.5%。

表 1　2019 年全区生产总值及其增长速度

指　　标	绝对值(亿元)	比上年增长(%)
全区生产总值	37.48	6.5
农林牧渔业	297.66	3.2
工业	1270.02	7.4
建筑业	316.17	3.9
批发和零售业	200.85	4.4
交通运输、仓储和邮政	178.21	5.3
住宿和餐饮业	53.72	4.8
金融业	302.01	5.3
房地产业	148.09	0.3
其他服务业	981.75	9.5
第一产业	279.93	3.2
第二产业	1584.72	6.7
第三产业	1883.83	6.8

年末全区常住人口 694.66 万人，比上年末增加 6.55 万人。其中城镇常住人口 415.81 万人，占常住人口比重（常住人口城镇化率）为 59.86%，比上年末提高 0.98 个百分点。全年全区出生人口 9.49 万人，出生率为 13.72‰；死亡人口 3.93 万人，死亡率为 5.69‰；自然增长率为 8.03‰。

表 2　2019 年年末全区人口数及其构成

指　　标	年末数(万人)	比重(%)
年末总人口	694.66	100.00
其中：城镇	415.81	59.86
乡村	278.85	40.14
其中：男性	350.19	50.41
女性	344.47	49.59
其中：0–15 周岁（含不满 16 周岁）[3]	155.19	22.34
16–59 周岁（含不满 60 周岁）	442.50	63.70
60 周岁及以上	96.97	13.96
其中：65 周岁以上	67.38	9.70

全年全区城镇新增就业人员 7.83 万人，农村劳动力转移就业 79.42 万人，年末全区城镇登记失业率为 3.74%。全年全区农民工[4]总量为 106.1 万人，比上年增加 5.6 万人，增长 5.6%。其中，外出农

民工 82.7 万人，比上年增加 5.4 万人，增长 7.0%；本地农民工 23.4 万人，增加 0.2 万人，增长 0.9%。

图 1　2015–2019 年全区城镇新增就业人数

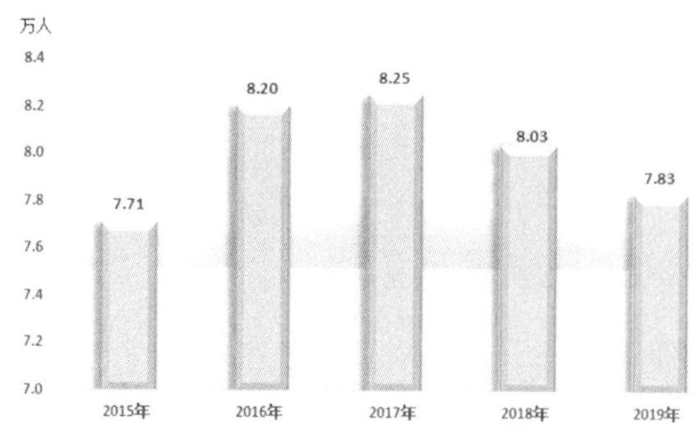

全年全区居民消费价格比上年上涨 2.1%，工业生产者出厂价格下降 0.6%，工业生产者购进价格下降 2.5%，农产品生产者价格[5]上涨 6.4%。

图 2　2019 年全区居民消费价格月度涨跌幅度

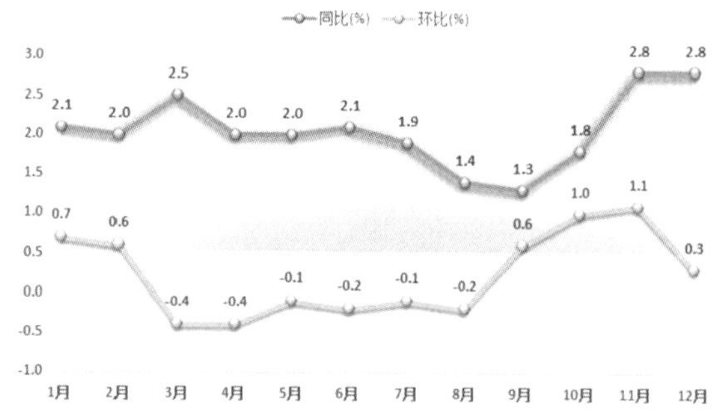

图 3　2019 年全区工业生产者出厂价格和购进价格月度同比涨跌幅度

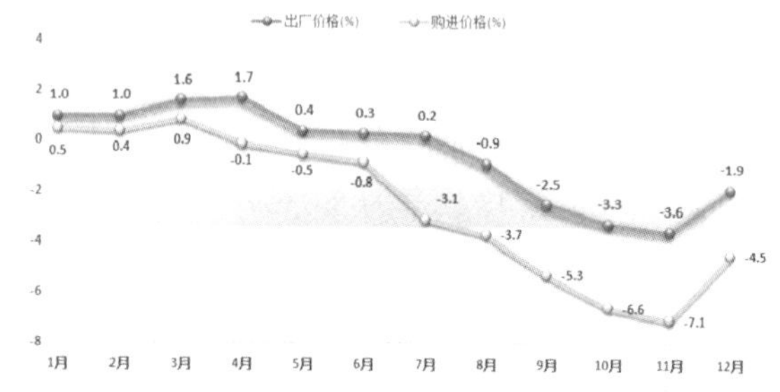

表 3　2019 年 12 月份全区居民消费价格指数

指　　标	环比	同比	1–12 月累计
居民消费价值总指数	100.3	102.8	102.1
其中：食品烟酒	101.4	108.4	104.8
衣着	100.1	99.0	100.4
居住	99.5	100.3	101.1
生活用品及服务	100.3	99.8	100.0
交通和通信	99.7	98.5	98.1
教育文化和娱乐	99.8	101.2	100.3
医疗保健	100.0	102.0	104.0
其他用品和服务	99.3	102.9	103.9

供给侧结构性改革扎实推进。坚决淘汰落后产能，全年淘汰电石、建材等落后产能 408.6 万吨，整治“散乱污”企业 425 户。住宅待售面积继续减少，12 月末，全区商品房待售面积 957.57 万平方米，控制在 1000 万平方米以内。其中，住宅待售面积 344.51 万平方米，比上年末下降 10.4%。企业负债率持续下降，12 月末，全区规模以上工业企业资产负债率为 61.0%，比上年末下降 1.8 个百分点。企业成本不断下降，全年全区规模以上工业企业每百元营业收入中的成本为 83.48 元，比全国低 0.6 元。短板领域投资保持增长，全年全区研究与实验发展投资增长 2.4 倍，租赁和商务服务业投资增长 31.7%，居民和其他服务业投资增长 8.0%。

新动能新产业新业态加快成长。全年全区煤化工产业增加值比上年增长 30.1%，对规模以上工业增加值增长的贡献率达到 32.1%，专用设备制造业增长 10.3%。全年水电、风电、太阳能等可再生能源发电量 322.1 亿千瓦时，增长 6%。变压器增长 37.5%，电工仪器仪表增长 8.8%。全年全区工业技术改造投资[6]增长 17.2%。全年全区网上零售额[7]按卖家所在地分，实现零售额 105.2 亿元，比上年增长 22.5%，其中实物商品零售额 43 亿元，增长 11.5%；按买家所在地分，实现零售额 439.8 亿元，增长 35.2%。

区域协调发展扎实推进。充分发挥空间规划的引领作用，区域发展的协同性、联动性、整体性不断增强。全年沿黄生态经济带[8]实现生产总值 3089.31 亿元，占全区生产总值的 82.4%，按可比价格计算，比上年增长 6.3%。沿黄生态经济带对全区经济增长贡献率为 81.1%，拉动全区经济增长 5.3 个百分点。中南部地区生态建设和生态保护取得积极成效。

二、农业

全年全区粮食种植面积 1016.05 万亩，比上年减少 87.46 万亩。其中，小麦种植面积 161.66 万亩，减少 31.23 万亩；水稻种植面积 102.08 万亩，减少

14.94 万亩；玉米种植面积 449.67 万亩，减少 16.52 万亩；薯类种植面积 139.07 万亩，减少 25.82 万亩。油料种植面积 58.33 万亩，增加 7.74 万亩。蔬菜种植面积 198.06 万亩，增加 15.41 万亩。瓜果种植面积 98.71 万亩，增加 5.33 万亩。园林水果种植面积 144.45 万亩，增加 5.91 万亩。

全年全区粮食总产量 373.15 万吨，比上年减产 19.43 万吨，下降 4.9%，连续十六年实现丰收。其中，夏粮产量 36.16 万吨，下降 16.6%；秋粮产量 336.99 万吨，下降 3.5%。全年全区小麦产量 34.61 万吨，下降 16.8%；水稻产量 55.09 万吨，下降 17.2%；玉米产量 230.47 万吨，下降 1.8%；马铃薯产量（折粮）39.43 万吨，增长 8.4%。

全年全区蔬菜产量 565.58 万吨，比上年增长 2.7%；红枣产量 7.10 万吨，增长 23.8%；枸杞产量 10.20 万吨，增长 4.4%；葡萄产量 24.54 万吨，增长 23.3%；油料产量 7.62 万吨，增长 4.5%。

全年全区肉类总产量 33.53 万吨，比上年下降 1.8%。其中，猪肉产量 7.82 万吨，下降 11.6%；牛肉产量 11.46 万吨，下降 0.5%；羊肉产量 10.41 万吨，增长 5.1%；禽肉产量 3.57 万吨，增长 0.1%。禽蛋产量 13.86 万吨，下降 3.6%。牛奶产量 183.36 万吨，增长 9.0%。水产品产量 15.77 万吨，下降 10.9%。年末全区生猪存栏 73.37 万头，下降 0.5%；生猪出栏 96.56 万头，下降 14.1%；肉牛存栏 97.12 万头，增长 15.0%；牛出栏 71.90 万头，下降 3.9%；羊存栏 568.46 万只，增长 6.4%；羊出栏 579.66 万只，增长 3.7%；奶牛存栏 43.73 万头，增长 8.9%；活家禽存栏 1284.38 万只，增长 12.4%；活家禽出栏 1723.94 万只，下降 6.7%。

图 4　2015–2019 年全区粮食产量

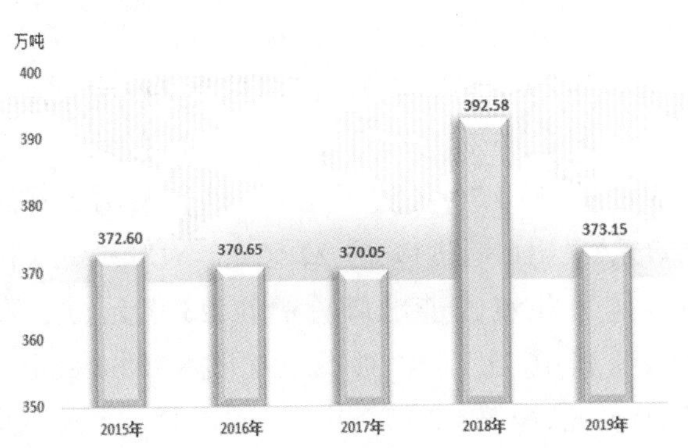

表 4　2019 年全区主要农林牧渔业产品产量及其增长速度

单位：万吨

指　　标	产　量	1–12 月累计(%)
粮食	373.15	−4.9
小麦	34.61	−16.8
水稻	55.09	−17.2
玉米	230.47	−1.8
油料	7.62	4.5
蔬菜	565.58	2.7
瓜果	165.37	10.5
枸杞	10.20	4.4
葡萄	24.54	23.3
肉类总产量	33.53	−1.8
其中：猪、牛、羊肉产量	29.68	−1.9
禽蛋	13.86	−3.6
牛奶	183.36	9.0
水产品	15.77	−10.9

三、工业和建筑业

全年全区全部工业增加值 1270.02 亿元，比上年增长 7.4%。规模以上工业增加值增长 7.6%。在规模以上工业中，分轻重工业看，轻工业增加值下降 5.1%，重工业增长 9.0%；分经济类型看，国有控股企业增加值增长 7.6%，股份制企业增长 10.1%，国有企业增长 8.5%，外商及港澳台商投资企业下降 26.1%，私营企业增长 15.2%，非公有制工业增长 7.6%；分门类看，采矿业增加值下降 1.4%，制造业增长 9.9%，电力、热力、燃气及水生产和供应业增长 7.2%。

全年全区规模以上工业中，电力行业增加值增长 6.1%、化工行业增长 17.8%、冶金行业增长 4.7%、有色行业增长 0.9%、轻纺行业下降 4.6%、机械行业增长 17.4%、建材行业增长 4.0%、医药行业下降 11.5%、其他行业增长 12.8%。工业产品销售率为 98.0%。

年末全区发电装机容量 5295.9 万千瓦，比上年末增长 12.3%。其中，火电装机容量 3219.1 万千瓦，增长 13.2%；水电装机容量 42.6 万千瓦，与上年持平；风电装机容量 1116.1 万千瓦，增长 10.4%；太阳能发电装机容量 918.1 万千瓦，增长 12.5%。

全年全区规模以上工业企业实现利润 218.1 亿元，比上年增长 10.0%。分经济类型看，国有控股企业实现利润 74.0 亿元，增长 17.9%；股份制企业 172.2 亿元，增长 29.3%，外商及港澳台商投资企业 42.3 亿元，下降 25.8%。分门类看，采矿业实现利润

31.3 亿元，下降 2.1%；制造业 126.8 亿元，增长 16.6%；电力、热力、燃气及水生产和供应业 60.0 亿元，增长 4.1%。

表 5 2019 年全区主要工业产品产量及其增长速度

指　　标	单位	产量	比上年增长(%)
原煤	万吨	7476.9	-4.6
发电量	亿千瓦时	1765.9	5.6
焦炭	万吨	790.8	7.3
原铝(电解铝)	万吨	125.3	-2.0
农用化肥(折纯)	万吨	45.4	11.3
精甲醇	万吨	664.1	2.3
电石(碳化钙)	万吨	396.5	2.1
水泥	万吨	1888.6	7.3
铁合金	万吨	377.4	5.6
乳制品	万吨	130.2	11.0
金属切削机床	台	1610	-34.0

全区具有资质的总承包和专业承包建筑业企业 743 家，全年完成建筑业总产值 601.41 亿元，比上年增长 6.4%。建筑业企业房屋建筑施工面积 2251.84 万平方米，下降 3.5%；房屋竣工面积 679.08 万平方米，下降 15.3%；竣工产值 299.87 亿元，下降 7.0%。按建筑业总产值计算的劳动生产率 29.39 万元 / 人，比上年增长 10.0%。

四、固定资产投资

全年全区全社会固定资产投资比上年下降 11.1%。其中，固定资产投资（不含农户）下降 10.3%。

在固定资产投资(不含农户)中，第一产业投资比上年下降 8.2%，第二产业投资下降 3.9%，第三产业投资下降 14.7%。工业投资下降 3.9%，占固定资产投资(不含农户)的比重为 40.9%。基础设施投资[9]下降 11.2%，占固定资产投资(不含农户)的比重为 21.4%。民间固定资产投资[10]下降 13.6%，占固定资产投资(不含农户)的比重为 54.9%。

全年全区房地产开发投资 403.09 亿元，比上年下降 10.3%。其中，住宅投资 281.74 亿元，下降 6.2%；办公楼投资 6.89 亿元，下降 46.4%；商业营业用房投资 61.94 亿元，下降 31.5%。

表 6 2019 年全区房地产开发和销售主要指标完成情况及其增长速度

指　　标	单位	绝对数	比上年增长(%)
房地产开发投资	亿元	403.09	-10.3
房屋施工面积	万平方米	5936.59	-1.8
其中：住宅	万平方米	3789.29	-0.8
其中：本年新开工面积	万平方米	1185.67	19.2
房屋竣工面积	万平方米	1011.05	16.7
其中：住宅	万平方米	718.11	-14.9
商品房销售面积	万平方米	1009.55	-1.7
其中：住宅	万平方米	887.35	-0.1
商品房待售面积	万平方米	957.57	2.0
其中：住宅	万平方米	344.51	-10.4
商品房销售额	亿元	573.90	10.9
其中：住宅	亿元	498.51	18.5
本年实际到位资金	亿元	581.76	-0.1
其中：国内贷款	亿元	64.52	9.9
自筹资金	亿元	125.89	-22.3
其他资金来源	亿元	391.35	8.3

五、国内贸易

全年全区社会消费品零售总额比上年增长 5.2%，按可比口径计算(剔除增值税因素影响)增长 7.8%。按经营地统计，城镇消费品零售额增长 4.7%；乡村消费品零售额增长 11.1%。按消费类型统计，商品零售额增长 4.5%；餐饮收入额增长 8.1%。

在限额以上单位商品零售额中，粮油、食品类零售额比上年增长 1.8%，饮料类下降 3.3%，烟酒类下降 6.4%，服装、鞋帽、针纺织品类下降 9.5%，化妆品类增长 5.6%，金银珠宝类下降 13.3%，日用品类下降 2.3%，家用电器和音像器材类下降 23.5%，中西药品类增长 24.8%，文化办公用品类下降 30.2%，通讯器材类下降 12.3%，石油及制品类增长 18.9%，汽车类下降 9.9%。

六、对外经济[11]

全年全区货物贸易进出口总额 240.62 亿元，比上年下降 3.3%。其中，出口 148.92 亿元，下降 17.3%；进口 91.70 亿元，增长 33.4%。货物贸易进出口差额(出口减进口)57.22 亿元。对“一带一路”沿线国家和地区进出口总额 69.20 亿元，下降 5.1%。其中，出口 51.31 亿元，下降 20.6%；进口 17.89 亿元，增长 1.2 倍。

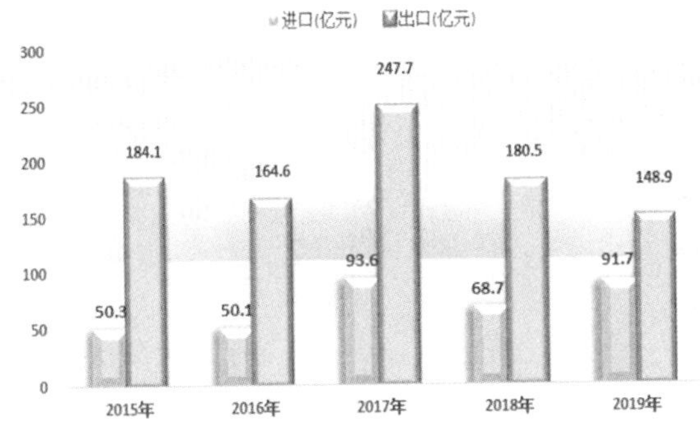

图 5　2015-2019 年全区货物进出口总额

表 7　2019 年全区主要商品出口金额及其增长速度

商品名称	出口值(亿元)	比上年增长(%)
金首饰及零件	34.37	190.5
金属锰	5.27	-39.3
新的充气橡胶轮胎	6.18	-25.8
铁合金	6.03	-26.0
双氰胺	6.36	-20.2
钽铌铍制品	3.65	-34.8
泰乐菌素	4.53	-13.8
机床及铸件	4.78	16.5

全年全区实际使用外商直接投资 2.51 亿美元,比上年增长 17.2%。全区新设外商投资企业 25 个,合同外资金额 52.12 亿美元,增长 31.7 倍。其中信息传输、软件和信息技术服务业签订利用外商直接投资合同额 0.80 亿美元,增长 59.7%。

七、交通和邮电

全年全区货物运输总量[12]4.37 亿吨,货物运输周转量 710.31 亿吨公里。全年全区旅客运输总量 0.61 亿人,下降 5.6%;旅客运输周转量 158.57 亿人公里,增长 4.7%。

表 8　2019 年全区各种运输方式完成运输量及其增长速度[13]

运输方式	货物				旅客			
	运输总量		运输周转量		运输总量		运输周转量	
	绝对值(万吨)	比上年增长(%)	绝对值(亿吨公里)	比上年增长(%)	绝对值(万人)	比上年增长(%)	绝对值(亿人公里)	比上年增长(%)
总计	43661.84	—	710.31	—	6092.36	-5.6	158.57	4.71
铁路	8150.64	13.85	213.60	6.92	666.40	2.05	40.93	0.37
公路	34360.00	—	437.39	—	4905.00	-8.18	46.01	-3.06
航空	3.33	31.80	0.41	24.00	520.96	13.56	71.63	13.35
管道	1147.87	-5.55	58.91	-9.01	—	—	—	—

年末全区民用汽车保有量 158.58 万辆,比上年末增长 8.9%,其中私人汽车保有量 143.81 万辆,增长 8.5%。民用轿车保有量 76.17 万辆,增长 8.4%,其中私人轿车保有量 72.55 万辆,增长 8.0%。

全年全区完成邮政业务总量[14]19.98 亿元,比上年增长 12.3%。邮政业完成邮政函件业务 272.03 万件,包裹业务 10.64 万件,快递业务量 4891.61 万件,快递业务收入 9.49 亿元。全年全区完成电信业务总量[15]744.1 亿元,增长 60.9%。年末全区电话用户总数 882.2 万户,其中移动电话用户 828.3 万户。互联网宽带接入用户 259.1 万户,比上年增加 42.1 万户。移动互联网用户 685.9 万户,比上年减少 24.3 万户;移动互联网接入流量 87474.6 万 GB,增长 66.9%。

图 6　2015-2019 年年末全区互联网宽带接入用户数和移动互联网用户数

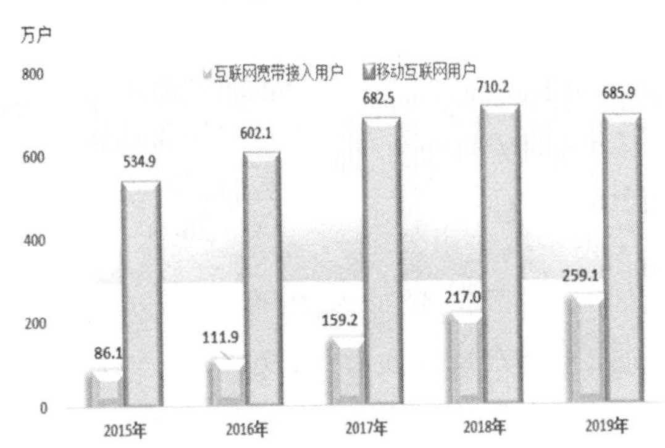

八、财政金融

全年全区一般公共预算总收入 747.76 亿元,同口径增长 6.6%。其中地方一般公共预算收入 423.55 亿元,同口径增长 7.2%。在地方一般公共预算收入中,税收收入 267.48 亿元,下降 10.3%,占地方一般公共预算收入的 63.2%。

图 7　2015-2019 年全区地方一般公共预算收入及增长速度[16]

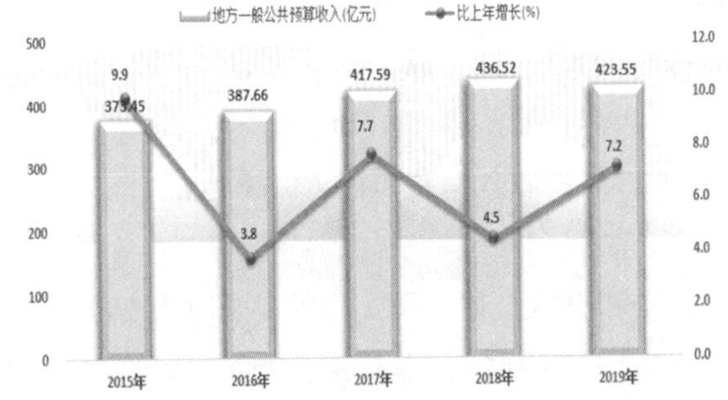

年末全区金融机构本外币各项存款余额 6460.42 亿元,比年初增加 413.22 亿元。其中人民

币各项存款余额 6443.43 亿元，增加 413.99 亿元。金融机构本外币各项贷款余额 7427.57 亿元，比年初增加 358.81 亿元。其中人民币各项贷款余额 7216.79 亿元，增加 379.10 亿元。

表 9 2019 年年末全区金融机构存贷款余额及其增长速度

指 标	年末数（亿元）	当年新增（亿元）	比上年末增长（%）
本外币各项存款余额	6460.42	413.22	6.9
人民币存款余额	6443.43	413.99	6.9
其中：住户存款	3446.14	340.94	11.0
非金融企业存款	1377.61	35.76	2.7
机关团体及财政性存款	1507.27	53.13	4.0
本外币各项贷款余额	7427.57	358.81	5.5
人民币贷款余额	7216.79	379.10	6.0
其中：短期贷款	1975.33	28.43	1.8
中长期贷款	4564.13	332.45	7.9
票据融资	662.29	9.17	1.4

年末全区上市公司 14 家，总股本 202.31 亿股，总市值 1272.32 亿元，比上年末增长 172.9%。其中流通市值 573.89 亿元，增长 79.3%。全年证券交易额 8726.82 亿元，增长 42.5%。年末全区在全国中小企业股份转让系统[17]挂牌公司 54 家，比上年末下降 6.9%。

年末全区省级营业性保险分公司 22 家，全年实现保费收入 197.67 亿元，比上年增长 8.1%。其中，财产险收入 68.16 亿元，增长 6.7%；寿险收入 87.71 亿元，增长 5.6%；健康险收入 36.23 亿元，增长 18.4%；意外伤害险收入 5.57 亿元，增长 6.5%。支付各类赔款和给付 63.57 亿元，增长 5.1%。其中，财产险赔款 37.12 亿元，增长 15.0%；寿险业务给付 16.39 亿元，下降 8.9%；健康险给付 8.37 亿元，下降 3.5%；意外伤害险赔款 1.69 亿元，增长 9.7%。

九、居民收入消费和社会保障

全年全区全体居民人均可支配收入 24412 元，比上年增长 9.0%。按常住地分，城镇居民人均可支配收入 34328 元，增长 7.6%；农村居民人均可支配收入 12858 元，增长 9.8%。

图 8 2015-2019 年全区城镇居民人均可支配收入及其增长速度

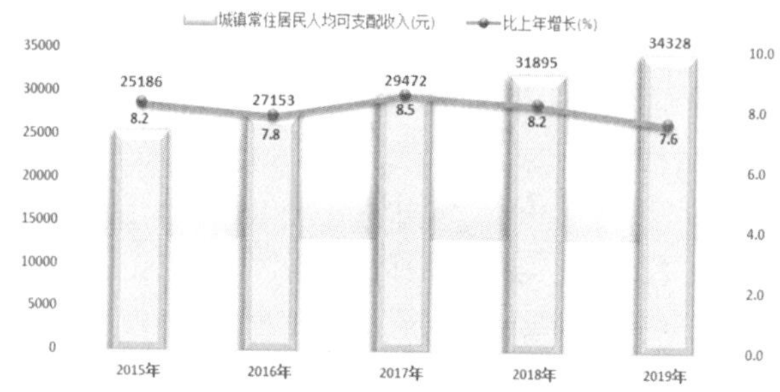

图 9 2015-2019 年全区农村居民人均可支配收入及其增长速度

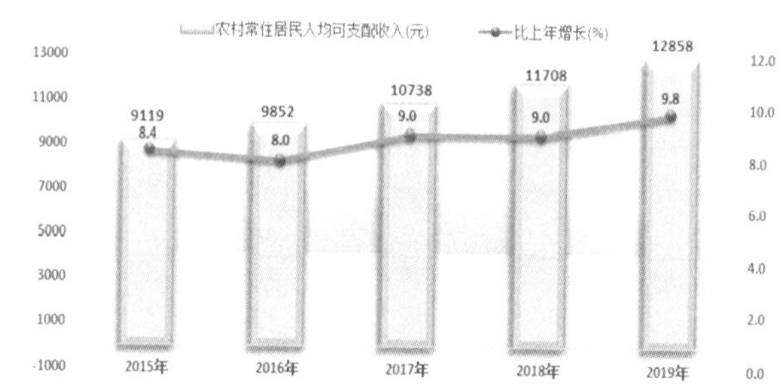

全年全区居民人均消费支出 18297 元，比上年增长 9.5%。按常住地分，城镇居民人均消费支出 24161 元，增长 9.9%；农村居民人均消费支出 11465 元，增长 6.3%。

图 10 2019 年全区城镇居民人均消费支出及其构成

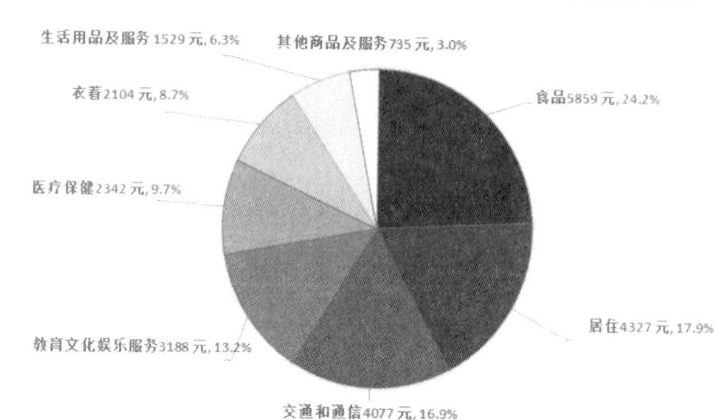

图 11 2019 年全区农村居民人均消费支出及其构成

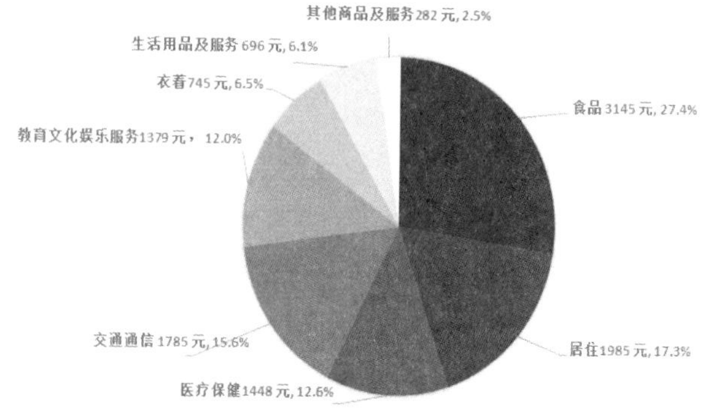

脱贫攻坚成效显著。按照每人每年 2300 元（2010 年不变价）的农村贫困标准计算，年末全区

农村贫困人口1.88万人，比上年末减少10.3万人；贫困发生率[18]0.47%，比上年下降2.53个百分点。全年全区生态移民人均可支配收入8387元，比上年增长10.3%。

年末全区参加城镇职工基本养老保险人数226.6万人，比上年末增加10.28万人。参加城乡居民基本养老保险人数194.66万人，增加13.29万人。参加基本医疗保险人数633.74万人，增加7.49万人。其中，参加城镇职工基本医疗保险人数141.11万人，增加9.18万人；参加城乡居民基本医疗保险人数492.63万人，减少1.69万人。参加失业保险人数97.36万人,增加5.39万人。参加工伤保险人数119.58万人，增加26.26万人。参加生育保险人数94.69万人，增加6.62万人。

十、教育、科学技术和文化体育

年末全区各级各类学校3439所（含小学教学点543所），教职工108841人。全年全区学前教育毛入园率86.35%，小学学龄人口入学率100.2%，初中阶段毛入学率115.5%，高中阶段毛入学率91.5%，高等教育毛入学率52.57%，小学六年巩固率为100.3%，初中三年巩固率为99.8%。

表10　2019年全区各级教育招生、在校、毕业生人数

类　别	校数（所）	招生数（人）	在校学生数（人）	毕业学生数（人）
普通高等学校	19	47385	142835	33985
#研究生	4	3257	7657	1997
成人高等学校	1	16457	34592	9996
中等职业教育学校	29	27933	74640	22966
普通中学	316	153873	452202	139045
#高中（含完全中学）	64	53619	153403	47318
初中（含完全中学）	252	100254	298799	91727
普通小学（含教学点）	1731	101798	574149	100626
幼儿园	1329	115992	247838	106134
特殊教育学校	14	1212	6976	793

全年全区登记自治区级科技成果233项，比上年增长1.7%。其中，基础理论成果53项，应用技术成果167项，软科学成果13项。全年专利申请量9268件,下降5.8%,其中，发明专利2524件，下降15.5%。专利授权量5552件，下降1.8%，其中，发明专利598件，下降19.6%。全年共签订技术合同1930项，技术合同成交金额16.74亿元。年末全区拥有国家级工程技术研究中心3个，自治区级工程技术研究中心50个；国家级重点实验室3个，自治区级重点实验室32个（含省部共建国家重点实验室培育基地2个）；国家级企业（集团）技术中心（含分中心）13个，自治区级企业（集团）技术中心69个；自治区级产业技术协同创新中心5个，临床医学研究中心25个，自治区技术创新中心218个。

年末全区文化系统共有艺术表演团体14个、博物馆75个。全区共有公共图书馆27个、文化馆27个、档案馆28个。预计[19]全区有线广播电视在册用户数108万户，其中，有线数字电视在册用户106.9万户；广播节目综合人口覆盖率为99.61%，电视节目综合人口覆盖率为99.88%。全区出版各类报纸14种，出版期刊37种，出版图书3220种。2018年，全区文化及相关产业增加值90.41亿元，比上年增长19.2%（未扣除价格因素），占全区生产总值的比重为2.58%，比上年提高0.21个百分点。

全年全区运动员参加国际国内比赛共取得金牌39枚、银牌34枚、铜牌61枚。全年有207人达国家一级运动员等级标准，530人达国家二级运动员等级标准，299人获得国家一级裁判员等级称号。

十一、卫生和社会服务

年末全区共有医疗卫生机构4395个，其中医院217个；基层医疗卫生机构4077个，其中卫生院205个，城市社区卫生服务机构222个，村卫生室2173个；专业公共卫生机构90个，其中疾病预防控制中心25个，卫生监督机构24个。年末全区卫生技术人员55346人，其中执业医师和执业助理医师20733人，注册护士24289人。全区医疗卫生机构实有床位40877张，其中医院35324张，基层医疗卫生机构4099张。全年全区总诊疗人次[20]4365.55万人次，入院人数[21]123.28万人次。

图12　2015-2019年全区卫生技术人员人数

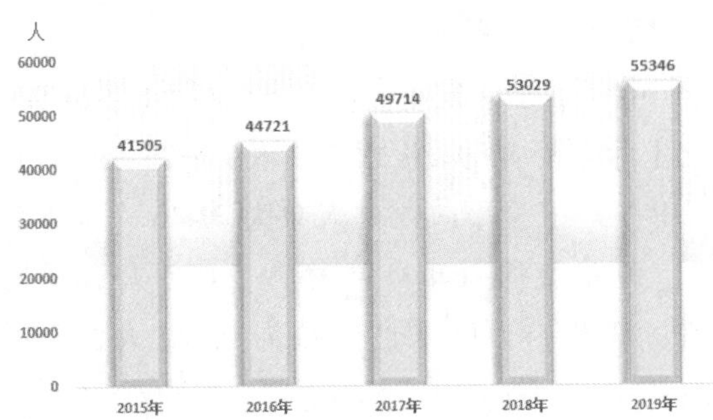

年末全区共有各类提供住宿的社会服务机构129个,其中养老服务机构107个,儿童收养救助服务机构7个。社会服务床位[22]19959张(不包括社区床位数),其中养老床位17334张(不包括社会日间照料床位5468张、社会留宿床位 2357张),儿童服务床位946张。年末全区共有社区服务机构和设施2662个,其中社区服务中心57个,社区服务站2047个。

十二、资源、环境和应急管理

全年全区水资源总量12.58亿立方米。平均降水量346毫米,比上年下降11.05%。总用水量69.90亿立方米,增长5.64%。其中,生活用水3.10亿立方米,下降6.17%;工业用水4.43亿立方米,增长1.91%;农业用水61.71亿立方米,增长9.61%。万元地区生产总值用水量[23]207立方米,下降0.76%。万元工业增加值用水量38立方米,下降5.09%。人均用水量1011立方米,增长4.66%。

全年全区完成营造林面积138.38万亩,其中人工营造林面积43.96万亩。森林抚育面积45.97万亩。年末全区自然保护区14个,其中国家级自然保护区9个,自治区级自然保护区5个。

预计[24]全年全区供水普及率为98.47%,比上年提高0.33个百分点;燃气普及率为89.98%,比上年提高1.07个百分点;建成区绿地率为37.99%,比上年提高0.98个百分点;生活垃圾处理率为99.28%,比上年提高0.59个百分点。

全年黄河干流宁夏段入境至出境均为Ⅱ类优水质,所占比例达100%。[25]地表水达到或好于Ⅲ类水体比例为80.0%。5个地级城市环境空气质量平均优良天数为321天,优良天数比例为87.9%。细微颗粒(PM2.5)平均浓度为29微克/立方米,比上年下降3.3%。可吸入颗粒物(PM10)平均浓度为66微克/立方米。五地市城市昼间区域声环境质量等级为二级,总体水平评价为较好。

全年全区累计发生各类生产经营性事故222起,比上年下降8.3%,死亡172人,下降8.5%。亿元GDP生产安全事故死亡人数为0.046人,下降6.1%。道路交通万车死亡率为2.032人,下降5.57%。煤矿百万吨死亡人数为0.040人,下降65.2%。

注释:

[1]本公报中数据均为初步统计数,正式数据以《宁夏统计年鉴-2020》为准。部分数据因四舍五入的原因,存在总计与分项合计不等的情况。

[2]地区生产总值、各产业增加值和人均地区生产总值绝对数按现价计算,增长速度按不变价格计算。

[3]2019年年末,0-14岁(含不满15周岁)人口为145.60万人,15-59岁(含不满60周岁)人口为452.09万人。

[4] 年度农民工数量包括年内在本乡镇以外从业6个月及以上的外出农民工和在本乡镇内从事非农产业6个月及以上的本地农民工两部分。

[5] 农产品生产者价格是指农产品生产者直接出售其产品时的价格。

[6]工业技术改造投资是指工业企业利用新技术、新工艺、新设备、新材料对现有设施、工艺条件及生产服务等进行改造提升,实现内涵式发展的投资活动。

[7]网上零售额是指通过公共网络交易平台(主要从事实物商品交易的网上平台,包括自建网站和第三方平台)实现的商品和服务零售额。

[8]宁夏沿黄生态经济带的统计范围包括:兴庆区、金凤区、西夏区、永宁县、贺兰县、灵武市、大武口区、惠农区、平罗县、利通区、青铜峡市、沙坡头区、中宁县13个县(市、区)。

[9]基础设施投资包括交通运输、邮政业、电信、广播电视和卫星传输服务业,互联网和相关服务业,水利、环境和公共设施管理业投资。

[10]民间固定资产投资是指具有集体、私营、个人性质的内资企事业单位以及由其控股(包括绝对控股和相对控股)的企业单位建造或购置固定资产的投资。

[11]货物进出口采用人民币计价。实际使用外商直接投资由于技术原因仍主要沿用美元计价。

[12]交通运输部根据专项调查,调整2019年公路货物运输量、公路货物运输周转量统计口径,数据与上年不可比。

[13]由于2019年公路货物运输量、公路货物运输周转量统计口径变化,数据与上年不可比,因此2019年全区货物运输总量、货物运输周转量数据与上年也不可比。

[14]邮政行业业务总量按2010年价格计算。

[15]电信业务总量按2015年价格计算。

[16]2019年地方一般公共预算收入增长速度为同口径增速。

[17]全国中小企业股份转让系统又称“新三板”，是2012年经国务院批准设立的全国性证券交易场所。

[18]贫困发生率是指贫困人口占目标调查人口的比重。

[19]此数据为自治区广播电视局预计数。

[20]总诊疗人次指所有诊疗工作的总人次数，包括门诊、急诊、出诊、预约诊疗、单项健康检查、健康咨询指导（不含健康讲座）人次。

[21]入院人数指报告期内经门诊或急诊医生签发住院证并办理入院手续的住院病人。

[22]社会服务床位数除收养性机构外，还包括救助类机构、社区类机构以及军休所、军供站等机构的床位。

[23]万元地区生产总值用水量、万元工业增加值用水量按2015年价格计算。

[24]此数据为住房和城乡建设厅预计数。

[25]数据来源于《2019年宁夏环境质量状况》。地表水达到或好于Ⅲ类水体比例为15个国控断面监测统计结果；环境空气质量优良天数及比例为未剔除沙尘天气数据，PM10、PM2.5平均浓度均为剔除沙尘天气后数据。

资料来源：

本公报中城镇新增就业、登记失业率、社会保障数据来自自治区人力资源和社会保障厅；财政数据来自自治区财政厅；水资源数据来自自治区水利厅；林业数据来自自治区林草局；发电装机容量数据来自国网宁夏电力公司；铁路运输数据来自中国铁路兰州局集团有限公司；公路运输数据来自自治区交通运输厅；民航数据来自西部机场集团宁夏机场有限公司；电信业务总量、电话用户、宽带用户、移动互联网接入流量、互联网普及率等数据来自宁夏通信管理局；供水普及率、燃气普及率、建成区绿地率、生活垃圾处理率等数据来自自治区住房和城乡建设厅；货物进出口数据来自银川海关；外商直接投资等数据来自自治区商务厅；民用汽车数据来自自治区公安厅；管道数据来自中石油管道长庆输油气分公司和中石油东部管道有限公司银川管理处；邮政业务数据来自宁夏邮政管理局；货币金融数据来自人民银行银川中心支行；上市公司数据来自宁夏证监局；保险业数据来自宁夏银保监局；社会服务数据来自自治区民政厅；教育数据来自自治区教育厅；国家工程研究中心、国家工程实验室、企业技术中心等数据来自自治区科技厅；专利数据来自自治区市场监管厅（自治区知识产权局）；艺术表演团体、博物馆、公共图书馆、文化馆数据来自自治区文化和旅游厅；报纸、期刊、图书数据来自自治区党委宣传部；广播电视数据来自自治区广播电视局；体育数据来自自治区体育局；卫生数据来自自治区卫生健康委；环境监测数据来自自治区生态环境厅；安全生产数据来自自治区应急厅；其他数据均来自自治区统计局和国家统计局宁夏调查总队。

银川市 2019 年国民经济和社会发展统计公报[1]

银川市统计局 国家统计局银川调查队

2020 年

2019 年，在市委、政府的坚强领导下，全市上下认真学习贯彻落实习近平新时代中国特色社会主义思想和党的十九届四中全会精神，坚持稳中求进工作总基调，深入贯彻新发展理念，全面落实高质量发展要求，统筹做好“六稳”工作，全市经济结构持续优化，发展质量稳步提升，经济社会保持平稳健康发展。

一、综合

初步核算，全年全市地区生产总值比上年增长 6.3%[2]。其中，第一产业增加值增长 2.0%，第二产业增加值增长 6.4%，第三产业增加值增长 6.5%。三次产业结构为 3.4∶43.7∶52.9，对经济增长的贡献率分别为 1.3%、45.2%、53.5%。按常住人口计算，全市人均地区生产总值比上年增长 4.7%。

图 1　2015—2019 年银川市地区生产总值增速

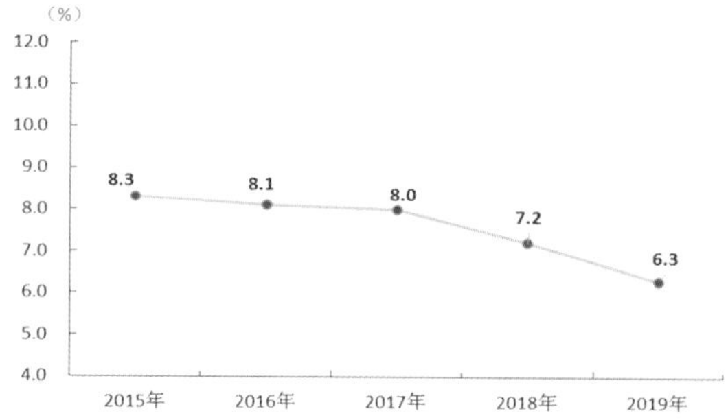

年末全市常住人口 229.31 万人，比上年末增加 4.25 万人。其中：城镇人口 181.28 万人，占总人口的比重为 79.1%；回族人口 59.14 万人，占总人口的比重为 25.8%；女性人口 116.39 万人，占总人口的比重为 50.8%。人口出生率为 13.57‰，死亡率为 4.53‰，人口自然增长率为 9.04‰。

表 1　2019 年银川市年末人口数及其构成

指标	年末数（人）	增速（%）	比重（%）
年末总人口	2293085	1.89	100
# 市区	1487561	2.58	64.9
# 城镇	1812795	3.83	79.1
乡村	480290	-4.82	20.9
# 汉族	1660979	2.05	72.4
回族	591399	1.51	25.8
其他少数民族	40707	0.97	1.8
# 男性	1129137	1.68	49.2
女性	1163948	2.1	50.8

全年居民消费价格比上年上涨 2.2%，其中，食品烟酒上涨 5.2%，衣着上涨 0.3%，医疗保健上涨 4.0%，教育文化和娱乐下降 0.2%，居住上涨 1.6%，生活用品及服务上涨 0.2%，交通和通信下降 1.6%，其他用品和服务上涨 1.9%。工业生产者出厂价格下降 1.5%，工业生产者购进价格下降 2.5%，商品零售价格上涨 1.1%。

表 2　2019 年银川市居民消费价格比上年涨跌幅度

单位：%

指标名称	2019 年
居民消费价格总指数	2.2
食品烟酒	5.2
# 粮食	1.4
鲜菜	3.5
畜肉	14.7
水产品	-1.4
蛋	4.6
鲜果	20.2
衣着	0.3
居住	1.6
生活用品及服务	0.2
交通和通信	-1.6
教育文化和娱乐	-0.2
医疗保健	4.0

图 2　2019 年银川市居民消费价格月度涨幅

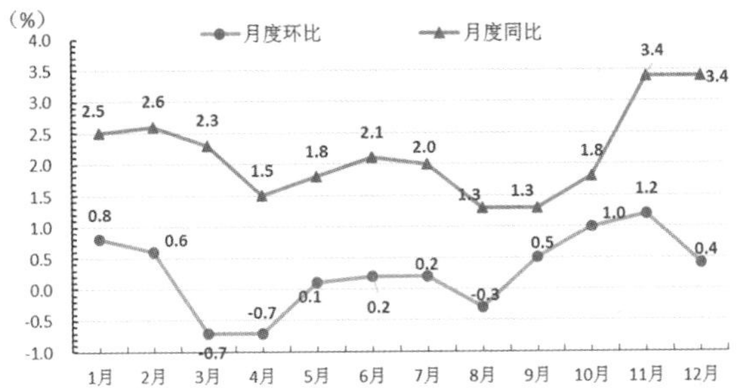

全年完成地方财政收入 216.25 亿元，比上年下降 8.2%。完成一般公共预算收入 154.70 亿元,比上年下降 10.7%,其中,税收收入 105.60 亿元,比上年下降 10.7%,税收收入占一般公共预算收入的比重为 68.3%。全年完成地方财政支出 450.31 亿元,增长 2.0%。完成一般公共预算支出 346.60 亿元,下降 4.6%,其中:一般公共服务支出增长 12.1%,公共安全支出增长 14.0%,教育支出增长 5.9%,科学技术支出下降 29.2%，社会保障和就业支出下降 6.1%,卫生健康支出增长 4.1%,节能环保支出下降 44.3%,城乡社区支出下降 23.5%。

图 3　2015—2019 年银川市一般公共预算收入及增速[3]

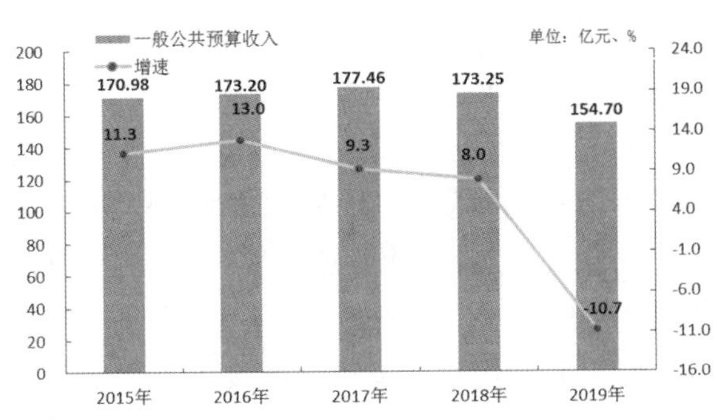

二、农业

全年实现农林牧渔业总产值 133.56 亿元,按可比价计算,比上年增长 2.3%[4]。其中,农业产值 74.85 亿元,增长 1.8%;林业产值 1.21 亿元,增长 15.9%;牧业产值 40.74 亿元,增长 3.0%;渔业产值 8.14 亿元,增长 4.5%;农林牧渔服务业产值 8.63 亿元,增长 4.4%。

全年粮食作物播种面积 8.11 万公顷,比上年下降 17.1%,其中,小麦播种面积 1.41 万公顷,下降 15.9%。蔬菜播种面积 3.70 万公顷,园林水果播种面积 2.27 万公顷。全年粮食产量 66.29 万吨,下降 19.6%,其中,小麦产量 7.56 万吨,下降 19.6%。蔬菜产量 141.38 万吨，下降 7.0%。园林水果产量 24.80 万吨,增长 20.1%。肉类产量 6.20 万吨,下降 2.4%,其中,猪肉产量 1.74 万吨,下降 10.1%;牛肉产量 1.92 万吨,增长 1.2%;羊肉产量 1.52 万吨,增长 0.3%。年末大牲畜总头数 23.29 万头,生猪存栏 13.59 万头,羊只存栏数 69.30 万只,家禽数 289.24 万只。禽蛋产量 3.58 万吨，下降 6.5。牛奶产量 56.87 万吨,增长 5.4%。水产品产量 7.26 万吨,增长 1.3%。

图 4　2015-2019 年银川市粮食产量及增速

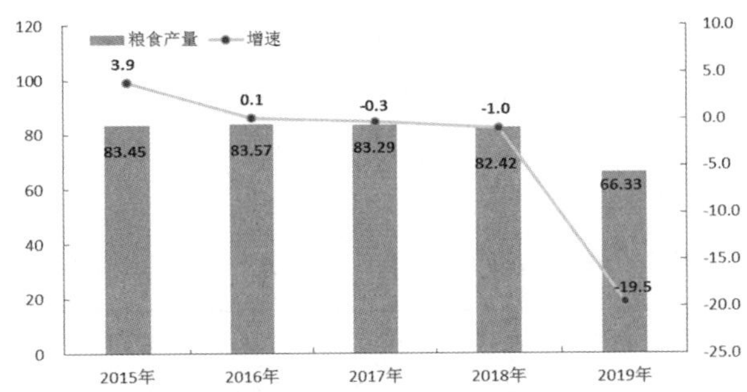

全年农村用电量 3.52 亿千瓦时，增长 10.8%。农用化肥施用量(按实物量计算)19.27 万吨,下降 4.2%。

三、工业和建筑业

全年全部工业增加值比上年增长 6.0%[2]。规模以上工业增加值增长 6.0%。全年规模以上工业中:分轻重工看,轻工业增加值下降 6.5%,重工业增加值增长 7.2%;分经济类型看,国有企业增加值增长 8.2%,股份制企业增加值增长 12.3%,外商及港澳台商投资企业增加值下降 29.7%。非公有制工业企业增加值增长 3.6%。

图 5　2015-2019 年银川市规模以上工业增加值增速

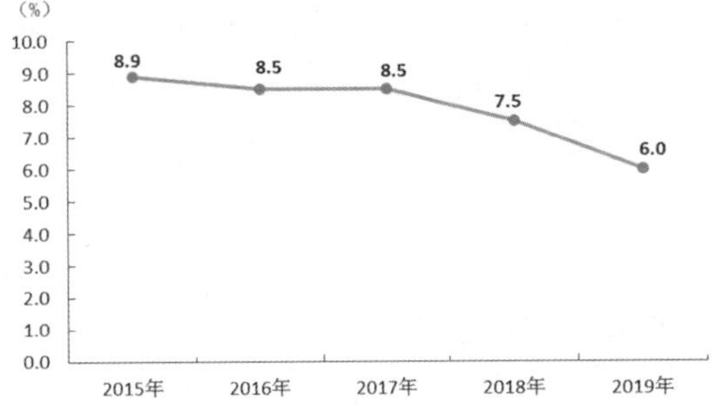

全年规模以上工业中,电力、热力的生产和供应业增加值比上年增长 4.9%,石油、煤炭及其他燃料加工业增加值下降 2.8%，煤炭采选业下降 6.3%，化学原料及化学制品制造业增长 31.2%,纺织业下降 8.9%。六大高耗能行业 [5] 增加值增长

9.4%，占规模以上工业增加值比重为 66.6%；高技术产业增加值增长 4.8%，占规模以上工业增加值比重为 6.3%。

全年规模以上工业企业实现销售产值 1944.65 亿元，比上年增长 5.1%，工业产品销售率为 97.8%。规模以上工业企业营业收入 2371.75 亿元，比上年增长 5.5%；营业成本 1875.16 亿元，增长 4.1%。实现利润总额 130.22 亿元，增长 34.9%。工业品出口交货值 34.43 亿元，亏损企业亏损额 38.04 亿元，企业亏损面 30.6%，应收票据及应收账款 348.23 亿元，资产负债率 65.6%，比上年减少 3.1 个百分点。非公有工业实现营业收入 833.57 亿元，下降 2.4%。

表 3　2019 年银川市主要工业产品产量及增长速度

产品名称	计量单位	产量	比上年增长(%)
水泥	万吨	526.55	5.4
液体乳	万吨	32.59	4.4
农用化肥(折纯)	万吨	34.23	12.7
金属切削机床	台	1610.00	-34.0
滚动轴承	万套	2380.07	-8.1
汽油	万吨	200.45	4.4
柴油	万吨	157.86	-1.5
合成氨	万吨	14.04	12.6
机制纸	万吨	0.60	-71.3
发电量	亿千瓦时	848.89	2.2
葡萄酒	千升	8289.52	-24.4
服装	万件	103.41	-20.6
家具	万件	4.61	35.6
焦炭	万吨	461.99	462.0
自来水生产量	万立方米	51569.48	-0.2
变压器	万千伏安	1398.01	37.5
电解铝(电解铝)	万吨	57.19	1.6

全年全市具有资质等级建筑业企业 484 个，实现建筑业总产值 434.88 亿元，比上年增长 12.9%。其中，国有及国有控股企业实现产值 147.83 亿元，增长 7.0%；建筑工程实现产值 391.98 亿元，增长 11.9%。房屋建筑施工面积 1497.93 万平方米，增长 0.9%；房屋建筑竣工面积 428.8 万平方米，下降 43.4%。

四、固定资产投资

全年固定资产投资比上年下降 6.2%[6]。分投资主体看，国有经济投资下降 8.0%，非国有经济投资下降 5.0%。从投资结构看，第一产业投资增长 22.4%，第二产业投资下降 10.8%，第三产业投资下降 3.7%。施工项目计划总投资增长 0.6%。

图 6　2015-2019 年银川市社会固定资产投资及增速

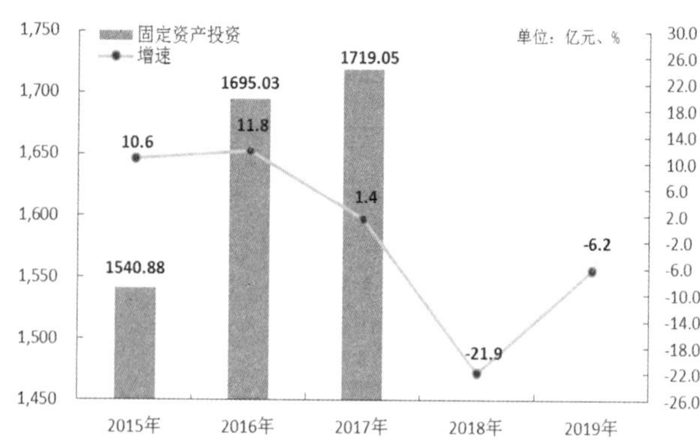

全年完成房地产开发投资 275.35 亿元，比上年下降 6.7%，其中，住宅开发投资 191.88 亿元，下降 3.2%。商品房施工面积 3799.45 万平方米，下降 0.1%，其中，住宅施工面积 2381.93 万平方米，下降 0.7%。商品房销售面积 679.38 万平方米，增长 10.9%，其中，住宅销售面积 679.38 万平方米，增长 10.9%。商品房待售面积 600.97 万平方米，增长 2.5%，其中，住宅待售面积 217.18 万平方米，下降 3.6%。全年商品房销售额 437.51 亿元，增长 21.5%，其中，住宅销售额 390.37 亿元，增长 32.0%。

五、国内贸易

全年社会消费品零售总额同比增长 6.2%[7]。分城乡看，城镇消费品零售额增长 5.8%，乡村消费品零售额增长 15.3%。分行业看，批发零售业零售额增长 6.3%，住宿餐饮业零售额增长 4.5%。分经济类型看，国有经济零售额增长 1.8%，集体经济零售额下降 0.1%，股份制经济零售额增长 8.9%，私营经济零售额增长 0.3%，个体经济零售额增长 9.7%，其他各种经济零售额下降 2.6%。

图 7　2015-2019 年银川市社会消费品零售总额及增速

在限额以上企业商品零售中，粮油、食品、饮料及烟酒类增长 10.4%，服装、鞋帽、针纺织品类下降 8.4%，家用电器和音像器材类下降 24.0%，金银珠

宝类下降11.3%，石油及制品类增长32.0%，通讯器材类下降13.6%，体育、娱乐用品类下降2.3%，汽车类下降11.5%。

重点商品交易市场成交额185.65亿元，下降15.2%，其中，亿元以上商品交易市场成交额181.64亿元，下降15.2%。

六、对外经济

全年实现进出口总额157.60亿元，比上年下降6.4%。其中，出口总额104.40亿元，下降18.1%；进口总额53.20亿元，增长29.8%。

图8 2015-2019年银川市进出口贸易总额

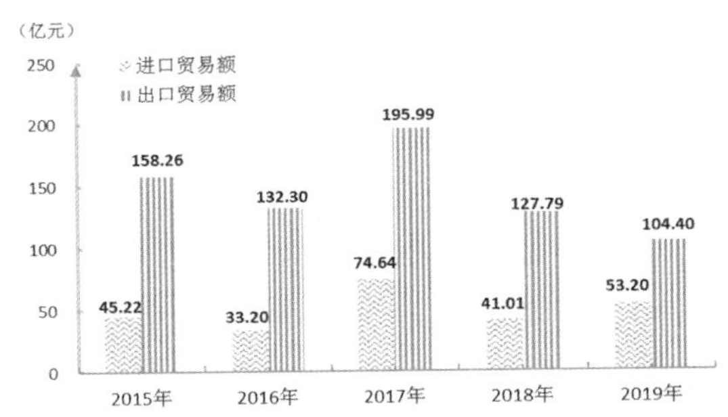

全年新批外资企业数19个。合同外资金额1.06亿美元，比上年增长9.9%；实际利用外资2.0亿美元，增长177.3%。

七、交通、邮电和旅游

全年铁路客运量413万人次，比上年增长0.9%；铁路货运量365.20万吨，增长2.9%。民航客运量499.28万人次，增长12.7%；民航旅客周转量70.13亿人公里，增长12.8%；民航货运量3.29万吨，增长31.1%；民航货物周转量4051.70万吨公里，增长23.8%[8]。

表4 2019年银川市铁路、公路及航空完成运输量及增长速度

指标	单位	绝对数	比上年增长(%)
客运量			
铁路	万人次	413	0.9
民航	万人次	499	12.7
旅客周转量			
民航	亿人公里	701259	12.8
货运量			
铁路	万吨	365.20	2.9
民航	万吨	3.29	31.1
货物周转量			
民航	万吨公里	4051.70	23.8

年末全市各种民用汽车保有量92.70万辆，增长9.0%，私人汽车保有量84.73万辆，增长8.5%。

全年邮政业业务收入累计完成13.60亿元，同比增长10.76%。快递业务收入累计完成6.91亿元，同比增长15.58%。全年订销报刊2803.34万份，下降3.3%. 完成邮政函件业务223.77万件，下降4.6%。年末本地固定电话用户25.44万户，增长4.3%；移动电话用户361.75万户，下降6.0%。计算机互联网用户112.56万户，增长13.9%。

全年接待国内游客1642万人次，比上年增长16.9%；接待入境游客7.88万人次，增长46.5%。国内旅游总收入168亿元，增长14.2%；旅游外汇收入3783万美元，增长27.9%。

全市共有旅行社137家，其中，国际社25家，国内社112家。全市共有旅游星级饭店39家，四星级15家，三星级24家。

八、金融和保险

年末全市金融机构人民币各项存款余额4013.77亿元，比上年末增长8.4%，其中，住户存款1867.01亿元，增长12.2%。人民币各项贷款余额5150.67亿元，比上年末增长7.4%，其中，中长期贷款3621.44亿元，增长7.4%，短期贷款1055.24亿元，下降9.2%。

全年实现保费收入115.96亿元，比上年增长10.6%。其中，财产险保费收入38.89亿元，增长12.2%；人身险保费收入77.06亿元，增长9.8%。全年支付各项赔款及给付额35.93亿元，增长9.2%。其中，财产险赔付20.50亿元，增长22.5%；人身险赔付15.42亿元，下降4.4%。

九、教育和科学技术

年末全市拥有研究生培养单位3个，招生3214人，比上年增长23.0%；在学研究生7563人，增长19.2%；毕业生1966人，增长26.1%。普通高等院校16所，招生3.59万人，比上年增长18.2%；在校生11.12万人，增长10.1%，毕业生2.68万人，增长8.1%。成人高校1所，招生764人，增长1.7倍；在校生2001人，下降32.4%；毕业生785人，下降42.2%。中等职业学校15所，招生1.26万人，增

长 8.2%;在校生 3.40 万人,下降 1.3%;毕业生 1.18 万人,下降 14.7%。普通高中院校 26 所,招生 1.86 万人,增长 5.0%;在校生 5.46 万人,增长 1.0%;毕业生 1.77 万人,下降 4.2%。初中学校 58 所,招生 2.97 万人,增长 6.3%;在校生 8.42 万人,增长 5.5%;毕业生 2.52 万人,增长 7.7%。普通小学 203 所,招生 3.63 万人,增长 6.9%;在校生 19.00 万人,增长 4.5%;毕业生 2.93 万人,增长 6.3%。特殊教育学校 4 所,招生 229 人,在校生 740 人。幼儿园 386 所,在园幼儿 9.0 万人,增长 8.3%。学前三年毛入园率达到 113.2%,小学六年巩固率达到 104.6%,初中三年巩固率达到 99.8%。资助困难学生 28079 人次。

全年专利申请 5337 件,有效发明专利拥有量 2118 件,万人发明专利拥有量 9.41 件。

十、文化、卫生和体育

年末全市拥有艺术表演团体 6 个,文化艺术馆、文化馆 8 个,公共图书馆 8 个,博物馆 9 个,全国重点文物保护单位 11 处。广播电台 5 座,电视台 6 座,广播综合人口覆盖率、电视综合人口覆盖率均达到 100%,有线广播电视用户 59.33 万户。

年末全市拥有卫生机构 1194 个,其中,医院和卫生院 112 个(医院 76 个)。卫生机构床位 17216 张,其中,医院、卫生院床位 16125 张。卫生技术人员 26726 人,其中,执业医师及执业助理医师 10321 人,注册护士 12172 人。疾病预防控制中心 8 个,卫生技术人员 361 人;妇幼保健机构 5 个,卫生技术人员 1415 人;乡镇卫生院 36 个,床位数 634 张,卫生技术人员 885 人;卫生监督所 7 个,卫生技术人员 111 人。全市已认定医疗保险定点医疗机构 566 个,定点零售药店 1449 个。全市国家免疫规划疫苗报告接种率达到 99.9%。

全年获得全国冠军 19 个,获得金牌 19 块,银牌 20 块,铜牌 37 块。获得全区第十五届运动会金牌 33 块,银牌 18 块,铜牌 16 块。

十一、人民生活和社会保障

全年城镇新增就业人数 6.13 万人,年末城镇登记失业率 3.87%,比上年末上涨 0.29 个百分点。

全年全市城镇居民人均可支配收入 38217 元,比上年增加 2631 元,增长 7.4%。城镇居民人均消费性支出 27717 元,增长 8.7%。城镇居民家庭恩格尔系数 25.2%。

图 9 2015-2019 年银川市城镇居民人均可支配收入及增速

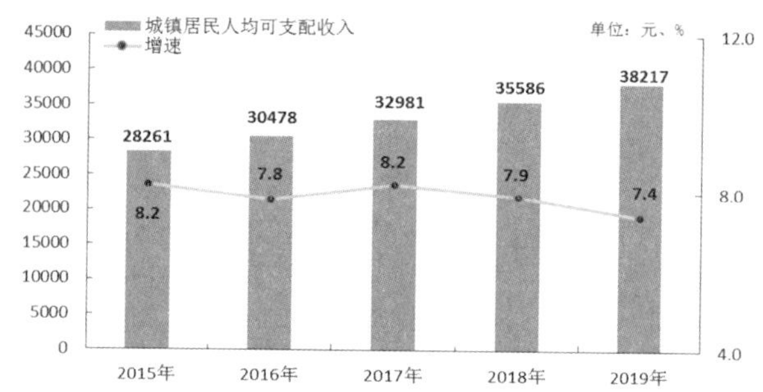

表 5 城镇居民每百户主要消费品拥有量

指标单位	单位	2019 年	2018 年	比上年增长(%)
空调器	台	35.2	33.9	3.8
淋浴热水器	台	99.7	98.3	1.4
彩电	台	102.1	101.6	0.6
电冰箱	台	99.4	99.1	0.3
移动电话	部	246.7	245.3	0.6
家用电脑	台	84.4	80	5.5
微波炉	台	70.7	68.1	3.9
家用汽车	辆	50.4	56.8	-11.4
摩托车	辆	5.4	6.4	-15.4
洗衣机	台	99.6	99.3	0.3
照相机	架	23.7	23.6	0.5
健身器材	套	9.6	7.5	27.6

全年全市农村居民人均可支配收入 15282 元,比上年增加 1122 元,增长 7.9%。农村居民人均生活消费支出 12966 元,增长 5.2%。农村居民家庭恩格尔系数 28.9%。

图 10 2015-2019 年银川市农村居民人均可支配收入及增速

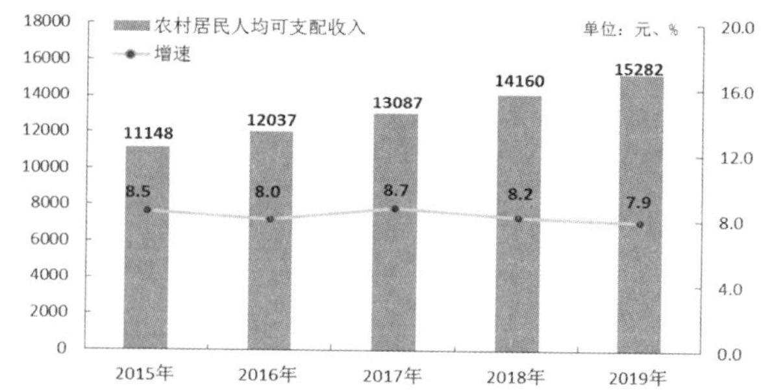

生态移民地区农村居民人均可支配收入 8883 元,比上年增长 10.2%。

年末全市参加基本养老保险 124.83 万人,比上年增长 6.7%,其中,参加城镇职工基本养老保险

94.22 万人，参加城乡居民社会养老保险 30.61 万人。参加失业保险 56.22 万人。参加基本医疗保险 191.72 万人，其中，参加城乡居民基本医疗保险 109.04 万人，参加城镇职工基本医疗保险 82.68 万人。

年末全市拥有中心敬老院、敬老院、老年公寓 30 个，共有床位 8172 张。全市居民享受政府最低生活保障人数为 1.22 万人，全年发放城镇居民最低生活保障金 0.77 亿元；农村享受最低保障人数 2.1 万人，发放农村最低生活保障金 1. 1 亿元。使用城乡医疗救助金 4150 万元，城乡特困人员享受医疗救助人数 6.4 万人。城镇建立各种社区服务站 254 个。全年销售社会福利彩票 5758 万元，筹集社会公益资金 1151.6 万元，直接接受社会捐赠 695.15 万元。

十二、城市建设

年末建成区绿化覆盖面积 7860.42 公顷；年末建成区园林绿地面积 7782.56 公顷，其中，建成区公园绿地面积 2431.34 公顷。

年末全市公共汽车线路达到 155 条，公共汽车运营车辆 1820 辆；公交标准运营车辆 2341 标台；每万人拥有公交车辆 12 标台。

十三、环境与安全生产

全年城市空气质量优良天数(实况)324 天，占总天数的 88.8%。区域噪声平均值 53.1 分贝，交通干线噪声平均值 65.9 分贝。城市饮用水源水质达标率 80%，黄河银川段水质达到二类。全年完成工业企业环境污染治理项目 130 个，投入资金 20.15 亿元。

全年发生各类生产安全事故 84 起，死亡 45 人。亿元 GDP 生产安全事故死亡人数为 0.024 人。道路交通生产安全事故死亡人数 11 人。

注：

[1]本公报中的当年数据均为初步统计数。

[2]地区生产总值、各产业增加值和人均地区生产总值增长速度按不变价格计算。

[3]2016 年、2017 年、2018 年一般公共预算收入增速为同口径增速。

[4]2017 年农业相关数据为第三次农业普查修正数据。

[5]六大高耗能行业分别为：化学原料和化学制品制造业、非金属矿物制品业、黑色金属冶炼和压延加工业、有色金属冶炼和压延加工业、石油加工炼焦和核燃料加工业、电力热力生产和供应业。

[6]自 2018 年起，不再公布全社会固定资产投资总量。

[7]自 2018 年起，社会消费品零售总额统计口径发生变化，医药公司销往医院的药品金额由零售额统计调整到批发额统计。

[8]自 2018 年起，取消铁路货物周转量和旅客周转量两项指标。

综　合

General Survey

1—1 行政区划及区划面积

Administrative Divisions and Area of Zoning

（2019）

县(市)区 County, Municipalities and District		镇（个）Towns（unit）	乡（个）Townships（unit）	街道办事处（个）Street Communities（unit）	居民委员会（个）Neighbour-hood Committees（unit）	村民委员会（个）Village Committees（unit）	区划面积（平方公里）Area of Zoning（sq.km）
总 计	**Total**	**20**	**6**	**25**	**254**	**286**	**9025.38**
市区	City	6	2	23	204	86	2305.86
兴庆区	Xingqing	2	2	11	95	43	828.26
金凤区	Jinfeng	2		5	48	24	353.00
西夏区	Xixia	2		7	61	19	1124.60
永宁县	Yongning	5	1	1	23	66	1178.68
贺兰县	Helan	4	1		13	64	1531.87
灵武市	Lingwu	6	2	1	14	70	4008.97

1—1 续表 continued

县(市)区 County, Municipalities and District		年末总人口（万人）Population at Year-end（10 000 persons）	人口密度（人/平方公里）Population Density（person/sq.km）	乡、镇、街道办事处名称 Townships,Towns and Street Communities
总 计	**Total**	**229.31**	**254**	
市 区		148.76	645	
兴庆区	Xingqing	75.54	912	大新镇 掌政镇 通贵乡 月牙湖乡 凤凰北街 富宁街 中山南街 胜利街 文化街 解放西路 新华街 玉皇阁北街 丽景街 前进街 银古路等街道办事处
金凤区	Jinfeng	36.93	1046	良田镇 丰登镇 黄河东路 满城北街 长城中路 北京中路 上海西路等街道办事处
西夏区	Xixia	36.28	323	兴泾镇 镇北堡镇 西花园路 朔方路 北京西路 文昌路 宁华路 贺兰山西路 怀远路等街道办事处
永宁县	Yongning	24.56	208	李俊镇 闽宁镇 杨和镇 望洪镇 望远镇 胜利乡 团结西路街道办事处
贺兰县	Helan	26.38	172	习岗镇 金贵镇 立岗镇 洪广镇 常信乡
灵武市	Lingwu	29.61	74	临河镇 东塔镇 崇兴镇 马家滩镇 郝家桥镇 白土岗乡 梧桐树乡 城区街道办事处

注：滨河新区居民委员会 1 个，村民委员会 1 个。
a)There is one resident committee and one villager committee in Binhe new district.

1—2 气象情况

(2019)

月	Month	平均气温(℃) Average Temperature(℃)				降水量(毫米) Precipitation(mm)			
		银川 Yinchuan	永宁 Yongning	贺兰 Helan	灵武 Lingwu	银川 Yinchuan	永宁 Yongning	贺兰 Helan	灵武 Lingwu
一	January	-6.8	-6.3	-7.4	-7.6	0.4	1.1	0.6	1.2
二	February	-1.9	-1.7	-2.6	-3.0			0.0	
三	March	6.1	6.2	5.0	5.0	0.2	0.0	0.0	0.0
四	April	15.7	16.0	15.2	15.4	5.5	9.1	5.7	8.4
五	May	17.3	17.8	16.4	16.7	15.0	11.4	16.2	8.3
六	June	22.3	22.6	21.2	21.6	86.7	100.6	71.8	63.8
七	July	24.5	24.7	23.4	23.2	4.8	5.3	8.2	5.7
八	August	23.1	23.1	21.8	21.3	2.7	4.3	9.8	16.3
九	September	18.3	18.9	17.6	17.1	14.5	28.8	18.5	20.6
十	October	10.1	10.8	9.4	9.0	11.2	14.5	13.4	22.7
十一月	November	3.6	4.0	2.8	2.7	4.4	1.9	4.2	2.6
十二月	December	-2.5	-2.4	-3.6	-3.7	0.1	0.2	0.0	0.2

注:蒸发仅银川有数据,蒸发分大型蒸发和小型蒸发,每年4-10月为大型蒸发值,11月－次年3月为小型蒸发值,因此不能做年统计。

1—2 续表

月份	Month	平均风速(米/秒) Average Wind Speed(m/second)				平均相对湿度(%) Mean Relative Humidity(%)			
		银川 Yinchuan	永宁 Yongning	贺兰 Helan	灵武 Lingwu	银川 Yinchuan	永宁 Yongning	贺兰 Helan	灵武 Lingwu
一月	January	1.3	1.2	0.6	2.0	43	47	64	51
二月	February	1.8	1.7	1.0	2.5	38	41	44	45
三月	March	1.8	1.8	1.0	2.5	32	32	38	35
四月	April	2.0	2.0	1.0	2.7	32	32	38	34
五月	May	1.9	1.8	0.8	2.7	41	39	46	46
六月	June	1.7	1.8	0.8	2.2	56	55	62	61
七月	July	1.7	1.6	0.8	2.1	52	52	58	62
八月	August	1.6	1.5	0.6	1.9	53	55	60	67
九月	September	1.2	1.2	0.4	1.9	63	61	66	72
十月	October	1.4	1.6	0.6	2.2	60	58	64	67
十一月	November	1.6	1.7	0.8	2.6	52	54	56	59
十二月	December	1.6	1.6	1.0	2.9	50	50	50	52

注:2014年以后永宁、贺兰、灵武三站已停止观测蒸发量记录

蒸发量(毫米) Evaporation(mm)				日照时数(小时) Hours of Sunshine(hour)			
银川 Yinchuan	永宁 Yongning	贺兰 Helan	灵武 Lingwu	银川 Yinchuan	永宁 Yongning	贺兰 Helan	灵武 Lingwu
28.5				171.2	184.5	172.0	212.2
59.6				191.8	193.4	172.6	210.6
138.8				261.9	254.7	248.6	270.9
145.8				276.4	266.7	253.6	269.9
157.6				234.2	231.7	243.1	217.4
125.6				210.3	226.7	219.4	218.8
161.9				269.2	309.0	280.5	262.8
153.7				244.9	315.9	264.8	227.8
102.3				226.8	236.9	221.7	219.2
79.7				190.5	215.1	200.8	197.9
67.6				168.1	185.6	171.4	177.4
42.2				215.4	237.9	210.1	235.6

a)Only Yinchuan has data on evaporation. Evaporation is divided into large evaporation and small evaporation. The large evaporation value is from April to October every year, and the small evaporation value is from November to March next year. Therefore, annual statistics cannot be made.

continued

大风日数(日) Days of Wind(day)				雨日数(日) Days of Rain(day)			
银川 Yinchuan	永宁 Yongning	贺兰 Helan	灵武 Lingwu	银川 Yinchuan	永宁 Yongning	贺兰 Helan	灵武 Lingwu
		0				2	1
		0	1				
		0	2	2	1	1	1
	1	0	4	5	5	5	8
1		0	2	8	10	8	6
		0		12	13	13	14
1		0		11	15	10	16
1	1	0		7	11	4	9
		0		9	9	7	9
		0	2	10	12	10	12
1		0	2	3	2	4	3
		0	1	1		1	1

a)Yongning,Helan and Lingwu has stopped observation evaporation since 2014.

1—3 主要年份地区生产总值

Gross Domestic Product in Main Years

单位:万元　　（按当年价格计算 caculated at current prices）　　（10 000 yuan）

年份 Year	地区生产总值 Gross Domestic Product	第一产业 Primary Industry	第二产业 Secondary Industry			第三产业 Tertiary Industry			人均地区生产总值(元/人) Per Capita Gross Domestic Produc (yuan/person)
				工业 Industry	建筑业 Construction		交通运输、仓储和邮政业 Transport, Storageand PostService	批发和零售业、住宿和餐饮业 Wholesale, Retail Trade, Hoteling andCatering Services	
1949	2025	1484	130	118	12	411	74	63	86
1950	2498	1885	149	131	18	464	84	125	103
1951	3486	2725	227	191	36	534	112	168	137
1952	3374	2343	396	278	118	635	146	186	126
1953	3833	2587	490	348	142	756	218	220	133
1954	4152	2715	560	384	176	877	278	260	134
1955	5064	3317	729	509	220	1018	346	278	154
1956	5443	3192	949	688	261	1302	486	337	159
1957	5716	2986	1143	963	180	1587	572	404	162
1958	8370	3380	2022	1359	663	2968	1189	746	221
1959	11758	3415	4481	3240	1241	3862	1214	1286	276
1960	13424	2691	6059	4612	1447	4674	1345	1463	288
1961	11225	3103	3632	3052	580	4490	1067	1483	240
1962	9188	3181	2664	2296	368	3343	786	980	211
1963	10284	3970	2772	2354	418	3542	827	1097	241
1964	10696	3739	3121	2532	589	3836	920	1124	240
1965	13338	5137	4222	3059	1163	3979	1078	1156	284
1966	17623	5516	7267	5947	1320	4840	1348	1369	363
1967	16109	4547	7650	6573	1077	3912	1089	1081	322
1968	16347	4374	7929	5491	2438	4044	1017	1149	309
1969	20202	5205	10172	8025	2147	4825	1311	1226	360
1970	24481	6111	12335		1480	6035	1457	1478	415
1971	26132	7584	11418		973	7130	1789	1851	427
1972	27538	7756	12016		1305	7766	1930	1997	433
1973	28904	9152	11993		1388	7759	2040	2069	437
1974	30101	7711	14523		1389	7867	2093	2157	439
1975	34183	8139	17494		1365	8550	2328	2287	483
1976	30851	6777	16035		1479	8039	2161	2125	423
1977	33148	7078	17356		1894	8714	2648	2271	441
1978	38222	7902	20245		1893	10075	3202	2535	494
1979	41938	8639	22247		2803	11052	3084	2820	527
1980	44412	10750	21982		3468	11680	3529	3194	546
1981	46487	13019	21089		4949	12379	3559	3655	559

注:1.2000-2018 年数据为第四次经济普查修订数。
2. 2008-2019 年人均地区生产总值为常住人口计算。
3.2019 年数据为初步核算数。

1-3 续表 continued

单位:万元　　（按当年价格计算 caculated at current prices）　　(10 000 yuan)

年份 Year	地区生产总值 Gross Domestic Product	第一产业 Primary Industry	第二产业 SecondaryIndustry	工业 Industry	建筑业 Construction	第三产业 Tertiary Industry	交通运输、仓储和邮政业 Transport, Storageand PostService	批发和零售业、住宿和餐饮业 Wholesale, Retail Trade, Hoteling andCatering Services	人均地区生产总值(元/人) Per Capita Gross Domestic Produc (yuan/person)
1982	54549	16983	22778	17496	5282	14788	4862	4013	641
1983	64259	20044	27625	21848	5777	16590	5311	4590	740
1984	76756	24199	32715	24739	7976	19842	6685	4797	869
1985	94160	26286	42656	31326	11330	25218	8202	6837	1045
1986	111227	29980	49522	35973	13549	31725	9453	7813	1210
1987	132621	35567	55887	42430	13457	41167	11107	9072	1398
1988	168776	41278	67884	56327	11557	59614	11914	13203	1730
1989	207904	47293	87458	76787	10671	73153	14607	14841	2081
1990	231978	54868	92126	79482	12644	84984	11931	18579	2269
1991	270931	56593	112312	95973	16339	102026	15862	24997	2596
1992	320781	62329	138547	111057	27490	119905	18397	33689	3021
1993	432948	67372	202716	169764	32952	162860	26548	48531	4007
1994	571199	94993	268989	208527	60462	207217	32032	57667	5180
1995	717130	120037	310488	250658	59830	286605	44982	65922	6374
1996	827908	132842	367624	277398	90226	327442	61481	70838	7228
1997	951001	150519	406055	300693	105362	394427	7645	78802	8152
1998	1040857	155596	431705	303314	128391	453556	92422	96850	8769
1999	1145303	148970	473950	331604	142346	522383	107746	111132	9518
2000	1324515	143520	556866	394752	162114	624129	129350	128487	10703
2001	1508366	149840	616570	446503	170066	741956	153289	145927	11770
2002	1675036	155463	664070	486880	177190	855503	166079	163641	12748
2003	1967559	147152	809695	574195	235501	1010712	184151	192121	14795
2004	2375159	174757	1006751	797088	209663	1193651	190181	226703	17541
2005	2650127	188816	1139274	906973	232301	1322037	198209	264078	19039
2006	3115227	202650	1372309	1090546	281763	1540268	212796	315003	21840
2007	4306346	234035	1922121	1549948	372172	2150190	311526	375154	29347
2008	5725102	281980	2519952	2011268	508684	2923170	438413	535352	36440
2009	6286740	307100	2814844	2182290	632554	3164796	468086	549233	37464
2010	7947720	378981	3657729	2821309	836420	3911010	576169	676512	42888
2011	9556698	442621	4616273	3608017	1008256	4497804	681402	773719	47425
2012	10637227	477270	5164640	4084146	1080495	4995317	699602	775028	52245
2013	11773017	517564	5603803	4432479	1171907	5651650	743416	845663	57025
2014	12637049	526023	5989251	4682036	1307920	6121775	674294	843564	60010
2015	13175520	580570	6015565	4700518	1316986	6579386	783890	894642	61381
2016	14112129	580612	6325220	4968418	1357907	7206297	761065	962046	64806
2017	16193187	613482	7388323	5964460	1425770	8191382	781101	1073506	73331
2018	17772217	682838	7767550	6301780	1467908	9321829	754863	1168461	79412
2019	18967883	647122	8288196	6628566	1663032	10032564	837097	1249882	83492

a) The data from 2000 to 2018 are the revised data of the fourth economic census.
b) The GDP per capita in 2008-2019 is calculated as the resident population.
c) The data of 2019 is the preliminary calculation.

1—4 主要年份地区生产总值构成

Composition of Gross Domestic Product in Main Years

单位:%　　（按当年价格计算 caculated at current prices）　　(%)

年份 Year	地区生产总值 Gross Domestic Product	第一产业 Primary Industry	第二产业 Secondary Industry	工业 Industry	建筑业 Construction	第三产业 Tertiary Industry	交通运输、仓储和邮政业 Transport, Storageand PostService	批发和零售业、住宿和餐饮业 Wholesale, Retail Trade, Hoteling andCatering Services
1949	100.0	73.3	6.4	5.8	0.6	20.3	3.7	3.1
1950	100.0	75.5	6.0	5.2	0.8	18.5	3.4	5.0
1951	100.0	78.2	6.5	5.5	1.0	15.3	3.2	4.8
1952	100.0	69.4	11.8	8.2	3.6	18.8	4.3	5.5
1953	100.0	67.5	12.8	9.1	3.7	19.7	5.7	5.7
1954	100.0	65.4	13.5	9.3	4.2	21.1	6.7	6.3
1955	100.0	65.5	14.4	10.1	4.3	20.1	6.8	5.5
1956	100.0	58.6	17.5	12.6	4.9	23.9	8.9	6.2
1957	100.0	52.2	20.0	16.9	3.1	27.8	10.0	7.1
1958	100.0	40.4	24.2	16.2	8.0	35.4	14.2	8.9
1959	100.0	29.1	38.1	27.6	10.5	32.8	10.3	10.9
1960	100.0	20.0	45.2	34.4	10.8	34.8	10.0	10.9
1961	100.0	27.6	32.4	27.2	5.2	40.0	9.5	13.2
1962	100.0	34.6	29.0	25.0	4.0	36.4	8.6	10.7
1963	100.0	38.6	27.0	22.9	4.1	34.4	8.0	10.7
1964	100.0	35.0	29.2	23.7	5.5	35.8	8.6	10.5
1965	100.0	38.5	31.7	22.9	8.8	29.8	8.1	8.7
1966	100.0	31.3	41.2	33.7	7.5	27.5	7.6	7.8
1967	100.0	28.2	47.5	40.8	6.7	24.3	6.8	6.7
1968	100.0	26.8	48.5	33.6	14.9	24.7	6.2	7.0
1969	100.0	25.8	50.4	39.7	10.7	23.8	6.5	6.1
1970	100.0	25.0	50.4	44.3	6.1	24.6	6.0	6.0
1971	100.0	29.0	43.7	40.0	3.7	27.3	6.8	7.1
1972	100.0	28.2	43.6	38.9	4.7	28.2	7.0	7.3
1973	100.0	31.7	41.5	36.7	4.8	26.8	7.1	7.2
1974	100.0	25.6	48.2	43.6	4.6	26.2	7.0	7.2
1975	100.0	23.8	51.2	47.2	4.0	25.0	6.8	6.7
1976	100.0	22.0	52.0	47.2	4.8	26.0	7.0	6.9
1977	100.0	21.4	52.4	46.6	5.8	26.2	8.0	6.9
1978	100.0	20.7	53.0	48.0	5.0	26.3	8.4	6.6
1979	100.0	20.6	53.0	46.4	6.6	26.4	7.4	6.7
1980	100.0	24.2	49.5	41.7	7.8	26.3	7.9	7.2
1981	100.0	28.0	45.4	34.7	10.7	26.6	7.7	7.9

注:1.2000−2018 年数据为第四次经济普查修订数。
　2.2008−2019 年人均地区生产总值为常住人口计算。

1-4 续表 continued

单位:% （按当年价格计算 caculated at current prices） (%)

年份 Year	地区生产总值 Gross Domestic Product	第一产业 Primary Industry	第二产业 Secondary Industry	工业 Industry	建筑业 Construction	第三产业 Tertiary Industry	交通运输、仓储和邮政业 Transport, Storageand PostService	批发和零售业、住宿和餐饮业 Wholesale, Retail Trade, Hoteling and Catering Services
1982	100.0	31.1	41.8	32.1	9.7	27.1	8.9	7.4
1983	100.0	31.2	43.0	34.0	9.0	25.8	8.3	7.1
1984	100.0	31.5	42.6	32.2	10.4	25.9	8.7	6.2
1985	100.0	27.9	45.3	33.3	12.0	26.8	8.7	7.3
1986	100.0	27.0	44.5	32.3	12.2	28.5	8.5	7.0
1987	100.0	26.8	42.1	32.0	10.1	31.1	8.4	6.8
1988	100.0	24.5	40.2	33.4	6.8	35.3	7.1	7.8
1989	100.0	22.7	42.1	36.9	5.2	35.2	7.0	7.1
1990	100.0	23.7	39.7	34.3	5.4	36.6	5.1	8.0
1991	100.0	20.8	41.5	35.4	6.1	37.7	5.9	9.2
1992	100.0	19.4	43.2	34.6	8.6	37.4	5.7	10.5
1993	100.0	15.6	46.8	39.2	7.6	37.6	6.1	11.2
1994	100.0	16.6	47.1	36.5	10.6	36.3	5.6	10.1
1995	100.0	16.7	43.3	35.0	8.3	40.0	6.3	9.2
1996	100.0	16.0	44.4	33.5	10.9	39.6	7.4	8.6
1997	100.0	15.8	42.7	31.6	11.1	41.5	8.0	8.3
1998	100.0	14.9	41.5	29.1	12.4	43.6	8.9	9.3
1999	100.0	13.0	41.4	29.0	12.4	45.6	9.4	9.7
2000	100.0	10.8	42.0	29.8	12.2	47.1	9.8	9.7
2001	100.0	9.9	40.9	29.6	11.3	49.2	10.2	9.7
2002	100.0	9.3	39.6	29.1	10.6	51.1	9.9	9.8
2003	100.0	7.5	41.2	29.2	12.0	51.4	9.4	9.8
2004	100.0	7.4	42.4	33.6	8.8	50.3	8.0	9.5
2005	100.0	7.1	43.0	34.2	8.8	49.9	7.5	10.0
2006	100.0	6.5	44.1	35.0	9.0	49.4	6.8	10.1
2007	100.0	5.4	44.6	36.0	8.6	49.9	7.2	8.7
2008	100.0	4.9	44.0	35.1	8.9	51.1	7.7	9.4
2009	100.0	4.9	44.8	34.7	10.1	50.3	7.4	8.7
2010	100.0	4.8	46.0	35.5	10.5	49.2	7.2	8.5
2011	100.0	4.6	48.3	37.8	10.6	47.1	7.1	8.1
2012	100.0	4.5	48.6	38.4	10.2	47.0	6.6	7.3
2013	100.0	4.4	47.6	37.6	10.0	48.0	6.3	7.2
2014	100.0	4.2	47.4	37.1	10.3	48.4	5.3	6.7
2015	100.0	4.4	45.7	35.7	10.0	49.9	5.9	6.8
2016	100.0	4.1	44.8	35.2	9.6	51.1	5.4	6.8
2017	100.0	3.8	45.6	36.8	8.8	50.6	4.8	6.6
2018	100.0	3.8	43.7	35.5	8.3	52.5	4.2	6.6
2019	100.0	3.4	43.7	34.9	8.8	52.9	4.4	6.6

a)The data from 2000 to 2018 are the revised data of the fourth economic census.
b)The GDP per capita in 2008-2019 is calculated as the resident population.

1—5 主要年份地区生产总值指数

Indices of Gross Domestic Product in Main Years

单位:% （上年=100） (%)

年份 Year	地区生产总值 Gross Domestic Product	第一产业 Primary Industry	第二产业 Secondary Industry	工业 Industry	建筑业 Construction	第三产业 Tertiary Industry	交通运输、仓储和邮政业 Transport, Storageand PostService	批发和零售业、住宿和餐饮业 Wholesale, Retail Trade, Hoteling and Catering Services
1950	106.0	104.6	114.1	111.1	147.4	113.5	111.5	169.4
1951	131.9	133.5	154.3	146.3	185.7	115.9	132.7	129.1
1952	113.9	110.5	181.6	149.8	325.0	116.2	131.0	112.4
1953	112.4	111.6	120.5	120.9	117.2	113.7	148.9	111.3
1954	114.5	113.9	123.4	123.1	128.8	113.1	128.2	111.4
1955	114.1	113.2	120.6	118.8	133.2	115.8	124.5	106.8
1956	107.9	103.3	129.1	134.6	115.3	125.1	141.4	115.1
1957	96.1	89.2	116.8	136.6	68.6	120.6	116.8	123.5
1958	130.8	117.6	192.6	155.9	378.4	145.7	208.1	190.3
1959	128.4	100.3	215.4	228.9	192.7	148.2	102.1	172.4
1960	99.6	79.8	130.2	135.6	115.5	106.3	111.5	111.1
1961	77.7	89.1	54.2	59.4	42.3	94.0	79.7	88.5
1962	103.0	124.3	81.8	86.1	62.3	87.4	73.2	67.8
1963	127.2	142.7	102.1	99.9	104.4	112.7	105.4	122.8
1964	101.5	95.2	113.1	107.6	147.7	110.9	111.5	104.2
1965	126.3	129.6	144.2	130.5	207.4	104.7	116.4	105.7
1966	128.2	112.6	180.6	207.4	113.5	121.4	125.8	122.1
1967	88.3	90.3	89.8	91.6	81.3	80.3	80.4	72.9
1968	100.3	95.9	113.7	91.9	229.1	91.2	92.6	106.8
1969	115.3	104.1	131.7	152.5	87.3	117.3	128.2	104.6
1970	114.5	101.8	125.8	138.3	62.4	125.3	110.6	122.9
1971	98.6	95.8	93.0	98.5	56.3	118.7	124.1	125.6
1972	104.7	100.1	107.3	104.9	153.8	108.6	108.4	106.6
1973	104.5	103.9	103.9	103.4	109.9	106.6	105.1	102.4
1974	107.6	102.6	112.1	113.5	95.5	108.0	103.2	102.9
1975	111.2	102.5	120.5	122.8	90.9	108.2	110.8	104.2
1976	88.7	75.5	95.3	94.1	100.7	95.8	93.3	87.9
1977	106.9	110.0	103.5	102.4	93.5	110.2	113.6	98.3
1978	111.1	108.8	114.7	112.0	158.4	106.3	122.1	113.7
1979	107.1	100.3	111.0	106.9	150.0	107.8	100.7	110.5
1980	105.3	114.7	98.6	93.7	146.2	108.7	114.6	109.2
1981	101.5	110.1	92.9	86.2	102.3	107.4	99.6	107.9

注:1.2000-2018 年数据为第四次经济普查修订数。
2.2019 年数据为初步核算数。

1-5 续表 continued

单位:% （上年=100） (%)

年份 Year	地区生产总值 Gross Domestic Product	第一产业 Primary Industry	第二产业 Secondary Industry	工业 Industry	建筑业 Construction	第三产业 Tertiary Industry	交通运输、仓储和邮政业 Transport, Storageand PostService	批发和零售业、住宿和餐饮业 Wholesale, Retail Trade, Hoteling and Catering Services
1982	114.8	123.8	108.0	108.7	106.1	114.7	126.9	117.1
1983	118.6	117.8	120.9	124.9	115.2	116.2	109.4	116.9
1984	116.7	118.9	116.9	112.1	140.7	113.3	121.1	101.7
1985	121.5	104.6	132.8	129.4	155.8	127.4	124.2	144.5
1986	111.7	113.7	108.5	106.3	109.8	115.1	108.3	110.2
1987	107.4	95.9	107.1	114.6	97.8	121.5	118.0	105.3
1988	110.5	103.0	110.7	118.8	84.9	117.2	103.4	122.8
1989	109.5	106.6	105.0	110.6	59.7	118.2	104.6	105.2
1990	106.5	102.0	104.4	104.0	111.2	112.5	89.1	129.2
1991	112.7	104.1	116.2	113.8	137.2	114.4	128.7	130.3
1992	111.8	101.7	117.5	113.0	131.4	111.3	110.2	122.0
1993	114.6	98.9	122.6	126.3	101.0	113.5	124.9	128.1
1994	109.5	106.9	113.0	109.8	148.4	106.1	113.1	101.1
1995	109.3	105.7	106.7	109.4	90.4	114.8	117.9	95.9
1996	110.2	106.4	115.0	110.2	150.7	105.6	123.5	103.4
1997	110.3	109.5	107.5	105.5	120.9	114.5	121.7	104.2
1998	109.2	106.8	108.0	105.4	122.5	111.8	120.3	123.4
1999	109.2	101.9	108.3	108.0	121.6	113.4	120.1	110.8
2000	109.6	102.8	109.4	110.0	103.4	112.5	117.1	111.4
2001	109.6	103.7	107.0	108.8	102.6	113.3	120.5	114.5
2002	110.1	102.8	110.8	110.9	110.6	111.1	110.7	116.2
2003	112.5	101.2	114.5	112.0	121.0	113.0	104.9	118.2
2004	111.6	103.6	115.6	125.2	92.8	109.5	105.8	111.8
2005	110.5	104.2	113.2	117.3	99.7	109.1	104.8	112.4
2006	111.4	107.3	115.4	117.9	105.5	108.5	101.7	110.7
2007	112.0	103.7	114.7	116.7	106.1	110.6	108.3	105.2
2008	111.5	107.5	112.8	114.3	105.3	110.7	110.0	107.8
2009	110.6	107.0	111.8	111.3	114.1	109.9	102.1	108.9
2010	113.7	106.2	117.4	117.9	115.2	110.9	109.2	114.4
2011	111.5	104.9	117.2	119.2	110.3	106.7	115.6	112.7
2012	110.5	105.7	114.1	115.3	109.5	107.2	105.6	94.1
2013	109.5	103.8	110.6	111.2	108.5	108.7	104.3	102.2
2014	109.3	105.0	110.8	109.4	116.3	107.9	96.4	101.3
2015	108.6	104.8	109.2	108.8	110.8	108.2	99.0	105.4
2016	107.6	104.4	106.5	107.2	103.6	108.9	102.3	105.7
2017	107.5	104.2	106.3	108.5	98.4	108.7	96.8	111.2
2018	106.9	103.6	106.3	107.8	100.5	107.6	97.1	106.2
2019	106.3	102.0	106.4	106.0	108.0	106.5	111.2	105.1

a) The data from 2000 to 2018 are the revised data of the fourth economic census.
b) The data of 2019 is the preliminary calculation.

1-6 主要年份地区生产总值指数

Indices of Gross Domestic Product in Main Years

单位:%　　　　(1952 年 =100)　　　　(%)

年份 Year	地区生产总值 Gross Domestic Product	第一产业 Primary Industry	第二产业 Secondary Industry			第三产业 Tertiary Industry		
				工业 Industry	建筑业 Construction		交通运输、仓储和邮政业 Transport, Storageand PostService	批发和零售业、住宿和餐饮业 Wholesale, Retail Trade, Hoteling and Catering Services
1949	62.8	64.8	31.3	76.2	23.3	65.4	51.1	122.4
1950	66.6	67.8	35.7	84.4	33.1	74.2	57.6	237.3
1951	87.8	90.5	55.1	37.7	23.5	86.0	75.1	83.6
1952	100.0	100.0	100.0	100.0	100.0	100.0	100.0	100.0
1953	112.4	111.6	120.5	120.9	117.2	113.7	148.9	111.3
1954	128.7	127.1	148.6	148.8	151.0	128.6	190.9	124.0
1955	146.8	144.0	179.2	176.8	201.1	149.0	237.7	132.4
1956	158.4	148.8	231.4	238.0	231.8	186.3	336.0	152.4
1957	152.2	132.7	270.4	325.1	159.0	224.8	392.5	188.2
1958	199.1	156.0	520.7	506.8	601.8	327.6	816.8	358.2
1959	255.7	156.5	1121.6	1160.1	1159.7	485.5	834.0	617.5
1960	254.5	124.8	1459.9	1573.1	1339.4	516.2	929.9	686.1
1961	197.8	111.2	791.5	934.4	566.6	485.3	741.1	607.2
1962	203.8	138.2	647.3	804.5	353.0	424.3	542.5	411.7
1963	259.2	197.1	660.6	803.7	368.5	478.0	571.8	505.5
1964	263.1	187.6	747.3	864.8	544.3	530.4	637.5	526.8
1965	332.3	243.2	1078.0	1128.6	1128.8	555.3	742.1	556.8
1966	425.8	273.8	1947.1	2340.6	1281.2	674.3	933.5	679.9
1967	376.1	247.4	1748.2	2144.0	1041.6	541.5	750.6	495.6
1968	377.2	237.3	1987.9	1970.4	2386.4	493.9	695.0	529.3
1969	434.8	247.1	2618.3	3004.8	2083.3	579.3	891.0	553.7
1970	497.9	251.5	3292.6	4155.6	1300.0	725.6	985.5	680.4
1971	490.8	241.1	3060.7	4093.3	731.9	861.4	1223.0	854.6
1972	513.7	241.2	3284.5	4293.9	1125.7	935.8	1325.7	911.1
1973	536.8	250.7	3412.7	4439.9	1237.1	997.7	1393.3	932.9
1974	577.5	257.3	3825.3	5039.2	1181.4	1077.9	1437.9	960.0
1975	642.3	263.7	4611.1	6188.2	1073.9	1165.8	1593.2	1000.3
1976	570.0	199.2	4393.2	5823.1	1081.4	1116.9	1486.5	879.3
1977	609.5	219.2	4547.6	5962.8	1011.1	1230.9	1688.6	864.3
1978	668.6	238.6	5101.4	6678.4	1601.7	1303.3	2061.8	982.7
1979	716.4	239.3	5662.2	7139.2	2402.5	1405.6	2076.2	1085.9
1980	754.7	274.5	5583.6	6689.4	3512.4	1527.2	2379.4	1185.8
1981	766.0	302.3	5188.0	5766.3	3593.2	1640.7	2369.8	1279.5

注:1.2000-2018 年数据为第四次经济普查修订数。
2.2019 年数据为初步核算数。

1-6 续表 continued

单位:% （1952 年 =100） (%)

年份 Year	地区生产总值 Gross Domestic Product	第一产业 Primary Industry	第二产业 Secondary Industry	工业 Industry	建筑业 Construction	第三产业 Tertiary Industry	交通运输、仓储和邮政业 Transport, Storageand PostService	批发和零售业、住宿和餐饮业 Wholesale, Retail Trade, Hoteling and Catering Services
1982	879.3	374.0	5604.9	6268.0	3812.4	1881.2	3007.3	1498.3
1983	1043.2	440.6	6776.7	7828.7	4391.9	2186.5	3290.0	1751.5
1984	1217.3	523.8	7920.5	8775.9	6179.4	2478.2	3984.2	1781.3
1985	1479.6	547.7	10518.8	11356.1	9627.5	3156.3	4948.4	2573.9
1986	1653.2	623.0	11409.0	12071.5	10571.0	3633.4	5359.1	2836.5
1987	1774.8	597.3	12214.4	13833.9	10338.4	4415.4	6323.7	2986.8
1988	1960.5	615.0	13518.5	16434.7	8777.3	5175.3	6538.7	3667.8
1989	2147.5	655.6	14198.8	18176.8	5240.1	6118.8	6839.5	3858.5
1990	2287.5	668.8	14819.0	18903.9	5827.0	6885.9	6094.0	4985.2
1991	2576.9	696.3	17215.5	21512.6	7994.6	7877.4	7843.0	6495.7
1992	2880.1	708.4	20219.9	24309.3	10504.9	8768.6	8643.0	7924.8
1993	3299.8	700.7	24790.4	30702.6	10609.9	9954.8	10795.1	10151.6
1994	3612.5	748.8	28014.3	33711.5	15745.2	10560.1	12209.2	10263.3
1995	3947.8	791.1	29881.2	36880.3	14233.6	12119.3	14394.7	9842.5
1996	4350.4	841.5	34371.7	40642.1	21450.1	12798.3	17777.4	10177.1
1997	4796.4	921.1	36953.3	42877.4	25933.1	14658.1	21635.1	10604.6
1998	5236.5	983.9	39893.9	45192.8	31768.1	16394.0	26027.1	13086.0
1999	5719.2	1003.1	43216.9	48808.2	38630.0	18591.8	31258.5	14499.3
2000	6268.2	1031.2	47279.3	53689.1	39943.4	20915.8	36603.7	16152.3
2001	6870.0	1069.4	50584.0	58407.7	40985.6	23694.6	44104.8	18495.4
2002	7564.6	1099.3	56049.2	64762.4	45333.4	26316.1	48812.1	21492.4
2003	8510.1	1112.5	64174.0	72516.8	54864.2	29743.5	51198.8	25397.5
2004	9493.9	1152.5	74210.3	90788.7	50888.7	32561.6	54193.9	28396.7
2005	10490.7	1200.9	83982.3	106521.2	50746.4	35537.7	56770.9	31926.4
2006	11682.5	1288.6	96918.0	125632.2	53534.1	38542.7	57738.1	35346.5
2007	13079.7	1336.3	111188.8	146626.2	56775.8	42625.2	62558.8	37198.7
2008	14578.7	1436.5	125409.0	167665.3	59783.8	47194.7	68800.5	40108.2
2009	16118.2	1537.1	140158.5	186644.4	68191.8	51845.3	70244.5	43684.7
2010	18319.9	1632.4	164581.1	219996.9	78530.8	57487.7	76680.1	49966.1
2011	20419.4	1712.4	192850.1	262238.9	86655.8	61367.9	88642.4	56318.7
2012	22555.2	1810.0	219958.4	302404.7	94858.9	65799.2	93638.9	52999.3
2013	24688.9	1878.7	243282.8	336144.0	102950.5	71551.4	97661.0	54152.4
2014	26975.1	1972.7	269606.9	367880.2	119684.7	77210.0	94140.6	54852.8
2015	29295.0	2067.4	294424.4	400111.1	132669.4	83573.0	93225.2	57804.5
2016	31517.4	2157.9	313444.9	429063.1	137471.5	91010.3	95369.4	61090.6
2017	33865.5	2248.7	333266.0	465414.5	135305.0	98956.4	92337.8	67956.3
2018	36188.7	2330.1	354420.1	501716.8	135918.3	106448.0	89616.8	72167.6
2019	38453.4	2377.2	376960.8	531685.9	146853.0	113367.7	99685.5	75878.8

a)The data from 2000 to 2018 are the revised data of the fourth economic census.
b)The data of 2019 is the preliminary calculation.

1—7 分行业增加值及构成

Value-added by Sector and Composition

2019 年(按当年价格计算 Caculated at Current Prices)

指　标	Item	增加值(万元) Added Valve(10 000 yuan)		构成(%) Composition(%)	
		地区 Region	市区 City	地区 Region	市区 City
地区生产总值	**Gross Domestic Product**	**18967883**	**11395677**	**100.0**	**100.0**
第一产业	Primary Industry	647122	197777	3.4	1.7
第二产业	Secondary Industry	8288196	3275777	43.7	28.7
工业	Industry	6628566	2242292	34.9	19.7
建筑业	Construction	1663032	1033485	8.8	9.1
第三产业	Tertiary Industry	10032564	7922123	52.9	69.5
交通运输仓储和邮政业	Transport, Storage and Post Service	837097	573717	4.4	5.0
批发和零售业	Wholesale and Re-tail Trade	974544	678749	5.1	6.0
住宿和餐饮业	Hoteling and Catering Services	275338	217547	1.5	1.9
金融业	Finance and Insurance	2061371	1864632	10.9	16.4
房地产业	Real Estate	966190	782343	5.1	6.9
其他服务业	Other Services	4859485	3773743	25.6	33.1
营利性服务业	Other for-profit Services	1505372	1174572	7.9	10.3
非营利性服务业	Non-profit Services	3354113	2599170	17.7	22.8

注:2019 年地区生产总值数据为初步核算数。
a) GDP in 2019 is a preliminary calculation.

1—8 主要年份人均社会经济发展主要指标

Key Indicators of Per Capita Socio-economic Development in Main Years

指　标	Item	单位	Unit	1958 年	1978 年	1985 年	1990 年
地区生产总值(当年价格)	Gross Domestic Produc(t aurrent prices)	元	yuan	221	494	1045	2269
农林牧渔业总产值	Total Agricultural Products	元	yuan	111	167	383	774
主要农产品产量	Output of Agricultural						
粮食	Grain	公斤	kg		402	476	577
牛奶	Cow Milk	公斤	kg		3	9	24
肉类	Meat	公斤	kg		3	7	13
水产品总产量	Total Aquatic Products	公斤	kg		0.13	1.00	7.00
主要工业产品产量	Output of Major Industrial Products						
原煤	Raw Coal	吨	ton	0.17	0.62	0.77	1.03
轮胎外胎	Tires	条	article		0.39	0.38	0.62
水泥	Cement	吨	ton		0.04	0.10	0.30
农用化肥	Chemical Fertilizers	吨	ton		0.20	0.05	0.23
地方财政收入	Local Financial Revenue	元	yuan	20	97	162	225
地方财政支出	Local Financial Expenditure	元	yuan	27	88	136	219
全社会固定资产投资	Total Investment in Fixed Assets	元	yuan	61	111	610	641
社会消费品零售总额	Total Retail Sales of Consumer Goods	元	yuan	134	292	714	1329
城镇非私营单位在岗职工年平均工资	Average Wages of Fully Employed Staff and Workers	元	yuan	404	723	1123	2030
城镇居民人均可支配收入	Per Capita Annual Disposable Income of Urban Households	元	yuan	222	346	815	1581
城镇居民人均消费支出	Per Capital Consumption Expenditure of Urban Households	元	yuan	210	306	703	1433
农村居民人均可支配收入	Per Capital Net Income of Rural Households	元	yuan		131	488	934
农村居民人均生活消费支出	Per Capital Consumption Expenditure of Rural Households	元	yuan		103	380	765
城镇居民住宅面积	Area of Urban Residential	平方米	sq.m		4.20	6.46	7.24
农民生活用房面积	Area of Rural Living Space	平方米	sq.m		10.19	15.88	18.28
普通高等学校在校生数	Number of Student Enrollmentin Regular Institutions of Higher Education	人/万人	person/10000persons		32	64	71

1-8　续表 1　continued

指　标	Item	单位	Unit	1995 年	2000 年
地区生产总值(当年价格)	Gross Domestic Produc(t aurrent prices)	元	yuan	6374	10703
农林牧渔业总产值	Total Agricultural Products	元	yuan	1641	1904
主要农产品产量	Output of Agricultural				
粮食	Grain	公斤	kg	609	669
牛奶	Cow Milk	公斤	kg	56	64
肉类	Meat	公斤	kg	27	38
水产品总产量	Total Aquatic Products	公斤	kg	12	20
主要工业产品产量	Output of Major Industrial Products				
原煤	Raw Coal	吨	ton	1.80	3.01
轮胎外胎	Tires	条	article	1.47	1.57
水泥	Cement	吨	ton	0.46	0.67
农用化肥	Chemical Fertilizers	吨	ton	0.31	0.41
地方财政收入	Local Financial Revenue	元	yuan	235	771
地方财政支出	Local Financial Expenditure	元	yuan	382	1005
全社会固定资产投资	Total Investment in Fixed Assets	元	yuan	2022	4234
社会消费品零售总额	Total Retail Sales of Consumer Goods	元	yuan	2725	4479
城镇非私营单位在岗职工年平均工资	Average Wages of Fully Employed Staff and Workers	元	yuan	4872	8956
城镇居民人均可支配收入	Per Capita Annual Disposable Income of Urban Households	元	yuan	3932	5622
城镇居民人均消费性支出	Per Capital Consumption Expenditure of Urban Households	元	yuan	3541	5369
农村居民人均可支配收入	Per Capital Net Income of Rural Households	元	yuan	1683	2712
农村居民人均消费性支出	Per Capital Consumption Expenditure of Rural Households	元	yuan	1449	1886
城镇居民住宅面积	Area of Urban Residential	平方米	sq.m	8.60	14.22
农民生活用房面积	Area of Rural Living Space	平方米	sq.m	19.75	27.26
普通高等学校在校生数	Number of Student Enrollmentin Regular Institutions of Higher Education	人/万人	person/10000persons	88	129

注:2012-2019 年度“在岗职工平均工资”这一指标纳入了劳务派遣人员,数据有所变动。

1-8 续表 2 continued

2005 年	2013 年	2014 年	2015 年	2016 年	2017 年	2018 年	2019 年
19039	57025	60010	61381	64806	73331	79412	83492
2522	5026	5053	5355	5323	5557	6134	5842
599	413	381	386	381	374	368	292
153	202	254	228	215	226	241	250
37	26	24	23	24	29	28	27
28	32	33	33	34	33	32	32
6.07	28.69						
2.19	0.80	0.73	0.64	0.92	0.80	0.46	0.29
1.28	3.15	2.76	2.42	2.44	2.75	2.27	2.32
0.42	0.26	0.13	0.30	0.20	0.15	0.14	0.15
1791	10816	11954	11267	10389	10088	10527	9530
2468	14908	17502	17181	18121	17637	19721	19798
14487	55655	66139	71202	78651	77247		
8139	24777	26909	28605	30585	33361	34896	36535
18424	57112	59086	65643	70840	77206	87291	94559
8852	24169	26118	28261	30478	32981	35586	38217
7311	16844	20401	21694	22898	23125	25506	27717
3493	8830	10275	11148	12037	13087	14160	15282
2836	8631	9334	10119	11061	11507	12322	12966
18.90	31.08	–	31.00	31.00	31.50	36.47	36.60
31.17	37.14	36.96	37.00	36.00	36.50	34.20	34.75
294	425	463	453	451	460	465	490

a) Between 2012–2019, The index "Average Wages of staff and Workes" included the laber dispatching personnel ,So the data has changed.

1—9 主要年份国民经济和社会发展主要指标

指　标	Item	单位	Unit	1958 年	1978 年	1985 年
年末总人口	**Population at Year-end**	**万人**	**10 000 persons**	**40.10**	**78.67**	**91.06**
回族人口	Hui Ethnic	万人	10 000 persons	11.40	19.12	22.44
人口自然增长率	**Natural Growth Rate of Population**	‰	‰			
国民经济核算	**National Accounting**					
地区生产总值	Gross Domestic Product	亿元	100 million yuan	0.84	3.82	9.42
第一产业	Primary Industry	亿元	100 million yuan	0.34	0.79	2.63
第二产业	Secondary Industry	亿元	100 million yuan	0.20	2.02	4.27
第三产业	Tertiary Industry	亿元	100 million yuan	0.30	1.01	2.52
农业	**Agricultural**					
农林牧渔业总产值	Gross Output Value ofAgriculture, Forestry,AnimalHusbandry andFishery	亿元	100 million yuan	0.42	1.29	3.45
粮食总产量	Grain	万吨	10 000 tons		31.09	42.91
肉类总产量	Meat	万吨	10 000 tons		0.27	0.62
水产品产量	Aquatic Products	万吨	10 000 tons		0.01	0.12
固定资产投资	**Investment in Fixed Assets**					
全社会固定资产投资额	Total Investment in Fixed Assets in the Whole Country	亿元	100 million yuan	0.23	0.86	5.50
基本建设	Infrastructure	亿元	100 million yuan	0.23	0.84	3.49
更新改造	Renovation and Reformation Investment	亿元	100 million yuan			1.32
房地产开发	Development of Real Estate	亿元	100 million yuan			
各类房屋施工面积	Floor Space under Construction	万平方米	10 000 sq.m	38.35	50.29	225.55
各类房屋竣工面积	Floor Space Completed	万平方米	10 000 sq.m	27.28	22.70	124.12
运输邮电	**Transport,Postal and Telecommunication Services**					
公路货运周转量	Freight Turnover Volume of Highways	亿吨公里	100million ton-km	0.49	1.75	3.03
公路客运周转量	Passenger Turnover Volume of Highways	亿吨公里	100million ton-km	0.01	1.24	3.06
邮电业务总量	Business Volumeof Postal andTelecommunication Services	亿元	100 million yuan		0.02	0.05

注:2019 年起公路相关数据自治区交通厅只反馈到省级。

Principal Indicators on National Economic and Social Development in Main Years

1990 年	1995 年	2000 年	2005 年	2013 年	2014 年	2015 年	2016 年	2017 年	2018 年	2019 年
103.45	113.53	126.46	142.43	208.27	212.89	216.41	219.11	222.54	225.06	229.31
25.40	28.01	33.17	36.95	50.11	53.38	55.71	56.37	57.34	58.26	59.14
	8.34	9.00	6.31	6.73	6.71	6.35	8.11	8.49	6.27	9.04
23.20	71.71	132.45	265.01	1177.30	1263.70	1317.55	1411.21	1619.32	1777.22	1896.79
5.49	12.00	14.35	18.88	51.76	52.60	58.06	58.06	61.35	68.28	64.71
9.21	31.05	55.69	113.93	560.38	598.93	601.56	632.52	738.83	776.76	828.82
8.50	28.66	62.41	132.20	565.17	612.18	657.94	720.63	819.14	932.18	1003.26
7.91	18.47	23.46	35.10	103.76	106.41	115.88	116.64	123.65	137.28	132.73
58.99	68.55	82.40	83.43	85.30	80.33	83.45	83.57	83.29	82.42	66.29
1.29	3.04	4.65	5.16	5.28	5.09	4.99	5.15	6.41	6.35	6.20
0.73	1.28	2.58	3.94	6.55	6.86	7.11	7.37	7.37	7.16	7.26
6.55	22.75	52.39	201.65	1149.00	1392.76	1540.88	1723.31	1719.05		
3.64	10.51	20.49	90.54	725.58	885.15	922.13	1150.81	1102.50		
1.73	4.33	10.44	23.98	71.04	87.17	185.48	38.14	140.21		
0.21	3.84	12.66	56.61	330.81	388.90	409.17	474.94	402.82	295.25	275.35
139.81	241.10	455.27	1129.75	6087.01	5370.03	5093.87	5355.61	5140.87	3999.98	3971.61
93.95	153.04	311.58	618.89	725.82	915.98	896.61	1009.88	1069.58	797.66	556.80
3.68	5.96	17.09	23.21	160.44	164.34	137.08	113.30	103.25	69.50	
4.96	7.46	13.40	16.04	25.14	30.32	31.84	31.15	27.73	21.77	
0.23	1.30	7.30	21.82	36.61	36.54	37.49	34.83	34.71	33.42	39.68

a) From 2019, the relevant highway data will only be fed back to the provincial level by the transportation department of the autonomous region.

1-9 续表

指 标	Item	单位	Unit	1958 年
国内商业	**Domestic Commercial**			
社会消费品零售总额	Total Retail Sales of Consumer Goods	亿元	100million yuan	0.51
国有经济	State-owned	亿元	100million yuan	0.23
股份制经济	Share-holding	亿元	100million yuan	
财政、金融	**Government Finance and Financial Intermediation**			
地方财政收入	Local Financial Revenue	亿元	100million yuan	0.08
地方财政支出	Local Financial Expenditure	亿元	100million yuan	0.10
金融机构存款余额	Total Deposits of Financial Institutions	亿元	100million yuan	0.59
金融机构贷款余额	Total Loans of Financial Institutions	亿元	100million yuan	0.61
人民生活与物价	**People´s Living Condition and Price Indices**			
在岗职工年平均工资	Average Wages of Fully Employed Staff and Workers	元	yuan	404
城镇居民人均可支配收入	Per Capita Annual Disposable Income of Urban Households	元	yuan	222
城镇居民人均消费性支出	Per Capital Consumption Expenditure of Urban Households	元	yuan	210
农村居民人均可支配收入	Per Capital Net Income of Rural Households	元	yuan	
农村居民人均消费性支出	Per Capital Consumption Expenditure of Rural Households	元	yuan	
城乡居民储蓄存款余额	Urban and Rural Household Saving Deposits	亿元	100million yuan	0.04
居民消费价格指数(以上年价格为 100)	Consumer Price Index(preceding year=100)	%	%	102.4
商品零售价格指数(以上年价格为 100)	Retail Price Index(preceding year=100)	%	%	101.7
教育、卫生	**Education and Public Health**			
高等学校在校学生数	Number of Student Enrollment in Institutions of Higher Education	万人	10 000 persons	0.03
普通高等学校	Regular Institutions of Higher Education	万人	10 000 persons	0.03
中等专业学校在校学生数	Number of Student Enrollment in Specialized Secondary Schools	万人	10 000 persons	0.23
普通中学在校学生数	Number of Student Enrollment in Regular Secondary Education Schools	万人	10 000 persons	0.53
小学在校学生数	Number of Student Enrollment in Primary Schools	万人	10 000 persons	0.23
卫生机构数	Number of Health Care Institutions	个	unit	96
医院个数	Number of Hospital	个	unit	14
卫生机构床位数	Number of Beds	张	bed	501
卫生技术人员	Medical Technical Personnel in Health Care Institutions	人	person	992
医生	Doctors	人	person	487

注:2012-2019 年度“在岗职工平均工资”这一指标纳入了劳务派遣人员,数据有所变动。

continued

1978 年	1985 年	1990 年	1995 年	2000 年	2005 年	2013 年	2014 年	2015 年	2016 年	2017 年	2018 年	2019 年
2.26	6.44	13.59	30.44	55.42	113.30	511.52	566.64	614.02	666.01	736.70	780.96	830.01
1.43	3.60	6.52	14.32	11.11	7.69	7.08	7.08	4.76	4.54	5.16	3.84	4.27
			0.27	9.90	28.66	211.76	216.41	178.08	176.59	177.78	174.82	197.41
0.73	1.32	2.30	2.64	9.50	24.93	223.29	251.73	243.83	227.62	224.50	235.60	216.50
0.68	1.22	2.24	4.30	12.38	34.36	307.78	368.56	371.81	397.04	392.49	441.34	449.78
4.97	9.51	22.54	86.38	223.23	612.69	2340.93	2608.97	3017.77	3343.40	3587.23	3704.56	4013.77
5.03	9.86	31.18	90.01	205.31	551.71	2660.62	3185.93	3653.98	4076.57	4460.31	4797.87	5150.67
723	1123	2030	4872	8956	18424	57112	59086	65643	70840	77206	87291	94559
346	815	1581	3932	5622	8852	23776	26118	28261	30478	32981	35586	38217
306	703	1433	3541	5369	7311	16844	20401	21694	22898	23125	25506	27717
131	488	934	1683	2712	3493	8830	10275	11148	12037	13087	14160	15282
103	380	765	1449	1886	2836	8631	9334	10119	11061	11507	12322	12966
0.39	3.04	12.26	49.34	99.82	264.95	1015.22	1089.89					
100.6	108.9	106.3	117.3	99.2	101.7	103.5	102.1	101.6	101.7	101.7	102.2	102.2
100.7	108.6	102.9	114.7	97.7	100.6	102.3	100.8	100.2	100.8	101.5	102.7	101.1
0.27	1.11	1.23	1.46	2.89	6.00	11.72	12.07	12.35	12.76	10.69	11.03	11.32
0.25	0.58	0.73	0.99	1.59	4.09	8.85	9.35	9.80	9.89	10.16	10.40	11.12
0.19	0.44	0.65	1.26	2.30	3.07							
6.68	7.25	6.96	6.52	7.70	10.73	12.86	13.06	13.02	12.94	13.04	13.46	13.88
12.65	12.80	12.33	12.36	13.60	14.25	15.19	15.69	16.21	16.76	17.36	18.41	19.00
312	433	510	134	137	158	931	939	964	967	1027	1105	1194
60	59	54	76	39	59	54	53	53	65	70	86	76
2859	3495	4491	5759	6166	8058	12898	13688	14079	15494	16675	17348	17216
4280	6252	7876	7552	7932	8619	17562	19288	20408	22077	23603	25449	26726
2000	2758	4082	3845	4033	3660	6429	7059	7578	8306	8990	9684	10321

a) Between 2012–2019, The index"Average Wages of staff and Workes"included the laber dispatching personnel ,So the data has changed

1—10 主要年份国民经济和社会发展结构指标

单位:%

指 标	Item	1958 年	1978 年	1985 年
人口	**Population**			
农业与非农业结构	Structural of Agricultural and Non-agricultural			
农业	Agricultural	73.4	68.4	63.0
非农业	Non-agricultural	26.6	31.6	37.0
性别结构	Gender Structural			
男性	Male	54.2	51.8	50.8
女性	Female	45.8	48.2	49.2
地域结构	Geographical structure			
市区	Urban	37.0	41.3	43.6
县	County	44.4	38.0	35.4
市	City	18.6	20.7	21.0
单位从业人员结构	**Structural of Empolyed Persons**			
第一产业	Primary Industry	7.4	9.2	13.1
第二产业	Secondary Industry	21.5	54.6	45.7
第三产业	Tertiary Industry	71.1	36.2	41.2
国民经济核算	**National Econonmic Accounting**			
地区生产总值	Gross Domestic Product			
第一产业	Primary Industry	40.4	20.7	27.9
第二产业	Secondary Industry	24.2	53.0	45.3
第三产业	Tertiary Industry	35.5	26.3	26.8
农业	**Agricultural**			
农林牧渔业总产值结构	Structural of Agriculture, Forestry,Animal Husbandry and Fishery			
农业	Agriculture	89.2	86.2	75.6
林业	Forestry	1.8	2.2	4.7
牧业	Animal Husbandry	8.7	11.6	18.7
渔业	Fishery	0.3	0.1	1.0
工业	**Industrial**			
经济类型结构	Structural of Economic Types			
国有经济	State-owned Enterprises	74.4	81.5	75.7
集体经济	Collective-owned Enterprises	25.5	18.3	17.6
其他	Other Enterprises	0.1	0.2	6.7
轻重工业结构	Structural of Light & Heavy Industries			
轻工业	Light Industry	61.4	39.4	46.3
重工业	Heavy Industry	38.6	60.6	53.7

注:1. 2008-2019 年人口为常住人口结构数据。
2.从 2009 年起,工业结构数据为规模以上口径。
3.从 2014 年起,农业与非农业人口结构比是乡村与城镇人口结构比。

Structural Indicators on National Economic and Social Development in Main Years

(%)

1990年	1995年	2000年	2005年	2013年	2014年	2015年	2016年	2017年	2018年	2019年
56.2	51.8	48.5	38.4	34.7	24.6	24.2	24.3	22.9	22.4	20.9
43.8	48.2	51.5	61.6	65.3	75.4	75.8	75.7	77.1	77.6	79.1
51.1	50.9	50.8	50.5	50.9	51.2	51.0	50.4	49.5	49.3	49.2
48.9	49.1	49.2	49.5	49.1	48.8	49.0	49.6	50.5	50.7	50.8
46.4	48.0	50.7	56.2	64.5	64.5	64.2	64.1	64.2	64.4	64.9
32.4	30.7	29.1	27.3	22.4	22.5	22.5	22.6	22.6	22.5	22.2
21.2	21.3	20.2	16.5	13.1	13.0	13.3	13.3	13.2	13.1	12.9
10.7	8.4	8.6	6.1	3.0	2.2	1.9	1.7	1.4	0.9	0.8
45.3	49.2	42.0	50.3	41.4	42.8	41.5	39.4	39.1	39.8	37.4
44.0	42.4	49.4	43.6	55.6	55.0	56.6	58.9	59.5	59.3	61.8
23.7	16.7	10.8	7.1	4.4	4.2	4.4	4.1	3.8	3.8	3.4
39.7	43.3	42.0	43.0	47.6	47.4	45.7	44.8	45.6	43.7	43.7
36.6	40.0	47.1	49.9	48.0	48.4	49.9	51.1	50.6	52.5	52.9
70.6	68.3	63.2	59.4	61.6	60.2	65.1	63.8	60.9	60.8	55.9
5.4	0.7	1.9	1.5	2.0	1.2	1.1	0.9	0.8	0.8	1.1
19.8	26.6	29.6	28.9	25.4	26.9	22.2	22.9	25.8	26.5	30.3
4.2	4.4	5.3	7.7	5.9	6.1	5.8	6.3	6.4	6.0	6.2
84.8	64.7	23.8	23.8	18.8	7.2	4.8	4.8	4.9	5.8	5.9
13.6	10.6	5.1	0.5							
1.6	24.7	71.1	75.7	81.2	92.8	95.2	95.2	95.1	94.2	94.1
35.3	22.9	24.2	25.9	16.2	20.0	22.2	23.0	14.2	8.8	8.6
64.7	77.1	75.8	74.1	83.8	80.0	77.8	77.0	85.8	91.2	91.4

a)From 2008 to 2019 the population structure data for the resident Population.
b)The industrial structural data caliber change to industrial above designated size since 2009.
c)The structural of agriculture and non-agricultural population ration changed to the structure rural and urban population ration since 2014.

1-10 续表

指　标	Item	1958 年	1978 年	1985 年
企业规模结构	Structural of Size of Enterprises			
大中型企业	Large and medium-sized enterprises	10.1	34.0	30.8
小型企业	Small Enterprises	89.9	66.0	69.2
固定资产投资	**Investment in Fixed Assets**			
投资经济类型结构	Structural of Investment Economic Types			
第一产业	Primary Industry		11.2	5.0
第二产业	Secondary Industry		44.4	50.7
第三产业	Tertiary Industry		44.4	44.3
社会消费品零售总额	**Total Retail Sales of Consumer Goods**			
经济类型结构	Structural of Economic Types			
国有经济	State-owned Enterprises	45.1	63.2	56.0
集体经济	Collective-owned Enterprises	37.8	26.4	23.4
其他经济	Other Enterprises	17.1	10.4	20.6
行业结构	Sector Structural			
批发零售贸易业	Wholesale and Retail Trade	83.8	79.9	79.2
餐饮业	Catering Services	3.8	4.0	3.6
其他	Others	12.4	2.0	17.2
居民生活消费	**Residents´ living consumption**			
城镇居民人均生活消费结构	Structural of Per Capital Annual Living Expenditure of Urban Households			
食品类	Food	60.0	58.8	47.9
衣着类	Clothing	16.2	14.6	18.6
居住	Residence	12.3	2.2	4.0
交通通讯	Transport and Communications	0.5	1.2	2.6
医疗保健类	Health Care and Medical Services	0.4	0.5	0.8
农村居民人均生活消费结构	Structural of Per Capital Annual Living Expenditure of Rural Households			
食品类	Food		72.5	64.2
衣着类	Clothing		22.9	14.7
居住	Residence		4.6	7.4
交通通讯	Transport and Communications			
医疗保健类	Health Care and Medical Services			
财政收入占地区生产总值的比例	**The Proportion of Fiscal Revenue in GDP**	9.2	19.0	14.0
固定资产投资占地区生产总值比例	**The Proportion of Investment in Fixed Assets in GDP**	27.6	22.4	58.4

continued

(%)

1990 年	1995 年	2000 年	2005 年	2013 年	2014 年	2015 年	2016 年	2017 年	2018 年	2019 年
47.2	66.0	69.5	70.3	80.3	73.1	71.3	71.1	77.0	76.5	81
52.8	34.0	30.5	29.7	19.7	26.9	28.7	28.9	23.0	23.5	19
2.4	2.3	1.9	0.1	0.8	1.3	2.0	1.6	3.7	1.2	1.7
63.5	48.9	34.9	48.0	40.3	34.6	40.3	41.7	35.4	38.5	37.3
34.1	48.8	63.2	51.9	58.9	64.1	57.7	56.7	60.9	60.3	61.0
48.0	50.7	28.1	14.1	1.7	1.6	1.0	0.9	0.9	0.7	0.5
26.8	16.7	6.0	1.2	0.4	0.4	0.1	0.1	0.7	0.3	0.5
25.2	32.6	65.9	84.7	97.9	98.0	98.9	99.0	98.4	99.0	99.0
93.3	87.4	86.2	84.8	90.2	90.5	86.5	89.2	90.1	90.0	91.0
4.7	10.3	12.1	14.4	8.5	8.5	12.5	9.9	9.0	9.1	8.1
2.0	2.3	1.7	0.8	1.3	1.0	1.0	0.9	0.9	0.9	0.9
52.9	44.1	34.1	35.8	32.3	27.0	27.0	25.9	25.7	25.4	25.2
15.3	17.4	12.9	12.0	11.8	9.8	9.7	8.6	8.7	9.0	8.4
4.4	3.7	5.5	9.3	7.9	18.1	18.9	17.8	18.4	19.0	18.8
2.0	6.8	9.1	11.2	15.9	13.9	13.6	16.2	14.6	14.8	15.1
2.5	2.6	7.5	8.5	7.9	8.4	8.0	9.3	9.5	9.2	9.2
47.5	28.3	42.4	37.1	32.1	28.3	29.4	28.0	28.0	28.3	28.9
11.6	9.3	8.4	7.3	8.5	8.7	8.6	8.5	8.5	8.1	7.8
9.5	14.7	17.6	22.4	22.4	20.6	20.5	18.7	19.0	16.9	18.6
	2.9	4.9	8.2	12.2	12.2	13.5	15.9	16.0	17.5	16.7
	3.6	8.6	9.0	9.6	11.1	11.1	9.3	9.9	11.2	9.5
9.9	3.7	7.2	9.4	19.0	19.9	18.5	16.1	13.9	13.3	11.4
28.2	31.7	40.7	68.7	89.1	100.3	103.1	106.5	95.3		

1—11 平均每天主要社会经济活动

指　标	Item	单位	Unit	1958 年
地区生产总值(当年价格)	Gross Domestic Produc(t aurrent prices)	万元	10 000 yuan	23
农林牧渔业总产值	Total Agricultural Products	万元	10 000 yuan	11
地方财政收入	Local Financial Revenue	万元	10 000 yuan	2
地方财政支出	Local Financial Expenditure	万元	10 000 yuan	3
主要工业产品产量	Output of Major Industrial Products			
原煤	Raw Coal	万吨	10 000 tons	
金属切削机床	Metal-cutting Machine Tools	台	unit	
轮胎外胎	Tires	条	article	
水泥	Cement	吨	ton	
饮料酒	Alcoholic Drink	千升	kiloliter	3
乳制品	Dairy Products	吨	ton	
农用化肥	Chemical Fertilizers	吨	ton	
社会消费品零售总额	Total Retail Sales of Consumer Goods	万元	10 000 yuan	14
进出口总额	Total Value of Imports and Exports	万美元	USD 10 000	
全社会固定资产投资额	Total Investment in Fixed Assets	万元	10 000 yuan	6
邮电业务总量	Business Volume of Postal and Telecommunication Services	万元	10 000 yuan	
公路货运周转量	Freight Turnover Volume of Highways	万吨公里	10 000 ton-km	13
公路客运周转量	Passenger Turnover Volume of Highways	万吨公里	10 000 ton-km	
金融机构存款余额	Total Deposits of Financial Institutions	万元	10 000 yuan	16
金融机构贷款余额	Total Loans of Financial Institutions	万元	10 000 yuan	17
城市供水总量	Total Volume Water Supply of City Districts	万立方米	10 000 cu.m	
城市公交客运总量	Total Volume Bus and Trplley Bus of City Districts	万人次	10 000 person-times	

Major Indicators on Average Daily Social and Economic Activities

1978 年	1985 年	1990 年	1995 年	2000 年	2005 年	2013 年	2014 年	2015 年	2016 年	2017 年	2018 年	2019 年
105	258	636	1965	3527	8043	35316	38045	40928	44321	49404	52095	51967
35	95	217	506	643	962	2843	2915	3175	3196	3388	3761	3636
21	40	63	72	260	683	6117	6897	6680	6236	6151	6455	5931
19	33	61	118	339	941	8432	10097	10186	10878	10753	12092	12323
0.1	0.2	0.3	0.6	1	3.2	16.2						
1	1	1	3	2	4	6	6	5	4	6	7	4
825	940	1740	4519	5288	8344	4545	4213	3802	5532	4894	2816	1813
86	236	835	1411	2253	4883	17811	15952	14323	14640	16757	13888	14426
1	21	43	77	111	234	746	791	785	738	708	594	600
	2	9	12	19	136	601	721	671	654	750	910	937
413	119	644	941	1370	1585	1490	777	1785	1178	915	832	938
62	176	372	834	1518	3104	14014	15525	16823	18247	20184	21396	22740
8	15	23	74	70	144	660	1233	895				
23	151	179	623	1435	5525	31479	38158	42216	47214	47097		
1	1	6	36	200	598	1003	1001	1027	954	951	916	1087
48	83	101	163	468	636	5423	4503	3756	3104	2829	1904	
34	84	136	204	367	440	833	831	872	853	760	596	
131	241	563	2367	6116	16786	64135	71479	82679	91600	98280	101495	109966
133	250	792	2466	5625	15115	72894	87286	100109	111687	122200	131448	141114
1	4	20	32	33	28	32	27	30	31	38	39	41
5	16	16	13	18	25	82	83	84	85	80	76	82

1—12 银川市主要经济指标与全国、全区对比

指 标	Item	单位	Unit
年末总人口	Population at Year-end	万人	10 000 persons
地区生产总值	Gross Domestic Product	亿元	100 million yuan
第一产业	Primary Industry	亿元	100 million yuan
第二产业	Secondary Industry	亿元	100 million yuan
工业	Industrial	亿元	100 million yuan
第三产业	Tertiary Industry	亿元	100 million yuan
全社会固定资产投资	Total Investment in Fixed Assets in the Whole Country	亿元	100 million yuan
房地产开发投资	Investment in Real Estate Development	亿元	100 million yuan
社会消费品零售总额	Total Retail Sales of Consumer Goods	亿元	100 million yuan
进出口总额	Total Value of Imports and Exports	亿元	100 million yuan
出口额	Total Export	亿元	100 million yuan
实际利用外资	Foreign Capital Actually Utilized	亿美元	USD 100 million
金融机构存款余额	Total Deposits of Financial Institutions	亿元	100 million yuan
金融机构贷款余额	Total Loans of Financial Institutions	亿元	100 million yuan
城镇非私营单位在岗职工年平均工资	Average Wages of Private Enstitutions Employed in cities and tawns	元	yuan
城镇居民人均可支配收入	Per Capita Annual Disposable Income of Urban Households	元	yuan
农村居民人均可支配收入	Per Capital Net Income of Rural Households	元	yuan
居民消费价格指数	Consumer Price Index	%	%
工业生产者出厂价格指数	Producer Price Index for Manufactured Goods	%	%

The Main Economic Indicators of Yinchuan Compared to Country and Region

全国 Country	全区 Region	银川市 Yinchuan	银川市占全区比重% Yinchuan Accounted for Region
140005	694.66	229.31	33.0
990865	3748.48	1896.79	50.6
70467	279.93	64.71	23.1
386165	1584.72	828.82	52.3
317109	1270.02	662.86	52.2
534233	1883.83	1003.26	53.3
560874			
132194	403.09	275.35	68.3
411649	1399.41	830.01	59.3
315505	240.62	157.60	65.4
172342	148.92	104.40	70.1
1381	2.51	2.0	79.7
1929000	6443.43	4013.77	62.3
1531000	7216.79	5150.67	71.4
	88153	94559	+6406
42359	34328	38217	+3889
16021	12858	15282	+2424
102.9	102.1	102.2	–
99.7	99.4	98.5	–

1—13 主要年份银川市分县(市)区国民经济和社会发展主要指标

指 标	Item	单位	Unit
总人口	Total Population	万人	10 000 persons
回族人口	Hui Ethnic	万人	10 000 persons
人口自然增长率	Natural Growth Rate of Population	‰	‰
单位从业人员	Employed Persons	万人	10 000 persons
第一产业	Primary Industry	万人	10 000 persons
第二产业	Secondary Industry	万人	10 000 persons
第三产业	Tertiary Industry	万人	10 000 persons
地区生产总值	Gross Domestic Product	亿元	100 million yuan
第一产业	Primary Industry	亿元	100 million yuan
第二产业	Secondary Industry	亿元	100 million yuan
工业增加值	Value-added of Industry	亿元	100 million yuan
第三产业	Tertiary Industry	亿元	100 million yuan
农、林、牧、渔业总产值	Gross Output Value of Agriculture, Forestry,Animal Husbandry and Fishery	亿元	100 million yuan
畜牧业产值	Gross Output Value of Livestock	亿元	100 million yuan
粮食产量	Grain	万吨	10 000 tons
蔬菜产量	Vegetables	万吨	10 000 tons
水产品产量	Aquatic Products	万吨	10 000 tons
肉类总产量	Meat	万吨	10 000 tons
猪牛羊肉产量	Products of Pork, Beef and Mutton	万吨	10 000 tons
全社会固定资产投资	Investment in Fixed Assets	亿元	100 million yuan
房地产开发投资	Investment in Real Estate Development	亿元	100 million yuan
社会消费品零售额	Total Retail Sales of Consumer Goods	亿元	100 million yuan
批发和零售业	Wholesale and Retail Trade	亿元	100 million yuan
住宿和餐饮业	Hotels and Catering Services	亿元	100 million yuan
地方财政收入	Local Financial Revenue	亿元	100 million yuan
地方公共财政预算收入	Local Public Finance Budget Revenue	亿元	100 million yuan
地方财政支出	Local Financial Expenditure	亿元	100 million yuan
在岗职工年平均工资	Average Wages of Fully Employed Staff and Workers	元	yuan
城镇居民人均可支配收入	Per Capita Annual Disposable Income of Urban Households	元	yuan
城镇居民人均消费性支出	Per Capital Consumption Expenditure of Urban Households	元	yuan
农村居民人均可支配收入	Per Capital Net Income of Rural Households	元	yuan
农民人均生活消费性支出	Per Capital Consumption Expenditure of Rural Households	元	yuan
普通中学在校生	Number of Student Enrollment in Regular Secondary Education Schools	万人	10 000 persons
小学在校生	Number of Student Enrollment in Primary Schools	万人	10 000 persons
卫生技术人员	Medical Technical Personnel in Health Care Institutions	万人	10 000 persons
医生	Doctors	万人	10 000 persons

注:1.2008-2019 年人口为常住人口结构数据。
2.2012-2019 年度“在岗职工年平均工资”这一指标纳入了劳务派遣人员,数据有所变动。
3.2017 年和 2018 年地方财政收入和地方公共财政预算收入数据为同口径。
4.自 2018 年 9 月起,不再公布规模以上工业增加值总量。
5.2015-2018 年地区生产总值、社会消费品零售额为第四次经济普查修订数据。
6.2019 年地区生产总值为初步核算数。

Major Indicators on National Economic and Social Development in Main Years byCity and Country

地区 Region						市区 City					
2015 年	2016 年	2017 年	2018 年	2019 年	2019 年比 2018 年增长%	2015 年	2016 年	2017 年	2018 年	2019 年	2019 年比 2018 年增长%
216.41	219.11	222.54	225.06	229.31	1.9	138.86	140.41	142.91	145.02	148.76	2.6
55.71	56.37	57.34	58.26	59.14	1.5	29.54	29.71	30.22	30.86	31.55	2.2
6.35	8.11	8.49	6.27	9.04	2.77	5.83	7.69	8.38	6.70	9.26	2.56
37.25	35.46	35.43	35.27	37.51	6.4	28.56	27.14	27.27	27.88	29.26	4.9
0.72	0.60	0.50	0.31	0.30	-3.2	0.22	0.19	0.19	0.17	0.11	-35.3
15.45	13.98	13.84	14.04	14.01	-0.2	10.74	9.69	9.52	10.53	10.14	-3.7
21.08	20.89	21.09	20.92	23.20	10.9	17.60	17.26	17.56	17.18	19.00	10.6
1317.55	1411.21	1619.32	1777.22	1896.79	6.3	766.91	832.21	946.95	1058.67	1139.57	6.3
58.06	58.06	61.35	68.28	64.71	2.0	17.51	17.24	18.22	20.09	19.78	1.9
601.56	632.52	738.83	776.76	828.82	6.4	242.18	256.60	294.47	301.04	327.58	6.8
470.05	496.84	596.45	630.18	662.86	6.0	161.81	174.35	208.30	215.84	224.23	4.7
657.94	720.63	819.14	932.18	1003.26	6.5	507.23	558.37	634.26	737.54	792.21	6.3
115.82	116.74	123.65	137.28	132.73	2.2	35.57	35.47	37.93	41.20	39.99	1.4
28.36	29.63	31.95	36.35	40.16	0.0	9.29	9.49	11.71	12.07	12.13	-8.2
83.45	83.57	83.29	82.42	66.29	-19.6	20.12	20.60	19.09	19.70	14.56	-26.1
160.56	167.33	156.74	152.07	141.38	-7.0	30.08	29.09	26.87	27.29	31.32	14.8
7.11	7.37	7.37	7.16	7.26	1.4	1.82	1.78	0.71	1.20	1.03	-14.2
4.99	5.15	6.41	6.35	6.20	-2.4	0.92	0.92	1.47	1.43	1.40	-2.1
4.44	4.61	5.49	5.34	5.18	-3.0	0.86	0.86	1.33	1.20	1.13	-5.8
1540.88	1723.31	1719.05			-6.2	669.88	770.04	851.71			-3.4
409.17	474.94	402.82	295.25	275.35	-6.7	335.93	385.14	307.25	232.80	218.84	-6.0
614.02	666.01	736.69	780.96	830.01	6.3	442.43	480.81	534.84	572.15	605.14	5.8
413.19	458.77	506.47	497.31	539.08	6.3	267.28	300.92	336.61	323.23	348.92	7.9
64.43	55.42	55.84	55.42	47.69	4.5	55.34	45.94	44.22	42.72	35.95	-15.8
243.83	227.62	224.50	235.50	216.50	-8.1	162.29	162.29	149.48	168.31	160.10	-15.1
170.98	173.20	177.46	173.25	154.71	-10.7	122.24	121.40	123.43	120.95	108.48	-10.3
371.81	397.04	392.49	441.34	449.78	1.9	233.07	266.87	247.97	286.92	282.63	-1.5
65643	70840	77206	87291	94559	8.3	66793	72860	79775	90042	98204	9.1
28261	30478	32981	35586	38217	7.4						
21694	22898	23125	25506	27717	8.7						
11148	12037	13087	14160	15282	7.9						
10119	11061	11507	12322	12966	5.2						
13.02	12.94	13.04	13.46	13.88	3.7	8.67	8.59	8.60	8.77	9.08	3.5
16.21	16.76	17.36	18.41	19.00	4.5	9.79	10.26	10.78	11.56	12.26	6.1
2.04	2.20	2.40	2.54	4.7	5.1	1.79	1.90	2.35	2.15	2.25	5.1
0.76	0.83	0.90	0.97	6.7	6.2	0.67	0.72	0.73	0.82	0.88	7.3

a)From 2008 to 2019 the population structure data for the resident Population.
b)Between 2012-2019,The index"Average Wages of staff and Workes"included the laber dispatching personnel ,So the data has changed.
c)The date of local financial revenue and local public finance budget revenue is the same diameter in 2017 and 2018.
d)From September 2018,the total value added by industries above sscale will not be published.
e)GDP and retail sales of consumer goods are the revised data of the fourth economic census from 2015 to 2018.
f)GDP is a preliminary calculation in 2019.

1-13　续表 1

指　标	Item	单位	Unit
总人口	Total Population	万人	10 000 persons
回族人口	Hui Ethnic	万人	10 000 persons
人口自然增长率	Natural Growth Rate of Population	‰	‰
单位从业人员	Employed Persons	万人	10 000 persons
第一产业	Primary Industry	万人	10 000 persons
第二产业	Secondary Industry	万人	10 000 persons
第三产业	Tertiary Industry	万人	10 000 persons
地区生产总值	Gross Domestic Product	亿元	100 million yuan
第一产业	Primary Industry	亿元	100 million yuan
第二产业	Secondary Industry	亿元	100 million yuan
工业增加值	Value-added of Industry	亿元	100 million yuan
第三产业	Tertiary Industry	亿元	100 million yuan
农、林、牧、渔业总产值	Gross Output Value of Agriculture, Forestry,Animal Husbandry and Fishery	亿元	100 million yuan
畜牧业产值	Gross Output Value of Livestock	亿元	100 million yuan
粮食产量	Grain	万吨	10 000 tons
蔬菜产量	Vegetables	万吨	10 000 tons
水产品产量	Aquatic Products	万吨	10 000 tons
肉类总产量	Meat	万吨	10 000 tons
猪牛羊肉产量	Products of Pork, Beef and Mutton	万吨	10 000 tons
全社会固定资产投资	Investment in Fixed Assets	亿元	100 million yuan
房地产开发投资	Investment in Real Estate Development	亿元	100 million yuan
社会消费品零售额	Total Retail Sales of Consumer Goods	亿元	100 million yuan
批发和零售业	Wholesale and Retail Trade	亿元	100 million yuan
住宿和餐饮业	Hotels and Catering Services	亿元	100 million yuan
地方财政收入	Local Financial Revenue	亿元	100 million yuan
地方公共财政预算收入	Local Public Finance Budget Revenue	亿元	101 million yuan
地方财政支出	Local Financial Expenditure	亿元	100 million yuan
在岗职工年平均工资	Average Wages of Fully Employed Staff and Workers	元	yuan
城镇居民人均可支配收入	Per Capita Annual Disposable Income of Urban Households	元	yuan
城镇居民人均消费性支出	Per Capital Consumption Expenditure of Urban Households	元	yuan
农村居民人均可支配收入	Per Capital Net Income of Rural Households	元	yuan
农民人均生活消费性支出	Per Capital Consumption Expenditure of Rural Households	元	yuan
普通中学在校生	Number of Student Enrollment in Regular Secondary Education Schools	万人	10 000 persons
小学在校生	Number of Student Enrollment in Primary Schools	万人	10 000 persons
卫生技术人员	Medical Technical Personnel in Health Care Institutions	万人	10 000 persons
医生	Doctors	万人	10 000 persons

continued

兴庆区 Xingqing						金凤区 Jinfeng					
2015 年	2016 年	2017 年	2018 年	2019 年	2019 年比 2018 年增长%	2015 年	2016 年	2017 年	2018 年	2019 年	2019 年比 2018 年增长%
73.44	74.12	74.76	75.15	75.54	0.5	30.20	30.79	32.31	33.88	36.93	9.0
14.60	14.73	14.92	15.27	15.34	0.5	8.62	8.62	8.83	9.09	9.65	6.2
5.23	6.11	7.43	5.11	5.26	0.15	7.79	12.02	12.53	13.04	19.04	6.00
14.61	15.97	14.86	15.51	10.89	–29.8	8.49	7.82	7.15	7.21	13.49	87.1
0.07	0.05	0.05	0.04	0.02	–50.0	0.01	0.01	0.01	0.01	0.01	–50.0
5.49	7.07	5.63	6.83	2.26	–66.9	2.58	1.97	1.32	1.37	5.73	318.2
9.05	8.84	9.18	8.65	8.62	–0.3	5.90	5.84	5.82	5.83	7.75	32.9
366.85	396.97	442.51	490.49	531.58	6.6	172.62	193.12	222.23	267.85	290.38	7.4
7.24	7.33	7.75	8.50	8.76	1.9	4.59	4.24	4.35	4.78	3.72	1.9
54.68	57.80	63.41	64.60	74.28	9.5	48.79	49.67	49.92	49.44	55.09	7.3
18.63	20.81	21.76	22.03	24.83	13.4	20.70	21.01	21.10	21.15	22.65	7.8
304.93	331.84	371.35	417.39	448.54	6.3	119.24	139.22	167.96	213.63	231.57	7.6
14.37	14.67	15.67	17.02	16.51	1.4	10.15	9.67	10.17	11.05	10.72	1.4
3.30	3.41	4.21	4.58	4.62	–8.2	2.93	3.03	3.74	4.06	4.07	–8.2
6.31	7.05	7.45	5.70	4.51	–20.9	2.61	2.40	2.06	1.86	1.21	–34.9
13.76	14.40	14.16	15.53	16.23	4.5	12.66	11.38	9.00	7.72	10.55	36.7
0.64	0.63	0.65	0.64	0.65	1.6	0.88	0.84	0.39	0.35	0.17	–51.4
0.38						0.27					
0.36						0.26					
210.80	279.49	313.46			–28.3	301.89	322.09	351.79			2.1
93.94	91.58	84.21	78.10	66.88	–14.4	212.30	261.02	199.40	146.00	136.77	–6.3
276.94	298.44	329.40	347.30	357.76	3.0	117.03	128.81	144.72	158.15	176.37	11.5
187.24	215.82	242.92	230.16	244.21	2.9	61.79	63.79	70.34	67.80	75.62	10.5
44.25	32.75	29.84	31.54	25.66	5.6	6.70	10.18	11.01	7.93	8.95	22.7
12.96	14.10	13.22	11.44	9.71	–15.1	5.31	5.85	6.42	7.08	7.45	5.3
12.96	14.10	13.22	11.44	9.71	–15.1	5.31	5.85	6.42	7.08	8.00	13.0
31.05	30.41	36.27	36.72	40.54	10.4	20.19	23.86	22.53	25.43	24.92	–2.0
70714	77159	84007	97722	99126	1.4	66218	73069	79287	82676	106109	28.3
30514	32781	35452	38307	41218	7.6	30361	32734	35560	38348	41191	7.4
24089	24367	24885	29379	32054	9.1	24057	24291	24724	26394	28564	8.2
12625	13600	14788	15904	17129	7.7	9941	10746	11629	12669	13708	8.2
10184	11523	12469	13430	14380	7.1	9873	10472	10983	12155	13168	8.3
3.83	3.76	3.79	3.96	4.15	4.8	2.31	2.33	2.32	2.40	2.53	5.9
5.37	5.57	5.78	6.10	6.29	3.1	2.17	2.35	2.66	3.04	3.48	14.5
1.12	1.20	1.30	1.33	1.33	0.0	0.47	0.49	0.51	0.57	0.66	15.8
0.41	0.46	0.48	0.51	0.52	2.0	0.18	0.17	0.17	0.22	0.26	18.2

1-13 续表 2

指　标	Item	单位	Unit
总人口	Total Population	万人	10 000 persons
回族人口	Hui Ethnic	万人	10 000 persons
人口自然增长率	Natural Growth Rate of Population	‰	‰
单位从业人员	Employed Persons	万人	10 000 persons
第一产业	Primary Industry	万人	10 000 persons
第二产业	Secondary Industry	万人	10 000 persons
第三产业	Tertiary Industry	万人	10 000 persons
地区生产总值	Gross Domestic Product	亿元	100 million yuan
第一产业	Primary Industry	亿元	100 million yuan
第二产业	Secondary Industry	亿元	100 million yuan
工业增加值	Value-added of Industry	亿元	100 million yuan
第三产业	Tertiary Industry	亿元	100 million yuan
农、林、牧、渔业总产值	Gross Output Value of Agriculture, Forestry,Animal Husbandry and Fishery	亿元	100 million yuan
畜牧业产值	Gross Output Value of Livestock	亿元	100 million yuan
粮食产量	Grain	万吨	10 000 tons
蔬菜产量	Vegetables	万吨	10 000 tons
水产品产量	Aquatic Products	万吨	10 000 tons
肉类总产量	Meat	万吨	10 000 tons
猪牛羊肉产量	Products of Pork, Beef and Mutton	万吨	10 000 tons
全社会固定资产投资	Investment in Fixed Assets	亿元	100 million yuan
房地产开发投资	Investment in Real Estate Development	亿元	100 million yuan
社会消费品零售额	Total Retail Sales of Consumer Goods	亿元	100 million yuan
批发和零售业	Wholesale and Retail Trade	亿元	100 million yuan
住宿和餐饮业	Hotels and Catering Services	亿元	100 million yuan
地方财政收入	Local Financial Revenue	亿元	100 million yuan
地方公共财政预算收入	Local Public Finance Budget Revenue	亿元	101 million yuan
地方财政支出	Local Financial Expenditure	亿元	100 million yuan
在岗职工年平均工资	Average Wages of Fully Employed Staff and Workers	元	yuan
城镇居民人均可支配收入	Per Capita Annual Disposable Income of Urban Households	元	yuan
城镇居民人均消费性支出	Per Capital Consumption Expenditure of Urban Households	元	yuan
农村居民人均可支配收入	Per Capital Net Income of Rural Households	元	yuan
农民人均生活消费性支出	Per Capital Consumption Expenditure of Rural Households	元	yuan
普通中学在校生	Number of Student Enrollment in Regular Secondary Education Schools	万人	10 000 persons
小学在校生	Number of Student Enrollment in Primary Schools	万人	10 000 persons
卫生技术人员	Medical Technical Personnel in Health Care Institutions	万人	10 000 persons
医生	Doctors	万人	10 000 persons

continued

西夏区 Xixia						永宁县 Yongning					
2015年	2016年	2017年	2018年	2019年	2019年比2018年增长%	2015年	2016年	2017年	2018年	2019年	2019年比2018年增长%
35.22	35.60	35.84	35.99	36.28	0.8	23.44	23.99	24.19	24.36	24.56	0.8
6.32	6.35	6.47	6.50	6.57	1.1	4.87	5.02	5.11	5.24	5.34	1.9
5.29	7.06	6.71	4.20	8.04	3.84	6.15	7.49	8.00	7.14	8.10	0.96
5.46	5.04	5.26	5.16	4.88	-5.4	2.12	2.18	2.20	1.93	1.88	-2.6
0.14	0.13	0.13	0.12	0.09	-25.0	0.15	0.10	0.04	0.02	0.02	0.0
2.67	2.32	2.58	2.34	2.15	-8.1	0.84	0.89	0.95	0.71	0.57	-19.7
2.65	2.59	2.55	2.70	2.63	-2.6	1.13	1.19	1.21	1.20	1.30	8.3
227.44	242.12	282.20	300.33	317.61	5.0	92.11	93.50	108.38	100.10	100.89	1.1
5.67	5.68	6.12	6.81	7.30	1.9	14.80	14.69	15.37	17.45	16.21	3.0
138.71	149.13	181.14	187.00	198.21	5.6	37.84	38.07	43.89	33.02	26.26	-21.3
122.48	132.53	165.44	172.66	176.75	3.0	25.89	26.10	30.53	20.10	16.57	-17.0
83.06	87.31	94.95	106.52	112.10	4.1	39.47	40.74	49.13	49.63	58.41	16.9
11.05	11.13	12.09	13.13	12.76	1.4	28.35	28.12	29.04	32.82	30.47	2.6
3.07	3.05	3.76	3.43	3.44	-8.2	4.66	4.67	5.21	5.80	6.26	-2.4
11.20	11.14	9.58	12.14	8.84	-27.2	26.20	26.69	26.38	26.03	21.61	-17.0
3.67	3.30	3.71	4.04	4.54	12.4	46.12	50.33	50.64	50.26	50.03	-0.5
0.31	0.31	0.32	0.22	0.21	-4.5	0.80	0.80	0.79	0.75	0.60	-20.0
0.27						1.48	1.51	1.04	1.07	1.12	4.7
0.23						1.17	1.21	0.78	0.80	0.83	3.7
157.20	168.45	186.47			25.7	209.33	172.65	134.77			-38.3
29.69	32.54	23.64	8.71	15.19	74.4	19.22	36.58	33.81	15.82	8.07	-49.0
48.46	53.56	60.72	66.69	71.01	6.5	23.36	25.45	28.05	29.37	31.71	8.0
18.25	21.31	23.35	25.27	29.09	14.1	14.82	16.55	18.11	19.22	20.62	8.0
4.39	3.01	3.37	3.25	1.34	-55.9	2.37	2.01	2.11	1.76	2.05	7.9
3.51	4.14	5.67	6.11	5.17	-15.3	39.10	15.59	15.20	9.86	8.78	-10.9
3.51	4.14	5.67	6.11	5.17	-15.3	14.46	13.28	12.66	6.54	7.17	9.8
15.76	17.65	19.23	32.94	24.55	-25.5	56.84	32.60	32.47	34.60	39.96	15.5
57258	60810	68050	75521	75491	-0.04	51589	55738	58699	67459	72113	6.9
23126	24976	26985	29191	31302	7.2	25091	26948	29211	30730	33032	7.5
19269	20957	21023	22447	22478	0.1	18737	19874	21052	22033	22842	3.7
9334	10112	10975	11820	12835	8.6	10995	11865	12855	13871	14994	8.1
9142	10069	10938	11876	12169	2.5	8554	9085	10094	10988	6554	10.8
2.53	2.49	2.49	2.41	2.40	-0.4	1.58	1.63	1.70	1.78	1.85	3.9
2.25	2.30	2.34	2.42	2.49	2.9	2.30	2.35	2.36	2.33	2.40	3.0
0.21	0.21	0.23	0.24	0.26	8.3	0.08	0.08	0.09	0.11	0.11	0.0
0.08	0.09	0.08	0.09	0.10	11.1	0.02	0.03	0.02	0.04	0.04	0.0

1-13 续表 3

指 标	Item	单位	Unit
总人口	Total Population	万人	10 000 persons
回族人口	Hui Ethnic	万人	10 000 persons
人口自然增长率	Natural Growth Rate of Population	‰	‰
单位从业人员	Employed Persons	万人	10 000 persons
第一产业	Primary Industry	万人	10 000 persons
第二产业	Secondary Industry	万人	10 000 persons
第三产业	Tertiary Industry	万人	10 000 persons
地区生产总值	Gross Domestic Product	亿元	100 million yuan
第一产业	Primary Industry	亿元	100 million yuan
第二产业	Secondary Industry	亿元	100 million yuan
工业增加值	Value-added of Industry	亿元	100 million yuan
第三产业	Tertiary Industry	亿元	100 million yuan
农、林、牧、渔业总产值	Gross Output Value of Agriculture, Forestry,Animal Husbandry and Fishery	亿元	100 million yuan
畜牧业产值	Gross Output Value of Livestock	亿元	100 million yuan
粮食产量	Grain	万吨	10 000 tons
蔬菜产量	Vegetables	万吨	10 000 tons
水产品产量	Aquatic Products	万吨	10 000 tons
肉类总产量	Meat	万吨	10 000 tons
猪牛羊肉产量	Products of Pork, Beef and Mutton	万吨	10 000 tons
全社会固定资产投资	Investment in Fixed Assets	亿元	100 million yuan
房地产开发投资	Investment in Real Estate Development	亿元	100 million yuan
社会消费品零售额	Total Retail Sales of Consumer Goods	亿元	100 million yuan
批发和零售业	Wholesale and Retail Trade	亿元	100 million yuan
住宿和餐饮业	Hotels and Catering Services	亿元	100 million yuan
地方财政收入	Local Financial Revenue	亿元	100 million yuan
地方公共财政预算收入	Local Public Finance Budget Revenue	亿元	101 million yuan
地方财政支出	Local Financial Expenditure	亿元	100 million yuan
在岗职工年平均工资	Average Wages of Fully Employed Staff and Workers	元	yuan
城镇居民人均可支配收入	Per Capita Annual Disposable Income of Urban Households	元	yuan
城镇居民人均消费性支出	Per Capital Consumption Expenditure of Urban Households	元	yuan
农村居民人均可支配收入	Per Capital Net Income of Rural Households	元	yuan
农民人均生活消费性支出	Per Capital Consumption Expenditure of Rural Households	元	yuan
普通中学在校生	Number of Student Enrollment in Regular Secondary Education Schools	万人	10 000 persons
小学在校生	Number of Student Enrollment in Primary Schools	万人	10 000 persons
卫生技术人员	Medical Technical Personnel in Health Care Institutions	万人	10 000 persons
医生	Doctors	万人	10 000 persons

continued

贺兰县 Helan						灵武市 Lingwu					
2015 年	2016 年	2017 年	2018 年	2019 年	2019 年比 2018 年增长%	2015 年	2016 年	2017 年	2018 年	2019 年	2019 年比 2018 年增长%
25.33	25.60	26.09	26.17	26.38	0.8	28.78	29.11	29.34	29.51	29.61	0.3
6.07	6.21	6.40	6.42	6.57	2.3	15.22	15.44	15.60	15.74	15.68	-0.4
6.33	8.38	8.63	3.05	7.97	4.92	9.24	8.43	8.02	5.49	7.65	2.16
2.84	2.59	2.32	1.96	2.03	3.6	3.73	3.55	3.64	3.51	4.34	23.6
0.13	0.12	0.11	0.00	0.08	0.00	0.22	0.19	0.16	0.12	0.09	-25.0
1.61	1.32	1.14	0.74	0.70	-5.4	2.26	2.08	2.22	2.06	2.60	26.2
1.10	1.15	1.07	1.22	1.25	2.5	1.24	1.28	1.26	1.32	1.65	25.0
99.80	108.48	124.73	134.02	138.95	9.0	358.73	377.02	439.26	484.43	517.38	6.4
15.74	16.09	17.37	19.28	17.45	0.6	10.01	10.04	10.38	11.47	11.27	3.0
33.46	35.57	41.71	44.37	44.63	14.4	288.08	302.28	358.77	398.32	430.34	7.5
23.83	25.44	29.23	26.09	31.00	19.6	258.52	270.96	328.39	368.14	391.05	6.9
50.60	56.82	65.65	70.37	76.86	8.2	60.64	64.70	70.11	74.65	75.77	0.6
31.64	32.59	35.09	39.08	37.40	2.3	20.41	20.47	21.60	24.19	24.87	3.2
4.66	5.23	6.61	7.94	9.38	8.0	7.15	7.30	8.42	10.54	12.40	4.7
20.39	20.43	21.21	19.39	15.85	-18.3	16.74	15.86	16.62	17.31	14.27	-17.6
78.46	80.25	71.04	68.66	51.23	-25.4	5.89	7.67	8.20	5.87	8.80	49.9
3.95	4.23	4.66	4.65	5.29	13.8	0.54	0.55	0.56	0.57	0.34	-40.4
0.73	0.83	1.01	1.02	0.96	-5.9	1.86	1.90	2.89	2.83	2.72	-3.9
0.65	0.73	0.78	0.78	0.76	-2.6	1.75	1.81	2.60	2.56	2.46	-3.9
173.26	207.10	215.14			-15.0	488.41	573.52	517.42			-1.2
37.96	37.41	46.25	40.81	41.94	2.8	16.05	15.81	15.52	5.80	6.49	11.9
120.41	129.68	139.92	142.39	154.33	8.4	27.83	30.08	33.89	37.06	38.84	4.8
118.15	127.94	136.90	139.72	151.74	8.6	12.94	13.33	14.85	15.13	17.82	5.2
4.73	5.07	7.03	7.54	8.05	7.0	1.99	2.44	2.48	3.39	1.63	2.9
18.08	18.47	19.91	17.35	16.62	-4.2	24.36	30.31	39.91	39.98	30.99	-22.5
15.62	15.08	11.06	11.60	12.09	4.3	18.66	23.43	30.31	34.18	26.96	-21.1
31.11	36.56	42.07	38.91	44.60	14.6	50.79	61.01	69.98	80.90	82.59	2.1
52288	56569	59593	66067	66366	0.5	72754	73845	79324	87525	93065	6.3
24548	26468	28641	31051	33660	8.4	26255	28330	30624	32860	35252	7.3
16702	17043	18376	19784	21500	8.7	16309	18478	19415	21515	22465	4.4
11628	12560	13668	14780	15928	7.8	11650	12547	13659	14848	16032	8.0
11866	13007	13278	13948	14863	6.6	10475	10751	11338	11824	12297	4.0
1.35	1.32	1.35	1.40	1.48	5.7	1.43	1.39	1.39	1.42	1.46	2.8
2.06	2.09	2.17	2.26	2.36	4.4	2.05	2.07	2.06	2.02	1.98	-2.0
0.06	0.10	0.11	0.14	0.16	14.3	0.12	0.13	0.18	0.15	0.16	6.7
0.02	0.04	0.03	0.05	0.06	20.0	0.05	0.05	0.04	0.06	0.06	0.0

主要统计指标解释

【地区生产总值】 是按市场价格计算的地区生产总值的简称。它是一个国家(地区)所有常住单位在一定时期内生产活动的最终成果。地区生产总值有三种表现形态,即价值形态、收入形态和产品形态。从价值形态看,它是所有常住单位在一定时期内所生产的全部货物和服务价值超过同期投入的全部非固定资产货物和服务价值的差额,即所有常住单位的增加值之和;从收入形态看,它是所有常住单位在一定时期内所创造并分配给常住单位和非常住单位的初次分配收入之和;从产品形态看,它是最终使用的货物和服务减去进口货物和服务。在实际核算中,地区生产总值的三种表现形态表现为三种计算方法,即生产法、收入法和支出法。三种方法分别从不同的方面反映地区生产总值及其构成。

地区生产总值同社会总产值、国民收入的区别。从核算范围看,社会总产值和国民收入都只计算物质生产部门的劳动成果,而地区生产总值除计算物质生产部门劳动成果外,还计算非物质生产部门的劳动成果。从这三个指标的价值构成看,社会总产值计算了社会产品的全部价值;地区生产总值计算了生产产品和提供劳务过程中增加的价值,即增加值,不计算中间产品和中间劳务投入的价值;而国民收入除了不计算中间产品价值外,还不包括固定资产折旧价值,即只计算净产值。

【三次产业】 是根据社会生产活动历史发展的顺序对产业结构的划分,产品直接取自自然界的部门称为第一产业,对初级产品进行再加工的部门称为第二产业,为生产和消费提供各种服务的部门称为第三产业。

第一产业:农业(包括种植业、林业、牧业、渔业等)。

第二产业:工业(包括采掘业、制造业、自来水、电力、蒸气、热水、煤气)和建筑业。

第三产业:除第一、第二产业以外的其他各业。

【当年价格】 指报告期的实际价格,如工厂的出厂价格,农产品的收购价格,商业的零售价格等。按当年价格计算,是指一些以货币表现的物量指标如工农业总产值、地区生产总值等,按照当年　的实际价格来计算总量。使用当年价格是为了使国民经济各项指标互相衔接,便于考察当年经济效益,便于对生产和流通、生产和分配、生产和消费进行经济核算的综合平衡。按当年价格计算的价值指标,在不同年份之间进行对比时,因为包含有各年间价格变动因素,不能确切地反映实物量的增减变动。必须消除价格变动因素后,才能真实反映经济发展动态。因此,在计算增长速度时都使用按可比价格计算。

【可比价格】 指计算各种总量指标所采用的扣除了价格变动因素的价格,可进行不同时期总量指标的对比。按可比价格计算总量指标有两种方法:一种是直接用产品产量乘某一年的不变价格计算;另一种是用价格指数进行缩减。

【不变价格】 指以同类产品某年的平均价格作为固定价格,用于计算各年的产品价值。按不变价格计算的产品价值消除了价格变动因素,不同时期对比可以反映生产的发展速度。新中国成立后,随着工农业产品价格水平的变化,国家统计局先后五次制定了全国统一的工业产品不变价格和农业产品不变价格,从1952年到1957年使用1952年工(农)业产品不变价格,从1957年到1970年使用1957年不变价格,从1971年到1980年使用1970年不变价格,从1981年到1990年使用1980年不变价格,从1991年开始使用1990年不变价格。

【平均增长速度】 我国计算平均增长速度有两种方法:一种是习惯上经常使用的“水平法”,又称几何平均法,是以间隔期最后一年的水平同基期水平对比来计算平均每年增长(或下降)速度;另一种是“累计法”,又称代数平均法或方程法,是以间隔期内各年水平的总和同基期水平对比来计算平均每年增长(或下降)速度。在一般正常情况下,两种方法计算的平均每年增长速度比较接近,但在经济发展不平衡、出现大起大落时,两种方法计算的结果差别较大。

人口及劳动力

Population and Labor Resources

2—1 主要年份人口发展情况

Basic Statistics of Population Development in Main Years

单位:户、人 (household, person)

年份 Year	总户数 Households Numberof Population	总人口 Number of Population	市区 City	回族人口 Huzu Popula-tion	女性人口 Female	非农业人口 Non-Agriculture Population	城镇人口 Urban Population Population	人口自然增长率(‰) Natural GrowthRate (‰)	平均人口 Average Population	市区 City
1949	45256	236299	72485	72493	111211	39837			236299	72485
1950	49246	247749	77801	71380	113462	42900			242024	75143
1951	50672	260142	85270	74829	121187	48630			253946	81536
1952	56193	276639	89700	83045	126166	48748			268391	87485
1953	62679	300198	99841	88772	136787	56860			288419	94771
1954	68074	321563	113068	92594	147450	68597			310881	106455
1955	65000	336403	111411	99457	156189	67433			328983	112240
1956	70772	346777	112376	107249	157998	66609			341590	111894
1957	74573	357851	116554	109418	165002	78666			352314	114465
1958	73535	401035	148237	114052	183730	106548			379443	132396
1959	90677	451634	190649	110086	202026	144519			426335	169443
1960	97208	480697	224877	110131	217807	166649			466166	207763
1961	90646	453310	206414	103033	207847	154700			467004	215646
1962	89712	416967	178642	105447	196263	131349			435139	192528
1963	90863	435057	187218	109824	203553	141243			426012	182930
1964	91694	455163	203072	112522	213643	139169			445110	195145
1965	95562	485038	212627	118699	227103	152417			470101	207850
1966	99688	486125	207166	121888	228312	153574			485582	209897
1967	100959	515165	220804	124951	242186	168739			500645	213985
1968	107182	543598	231651	132374	259388	171832			529382	226227
1969	111049	579658	243705	140373	274716	180569			561628	237680
1970	116810	600701	259469	150395	287255	180451			590180	251589
1971	119482	623017	267693	148212	297348	190391			611859	263581
1972	123994	649755	279211	156770	311783	202290			636386	273452
1973	127707	674103	287667	163954	324245	210007			661929	283439
1974	134538	696414	292901	169429	335601	214666			685259	290284
1975	141395	718620	299393	174374	347737	220925			707517	296147
1976	148458	741390	308446	179583	358800	230423			730005	303920
1977	154491	761706	313951	184679	368776	235181			751548	311199
1978	160534	786743	325177	191204	378907	248658			774225	319573
1979	171646	804081	335217	195687	390468	263385			795412	330198
1980	168447	822542	344540	200710	399608	278972			813312	339879
1981	174855	841060	353829	206777	409152	289869			831801	349184
1982	181967	862170	363880	211348	419974	300037			851615	358854

2—1 续表 continued

单位:户、人

年份 Year	总户数 Households Numberof Population	总人口 Number of Population		回族人口 Huzu Population	女性人口 Female	非农业人口 Non-Agriculture Population	城镇人口 Urban Population Population	人口自然增长率(‰) Natural GrowthRate (‰)	平均人口 Average Population	
			市区 City							市区 City
1983	187053	873994	371250	213679	425942	307414			868082	367565
1984	195337	891919	383299	220370	435484	318887			882957	377275
1985	202165	910561	396869	224365	448275	336723			901641	390084
1986	210372	933457	411827	230500	455453	373402			919009	404348
1987	223047	963326	433621	235950	467579	401117			948392	422724
1988	235297	987611	449907	242379	479741	421244			975469	441764
1989	244344	1010032	465096	247685	493369	438407			998822	457502
1990	257452	1034520	480184	253987	506191	453383			1022276	472640
1991	265654	1052684	490958	257580	514954	464682			1043602	485571
1992	273089	1070819	501332	262073	524145	476965			1061752	496145
1993	281340	1090204	513365	267994	535042	491087			1080512	507349
1994	296351	1115048	531311	273809	547009	531863			1102627	522338
1995	294670	1135274	544851	280070	556910	547034		8.34	1125162	538081
1996	309954	1155530	558596	285208	567825	561294		9.13	1145402	551724
1997	318000	1177693	573431	289890	578263	592096		8.95	1166512	566014
1998	334241	1196300	586022	293681	589103	616288		9.06	1186997	579727
1999	344758	1210342	593759	298484	596917	632274		8.84	1203321	589891
2000	381110	1264588	641723	331708	622676	650745		9.00	1237465	617741
2001	384942	1298407	654860	347309	640025	677134		8.25	1281498	648292
2002	397781	1329575	692845	357560	655968	700566		9.81	1313991	673853
2003	407714	1330128	718157	343834	655563	792032		7.23	1329852	705501
2004	437498	1377924	758219	360446	678596	840631		7.54	1354026	738188
2005	454690	1405971	790338	364337	695505	866730		6.31	1391947	774278
2006	476191	1446816	829696	372656	716392	916144		6.29	1426393	810017
2007	495822	1487934	860821	386131	738028	949098		6.81	1467375	845258
2008	526860	1654282	1024922	433347	822834	1095210	1156674	6.08	1635438	1020647
2009	558103	1701839	1058205	448080	847227	1137133	1210008	6.49	1678061	1041563
2010	636737	2004456	1299129	462089	966845	1301787	1453231	7.23	1853149	1178667
2011	698216	2025741	1313371	481653	986012	1319610	1506674	5.77	2015099	1306250
2012	698828	2046341	1326667	484276	1004636	1336039	1535549	7.11	2036041	1320019
2013	710858	2082695	1343955	501142	1021608	1360774	1557600	6.73	2064518	1335311
2014	740181	2128937	1373425	533840	1038272		1606188	6.71	2105817	1358691
2015	746411	2164119	1388572	557113	1060124		1640418	6.35	2146528	1380999
2016	754169	2191098	1404070	563746	1087778		1658570	8.11	2177609	1396321
2017	772992	2225391	1429147	573371	1124425		1715605	8.49	2208245	1416609
2018	776174	2250560	1450171	582622	1140038		1745945	6.27	2237976	1439659
2019	826219	2293085	1487561	591399	1163948		1812795	9.04	2271823	1468867

注:从1995年起以每年的人口变动抽样调查为人口自然增长率统计数据依据;从2008年起总人口为常住人口,是按年度人口变动情况抽样调查数据推算。

a) Natural growth rate in aecordance with every year rational sample survey on population changes since 1995; From 2008, data in this table refers toresident population, which is estimated on the base of annual natinal sample survey on population changes.

2—2 户数、人口及变动情况

Household, Population and Change Conditions

单位：户、人 （2019） （household, person）

指 标	Item	总计 Total	市区 City	兴庆区 Xingqing	西夏区 Xixia	金凤区 Jinfeng	永宁县 Yongning	贺兰县 Helan	灵武市 Lingwu
年末总户数、总人口	Number of Households and Population at Year-end								
总户数	Households	826219	545833	285072	125981	134780	81585	98079	100722
总人口	Usual Resident Population	2293085	1487561	755441	362824	369296	245570	263832	296122
男	Male	1129137	721660	363971	178691	178998	123890	132180	151407
女	Female	1163948	765901	391470	184133	190298	121680	131652	144715
平均人口	Average Population	2271823	1468867	753460	361372	354035	244580	262785	295592
平均每户人数	Average Family Size	2.78	2.73	2.65	2.88	2.74	3.01	2.69	2.94
性别比(以女性为100)	Sex Ratio(female=100)	97	94	93	97	94	102	100	105
人口变动	Population Change at Year-end								
出生率	Birth Population	13.57	13.65	9.20	12.13	24.67	13.56	12.98	11.17
死亡率	Death Population	4.53	4.38	3.94	4.09	5.63	5.46	5.01	3.52
自然增长率	Natural Growth Population	9.04	9.27	5.26	8.04	19.04	8.10	7.97	7.65
分民族人口	Population by Ethnicity								
汉族	Han	1660979	1135338	582823	289207	263308	190685	196608	138348
回族	Hui	591399	315523	153355	65671	96497	53362	65747	156767
其他少数民族	Other Ethnic Minorities	40707	36700	19263	7946	9491	1523	1477	1007

2—3 主要年份全市人口自然变动情况

Natural Change of City Population in Main Years

年份 Year	出生率(‰)Birth Rate(‰)	死亡率(‰)Death Rate(‰)	人口自然增长率(‰) Natural Growth Rate(‰)
1996	13.10	3.97	9.13
1997	13.62	4.67	8.95
1998	13.66	4.60	9.06
1999	14.05	5.21	8.84
2000	13.6	4.60	9.00
2001	12.66	4.41	8.25
2002	14.33	4.52	9.81
2003	11.64	4.41	7.23
2004	11.68	4.14	8.54
2005	11.10	4.79	6.31
2006	10.84	4.55	6.29
2007	10.78	3.98	6.80
2008	9.77	3.69	6.08
2009	10.42	3.93	6.49
2010	11.47	4.23	7.24
2011	9.69	3.92	5.77
2012	10.52	3.41	7.11
2013	10.32	3.59	6.73
2014	10.38	3.67	6.71
2015	10.75	4.40	6.35
2016	12.90	4.79	8.11
2017	12.60	4.11	8.49
2018	11.51	5.24	6.27
2019	13.57	4.53	9.04

2—4　婚姻状况

Marital Status

指　标	Item	单位	Unit	2018 年	2019 年
登记结婚	Marriage Registration	对	Pair	17625	18700
协议离婚	Divorced by Agreement	对	Pair	7261	8076
涉外婚姻	Marriage with Foreign Elements	对	Pair	45	56
结婚	Married	对	Pair	43	47
离婚	Divorced	对	Pair	2	9
法院调离、判离	To Transfer and Betray by Court	对	Pair	1528	1565
调离	Transfer	对	Pair	1078	1106
判离	Betray	对	Pair	450	459

2—5　全社会就业人员情况

Total Number of Employed Persons in the Whole Country

单位：人　　　　（2019）　　　　（person）

指　标	Item	就业人数合计 Total of Employees Number	城镇就业人数合计 Total of Urban	城镇非私营 Non-Private	城镇私营 Private	城镇个体 Self-employed	乡村就业者 Rural
就业人员	Employees	1281439	901815	375067	237452	289296	379624
按国民经济行业分组	Grouped by Sector						
农、林、牧、渔业	Agriculture,Forestry,Animal Husbandry and Fishery	216762	13677	3016	6244	4417	203085
采矿业	Mining	56367	52459	51511	895	53	3908
制造业	Manufacturing	108868	96765	49233	35168	12364	12103
电力、热力、燃气及水生产和供应业	Production and Distribution of Electricity,Gas and Water	25659	21685	19904	1766	15	3974
建筑业	Construction	85223	51057	19440	31425	192	34166
批发和零售业	Wholesale and Retail Trades	221741	185908	17756	7848	160304	35833
交通运输、仓储和邮政业	Transport,Storage and Post	95233	73263	13102	59139	1022	21970
住宿和餐饮业	Hotels and Catering Services	97387	77096	3317	6560	67219	20291
信息传输、软件和信息技术服务业	Information Transmission,Computer Services and Software	16371	14150	4661	8333	1156	2221
金融业	Financial Intermediation	30129	29957	28135	1813	9	172
房地产业	Real Estate	32170	29198	12603	15119	1476	2972
租赁和商务服务业	Leasing and Business Services	49949	49353	17853	27802	3698	596
科学研究、技术服务业	Scientific Research,Technical Serviceand Geologic Prospecting	20791	20609	10222	10150	237	182
水利、环境和公共设施管理业	ManagementofWaterConservancy,EnvironmentandPublicFacilities	11106	10190	7252	2907	31	916
居民服务、修理和其他服务业	Services to Households and Other Services	64626	41847	261	5800	35786	22779
教育	Education	46349	45064	36296	8765	3	1285
卫生和社会工作	Health,Social Security and Social Welfare	32644	29203	25031	3841	331	3441
文化、体育和娱乐业	Culture,Sports and Entertainment	14968	10031	5174	3875	982	4937
公共管理、社会保障和社会组织	Public Management and Social Organization	55094	50301	50300		1	4793

2—6 主要年份城镇非私营单位就业人员和劳动报酬情况
Basic Statistics of Employees and Earning in Main Years

年份 year	全部就业人员(人) Total Employees	按经济类型分 Grouped by Economic Type			按三次产业分 Grouped by Three Strate of Industry			全部单位从业人员劳动报酬(万元) Employed Person's Earning in Whole Units(10000yuan)			在岗职工平均工资(元) Average Wages of staff and Workers (yuan)
		国有 Stateowned	集体 Collective owned	其他 Others	一产 Primary Industry	二产 Secondary Industry	三产 Tertiary Industry	国有 Stateowned	集体 Collective o wned	其他 Others	
1949	2093	2093			85	470	1538	61			291
1950	2625	2625			118	546	1961	78			297
1951	3645	3645			364	667	2614	116			318
1952	6422	6422			587	1688	4147	170			265
1953	7547	7547			883	1755	4909	281			372
1954	10823	10823			1076	3764	5983	309			286
1955	14253	14253			1561	4738	7954	380			267
1956	19438	19438			1818	7999	9621	481			247
1957	24365	24365			2712	7324	14329	1125			462
1958	55830	48722	7108		4110	12016	39704	1973	283		404
1959	75111	67958	7153		9884	17891	47336	4106	463		608
1960	102037	95039	6998		24956	16714	60367	5455	458		579
1961	80752	73717	7035		19144	15489	46119	4810	497		657
1962	61922	54284	7638		14467	8665	38790	3721	564		692
1963	61617	53891	7726		13698	8065	39854	3584	546		670
1964	61719	53719	8000		9132	7907	44680	3968	606		741
1965	76401	68613	7788		14354	10321	51726	4179	481		610
1966	81640	73748	7892		16834	12832	51974	5041	536		683
1967	85143	77265	7878		14621	14549	55973	5087	535		660
1968	87991	79956	8035		17786	18028	52177	5344	562		671
1969	92262	84100	8162		18051	21064	53147	4960	517		594
1970	98280	89753	8527		18455	26082	53743	6436	621		718
1971	90098	81728	8370		7366	28751	53981	5106	527		625
1972	99599	86739	12860		8889	29262	61448	5764	852		664
1973	99575	86690	12885		9278	27078	63219	6116	908		705
1974	104789	90583	14206		4844	28747	71198	6304	1004		697
1975	110702	96334	14368		5453	31900	73349	6575	733		660
1976	121335	103194	18141		5910	34171	81254	6975	967		655
1977	131687	106757	24930		6155	35171	90361	7362	1298		658
1978	140432	119913	20519		12987	76690	50755	8758	1240		723
1979	172876	147906	24970		28757	87308	56811	11040	1208		725
1980	179562	155695	23867		27932	89417	62213	12873	1945		845

注:2012 年后(含 2012 年)"在岗职工平均工资"这一指标纳入了劳务派遣人员,数据有所变动。

2—6 续表 continued

年份 year	全部就业人员(人) Total Employees	按经济类型分 Grouped by Economic Type			按三次产业分 Grouped by Three Strate of Industry			全部单位从业人员劳动报酬(万元) Employed Person's Earning in Whole Units(10000yuan)			在岗职工平均工资(元) Average Wages of staff and Workers (yuan)
		国有 Stateowned	集体 Collective owned	其他 Others	一产 Primary Industry	二产 Secondary Industry	三产 Tertiary Industry	国有 Stateowned	集体 Collective o wned	集体 Collective o wned	
1981	184320	160582	23738		19772	84092	80456	13568	1634		844
1982	195580	167623	27957		29545	97124	68911	14331	1980		854
1983	205000	173416	31584		30534	99140	75326	15744	2330		893
1984	213989	177679	36310	509	30506	103021	80462	18465	3220	70	1031
1985	227504	188042	39462	463	29724	103918	93862	21243	3703	75	1123
1986	239109	198900	40209	531	29882	106677	102550	26484	4275	89	1316
1987	245636	206741	38386	509	29084	109716	106836	29355	4256	70	1400
1988	258697	219259	38975	463	29459	117262	111976	36172	5090	75	1621
1989	263150	224812	37807	531	29150	117440	116560	41681	5114	89	1804
1990	273130	232506	40013	611	29109	123701	120320	48167	6187	125	2030
1991	285992	242130	43147	715	29535	132204	124253	53653	7190	133	2168
1992	294964	250421	43044	1499	30487	126229	138248	63671	8631	284	2497
1993	286423	246224	35827	4372	25338	112844	148240	73796	9962	1187	2973
1994	298067	247197	38468	12402	27376	143979	126712	102737	12232	5729	4049
1995	300455	245332	39729	15394	25275	147718	127462	121134	15976	9960	4872
1996	292323	242851	33327	16145	24267	138476	129580	129480	15975	10935	5311
1997	302497	240231	35450	26816	24984	144183	133330	134443	21163	20730	5814
1998	270154	205418	23513	41223	24021	122597	123536	138258	15032	31538	6665
1999	262622	201497	21249	39876	23326	112295	127001	153426	15392	32685	7475
2000	256896	196906	19932	40058	22064	108001	126831	175568	17601	37367	8956
2001	242774	186461	16176	40137	21183	97812	123779	205138	16151	40684	10802
2002	238082	178375	15881	43826	19790	98553	119739	230735	16001	47760	11930
2003	288100	150722	8747	128631	21717	140882	125501	214125	8679	179234	13496
2004	288168	144760	6226	137182	18812	144160	125196	225972	9201	210971	15243
2005	291110	155832	5254	130024	17847	146241	127022	295553	9374	250918	18424
2006	295087	149499	4680	140908	12245	149952	132890	338458	9065	349326	23226
2007	292187	147703	4211	140273	14068	140914	137205	421883	10680	425923	28600
2008	289750	148292	2790	138668	13538	137391	138821	482799	9826	490599	33247
2009	296622	148135	2673	145814	12718	140974	142930	516595	10846	571061	36799
2010	300705	150687	2823	147195	12170	139485	149050	577227	12153	695780	43195
2011	313032	165037	2411	145584	11974	141976	159082	734679	12822	766228	49937
2012	335100	178408	2278	154414	11196	139294	184610	1014411	14902	878445	54270
2013	350361	160862	2663	186836	10546	145183	194632	968844	19339	1049976	57112
2014	365267	156625	1828	206814	8006	156437	200824	1007343	11354	1228439	59086
2015	372450	148438	2104	221908	7198	154536	210716	1029750	16885	1324595	65643
2016	354587	146882	1917	205788	5985	139750	208852	1118421	13873	1302974	70840
2017	354341	144824	1957	207560	5031	138406	210904	1222423	17230	1484158	77206
2018	352674	143819	1212	207643	3060	140416	209198	1310834	10896	1710592	87291
2019	375067	144654	1007	229406	3016	140088	231963	1356333	5986	2026785	94559

a)Since 2012(Containing 2012), The index"Average Wages of staff and Workes"included the laber dispatching personnel, So the data has changed.

2—7 全市城镇非私营单位就业人员人数

Basic Statistics of Employees Number in Yinchuan

单位：人　　　　(2019)　　　　(person)

指　标	Item	单位就业人员年末人数 Number of Engaged Persons at Year-end	女性 Female	在岗职工 Staff and Workers	单位就业人员平均人数 Average Number of Engaged Persons	在岗职工 Staff sand Workers
总计	**Total**	**375067**	**148903**	**350205**	**376026**	**350124**
按地区分组	Grouped by Region					
市区	City	292580	119442	271983	293877	272521
兴庆区	Xingqing	108941	51391	100337	108973	100287
金凤区	Jinfeng	134863	48202	124049	135659	124752
西夏区	Xixia	48776	19849	47597	49245	47482
永宁县	Yongning	18810	8490	16493	19153	16585
贺兰县	Helan	20314	8302	19728	20445	19853
灵武市	Lingwu	43363	12669	42001	42551	41165
按企业、事业、机关分组	**Grouped by Enterprises,Institutions and Agencies**					
企业	Enterprises	250725	79482	236787	253100	237831
事业	Institutions	85173	52232	76957	84179	76101
机关	Agencies & Organizations	37099	15839	34506	36656	34214
民间非营利组织	Non profit organizations	1539	1062	1424	1561	1448
其他	Other	531	288	531	530	530
按国民经济行业分组	**Grouped by Sector**					
农、林、牧、渔业	Agriculture,Forestry,AnimalHusbandryandFishery	3016	827	2952	3140	3069
采矿业	Mining and Quarrying	51511	8511	51483	51567	51538
制造业	Manufacturing	49233	11135	48910	49302	48817
电力、燃气及水的生产和供应业	ProductionandDistributionofElectricity,GasandWater	19904	5249	19848	19869	19806
建筑业	Construction	19440	3319	17042	22660	19172
批发和零售业	Wholesale and Retail Trades	17756	10996	17226	17544	17038
交通运输、仓储和邮政业	Transport, Storage and Post	13102	4363	12717	12975	12595
住宿和餐饮业	Hotels and Catering Services	3317	1889	3298	3376	3357
信息传输、计算机服务和软件业	Information Transmission,Computer Services and Software	4661	1929	4640	4748	4729
金融业	Financial Intermediation	28135	15848	19746	28211	19630
房地产业	Real Estate	12603	6013	12357	12461	12216
租赁和商务服务业	Leasing and Business Services	17853	5004	17114	17333	16631
科学研究、技术服务和地质勘查业	ScientificResearch,TechnicalServiceandGeologicProspecting	10222	2929	9722	10028	9579
水利、环境和公共设施管理业	ManagementofWaterConservancy,EnvironmentandPublicFacilities	7252	3038	6869	7061	6717
居民服务和其他服务业	Services to Households and Other Services	261	105	211	262	212
教育	Education	36296	24050	34342	35689	33782
卫生、社会保障和社会福利业	Health,Social Security and Social Welfare	25031	18418	24367	24716	24112
文化、体育和娱乐业	Culture,Sports and Entertainment	5174	2594	5036	5191	5062
公共管理、社会保障和社会组织	Public Management and Social Organization	50300	22686	42325	49893	42062

2—7 续表 1 continued

单位:人 （2019） （person）

指 标	Item	单位就业人员年末人数 Number of Engaged Persons at Year-end	女性 Female	在岗职工 Staff and Workers	单位就业人员平均人数 Average Number of Engaged Persons	在岗职工 Staff sand Workers
国有单位合计	**Total State-owned Units**	**144654**	**75560**	**133463**	**143872**	**132338**
按地区分组	**Grouped by Region**					
市区	City	113763	58547	106162	113340	105354
兴庆区	Xingqing	60411	30843	54960	59879	54599
金凤区	Jinfeng	31186	15195	29792	30994	29589
西夏区	Xixia	22166	12509	21410	22467	21166
永宁县	Yongning	9856	5649	7801	9712	7655
贺兰县	Helan	9408	5463	8954	9225	8774
灵武市	Lingwu	11627	5901	10546	11595	10555
按企业、事业、机关分组	**Grouped by Enterprises,Institutions and Agencies**					
企业	Enterprises	23350	7973	22823	23928	22788
事业	Institutions	83351	51289	75356	82425	74546
机关	Agencies & Organizations	36889	15730	34299	36451	34012
民间非营利组织	Non profit organizations	656	375	577	663	587
其他	Other	408	193	408	405	405
按国民经济行业分组	**Grouped by Sector**					
农、林、牧、渔业	Agriculture,Forestry,Animal Husbandry and Fishery	2546	711	2545	2677	2676
制造业	Manufacturing	154	41	149	155	151
电力、燃气及水的生产和供应业	ProductionandDistributionofElectricity,GasandWater	11861	3223	11820	11832	11790
建筑业	Construction	1500	359	1302	2058	1256
批发和零售业	Wholesale and Retail Trades	584	239	584	581	581
交通运输、仓储和邮政业	Transport,Storage and Post	2819	1111	2563	2762	2499
住宿和餐饮业	Hotels and Catering Services	531	367	531	565	565
信息传输、计算机服务和软件业	Information Transmission,Computer Services and Software	224	57	209	217	199
金融业	Financial Intermediation	2712	1438	2712	2689	2689
租赁和商务服务业	Leasing and Business Services	959	429	942	950	935
科学研究、技术服务和地质勘查业	Scientific Research,Technical Service and Geologic Prospecting	4968	1768	4874	4996	4910
水利、环境和公共设施管理业	Management of Water Conservancy,Environment and Public Facilities	5823	2488	5604	5640	5431
居民服务和其他服务业	Services to Households and Other Services	146	51	137	146	137
教育	Education	34066	22502	32206	33488	31674
卫生、社会保障和社会福利业	Health,Social Security and Social Welfare	22676	16644	22218	22440	22041
文化、体育和娱乐业	Culture,Sports and Entertainment	3189	1636	3132	3183	3128
公共管理、社会保障和社会组织	Public Management and Social Organization	49896	22496	41935	49493	41676

2—7 续表 2 continued

单位:人 (2019) (person)

指 标	Item	单位就业人员年末人数 Number of Engaged Persons at Year-end	女性 Female	在岗职工 Staff and Workers	单位就业人员平均人数 Average Number of Engaged Persons	在岗职工 Staff sand Worker
城镇集体单位合计	**Total Urban Collective-owned**	**1007**	**637**	**852**	**1055**	**903**
按地区分组	**Grouped by Region**					
市区	City	618	394	596	606	584
兴庆区	Xingqing	127	56	117	127	117
金凤区	Jinfeng	222	169	210	217	205
西夏区	Xixia	269	169	269	262	262
永宁县	Yongning	294	204	161	294	164
贺兰县	Helan	0	0	0	0	0
灵武市	Lingwu	95	39	95	155	155
按企业、事业、机关分组	**Grouped by Enterprises,Institutions and Agencies**					
企业	Enterprises	658	399	544	708	597
事业	Institutions	141	77	112	144	115
机关	Agencies & Organizations	44	13	44	43	43
民间非营利组织	Non profit organizations	164	148	152	160	148
按国民经济行业分组	**Grouped by Sector**					
建筑业	Construction	95	39	95	155	155
批发和零售业	Wholesale and Retail Trades	399	225	370	392	363
房地产业	Real Estate	72	24	62	72	62
教育	Education	164	148	152	160	148
卫生、社会保障和社会福利业	Health,Social Security and Social Welfare	233	188	129	233	132
公共管理、社会保障和社会组织	Public administration, social security and social organizations	44	13	44	43	43

2—7 续表 3 continued

单位：人　　（2019）　　(person)

指 标	Item	单位就业人员年末人数 Number of Engaged Persons at Year-end	女性 Female	在岗职工 Staff and Workers	单位就业人员平均人数 Average Number of Engaged Persons	在岗职工 Staff sand Workers
其他单位合计	**Total Other Units**	**229406**	**72706**	**215890**	**231099**	**216883**
按地区分组	**Grouped by Region**					
市区	City	178199	60501	165225	179931	166583
兴庆区	Xingqing	48403	20492	45260	48967	45571
金凤区	Jinfeng	103455	32838	94047	104448	94958
西夏区	Xixia	26341	7171	25918	26516	26054
永宁县	Yongning	8660	2637	8531	9147	8766
贺兰县	Helan	10906	2839	10774	11220	11079
灵武市	Lingwu	31641	6729	31360	30801	30455
按企业、事业、机关分组	**Grouped by Enterprises,Institutions and Agencies**					
企业	Enterprises	226717	71110	213420	228464	214446
事业	Institutions	1681	866	1489	1610	1440
机关	Agencies & Organizations	166	96	163	162	159
民间非营利组织	Non profit organizations	719	539	695	738	713
其他	Other	123	95	123	125	125
按国民经济行业分组	**Grouped by Sector**					
农、林、牧、渔业	Agriculture,Forestry,AnimalHusbandryandFishery	470	116	407	463	393
采矿业	Mining and Quarrying	51511	8511	51483	51567	51538
制造业	Manufacturing	49079	11094	48761	49147	48666
电力、燃气及水的生产和供应业	ProductionandDistributionofElectricity,GasandWater	8043	2026	8028	8037	8016
建筑业	Construction	17845	2921	15645	20447	17761
批发和零售业	Wholesale and Retail Trades	16773	10532	16272	16571	16094
交通运输、仓储和邮政业	Transport,Storage and Post	10283	3252	10154	10213	10096
住宿和餐饮业	Hotels and Catering Services	2786	1522	2767	2811	2792
信息传输、计算机服务和软件业	Information Transmission,Computer Services and Software	4437	1872	4431	4531	4530
金融业	Financial Intermediation	25423	14410	17034	25522	16941
房地产业	Real Estate	12531	5989	12295	12389	12154
租赁和商务服务业	Leasing and Business Services	16894	4575	16172	16383	15696
科学研究、技术服务和地质勘查业	ScientificResearch,TechnicalServiceandGeologicProspecting	5254	1161	4848	5032	4669
水利、环境和公共设施管理业	ManagementofWaterConservancy,EnvironmentandPublicFacilities	1429	550	1265	1421	1286
居民服务和其他服务业	Services to Households and Other Services	115	54	74	116	75
教育	Education	2066	1400	1984	2041	1960
卫生、社会保障和社会福利业	Health,Social Security and Social Welfare	2122	1586	2020	2043	1939
文化、体育和娱乐业	Culture,Sports and Entertainment	1985	958	1904	2008	1934
公共管理、社会保障和社会组织	Public Management and Social Organization	360	177	346	357	343

2—8 全市城镇非私营单位就业人员劳动报酬

Earning of Employed Persons in the Private Institutions of City Units

（2019）

指　标	Item	单位就业人员工资总额（万元）Total Wages of Engaged Persons (10 000yuan)	在岗职工工资总额 Total Wages of Staff and Workers	单位就业人员平均工资（元）Average Wages of Engaged Persons (yuan)	在岗职工平均工资 Average Wages of Staff and Workers
总　计	**Total**	**3389103**	**3310735**	**90129**	**94559**
按地区分组	**Grouped by Region**				
市区	City	2740638	2676277	93258	98204
兴庆区	Xingqing	1021346	994101	93725	99126
金凤区	Jinfeng	1352324	1323731	99686	106109
西夏区	Xixia	366968	358445	74519	75491
永宁县	Yongning	126727	119599	66166	72113
贺兰县	Helan	133360	131757	65229	66366
灵武市	Lingwu	388377	383102	91273	93065
按企业、事业、机关分组	**Grouped by Enterprises,Institutions and Agencies**				
企业	Enterprises	2283034	2236459	90203	94036
事业	Institutions	765700	740817	90961	97347
机关	Agencies & Organizations	324125	317446	88424	92783
民间非营利组织	Non profit organizations	7660	7429	49068	51302
其他	Other	8584	8584	161964	161964
采矿业	Mining and Quarrying	674124	674008	130728	130779
制造业	Manufacturing	372357	370177	75526	75829
电力、燃气及水的生产和供应业	ProductionandDistributionofElectricity,GasandWater	260611	260428	131164	131490
建筑业	Construction	149995	137194	66194	71560
批发和零售业	Wholesale and Retail Trades	101216	99467	57693	58380
交通运输、仓储和邮政业	Transport, Storage and Post	99341	97514	76564	77423
住宿和餐饮业	Hotels and Catering Services	16413	16383	48617	48802
信息传输、计算机服务和软件业	InformationTransmission,ComputerServicesandSoftware	50820	50719	107034	107250
金融业	Financial Intermediation	273418	251687	96919	128215
房地产业	Real Estate	83178	82222	66750	67307
租赁和商务服务业	Leasing and Business Services	111358	109303	64246	65722
科学研究、技术服务和地质勘查业	ScientificResearch,TechnicalServiceandGeologicProspecting	97002	95367	96731	99558
水利、环境和公共设施管理业	ManagementofWaterConservancy,EnvironmentandPublicFacilities	40275	39294	57038	58499
居民服务和其他服务业	Services to Households and Other Services	1338	1089	51080	51387
教育	Education	309246	303753	86650	89916
卫生、社会保障和社会福利业	Health,Social Security and Social Welfare	290768	286918	117644	118994
文化、体育和娱乐业	Culture,Sports and Entertainment	46744	46326	90048	91518
公共管理、社会保障和社会组织	Public Management and Social Organization	396750	374959	79520	89144

2—8 续表 1 continued

(2019)

指 标	Item	单位就业人员工资总额(万元) Total Wages of Engaged Persons (10 000yuan)	在岗职工工资总额 Total Wages of Staff and Workers	单位就业人员平均工资(元) Average Wages of Engaged Persons (yuan)	在岗职工平均工资 Average Wages of Staff and Workers
国有单位合计	**Total**	**1356333**	**1319092**	**94274**	**99676**
按地区分组	**Grouped by Region**				
市区	City	1123716	1096398	99146	104068
兴庆区	Xingqing	640862	624329	107026	114348
金凤区	Jinfeng	304079	299935	98109	101367
西夏区	Xixia	178774	172134	79572	81326
永宁县	Yongning	68316	63142	70342	82485
贺兰县	Helan	65194	64056	70670	73007
灵武市	Lingwu	99107	95495	85474	90474
按企业、事业、机关分组	**Grouped by Enterprises,Institutions and Agencies**				
企业	Enterprises	273045	266721	114111	117044
事业	Institutions	749927	725812	90983	97364
机关	Agencies & Organizations	322080	315419	88360	92738
民间非营利组织	Non profit organizations	3516	3375	53024	57497
其他	Other	7765	7765	191728	191728
按国民经济行业分组	**Grouped by Sector**				
农、林、牧、渔业	Agriculture,Forestry,AnimalHusbandryandFishery	12272	12269	45843	45846
制造业	Manufacturing	764	751	49310	49709
电力、燃气及水的生产和供应业	ProductionandDistributionofElectricity,GasandWater	168375	168298	142305	142746
建筑业	Construction	18173	13693	88305	109024
批发和零售业	Wholesale and Retail Trades	7075	7075	121771	121771
交通运输、仓储和邮政业	Transport,Storage and Post	22883	21251	82851	85039
住宿和餐饮业	Hotels and Catering Services	2615	2615	46285	46285
信息传输、计算机服务和软件业	Information Transmission,Computer Services and Software	5152	5061	237396	254296
金融业	Financial Intermediation	38291	38291	142397	142397
租赁和商务服务业	Leasing and Business Services	7260	7197	76418	76974
科学研究、技术服务和地质勘查业	ScientificResearch,TechnicalServiceandGeologicProspecting	45038	44663	90147	90964
水利、环境和公共设施管理业	ManagementofWaterConservancy,EnvironmentandPublicFacilities	31890	31278	56542	57592
居民服务和其他服务业	Services to Households and Other Services	829	805	56753	58766
教育	Education	293192	287960	87551	90914
卫生、社会保障和社会福利业	Health,Social Security and Social Welfare	276270	273534	123115	124102
文化、体育和娱乐业	Culture,Sports and Entertainment	32982	32802	103619	104865
公共管理、社会保障和社会组织	Public Management and Social Organization	393273	371549	79460	89152

2—8 续表 2 continued

（2019）

指 标	Item	单位就业人员工资总额（万元）Total Wages of Engaged Persons (10 000yuan)	在岗职工工资总额 Total Wages of Staff and Workers	单位就业人员平均工资（元）Average Wages of Engaged Persons (yuan)	在岗职工平均工资 Average Wages of Staff and Workers
城镇集体单位合计	**Total Urban Collective-owned**	**5986**	**5174**	**56736**	**57297**
按地区分组	**Grouped by Region**				
市区	City	3025	2965	49916	50771
兴庆区	Xingqing	500	479	39346	40923
金凤区	Jinfeng	1184	1145	54571	55863
西夏区	Xixia	1341	1341	51183	51183
永宁县	Yongning	2010	1258	68361	76701
贺兰县	Helan	0	0	0	0
灵武市	Lingwu	951	951	61355	61355
按企业、事业、机关分组	**Grouped by Enterprises,Institutions and Agencies**				
企业	Enterprises	3893	3381	54984	56635
事业	Institutions	987	726	68514	63096
机关	Agencies & Organizations	538	538	125163	125163
民间非营利组织	Non profit organizations	568	529	35500	35743
按国民经济行业分组	**Grouped by Sector**				
建筑业	Construction	951	951	61355	61355
批发和零售业	Wholesale and Retail Trades	2068	1807	52750	49774
房地产业	Real Estate	400	379	55542	61129
教育	Education	568	529	35500	35743
卫生、社会保障和社会福利业	Health,Social Security and Social Welfare	1461	970	62695	73477
公共管理、社会保障和社会组织	Public administration, social security and social organizations	538	538	125163	125163

2—8 续表 3 continued

(2019)

指 标	Item	单位就业人员工资总额(万元) Total Wages of Engaged Persons (10 000yuan)	在岗职工工资总额 Total Wages of Staff and Workers	单位就业人员平均工资(元) Average Wages of Engaged Persons (yuan)	在岗职工平均工资 Average Wages of Staff and Workers
其他单位合计	**Total**	**2026785**	**1986469**	**87702**	**91592**
按地区分组	**Grouped by Region**				
市区	City	1613898	1576914	89695	94662
兴庆区	Xingqing	379984	369292	77600	81037
金凤区	Jinfeng	1047061	1022651	100247	107695
西夏区	Xixia	186853	184971	70468	70995
永宁县	Yongning	56401	55199	61660	62970
贺兰县	Helan	68167	67701	60755	61107
灵武市	Lingwu	288319	286656	93607	94124
按企业、事业、机关分组	**Grouped by Enterprises,Institutions and Agencies**				
企业	Enterprises	2006096	1966358	87808	91695
事业	Institutions	14787	14279	91842	99162
机关	Agencies & Organizations	1507	1489	93025	93629
民间非营利组织	Non profit organizations	3576	3524	48455	49431
其他	Other	819	819	65528	65528
按国民经济行业分组	**Grouped by Sector**				
农、林、牧、渔业	Agriculture,Forestry,AnimalHusbandryandFishery	1878	1661	40555	42260
采矿业	Mining and Quarrying	674124	674008	130728	130779
制造业	Manufacturing	371592	369426	75608	75910
电力、燃气及水的生产和供应业	ProductionandDistributionofElectricity,GasandWater	92236	92130	114764	114933
建筑业	Construction	130871	122550	64005	68999
批发和零售业	Wholesale and Retail Trades	92073	90586	55563	56285
交通运输、仓储和邮政业	Transport,Storage and Post	76458	76262	74863	75537
住宿和餐饮业	Hotels and Catering Services	13798	13768	49085	49312
信息传输、计算机服务和软件业	Information Transmission,Computer Services and Software	45668	45658	100791	100790
金融业	Financial Intermediation	235128	213396	92127	125964
房地产业	Real Estate	82778	81843	66816	67338
租赁和商务服务业	Leasing and Business Services	104098	102106	63540	65052
科学研究、技术服务和地质勘查业	ScientificResearch,TechnicalServiceandGeologicProspecting	51965	50704	103268	108596
水利、环境和公共设施管理业	ManagementofWaterConservancy,EnvironmentandPublicFacilities	8385	8016	59008	62332
居民服务和其他服务业	Services to Households and Other Services	510	284	43940	37907
教育	Education	15486	15264	75873	77876
卫生、社会保障和社会福利业	Health,Social Security and Social Welfare	13037	12413	63815	64020
文化、体育和娱乐业	Culture,Sports and Entertainment	13762	13525	68534	69931
公共管理、社会保障和社会组织	Public Management and Social Organization	2939	2871	82325	83708

2—9 市区城镇非私营单位就业人员人数

Number of Engaged Persons in the Private Institutions of City Urban Units

（2019）

指　标	Item	单位就业人员年末人数 Number of Engaged Persons at Year-end	女性 Female	在岗职工 Staff and Workers	单位就业人员平均人数 Average Number of Engaged Persons	在岗职工 Staff sand Worker
总　计	**Total**	**292580**	**119442**	**271983**	**293877**	**272521**
按企业、事业、机关分组	**Grouped by Enterprises,Institutions and Agencies**					
企业	Enterprises	196620	66399	183382	198924	184680
事业	Institutions	65967	40194	60633	65309	60058
机关	Agencies & Organizations	28037	11563	26121	27668	25913
民间非营利组织	Non profit organizations	1459	1014	1350	1480	1374
其他	Other	497	272	497	496	496
按国民经济行业分组	**Grouped by Sector**					
农、林、牧、渔业	Agriculture,Forestry,Animal Husbandry and Fishery	1123	285	1107	1165	1137
采矿业	Mining and Quarrying	48725	8219	48725	48796	48796
制造业	Manufacturing	23673	6051	23436	24275	24026
电力、燃气及水的生产和供应业	Production and Distribution of Electricity,Gas and Water	15755	4372	15734	15687	15714
建筑业	Construction	13287	2826	11051	11718	12121
批发和零售业	Wholesale and Retail Trades	15930	10297	15437	14910	15233
交通运输、仓储和邮政业	Transport, Storage and Post	8287	2981	8071	7660	8058
住宿和餐饮业	Hotels and Catering Services	3317	1889	3298	2972	3357
信息传输、计算机服务和软件业	Information Transmission,Computer Services and Software	4661	1929	4640	4619	4729
金融业	Financial Intermediation	26833	15220	18460	26401	18386
房地产业	Real Estate	10106	4840	9898	9751	9984
租赁和商务服务业	Leasing and Business Services	14955	3373	14227	14179	14014
科学研究、技术服务和地质勘查业	Scientific Research,Technical Service and Geologic Prospecting	9494	2676	8999	9107	8860
水利、环境和公共设施管理业	Management of Water Conservancy,Environment and Public Facilities	6419	2758	6044	6054	5949
居民服务和其他服务业	Services to Households and Other Services	243	96	193	242	194
教育	Education	26352	17072	25274	25300	24920
卫生、社会保障和社会福利业	Health,Social Security and Social Welfare	21258	15619	20837	20666	20644
文化、体育和娱乐业	Culture,Sports and Entertainment	4873	2422	4760	4866	4785
公共管理、社会保障和社会组织	Public Management and Social Organization	37289	16517	31792	32463	31614

2—9 续表 1 continued

（2019）

指 标	Item	单位就业人员年末人数 Number of Engaged Persons at Year-end	女性 Female	在岗职工 Staff and Workers	单位就业人员平均人数 Average Number of Engaged Persons	在岗职工 Staff sand Workers
国有单位合计	**Total State-owned Units**	113763	58547	106162	113340	105354
按企业、事业、机关分组	**Grouped by Enterprises,Institutions and Agencies**					
企业	Enterprises	20527	7162	20066	21052	19981
事业	Institutions	64327	39348	59180	63740	58654
机关	Agencies & Organizations	27879	11485	25965	27514	25761
民间非营利组织	Non profit organizations	656	375	577	663	587
其他	Other	374	177	374	371	371
按国民经济行业分组	**Grouped by Sector**					
农、林、牧、渔业	Agriculture,Forestry,AnimalHusbandryandFishery	821	218	821	851	851
制造业	Manufacturing	154	41	149	155	151
电力、燃气及水的生产和供应业	ProductionandDistributionofElectricity,GasandWater	11571	3140	11557	11553	11538
建筑业	Construction	1500	359	1302	2058	1256
批发和零售业	Wholesale and Retail Trades	546	221	546	543	543
交通运输、仓储和邮政业	Transport,Storage and Post	1866	897	1650	1796	1576
住宿和餐饮业	Hotels and Catering Services	531	367	531	565	565
信息传输、计算机服务和软件业	Information Transmission,Computer Services and Software	224	57	209	217	199
金融业	Financial Intermediation	2613	1386	2613	2589	2589
租赁和商务服务业	Leasing and Business Services	743	340	735	741	735
科学研究、技术服务和地质勘查业	ScientificResearch,TechnicalServiceandGeologicProspecting	4301	1538	4212	4331	4250
水利、环境和公共设施管理业	ManagementofWaterConservancy,EnvironmentandPublicFacilities	5266	2310	5049	5132	4925
居民服务和其他服务业	Services to Households and Other Services	146	51	137	146	137
教育	Education	24375	15678	23391	24011	23072
卫生、社会保障和社会福利业	Health,Social Security and Social Welfare	19187	14064	18862	19024	18749
文化、体育和娱乐业	Culture,Sports and Entertainment	2941	1502	2909	2935	2904
公共管理、社会保障和社会组织	Public Management and Social Organization	36978	16378	31489	36693	31314

2—9 续表 2 continued

（2019）

指 标	Item	单位就业人员年末人数 Number of Engaged Persons at Year-end	女性 Female	在岗职工 Staff and Workers	单位就业人员平均人数 Average Number of Engaged Persons	在岗职工 Staff sand Workers
城镇集体单位合计	**Total Urban Collective-owned**	**618**	**394**	**596**	**606**	**584**
按企业、事业、机关分组	**Grouped by Enterprises,Institutions and Agencies**					
企业	Enterprises	410	233	400	403	393
机关	Agencies & Organizations	44	13	44	43	43
民间非营利组织	Non profit organizations	164	148	152	160	148
按国民经济行业分组	**Grouped by Sector**					
批发和零售业	Wholesale and Retail Trades	338	209	338	331	331
房地产业	Real Estate	72	24	62	72	62
教育	Education	164	148	152	160	148
公共管理、社会保障和社会组织	Public Management and Social Organization	44	13	44	43	43

2—9 续表 3 continued

（2019）

指 标	Item	单位就业人员年末人数 Number of Engaged Persons at Year-end	女性 Female	在岗职工 Staff and Workers	单位就业人员平均人数 Average Number of Engaged Persons	在岗职工 Staff sand Workers
其他单位合计	**Total Other Units**	**178199**	**60501**	**165225**	**179931**	**166583**
按企业、事业、机关分组	**Grouped by Enterprises,Institutions and Agencies**					
企业	Enterprises	175683	59004	162916	177469	164306
事业	Institutions	1640	846	1453	1569	1404
机关	Agencies & Organizations	114	65	112	111	109
民间非营利组织	Non profit organizations	639	491	621	657	639
其他	Other	123	95	123	125	125
按国民经济行业分组	**Grouped by Sector**					
农、林、牧、渔业	Agriculture,Forestry,AnimalHusbandryandFishery	302	67	286	314	286
采矿业	Mining and Quarrying	48725	8219	48725	48796	48796
制造业	Manufacturing	23519	6010	23287	24124	23875
电力、燃气及水的生产和供应业	ProductionandDistributionofElectricity,GasandWater	4184	1232	4177	4183	4176
建筑业	Construction	11787	2467	9749	13207	10865
批发和零售业	Wholesale and Retail Trades	15046	9867	14553	14819	14359
交通运输、仓储和邮政业	Transport,Storage and Post	6421	2084	6421	6482	6482
住宿和餐饮业	Hotels and Catering Services	2786	1522	2767	2811	2792
信息传输、计算机服务和软件业	Information Transmission,Computer Services and Software	4437	1872	4431	4531	4530
金融业	Financial Intermediation	24220	13834	15847	24362	15797
房地产业	Real Estate	10034	4816	9836	10122	9922
租赁和商务服务业	Leasing and Business Services	14212	3033	13492	13964	13279
科学研究、技术服务和地质勘查业	ScientificResearch,TechnicalServiceandGeologicProspecting	5193	1138	4787	4973	4610
水利、环境和公共设施管理业	ManagementofWaterConservancy,EnvironmentandPublicFacilities	1153	448	995	1152	1024
居民服务和其他服务业	Services to Households and Other Services	97	45	56	98	57
教育	Education	1813	1246	1731	1781	1700
卫生、社会保障和社会福利业	Health,Social Security and Social Welfare	2071	1555	1975	1992	1895
文化、体育和娱乐业	Culture,Sports and Entertainment	1932	920	1851	1955	1881
公共管理、社会保障和社会组织	Public Management and Social Organization	267	126	259	265	257

2—10 市区城镇非私营单位就业人员劳动报酬

Revenue of Engaged Persons in the Private Institutions of City Urban Units

（2019）

指标	Item	单位就业人员工资总额（万元）Total Wages of Engaged Persons (10 000yuan)	在岗职工工资总额 Total Wages of Staff and Workers	单位就业人员平均工资（元）Average Wages of Engaged Persons (yuan)	在岗职工平均工资 Average Wages of Staff and Workers
总计	**Total**	**2740638**	**2676277**	**93258**	**98204**
按企业、事业、机关分组	**Grouped by Enterprises,Institutions and Agencies**				
企业	Enterprises	1853195	1810567	93161	98038
事业	Institutions	617640	601017	94572	100073
机关	Agencies & Organizations	254151	249256	91857	96190
民间非营利组织	Non profit organizations	7444	7228	50295	52603
其他	Other	8210	8210	165516	165516
按国民经济行业分组	**Grouped by Sector**				
农、林、牧、渔业	Agriculture,Forestry,AnimalHusbandryandFishery	5729	5645	163836	164247
采矿业	Mining and Quarrying	638145	638145	130778	130778
制造业	Manufacturing	168779	167508	189098	189572
电力、燃气及水的生产和供应业	ProductionandDistributionofElectricity,GasandWater	209877	209795	341240	341414
建筑业	Construction	113396	102157	219752	240348
批发和零售业	Wholesale and Retail Trades	88981	87536	167722	169360
交通运输、仓储和邮政业	Transport,Storage and Post	58856	57376	197052	197317
住宿和餐饮业	Hotels and Catering Services	16413	16383	138254	138593
信息传输、计算机服务和软件业	Information Transmission,Computer Services and Software	50820	50719	261935	262361
金融业	Financial Intermediation	261382	239710	209626	259822
房地产业	Real Estate	65046	64254	200748	201915
租赁和商务服务业	Leasing and Business Services	102929	100927	225011	228542
科学研究、技术服务和地质勘查业	ScientificResearch,TechnicalServiceandGeologicProspecting	88761	87134	281683	289594
水利、环境和公共设施管理业	ManagementofWaterConservancy,EnvironmentandPublicFacilities	34475	33516	166986	172505
居民服务和其他服务业	Services to Households and Other Services	1324	1075	147326	160860
教育	Education	223932	220552	256608	263014
卫生、社会保障和社会福利业	Health,Social Security and Social Welfare	259988	257121	355501	356549
文化、体育和娱乐业	Culture,Sports and Entertainment	44696	44333	253122	257054
公共管理、社会保障和社会组织	Public Management and Social Organization	307110	292391	228158	251683

2—10 续表1 continued

(2019)

指 标	Item	单位就业人员工资总额(万元) Total Wages of Engaged Persons (10 000yuan)	在岗职工工资总额 Total Wages of Staff and Workers	单位就业人员平均工资(元) Average Wages of Engaged Persons (yuan)	在岗职工平均工资 Average Wages of Staff and Workers
国有单位合计	**Total State-owned Units**	**1123716**	**1096398**	**99146**	**104068**
按企业、事业、机关分组	**Grouped by Enterprises,Institutions and Agencies**				
企业	Enterprises	257108	250963	122130	125601
事业	Institutions	603208	587058	94636	100088
机关	Agencies & Organizations	252494	247612	91769	96119
民间非营利组织	Non profit organizations	3516	3375	53024	57497
其他	Other	7391	7391	199205	199205
按国民经济行业分组	**Grouped by Sector**				
农、林、牧、渔业	Agriculture,Forestry,AnimalHusbandryandFishery	4530	4530	53231	53231
采矿业	Mining and Quarrying				
制造业	Manufacturing	764	751	49310	49709
电力、燃气及水的生产和供应业	ProductionandDistributionofElectricity,GasandWater	166202	166152	143861	144004
建筑业	Construction	18173	13693	88305	109024
批发和零售业	Wholesale and Retail Trades	6879	6879	126678	126678
交通运输、仓储和邮政业	Transport,Storage and Post	15133	13653	84260	86631
住宿和餐饮业	Hotels and Catering Services	2615	2615	46285	46285
信息传输、计算机服务和软件业	Information Transmission,Computer Services and Software	5152	5061	237396	254296
金融业	Financial Intermediation	37074	37074	143198	143198
房地产业	Real Estate				
租赁和商务服务业	Leasing and Business Services	5288	5275	71363	71769
科学研究、技术服务和地质勘查业	ScientificResearch,TechnicalServiceandGeologicProspecting	38589	38223	89098	89936
水利、环境和公共设施管理业	ManagementofWaterConservancy,EnvironmentandPublicFacilities	28334	27727	55210	56298
居民服务和其他服务业	Services to Households and Other Services	829	805	56753	58766
教育	Education	211478	208359	88075	90308
卫生、社会保障和社会福利业	Health,Social Security and Social Welfare	247087	244829	129882	130582
文化、体育和娱乐业	Culture,Sports and Entertainment	31214	31088	106350	107054
公共管理、社会保障和社会组织	Public Management and Social Organization	304376	289685	82952	92510

2—10 续表 2 continued

（2019）

指　标	Item	单位就业人员工资总额（万元）Total Wages of Engaged Persons（10 000yuan）	在岗职工工资总额 Total Wages of Staff and Workers	单位就业人员平均工资（元）Average Wages of Engaged Persons（yuan）	在岗职工平均工资 Average Wages of Staff and Workers
城镇集体单位合计	**Total Urban Collective-owned**	**3025**	**2965**	**49916**	**50771**
按企业、事业、机关分组	**Grouped by Enterprises,Institutions and Agencies**				
企业	Enterprises	1919	1898	47610	48290
机关	Agencies & Organizations	538	538	125163	125163
民间非营利组织	Non profit organizations	568	529	35500	35743
按国民经济行业分组	**Grouped by Sector**				
批发和零售业	Wholesale and Retail Trades	1519	1519	45885	45885
房地产业	Real Estate	400	379	55542	61129
教育	Education	568	529	35500	35743
公共管理、社会保障和社会组织	Public Management and Social Organization	538	538	125163	125163

2—10 续表 2 continued

（2019）

指 标	Item	单位就业人员工资总额（万元）Total Wages of Engaged Persons (10 000yuan)	在岗职工工资总额 Total Wages of Staff and Workers	单位就业人员平均工资（元）Average Wages of Engaged Persons (yuan)	在岗职工平均工资 Average Wages of Staff and Workers
其他单位合计	**Total Other Units**	**1613898**	**1576914**	**89695**	**94662**
按企业、事业、机关分组	**Grouped by Enterprises,Institutions and Agencies**				
企业	Enterprises	1594168	1557706	89828	94805
事业	Institutions	14432	13958	91980	99419
机关	Agencies & Organizations	1119	1106	100784	101486
民间非营利组织	Non profit organizations	3360	3324	51145	52011
其他	Other	819	819	65528	65528
按国民经济行业分组	**Grouped by Sector**				
农、林、牧、渔业	Agriculture,Forestry,AnimalHusbandryandFishery	1199	1115	38172	38990
采矿业	Mining and Quarrying	638145	638145	130778	130778
制造业	Manufacturing	168015	166758	69646	69846
电力、燃气及水的生产和供应业	ProductionandDistributionofElectricity,GasandWater	43675	43643	104410	104510
建筑业	Construction	95223	88463	72100	81420
批发和零售业	Wholesale and Retail Trades	80584	79139	54379	55114
交通运输、仓储和邮政业	Transport, Storage and Post	43723	43723	67453	67453
住宿和餐饮业	Hotels and Catering Services	13798	13768	49085	49312
信息传输、计算机服务和软件业	Information Transmission,Computer Services and Software	45668	45658	100791	100790
金融业	Financial Intermediation	224308	202636	92073	128275
房地产业	Real Estate	64646	63875	63867	64377
租赁和商务服务业	Leasing and Business Services	97641	95652	69923	72033
科学研究、技术服务和地质勘查业	ScientificResearch,TechnicalServiceandGeologicProspecting	50172	48911	100889	106098
水利、环境和公共设施管理业	ManagementofWaterConservancy,EnvironmentandPublicFacilities	6141	5789	53306	56529
居民服务和其他服务业	Services to Households and Other Services	496	270	50582	47421
教育	Education	11886	11664	66739	68613
卫生、社会保障和社会福利业	Health,Social Security and Social Welfare	12901	12292	64766	64867
文化、体育和娱乐业	Culture,Sports and Entertainment	13482	13245	68961	70414
公共管理、社会保障和社会组织	Public Management and Social Organization	2196	2168	82857	84350

主要统计指标解释

【总人口】 包括有常住户口和未落常住户口的人，以及被注销户口的押犯、劳改、劳教人员，但不包括现役军人及人民武装警察。

【总户数】 包括家庭户和集体户。

【农业人口和非农业人口】 (1)凡在农村从事农、林、牧、渔业的劳动者，以及乡和乡以下所办企业中不直接从事农业的人口。(2)国营的农、林、牧、渔、园艺场，拖拉机站在编的行政管理人员，文教卫生、财贸、邮电等人员，以及附属的独立核算的工业企业中常年不从事农业生产的国家职工，统计为非农业人口；这些单位的其他人员，都统计为农业人口。(3)住在农村由职工、军人抚养的家属、退休职工等国家定量粮的统计为农业人口。

(4)农业与非农业之间不好区分的，一般统计为农业人口。

【性别比】 男性人数与女性人数之比（女=100)。

性别比 =[男性人数 ÷ 女性人数]×100%

【年平均人口数】 指一年之中各个时点的平均生存人数。

年平均人口数 = [年初人口数 + 年末人口数]÷2【出生人数】指在一定时期内(通常为一年内)

出生有生命现象(即有心跳和呼吸)婴儿数的总和。

【出生率】 指某个地区一定时期内的出生人数与同期平均人数之比。

出生率 = [年出生人数 ÷ 年平均人数]×1000‰【死亡率】指某个地区一定时期内的死亡人数与同期平均人数之比。

死亡率 = [年死亡人数 ÷ 年平均人数]×1000‰

【人口自然增长率】 在一定时期内(通常为一年)人口自然增加数(出生人数减死亡人数)占该时期内平均人数之比，一般用千分率表示。

人口自然增长率 =[本年出生人数 - 本年死亡人数]÷ 年平均人数 ×1000‰

【就业人员期末数】 指期末最后一日 24 时在本单位中工作，并取得工资或其他形式劳动报酬的人员数。该指标为时点指标，不包括最后一日当天及以前已经与单位解除劳动合同关系的人员，是在岗职工、劳务派遣人员及其他从业人员之和。不包括：(1)离开本单位仍保留劳动关系，并定期领取生活费的人员；(2) 利用课余时间打工的学生及在本单位实习的各类在校学生；(3) 本单位因劳务外包而使用的人员。

【在岗职工】 指在本单位工作且与本单位签订劳动合同，并由单位支付各项工资和社会保险、住房公积金的人员，以及上述人员中由于学习、病伤、产假等原因暂未工作仍由单位支付工资的人员。在岗职工还包括：(1)应订立劳动合同而未订立劳动合同人员(如使用的农村户籍人员)；(2)处于试用期人员；(3)编制外招用的人员；(4)派往外单位工作，但工资仍由本单位发放的人员(如挂职锻炼、外派工作等情况)。不包括：(1)本单位使用的且由本单位直接支付工资的劳务派遣人员，应统计在本单位“劳务派遣人员”指标中；(2)本单位因劳务外包而使用的人员，由承劳务的单位统计为在岗职工。

【就业人员工资总额】 本单位在报告期内(季度或年度)直接支付给本单位全部从业人员的劳动报酬总额。包括计时工资、计件工作、资金、津贴和补贴、加班加点工资、特殊情况下支付的工资，是在岗职工工资总额、劳务派遣人员工资总额和其他从业人员工资总额之和。工资总额是税前工资，包括单位从个人工资中直接为其代扣或代缴的房费、水费、电费、住房公积金和社会保险基金个人缴纳部分等。工资总额不论是计入成本的还是不计入成本的，不论是以货币形式支付的还是以实物形式支付的，均应列入工资总额。

【在岗职工工资总额】 指本单位在报告期内直接支付给本单位全部在岗职工的劳动报酬总额。在岗职工工资总额由基本工资、绩效工资、工资性津贴和补贴、其他工资四部分组成。工资总额不包括病假、事假等情况的扣款。

【在岗职工平均工资】 指本单位在报告期内在岗职工的平均工资水平。

在岗职工平均工资 =[报告期在岗职工工资总额 ÷ 报告期在岗职工平均人数]

农　业
Agriculture

3—1 主要年份农林牧渔业总产值

Gross Output Value of Agriculture, Forestry, Animal Husbandry and Fishery in Main Years

单位:万元　　（按当年价格计算 caculated at current prices）　　（10 000 yuan）

年份 Year	农、林、牧渔业总产值 Gross Output of Agriculture,Forestry, Animal Husbandry and Fishery	农业 Agriculture	种植业	林业 Forestry	牧业 Animal	渔业 Fishery
1949	1878	1594	1513	9	265	11
1950	2422	2022	1939	11	378	11
1951	3570	3065	2962	17	475	13
1952	3044	2616	2517	19	397	12
1953	3342	2901	2784	27	402	12
1954	3435	3029	2886	23	371	13
1955	4154	3711	3549	29	401	13
1956	4107	3701	3487	48	345	13
1957	3658	3220	3049	49	376	13
1958	4197	3742	3570	76	366	13
1959	4196	3678	3487	83	419	17
1960	3329	2784	2586	115	412	18
1961	3780	3160	2946	108	492	20
1962	3667	3035	2874	108	513	12
1963	5087	4171	3962	239	661	16
1964	4952	3961	3766	246	728	17
1965	6347	5075	4803	404	850	21
1966	7293	5853	5550	506	915	19
1967	6338	5122	4831	352	846	18
1968	6043	4757	4476	409	860	17
1969	7061	5761	5436	412	873	16
1970	8167	6240	5898	840	1068	18
1971	10117	7651	7232	183	2262	20
1972	10390	7159	6695	195	2897	16
1973	12292	8987	8716	245	2917	4
1974	10957	9527	9253	126	1146	4
1975	11579	9802	9529	178	1433	7
1976	9872	7946	7686	170	1593	9
1977	10979	9240	8773	190	1376	5
1978	12931	11149	10382	272	1504	6
1979	14735	12464	11102	430	1835	6
1980	17428	15446	15041	435	1532	15

3—1 续表 continued

单位:万元 （按当年价格计算 caculated at current prices） （10 000 yuan）

年份 Year	农、林、牧渔业总产值 Gross Output of Agriculture,Forestry, Animal Husbandry and Fishery	农业 Agriculture	种植业 Farming	林业 Forestry	牧业 Animal Husbandry	渔业 Fishery
1981	22347	19655	18098	446	2214	32
1982	27746	24721	23168	544	2428	53
1983	29844	26291	24529	855	2589	109
1984	32730	27116	26868	1598	3816	200
1985	34486	26068	25379	1606	6458	354
1986	40376	31413	30729	1104	7238	621
1987	47899	37709	36749	955	8095	1140
1988	62901	45291	44079	1290	14344	1976
1989	70137	53103	51638	1581	12840	2613
1990	79146	55864	55471	4245	15706	3331
1991	84975	61169	60275	5104	15315	3387
1992	88628	62770	61559	3995	17458	4405
1993	95826	68064	66106	1003	21342	5417
1994	136904	96774	93243	974	32398	6758
1995	184665	126159	123673	1167	49168	8171
1996	207459	144688	141700	1088	53255	8428
1997	229701	157343	154171	1166	61927	9265
1998	240193	166193	162779	1149	62415	10436
1999	232177	153460	150435	4182	64212	10323
2000	234643	148279	147025	4450	69435	12479
2001	248946	149497	147110	4271	80762	14416
2002	253094	149833	148000	4351	83030	15880
2003	251400	141388	141250	7087	85826	17099
2004	310885	184096	184096	4596	97939	24254
2005	350995	208512	208512	5148	101516	27063
2006	388734	238321	238321	4984	104641	29005
2007	449334	277285	277285	6941	116977	25337
2008	553922	329930	329930	8935	154829	32474
2009	603415	380644	380644	11320	142761	36747
2010	747789	466580	466580	12531	191404	42010
2011	877486	542009	542009	13492	230657	50521
2012	953351	577879	577879	14732	250875	62908
2013	1041007	622170	622170	20262	283485	61063
2014	1069539	620092	620092	13124	311248	64936
2015	1158223	727475	727475	13176	283605	67490
2016	1167430	715400	715400	10576	296931	73895
2017	1236546	752550	752550	9684	319487	78870
2018	1372820	834896	834896	10944	363548	82490
2019	1327292	74185	74185	14667	401633	82884

注:2007 年 -2017 年农林牧渔业总产值为全国第三产农业普查修订数据。

a) The total output value of agriculture, forestry, animal husbandry and fishery from 2007 to 2017 is the revised data of the national general survey of tertiary agriculture.

3—2 主要年份农林牧渔业总产值指数

Agriculture, Forestry, Animal Husbandry and Fishery Related Indices in Main Years

单位:%　　（按可比价格计算,以上年为 100 caculated at constant prices,preceding year=100）　　(%)

年份 Year	农、林、牧渔业总产值 Gross Output of Agriculture,Forestry, Animal Husbandry and Fishery	农业 Agriculture	林业 Forestry	牧业 Animal Husbandry	渔业 Fishery
1950	106.0	103.5	80.0	119.9	100.0
1951	136.0	138.9	214.0	122.8	267.5
1952	110.4	110.9	165.2	106.5	77.2
1953	110.8	112.2	174.7	101.3	105.8
1954	109.3	111.0	100.7	100.0	57.7
1955	114.3	116.2	124.1	101.5	123.2
1956	104.8	104.3	298.5	89.2	240.5
1957	86.0	83.4	93.5	104.6	31.3
1958	118.3	118.9	166.8	100.5	178.4
1959	100.8	97.4	128.3	113.5	76.9
1960	80.8	74.5	127.7	97.3	99.5
1961	92.8	95.8	59.3	101.4	46.5
1962	119.5	117.5	130.6	127.6	220.1
1963	143.6	137.8	236.5	129.4	181.1
1964	98.3	94.9	104.7	110.0	44.3
1965	134.3	131.2	171.8	118.6	164.1
1966	109.7	110.1	114.1	103.2	66.4
1967	92.3	94.5	79.1	97.7	69.4
1968	95.7	90.9	113.9	101.2	143.9
1969	105.7	112.6	88.0	95.6	77.3
1970	103.9	93.9	153.6	103.7	174.5
1971	97.3	105.1	21.1	178.4	13.8
1972	101.0	93.3	108.0	121.4	511.2
1973	106.4	115.0	105.1	88.9	97.3
1974	784.5	125.8	63.9	51.8	60.8
1975	13.8	100.5	137.7	119.4	215.5
1976	78.9	74.3	87.9	102.0	63.8
1977	116.2	122.6	116.9	90.6	133.1
1978	110.6	111.5	138.3	100.2	100.0
1979	99.3	97.5	111.4	103.9	104.8
1980	112.9	118.4	87.3	95.0	118.2

3—2 续表 continued

单位:%　　(按可比价格计算,以上年为 100 caculated at constant prices,preceding year=100)　　(%)

年份 Year	农、林、牧渔业总产值 Gross Output of Agriculture, Forestry, Animal Husbandry and Fishery	农业 Agriculture	林业 Forestry	牧业 Animal Husbandry	渔业 Fishery
1981	107.9	108.4	102.0	106.0	106.0
1982	118.5	117.9	143.5	109.1	109.1
1983	106.4	104.2	125.6	111.5	111.5
1984	114.6	108.7	158.4	125.1	125.1
1985	103.8	99.6	91.1	140.8	140.8
1986	105.9	108.5	73.7	111.0	111.0
1987	101.2	101.7	80.8	103.0	103.0
1988	108.9	109.8	85.3	107.1	107.1
1989	105.3	106.1	98.6	97.8	97.8
1990	106.3	96.2	223.1	125.0	125.0
1991	104.6	103.0	130.6	98.7	98.7
1992	96.8	97.4	69.0	106.9	106.9
1993	100.9	104.7	16.4	116.3	116.3
1994	106.6	104.6	80.6	113.2	113.2
1995	109.3	103.4	105.7	127.5	127.5
1996	110.0	109.5	96.9	112.4	112.4
1997	108.7	108.3	114.7	109.3	109.3
1998	107.1	104.8	109.8	110.8	110.8
1999	104.4	100.6	203.2	105.6	105.6
2000	106.3	103.5	115.1	110.6	110.6
2001	105.0	102.3	92.2	110.3	110.3
2002	102.7	99.3	109.0	106.0	106.0
2003	96.8	93.8	171.7	95.8	95.8
2004	109.6	112.9	79.1	103.6	103.6
2005	105.5	107.2	112.0	102.7	102.7
2006	108.4	110.2	207.7	102.9	102.9
2007	107.5	114.3	96.8	103.1	103.1
2008	108.7	109.7	118.1	102.6	102.6
2009	108.1	108.2	126.7	104.4	104.4
2010	107.2	103.5	179.5	114.3	114.3
2011	105.3	104.7	107.7	105.1	105.1
2012	106.0	104.4	109.2	107.5	107.5
2013	104.3	102.3	137.5	102.7	102.7
2014	105.6	103.9	64.8	112.0	112.0
2015	104.0	108.0	85.7	94.8	94.8
2016	104.3	104.3	77.3	104.1	104.1
2017	104.4	103.8	88.9	106.7	106.7
2018	103.7	103.1	112.4	106.2	98.5
2019	102.2	101.8	133.3	100.0	110.2

3—3 主要年份农林牧渔业总产值指数

Agriculture, Forestry, Animal Husbandry and Fishery Related Indices in Main Years

单位:%　（按可比价格计算，以 1952 为 100 caculated at constant prices,1952=100）　（%）

年份 Year	农、林、牧渔业总产值 Gross Output of Agriculture, Forestry, Animal Husbandry and Fishery	农业 Agriculture	林业 Forestry	牧业 Animal Husbandry	渔业 Fishery
1953	110.8	112.2	174.4	101.4	87.7
1954	121.1	124.6	175.6	101.3	100.0
1955	138.4	144.7	218.0	102.9	103.7
1956	145.1	150.9	650.6	91.8	108.6
1957	124.7	125.9	608.3	95.9	108.6
1958	147.6	149.8	1014.8	96.4	108.6
1959	148.7	145.8	1302.0	109.4	136.3
1960	120.2	108.6	1662.6	106.5	140.0
1961	111.5	104.1	986.4	107.9	131.3
1962	133.3	122.3	1288.1	137.8	88.6
1963	191.4	168.5	3045.9	178.3	127.6
1964	188.2	159.9	3188.8	196.1	127.6
1965	252.6	209.7	5476.7	232.6	164.7
1966	277.1	230.9	6248.6	240.1	161.7
1967	255.9	218.2	4944.5	234.7	149.4
1968	244.9	198.3	5629.1	237.4	137.0
1969	258.9	223.4	4955.4	226.9	137.0
1970	268.9	209.7	7613.2	235.4	128.4
1971	261.6	220.5	1608.6	419.7	108.6
1972	264.2	205.6	1737.5	509.7	75.3
1973	281.0	236.4	1826.5	453.3	16.3
1974	2204.8	297.3	1167.3	234.6	16.9
1975	303.8	298.8	1607.6	280.2	34.5
1976	239.7	221.9	1412.5	285.7	46.3
1977	278.5	272.0	1651.3	258.8	25.9
1978	320.5	307.9	2851.8	276.9	25.9
1979	318.1	300.3	3177.7	287.7	27.2
1980	359.2	355.4	2775.3	273.4	32.1

3—3 续表 continued

单位:% （按可比价格计算,以 1952 为 100 caculated at constant prices,1952=100） (%)

年份 Year	农、林、牧渔业总产值 Gross Output of Agriculture,Forestry, Animal Husbandry and Fishery	农业 Agriculture	林业 Forestry	牧业 Animal Husbandry	渔业 Fishery
1981	387.5	385.4	2831.8	289.8	66.7
1982	459.1	454.5	4063.5	316.2	153.1
1983	488.4	473.3	5103.5	352.5	197.5
1984	559.8	514.5	8082.4	441.0	396.3
1985	580.8	512.6	7361.2	621.1	611.1
1986	615.0	556.1	5425.9	689.5	912.4
1987	622.1	565.7	4384.7	710.1	1459.3
1988	677.4	621.3	3741.2	760.2	2312.4
1989	713.0	659.4	3687.1	743.3	3237.0
1990	757.8	634.0	8227.1	928.9	3864.2
1991	792.9	652.7	10748.2	916.4	4180.3
1992	767.5	635.7	7411.8	979.8	4834.6
1993	774.2	665.5	1214.1	1139.7	5497.5
1994	824.9	696.1	978.8	1290.0	6156.8
1995	902.0	719.9	1034.1	1644.2	6842.0
1996	991.8	788.5	1002.4	1847.7	7156.8
1997	1077.8	854.1	1149.4	2018.9	7802.5
1998	1154.5	895.4	1262.4	2236.1	9081.5
1999	1205.3	900.8	2564.7	2361.7	11597.5
2000	1280.6	932.5	2952.9	2612.5	12837.0
2001	1344.9	953.5	2723.5	2880.2	14086.4
2002	1380.6	947.1	2969.4	3054.0	15977.8
2003	1336.8	888.0	5097.7	2925.0	17181.5
2004	1465.7	1002.1	4032.9	3029.0	20791.4
2005	1546.2	1074.3	4517.0	3110.2	21799.7
2006	1676.0	1184.0	9381.4	3199.2	23729.0
2007	1802.1	1353.4	9082.1	3297.7	25432.8
2008	1958.3	1484.2	10725.0	3383.4	30529.5
2009	2116.9	1605.9	13588.6	3532.3	33002.4
2010	2277.8	1662.2	24391.6	4037.4	36731.6
2011	2398.6	1740.3	26269.7	5692.8	40074.2
2012	2542.5	1816.8	28686.6	6119.7	44442.3
2013	2651.8	1858.6	39444.0	6284.9	51242.0
2014	2800.3	1931.1	25559.7	7039.1	54572.7
2015	2912.3	2085.6	21904.7	6673.1	56701.0
2016	3037.5	1612.2	22802.8	7353.8	59422.6
2017	3171.2	1673.5	20271.7	7846.5	61145.9
2018	3288.5	1725.4	22785.4	8333.0	60228.7
2019	3360.8	1756.5	30372.9	8333.0	66372.0

3—4 主要年份农民生活情况及主要农产品产量

Farmers Living Conditions and Output of Major Farm Products in Main Years

（按可比价格计算，以 1952 为 100 caculated at constant prices,1952=100）

年份 Year	农民人均纯收入（元）Per Capital Net Income of Rural Households (yuan)	农村居民人均生活消费支出（元）Per Capital Consumptionxpenditure of Rural Households (yuan)	农民人均生活用房（平方米）Per Capita Living Space of Rural Households (sq.m)	粮食产量（吨）Grain Yield (ton)	肉类产量（吨）Mea Yield (ton)	牛奶产量（吨）Cow Milk Yield (ton)	禽蛋产量（吨）Poultry Eggs Yield (ton)	蔬菜产量（吨）Vegetables Yield(ton)	水果产量（吨）Fruits Yield (ton)	水产品产量（吨）Aquatic Products Yield (ton)
1978	131	103	10.19	310876	2678	2216			8516	97
1979	157	116	11.00	284150	2916	984			10174	101
1980	201	155	11.81	342624	3724	2739			8070	113
1981	298	191	12.61	397025	4281	2838			10110	188
1982	442	273	13.43	442365	4097	3500			9413	296
1983	447	276	14.24	462195	5473	4157			9339	466
1984	478	304	15.05	484005	4666	5651			12925	747
1985	488	380	15.88	429065	6203	8081			15551	1214
1986	573	457	16.36	480097	11070	11255	5741		1596	1824
1987	658	536	16.85	472011	10794	13432	5512		19031	2898
1988	727	576	17.34	514213	12560	15917	5769		19761	4647
1989	859	727	18.22	540498	13133	18947	6361		25382	6525
1990	934	765	18.28	589904	12926	24057	6516	282312	22273	7280
1991	971	765	19.02	612797	17014	29269	6215	273444	9417	7955
1992	977	785	19.27	578382	19108	35835	6755	249556	27050	9166
1993	1016	914	20.13	602581	20654	38438	7118	269711	31900	10419
1994	1336	1109	20.11	659909	23188	48050	9030	270407	28262	11738
1995	1683	1449	19.75	685534	30364	62858	11407	336380	41670	12813
1996	2212	1849	22.03	779537	34242	74558	13148	370634	46293	13602
1997	2578	2147	24.09	815924	35986	77501	14880	390504	46293	15195
1998	2811	1945	25.27	885305	41338	71216	17667	431349	46115	17182
1999	2657	1948	26.41	914116	45645	73415	17761	430633	62880	22044
2000	2712	1886	27.26	823967	46516	78903	19975	572113	62312	25823
2001	2858	2009	27.19	847511	52763	104822	21059	510440	76658	33337
2002	2932	1902	27.27	844114	54777	113842	21303	520652	64343	31326
2003	2984	2224	28.40	684527	58795	140134	20674	562710	86525	32833
2004	3324	2510	28.56	801508	52597	165329	11203	526949	92303	37615
2005	3493	2836	31.17	834345	51623	213294	11340	573445	113285	39405
2006	3800	2902	33.94	879841	50202	222775	9347	685197	111457	42961
2007	4303	3576	35.48	827505	39295	275678	14759	778551	123543	33734
2008	4917	4119	35.76	886219	42973	335385	14454	994344	165343	44163
2009	5389	4817	38.33	913417	46614	318801	15049	1113214	188695	45926
2010	6161	5394	38.90	879142	49633	354098	16512	1269280	187640	49510
2011	7070	6707	39.92	861547	49772	387525	15589	1378422	202848	53313
2012	8068	7089	44.69	861547	49744	401076	21094	1411762	233491	60323
2013	8830	8631	37.14	852983	52785	416489	15492	1428116	252379	65522
2014	10275	9334	36.96	803311	50916	534254	20334	1446217	270736	68597
2015	11148	10119	36.78	834490	49868	493392	22287	1605566	287716	71098
2016	12037	11061	36.48	835718	51510	471819	21946	1673320	300467	73669
2017	13087	11507	37.28	832900	64063	504037	38293	1567391	207188	73739
2018	14160	12322	34.20	824241	63492	539463	38322	1520669	206480	71627
2019	15282	12966	34.75	662902	61598	568718	35831	1413808	247996	72583

3—5 农林牧渔业增加值

单位:万元 （2019）

指 标	Item	银川市 Yinchuan
总产值	**Gross Output Value**	**1327292**
农业	Agriculture	741857
林业	Forestry	14667
牧业	Animal Husbandry	401633
渔业	Fishery	82884
农林牧渔服务业	Output Value of Services for Agriculture,Forestry, Animal Husbandry and Fishery	86251
增加值	**Added Value**	**697359**
农业	Agriculture	446168
林业	Forestry	5130
牧业	Animal Husbandry	160174
渔业	Fishery	30735
农林牧渔服务业	Output Value of Services for Agriculture,Forestry, Animal Husbandry and Fishery	55152

Value-added of Agriculture, Forestry, Animal Husbandry and Fishery

(10 000yuan)

兴庆区 Xingqing	金凤区 Jinfeng	西夏区 Xixia	永宁县 Yongning	贺兰县 Helan	灵武市 Lingwu
165139	**107161**	**127552**	**304712**	**374001**	**248727**
91220	42194	80539	221600	204549	101756
2175	1626	337	2593	2937	4998
46152	40742	34443	62592	93754	123951
6387	3754	1294	6390	60501	4557
18861	20134	9994	11537	12260	13465
91460	**58530**	**70986**	**166876**	**185568**	**123939**
57933	26982	50525	132150	117874	60705
771	579	119	869	1035	1757
18326	16593	13571	24034	36599	51051
2334	1370	472	2458	22265	1837
12097	13006	6299	7366	7795	8589

3—6 农业基本情况及从业人员

单位:万元 （2019）

指 标	Item	单位	Unit	银川市 Yinchuan
农村社会基础设施	Infrastructure of Rural Area	个	unit	
自来水受益村数	Number of Villages Benefit from Using Tap Water	个	unit	279
通有限电视村数	Number of Villages with Limited Television	个	unit	263
通宽带村数	Number of all Village Broadband	个	unit	279
乡村人口与从业人员	Rural Population and Employees			
乡村户数	Number of Countryside	户	household	201367
乡村人口数	Number of Rural Population	人	person	715895
男	Male	人	person	372138
女	Female	人	person	343757
乡村劳动力资源数	Number of Rural Labor Resources	人	person	444873
男	Male	人	person	236362
女	Female	人	person	208511
乡村从业人员数合计	Total Number of Rural Labor Force	人	person	379624
男	Male	人	person	200374
从事农业人员数	Number of People Engaged in Agriculture	人	person	104485
女	Female	人	person	179250
从事农业人员数	Number of People Engaged in Agriculture	人	person	98023

Basic Statistics on Rural Areas and Employed Persons

(10 000yuan)

兴庆区 Xingqing	金凤区 Jinfeng	西夏区 Xixia	永宁县 Yongning	贺兰县 Helan	灵武市 Lingwu
35	22	17	67	63	75
19	22	17	67	63	75
35	22	17	67	63	75
29613	17236	14982	47302	46323	45911
105486	54970	53979	171418	151097	178945
53756	29644	30494	88037	77557	92650
51730	25326	23485	83381	73540	86295
65298	28005	32171	102027	104074	113298
34646	16241	18299	53119	55682	58375
30652	11764	13872	48908	48392	54923
55736	25846	28379	91655	78969	99039
29117	15137	15579	48345	40563	51633
11843	9400	5670	29790	23950	23832
26619	10709	12800	43310	38406	47406
9357	6480	7135	26941	23889	24221

3—7 农业主要能源物资消耗及农用水利建设情况

（2019）

指 标	Item	单位	Unit	银川市 Yinchuan
农用化肥施用量(实物量)	Consumption of Chemical Fertilizer	吨	ton	192736
氮肥	Nitrogenous Fertilizer	吨	ton	102827
磷肥	Phosphate Fertilizer	吨	ton	36783
钾肥	Potash Fertilizer	吨	ton	14889
复合肥	Compound Fertilizer	吨	ton	38237
农用塑料薄膜使用量	Used Volume of Agricalture Plastics Film	公斤	kg	1888377
地膜使用量	Used Volume of Plastic Film	公斤	kg	803032
地膜覆盖面积	Mulching Arra of Plastic Film	公顷	hectare	12096
农用柴油使用量	Agricultural Diesel Oil Amount	吨	ton	30100
农药使用量	Farm Chemical Amount	公斤	kg	632996
农村用电量	Electricity Consumed in Rural Areas	万千瓦小时	10 000kwh	35212
农业生产用电量	Agricultural Electricity Consumption	万千瓦小时	10 000kwh	10764
农用机油使用量	Agricultural Machine Oil Amount	公斤	kg	222024
农业生产用煤	Agricultural Produces with Coal	吨	ton	5693

兴庆区 Xingqing	金凤区 Jinfeng	西夏区 Xixia	永宁县 Yongning	贺兰县 Helan	灵武市 Lingwu
17665	6761	33326	48428	57288	29268
9860	3800	17050	23424	34021	14672
4244	987	5240	6668	13646	5998
840	1552	3993	5267	1945	1292
2721	422	7043	13069	7676	7306
314796	37650	71063	530913	605893	328062
131252	8100	22511	123367	361648	156154
1281	490	553	2060	6369	1343
3699	1050	4693	8922	8968	2768
52283	5830	141720	136011	220317	76835
9236	1712	2236	8263	4732	9033
4175	462	1167	2441	1676	843
19940	2870	17431	58167	32194	91422
803	85	2095	2520	92	98

3—8 主要农产品生产情况

(2019)

指 标	Item	银川市 Yinchuan		兴庆区 Xingqing	
		播种面积(公顷) Sown Area (hectare)	产量(吨) Yield (ton)	播种面积(公顷) Sown Area (hectare)	产量(吨) Yield (ton)
农作物总播种面积	**Total Sown Area of Crops**	**144075**		**12638**	
复种面积	Multiple Cropping Area	7842		275	
粮食作物	Grain Crops	81057	662902	6040	45147
谷物	Cereal	80293	662318	6040	45147
夏收谷物	Summer Harvest of Cereal	14060	75597	1013	4864
小麦	Wheat	14060	75597	1013	4864
冬小麦	Winter Wheat				
春小麦	Spring Wheat	14060	75597	1013	4864
秋收谷物	Autumn Harvest of Cereal	66233	586721	5027	40283
稻谷	Rice	31393	253696	3993	31483
有机稻	Organic Rice	35	389		
玉米	Corn	34840	333025	1034	8800
套种玉米	Tnterplant Corn	15	83	15	83
燕麦	Oats				
豆类	Peas and Beans	764	584		
大豆	Soja	764	584		
油料合计	Total Oil-bearing Crops	528	1509	1	3
胡麻籽	Benne				
葵花籽	Helianthus	479	1464	1	3
中草药材	Medicinal Materials	6462	9789	2905	3010
人参	Ginseng				
枸杞	Wolfberrys	2477	6114	720	548
麻黄	Ephedra	173	506		
蔬菜(含菜用瓜)	Vegetables	37030	1413808	2492	162348
瓜果类	Melon and Fruit	2189	97547	266	4108
西瓜	Watermelon	1479	75370	42	2140
香瓜(甜瓜)	Melon	423	17405	27	900
草莓	Strawberry	107	4172	17	468
其他作物	Other Crops	16809	955043	934	50940
青饲料	Succulence	14072	898097	724	43740
牧草	Pasture	2539	56941	210	7200
饲料用青贮玉米面积	Area of silage corn for feed	11166		724	

Production of Major Farm Products

金凤区 Jinfeng		西夏区 Xixia		永宁县 Yongning		贺兰县 Helan		灵武市 Lingwu	
播种面积（公顷）Sown Area (hectare)	产量(吨) Yield (ton)	播种面积（公顷）Sown Area (hectare)	产量(吨) Yield (ton)	播种面积（公顷）Sown Area (hectare)	产量(吨) Yield (ton)	播种面积（公顷）Sown Area (hectare)	产量(吨) Yield (ton)	播种面积（公顷）Sown Area (hectare)	产量(吨) Yield (ton)
5021		**13696**		**43525**		**45158**		**24038**	
		90				7477			
1480	12068	9634	88418	26297	216114	20720	158451	16887	142704
1480	12068	9634	88418	25867	215810	20720	158451	16553	142424
113	554	827	4092	6067	32664	5493	30323	547	3100
113	554	827	4092	6067	32664	5493	30323	547	3100
113	554	827	4092	6067	32664	5493	30323	547	3100
1367	11514	8807	84326	19800	183146	15227	128128	16006	139324
267	2034	2740	22446	5733	49794	10627	85279	8033	62660
		35	389						
1100	9480	6067	61880	14067	133352	4600	42849	7973	76664
				430	304			334	280
				430	304			334	280
43	199	144	301	3	8	215	692	122	306
43	199	142	291	3	8	215	692	75	271
23	97	1158	3629	670	1680	270	891	1436	482
23	97	1158	3629	344	1050	195	686	37	104
				173	506				
2064	105509	808	45351	14452	500260	14962	512326	2252	88014
479	24200	41	3618	207	11100	690	25525	506	28996
271	14365	31	3070	146	8774	573	21361	416	25660
204	9805	8	524	18	503	76	2337	90	3336
4	30	2	24	43	1823	41	1827		
932	19866	1911	54347	1896	109023	8301	561754	2835	159113
737	19866	655	36036	1766	106901	7773	553216	2417	138338
		1256	18311	130	2122	528	8538	415	20770
737		655		1766		4867		2417	

3—9 蔬菜及特种作物生产情况

（2019）

指 标	Item	银川市 Yinchuan	
		播种面积(公顷) Sown Area (hectare)	产量(吨) Yield (ton)
蔬菜合计	**Total Vegetables**	**37030**	**1413808**
叶菜类	Leafy	23008	543992
芹菜	Celery	1548	90306
油菜	Rape	897	36609
菠菜	Spinach	356	13827
其他	Others	20207	403250
白菜类	Cabbage Kinds	1013	49849
大白菜	Chinese Cabbage	532	33554
其他	Others	481	16295
甘蓝类	Brassica	1624	88272
卷心菜	Cabbages	784	53196
其他	Others	840	35076
块根、块茎类	Root Tuber and Stem Tuber	1521	62532
白萝卜	White Radish	188	11647
胡萝卜	Carrots	264	13756
生姜	Ginger		
马铃薯	Potatoes	200	6092
山药	Yam	261	12271
其他	Others	608	18766
瓜菜类	Melons and Vegetables	1292	91148
黄瓜	Cucumbers	874	65241
南瓜	Pumpkins	29	1186
冬瓜	Melons	71	9241
西葫芦	Squashes	176	7731
其他	Others	142	7749
菜用豆类	Dish with Beans	764	28746
豇豆	Cowpea Beans	69	2286
四季豆	String Beans	621	24077
其他	Others	74	2383
茄果类	Eggplants Fruits and Vegetables	6093	485464
茄子	Eggplants	695	56816
辣椒	Chili	825	40957
西红柿	Tomatoes	4422	383225
其他	Others	151	4466
葱蒜类	Onions and Garlices	882	34127
大葱	Onions	76	3552
蒜头	Garlic	4	300
韭菜	Chives	725	28012
其他	Others	77	2263
水生菜类	Aquatic Dish	3	50
莲藕	Lotus Root	3	50
茭白	Zizania White		
其他	Others		
其他蔬菜	Other Vegetables	830	26435
食用菌	Edible Fungus(dry and fresh)		3193
干品	Dry Goods		30
香菇	Mushrooms		30
黑木耳	Black Fungus		
鲜品	Fresh Products		3163
蘑菇	Mushrooms		3163
特种作物	Specialty Crops	274	
花卉种植面积(公顷)	Sown Area of Flowers(hectare)	274	
鲜切花(枝)	Fresh Cut-folwe(r branch)		78096000
盆栽观赏植物(盆)	Potted Plants Ornamental Plan(t pot)		14032253

Production of Vegetables and Specialty Crops

兴庆区 Xingqing		金凤区 Jinfeng		西夏区 Xixia	
播种面积(公顷) Sown Area (hectare)	产量(吨) Yield (ton)	播种面积(公顷) Sown Area (hectare)	产量(吨) Yield (ton)	播种面积(公顷) Sown Area (hectare)	产量(吨) Yield (ton)
2492	**162348**	**2064**	**105509**	**808**	**45351**
674	23925	350	18631	391	11618
275	12316	170	8925	51	3428
150	4366	145	7830	4	91
4	32	35	1876		7
245	7211			336	8092
26	1225	92	4059	23	2397
15	710	92	4059	23	2397
11	515				
2	88	50	2700	16	3179
2	88	50	2700	13	2979
				3	200
21	1152	334	14575	12	650
6	360	36	1614	3	117
		145	7830	1	52
15	792				
		153	5131	8	481
212	16373	155	7905	172	17614
116	11599	155	7905	94	7626
				8	759
				68	9191
				2	32
96	4774				6
110	5500	90	4860	12	295
110	5500	90	4860	11	290
				1	5
1153	99047	849	45634	166	8961
9	407	291	15714	11	549
82	4650	215	11398	24	441
1062	93990	343	18522	131	7965
					6
17	690	144	7145	10	378
9	450	29	1280	5	230
				1	58
8	240	115	5865	4	90
277	12433			6	135
	1915				124
	1915				124
	1915				124
229				15	
229				15	
	77850000				46000
	13001500				1030753

3—9 续表 1

(2019)

指 标	Item	永宁县 Yongning	
		播种面积(公顷) Sown Area (hectare)	产量(吨) Yield (ton)
蔬菜合计	**Total Vegetables**	**14452**	**500260**
叶菜类	Leafy	11429	272873
芹菜	Celery	529	33314
油菜	Rape	108	10818
菠菜	Spinach	54	5584
其他	Others	10738	223157
白菜类	Cabbage Kinds	328	25619
大白菜	Chinese Cabbage	266	20827
其他	Others	62	4792
甘蓝类	Brassica	260	24803
卷心菜	Cabbages	196	20735
其他	Others	64	4068
块根、块茎类	Root Tuber and Stem Tuber	497	29622
白萝卜	White Radish	61	7048
胡萝卜	Carrots	91	5411
生姜	Ginger		
马铃薯	Potatoes	65	3906
山药	Yam	261	12271
其他	Others	19	986
瓜菜类	Melons and Vegetables	199	16913
黄瓜	Cucumbers	171	14841
南瓜	Pumpkins		
冬瓜	Melons		
西葫芦	Squashes	19	1212
其他	Others	9	860
菜用豆类	Dish with Beans	157	5218
豇豆	Cowpea Beans	17	812
四季豆	String Beans	121	3653
其他	Others	19	753
茄果类	Eggplants Fruits and Vegetables	1482	122724
茄子	Eggplants	202	23958
辣椒	Chili	163	8849
西红柿	Tomatoes	975	85806
其他	Others	142	4111
葱蒜类	Onions and Garlices	100	2356
大葱	Onions	9	296
蒜头	Garlic		
韭菜	Chives	59	1822
其他	Others	32	238
水生菜类	Aquatic Dish		
莲藕	Lotus Root		
茭白	Zizania White		
其他	Others		
其他蔬菜	Other Vegetables		
食用菌	Edible Fungus(dry and fresh)		132
干品	Dry Goods		30
香菇	Mushrooms		30
黑木耳	Black Fungus		
鲜品	Fresh Products		102
蘑菇	Mushrooms		102
特种作物	Specialty Crops	30	
花卉种植面积(公顷)	Sown Area of Flowers(hectare)	30	
鲜切花(枝)	Fresh Cut-folwe(r branch)		200000
盆栽观赏植物(盆)	Potted Plants Ornamental Plan(t pot)		

continued

贺兰县 Helan		灵武市 Lingwu	
播种面积(公顷) Sown Area (hectare)	产量(吨) Yield (ton)	播种面积(公顷) Sown Area (hectare)	产量(吨) Yield (ton)
14962	**512326**	**2252**	**88014**
10040	213909	124	3036
511	31694	12	629
490	13494		10
263	6328		
8776	162393	112	2397
488	14065	56	2484
100	3827	36	1734
388	10238	20	750
1159	51700	137	5802
386	20892	137	5802
773	30808		
521	14571	136	1962
52	1501	30	1007
2		25	463
39	902	81	492
428	12168		
543	31801	11	542
328	22764	10	506
21	427		
3	50		
155	6487		
36	2073	1	36
314	10122	81	2751
41	1345	11	129
219	7152	70	2622
54	1625		
1728	169540	715	39558
141	14465	41	1723
251	12192	90	3427
1327	142534	584	34408
9	349		
108	4604	503	18954
13	1296	11	
3	242		
47	1041	492	18954
45	2025		
3	50		
3	50		
58	1070	489	12797
	894		128
	894		128
	894		128

3—10 水果、枸杞生产情况

（2019）

指 标	Item	银川市 Yinchuan			
		合计 Total		设施农业 Agricultural Facilities	
		播种面积（公顷） Sown Area（hectare）	产量（吨） Yield(ton)	播种面积（公顷） Sown Area（hectare）	产量（吨） Yield(ton)
园林水果	**Garden Fruits**	**22703**	**247996**	**644**	**14332**
本年新增面积	Added Area This Year	1508		37	
苹果	Apples	3223	45197	121	1512
本年新增苹果面积	Added Area of Apple This Year	17			
红富士苹果	Fuji Apple	1874	28767	100	1250
国光苹果	Guo Guang Apple	10	376		
梨	Pears	458	9012	3	50
雪花梨	Snowflake Pears	4	116		
鸭梨	Pears	66	2452		
葡萄	Grapes	12909	159014	381	11495
酿造用葡萄	Brewing Grapes	9953	96930	7	7
枣	Jujubes	5219	19345	80	543
桃	Peaches	399	8298	17	423
杏	Apricots	179	1695	32	205
其它园林水果	Other Fruits	316	5435	10	104
食用坚果	**Eat Nut**		**358**		
核桃	Juglans Regia L				
枸杞	**Wolfberrys**	**2477**	**6114**		
本年新增枸杞面积	Added Area of Wolfberrys This Year	116			
枸杞结果面积	Area of Wolfbeery Results	2066			

Production of Fruits and Wolf berrys

兴庆区 Xingqing				金凤区 Jinfeng				西夏区 Xixia			
合计 Total		设施农业 Agricultural Facilities		合计 Total		设施农业 Agricultural Facilities		合计 Total		设施农业 Agricultural Facilities	
播种面积（公顷） Sown Area (hectare)	产量（吨） Yield (ton)	播种面积（公顷） Sown Area (hectare)	产量（吨） Yield (ton)	播种面积（公顷） Sown Area (hectare)	产量（吨） Yield (ton)	播种面积（公顷） Sown Area (hectare)	产量（吨） Yield (ton)	播种面积（公顷） Sown Area (hectare)	产量（吨） Yield (ton)	播种面积（公顷） Sown Area (hectare)	产量（吨） Yield (ton)
804	**16205**	**26**	**379**	**515**	**4593**	**116**	**3015**	**2593**	**29115**	**14**	**83**
				91		37		58			
251	7510			74	300			611	12703		
				3							
100	3091							279	8284		
								9	245		
				9	91			160	876		
									11		
								1	45		
479	8527	22	307	400	3805	116	3015	1543	14276	10	76
133	500			206	508			1402	12691	7	7
41	15	2	14	11	92			227	985		
3				21	305			11	110	2	2
5	50							12	165	2	5
25	103	2	58					29			
720	**548**			**23**	**97**			**1158**	**3629**		
								7			
520				14				1120			

3—10 续表

(2019)

指 标	Item	永宁县 Yongning			
		合计 Total		设施农业 Agricultural Facilities	
		播种面积（公顷）Sown Area（hectare）	产量（吨）Yield（ton）	播种面积（公顷）Sown Area（hectare）	产量（吨）Yield（ton）
园林水果	**Garden Fruits**	**9461**	**124665**	**174**	**3468**
本年新增面积	Added Area This Year	1241			
苹果	Apples	406	4230		
本年新增苹果面积	Added Area of Apple This Year	13			
红富士苹果	Fuji Apple	406	4230		
国光苹果	Guo Guang Apple				
梨	Pears	3	83		
雪花梨	Snowflake Pears	1	20		
鸭梨	Pears		8		
葡萄	Grapes	8537	113539	134	3018
酿造用葡萄	Brewing Grapes	6687	76003		
枣	Jujubes	120	264		
桃	Peaches	229	5884	10	250
杏	Apricots	84	350	30	200
其它园林水果	Other Fruits	82	315		
食用坚果	**Eat Nut**		**358**		
核桃	Juglans Regia L				
枸杞	**Wolfberrys**	**344**	**1050**		
本年新增枸杞面积	Added Area of Wolfberrys This Year	9			
枸杞结果面积	Area of Wolfbeery Results	317			

continued

贺兰县 Helan				灵武市 Lingwu			
合计 Total		设施农业 Agricultural Facilities		合计 Total		设施农业 Agricultural Facilities	
播种面积（公顷）Sown Area（hectare）	产量（吨）Yield（ton	播种面积（公顷）Sown Area（hectare）	产量（吨）Yield（ton）	播种面积（公顷）Sown Area（hectare）	产量（吨）Yield（ton）	播种面积（公顷）Sown Area（hectare）	产量（吨）Yield（ton）
2462	**30656**	**110**	**5265**	**6868**	**42762**	**204**	**2122**
22				96			
133	3049			1748	17405	121	1512
				1			
23	2268			1066	10894	100	1250
1	131						
70	2503			216	5459	3	50
				3	85		
65	2399						
1866	17545	96	5039	84	1322	3	40
1525	7228						
243	2599	1	9	4577	15390	77	520
34	670	5	171	101	1329		
24	144			54	986		
92	4146	8	46	88	871		
195	**686**			**37**	**104**		
100							
95							

3—11 林业生产情况

(2019)

指 标	Item	单位	Unit	银川市 Yinchuan
造林面积	**Area of Afforestation**	**公顷**	**hectare**	**8842**
按造林方式分	**Grouped by Afforestation Methods**	**公顷**	**hectare**	**6775**
人工造林面积	Manual planting	公顷	hectare	5441
其中:新造混交林面积	New Mixed Forest	公顷	hectare	750
其中:非林业用地造林面积	Non-Forestry Land	公顷	hectare	
其中:新造灌木林面积	New Bushes	公顷	hectare	
其中:新造竹木面积	New bamboo Forest	公顷	hectare	
飞播造林面积	Airplane Planting	公顷	hectare	
荒山飞播造林面积	Airplane Planting of The Barren Mountain	公顷	hectare	
飞播营林面积	Airplane Planting and Forest Management	公顷	hectare	
当年新封山(沙)育林面积	New Closing hillsides(sands)for Afforestation this year	公顷	hectare	1334
无林地和疏林地新封山育林面积	Non-Woodlands and Spares Forest Land	公顷	hectare	
有林地和灌木林地新封山育林面积	Woodlands and Shrub forest	公顷	hectare	
按经济成份分	**Grouped by Structural of Economic Types**			
公有经济造林	Public Economy Afforestation	公顷	hectare	6698
国有经济造林	State-owned Economy	公顷	hectare	6698
集体经济造林	Collective-owned Economy	公顷	hectare	
非公有经济造林	Non-public Economy Afforestation	公顷	hectare	77
按林种用途分	**Grouped by Different Use of Forest**			
经济林	Economic Forest	公顷	hectare	229
防护林	Shelter-forest	公顷	hectare	6546
森林抚育面积	Area of Forest tending	公顷	hectare	1951
四旁(零星)植树	Plant Scatteredly	株	plant	2300921
年末实有封山(沙)育林面积	Area of closedoff the Mountains for Forest at Year-end	公顷	hectare	19801
林木种苗	Foest Seeds			
林木种子采集量	The Pucking Quantity of Timber Seed	吨	ton	2
当年苗木产量	Seedling Qutput This Year	万株	10000trank	144089031
育苗面积	Area of Grawing Seedings	公顷	hectare	5989
国有育苗面积	Area of State Grawing seedings	公顷	hectare	
木材采伐	Cutting of Timber	公顷	hectare	2873
村及村以下采伐	Villages and Other Cooperative Organizations Under Villages	公顷	hectare	2742

Production of Forestry

银川市区	永宁县 Yongning	贺兰县 Helan	灵武市 Lingwu
2325	**583**	**1013**	**4921**
2325	**583**	**813**	**3054**
2325	583	813	1720
230	520		
			1334
2248	583	813	3054
2248	583	813	3054
77			
174	55		
2151	528	813	3054
843	263	200	645
516090	120000	210000	1454831
133	333		19335
			2
73423730	46005000		24660301
917	1470	2511	1091
	2873		
	2742		

3—12 渔业生产情况

Production of Fishery

（2019）

指　标	Item	单位	Unit	银川 Yinchua	兴庆区 Xingqing	金凤区 Jinfeng	西夏区 Xixia	永宁县 Yongning	贺兰县 Helan	灵武市 Lingwu
水产品总产量	**Total Output of Aquatic Products**	**吨**	**ton**	**72583**	**6450**	**1664**	**2144**	**6030**	**52894**	**3401**
淡水捕捞	Fresh water Fishing	吨	ton	2863	65	225	59	595	491	1428
鱼类	Fishes	吨	ton	2847	65	225	59	595	475	1428
黄河鲤鱼	Yellow River's Carps	吨	ton	162	24	135		3		
虾蟹类	Shrimps and Crabs	吨	ton	16					16	
淡水养殖	Fresh water Aquaculture	吨	ton	69720	6385	1439	2085	5435	52403	1973
鱼类	Fish	吨	ton	69040	6349	1379	2067	5433	51868	1944
鲤鱼	Carp	吨	ton	26541	2730	554	620	2846	19374	417
鲢鱼	Silver Carp	吨	ton	6222	910	137	404	577	4013	181
鲫鱼	Crucian Carp	吨	ton	5101	309	68	204	809	3632	79
草鱼	Grass Carp	吨	ton	24661	2120	620	827	1043	18953	1098
罗非鱼	Tilapia	吨	ton							
团头鲂	Group Head Triangular Bream	吨	ton							
其他	Others	吨	ton	6515	280		12	158	5896	169
虾蟹类	Shrimps,Prawns and Crabs	吨	ton	680	36	60	18	2	535	29
罗氏沼虾	Macrobrachium Rosenbergii	吨	ton	9		9				
螃蟹	Crabs	吨	ton	112	12	51	18	2		29
淡水养殖面积	Area for Breeding Aquatics in Inland Waters	公顷	hectare	6975	1161	233	177	924	4066	414
池塘养殖	Pond Breeding	公顷	hectare	5271	675	127	169	294	3842	164
湖泊养殖	Lake Breeding	公顷	hectare	1580	486	106	8	630	224	126
水库养殖	Reservoir Breeding	公顷	hectare	124						124
稻田养蟹面积	Area of Grab Breeding in Rice Paddy	公顷	hectare	1343	54	20	73	10	1000	186

3—13 畜牧业生产情况

Production of Animal Husbandry

（2019）

指　标	Item	单位	Unit	银川市 Yinchuan	市区 City	永宁县 Yongning	贺兰县 Helan	灵武市 Lingwu
年末牲畜存栏	**Number of Large Animals at Year-end**							
大牲畜	Large Animals	头	head	232856	84099	34047	61126	53584
牛	Cows	头	head	231446	83999	33432	60431	53584
肉牛	Mutton Cows	头	head	102289	32818	23373	14262	31836
奶牛	Dairy Cows	头	head	129157	51181	10059	46169	21748
马	Horses	头	head	121		116	5	
驴	Donkeys	头	head	1225	36	499	690	
骡	Mules	头	head					
骆驼	Camels	头	head	64	64			
猪	Hogs	头	head	135941	28947	14605	20664	71725
能繁殖的母猪	Breeding Sows	头	head	18710	3448	2315	2501	10446
羊	Sheep and Goats	只	head	693018	78837	98526	105319	410336
山羊	Goats	只	head	143331	24776	11022	30264	77269
绵羊	Sheeps	只	head	549687	54061	87504	75055	333067
滩羊	Beach Sheeps	只	head	4015			4015	
活家禽	Number of Poultry on Hand	百只	100head	28924	8115	8174	7701	4934
活鸡	Chicken	百只	100head	28742	8115	8174	7519	4934
肉鸡	Chicken	百只	100head	7483	947	2339	291	3906
蛋鸡	Hens	百只	100head	21259	7168	5835	7228	1028
家兔	Rabbits	只	head	101771	100000	1157	614	
当年出栏数	**Numberof Animals Slaughtered Current Year**							
大牲畜	Large Animals	头	head	120479	38455	28532	24428	29064
牛	Cattle and Buffaloes	头	head	119287	38408	27764	24051	29064
马	Horses	头	head	130		130		
驴	Donkeys	头	head	1021	32	612	377	
骡	Mules	头	head	26		26		
猪	Hogs	头	head	213492	47003	19316	28620	118553
羊	Sheep and Goats	只	head	847858	79401	116716	74187	577554
山羊	Goats	只	head	116283	17795	19263	21629	57596

3—13 续表 continued

指 标	Item	单位	Unit	银川市 Yinchuan	市区 City	永宁县 Yongning	贺兰县 Helan	灵武市 Lingwu
绵羊	Sheeps	只	head	731575	61606	97453	52558	519958
宰杀羊羔(供宰杀二毛的羊羔)	SlaughterLamb	只	head	115985	510	10496	4321	100658
活家禽	Number of Poultry Slaughtered	百只	100head	46441	11490	13372	9421	12158
活鸡	Chicken	百只	100head	45606	11490	12565	9393	12158
活鸭	Ducks	百只	100head	835		807	28	
家兔	Rabbits Slaughtered	只	head	95733	93400	2333		
肉类总产量	**Total Output of Meat**	**吨**	**ton**	**61960**	**14009**	**11157**	**9602**	**27192**
猪肉	Pork	吨	ton	17392	3843	1628	2363	9558
牛肉	Beef	吨	ton	19227	6057	4559	3905	4706
羊肉	Mutton	吨	ton	15157	1431	2064	1334	10328
山羊	Goats	吨	ton	1951	412	107	399	1033
绵羊	Sheeps	吨	ton	13206	1019	1957	935	9295
禽肉	Poultry Meat	吨	ton	9822	2445	2820	1957	2600
鸡肉	Chicken	吨	ton	9645	2445	2650	1950	2600
马肉	Horse Meat	吨	ton	20		20		
驴肉	Donkey Meat	吨	ton	98	2	60	36	
骡肉	Mule Meat	吨	ton	2		2		
兔肉	Rabbit Meat	吨	ton	231	227	4		
奶类产量	**Output of Milke**	**吨**	**ton**	**568717**	**207219**	**37914**	**242267**	**81317**
牛奶	Cow Milk	吨	ton	568717	207219	37914	242267	81317
绵羊毛产量	**Sheep Wool**	**吨**	**ton**	**1844**	**318**	**159**	**149**	**1218**
细羊毛产量	Fine Wool	吨	ton	1232	25	92	44	1071
半细羊毛产量	Semi-fine	吨	ton	561	242	67	105	147
山羊毛产量	**Output of Goat Wool**	**吨**	**ton**	**296**	**5**		**14**	**277**
山羊粗毛	Goat Wool	吨	ton	150	3		12	135
山羊绒	Pashm	吨	ton	146	2		2	142
滩羊皮产量	**Tibet Lamb Skin**	**张**	**unit**					
兔毛	**Cony Hair**	**公斤**	**kg**					
鹿茸产量	**Antler**	**公斤**	**kg**	**755**			**755**	
天然蜂蜜产量	**Honey**	**吨**	**ton**	**37**	**7**	**25**	**5**	
禽蛋产量	**Output of Poultry Eggs**	**吨**	**ton**	**35831**	**11804**	**10582**	**11239**	**2206**
鸡蛋产量	Eggs	吨	ton	35798	11804	10582	11206	2206

主要统计指标解释

【乡村户数】指长期(一年以上)居住在乡镇(不包括城关镇)行政管理区域内的住户,还包括居住在城关镇所辖行政村范围内的农村住户。户口不在本地而在本地居住一年及以上的住户也包括在本地农村住户内;有本地户口,但举家外出谋生一年以上的住户,无论是否保留承包耕地都不包括在本地农村住户范围内。不包括乡村地区内的国有经济的机关、团体、学校、企业、事业单位的集体户。

【乡村人口数】指乡村地区常住居民户数中的常住人口数，即经常在家或在家居住 6 个月以上，而且经济和生活与本户连成一体的人口。外出从业人员在外居住时间虽然在 6 个月以上,但收入主要带回家中,经济与本户连为一体,仍视为家庭常住人口;在家居住,生活和本户连成一体的国家职工、退休人员也为家庭常住人口。但是现役军人、中专及以上(走读生除外)的在校学生、以及常年在外(不包括探亲、看病等)且已有稳定的职业与居住场所的外出从业人员,不应当作家庭常住人口。

【乡村劳动力资源数】指乡村人口中劳动年龄以上(16 周岁)能够参加生产经营活动的人员。

【乡村从业人员】指乡村人口中 16 岁以上实际参加生产经营活动并取得实物或货币收入的人员，既包括劳动年龄内经常参加劳动的人员,也包括超过劳动年龄但经常参加劳动的人员。但不包括户口在家的在外学生、现役军人和丧失劳动能力的人，也不包括待业人员和家务劳动者。从业人员年龄为 16 岁以上。从业人员按从事主业时间最长(时间相同按收入)分为农业从业人员、工业从业人员、建筑业从业人员、交运仓储及邮电通讯业从业人员、信息传输、计算机服务和软件业、批零贸易及餐饮业从业人员、住宿和餐饮业从业人员、其他从业人员。

【谷物】是指禾本科和蓼科粮食作物。这类作物具体包括稻谷、小麦、玉米、谷子、高粱和其他谷物;其他谷物包括大麦、燕麦、荞麦等。

【中草药材】指人工种植、以获取药材为目的、主要用于中药配伍以及中成药加工的药材作物面积。包括药用真菌的面积。

【猪、牛、羊肉产量】值本调查期内出栏猪、牛、羊折算出的鲜、冷鲜冷冻猪牛羊肉的总量,按胴体重计算。

【水产品产量】指渔业(捕捞和养殖)生产活动的最终有效成果,包括全部海水和淡水鱼类、甲壳类(虾、蟹)、贝类、头足类、藻类和其它类渔业产品的最终产量。不包括渔业生产过程中的中间成果,如鱼苗、鱼种、亲鱼、转塘鱼、存塘鱼和自用作饵料的产品等。水产品在上岸前已经腐烂变质， 不能供人食用或加工成其它制品的, 不统计在水产品产量中。

【淡水水域养殖产量】指在淡水水域中人工投放苗种(不包括灌江纳苗)并进行人工饲养管理的、并已捕捞起水的水产品产量。稻田养殖起水产品产量也计人淡水水域养殖产量中。淡水养殖产品包括鱼类、甲壳类(虾、蟹)、贝类、藻类和其他类产品。

【农林牧渔业总产值】农林牧渔业总产值是以货币表现的农林牧渔业的全部产品产量和对农林牧渔业生产活动进行的各种支持性服务活动的价值。它反应一定时期内农林牧渔业生产总规模和总成果，是观察农林牧渔业生产水平和发展速度,研究农林牧渔业内部比例关系、农林牧渔业与工业、农林牧渔业与国家建设、人民生活比例关系的重要指标,同时也是计算农林牧渔业劳动生产率和农林牧渔业增加值的基础资料。

【农林牧渔业增加值】指农、林、牧、渔及农林牧渔服务业生产货物或提供服务活动而增加的价值,为农林牧渔业现价总产值扣除农林牧渔业现价中间投入后的余额。

4 工　业

Industry

4—1 主要年份工业产品产量

Output of Major Industrial Products in Main Years

年份 Year	轮胎外胎 （万条） Tires （10 000 tires）	水泥 （万吨） Cement （10 000 tons）	金属切削机床 （台） Metal-cutting Machine Tools （unit）	电力变压器 （万千伏安） Power Transformers （10 000 kva）	味精（吨） Monosodium Glutamate （ton）	乳制品（吨） DairyProducts （ton）
1978	30.10	3.13	439	3.50	35	
1979	32.00	2.82	437	4.00		
1980	29.30	2.96	385	7.33		
1981	8.50	1.84	239	3.00	24	205
1982	16.20	3.35	245	2.66	53	258
1983	25.60	5.47	356	4.31	55	308
1984	29.50	5.77	406	6.49	48	527
1985	34.30	8.60	400	12.15	55	759
1986	38.45	10.09	392	13.88	87	1068
1987	57.01	14.70	417	18.65	151	1355
1988	67.08	28.34	480	19.61	250	1779
1989	69.10	35.11	403	24.73	423	3292
1990	63.51	30.46	289	24.54	433	3128
1991	75.62	32.26	228	23.90	393	4033
1992	103.59	36.96	337	26.54	420	7404
1993	123.56	38.11	386	33.90	500	4811
1994	144.20	47.19	1649	25.00	567	4643
1995	164.95	51.51	994	25.00	800	4329
1996	192.24	59.90	829	30.06	1000	5991
1997	186.74	60.95	983	36.82	1235	5079
1998	191.24	74.77	455	40.81	880	6531
1999	167.98	85.20	659	46.73	1567	7742
2000	193.00	82.22	909	67.00	2419	6760
2001	182.00	87.70	1298	124.00	3592	7814
2002	224.31	123.06	1816	116.02	3032	6099
2003	241.53	208.52	1953	105.00	14979	5621
2004	293.60	196.48	1095	73.25	24236	6876
2005	304.56	178.23	1418	67.66	24159	49656
2006	389.59	219.52	1892	159.41	32018	64688
2007	395.54	261.55	2494	224.85	62151	73347
2008	337.16	277.93	2458	178.90	66660	50159
2009	225.62	332.27	1620	685.27	75635	46553
2010	210.44	458.53	3110	43.55	84711	37433
2011	188.38	475.89	3762	705.43		24115
2012	141.91	509.22	2570	174.75		196140
2013	165.89	650.06	2370	713.63		219417
2014	153.76	582.24	2146	1141.10	201917	263074
2015	138.77	522.80	1669	1424.50	217920	244975
2016	201.90	534.36	1545	1156.09	222390	237777
2017	178.63	623.80	2094	664.68	186410	274262
2018	102.77	506.93	2438	1016.49	156702	332165
2019	66.17	526.55	1610	1398.01	216082	341939

4—1 续表 1 continued

年份 Year	饮料酒 （千升） Alcoholic Drink（ton）	农用化肥 （万吨） Chemical Fertilizers （10 000 tons）	服装 （万件） Clothing （10 000 units）	中成药 （吨） Chinese Patent Modicines（ton）
1978	424	15.07		
1979	743	3.64		
1980	855	3.62		200
1981	2889	3.08	94.80	188
1982	3658	3.84		191
1983	4867	3.96	77.78	222
1984	5830	4.84	100.76	230
1985	7600	4.36		172
1986	13345	4.83		222
1987	14553	5.31	107.26	243
1988	16800	5.73		340
1989	16300	18.68	192.46	277
1990	15800	23.50	171.34	255
1991	16200	26.96	158.55	322
1992	14103	28.79	139.36	281
1993	21970	25.22	74.02	402
1994	21848	27.96	119.31	317
1995	28063	34.34	193.75	354
1996	31270	32.07	72.00	392
1997	28068	32.97	129.20	385
1998	28468	36.35		300
1999	43712	43.02	37.72	349
2000	40390	50.00	51.00	461
2001	43934	57.00	120.00	453
2002	77449	66.68	132.34	459
2003	66167	63.67	120.85	512
2004	95015	69.20	96.62	481
2005	85439	57.84	57.57	802
2006	76888	55.80	41.35	1013
2007	103363	57.90	169.54	762
2008	120124	74.91	243.74	671
2009	146343	72.61	319.97	869
2010	159947	69.02	362.44	926
2011	181920	80.56	411.70	943
2012	172088	66.02	493.70	400
2013	272200	54.38	631.01	665
2014	288878	28.35	836.83	564
2015	286681	65.16	1236.00	730
2016	265853	43.01	1269.86	843
2017	253122	33.41	696.52	428
2018	216929	30.37	94.82	567
2019	219072	34.23	103.41	600

4—1 续表 2 continued

年份 Year	合成氨 （万吨） Synthetic Ammonia （10 000 tons）	铁合金 （万吨） Ferroalloy （10 000 tons）	轴承 （万套） Bearing （10 000 sets）	配混合饲料 （万吨） Feed （10 000 tons）
1978	4.84		12.00	
1979	5.98		6.40	
1980	5.49	0.14	3.09	
1981	4.71	0.06		
1982	5.55	0.07		
1983	5.51	0.11		
1984	6.80	0.11		
1985	6.27	0.13		
1986	11.00	0.44	20.10	
1987	6.73			
1988	7.59	1.16		
1989	23.25			
1990	29.90	1.73	195.06	
1991	33.62	0.76	200.00	
1992	34.84	1.26	171.40	
1993	25.99	2.32	197.00	
1994	35.14	3.54	203.55	
1995	40.66	3.21	349.69	
1996	39.76	4.53	309.37	
1997	4.59	3.68	283.46	
1998	45.52	3.04	622.67	
1999	52.95	4.09	655.00	
2000	63.00	5.38	735.00	2.02
2001	72.00	5.80	459.00	3.11
2002	82.93	7.38	354.30	4.58
2003	79.69	10.83	254.45	4.57
2004	85.89	12.49	215.45	9.42
2005	75.16	11.46	199.72	12.33
2006	74.02	15.75	176.28	12.27
2007	78.38	11.80	205.90	11.20
2008	89.66	10.35	161.97	15.91
2009	84.26	7.04	114.32	22.70
2010	79.75	6.39	133.59	19.46
2011	92.31	11.75	96.40	23.14
2012	84.15	11.23	80.70	24.73
2013	69.32	17.57	94.61	25.83
2014	36.87	16.16	183.48	29.32
2015	30.61	7.24	594.09	27.10
2016	33.27	3.58	681.79	28.35
2017	23.73	2.62	1809.10	31.21
2018	12.47	3.63	2589.58	29.63
2019	14.04	2.39	2380.07	39.22

4—2 规模以上工业企业主要产品产量

产品	Product	单位	Unit
小麦粉	Wheat Flour	万吨	10 000tons
大米	Rice	万吨	10 000tons
配混合饲料	Feed	万吨	10 000tons
乳制品	Dairy Products	万吨	10 000tons
白酒	Liquor	千升	kiloliter
啤酒	Beer	万千升	million liters
葡萄酒	Wine	万千升	million liters
服装	Clothing	万件	10 000units
家具	Furniture	万件	10 000units
机制纸	Machine-made Paper	万吨	10 000tons
农用化肥	Chemical Fertilizers	万吨	10 000tons
单晶硅	Moncnystauine silicon	万千克	100 00kg
多晶硅	polysilicon	万千克	100 00kg
中成药	Medicine	吨	ton
橡胶轮胎外胎	Tires	万条	10 000tires
塑料制品	Plastic Products	万吨	10 000tons
水泥	Cement	万吨	10 000tons
钢材	Rolled Steel	万吨	10 000tons
铁合金	Ferroalloy	万吨	10 000tons
铸铁件	CastIron	万吨	10 000tons
金属切削机床	Metal-cutting Machine Tools	台	unit
起重机	Lifting Appliances	吨	ton
滚动轴承	Bearing	万套	10 000sets
变压器	Transformer	万千伏安	10 000kva
工业机器人	Industrial robot	套	set
电工仪器仪表	Electrical Instruments	万台	10 000unit
自来水生产量	Tap water production	万立方米	10 000cubicmentres

Output Volume of Major Industrial Products in Enterprises above Designated Size

2019 年	2018 年
7.91	10.92
18.93	24.54
39.22	29.63
34.19	33.22
	189.00
21.08	20.79
0.83	0.89
103.41	94.82
4.61	4.60
0.60	1.50
34.23	30.37
4235.61	3238.07
408.00	252.05
599.97	566.83
66.17	102.77
6.43	5.75
526.55	506.93
17.49	7.73
2.39	3.63
4.13	4.41
1610.00	2438.00
7160.00	6675.00
2380.07	2589.58
1398.01	1016.49
170.00	208.00
471.98	434.46
31569.48	29538.40

4—3 全市规模以上工业企业主要经济指标

单位:万元 （2019）

指 标	Item	企业单位数(个) Number of Enterprises(unit)
总 计	**Total**	**354**
按地区分	**Gorped by Region**	
兴庆区	Xingqing	22
金凤区	Jinfeng	41
西夏区	Xixia	77
永宁县	Yongning	49
贺兰县	Helan	73
灵武市	Lingwu	92
按轻重工分	**Grouped by Light & Heavy Industries**	
轻工业	Light Industry	109
重工业	Heavy Industry	245
按企业规模分	**Grouped by Size of Enterprises**	
大型企业	Large Enterprises	13
中型企业	Medium-sized Enterprises	44
小型企业	Small Enterprises	297
纯小型企业	Pure small business	249
微型企业	Micro-enterprises	48
按登记注册类型分	**Grouped by Status of Registration**	
内资企业	Domestic Funded	331
国有企业	State-owned Enterprises	7
中央企业	Central	2
地方企业	Local	5
有限责任公司	Limited Liability Corporations	113
国有独资公司	State Sole Funded Corporations	19
其他有限责任公司	Other Limited Liability Corporations	94
股份有限公司	Share-holding Corporations Limited	11
私营企业	Private Enterprises	200
私营独资企业	Private Sole Funded Corporations	1
私营有限责任公司	Private Limited Liability Corporations	185
私营股份有限公司	Private Share-holding Corporations Limited	14
港、澳、台商投资企业	Enterprises with Funds fromHong Kong,Macaoand Taiwan	7
合资经营企业(港或澳、台资)	Joint-venturesEnterprises(Hongkong,Macao or Taiwan)	3
港澳台商独资经营企业	Enterprises with Fundsfrom Hong Kong,Macao andTaiwan	4
外商投资企业	Foreign Funded Enterprises	16
中外合资经营企业	Joint-venture Enterprises	6
外资企业	Foreign Enterprises	7
其他外商投资企业	Other enterprises with foreign investment	3
在总计中:亏损企业	**In total:** loss making enterprises	110
在总计中:国有控股企业	**In total:** state holding enterprises	64

注:兴庆区含国网宁夏电力有限公司数据;金凤区含神华宁夏煤业集团有限责任公司数据。

Main Economic Indicators of Industrial Enterprises above Designated Size

(10 000yuan)

亏损企业 Loss-suffering Enterprises	年初存货 Early inventory	产成品 Finished product	资产总计 Total Assets	流动资产总计 Total Working Capitas	应收账款 Accounts receivable	存货 Stock	产成品 Finished Products
110	**2022856**	**711359**	**47791632**	**11565182**	**3336104**	**2040118**	**601300**
6	57582	28734	5974849	1336229	610392	62953	28909
8	668896	255501	14992213	2319654	522787	720155	228596
21	432276	144303	7853135	2942338	1113810	422980	119941
18	156997	20156	1658055	779673	134167	175129	33648
25	231133	118187	2233479	1147815	322890	219294	77413
32	475972	144477	15079902	3039472	632059	439607	112793
37	532185	191858	4883520	2160410	470461	538431	168229
73	1490671	519501	42908111	9404771	2865643	1501687	433072
4	994863	396886	26911437	5008587	1357811	1016774	277038
13	439553	128187	9245819	2512731	654958	413870	128562
93	588441	186286	11634377	4043863	1323336	609474	195700
73	569680	181751	8874795	3179412	1084496	559961	178260
20	18762	4535	2759582	864452	238840	49513	17440
99	1843720	670561	42940896	10373689	3076782	1833831	555871
2	1382		3786637	539633	300051	2934	
1	1034		3550380	479981	274670	2468	
1	348		236257	59652	25380	466	
31	1071312	383892	28478189	5035569	1592540	1087051	320998
1	621128	227364	17744360	2279645	515545	647301	171518
30	450184	156528	10733829	2755924	1076995	439750	149480
3	209355	77375	3912595	1213134	227628	182083	38803
63	561672	209294	6763474	3585353	956564	561762	196069
	1920	1765	5425	3851		1167	739
58	497314	198325	5841803	3088704	890353	503919	183090
5	62438	9204	916246	492799	66211	56676	12239
3	62637	15185	3988300	782829	191254	76838	15143
2	42508	6009	3316724	541323	14013	59219	8422
1	20129	9176	671576	241507	177241	17619	6721
8	116499	25613	862436	408663	68067	129449	30287
1	45528	11783	244606	126434	31980	41118	7309
5	59964	11435	448876	241588	27589	75743	20409
2	11008	2394	168954	40641	8498	12588	2568
110	596742	225034	9262666	2753743	554021	572398	169136
17	950568	353115	31240772	4556844	1222343	943031	240585

a)Xingqing District China National Grid Ningxia Electric Power Co., Ltd. Data; Lingwu China Ningxia Coal Industry Group Co., Ltd. Data.

4—3 续表 1 continued

单位:万元 （2019）

指 标	Item	企业单位数（个）Number of Enterprises（unit）
按工业行业大类分	**Grouped by Sector**	
煤炭开采和洗选业	Mining and Washing of Coal	8
农副食品加工业	Processing of Food from Agricultural Products	29
食品制造业	Manufacture of Foods	18
酒、饮料和精制茶制造业	Manufacture of Wine, Beverage and Tea	9
纺织业	Manufacture of Textile	10
纺织服装、服饰业	Manufacture of Textile Wearing Apparel and Apparel Industry	3
皮革、毛皮、羽毛及其制品和制鞋业	Manufacture ofleather, Fur,Feather, Footwearand Related Products	3
木材加工及木、竹、藤、棕、草制品业	ProcessingofTimber,ManufactureofWood,Bamboo,Rattan,PalmandStrawProducts	1
家具制造业	Manufacture of Furniture	1
造纸及纸制品业	Manufacture of Paper and Paper Products	5
印刷和记录媒介复制业	Printing,Reproduction of Recording Media	3
石油、煤炭及其他燃料加工业	Petroleum,coal and other fuel processing industries	8
化学原料及化学制品制造业	Manufacture of Raw Chemical Materials and Chemical Products	27
医药制造业	Manufacture of Medicines	13
化学纤维制造业	Chemical Fiber Manufacturing	1
橡胶和塑料制品业	Manufacture of Rubber and Plastics	13
非金属矿物制品业	Manufacture of Non-metallic Mineral Products	37
黑色金属冶炼及压延加工业	Smelting and Pressing of Ferrous Metals	3
有色金属冶炼及压延加工业	Smelting and Pressing of Non-ferrous Metals	8
金属制品业	Manufacture of Metal Products	15
通用设备制造业	Manufacture of General Purpose Machinery	26
专用设备制造业	Manufacture of Special Purpose Machinery	8
汽车制造业	Manufature of Automotive Industry	2
铁路、船舶、航空航天和其他运输设备制造业	ManufatureofRailways,Shipbailding,AerospaceandOtherTransporationEquipment	1
电气机械及器材制造业	Manufacture of Electrical Machinery andEquipment	21
计算机、通信和其他电子设备制造业	Manufacturing of computer, communication and other electronic equipment	9
仪器仪表制造业	Manufacture of Measuring Instruments	2
废弃资源综合利用业	Vtilization Waste Resources	7
金属制品、机械和设备修理业	Metal products, machinery and equipment repair industry	3
电力、热力的生产和供应业	Production and Supply of Electric Power,Gasand Water	43
燃气生产和供应业	Production and Supply of Gas	11
水的生产和供应业	Production and Supply of Water	6

continued

(10 000yuan)

亏损企业 Loss-suffering Enterprises	年初存货 Early inventory	产成品 Finished product	资产总计 Total Assets	流动资产总计 Total Working Capitas	应收账款 Accounts receivable	存货 Stock	产成品 Finished Products
3	568362	231346	13885697	1630567	303327	595301	175794
6	93478	24011	348537	224162	45045	94074	26172
3	54921	17862	981696	461527	71272	51984	13870
4	112383	3908	358255	200070	14758	125420	5653
6	107746	75030	1634147	530190	208981	104757	46451
3	17600	10319	119431	45399	14812	10562	3643
	22579	9809	54614	43022	11687	23428	8457
	134	54	1471	906	151	3	2
1	2167	516	11841	3784	-83	2039	483
1	8127	1866	69295	37705	15565	10556	5648
1	5620	931	34528	19168	10899	4962	974
1	205294	70105	4871806	1152970	44258	176765	28904
9	218126	73180	2770376	461051	57819	171706	53754
6	62733	18311	953080	411209	27477	68067	27124
1	17986	14428	127326	37985	737	11549	6916
5	18666	13810	197168	126523	27152	41403	28158
14	41468	18041	640445	362399	233531	34121	14165
1	5808	4587	40772	10327	807	2274	1344
5	19561	14284	126334	81289	26526	22071	12228
4	57291	15140	509233	257568	73983	52212	16033
5	118479	30618	804044	445079	121199	104428	26182
2	10306	3821	126992	52277	8458	19064	5442
2	1193		43242	21653	3109	562	
	93		4811	4605	2823	565	
5	54757	22133	959027	623309	215512	96192	56626
4	65802	18773	1233492	715213	549342	78142	19777
	8392	3132	57877	41876	19576	9709	2986
2	9844	3946	91794	52062	21555	7241	4374
1	1313	14	47641	12907	5623	1182	55
11	81728	723	14766352	2738148	1116403	90549	343
3	27369	10595	1212677	509580	62360	25807	9644
1	3531	64	707632	250650	21441	3423	102

4—3 续表 2 continued

单位:万元 (2019)

指 标	Item	固定资产原价 Original Value of Fixed Assets
总 计	**Total**	42306205
按地区分	**Gorped by Region**	
兴庆区	Xingqing	7281205
金凤区	Jinfeng	15161589
西夏区	Xixia	5893690
永宁县	Yongning	851914
贺兰县	Helan	899426
灵武市	Lingwu	12218382
按轻重工分	**Grouped by Light & Heavy Industries**	
轻工业	Light Industry	2386024
重工业	Heavy Industry	39920181
按企业规模分	**Grouped by Size of Enterprises**	
大型企业	Large Enterprises	27148744
中型企业	Medium-sized Enterprises	7806066
小型企业	Small Enterprises	7351396
纯小型企业	Pure small business	5697507
微型企业	Micro-enterprises	1653889
按登记注册类型分	**Grouped by Status of Registration**	
内资企业	Domestic Funded	39562272
国有企业	State-owned Enterprises	6300435
中央企业	Central	6100460
地方企业	Local	199974
有限责任公司	Limited Liability Corporations	26888045
国有独资公司	State Sole Funded Corporations	18889965
其他有限责任公司	Other Limited Liability Corporations	7998080
股份有限公司	Share-holding Corporations Limited	3417125
私营企业	Private Enterprises	2956667
私营独资企业	Private Sole Funded Corporations	2265
私营有限责任公司	Private Limited Liability Corporations	2448973
私营股份有限公司	Private Share-holding Corporations Limited	505430
港、澳、台商投资企业	Enterprises with Funds fromHong Kong,Macaoand Taiwan	2280984
合资经营企业(港或澳、台资)	Joint-venturesEnterprises(Hongkong, Macao or Taiwan)	1934878
港澳台商独资经营企业	Enterprises with Fundsfrom Hong Kong,Macao andTaiwan	346106
外商投资企业	Foreign Funded Enterprises	462949
中外合资经营企业	Joint-venture Enterprises	159571
外资企业	Foreign Enterprises	230470
其他外商投资企业	Other enterprises with foreign investment	72908
在总计中:亏损企业	**In total:** loss making enterprises	5851144
在总计中:国有控股企业	**In total:** state holding enterprises	34293960

continued

(10 000yuan)

累计折旧 Accumulated Depreciation	本年折旧 Depreciation this year	负债合计 Total Liabilities	流动负债合计 Total Working Liabilities	应付账款 Accounts Payable
15059629	1774081	30595627	19112938	4397191
3673000	342217	3715584	2351802	1003787
4933023	573188	10287672	6346342	1119307
2406100	215379	4161587	2381512	607500
425959	35149	925293	592497	135248
298496	62950	1592039	1360946	581866
3323052	545198	9913451	6079840	949482
878326	126054	2685314	2084567	763948
14181303	1648027	27910313	17028371	3633243
10645365	1167506	16865579	11979946	2361912
2870874	289930	5778061	3456181	722601
1543390	316644	7951987	3676811	1312678
1352497	262955	5779274	2988221	960643
190893	53690	2172712	688590	352035
14436767	1665299	28371075	17722094	4079435
3476360	316433	2506406	1750960	795358
3442179	307080	2347269	1698394	785356
34182	9353	159137	52566	10002
8605015	1064100	20101248	12107035	1930527
6262472	668996	12138664	6880388	1009671
2342542	395105	7962584	5226647	920856
1572797	132321	1972571	960865	151873
782595	152445	3790851	2903233	1201678
853	190	3769	3769	7
619923	134131	3628765	2768048	1161591
161819	18123	158317	131416	40080
430923	81157	1718591	1056874	196207
381815	70463	1262577	852162	67472
49107	10694	456014	204713	128735
191939	27625	505961	333970	121549
59348	8357	116805	111192	23745
104268	12496	264445	152207	44105
28323	6772	124711	70571	53699
1712972	316873	7594719	5546183	1367326
12788233	1376369	21988314	13240561	2464502

4—3 续表 3 continued

单位:万元 （2019）

指 标	Item	固定资产原价 Original Value of Fixed Assets
按工业行业大类分	**Grouped by Sector**	
煤炭开采和洗选业	Mining and Washing of Coal	14895519
农副食品加工业	Processing of Food from Agricultural Products	164404
食品制造业	Manufacture of Foods	572121
酒、饮料和精制茶制造业	Manufacture of Wine, Beverage and Tea	202324
纺织业	Manufacture of Textile	686455
纺织服装、服饰业	Manufacture of Textile Wearing Apparel and Apparel Industry	25641
皮革、毛皮、羽毛及其制品和制鞋业	Manufacture ofleather, Fur,Feather, Footwearand Related Products	13881
木材加工及木、竹、藤、棕、草制品业	ProcessingofTimber,ManufactureofWood,Bamboo,Rattan,PalmandStrawProducts	372
家具制造业	Manufacture of Furniture	7987
造纸及纸制品业	Manufacture of Paper and Paper Products	24904
印刷和记录媒介复制业	Printing,Reproduction of Recording Media	24187
石油、煤炭及其他燃料加工业	Petroleum,coal and other fuel processing industries	3775636
化学原料及化学制品制造业	Manufacture of Raw Chemical Materials and Chemical Products	2014972
医药制造业	Manufacture of Medicines	509893
化学纤维制造业	Chemical Fiber Manufacturing	96550
橡胶和塑料制品业	Manufacture of Rubber and Plastics	41315
非金属矿物制品业	Manufacture of Non-metallic Mineral Products	451790
黑色金属冶炼及压延加工业	Smelting and Pressing of Ferrous Metals	38069
有色金属冶炼及压延加工业	Smelting and Pressing of Non-ferrous Metals	39843
金属制品业	Manufacture of Metal Products	172755
通用设备制造业	Manufacture of General Purpose Machinery	429510
专用设备制造业	Manufacture of Special Purpose Machinery	20723
汽车制造业	Manufature of Automotive Industry	8888
铁路、船舶、航空航天和其他运输设备制造业	ManufatureofRailways,Shipbailding,AerospaceandOtherTransporationEquipment	454
电气机械及器材制造业	Manufacture of Electrical Machinery andEquipment	243963
计算机、通信和其他电子设备制造业	Manufacturing of computer, communication and other electronic quipment	549357
仪器仪表制造业	Manufacture of Measuring Instruments	12054
废弃资源综合利用业	Vtilization Waste Resources	41498
金属制品、机械和设备修理业	Metal products, machinery and equipment repair industry	2148
电力、热力的生产和供应业	Production and Supply of Electric Power,Gasand Water	16199308
燃气生产和供应业	Production and Supply of Gas	577549
水的生产和供应业	Production and Supply of Water	462138

continued

(10 000yuan)

累计折旧 Accumulated Depreciation	本年折旧 Depreciation this year	负债合计 Total Liabilities	流动负债合计 Total Working Liabilities	应付账款 Accounts Payable
4868633	550968	9647488	5960376	819337
65786	13632	180966	154801	46614
280733	30010	486523	442138	79940
76349	9753	173895	168689	59005
135004	31517	846105	709293	463928
4669	1367	26175	24519	15308
3154	437	35035	35035	13774
204	35	843	280	279
3843	330	7964	7964	853
6540	1137	40674	39636	10156
11903	1202	18512	13886	3277
1323684	131779	1570406	1139992	111495
824427	141551	2816586	2579101	184477
245405	27076	711880	400498	49062
11846	7287	74411	15947	7341
28377	1188	163857	52602	8778
230735	23276	367481	355506	213767
11765	1906	26532	26532	3964
6249	1182	90624	90624	12833
51382	4532	275436	182039	40308
193064	19458	422210	358343	106661
7203	892	75468	21922	5873
831	480	41184	38075	4936
297	49	2174	2174	597
39004	10309	439213	394043	104109
163940	52529	465599	315897	172625
5495	799	33691	25660	13653
7353	2250	45664	45015	21385
1701	1609	15169	13768	3305
6117348	675588	10485739	4990662	1712072
179820	19722	686572	400548	63616
152886	10233	321555	107376	43867

4—3 续表 4 continued

单位:万元 (2019)

指 标	Item	所有者权益合计 Owners' Equities
总 计	**Total**	**17177089**
按地区分	**Grouped by Region**	
兴庆区	Xingqing	2260133
金凤区	Jinfeng	4704540
西夏区	Xixia	3713159
永宁县	Yongning	691370
贺兰县	Helan	641439
灵武市	Lingwu	5166449
按轻重工分	**Grouped by Light & Heavy Industries**	
轻工业	Light Industry	2158432
重工业	Heavy Industry	15018658
按企业规模分	**Grouped by Size of Enterprises**	
大型企业	Large Enterprises	10045857
中型企业	Medium-sized Enterprises	3467757
小型企业	Small Enterprises	3663476
纯小型企业	Pure small business	3095518
微型企业	Micro-enterprises	567958
按登记注册类型分	**Grouped by Status of Registration**	
内资企业	Domestic Funded	14530771
国有企业	State-owned Enterprises	1280231
中央企业	Central	1203112
地方企业	Local	77120
有限责任公司	Limited Liability Corporations	8377810
国有独资公司	State Sole Funded Corporations	5605695
其他有限责任公司	Other Limited Liability Corporations	2772114
股份有限公司	Share-holding Corporations Limited	1946239
私营企业	Private Enterprises	2926491
私营独资企业	Private Sole Funded Corporations	1657
私营有限责任公司	Private Limited Liability Corporations	2212895
私营股份有限公司	Private Share-holding Corporations Limited	711940
港、澳、台商投资企业	Enterprises with Funds fromHong Kong,Macaoand Taiwan	2269709
合资经营企业(港或澳、台资)	Joint-venturesEnterprises(Hongkong,Macao or Taiwan)	2054147
港澳台商独资经营企业	Enterprises with Fundsfrom Hong Kong,Macao andTaiwan	215562
外商投资企业	Foreign Funded Enterprises	376610
中外合资经营企业	Joint-venture Enterprises	127801
外资企业	Foreign Enterprises	204566
其他外商投资企业	Other enterprises with foreign investment	44244
在总计中:亏损企业	**In total:** loss making enterprises	1650653
在总计中:国有控股企业	**In total:** state holding enterprises	9252458

continued

（10 000yuan）

实收资本 Paid-up Capital	国家资本 State-owned Capital	集体资本 Collective-owned Capital	法人资本 Corporate Capita	个人资本 Personal Capital	港澳台资本 Capital frome Hong Kong, Macao and Taiwan	外商资本 Foreign Capital
11398045	**4592107**	**107558**	**5650692**	**603746**	**354770**	**89172**
1592886	989950		517982	14454	70500	
2476554	1179485	3014	1179055	47642	50987	16371
2379529	736581	25400	1331515	216321	10516	59196
247797	10293		133089	104416		
580942	114788	5045	373255	74249		13605
4120338	1561011	74099	2115796	146665	222767	
1559625	133861	5928	1241633	149119	11116	17968
9838420	4458246	101630	4409059	454627	343654	71205
5969317	3374142	73336	2252755	69085	200000	
2699242	552630	24324	1943376	94102		84809
2729486	665335	9898	1454561	440559	154770	4363
2319550	495984	9898	1263547	421488	124270	4363
409937	169351		191014	19072	30500	
10273729	4575984	34222	5106080	523476	31100	2867
1011115	1011115					
939323	939323					
71792	71792					
6109931	2850035	28914	3084981	114901	31100	
3316932	1597573		1711460	7899		
2792999	1252462	28914	1373521	107002	31100	
1176764	605876		534545	33476		2867
1975919	108957	5308	1486554	375099		
2122				2122		
1655412	108957	1867	1196312	348275		
318385		3441	290242	24703		
901281		73336	443195	61080	323670	
765803		73336	406195	61080	225192	
135478			37000		98478	
223035	16123		101417	19190		86305
81683	5831		39967	18690		17196
79402	10293					69110
61950			61450	500		
2751430	1026142	7061	1524086	168177	25192	772
7193871	4442343	4120	2706760	17881	22767	

4—3 续表 5 continued

单位：万元　　　　(2019)

指 标	Item	所有者权益合计 Owners' Equities
按工业行业大类分	**Grouped by Sector**	
煤炭开采和洗选业	Mining and Washing of Coal	4238209
农副食品加工业	Processing of Food from Agricultural Products	167571
食品制造业	Manufacture of Foods	495172
酒、饮料和精制茶制造业	Manufacture of Wine, Beverage and Tea	184360
纺织业	Manufacture of Textile	788042
纺织服装、服饰业	Manufacture of Textile Wearing Apparel and Apparel Industry	93256
皮革、毛皮、羽毛及其制品和制鞋业	Manufacture ofleather, Fur,Feather, Footwearand Related Products	19579
木材加工及木、竹、藤、棕、草制品业	ProcessingofTimber,ManufactureofWood,Bamboo,Rattan,PalmandStrawProducts	628
家具制造业	Manufacture of Furniture	3877
造纸及纸制品业	Manufacture of Paper and Paper Products	28621
印刷和记录媒介复制业	Printing,Reproduction of Recording Media	16016
石油、煤炭及其他燃料加工业	Petroleum,coal and other fuel processing industries	3301400
化学原料及化学制品制造业	Manufacture of Raw Chemical Materials and Chemical Products	–46661
医药制造业	Manufacture of Medicines	201427
化学纤维制造业	Chemical Fiber Manufacturing	52916
橡胶和塑料制品业	Manufacture of Rubber and Plastics	53446
非金属矿物制品业	Manufacture of Non–metallic Mineral Products	272963
黑色金属冶炼及压延加工业	Smelting and Pressing of Ferrous Metals	14240
有色金属冶炼及压延加工业	Smelting and Pressing of Non–ferrous Metals	35710
金属制品业	Manufacture of Metal Products	233797
通用设备制造业	Manufacture of General Purpose Machinery	382144
专用设备制造业	Manufacture of Special Purpose Machinery	51525
汽车制造业	Manufature of Automotive Industry	2927
铁路、船舶、航空航天和其他运输设备制造业	ManufatureofRailways,Shipbailding,AerospaceandOtherTransporationEquipment	2637
电气机械及器材制造业	Manufacture of Electrical Machinery andEquipment	519813
计算机、通信和其他电子设备制造业	Manufacturing of computer, communication and other electronic quipment	767893
仪器仪表制造业	Manufacture of Measuring Instruments	24186
废弃资源综合利用业	Vtilization Waste Resources	46130
金属制品、机械和设备修理业	Metal products, machinery and equipment repair industry	32472
电力、热力的生产和供应业	Production and Supply of Electric Power,Gasand Water	4280611
燃气生产和供应业	Production and Supply of Gas	526104
水的生产和供应业	Production and Supply of Water	386077

continued

（10 000yuan）

实收资本 Paid-up Capital	国家资本 State-owned Capital	集体资本 Collective-owned Capital	法人资本 Corporate Capital	个人资本 Personal Capital	港澳台资本 Capital frome Hong Kong, Macao and Taiwan	外商资本 Foreign Capital
2231188	1056448		1154758	19982		
97739	3661	267	65314	25306	600	2591
114789			74551	39238		1000
61380	16123	1000	3300	19261	8091	13605
866252	108507		755745	2000		
102125		1220	100660	245		
9834			6766	3068		
433				433		
5000				5000		
14938			2317	12621		
10485	5570			4915		
1581638	589163	73336	656055	63085	200000	
934703	681350	500	220053	32800		
120723			112484	8239		
59400			59400			
43230			13897	26136	2425	772
177656	52090	4194	62605	58766		
5882			3200	2682		
45984	35000		3503	7482		
151187			140209	8112		2867
273242	16714	23000	118836	46355		68338
24635			18915	5720		
5000			5000			
825			825			
214691	48500	3441	120221	42528		
276952			267452	9500		
11364			11305	58		
28012	7320	600	13312	6780		
22563	16000		6563			
3314272	1893520		1316978	10507	93267	
299953	47719		109307	142927		
291972	14423		227163		50387	

4—3 续表 6 continued

单位:万元 （2019）

指 标	Item	营业收入 Business income
总 计	**Total**	**23953024**
按地区分	**Gorped by Region**	
兴庆区	Xingqing	5697388
金凤区	Jinfeng	4831103
西夏区	Xixia	5726912
永宁县	Yongning	773877
贺兰县	Helan	1211802
灵武市	Lingwu	5711942
按轻重工分	**Grouped by Light & Heavy Industries**	
轻工业	Light Industry	2359240
重工业	Heavy Industry	21593784
按企业规模分	**Grouped by Size of Enterprises**	
大型企业	Large Enterprises	15567893
中型企业	Medium-sized Enterprises	3538653
小型企业	Small Enterprises	4846478
纯小型企业	Micro enterprise	4454601
微型企业	Micro-enterprises	391877
按登记注册类型分	**Grouped by Status of Registration**	
内资企业	Domestic Funded	22263015
国有企业	State-owned Enterprises	5009205
中央企业	Central	4977165
地方企业	Local	32041
有限责任公司	Limited Liability Corporations	9845424
国有独资公司	State Sole Funded Corporations	5430181
其他有限责任公司	Other Limited Liability Corporations	4415243
股份有限公司	Share-holding Corporations Limited	3403613
私营企业	Private Enterprises	4004772
私营独资企业	Private Sole Funded Corporations	19333
私营有限责任公司	Private Limited Liability Corporations	3147956
私营股份有限公司	Private Share-holding Corporations Limited	837483
港、澳、台商投资企业	Enterprises with Funds fromHong Kong,Macaoand Taiwan	1153198
合资经营企业(港或澳、台资)	Joint-venturesEnterprises(Hongkong, Macao or Taiwan)	996442
港澳台商独资经营企业	Enterprises with Fundsfrom Hong Kong,Macao andTaiwan	156756
外商投资企业	Foreign Funded Enterprises	536812
中外合资经营企业	Joint-venture Enterprises	198390
外资企业	Foreign Enterprises	270807
其他外商投资企业	Other enterprises with foreign investment	67615
在总计中:亏损企业	**In total**: loss making enterprises	2819628
在总计中:国有控股企业	**In total**: state holding enterprises	15669543

continued

(10 000yuan)

营业成本 Operating cost	销售费用 Selling Costs	管理费用 Management Costs
18925569	**389173**	**1103143**
5342621	16348	92664
3065211	109191	553576
4172742	83093	136704
636202	28687	61716
1023472	57981	50924
4685321	93873	207559
1972047	130733	115456
16953521	258440	987687
11878874	147927	792219
2956332	104722	133802
4090364	136523	177123
3792916	129755	146445
297448	6769	30677
17708823	328137	1026967
4837234	32	77578
4810660		76213
26574	32	1365
7274092	166704	741916
3625555	63241	537037
3648538	103463	204879
2286233	45188	90622
3311263	116214	116851
18859		147
2770133	87524	97647
522272	28690	19057
783180	33112	48922
689669	28450	40425
93511	4663	8497
433566	27923	27255
143974	15333	8099
222316	11950	16718
67276	640	2437
2693219	72416	177716
12409028	116474	808947

4—3 续表 7 continued

单位：万元 （2019）

指 标	Item	营业收入 Business income
按工业行业大类分	**Grouped by Sector**	
煤炭开采和洗选业	Mining and Washing of Coal	4446804
农副食品加工业	Processing of Food from Agricultural Products	391642
食品制造业	Manufacture of Foods	833003
酒、饮料和精制茶制造业	Manufacture of Wine, Beverage and Tea	155454
纺织业	Manufacture of Textile	354901
纺织服装、服饰业	Manufacture of Textile Wearing Apparel and Apparel Industry	21090
皮革、毛皮、羽毛及其制品和制鞋业	Manufacture ofleather, Fur,Feather, Footwearand Related Products	17983
木材加工及木、竹、藤、棕、草制品业	ProcessingofTimber,ManufactureofWood,Bamboo,Rattan,PalmandStrawProducts	2893
家具制造业	Manufacture of Furniture	6314
造纸及纸制品业	Manufacture of Paper and Paper Products	58605
印刷和记录媒介复制业	Printing,Reproduction of Recording Media	25011
石油、煤炭及其他燃料加工业	Petroleum,coal and other fuel processing industries	4465146
化学原料及化学制品制造业	Manufacture of Raw Chemical Materials and Chemical Products	1213068
医药制造业	Manufacture of Medicines	317907
化学纤维制造业	Chemical Fiber Manufacturing	65284
橡胶和塑料制品业	Manufacture of Rubber and Plastics	146397
非金属矿物制品业	Manufacture of Non-metallic Mineral Products	392942
黑色金属冶炼及压延加工业	Smelting and Pressing of Ferrous Metals	78345
有色金属冶炼及压延加工业	Smelting and Pressing of Non-ferrous Metals	487258
金属制品业	Manufacture of Metal Products	202519
通用设备制造业	Manufacture of General Purpose Machinery	381771
专用设备制造业	Manufacture of Special Purpose Machinery	46913
汽车制造业	Manufature of Automotive Industry	10503
铁路、船舶、航空航天和其他运输设备制造业	ManufatureofRailways,Shipbailding,AerospaceandOtherTransporationEquipment	4279
电气机械及器材制造业	Manufacture of Electrical Machinery andEquipment	537268
计算机、通信和其他电子设备制造业	Manufacturing of computer, communication and other electronic quipment	865655
仪器仪表制造业	Manufacture of Measuring Instruments	43161
废弃资源综合利用业	Vtilization Waste Resources	77803
金属制品、机械和设备修理业	Metal products, machinery and equipment repair industry	21943
电力、热力的生产和供应业	Production and Supply of Electric Power,Gasand Water	7384224
燃气生产和供应业	Production and Supply of Gas	777990
水的生产和供应业	Production and Supply of Water	118948

continued

(10 000yuan)

营业成本 Operating cost	销售费用 Selling Costs	管理费用 Management Costs
2790427	62075	536900
330076	18787	12015
694109	52363	32353
102683	13305	9293
349357	6470	7211
19996	1470	1429
15869	235	605
2537	72	27
4947	612	830
48654	1884	2492
20341	947	2729
2938447	54791	88434
1121235	16870	87962
230807	24915	40932
62800	2205	1351
126904	10146	5267
307287	32917	20746
77748	2263	1356
469520	12057	2324
163507	6340	8183
302097	18197	29861
37463	1235	4020
10916		2296
2657	357	916
444186	20359	26109
601927	7567	13612
28921	4953	2330
61733	2646	3327
14365	266	4968
6800446	1496	129966
683012	5123	11414
60593	6252	11887

4—3 续表 8 continued

单位:万元 （2019）

指 标	Item	财务费用 Financial Costs
总 计	**Total**	**870779**
按地区分	**Gorped by Region**	
兴庆区	xingqing	93719
金凤区	jinfeng	318826
西夏区	xixia	114059
永宁县	Yongning	21602
贺兰县	Helan	34592
灵武市	Lingwu	287981
按轻重工分	**Grouped by Light & Heavy Industries**	
轻工业	Light Industry	59214
重工业	Heavy Industry	811565
按企业规模分	**Grouped by Size of Enterprises**	
大型企业	Large Enterprises	479289
中型企业	Medium-sized Enterprises	170273
小型企业	Small Enterprises	221217
纯小型企业	Pure small business	163181
微型企业	Micro-enterprises	58036
按登记注册类型分	**Grouped by Status of Registration**	
内资企业	Domestic Funded	812084
国有企业	State-owned Enterprises	52318
中央企业	Central	46892
地方企业	Local	5427
有限责任公司	Limited Liability Corporations	619189
国有独资公司	State Sole Funded Corporations	416494
其他有限责任公司	Other Limited Liability Corporations	202695
股份有限公司	Share-holding Corporations Limited	54148
私营企业	Private Enterprises	86428
私营独资企业	Private Sole Funded Corporations	72
私营有限责任公司	Private Limited Liability Corporations	85980
私营股份有限公司	Private Share-holding Corporations Limited	377
港、澳、台商投资企业	Enterprises with Funds fromHong Kong,Macaoand Taiwan	47506
合资经营企业(港或澳、台资)	Joint-venturesEnterprises(Hongkong,Macao or Taiwan)	33509
港澳台商独资经营企业	Enterprises with Fundsfrom Hong Kong,Macao andTaiwan	13998
外商投资企业	Foreign Funded Enterprises	11189
中外合资经营企业	Joint-venture Enterprises	3374
外资企业	Foreign Enterprises	4540
其他外商投资企业	Other enterprises with foreign investment	3275
在总计中:亏损企业	**In total:** loss making enterprises	168642
在总计中:国有控股企业	**In total:** state holding enterprises	674401

continued

(10 000yuan)

利息费用	营业利润 Operating Profits	利润总额 Total Profits	亏损企业亏损总额 Total Loss ofLoss-suffering Enterprises	本年应付职工薪酬 Wages Payable This Year	从业人员平均人数(人) Annual AverageEmployed Persons(person)
744007	**1382086**	**1323726**	**390086**	**2133459**	**145422**
84800	108391	111866	6166	256691	14659
211889	342660	342437	12560	1068537	55918
111037	408908	391965	33312	287759	25061
18044	-1993	-41071	70576	48207	6649
31451	12912	22869	29603	75031	11462
286785	511207	495660	237869	397235	31673
51561	8805	-15973	116119	155248	23572
692446	1373281	1339699	273967	1978211	121850
375235	1076047	1015133	139529	1644911	93976
168467	154882	163661	62565	264193	24912
200306	151158	144933	187992	224355	26534
148442	159134	192190	93281	208486	25937
51864	-7976	-47257	94711	15869	597
688689	984870	921481	367093	1958806	129115
51874	16056	24821	1395	237623	11738
46387	17598	20593	1158	235547	11505
5487	-1542	4228	236	2076	233
512236	528108	525479	228541	1400407	81235
305686	391942	388702	759	1075826	53302
206550	136166	136778	227782	324581	27933
43358	143583	80992	64832	148937	9767
81220	297123	290189	72326	171839	26375
70	203	226		402	67
79938	40296	65652	59142	133647	22642
1212	256624	224311	13184	37790	3666
47011	376664	379726	6445	127892	12324
34714	338741	339450	1291	119172	11607
12297	37923	40276	5154	8721	717
8307	20553	22519	16548	46761	3983
3412	17696	18279	2130	16977	1585
4076	11594	12080	6251	25024	1771
820	-8737	-7839	8168	4759	627
156150	-358597	-390086	390086	202467	23671
564568	443085	419235	195138	1618258	81414

4—3 续表 9 continued

单位:万元 (2019)

指 标	Item	财务费用 Financial Costs
按工业行业大类分	**Grouped by Sector**	
煤炭开采和洗选业	Mining and Washing of Coal	316103
农副食品加工业	Processing of Food from Agricultural Products	6110
食品制造业	Manufacture of Foods	10233
酒、饮料和精制茶制造业	Manufacture of Wine, Beverage and Tea	2442
纺织业	Manufacture of Textile	14120
纺织服装、服饰业	Manufacture of Textile Wearing Apparel and Apparel Industry	301
皮革、毛皮、羽毛及其制品和制鞋业	Manufacture ofleather, Fur,Feather, Footwearand Related Products	704
木材加工及木、竹、藤、棕、草制品业	ProcessingofTimber,ManufactureofWood,Bamboo,Rattan,PalmandStrawProducts	31
家具制造业	Manufacture of Furniture	147
造纸及纸制品业	Manufacture of Paper and Paper Products	946
印刷和记录媒介复制业	Printing,Reproduction of Recording Media	709
石油、煤炭及其他燃料加工业	Petroleum,coal and other fuel processing industries	35631
化学原料及化学制品制造业	Manufacture of Raw Chemical Materials and Chemical Products	70768
医药制造业	Manufacture of Medicines	20446
化学纤维制造业	Chemical Fiber Manufacturing	197
橡胶和塑料制品业	Manufacture of Rubber and Plastics	1338
非金属矿物制品业	Manufacture of Non-metallic Mineral Products	3691
黑色金属冶炼及压延加工业	Smelting and Pressing of Ferrous Metals	260
有色金属冶炼及压延加工业	Smelting and Pressing of Non-ferrous Metals	2793
金属制品业	Manufacture of Metal Products	6434
通用设备制造业	Manufacture of General Purpose Machinery	6622
专用设备制造业	Manufacture of Special Purpose Machinery	619
汽车制造业	Manufature of Automotive Industry	-80
铁路、船舶、航空航天和其他运输设备制造业	ManufatureofRailways,Shipbailding,AerospaceandOtherTransporationEquipment	1
电气机械及器材制造业	Manufacture of Electrical Machinery andEquipment	4526
计算机、通信和其他电子设备制造业	Manufacturing of computer, communication and other electronic quipment	7926
仪器仪表制造业	Manufacture of Measuring Instruments	-22
废弃资源综合利用业	Vtilization Waste Resources	677
金属制品、机械和设备修理业	Metal products, machinery and equipment repair industry	134
电力、热力的生产和供应业	Production and Supply of Electric Power,Gasand Water	313675
燃气生产和供应业	Production and Supply of Gas	30547
水的生产和供应业	Production and Supply of Water	12752

continued

(10 000yuan)

利息费用	营业利润 Operating Profits	利润总额 Total Profits	亏损企业亏损总额 Total Loss of Loss-suffering Enterprises	本年应付职工薪酬 Wages Payable This Year	从业人员平均人数(人) Annual Average Employed Persons (person)
208649	299790	292286	14403	1066083	52215
5860	18094	21287	5522	18756	2420
13487	26792	35924	3390	45013	5711
1493	15864	15835	2348	12142	1258
11119	-29676	-29689	30497	22151	4901
273	-3980	-3512	3512	6634	1670
704	-354	453		687	304
24	94	100		74	22
139	-551	-547	547	1714	275
874	2195	2338	22	4726	803
649	-534	350	45	3219	504
36999	710855	658922	2791	239062	17044
71314	-94229	-95106	142236	69254	4935
14623	-19450	-59382	66747	29651	4278
236	-2492	-2443	2443	3713	472
789	-402	-202	4544	4925	689
3424	24704	27438	2267	27545	3573
270	-3440	-3084	3316	2198	360
2789	-1351	-1778	2089	5355	731
7999	15934	15514	278	19454	2649
6560	10600	13673	12447	55574	5997
1085	1636	1966	2739	5626	626
	-2754	-2751	2751	1838	217
	126	259		1224	102
4739	26671	31943	2243	37262	5464
5639	172321	172122	8379	47201	5618
205	3533	3800		5874	561
878	8492	9959	1105	4290	610
129	2129	2339	3	10986	993
299285	137630	148544	66690	359871	18047
30422	41245	43177	4891	12173	1183
13349	22594	23991	1842	9183	1190

主要统计指标解释

【工业总产值】 是指工业企业在报告期内生产的以货币形式表现的工业最终产品和提供工业劳务活动的总价值量。

工业总产值计算应遵循的三个原则:工业生产的原则、最终产品的原则、"工厂法"原则。

工业总产值的内容包括三部分:生产的成品价值、对外加工费收入、自制半成品在制品期末期初差额价值。

【实收资本】 指企业各投资者实际投入的资本(或股本)总额,包括货币、实物、无形资产等各种形式的投入。实收资本按投资主体可分为国家资本、集体资本、法人资本、个人资本、港澳台资本和外商资本。

【资产总计】 指企业过去的交易或者事项形成的、由企业拥有或者控制的、预期会给企业带来经济利益的资源。包括企业拥有的土地、办公楼、厂房、机器、运输工具、存货等实物资产和现金、存款、应收账款和预付账款等金融资产。资产一般按流动性(资产的变现或耗用时间长短)分为流动资产和非流动资产。其中流动资产可分为货币资金、交易性金融资产、应收票据、应收账款、预付款项、其他应收款、存货等;非流动资产可分为长期股权投资、固定资产、无形资产及其他非流动资产等。

【负债合计】 指企业过去的交易或者事项形成的，预期会导致经济利益流出企业的现时义务。包括银行贷款、借款、应付账款、应付职工工资、应付职工福利费、应交税金等企业负有偿还责任的债务。负债一般按偿还期长短分为流动负债和非流动负债。执行企业会计准则或《小企业会计准则》的企业：负债合计 = 流动负债合计 + 非流动负债合计；执行其他企业会计制度的企业负债包括流动负债和长期负债。

流动负债指负债满足下列条件之一的应归为流动负债:(1)预计在一个正常营业周期中清偿;(2)主要为交易目的而持有;(3)自资产负债表日起一年内到期应予清偿;(4)企业无权自主地将清偿推迟至资产负债表日后一年以上。包括短期借款、应付票据、应付账款、应付职工薪酬、应交税费等项目。

【所有者权益合计】 指企业资产扣除负债后由所有者享有的剩余权益。公司的所有者权益又称股东权益。包括实收资本、资本公积、盈余公积、未分配利润等。

【营业收入】 指企业从事销售商品、提供劳务和让渡资产使用权等生产经营活动形成的经济利益流入。包括"主营业务收入"和"其他业务收入"。

能　源

Energy

5—1 银川市全社会能源消费量

单位：万吨标准煤

年　份	Year	2014
全社会能源消费量	**Comprehensive Energy Consumption**	**1870.13**
第一产业	Primary Industry	10.81
第二产业	Secondary Industry	1679.76
工业	Industry	1658.49
规模以上工业	Industrial Enterprises above Designated Size	1601.30
规模以下工业	Industrial Enterprises below Designated Size	49.59
损失量	Amount at Stake	7.59
建筑业	Construction	21.27
第三产业	Tertiary Industry	115.64
交通运输、仓储邮电	Transport,Storang and Post	52.63
批发、零售和住宿餐饮	Wholesale,Retail Trades,Hotels and Gatering Services	30.55
其他	Others	32.46
生活消费	living Consumption	63.93
城镇	Urban	49.70
农村	Rural	14.23

5—2 银川市能源加工转换情况

（2019）

指　标	Item	单位	Unit	合计 Total
投入量	Input	万吨标准煤	10 000 Tons of SCE	5375.19
产出量	Output	万吨标准煤	10 000 Tons of SCE	3311.01
转换损失量	Losses During The Process of Energy Conversion	万吨标准煤	10 000 Tons of SCE	2064.19
转换效率	Efficience of Energy Conversion	%	%	61.60

5—3 规上工业能源消费量及单位工业增加值能耗下降率

（2019）

地　区	Region	规模以上工业能源消费量（万吨标准煤） Energy Consumption of Industrial Enterprises above Designated Size（10 000 Tons of SCE）
银川市	Yinchuan	3744.32
兴庆区	Xinqing	10.92
金凤区	Jinfeng	7.33
西夏区	Xixia	230.25
永宁县	Yongning	87.77
贺兰县	Helan	47.71
灵武市	Lingwu	3360.35
宁 东	Ningdong	3346.01

Comprehensive Energy Consumption of the Whole Country in Yinchuan

(10 000 tons of SCE)

2015	2016	2017	2018	2019
2309.96	**2398.23**	**3158.03**	**3714.61**	**4016.43**
12.46	11.55	12.08	11.04	12.30
2117.29	2202.91	2954.26	3516.97	3808.17
2095.17	2180.14	2931.03	3494.52	3783.98
2056.38	2141.20	2890.85	3452.02	3744.32
31.20	35.60	36.73	39.53	36.73
7.59	3.34	3.45	2.97	2.92
22.11	22.77	23.24	22.45	24.19
115.39	116.07	121.69	116.64	121.62
48.21	48.69	50.30	46.96	50.60
33.60	33.88	35.49	34.56	35.23
33.58	33.50	35.91	35.12	35.80
64.79	67.70	70.00	69.96	74.34
49.66	51.20	53.00	54.96	57.12
15.17	16.50	17.00	15.00	17.22

Energy Processing and Conversion

火电 Thermal Power	供热 Heating	洗煤 Washing Coal	炼焦 Coking	炼油 Petroleum Refineries	天然气液化 Liguefied Nature Gas
2359.54	292.91	289.68	550.10	1805.86	77.10
1008.42	237.48	270.63	508.02	1211.26	75.20
1351.13	55.43	19.05	42.08	594.59	1.90
42.74	81.08	93.42	92.35	67.07	97.54

Comprehensive Energy Consumption of the Whole Country in Yinchuan

单位工业增加值能耗下降率(%) Drop Rate of Energy Consumption of Per Unit Industrial Added-value(%)
2.5
-25.0
-26.0
1.8
10.4
5.0
1.5
-1.3

5—4 全市规模以上工业企业能源生产、销售与库存

（2019）

产 品	Product	单 位	Unit	年初存货 Invertory At Beginning of Year	产品产量 Production	
					2019 年	2018 年
原煤	Coal	吨	ton	1412806.82	63896887.97	66998074.58
无烟煤	Anthracite Coal	吨	ton		2437000.00	2168000.00
炼焦烟煤	Coking Coal	吨	ton	463020.00	3760646.00	3899918.00
一般烟煤	General Coal	吨	ton	949786.82	57699241.97	60930156.58
褐煤	Lignite	吨	ton			
洗精煤(用于炼焦)	Clean Coal	吨	ton	127570.66	2123736.19	3191008.66
其他洗煤	Other Washing Coal	吨	ton	745462.87	3783079.82	4715382.29
焦炭	Coke	吨	ton	68715.89	4619923.32	4374089.42
型煤及其他煤制品	Briquette and other coal products	吨	ton			
煤焦油	Coal Tar	吨	ton		262241.04	6227.37
煤气	Gas	万立方米	10 000su.m		124786.10	119851.53
煤制天然气	Coal-based natural gas	万立方米	10 000su.m			
煤制石脑油	Coal Naphtha	吨	ton	28363.00	1324240.00	943015.00
煤制汽油	Coal-based gasoline	吨	ton			
煤制柴油	Coal-based diesel	吨	ton	23077.00	751522.00	878565.00
煤制航空燃料	Coal-based aviation fuel	吨	ton			
煤制石蜡	Coal Paraffin	吨	ton			
其他煤制油产品	Other coal-to-oil products	吨	ton	42428.00	1959746.00	1791684.00
天然气	Natural Gas	万立方米	10 000su.m			
常规天然气	Conventional Gas	万立方米	10 000su.m			
非常规天然气	Unconventional gas	万立方米	10 000su.m			
液化天然气	Liquefied Natural Gas	吨	ton	19197.58	427958.80	432843.06
原油	Natural Grede Oil	吨	ton			
原油加工量	Crude Oil Processing Capacity	吨	ton		4531941.00	4433750.96
汽油	Gasoline	吨	ton	92843.35	2004526.48	1920758.54
煤油	Kerosene	吨	ton	3597.00	249982.00	241089.00
柴油	Diesel Oil	吨	ton	90145.23	1578586.40	1602380.70
润滑油	Lubricating Oil	吨	ton			
燃料油	Fuel Oil	吨	ton	7502.00	55085.00	47443.00
石脑油	Naphtha	吨	ton	226.00	36600.00	45060.00
溶剂油	Solvent Oil	吨	ton			
石蜡	Paraffin	吨	ton			
石油焦	Petroleum Coke	吨	ton			
石油沥青	Asphalt	吨	ton			
燃料气	Fuel Gas	吨	ton	14832.10	194503.46	240348.36
其他石油制品	Other petroleum products	吨	ton	13175.98	50996.51	63150.00
固态生物燃料	Solid biofuel	吨	ton			
液态生物燃料	Liquid biofuel	吨	ton			
气态生物燃料	Gaseous biofuel	万立方米	10 000su.m			
发电量	Energy Output	万千瓦小时	10 000kwh		8488899.41	8304263.75
火力发电量	Thermal Power	万千瓦小时	10 000kwh		7936726.29	7810101.77
水力发电量	Hydropower	万千瓦小时	10 000kwh			
核能发电量	Nuclear Power	万千瓦小时	10 000kwh			
风力发电量	Wind Power	万千瓦小时	10 000kwh		267927.07	273258.63
太阳能发电量	Solar Power	万千瓦小时	10 000kwh		303242.51	240104.20
潮汐能发电量	Tidal Power	万千瓦小时	10 000kwh			
地热能发电量	Geothermal Power	万千瓦小时	10 000kwh			
其他发电量	Other Power	万千瓦小时	10 000kwh			
热力	Heat	百万千焦	million kilo-joule		42173907.61	29555944.16
太阳能供热	Solar heating	百万千焦	million kilo-joule			
生物质能供热	Biomass heating	百万千焦	million kilo-joule			
地热能供热	Geothermal energy heating	百万千焦	million kilo-joule			
化石燃料供热	Fossil fuel heating	百万千焦	million kilo-joule		42173907.61	29555944.16
废料燃烧供热	Waste combustion heating	百万千焦	million kilo-joule			
电热锅炉供热	Electric boiler heating	百万千焦	million kilo-joule			
热泵供热	Heat supply by heat pump	百万千焦	million kilo-joule			
余热余压供热	Waste Heat and pressure heat supply	百万千焦	million kilo-joule			
其他能源供热	Other energy sources for heating	百万千焦	million kilo-joule			

EnergyPurchase,ConsumptionandInventoryofIndustrialEnterprisesaboveDesignatedSize

销售量 Sales volume				企业自用及其他 Enterprise for Own Use and Others		年末存货 Invertory At Year-end	
2019 年	2018 年	销往省外 Sales to Other Provinces 2019 年	销往省外 Sales to Other Provinces 2018 年	2019 年	2018 年	2019 年	2018 年
60802509.97	61117756.87	2309797.78	3270090.74	4417157.00	7115350.00	1563463.27	1412806.82
15004.00	15277.00			2421996.00	2152723.00		
4043047.00	4017214.00	981072.00	1216462.00			180619.00	463020.00
56744458.97	57085265.87	1328725.78	2053628.74	1995161.00	4962627.00	1382844.27	949786.82
425601.65				1698134.54	3191008.66	51291.53	329331.78
3522770.19	3959765.75	1493824.82	2408417.43	197968.92	686180.00	671515.97	865745.13
4590507.26	4482824.00	3121544.94	3137976.80			98131.95	60858.80
262240.86	10416.40	255245.30	10416.40				
124786.10					119851.53		
58405.00	62629.00	49487.00	59662.00	1294198.00	859628.00		28363.00
755202.00	895063.00	321437.00	490219.00	1489.00	3837.00	17908.00	23077.00
1782760.00	1703568.00	677973.00	517044.00	198367.00	116863.00	21047.00	42428.00
418304.47	422362.28	115938.47	62555.06	182.78		28707.14	19197.58
13514.00							
2063018.59	1886024.92	1468.03	11675.76	204.00	194.00	38554.95	93087.35
250027.00	243181.00					3552.00	3597.00
1619271.40	1569852.03		21970.30	689.00	715.00	48771.23	90398.23
55849.00	43398.00	55849.00	43398.00		2528.00	6738.00	7502.00
36133.00	45449.00	36133.00	45449.00			693.00	226.00
199903.91	240628.36	117370.00	175756.00	7715.97		1811.88	6440.73
51575.43	74415.00	19769.00	22565.00			12597.06	12962.50
6779564.78	6698587.17			1466050.62	1386524.35		
6237537.58	6218599.79			1454953.89	1371239.38		
258864.22	263065.63			9456.51	10596.73		
301880.65	235807.65			1640.22	4688.24		
42173907.61	29555944.16	973910.48	964951.80				
42173907.61	29555944.16	973910.48	964951.80				

5—5 全市规模以上工业企业能源购进、消费与库存情况

（2019）

指　标	Item	年初库存量 Inventory at the Beginning of the Year	购进量 Physical Quantity Purchased
原煤(吨)	Raw Coa(l ton)	2789989.35	82090376.89
无烟煤(吨)	Anthracite Coa(l ton)	53793.17	2682579.98
炼焦烟煤(吨)	Coking Coa(l ton)	48596.80	1249729.24
一般烟煤(吨)	General Coa(l ton)	2687579.38	78169134.94
褐煤(吨)	Lignite(ton)	20.00	
洗精煤(用于炼焦)(吨)	Clean Coa(l ton)	243676.86	4191186.98
其它洗煤(吨)	Other Washing Coa(l ton)	75.00	827692.87
煤制品(吨)	Coal Products(ton)	1155.08	41952.00
焦炭(吨)	Coke(ton)	39490.99	402321.94
其它焦化产品(吨)	Other Coking Products(ton)	23.00	8961.16
焦炉煤气(万立方米)	Coking Gas(10 000 cu.m)		124786.11
天然气(气态)(万立方米)	Natural Gas(gaseous state)(10 000 cu.m)	17.06	155991.07
液化天然气(液态)(吨)	Liquefied Natura(l liquid state)Gas(ton)	183.86	2837.19
煤层气	Coalbed Methane		
原油(吨)	Crude O(i l ton)	101103.34	4542868.00
汽油(吨)	Gasoline(ton)	1048.50	5448.19
煤油(吨)	Kerosene(ton)	8.16	71.26
柴油(吨)	Diesel O(i l ton)	1050.21	23292.70
燃料油(吨)	Fuel O(i l ton)	11563.72	11304.93
液化石油气(吨)	Liquefied Petroleum Gas(ton)	3898.68	100118.39
石脑油(吨)	Naphtha(ton)		
润滑油(吨)	Lubricating O(i l ton)	51.70	1050.55
溶剂油	Solvent Oil		
石油焦(吨)	Petroleum coke(ton)	7326.26	152852.38
其它石油制品(吨)	Other Petroleum Products(ton)	9.39	2127.74
热力(百万千焦)	Hea(t million kilo-joule)		4020320.00
电力(万千瓦时)	Electricity(10 000 kwh)		1922838.42
煤矸石(用于燃料)(吨)	Coal Gangue as Fue(l ton)		813865.09
城市生活垃圾(用于燃料)	Municipal Solid Waste(For fuel)		606685.58
余热余压(百万千焦)	Waste Heat and Excess Pressure(million kilo-joule)		
其他燃料(吨标准煤)	Other Feu(l tons of sce)		133.64
能源合计(吨标准煤)	Total Energy(tons of sce)		

Energy Purchase, Consumption and Inventory of Industrial Enterprises above Designated Size

消费量 Consumption	工业生产消费 Industrial Production	用于原材料 Used for Raw Materials	非工业生产消费 Non-industrial	合计中运输工具消费 Total:Trans port consumption	年末库存量 Inventory at Year-end
83559703.42	83546907.71	10994770.87	12795.71		3051523.02
2657678.67	2657675.67	2636971.49	3.00		79946.28
1085788.33	1085788.33				58648.47
79816236.42	79803443.71	8357799.38	12792.71		2912928.27
6038380.07	6038380.07				170897.44
1161845.39	1161845.39				1129.02
42690.08	42690.08				417.00
396874.14	396874.14	371897.84			44686.79
8884.16	8884.16	8884.16			100.00
124786.11	124753.12		32.99		
155659.70	155356.75	16147.00	302.95	104.47	
3020.25	2818.11		202.14	397.96	0.80
4531941.00	4531941.00				112030.34
2260.84	1190.86		1069.98	1649.87	21.89
76.61	76.61				2.81
24268.66	22223.88	1050.39	2044.77	6223.99	653.34
16185.94	16185.94				6647.41
520767.14	520766.00	380003.03	1.14		84.90
1493634.76	1493634.76	1387933.50			
1031.14	1031.14	31.86			1.73
139769.64	139769.64	103279.86			20409.00
2123.01	2058.65		64.36		14.12
33278152.11	33085841.19		192310.92		
3331621.89	3291051.35		40570.54	13.30	
813865.09	813865.09				
547733.54	547733.54				
13927840.55	13927840.55				
133.64	115.00		18.64		
78222588.00	78148348.52		74239.48		

5—6 全市规模以上工业企业能源购进、消费与库存附表情况

（2019）

指　标	Item	单位	Unit	工业生产消费量 Industry Consumption	加工转换投入合计 Total Convert Input	火力发电 Thermal Power
原煤	Coal	吨	ton	81879119.07	62485573.92	36941768.03
无烟煤	Anthracite Coal	吨	ton	2594356.75		
炼焦烟煤	Coking Coal	吨	ton	1085788.33	129444.74	
一般烟煤	General Coal	吨	ton	78198973.99	62356129.18	36941768.03
褐煤	Lignite	吨	ton			
洗精煤(用于炼焦)	Clean Coal	吨	ton	6038380.07	6038380.07	
其它洗煤	Other Washing Coal	吨	ton	1160087.93	30211.64	30211.64
煤制品	Coal Products	吨	ton	42690.08	42690.08	
焦炭	Coke	吨	ton	371897.84		
其它焦化产品	Other Coking Products	吨	ton			
焦炉煤气	Coking Gas	万立方米	10 000 su.m	74540.54		
天然气(气态)	Natural Gas(gaseous state)	万立方米	10 000 su.m	145047.95	109581.48	36226.59
液化天然气(液态)	Liquefied Natura(l liquid state)Gas	吨	ton	145.49		
原油	Crude Oil	吨	ton	4531941.00	4531941.00	
汽油	Gasoline	吨	ton	334.19		
煤油	Kerosene	吨	ton			
柴油	Diesel Oil	吨	ton	10481.03	488.76	488.76
燃料油	Fuel Oil	吨	ton	16185.94	15824.16	499.58
液化石油气	Liquefied Petroleum Gas	吨	ton	520665.91	103830.94	
炼厂干气	Net Gas of Plant	吨	ton			
石脑油	Naphtha	吨	ton	1493634.76		
润滑油	Lubricating Oil	吨	ton	986.61		
其它石油制品	Other Petroleum Products	吨	ton	1963.89		
热力	Heat	百万千焦	million kilo-joule	30441434.64		
电力	Electricity	万千瓦时	10 000 kwh	2073435.59		
煤矸石(用于燃料)	Coal Gangue as Fuel	吨	ton	813865.09	805033.00	784857.00
城市生活垃圾(用于燃料)	Municipal Solid Waste(For fuel)	吨	ton	547733.54	547733.54	547733.54
余热余压	Waste Heat and Excess Pressure	百万千焦	million kilo-joule	13927840.55	872069.52	872069.52
其他燃料	Other Fuel	吨标准煤	tons of SCE			
能源合计	Total Energy	吨标准煤	tons of SCE	74831372.67	53049106.17	22892604.33

Energy Purchase, Consumption and Inventory of Industrial Enterprises above Designated Size

供热 Heating Supply	原煤入洗 Washing -dressing Coal	炼焦 Coking	炼油及煤制油 PetroleumRefining and Coal Product	天然气液化 Natural Gas iquefying	能源加工转换产出 Output in Processing	回收利用 Recycling
4330947.66	4834751.73		16378106.50			
129444.74						
4201502.92	4834751.73		16378106.50			
		6038380.07			2123736.19	
					1578928.72	
42690.08						
					4619923.32	
					301730.33	
					124786.10	
10510.49				62844.40		
					427958.80	
			4531941.00			
					2004526.48	
					249982.00	
					2330108.40	
56.75			15267.83		55085.00	
			103830.94		611067.39	
					1360840.00	
					1594734.51	
					69642619.19	
					7936726.29	
20176.00					181973.58	
						13927840.55
2929146.59	2896835.21	5500964.24	18058561.74	770994.06	32777640.40	474939.37

5—7 全市规模以上工业分品种分行业能源消费

（2019）

指　标	Item	原煤(吨) Coa(ton)
合　计	**Total**	**83559703**
采矿业	**Mining**	**31837733**
煤炭开采和洗选业	Mining and Washing of Coal	31837733
制造业	**Manufacturing**	**15756085**
农副食品加工业	Mining and Washing of Coal	1057
食品制造业	Manufacture of Foods	900113
酒、饮料和精制茶制造业	Manufacture of Wine,Beverages and Tea	36
纺织业	Manufacture of Textile	
纺织服装、服饰业	Manufacture of Textile and Apparel	
皮革、毛皮、羽毛及其制品和制鞋业	Manufacture of Leather,Fur,Feather,Related Prodsuts and Shoe	
木材加工及木、竹、藤、棕、草制品业	Processing of Timber,Manufacture of Wood,Bamboo,Rattan,Palm,and Straw Products	
家具制造业	Manufacture of Furniture	
造纸及纸制品业	Manufacture of Paper and Paper Products	
印刷和记录媒介复制业	Printing and Reproduction of Recording Media	
文教、工美、体育和娱乐用品制造业	Manufacture of Cultureand Edueation,Arts and crafts,Sports and Entertainment Prdcucts	
石油、煤炭及其他燃料加工业	Petroleum,coal and other fuel processing industries	3610047
化学原料及化学制品制造业	Manufacture of Raw Chemical Materials and Chemical Products	10059848
医药制造业	Manufacture of Medicines	417127
化学纤维制造业	Synthetic fiber manufacturing	23559
橡胶和塑料制品业	Manufacture of Rubber and Plastics	25471
非金属矿物制品业	Manufacture of Non-metallic Mineral Products	695961
黑色金属冶炼和压延加工业	Smelting and Pressing of Ferrous Metals	22160
有色金属冶炼和压延加工业	Smelting and Pressing of Non-ferrous Metals	4
金属制品业	Manufacture of Metal Products	363
通用设备制造业	Manufacture of General Purpose Machinery	326
专用设备制造业	Manufacture of Special purpose Machinery	13
汽车制造业	Manufacture of Car	
铁路、船舶、航空航天和其他运输设备制造业	Manufacture of Railway,Ship,Aviation and Transport Equipment	
电气机械及器材制造业	Manufacture of Electrical Machinery and Equipment	
仪器仪表制造业	Manufacture of Measuring Instruments	
废弃资源综合利用业	Recycling and Disposal of Waste	
电力、热力、燃气及水的生产和供应业	**Electric Power,Gas and Water Production and Supply**	**35965886**
电力、热力的生产和供应	Production and Supply of Electric Power and Heat Power	35965886
燃气生产和供应业	Production and Supply of Gas	
水的生产和供应业	Production and Supply of Water	

Energy Consumption of Industrial Enterprises above Designated Size by Variety by Industries

无烟煤(吨) Anthracite Coa(ton)	炼焦烟煤(吨) Coking Coa(ton)	一般烟煤(吨) General Coa(ton)	褐煤(吨) Lignite(ton)	洗精煤(用于炼焦)(吨) Clean Coa(ton)
2657679	**1085788**	**79816236**		**6038380**
		31837733		
		31837733		
2657679	**1085788**	**12012616**		**6038380**
992		65		
2		900111		
		36		
43127		3566919		6038380
2594357	1085788	6379703		
		417127		
		23559		
		25471		
4		695957		
18871		3288		
		4		
		363		
326				
		13		
		35965886		
		35965886		

5—7 续表 1

（2019）

指 标	Item	其它洗煤（吨）Other Washing Coa（ton）
合 计	**Total**	**1161845**
采矿业	**Mining**	
煤炭开采和洗选业	Mining and Washing of Coal	
制造业	**Manufacturing**	**1131633**
农副食品加工业	Mining and Washing of Coal	
食品制造业	Manufacture of Foods	
酒、饮料和精制茶制造业	Manufacture of Wine,Beverages and Tea	
纺织业	Manufacture of Textile	
纺织服装、服饰业	Manufacture of Textile and Apparel	
皮革、毛皮、羽毛及其制品和制鞋业	Manufacture of Leather,Fur,Feather,Related Prodsuts and Shoe	
木材加工及木、竹、藤、棕、草制品业	Processing of Timber,Manufacture of Wood,Bamboo,Rattan,Palm,and Straw Products	
家具制造业	Manufacture of Furniture	
造纸及纸制品业	Manufacture of Paper and Paper Products	
印刷和记录媒介复制业	Printing and Reproduction of Recording Media	
文教、工美、体育和娱乐用品制造业	Manufacture of Cultureand Edueation,Arts and crafts,Sports and Entertainment Prdcucts	
石油、煤炭及其他燃料加工业	Petroleum,coal and other fuel processing industries	
化学原料及化学制品制造业	Manufacture of Raw Chemical Materials and Chemical Products	1129876
医药制造业	Manufacture of Medicines	1757
化学纤维制造业	Synthetic fiber manufacturing	
橡胶和塑料制品业	Manufacture of Rubber and Plastics	
非金属矿物制品业	Manufacture of Non-metallic Mineral Products	
黑色金属冶炼和压延加工业	Smelting and Pressing of Ferrous Metals	
有色金属冶炼和压延加工业	Smelting and Pressing of Non-ferrous Metals	
金属制品业	Manufacture of Metal Products	
通用设备制造业	Manufacture of General Purpose Machinery	
专用设备制造业	Manufacture of Special purpose Machinery	
汽车制造业	Manufacture of Car	
铁路、船舶、航空航天和其他运输设备制造业	Manufacture of Railway,Ship,Aviation and Transport Equipment	
电气机械及器材制造业	Manufacture of Electrical Machinery and Equipment	
仪器仪表制造业	Manufacture of Measuring Instruments	
废弃资源综合利用业	Recycling and Disposal of Waste	
电力、热力、燃气及水的生产和供应业	**Electric Power,Gas and Water Production and Supply**	**30212**
电力、热力的生产和供应	Production and Supply of Electric Power and Heat Power	30212
燃气生产和供应业	Production and Supply of Gas	
水的生产和供应业	Production and Supply of Water	

continued

煤制品(吨) Coal Products (ton)	焦炭(吨) Coke (ton)	其它焦化产品(吨) Other Coking Products (ton)	焦炉煤气(万立方米) Coking Gas (10 000 cu.m)	天然气(气态)(万立方米) Natural Gas (Gaseous State) (10 000 cu.m)	液化天然气(液态)(吨) Liquefied Natrual Gas (Liquid State)(ton)
42690	**396874**	**8884**	**124786**	**155660**	**3020**
				16429	
				16429	
	396875	**8884**	**124786**	**31141**	**2835**
				872	57
				788	
				954	
				113	
				57	
				58	
				187	
				128	
		8884			
	371898		124786	22371	1634
				228	
				52	
	565			329	1144
	24412				
				2993	
				1119	
				451	
				40	
				8	
				381	
				2	
				10	
42690				**107983**	**183**
42690				45022	
				62847	183
				114	

5—7 续表 2

(2019)

指 标	Item	原油(吨) Crude Oil (ton)
合 计	**Total**	**4531941**
采矿业	**Mining**	
煤炭开采和洗选业	Mining and Washing of Coal	
制造业	**Manufacturing**	**4531941**
农副食品加工业	Mining and Washing of Coal	
食品制造业	Manufacture of Foods	
酒、饮料和精制茶制造业	Manufacture of Wine,Beverages and Tea	
纺织业	Manufacture of Textile	
纺织服装、服饰业	Manufacture of Textile and Apparel	
皮革、毛皮、羽毛及其制品和制鞋业	Manufacture of Leather,Fur,Feather,Related Produsts and Shoe	
木材加工及木、竹、藤、棕、草制品业	Processing of Timber,Manufacture of Wood,Bamboo,Rattan,Palm,and Straw Prod-ucts	
家具制造业	Manufacture of Furniture	
造纸及纸制品业	Manufacture of Paper and Paper Products	
印刷和记录媒介复制业	Printing and Reproduction of Recording Media	
文教、工美、体育和娱乐用品制造业	Manufacture of Cultureand Edueation,Arts and crafts,Sports and Entertainment Prdcucts	
石油、煤炭及其他燃料加工业	Petroleum, Coal and Other Fuel Processing Industries	
化学原料及化学制品制造业	Manufacture of Raw Chemical Materials and Chemical Products	4531941
医药制造业	Manufacture of Medicines	
化学纤维制造业	Synthetic fiber manufacturing	
橡胶和塑料制品业	Manufacture of Rubber and Plastics	
非金属矿物制品业	Manufacture of Non-metallic Mineral Products	
黑色金属冶炼和压延加工业	Smelting and Pressing of Ferrous Metals	
有色金属冶炼和压延加工业	Smelting and Pressing of Non-ferrous Metals	
金属制品业	Manufacture of Metal Products	
通用设备制造业	Manufacture of General Purpose Machinery	
专用设备制造业	Manufacture of Special purpose Machinery	
汽车制造业	Manufacture of Car	
铁路、船舶、航空航天和其他运输设备制造业	Manufacture of Railway,Ship,Aviation and Transport Equipment	
电气机械及器材制造业	Manufacture of Electrical Machinery and Equipment	
仪器仪表制造业	Manufacture of Measuring Instruments	
废弃资源综合利用业	Recycling and Disposal of Waste	
电力、热力、燃气及水的生产和供应业	**Electric Power,Gas and Water Production and Supply**	
电力、热力的生产和供应	Production and Supply of Electric Power and Heat Power	
燃气生产和供应业	Production and Supply of Gas	
水的生产和供应业	Production and Supply of Water	

continued

汽油(吨) Gasoline (ton)	煤油(吨) Kerosene (ton)	柴油(吨) Diesel Oil (ton)	燃料油(吨) Fuel Oi (ton)	液化石油气(吨) Liquefied Petroleum Gas (ton)	石脑油(吨) Naphtha (ton)	润滑油(吨) Lubricating Oil (ton)
2261	**77**	**24269**	**16186**	**520767**	**1493635**	**1031**
157		**5166**		**416835**	**1493635**	**987**
157		5166		416835	1493635	987
1541	**77**	**17589**	**15268**	**103836**		**45**
170		190				
100		134				
53		102				
32						
61		13				
3						
5		1590	15268			
548		3423		103831		
19		1				
16		14				
126		11320				
13		57				8
		418				
57		157				
153	77	71		1		37
27		7				
		3				
15						
90		72		4		
40						
13		17				
532		**1501**	**918**	**96**		
279		1394	918			
127		1		96		
126		106				

5—7 续表 3

(2019)

指 标	Item	石油焦(吨) Petroleum Coke (ton)
合 计	**Total**	**139770**
采矿业	**Mining**	
煤炭开采和洗选业	Mining and Washing of Coal	
制造业	**Manufacturing**	**139770**
农副食品加工业	Mining and Washing of Coal	
食品制造业	Manufacture of Foods	
酒、饮料和精制茶制造业	Manufacture of Wine,Beverages and Tea	
纺织业	Manufacture of Textile	
纺织服装、服饰业	Manufacture of Textile and Apparel	
皮革、毛皮、羽毛及其制品和制鞋业	Manufacture of Leather,Fur,Feather,Related Produsts and Shoe	
木材加工及木、竹、藤、棕、草制品业	Processing of Timber,Manufacture of Wood,Bamboo,Rattan,Palm,and Straw Products	
家具制造业	Manufacture of Furniture	
造纸及纸制品业	Manufacture of Paper and Paper Products	
印刷和记录媒介复制业	Printing and Reproduction of Recording Media	
文教、工美、体育和娱乐用品制造业	Manufacture of Cultureand Edueation,Arts and crafts,Sports and Entertainment Prdcucts	
石油、煤炭及其他燃料加工业	Petroleum,coal and other fuel processing industries	5121
化学原料及化学制品制造业	Manufacture of Raw Chemical Materials and Chemical Products	
医药制造业	Manufacture of Medicines	
化学纤维制造业	Synthetic fiber manufacturing	
橡胶和塑料制品业	Manufacture of Rubber and Plastics	
非金属矿物制品业	Manufacture of Non-metallic Mineral Products	
黑色金属冶炼和压延加工业	Smelting and Pressing of Ferrous Metals	
有色金属冶炼和压延加工业	Smelting and Pressing of Non-ferrous Metals	134649
金属制品业	Manufacture of Metal Products	
通用设备制造业	Manufacture of General Purpose Machinery	
专用设备制造业	Manufacture of Special purpose Machinery	
汽车制造业	Manufacture of Car	
铁路、船舶、航空航天和其他运输设备制造业	Manufacture of Railway,Ship,Aviation and Transport Equipment	
电气机械及器材制造业	Manufacture of Electrical Machinery and Equipment	
仪器仪表制造业	Manufacture of Measuring Instruments	
废弃资源综合利用业	Recycling and Disposal of Waste	
电力、热力、燃气及水的生产和供应业	**Electric Power,Gas and Water Production and Supply**	
电力、热力的生产和供应	Production and Supply of Electric Power and Heat Power	
燃气生产和供应业	Production and Supply of Gas	
水的生产和供应业	Production and Supply of Water	

continued

其它石油制品（吨）Other Petroleum Products(ton)	热力（百万千焦）Heat（million kilo-joule）	电力（万千瓦时）Electricity（10 000kwh）	煤矸石（用于燃料）（吨）Coal Gangue asFue(ton)	城市垃圾（用于燃料）（吨）City Garbage asFue(ton)	生物燃料（吨标准煤）	余热余压（百万千焦）Waste Heat and Excess Pressure（million kilo-joule）	其他燃料（吨标准煤）Other Feul（tons of SCE）
2123	**33278152**	**3331622**	**813865**	**547734**		**13927841**	**134**
2028	**756747**	**887710**				**13035657**	
2028	756747	887710				13035657	
95	**32519736**	**1641706**	**8832**			**872070**	**134**
	111760	5929					115
	8700717	67149					
		4459					
		33485					
		226					
		301					
		32					
		296					
	4957	687					
		465					
	587532	32837					
	20052861	508759	8832				
	3053835	60231					
		6752					
		8910					
		49383				872070	
		20921					
		801480					
		14256					
95	8074	8734					
		1309					
		155					
		18					
		11289					19
		258					
		3385					
	48	**641069**	**805033**	**547734**		**20114**	
		580326	805033	547734		20114	
	48	31157					
		29586					

5—8 全市规模以上工业企业水消费

Water Consumption of Industrial Enterprises above Designated Size

（2019）

指 标	Item	取水总量（万立方米）Amount（10 000cu.m）	外供水量（万立方米）Amount（10 000cu.m）
地表淡水	Land Surface Water	20838.10	
陆地苦咸水	Land Lake Water	0.06	
地下淡水	Groundwater	17584.95	
自来水	Tap	13586.96	32955.60
其他水	Others	0.07	35.43
再生水（中水）	Reclaimed Water	1000.63	

补充指标 Additional Index

指 标	Item	2019 年（万立方米）This Year（10 000cu.m）	2018 年（万立方米）This Year（10 000cu.m
外排水量	Disposable Water	16212.31	17959.65
重复用水量	Repeated Water Consumption	692970.23	636618.56
污水处理企业污水处理量	Sewage Treatment Capacity of Sewage Treatment Enterprises	11313.84	13214.51

主要统计指标解释

【能源消费量】 指能源使用企业(单位)在报告期内实际消费的各种能源的数量。能源消费量分实物量和标准量两种。能源消费实物量是按照报表规定的、体现物质形态属性的计量单位(如:吨、立方米)计算的能源消费量;能源消费标准量是按照能源标准计量单位(如:吨标准煤)计算的能源消费量。

【综合能源消费量】 指企业(单位)在报告期内工业生产实际消费的各种能源(扣除能源加工转换和能源回收利用等重复因素)的总和。计算综合能源消费量时,需要将各种能源品种的消费量换算成按照标准计量单位(如:吨标准煤)计量的消费量。

【能源加工转换投入】 能源加工转换,指为了特定的用途,将一种能源(一般为一次能源),经过一定的工艺,加工或转换成另外一种能源(二次能源)。

【取水量】 指企业从各种水源直接提取或者从市场购买的用于厂区、办公区内工业生产活动的水量,以实际获得的新水量为准。

用于工业生产活动的水量,包括主要生产用水、辅助生产用水(如机修、运输、空压站等)和附属生产用水(如绿化、办公室、浴室、食堂、厕所、保健站等),不包括非工业生产单位的用水量(如基建用水、厂内居民家庭用水和企业附属幼儿园、学校、对外营业的浴室、游泳池等的用水量)和居民生活用水量。

取水量包括企业取自地表、地下、城镇供水工程的水,外购的再生水(中水)、其他水或水的产品,以及企业为生产外供水或水产品而取用的水。不包括重复用水量、直流冷却水量、未利用直接排放的矿井水和雨水量、污水处理企业处理的污(废)水量、水力发电动力用水量。

【外供水量】 指企业外供给其他单位的水或水产品的量,以离厂水量为准。包括外供给其他企业或市场的原水、自来水、海水淡化水、矿泉水、纯净水等。不包括直流冷却水量、再生水(中水)、未利用直接排放的矿井水和雨水量、北方地区供暖企业供给城镇热力网内循环的热水量、进入城镇污水管网和直接排到自然环境中的水量。

【重复用水量】 指在确定的用水单元或系统内,所有未经处理和处理后又重复使用的水量总和。重复用水量不包括北方地区城镇热力网内循环的热水、火力发电设备内进行汽水循环的除盐水。

【工业生产能源消费量】 指工业企业为进行工业生产活动所消费的能源。主要包括:(1)用于本企业产品生产、工业性作业的能源,包括用于原料、材料、燃料、动力的能源;作为能源加工转换企业,还包括用作加工转换的能源;(2)产品生产工程中作为辅助材料使用的能源;(3)生产工艺过程使用的能源;(4)新技术研究、新产品试制、科学试验使用的能源;(5)为了工业生产活动而在进行的各种修理过程中使用的能源;(6)生产区内的劳动保护用能等。

固定资产投资
Investment in Fixed Assets

6—1 主要年份全社会固定资产投资

Total Investment in Fixed Assets of the Whole Country in Main Years

单位:万元、平方米 （10 000 yuan, sq.m）

年份 Year	全社会固定资产投资 Total Investment in Fixed Assets	基本建设投资 Infrastructure	更新改造投资 Renovation and Reformation Investment	房地产开发投资 Real Estate	住宅 Residence	新增固定资产 Newly Increased Fixed Assets	各类房屋施工面积 Floor Space under Construction	住宅面积 Floor Space of Residence	各类房屋竣工面积 Floor Space Completed	住宅面积 Floor Space of Residence
1950	53	53				31	1467	1143	1100	800
1951	108	108				48	8000	5571	6000	3900
1952	445	445				224	6133	2857	4600	2000
1953	524	524				256	15600	5000	11700	3500
1954	715	715				387	26133	11231	19600	7300
1955	641	641				314	37733	18000	28300	11700
1956	667	667				363	70286	26462	49200	17200
1957	447	447				218	33857	13538	23700	8800
1958	2313	2313				750	383541	201987	272755	131987
1959	4840	4840				1048	441690	215213	318090	133746
1960	6397	6397				4188	463863	271040	332120	167240
1961	2400	2400				497	237231	130333	154200	78200
1962	666	666				464	29846	3833	19400	2300
1963	1066	1066				830	68462	18667	44500	11200
1964	2403	2403				2006	160923	75273	104600	41400
1965	4927	4927				3498	224061	100913	147599	56322
1966	5727	5727				3809	525333	248545	315200	136700
1967	3313	3313				349	58828	3091	37095	1700
1968	3776	3776				688	864784	43285	523517	26349
1969	3261	3261				1872	828898	143303	502565	72603
1970	4623	4623				2113	609499	29600	370699	14800
1971	5050	5050				2110	271931	162000	186198	81000
1972	4957	4957				2985	272935	126620	171547	66720
1973	5294	5294				3077	316289	124406	195381	64606
1974	5599	5599				3477	345613	129454	138739	46787
1975	6065	6065				4091	367316	126226	175353	56230
1976	5950	5950				3002	404323	130909	157000	57854
1977	6047	6047				4564	402883	131114	179555	60785
1978	8560	8376				5243	502900	148000	227020	72000
1979	11905	10919	862			8008	837493	388562	311284	134805
1980	16265	13699	2362			12648	1070119	524200	610119	284000
1981	15339	10653	3726			12949	1031995	542744	637528	315157

注:1.自2003年起全社会固定资产投资包括区统计局反馈不分地区项目投资。2008年分组指标不含农户投资。
2.自2011年始,固定资产投资计划总投资起点由50万元调整为500万元,故,依据自治区统计局反馈数据对2010年数据进行修订。
3.根据国家规定,2018年投资数据不公布绝对量。

6—1 续表 2continued

单位:万元、平方米 （10 000 yuan,sq.m）

年份 Year	全社会固定资产投资 Total Investment in Fixed Assets	基本建设投资 Infrastructure	更新改造投资 Renovation and Reformation Investment	房地产开发投资 Real Estate	住宅 Residence	新增固定资产 Newly Increased Fixed Assets	各类房屋施工面积 Floor Space under Construction	住宅面积 Floor Space of Residence	各类房屋竣工面积 Floor Space Completed	住宅面积 Floor Space of Residence
1982	18258	12208	4566			14997	1587654	997424	1186744	766054
1983	21385	11012	8241			15461	1093897	618285	498977	320511
1984	29330	15407	9384			19559	1887950	995322	1142746	686193
1985	55005	34872	13160			30347	2255500	1109428	1241225	701528
1986	66084	43894	17423			39289	2037959	943686	1346280	744614
1987	75101	51668	18597			55585	1532013	582122	965840	395009
1988	56292	33375	13822			33629	1409844	674239	982568	495398
1989	56419	29761	16852			38038	1158405	591582	781511	413010
1990	65500	36431	17340	2149	1764	48913	1398073	802355	939523	600655
1991	87636	44318	21405	8965	8372	60555	1899668	1195878	1303969	906242
1992	146519	78744	37615	13663	10400	151708	2410361	1324909	1578398	974386
1993	194002	84407	52851	22540	12104	173246	2969490	1811726	1987984	1384739
1994	246885	126134	66092	24037	19790	219909	2311284	1283794	1610092	990857
1995	227456	105098	43262	38376	28000	189329	2410970	1532772	1530400	1167180
1996	315463	154291	83632	41086	28111	252909	2600454	1442603	1761583	1178097
1997	380733	191802	60937	48590	31059	314142	4038255	2892013	3014031	2307205
1998	511270	277336	75541	88455	58856	359110	3931877	2559940	2611550	1799054
1999	516344	256873	70575	104919	59640	378007	4396176	2519022	3274393	1995085
2000	523923	204858	104399	126616	74690	525341	4552693	2652779	3115842	2087221
2001	560558	201025	106508	177941	98121	516897	4569637	2653177	3061367	1947532
2002	729627	326252	91328	240498	164659	479996	5766251	3485057	3093144	1992760
2003	1433939	620045	186981	393550	279647	1015596	9967477	6478985	6115154	4313808
2004	1717373	616663	257489	488078	295523	1007747	10510923	5643948	5390303	3441758
2005	2016507	905404	239750	566134	346375	1113990	11297484	6752154	6188935	4246691
2006	2328456	1284219	257813	576808	405861	1429210	11564933	6798205	5792179	3747578
2007	2926906	1689254	368149	627154	443118	1337848	12610230	7419524	6053179	4212773
2008	3656897	2280467	355143	786051	569594	2322089	13430521	8285362	5673344	3672797
2009	4921031	3307601	388898	995984	743543	2944037	17293716	10113633	6291230	4380586
2010	6486862	3927344	396627	1608188	1160756	2026383	25667621	14592765	6505184	4534215
2011	7338479	4194479	860018	2076719	1436173	6861875	34052766	18774469	8943919	4939024
2012	9187292	5226518	991762	2757023	1755066	3850184	39484833	22688905	8143678	6131097
2013	11490012	7255830	710424	3308094	1956800	5474655	60870147	27188302	7258174	5159194
2014	13927640	8851536	871698	3888952	2390099	8033073	53700347	29097660	9159764	5658438
2015	15408842	9221349	1854836	4091711	2541048	12193828	50938672	26997768	8966054	4812046
2016	17233117	11508090	381420	4749414	2781617	8134934	53556127	27069704	10098795	5634651
2017	17190497	11024960	1402146	4028246	2402498	10076165	51408742	26183709	10695805	5343113
2018	–	–	–	–	–	–	39999763	24091164	7976648	5554774
2019	–	–	–	–	–	–	39716117	23827026	5567994	3858823

a)Since 2003,the total social investment in fixed assets including District Statistics Bureau feedback data that not classified region Project invest- ment. The group index exchuding farmer investment in 2008.

b)Since 2011, the total Planned investment in fixed assets investment starting point adjustment from 50 million to 500 million, 2010 data rivised in- accordance with the Regional Bareau of feed back data.

c)Investment data for 2018 are not published in absolute terms, according to state regulations.

6—2 按国民经济行业分的固定资产投资增长情况

单位:% (2019)

指　标	Item	总计 Total
按国民经济行业分	**Grouped by Sector**	**-6.2**
第一产业	Primary Industry	30.7
农、林、牧、渔业	Agriculture,Forestry,Animal Husbandary and Fishery	10.8
第二产业	Secondary Industry	-9.8
工业	Industry	-9.8
采矿业	Mining	-18.1
制造业	Manufacturing	20.6
电力、燃气及水的生产和供应业	Production and Supply of Electricity,Gas and Water	-69.1
建筑业	Construction	
第三产业	Tertiary Industry	-4.5
批发和零售业	Wholesale and Retail Trades	-42.4
交通运输、仓储和邮政业	Transport,Storage and Post	-55.2
住宿和餐饮业	Hotels and Catering Services	-90.1
信息传输、计算机服务和软件业	Information Transmission,Computer Services and Software	-51.6
金融业	Financial Intermediation	-100.0
房地产业	Real Estate	-8.8
租赁和商务服务业	Leasing and Business Services	124.5
科学研究、技术服务和地质勘查业	Scientific Research,Technical Service and Geologic Prospecting	-62.7
水利、环境和公共设施管理业	Management of Water Conservancy,Environment and Public Facilities	96.5
居民服务和其他服务业	Services to Households and Other Services	-31.4
教育	Education	4.5
卫生、社会保障和社会福利业	Health,Social Security and Social Welfare	-24.2
文化、体育和娱乐业	Culture,Sports and Entertainment	-70.5
公共管理和社会组织	Public Management and Social Organizations	-55.2

Growth of fixed asset investment by sector of national economy

(%)

市区 City	永宁县 Yongning	贺兰县 Helan	灵武市 Lingwu
–3.4	**–38.3**	**–15.0**	**–1.2**
–31.3	62.7	–57.0	1281.6
–33.3	12.5	–61.0	641.4
0.2	–83.1	–56.6	0.0
0.2	–83.1	–56.6	0.0
2146.9			–25.5
20.6	–50.5	–52.5	35.7
–64.7	–94.3	–66.9	–61.7
–3.9	–11.6	9.7	–22.8
–91.6	1224.1	6.4	26.1
–27.7	–78.2	–93.2	–81.0
		–100.0	
–52.0		–22.2	–100.0
–100.0			
–8.3	–52.8	2.8	15.7
2453.9		–100.0	2.8
–94.2	1706.3	–38.7	77.6
89.2	88.9	213.7	64.3
		–31.4	
3.6		–5.3	8.0
–16.7	–96.1	–27.6	–64.4
–72.1	–75.5	68.1	–70.2
–59.2	–85.9	–75.7	401.5

6—3 各种分组的固定资产投资增长情况

单位:%　　　　(2019)

指　标	Item	总计 Total
全社会固定资产投资	**Total Investment in Fixed Assets**	**-6.2**
新建	New Construction	11.5
扩建	Expansion	-71.2
改建和技术改造	Reconstruction and Renovation	73.9
迁建	Relocation	526.2
单纯购置	Simply Purchase	761.0
房地产开发投资	Real Estate Investment	-6.7
按构成分	**Grouped by Structure**	
建筑工程	Construction	2.5
安装工程	Installation	-41.9
设备工器具购置	Purchase of Equipment and Instruments	-19.5
其他费用	Others	-20.3
按隶属关系分	**Grouped by Jurisdiction of Management**	
中央	Central Investment	-3.6
地方	Local Investment	-62.8
自治区	Autonomous Regions	
地市县属	Cities of County	
其他	Others	-4.4
按经济类型分	**Grouped by Economic Types**	
内资	Domestic Funds	30.5
国有	State-owned Enterprises	49.7
有限责任公司	Limited Liability Corporations	11.6
国有独资公司	State Sole Funded Corporations	-45.0
其他有限责任公司	Other Limited Liability Corporations	85.0
股份有限公司	Share-holding Corporations Ltd.	-34.6
私营	Private Enterprises	-42.0
其他内资	Other Domestic Funds	-88.2
港、澳、台商投资	Enterprises with Sole Investment from Hongkong,Macao and Taiwan	72.7
外商投资	Foreign Share-holding Corporations Ltd.	178.3

Total Investment in Fixed Assets By Sector

(%)

市区 City	永宁县 Yongning	贺兰县 Helan	灵武市 Lingwu
-3.4	**-38.3**	**-15.0**	**-1.2**
-4.2	-34.9	-33.7	67.7
192.8	-19.9	-75.2	-86.5
-28.1	-12.3	159.0	201.0
-11.3			
-87.6			
-6.0	-49.0	2.8	11.9
9.4	-37.1	-3.0	3.8
-54.4	-78.5	-41.7	-7.5
-17.4	-77.7	-65.6	-9.4
-0.7	-50.1	-21.1	-49.2
-12.5	-59.7	-97.2	221.3
-73.4	-60.1	-70.9	-42.8
6.2	-75.7	-27.0	20.8
79.1	-16.9	54.8	-15.5
66.1	222.1	34.6	-10.9
54.3	-72.8	88.4	-15.1
-18.2	-90.8	-67.0	-49.0
88.4	-60.9	148.2	171.9
-64.0	-89.0		3915.2
-44.1	-66.7	-42.5	-28.4
-98.7	-0.3	-79.2	1096.2
-28.4	55.5		156.3
182.4		-46.4	500.5

6—4 全社会固定资产投资资金及房屋建筑面积

单位:万元、平方米 （2019）

指 标	Item	总 计 Total
本年资金来源合计	**Total of Sources of Funds This Year**	**1.7**
上年末结余资金	**Non-balance Funds Last Year**	**4.0**
本年资金来源小计	**Subtotal of Sources of Funds This Year**	**1.4**
按资金来源分	**Grouped by Fund Sources**	
国家预算内资金	State Budget	–45.2
国内贷款	Demestic Loans	8.7
债券	Bonds	396.8
利用外资	Foreign Investment	–29.7
自筹资金	Self–raising Funds	–23.6
其他资金	Others	73.0
各类房屋施工面积	**Floor Space under Construction**	**–0.7**
住宅	Residence	–1.1
新建	New Construction	–23.3
扩建	Expansion	271.7
改建和技术改造	Reconstruction and Renovation	210.0
迁建	Relocation	0.0
房地产开发	Real Estate	0.1
各类房屋竣工面积	**Floor Space Completed**	**–30.2**
住宅	Residence	–30.5
新建	New Construction	–83.2
扩建	Expansion	
改建和技术改造	Reconstruction and Renovation	270.3
迁建	Relocation	
房地产开发	Real Estate	–28.4

注:该表不含农户投资。

Fixed assets investment funds and housing Gross leasable area

(10 000 yuan, sq.m

市区 City	永宁县 Yongning	贺兰县 Helan	灵武市 Lingwu
6.3	**-68.8**	**-23.2**	**9.4**
16.0	**-55.1**	**-49.2**	**-35.5**
5.0	**-69.5**	**-17.4**	**10.8**
-41.5	-78.9	-6.5	-63.7
7.8	-90.0	-19.2	18.1
317.4			444.7
-70.0			300.1
-34.5	-68.2	-17.2	7.6
87.6	-38.2	17.5	6.8
0.4	**-22.1**	**4.7**	**29.9**
2.7	-29.4	4.9	17.3
-39.4	-31.2	-49.2	17.2
23.3		0.0	1031.0
-100.0	71.4	410.8	310.2
0.0			
2.0	-21.9	5.3	26.1
-29.7	**-88.1**	**32.6**	**1.6**
-26.6	-98.4	40.8	51.5
-99.7		-50.9	-80.7
-100.0		168.8	971.5
-27.5	-89.4	36.7	33.8

a) The data in above table does not include the farmers investment.

6-5 按行业分的项目建设规模变化情况

单位:%　　　　　　　　　　　　　　　　　　　　　　　　　　　　　　　　　　（2019）

指　标	Item	在建总规模 Total scale under construction
按国民经济行业分	**Grouped by Sector**	**24.3**
第一产业	Primary Industry	32.2
农、林、牧、渔业	Agriculture,Forestry,Animal Husbandary and Fishery	32.2
第二产业	Secondary Industry	25.6
工业	Industry	25.6
采矿业	Mining	17.8
制造业	Manufacturing	27.4
电力、燃气及水的生产和供应业	Production and Supply of Electricity,Gas and Water	23.0
建筑业	Construction	
第三产业	Tertiary Industry	23.0
批发和零售业	Wholesale and Retail Trades	12.4
交通运输、仓储和邮政业	Transport,Storang and Post	133.2
住宿和餐饮业	Hotels and Catering Services	3465.1
信息传输、计算机服务和软件业	Information Transmission,Computer Services and Software	62.5
金融业	Financial Intermediation	-100.0
房地产业	Real Estate	1.7
租赁和商务服务业	Leasing and Business Sewices	147.9
科学研究、技术服务和地质勘查业	Scientific Research and Technical Service	61.0
水利、环境和公共设施管理业	Management of Water Conservancy,Environment and Public Facilities	87.7
居民服务和其他服务业	Services to Households and Other Services	46.2
教育	Education	5.0
卫生、社会保障和社会福利业	Health and Social Work	8.1
文化、体育和娱乐业	Culture,Sports and Entertainment	22.0
公共管理和社会组织	Public Management,Social Security and Social Organizations	10.3
国际组织	International Organizations	

注:1. 该表不含农户投资。
　2.按照国家统计局 2013 年三次产业划分规定,农、林、牧、渔业中的农、林、牧、渔服务业,采矿业中的开采辅助活动,制造业中的金属制品、机械和设备修理业三个大类调入第三产业。

Changes in Project Construction Scale By industry

(%)

其中:新开工项目 Among them: New Projects	施工项目个数 No. Of construction projects	其中:新开工 Among them: New Construction
22.2	**23.8**	**-14.4**
22.0	59.3	16.1
22.0	59.3	16.1
49.8	21.8	-8.1
49.8	21.8	-8.1
605.6	11.1	0.0
64.2	24.4	-13.1
3.9	12.7	13.0
8.1	20.4	-23.1
194.0	-7.1	-12.5
-94.9	10.5	-67.7
-50.0	0.0	0.0
78.3	-16.7	0.0
	-100.0	
-4.3	-4.4	2.7
66.3	50.0	-55.6
1370.9	62.5	200.0
149.5	78.4	-15.1
46.2	200.0	200.0
-64.8	46.9	-25.0
-53.6	-2.9	-71.4
2126.4	59.1	60.0
-66.4	19.0	-63.6

a)The data in above table does not include the farmers investment.

b)According to provisions of the three divisions of industry by National Bureau of Statistics in 2013, the services of agriculture, forestry, machinery and equipment repair of maunfacture industry which trans-ferred to the tertiary industry.

6—6 按行业分的项目建设、投产情况

单位:个,%　　　　(2019)

指　标	Item
按国民经济行业分	**Grouped by Sector**
第一产业	Primary Industry
农、林、牧、渔业	Agriculture,Forestry,Animal Husbandary and Fishery
第二产业	Secondary Industry
工业	Industry
采矿业	Mining
制造业	Manufacturing
电力、燃气及水的生产和供应业	Production and Supply of Electricity,Gas and Water
建筑业	Construction
第三产业	Tertiary Industry
批发和零售业	Wholesale and Retail Trades
交通运输、仓储和邮政业	Transport,Storang and Post
住宿和餐饮业	Hotels and Catering Services
信息传输、计算机服务和软件业	Information Transmission,Computer Services and Software
金融业	Financial Intermediation
房地产业	Real Estate
租赁和商务服务业	Leasing and Business Sewices
科学研究、技术服务和地质勘查业	Scientific Research and Technical Service
水利、环境和公共设施管理业	Management of Water Conservancy,Environment and Public Facilities
居民服务和其他服务业	Services to Households and Other Services
教育	Education
卫生、社会保障和社会福利业	Health and Social Work
文化、体育和娱乐业	Culture,Sports and Entertainment
公共管理和社会组织	Public Management,Social Security and Social Organizations
国际组织	International Organizations

注:1. 该表不含农户投资。

2.按照国家统计局 2013 年三次产业划分规定,农、林、牧、渔业中的农、林、牧、渔服务业,采矿业中的开采辅助活动,制造业中的金属制品、机械和设备修理业三个大类调入第三产业

Total Investment in Fixed Assets By Sector in Main Years

(unit,%)

在建项目数 Number of projects under construction	建成投产项目 Completed and put into production	项目投产率 Project commissioning rate
1367	**152**	**11.1**
137	6	4.4
137	6	4.4
352	49	13.9
352	49	13.9
10	2	20.0
280	27	9.6
62	20	32.3
878	97	11.0
13	2	15.4
63	7	11.1
2	1	50.0
10	2	20.0
304	41	13.5
15	1	6.7
13	3	23.1
289	26	9.0
3	0	0.0
72	4	5.6
34	3	8.8
35	6	17.1
25	1	4.0

a)The data in above table does not include the farmers investment.

b)According to provisions of the three divisions of industry by National Bureau of Statistics in 2013, the services of agriculture, forestry, machinery and equipment repair of maunfacture industry which trans-ferred to the tertiary industry.

6—7 房地产开发企业投资情况

单位:个、万元、平方米 （2019）

指 标	Item	总计 Total
企业个数	**Number of Enterprises**	**315**
计划总投资	Total Planned Investment	30793274
自开始建设累计完成投资	Accumulative InvestmentActually Completed Since Starting of Construction up to the End of This Year	22169018
本年完成投资	Investment Completed This Year	2753536
按构成分:	**Grouped by Structure**	
建筑工程	Construction	1864245
安装工程	Installation	147788
设备工器具购置	Purchase of Equipment and Instruments	52414
其他费用	Others	689089
旧建筑物购置费	Purchased Costs of Older Buildings	500
土地购置费	Toatal Value of Land Purchased	621897
按工程用途分:	**Grouped by Use of Project**	
住宅	Residence	1918808
90 平方米及以下	90 Square Meters Below	126518
90-144 平方米	90-144 Square Meters	1284080
144 平方米以上	144 Square Meters Above	508210
别墅、高档公寓	Villas, High-grade Apartments	62156
办公楼	Office Buildings	53371
商业营业用房	Houses for Business Use	332567
其他	Others	448790
本年新增固定资产	Newly Increased Fixed Assets This Year	1860300
上年末结余资金	Non-balance Funds Last Year	927643
本年实际到位资金	The Actual Investment This Year	4429279
国内贷款	Demestic Loans	586522
银行贷款	Bank loans	570582
非银行金融机构贷款	Loans of Non-bank Financial Institutions	15940
自筹资金	Self-raising Funds	715148
定金及预收款	Deposits and advances	2260904
个人按揭贷款	Personal mortgage loan	766978
其他到位资金	Other funds in place	99727
本年各项应付款合计	Total Payable of All	1003975
工程款	Projects Receivable	718876
待开发土地面积	Land Space Pending Development	1964283
本年土地购置面积	Land Space Purchased This Year	904951
本年土地成交价款	Land Transaction Price This Year	167225
拆迁补偿费	Relocation Compensation Fee	

Investment Statistics on Enterprises for Real Estate Development

(unit, 10 000yuan, sq.m)

国有经济 State-owned Enterprises	私营经济 Private Enterprises	其他有限责任公司 Other Limited Liability Corporations	外商投资 Foreign Funded Enterprises
14	**193**	**102**	**6**
4408638	13561822	10637786	2185028
2803233	10617711	7176070	1572004
151537	1285800	1087776	228423
131920	932430	649762	150133
5279	68431	53258	20820
6702	29154	14174	2384
7636	255785	370582	55086
	500		
	226114	345509	50274
75265	856938	795442	191163
4055	78231	43976	256
62420	617913	458463	145284
8790	160794	293003	45623
10859	21063	28667	1567
100	16983	36288	
42249	187281	86702	16335
33923	224598	169344	20925
161350	964244	680960	53746
65256	357680	459985	44722
130743	2021369	1865750	411417
9513	354438	220071	2500
9513	344598	216471	
	9840	3600	2500
55890	434247	181829	43182
34397	807627	1088789	330091
28737	346627	358470	33144
2206	78430	16591	2500
51632	597369	321428	33546
43129	434719	238915	2113
202982	811415	457232	492654
	439606	465345	
	64999	102226	

6—7 续表 1

单位:个、万元、平方米 (2019)

指 标	Item	银川市 Yinchuan
企业个数	**Number of Enterprises**	**315**
计划总投资	Total Planned Investment	30793274
自开始建设累计完成投资	Accumulative InvestmentActually Completed Since Starting of Construction up to the End of This Year	22169018
本年完成投资	Investment Completed This Year	2753536
按构成分:	**Grouped by Structure**	
建筑工程	Construction	1864245
安装工程	Installation	147788
设备工器具购置	Purchase of Equipment and Instruments	52414
其他费用	Others	689089
旧建筑物购置费	Purchased Costs of Older Buildings	500
土地购置费	Toatal Value of Land Purchased	621897
按工程用途分:	**Grouped by Use of Project**	
住宅	Residence	1918808
90 平方米及以下	90 Square Meters Below	126518
90-144 平方米	90-144 Square Meters	1284080
144 平方米以上	144 Square Meters Above	508210
别墅、高档公寓	Villas, High-grade Apartments	62156
办公楼	Office Buildings	53371
商业营业用房	Houses for Business Use	332567
其他	Others	448790
本年新增固定资产	Newly Increased Fixed Assets This Year	1860300
上年末结余资金	Non-balance Funds Last Year	927643
本年实际到位资金	The Actual Investment This Year	4429279
国内贷款	Demestic Loans	586522
银行贷款	Bank loans	570582
非银行金融机构贷款	Loans of Non-bank Financial Institutions	15940
自筹资金	Self-raising Funds	715148
定金及预收款	Deposits and advances	2260904
个人按揭贷款	Personal mortgage loan	766978
其他到位资金	Other funds in place	99727
本年各项应付款合计	Total Payable of All	1003975
工程款	Projects Receivable	718876
待开发土地面积	Land Space Pending Development	1964283
本年土地购置面积	Land Space Purchased This Year	904951
本年土地成交价款	Land Transaction Price This Year	167225
拆迁补偿费	Relocation Compensation Fee	

continued

(unit, 10 000yuan, sq.m)

市区 City	兴庆区 Xingqing	金凤区 Jinfeng	西夏区 Xixia	永宁县 Yongning	贺兰县 Helan	灵武市 Lingwu
240	**101**	**129**	**10**	**25**	**32**	**18**
23058162	8259966	13442049	1356147	2880362	4195945	658805
17082830	4956568	10965891	1160371	1638385	2954140	493663
2188437	668778	1367715	151944	80713	419444	64942
1435767	454205	869243	112319	70790	308555	49133
114336	53014	55655	5667	1388	27474	4590
45850	24477	19175	2198	632	4550	1382
592484	137082	423642	31760	7903	78865	9837
				500		
533907	115247	392080	26580	7140	71101	9749
1506665	443813	959833	103019	54358	315613	42172
114766	46793	55885	12088	1481	10197	74
1004454	320193	594743	89518	47961	191810	39855
387445	76827	309205	1413	4916	113606	2243
39171	14062	25109		2852	20133	
50944	11168	39643	133	378	1420	629
272766	103332	150242	19192	10214	40228	9359
358062	110465	217997	29600	15763	62183	12782
1385651	393003	775699	216949	37992	370846	65811
843332	287538	547406	8388	8425	63213	12673
3829818	934134	2867025	28659	55211	473774	70476
533859	211785	322074			52463	200
521519	208435	313084			48863	200
12340	3350	8990			3600	
558970	163219	392834	2917	20713	127199	8266
1991652	382327	1598207	11118	21813	198463	48976
662575	153274	501718	7583	8944	86025	9434
82762	23529	52192	7041	3741	9624	3600
824981	214106	572458	38417	28976	117264	32754
587996	133164	419789	35043	20354	86280	24246
1147538	348999	781043	17496	225252	591493	
605989	353674	234819	17496		15804	283158
156994	94831	55818	6345		1067	9164

6—7 续表 2

单位:个、万元、平方米 (2019)

指 标	Item	一级 First Grade
企业个数	**Number of Enterprises**	**10**
计划总投资	Total Planned Investment	3229182
自开始建设累计完成投资	Accumulative InvestmentActually Completed Since Starting of Construction up to the End of This Year	2804973
本年完成投资	Investment Completed This Year	518647
按构成分:	**Grouped by Structure**	
建筑工程	Construction	343752
安装工程	Installation	18785
设备工器具购置	Purchase of Equipment and Instruments	9216
其他费用	Others	146894
旧建筑物购置费	Purchased Costs of Older Buildings	
土地购置费	Toatal Value of Land Purchased	129502
按工程用途分:	**Grouped by Use of Project**	
住宅	Residence	354942
90 平方米及以下	Housing of 90 Square Meters Below	19139
90-144 平方米	Housing of 90-144 Square Meters	247078
144 平方米以上	Housing of 144 Square Meters Above	88725
别墅、高档公寓	Villas, High-grade Apartments	
办公楼	Office Buildings	7137
商业营业用房	Houses for Business Use	49310
其他	Others	107258
本年新增固定资产	Newly Increased Fixed Assets This Year	285790
上年末结余资金	Non-balance Funds Last Year	171170
本年实际到位资金	The Actual Investment This Year	711793
国内贷款	Demestic Loans	253643
银行贷款	Bank loans	250293
非银行金融机构贷款	Loans of Non-bank Financial Institutions	3350
自筹资金	Self-raising Funds	143527
定金及预收款	Deposits and advances	206969
个人按揭贷款	Personal mortgage loan	107363
其他到位资金	Other funds in place	291
本年各项应付款合计	Total Payable of All	35198
工程款	Projects Receivable	30646
待开发土地面积	Land Space Pending Development	
本年土地购置面积	Land Space Purchased This Year	88171
本年土地成交价款	Land Transaction Price This Year	27052
拆迁补偿费	Relocation Compensation Fee	

continued

(unit, 10 000yuan, sq.m)

资质等级 Qualification Criteria			
二级 Second Grade	三级 Third Grade	四级 Forth Grade	暂 定 Tentative
69	**76**	**50**	**110**
10320450	3769807	4943127	8530708
7718006	2875370	3306238	5464431
710750	174946	227177	1122016
543315	137441	196017	643720
32016	8616	19619	68752
11916	589	4822	25871
123503	28300	6719	383673
			500
105505	26618	3034	357238
462504	112043	152999	836320
33339	4796	32915	36329
361296	78238	88424	509044
67869	29009	31660	290947
17084	705	2866	41501
2844	4494	26490	12406
129410	24448	12983	116416
115992	33961	34705	156874
676038	138928	398271	361273
137035	93755	136243	389440
1089985	547738	447929	1631834
44313	55376	53351	179839
44313	55376	53351	167249
			12590
152316	92433	15314	311558
641115	276477	270216	866127
199517	109466	103197	247435
52724	13986	5851	26875
286180	99894	69584	513119
188821	72627	62572	364210
537983	336488	135903	953909
165108	233391		418281
37892	35027		67254

6—8 房地产开发企业财务状况

单位:万元 （2019）

指　标	Item	总计 Total
年初存货	**Stock in Early**	**13289735**
年末资产负债	**Assets and Liabilities at Year-end**	
流动资产合计	Total Circulating Funds	21861184
货币资金	Monetary capital	
应收账款	Projects Receivable	478770
存货	Stock	13943050
可供出售金融资产	Available for sale financial assets	
持有至到期投资	Hold to maturity investment	
长期股权投资	Long-term equity investment	
固定资产原价	Original Value of Fixed Assets	994012
房屋和构筑物	Buildings and structures	650659
机器设备	Machine equipment	63874
运输工具	Means of transport	
电子设备	Electronic equipment	
累计折旧	Accumulated Depreciation	295551
本年折旧	Depreciation This Year	45382
固定资产净值	Net value of fixed assets	
在建工程	Construction in Process	182475
无形资产	Intangible Asset	120556
土地使用权	Land tenure	95069
软件使用权	Software Rights	
商誉	Goodwill	
资产总计	Total Assets	24553983
流动负债合计	Total Liquid Liabilities	18150496
应付账款	Projects Payment	
非流动负债合计	Total Non-Liquid Liabilities	
负债合计	Total Liabilities	21125259
所有者权益合计	Total Equity	3428725
实收资本	Paid-in Capitals	2759908
国家资本	State capital	
集体资本	Collective capital	
法人资本	Corporate capital	
个人资本	Personal capital	940184
港澳台资本	Hong Kong, Macao and Taiwan capital	
外商资本	Foreign capital	

Investment Statistics on Enterprises for Real Estate Development

(10 000 yuan)

国有经济 State-owned Enterprises	私营经济 Private Enterprises	其他有限责任公司 Other Limited Liability Corporations	外商投资 Foreign Funded Enterprises
1004252	**7433414**	**4073201**	**778867**
1453232	12175610	7173808	1058535
21238	288494	161670	7369
978400	7913173	4271458	780018
173206	429028	387531	4247
148560	230355	270285	1459
22964	9660	31029	221
43346	157880	91851	2475
6482	20372	18334	194
136678	19782	26016	
10543	69211	40792	10
10384	48011	36674	
1940642	13315424	8224508	1073410
1232259	10608058	5518502	791678
1545200	11938196	6757697	884166
395441	1377228	1466811	189244
257278	1182605	1163025	157000
	762930	177254	

6—8 续表 1

单位:万元 （2019）

指　标	Item	总计 Total
损益及分配	**Profit, loss and Distribution**	
营业收入	Total Revenue	3221896
主营业务收入	Revenue from Principal Business	3013918
土地转让收入	Land Transferred	
商品房销售收入	Sales Income of Commercial Flat	2868836
自持物业收入	Income From Self-owned Property	65973
房屋出租收入	Income of Renting House	60541
其他收入	Others	79109
营业成本	Business Costs	2624499
主营业务成本	Cost of Principal Business	2450116
税金及附加	Taxes and Other Charges on Principal Business	112137
主营业务税金及附加	Taxes and Other Charges on Principal Business	
其他业务利润	Profits from Other Businesses	16297
销售费用	Saling Costs	123406
管理费用	Management Costs	167924
研发费用	R &；D expenses	
财务费用	Finance Costs	74521
利息收入	Interest Income	3829
利息支出	Interest Expense	57125
资产减值损失	Impairment of Awwets	-16732
公允价值变动收益	Fair Value Gain	-1583
投资收益	Investment Income	57329
资产处置收益	Income from disposal of assets	
其他收益	Other Income	1791
营业利润	Business Profits	200559
营业外收入	Income of Extra-business	13587
营业外支出	Expenditure of Extra-business	29228
利润总额	Total Profits	185741
所得税费用	Income Tax Expense	48644
人工成本及增值税	**Labour Cost and Value Added Tax**	
应付职工薪酬	Employee Pay Payable	113997
应交增值税	Value Added Tax Payable	132091

continued

(10 000yuan)

国有经济 State-owned Enterprises	私营经济 Private Enterprises	其他有限责任公司 Other Limited Liability Corporations	外商投资 Foreign Funded Enterprises
191920	1310159	1525251	194566
190196	1253710	1375694	194320
171698	1179969	1323001	194169
3061	47791	15001	121
2264	44730	13426	121
15437	25950	37692	30
231600	1029749	1210768	152382
205784	994076	1098028	152229
8939	45445	47126	10627
528	13569	2105	94
6876	53237	52221	11072
18358	81862	62440	5264
14163	24348	37187	-1176
803	939	949	1138
10328	13639	33157	
-16678	373	-432	6
303	-1886		
395	35046	21214	674
544	589	659	
-70095	109672	143918	17063
2184	6314	4558	531
4743	12824	11485	177
-72653	103985	136991	17417
-6801	23147	27881	4417
15595	47273	41038	10091
6501	59939	50559	15092

6—8续　表2

单位:万元　　　　　　　　　　　　　　　　　　　　　　　　　　　　（2019）

指　标	Item	银川市 Yinchuan
年初存货	**Stock in Early**	**13289735**
年末资产负债	**Assets and Liabilities at Year-end**	
流动资产合计	Total Circulating Funds	21861184
货币资金	Monetary capital	
应收账款	Projects Receivable	478770
存货	Stock	13943050
可供出售金融资产	Available for sale financial assets	
持有至到期投资	Hold to maturity investment	
长期股权投资	Long-term equity investment	
固定资产原价	Original Value of Fixed Assets	994012
房屋和构筑物	Buildings and structures	650659
机器设备	Machine equipment	63874
运输工具	Means of transport	
电子设备	Electronic equipment	
累计折旧	Accumulated Depreciation	295551
本年折旧	Depreciation This Year	45382
固定资产净值	Net value of fixed assets	
在建工程	Construction in Process	182475
无形资产	Intangible Asset	120556
土地使用权	Land tenure	95069
软件使用权	Software Rights	
商誉	Goodwill	
资产总计	Total Assets	24553983
流动负债合计	Total Liquid Liabilities	18150496
应付账款	Projects Payment	
非流动负债合计	Total Non-Liquid Liabilities	
负债合计	Total Liabilities	21125259
所有者权益合计	Total Equity	3428725
实收资本	Paid-in Capitals	2759908
国家资本	State capital	
集体资本	Collective capital	
法人资本	Corporate capital	
个人资本	Personal capital	940184
港澳台资本	Hong Kong, Macao and Taiwan capital	
外商资本	Foreign capital	

continued

单位:万元 (10 000yuan)

市区 City	兴庆区 Xingqing	金凤区 Jinfeng	西夏区 Xixia	永宁县 Yongning	贺兰县 Helan	灵武市 Lingwu
10696675	**3937024**	**6518926**	**240725**	**971607**	**1240016**	**381437**
17735969	6197525	11168435	370010	1406175	1911382	807659
359570	187341	167296	4934	70971	25056	23174
11265035	4092556	6934531	237948	984795	1221855	471364
799780	401650	356094	42037	46280	136124	11828
520639	269318	232334	18987	22777	104975	2268
55294	19503	34676	1114	1845	6025	711
244734	130451	99147	15136	15601	30683	4534
34358	17430	15485	1443	2476	8265	282
137584	129844	7740		24760	15936	4195
84408	53217	23492	7700	26744	1578	7826
71219	51022	12528	7669	14985	1483	7382
20031271	7327881	12236684	466706	1562791	2127006	832916
14408800	5035652	9029800	343348	1230263	1755872	755562
17008816	6119791	10498153	390872	1490601	1860961	764881
3022455	1208090	1738530	75834	72190	266045	68035
2290546	805841	1429330	55375	164446	230675	74241
723098	303189	397809	22100	113158	79783	24145

6—8 续表 3

单位:万元 （2019）

指 标	Item	银川市 Yinchuan
损益及分配	**Profit, loss and Distribution**	
营业收入	Total Revenue	3221896
主营业务收入	Revenue from Principal Business	3013918
土地转让收入	Land Transferred	
商品房销售收入	Sales Income of Commercial Flat	2868836
自持物业收入	Income From Self-owned Property	65973
房屋出租收入	Income of Renting House	60541
其他收入	Others	79109
营业成本	Business Costs	2624499
主营业务成本	Cost of Principal Business	2450116
税金及附加	Taxes and Other Charges on Principal Business	112137
主营业务税金及附加	Taxes and Other Charges on Principal Business	
其他业务利润	Profits from Other Businesses	16297
销售费用	Saling Costs	123406
管理费用	Management Costs	167924
研发费用	R &D expenses	
财务费用	Finance Costs	74521
利息收入	Interest Income	3829
利息支出	Interest Expense	57125
资产减值损失	Impairment of Awwets	-16732
公允价值变动收益	Fair Value Gain	-1583
投资收益	Investment Income	57329
资产处置收益	Income from disposal of assets	
其他收益	Other Income	1791
营业利润	Business Profits	200559
营业外收入	Income of Extra-business	13587
营业外支出	Expenditure of Extra-business	29228
利润总额	Total Profits	185741
所得税费用	Income Tax Expense	48644
人工成本及增值税	**Labour Cost and Value Added Tax**	
应付职工薪酬	Employee Pay Payable	113997
应交增值税	Value Added Tax Payable	132091

continued

(10 000yuan)

市 区 City	兴庆区 Xingqing	金凤区 Jinfeng	西夏区 Xixia	永宁县 Yongnin	贺兰县 Helan	灵武市 Lingwu
2580174	885202	1581592	113380	59286	422054	160382
2373626	870586	1392071	110970	59183	420834	160276
2259151	838015	1315742	105394	51290	398219	160177
63184	21171	40695	1318	881	1810	99
58536	17343	40044	1148	881	1026	99
51291	11399	35634	4258	7012	20805	
2033690	690361	1246919	96409	53615	398358	138837
1885784	686400	1102976	96408	53071	372543	138718
86230	33507	50825	1898	2187	18344	5375
14118	1322	10242	2554	1076	1102	
100526	26484	72328	1714	4392	14610	3879
132979	51508	74006	7465	9104	21653	4188
60162	18762	39718	1681	1686	12676	-3
3113	1229	1871	13	36	639	41
43679	10723	32395	560	1573	11846	27
-226	-294	8	60		-16986	481
-1583	303	-1886				
37174	16630	20149	395	35	20119	
1667	637	1030		2	14	108
210954	82785	123621	4548	-11661	-6467	7733
8042	3106	3874	1062	840	4302	403
21662	4999	16312	351	808	6399	359
197278	80837	111183	5259	-11629	-8563	8655
51802	14816	36363	623	174	-3414	83
90183	28481	57115	4587	4475	16934	2405
96830	24124	68796	3910	3840	26196	5225

6—8 续表 4

单位:万元 (2019)

指 标	Item	一级 First Grade
年初存货	**Stock in Early**	**2258160**
年末资产负债	**Assets and Liabilities at Year-end**	
流动资产合计	Total Circulating Funds	3091563
货币资金	Monetary capital	
应收账款	Projects Receivable	24675
存货	Stock	2255978
可供出售金融资产	Available for sale financial assets	
持有至到期投资	Hold to maturity investment	
长期股权投资	Long-term equity investment	
固定资产原价	Original Value of Fixed Assets	54528
房屋和构筑物	Buildings and structures	30423
机器设备	Machine equipment	1695
运输工具	Means of transport	
电子设备	Electronic equipment	
累计折旧	Accumulated Depreciation	20561
本年折旧	Depreciation This Year	2170
固定资产净值	Net value of fixed assets	
在建工程	Construction in Process	2527
无形资产	Intangible Asset	504
土地使用权	Land tenure	
软件使用权	Software Rights	
商誉	Goodwill	
资产总计	Total Assets	3397899
流动负债合计	Total Liquid Liabilities	2467867
应付账款	Projects Payment	
非流动负债合计	Total Non-Liquid Liabilities	
负债合计	Total Liabilities	2827744
所有者权益合计	Total Equity	570156
实收资本	Paid-in Capitals	146648
国家资本	State capital	
集体资本	Collective capital	
法人资本	Corporate capital	
个人资本	Personal capital	77231
港澳台资本	Hong Kong, Macao and Taiwan capital	
外商资本	Foreign capital	

continued

(10 000yuan)

资质等级 Qualification Criteria			
二级 Second Grade	三级 Third Grade	四级 Forth Grade	暂定 Tentative
4672699	**2480681**	**1196821**	**2681374**
7058815	3705241	2470924	5534641
176909	97764	32055	147367
4753811	2470806	1277965	3184491
458036	199579	243463	38405
267005	113623	218777	20831
9743	31340	18693	2404
149616	64204	47818	13353
20844	7194	12367	2807
48675	8478	390	122405
38880	27515	16691	36967
22798	27254	14581	30435
7856591	4037661	3089432	6172401
6215902	2950810	1880211	4635706
6953841	3321478	2456433	5565763
902750	716183	632998	606638
654583	639379	551999	767299
308818	195173	57661	301301

6—8 续表 5

单位:万元 （2019）

指 标	Item	一级 First Grade
损益及分配	**Profit, loss and Distribution**	
营业收入	Total Revenue	567111
主营业务收入	Revenue from Principal Business	558756
土地转让收入	Land Transferred	
商品房销售收入	Sales Income of Commercial Flat	525104
自持物业收入	Income From Self-owned Property	25957
房屋出租收入	Income of Renting House	22399
其他收入	Others	7694
营业成本	Business Costs	415186
主营业务成本	Cost of Principal Business	414193
税金及附加	Taxes and Other Charges on Principal Business	21712
主营业务税金及附加	Taxes and Other Charges on Principal Business	
其他业务利润	Profits from Other Businesses	957
销售费用	Saling Costs	12582
管理费用	Management Costs	24191
研发费用	R &D expenses	
财务费用	Finance Costs	11129
利息收入	Interest Income	866
利息支出	Interest Expense	3976
资产减值损失	Impairment of Awwets	-29
公允价值变动收益	Fair Value Gain	
投资收益	Investment Income	17824
资产处置收益	Income from disposal of assets	
其他收益	Other Income	8
营业利润	Business Profits	100507
营业外收入	Income of Extra-business	3004
营业外支出	Expenditure of Extra-business	2596
利润总额	Total Profits	100915
所得税费用	Income Tax Expense	11722
人工成本及增值税	**Labour Cost and Value Added Tax**	
应付职工薪酬	Employee Pay Payable	20561
应交增值税	Value Added Tax Payable	21048

continued

(10 000yuan)

资质等级 Qualification Criteria			
二级 Second Grade	三级 Third Grade	四级 Forth Grade	暂定 Tentative
979148	622321	386320	666995
962800	621486	384681	486196
920231	601010	362528	459962
21359	9257	5804	3597
20971	7845	5728	3597
21210	11219	16349	22636
873296	499603	295074	541341
837055	498735	288372	411762
32337	22238	19118	16731
10544	4225	-111	682
29757	17993	16834	46241
57610	29264	25444	31415
21605	4799	23885	13104
1986	1156	400	-580
20880	3403	22403	6463
-16354	102	-364	-86
		-128	-1455
809	18160	20433	103
110	1017	84	573
-18185	67942	32824	17471
3701	4343	820	1719
8355	9316	4905	4056
-22016	62969	28739	15134
4036	5408	8952	18527
31417	15802	14944	31273
52024	19489	19083	20447

6—9 房地产开发施工、竣工房屋面积

单位:平方米、万元、套 （2019）

指 标	Item	总计 Total
房屋施工面积	**Floor Space of Buildings under Construction**	**37994451**
住宅	Residence	23819249
90 平方米及以下	90 Square Meters Below	2756998
144 平方米以上	144 Square Meters Above	4373853
别墅、高档公寓	Villas and High-grade Apartments	766192
办公楼	Office Buildings	2206538
商业营业用房	Houses for Business Use	4830913
其他	Others	7137751
本年新开工面积	Started This Year	7485227
住宅	Residence	5534744
90 平方米及以下	90 Square Meters Below	251870
144 平方米以上	144 Square Meters Above	1187352
别墅、高档公寓	Villas and High-grade Apartments	55167
办公楼	Office Buildings	33522
商业营业用房	Houses for Business Use	426022
其他	Others	1490939
房屋竣工面积	**Floor Space of Buildings Completed**	**5456970**
住宅	Residence	3856623
90 平方米及以下	90 Square Meters Below	435727
144 平方米以上	144 Square Meters Above	321460
别墅、高档公寓	Villas and High-grade Apartments	19046
办公楼	Office Buildings	236338
商业营业用房	Houses for Business Use	636935
其他	Others	727074
不可销售面积	Non-sales Floor Space of Buildings	296617
住宅	Residence	48254
90 平方米及以下	90 Square Meters Below	17588
144 平方米以上	144 Square Meters Above	
别墅、高档公寓	Villas and High-grade Apartments	
办公楼	Office Buildings	38637
商业营业用房	Houses for Business Use	84396
其他	Others	125330
住宅竣工套数	**The Number of Completed Apartments**	**31152**
90 平方米及以下	90 Square Meters Below	5641
144 平方米以上	144 Square Meters Above	1903
别墅、高档公寓	Villas and High-grade Apartments	137
房屋竣工价值	**Value of Buildings Completed**	**1576549**
住宅	Residence	1069975
90 平方米及以下	90 Square Meters Below	133419
144 平方米以上	144 Square Meters Above	83464
别墅、高档公寓	Villas and High-grade Apartments	6327
办公楼	Office Buildings	99652
商业营业用房	Houses for Business Use	208116
其他	Others	198806

Floor Space of Buildings under Construction and Completed for Real Estate Development

(sq.m, 10 000yuan, set)

国有经济 State-owned Enterprises	私营经济 Private Enterprises	其他有限责任公司 Other Limited Liability Corporations	外商投资 Foreign Funded Enterprises
2664238	**21806598**	**11839925**	**1683690**
1454803	13358942	7620384	1385120
306976	1917822	529700	2500
232473	1638271	2091520	411589
17393	331009	353280	64510
67939	1484769	653830	
320572	3040217	1345807	124317
820924	3922670	2219904	174253
308140	3293227	3038915	844945
260856	2380059	2228919	664910
4698	133690	113482	
44208	308213	788039	46892
	2763	52404	
14000	18078	1444	
5554	230407	132178	57883
27730	664683	676374	122152
273411	**3208159**	**1875326**	**100074**
174527	2446099	1184060	51937
38426	230985	166316	
7850	100358	161315	51937
	5673	13373	
	155597	80741	
41803	252844	321941	20347
57081	353619	288584	27790
28462	81764	185961	430
25642	8014	14598	
12613	4975		
	37998	639	
	3455	80941	
2820	32297	89783	430
1387	**18978**	**10442**	**345**
504	2802	2335	
50	600	908	345
	65	72	
71538	**912720**	**578852**	**13439**
37601	682029	344629	5716
9863	79260	44296	
1462	26169	50117	5716
	1418	4909	
	52637	47015	
18991	78422	106038	4665
14946	99632	81170	3058

6—9 续表 1

单位:平方米、万元、套 （2019）

指 标	Item	银川市 Yinchuan
房屋施工面积	**Floor Space of Buildings under Construction**	**37994451**
住宅	Residence	23819249
90 平方米及以下	90 Square Meters Below	2756998
144 平方米以上	144 Square Meters Above	4373853
别墅、高档公寓	Villas and High-grade Apartments	766192
办公楼	Office Buildings	2206538
商业营业用房	Houses for Business Use	4830913
其他	Others	7137751
本年新开工面积	Started This Year	7485227
住宅	Residence	5534744
90 平方米及以下	90 Square Meters Below	251870
144 平方米以上	144 Square Meters Above	1187352
别墅、高档公寓	Villas and High-grade Apartments	55167
办公楼	Office Buildings	33522
商业营业用房	Houses for Business Use	426022
其他	Others	1490939
房屋竣工面积	**Floor Space of Buildings Completed**	**5456970**
住宅	Residence	3856623
90 平方米及以下	90 Square Meters Below	435727
144 平方米以上	144 Square Meters Above	321460
别墅、高档公寓	Villas and High-grade Apartments	19046
办公楼	Office Buildings	236338
商业营业用房	Houses for Business Use	636935
其他	Others	727074
不可销售面积	Non-sales Floor Space of Buildings	296617
住宅	Residence	48254
90 平方米及以下	90 Square Meters Below	17588
144 平方米以上	144 Square Meters Above	
别墅、高档公寓	Villas and High-grade Apartments	
办公楼	Office Buildings	38637
商业营业用房	Houses for Business Use	84396
其他	Others	125330
住宅竣工套数	**The Number of Completed Apartments**	**31152**
90 平方米及以下	90 Square Meters Below	5641
144 平方米以上	144 Square Meters Above	1903
别墅、高档公寓	Villas and High-grade Apartments	137
房屋竣工价值	**Value of Buildings Completed**	**1576549**
住宅	Residence	1069975
90 平方米及以下	90 Square Meters Below	133419
144 平方米以上	144 Square Meters Above	83464
别墅、高档公寓	Villas and High-grade Apartments	6327
办公楼	Office Buildings	99652
商业营业用房	Houses for Business Use	208116
其他	Others	198806

continued

(sq.m, 10 000yuan, set)

市区 City	兴庆区 Xingqing	金凤区 Jinfeng	西夏区 Xixia	永宁县 Yongning	贺兰县 Helan	灵武市 Lingwu
28131419	**9542338**	**16792641**	**1796440**	**3607922**	**5153695**	**1101415**
16997243	5239447	10471883	1285913	2378695	3722489	720822
2316611	804737	1292668	219206	129447	296704	14236
3074303	662357	2389973	21973	314766	948236	36548
422331	59750	362581		192494	151367	
1905510	613610	1281178	10722	59543	235045	6440
3502123	1691251	1655539	155333	695546	472152	161092
5726543	1998030	3384041	344472	474138	724009	213061
5701459	1662066	3461723	577670	185016	1216219	382533
4302010	1169019	2718512	414479	122923	897117	212694
220931	69198	37762	113971		30939	
967960	183843	784117		1776	212700	4916
11596	9404	2192			43571	
25644	25644				5438	2440
306779	70829	196957	38993	13864	70907	34472
1067026	396574	546254	124198	48229	242757	132927
3897157	**1036180**	**2085769**	**775208**	**126336**	**1156112**	**277365**
2695613	747056	1369367	579190	17598	922541	220871
299077	158944	58798	81335	17598	115124	3928
190358	98563	80625	11170		104335	26767
19046	5673	13373				
177761		177761		47565	10632	380
423515	123734	245919	53862	51417	130207	31796
600268	165390	292722	142156	9756	92732	24318
263882	25633	161231	77018	5367	21383	5985
42679	300		42379	4975		600
12613			12613	4975		
38637		38637				
80941	24	80500	417	226		3229
101625	25309	42094	34222	166	21383	2156
21627	**6565**	**9978**	**5084**	**241**	**7579**	**1705**
3827	1966	936	925	241	1509	64
1160	637	451	72		595	148
137	65	72				
1139703	**321187**	**624484**	**194032**	**35904**	**335376**	**65566**
747728	239281	365730	142717	4523	269281	48443
88602	56183	9106	23313	4523	39194	1100
46017	21536	21413	3068		32790	4657
6327	1418	4909				
83862		83862		13751	1939	100
139225	42926	82459	13840	14835	43165	10891
168888	38980	92433	37475	2795	20991	6132

6—9 续表 2

单位:平方米、万元、套 (2019)

指 标	Item	一级 First Grade
房屋施工面积	**Floor Space of Buildings under Construction**	**3569071**
住宅	Residence	2411147
90 平方米及以下	90 Square Meters Below	126177
144 平方米以上	144 Square Meters Above	468937
别墅、高档公寓	Villas and High-grade Apartments	
办公楼	Office Buildings	58350
商业营业用房	Houses for Business Use	367331
其他	Others	732243
本年新开工面积	Started This Year	1232558
住宅	Residence	904707
90 平方米及以下	90 Square Meters Below	
144 平方米以上	144 Square Meters Above	180210
别墅、高档公寓	Villas and High-grade Apartments	
办公楼	Office Buildings	
商业营业用房	Houses for Business Use	44295
其他	Others	283556
房屋竣工面积	**Floor Space of Buildings Completed**	**922981**
住宅	Residence	647974
90 平方米及以下	90 Square Meters Below	40999
144 平方米以上	144 Square Meters Above	52780
别墅、高档公寓	Villas and High-grade Apartments	
办公楼	Office Buildings	41665
商业营业用房	Houses for Business Use	72814
其他	Others	160528
不可销售面积	Non-sales Floor Space of Buildings	63453
住宅	Residence	30040
90 平方米及以下	90 Square Meters Below	12613
144 平方米以上	144 Square Meters Above	
别墅、高档公寓	Villas and High-grade Apartments	
办公楼	Office Buildings	31665
商业营业用房	Houses for Business Use	417
其他	Others	1331
住宅竣工套数	**The Number of Completed Apartments**	**5038**
90 平方米及以下	90 Square Meters Below	464
144 平方米以上	144 Square Meters Above	326
别墅、高档公寓	Villas and High-grade Apartments	
房屋竣工价值	**Value of Buildings Completed**	**251426**
住宅	Residence	163534
90 平方米及以下	90 Square Meters Below	9929
144 平方米以上	144 Square Meters Above	13040
别墅、高档公寓	Villas and High-grade Apartments	
办公楼	Office Buildings	17989
商业营业用房	Houses for Business Use	23292
其他	Others	46611

continued

(sq.m, 10 000yuan, set)

资质等级 Qualification Criteria			
二级 Second Grade	三级 Third Grade	四级 Forth Grade	暂定 Tentative
11367272	**4975079**	**4957513**	**13125516**
7610556	2899382	3102615	7795549
1031289	268100	588931	742501
969874	531006	412749	1991287
186215	168045	45350	366582
513180	389941	409449	835618
1245563	705723	668893	1843403
1997973	980033	776556	2650946
2394872	515088	251850	3090859
1836887	297612	184383	2311155
180317	8529		63024
175048	87148	8420	736526
			55167
18078			15444
191015	36746	9639	144327
348892	180730	57828	619933
2387709	**409085**	**943702**	**793493**
1888802	201310	538853	579684
132561	74165	142547	45455
85761	29410	7850	145659
5673			13373
63323	47565	77452	6333
158420	114000	191003	100698
277164	46210	136394	106778
80267	11094	117773	24030
12339	600	300	4975
			4975
		639	6333
637		80524	2818
67291	10494	36310	9904
14685	**1848**	**5171**	**4410**
1660	892	1960	665
501	177	50	849
65			72
636886	**138155**	**317736**	**232346**
501141	72173	160658	172469
36530	30493	43563	12904
21050	10842	1462	37070
1418			4909
20789	13751	46471	652
46217	40921	61034	36652
68739	11310	49573	22573

6—10 房地产开发商品房销售与出租情况

单位:平方米、万元、套 (2019)

指 标	Item	总计 Total
房屋出租面积	**Floor Space of Buildings Rented**	**347377**
住宅	Residence	17382
90 平方米及以下	90 Square Meters Below	16762
144 平方米以上	144 Square Meters Above	398
别墅、高档公寓	Villas and High-grade Apartments	
办公楼	Office Buildings	24368
商业营业用房	Houses for Business Use	298673
其他	Others	6954
商品房销售面积	**Floor Space of Commercialized Buildings Sold**	**6793824**
住宅	Residence	6061611
90 平方米及以下	90 Square Meters Below	267784
144 平方米以上	144 Square Meters Above	1382725
别墅、高档公寓	Villas and High-grade Apartments	185155
办公楼	Office Buildings	102795
商业营业用房	Houses for Business Use	319168
其他	Others	310250
现房销售面积	Floor Space of Existing Buildings Sold	1332292
住宅	Residence	944839
90 平方米及以下	90 Square Meters Below	133041
144 平方米以上	144 Square Meters Above	230562
别墅、高档公寓	Villas and High-grade Apartments	36960
办公楼	Office Buildings	80721
商业营业用房	Houses for Business Use	161365
其他	Others	145367
期房销售面积	Floor Space of Forward Buildings Sold	5461532
住宅	Residence	5116772
90 平方米及以下	90 Square Meters Below	134743
144 平方米以上	144 Square Meters Above	1152163
别墅、高档公寓	Villas and High-grade Apartments	148195
办公楼	Office Buildings	22074
商业营业用房	Houses for Business Use	157803
其他	Others	164883
商品房销售额	**Sales of Commercial Building**	**4375064**
住宅	Residence	3903666
90 平方米及以下	90 Square Meters Below	142003
144 平方米以上	144 Square Meters Above	1059669
别墅、高档公寓	Villas and High-grade Apartments	169021
办公楼	Office Buildings	66399
商业营业用房	Houses for Business Use	297098
其他	Others	107901
现房销售额	Total Sale of Existing Buildings	645672
住宅	Residence	426807
90 平方米及以下	90 Square Meters Below	67479
144 平方米以上	144 Square Meters Above	122947
别墅、高档公寓	Villas and High-grade Apartments	24365

Saled and Rented of Real Estate Commercialized Buildings

（sq.m，10 000yuan，set）

国有经济 State-owned Enterprises	私营经济 Private Enterprises	其他有限责任公司 Other Limited Liability Corporations	外商投资 Foreign Funded Enterprises
13615	**253391**	**80371**	
	17382		
	16762		
	398		
11797	12571		
1818	216484	80371	
	6954		
491081	**3143725**	**2600639**	**558379**
428624	2764023	2344541	524423
7247	166677	93158	702
90341	444969	710867	136548
25719	103070	53345	3021
16401	35752	50642	
18493	198740	83089	18846
27563	145210	122367	15110
278734	615375	400228	37955
216413	440783	267247	20396
7247	79884	45208	702
42988	92544	78225	16805
11799	15732	9429	
16401	29517	34803	
18357	90092	40105	12811
27563	54983	58073	4748
212347	2528350	2200411	520424
212211	2323240	2077294	504027
	86793	47950	
47353	352425	632642	119743
13920	87338	43916	3021
	6235	15839	
136	108648	42984	6035
	90227	64294	10362
266529	**1955357**	**1758332**	**394846**
237678	1701586	1599151	365251
3614	88527	49522	340
62680	335720	549443	111826
25876	86010	55191	1944
11557	19093	35749	
9487	177576	90537	19498
7807	57102	32895	10097
95109	315345	206260	28958
66408	207793	136732	15874
3614	40583	22942	340
20324	47404	41182	14037
7274	9771	7320	

6—10 续表 1

单位:平方米、万元、套 （2019）

指 标	Item	总计 Total
办公楼	Office Buildings	45041
商业营业用房	Houses for Business Use	127350
其他	Others	46474
期房销售额	Future Sales	3729392
住宅	Residence	3476859
90 平方米及以下	90 Square Meters Below	74524
144 平方米以上	144 Square Meters Above	936722
别墅、高档公寓	Villas and High-grade Apartments	144656
办公楼	Office Buildings	21358
商业营业用房	Houses for Business Use	169748
其他	Others	61427
商品住宅销售套数	**Total Number of Flats of Commercialized Residential Buildings Sold**	**48546**
90 平方米及以下	90 Square Meters Below	4224
144 平方米以上	144 Square Meters Above	8172
别墅、高档公寓	Villas and High-grade Apartments	1303
现房销售套数	Total Number of Flats of Existing Residential Buildings Sold	8338
90 平方米及以下	90 Square Meters Below	2150
144 平方米以上	144 Square Meters Above	1274
别墅、高档公寓	Villas and High-grade Apartments	316
期房销售套数	Total Number of Flats of Forward Residential Buildings Sold	40208
90 平方米及以下	90 Square Meters Below	2074
144 平方米以上	144 Square Meters Above	6898
别墅、高档公寓	Villas and High-grade Apartments	987
待售面积	**Unsold Area**	**6009694**
住宅	Residence	2171801
90 平方米及以下	90 Square Meters Below	426211
144 平方米以上	144 Square Meters Above	344269
别墅、高档公寓	Villas and High-grade Apartments	136324
办公楼	Office Buildings	676426
商业营业用房	Houses for Business Use	2034978
其他	Others	1126489
待售 1-3 年(含 1 年)	For Sale for 1-3 Years (including 1 year)	1743958
住宅	Residence	720423
90 平方米及以下	90 Square Meters Below	116690
144 平方米以上	144 Square Meters Above	49566
别墅、高档公寓	Villas and High-grade Apartments	72152
办公楼	Office Buildings	273531
商业营业用房	Houses for Business Use	409478
其他	Others	340526
待售 3 年以上(含 3 年)	For Sale for More Than 3 Years (including 3 years)	3338264
住宅	Residence	1108020
90 平方米及以下	90 Square Meters Below	285571
144 平方米以上	144 Square Meters Above	250576
别墅、高档公寓	Villas and High-grade Apartments	58717
办公楼	Office Buildings	321016
商业营业用房	Houses for Business Use	1316196
其他	Others	593032

continued

（sq.m，10 000yuan，set）

国有经济 State-owned Enterprises	私营经济 Private Enterprises	其他有限责任公司 Other Limited Liability Corporations	外商投资 Foreign Funded Enterprises
11557	14907	18577	
9337	69686	37803	10524
7807	22959	13148	2560
171420	1640012	1552072	365888
171270	1493793	1462419	349377
	47944	26580	
42356	288316	508261	97789
18602	76239	47871	1944
	4186	17172	
150	107890	52734	8974
	34143	19747	7537
3217	**23083**	**18146**	**4100**
90	2635	1486	13
530	2712	4065	865
114	886	291	12
1690	4194	2342	112
90	1288	759	13
245	539	416	74
44	211	61	
1527	18889	15804	3988
	1347	727	
285	2173	3649	791
70	675	230	12
813134	**3497308**	**1628114**	**71138**
547136	1103489	494694	26482
29273	231042	165776	120
47013	171040	112104	14112
10055	79247	47022	
35117	441013	200296	
94432	1284611	645991	9944
136449	668195	287133	34712
402685	1086691	247934	6648
366906	270729	81453	1335
1624	74189	40877	
5635	29823	12773	1335
5198	56963	9991	
956	255210	17365	
15617	311045	77503	5313
19206	249707	71613	
344788	1888758	1040228	64490
162779	601435	318659	25147
27649	143481	114321	120
34104	127497	76198	12777
3724	21661	33332	
34161	161505	125350	
39541	836553	435471	4631
108307	289265	160748	34712

6—10 续表 2

单位:平方米、万元、套 （2019）

指 标	Item	银川市 Yinchuan
房屋出租面积	**Floor Space of Buildings Rented**	**347377**
住宅	Residence	17382
90 平方米及以下	90 Square Meters Below	16762
144 平方米以上	144 Square Meters Above	398
别墅、高档公寓	Villas and High-grade Apartments	
办公楼	Office Buildings	24368
商业营业用房	Houses for Business Use	298673
其他	Others	6954
商品房销售面积	**Floor Space of Commercialized Buildings Sold**	**6793824**
住宅	Residence	6061611
90 平方米及以下	90 Square Meters Below	267784
144 平方米以上	144 Square Meters Above	1382725
别墅、高档公寓	Villas and High-grade Apartments	185155
办公楼	Office Buildings	102795
商业营业用房	Houses for Business Use	319168
其他	Others	310250
现房销售面积	Floor Space of Existing Buildings Sold	1332292
住宅	Residence	944839
90 平方米及以下	90 Square Meters Below	133041
144 平方米以上	144 Square Meters Above	230562
别墅、高档公寓	Villas and High-grade Apartments	36960
办公楼	Office Buildings	80721
商业营业用房	Houses for Business Use	161365
其他	Others	145367
期房销售面积	Floor Space of Forward Buildings Sold	5461532
住宅	Residence	5116772
90 平方米及以下	90 Square Meters Below	134743
144 平方米以上	144 Square Meters Above	1152163
别墅、高档公寓	Villas and High-grade Apartments	148195
办公楼	Office Buildings	22074
商业营业用房	Houses for Business Use	157803
其他	Others	164883
商品房销售额	**Sales of Commercial Building**	**4375064**
住宅	Residence	3903666
90 平方米及以下	90 Square Meters Below	142003
144 平方米以上	144 Square Meters Above	1059669
别墅、高档公寓	Villas and High-grade Apartments	169021
办公楼	Office Buildings	66399
商业营业用房	Houses for Business Use	297098
其他	Others	107901
现房销售额	Total Sale of Existing Buildings	645672
住宅	Residence	426807
90 平方米及以下	90 Square Meters Below	67479
144 平方米以上	144 Square Meters Above	122947
别墅、高档公寓	Villas and High-grade Apartments	24365

continued

(sq.m, 10 000yuan, set)

市区 City	兴庆区 Xingqing	金凤区 Jinfeng	西夏区 Xixia	永宁县 Yongning	贺兰县 Helan	灵武市 Lingwu
336382	**236757**	**99625**				**10995**
17382	17382					
16762	16762					
398	398					
24368	14368	10000				
287678	205007	82671				10995
6954		6954				
5022042	**1529034**	**3056453**	**436555**	**310119**	**1139453**	**322210**
4514551	1344519	2800561	369471	255655	1016549	274856
213702	99063	68853	45786	4960	34160	14962
1011960	161818	825853	24289	21277	328598	20890
146131	15395	130736		10414	27853	757
50664	11069	23194	16401	13643	35458	3030
213425	87460	90541	35424	31764	36454	37525
243402	85986	142157	15259	9057	50992	6799
831096	353511	360080	117505	101297	274403	125496
591977	260037	250470	81470	56504	200529	95829
90831	36719	22381	31731	3193	24592	14425
160843	18273	124433	18137	1752	54147	13820
31442	6960	24482			4761	757
29698	10518	2779	16401	13643	34350	3030
83223	27586	40739	14898	26808	24730	26604
126198	55370	66092	4736	4342	14794	33
4190946	1175523	2696373	319050	208822	865050	196714
3922574	1084482	2550091	288001	199151	816020	179027
122871	62344	46472	14055	1767	9568	537
851117	143545	701420	6152	19525	274451	7070
114689	8435	106254		10414	23092	
20966	551	20415			1108	
130202	59874	49802	20526	4956	11724	10921
117204	30616	76065	10523	4715	36198	6766
3405558	**1002043**	**2188353**	**215162**	**123861**	**712146**	**133499**
3044536	871724	2002777	170035	96897	648766	113467
121913	62341	39472	20100	1502	11985	6603
771989	128351	634743	8895	12560	267249	7871
129489	11178	118311		8385	30717	430
42276	8577	22142	11557	4957	18365	801
229002	95597	102082	31323	19609	30422	18065
89744	26145	61352	2247	2398	14593	1166
441308	162444	219769	59095	41211	115181	47972
294733	114926	146376	33431	18317	79463	34294
51872	24028	13244	14600	1043	8143	6421
90975	10875	73728	6372	699	25960	5313
21186	4487	16699			2749	430

6—10 续表 3

单位:平方米、万元、套　　　　　　　　　　　　　　　　　　　　　　（2019）

指　标	Item	银川市 Yinchuan
办公楼	Office Buildings	45041
商业营业用房	Houses for Business Use	127350
其他	Others	46474
期房销售额	Future Sales	3729392
住宅	Residence	3476859
90 平方米及以下	90 Square Meters Below	74524
144 平方米以上	144 Square Meters Above	936722
别墅、高档公寓	Villas and High-grade Apartments	144656
办公楼	Office Buildings	21358
商业营业用房	Houses for Business Use	169748
其他	Others	61427
商品住宅销售套数	**Total Number of Flats of Commercialized Residential Buildings Sold**	**48546**
90 平方米及以下	90 Square Meters Below	4224
144 平方米以上	144 Square Meters Above	8172
别墅、高档公寓	Villas and High-grade Apartments	1303
现房销售套数	Total Number of Flats of Existing Residential Buildings Sold	8338
90 平方米及以下	90 Square Meters Below	2150
144 平方米以上	144 Square Meters Above	1274
别墅、高档公寓	Villas and High-grade Apartments	316
期房销售套数	Total Number of Flats of Forward Residential Buildings Sold	40208
90 平方米及以下	90 Square Meters Below	2074
144 平方米以上	144 Square Meters Above	6898
别墅、高档公寓	Villas and High-grade Apartments	987
待售面积	**Unsold Area**	**6009694**
住宅	Residence	2171801
90 平方米及以下	90 Square Meters Below	426211
144 平方米以上	144 Square Meters Above	344269
别墅、高档公寓	Villas and High-grade Apartments	136324
办公楼	Office Buildings	676426
商业营业用房	Houses for Business Use	2034978
其他	Others	1126489
待售 1-3 年(含 1 年)	For Sale for 1-3 Years (including 1 year)	1743958
住宅	Residence	720423
90 平方米及以下	90 Square Meters Below	116690
144 平方米以上	144 Square Meters Above	49566
别墅、高档公寓	Villas and High-grade Apartments	72152
办公楼	Office Buildings	273531
商业营业用房	Houses for Business Use	409478
其他	Others	340526
待售 3 年以上(含 3 年)	For Sale for More Than 3 Years (including 3 years)	3338264
住宅	Residence	1108020
90 平方米及以下	90 Square Meters Below	285571
144 平方米以上	144 Square Meters Above	250576
别墅、高档公寓	Villas and High-grade Apartments	58717
办公楼	Office Buildings	321016
商业营业用房	Houses for Business Use	1316196
其他	Others	593032

continued

(sq.m, 10 000yuan, set)

市 区 City	兴庆区 Xingqing	金凤区 Jinfeng	西夏区 Xixia	永宁县 Yongning	贺兰县 Helan	灵武市 Lingwu
21869	8291	2021	11557	4957	17414	801
82457	23869	45201	13387	16380	15644	12869
42249	15358	26171	720	1557	2660	8
2964250	839599	1968584	156067	82650	596965	85527
2749803	756798	1856401	136604	78580	569303	79173
70041	38313	26228	5500	459	3842	182
681014	117476	561015	2523	11861	241289	2558
108303	6691	101612		8385	27968	
20407	286	20121			951	
146545	71728	56881	17936	3229	14778	5196
47495	10787	35181	1527	841	11933	1158
36357	**11580**	**21354**	**3423**	**2146**	**7813**	**2230**
3504	1712	1089	703	74	469	177
6137	1036	4948	153	111	1815	109
1084	226	858		46	170	3
5274	2461	1900	913	502	1783	779
1588	714	328	546	49	347	166
878	101	665	112	10	313	73
295	88	207			18	3
31083	9119	19454	2510	1644	6030	1451
1916	998	761	157	25	122	11
5259	935	4283	41	101	1502	36
789	138	651		46	152	
4115430	**1522374**	**2142040**	**451016**	**600494**	**1028847**	**264923**
1425484	621531	599276	204677	254822	416219	75276
269777	97397	107675	64705	79326	57456	19652
192943	40512	132287	20144	38036	103108	10182
38866	19511	19355		9564	83285	4609
528819	178344	336002	14473	33922	113305	380
1224831	466684	632828	125319	272497	367207	170443
936296	255815	573934	106547	39253	132116	18824
1120144	678557	387789	53798	177820	360158	85836
474467	428940	39243	6284	58099	145390	42467
53945	34716	14906	4323	34767	19527	8451
28337	15639	12698		7881	8734	4614
7428	3263	4165		9564	54898	262
226035	86877	138202	956	33922	13574	
147661	44814	72531	30316	76626	142315	42876
271981	117926	137813	16242	9173	58879	493
2245562	661546	1270131	313885	422674	528603	141425
699849	144441	373051	182357	196723	184389	27059
204710	60977	83351	60382	44559	25101	11201
142630	20725	101926	19979	30155	72223	5568
25983	11926	14057			28387	4347
221285	86450	121318	13517		99731	
824679	359298	403002	62379	195871	189630	106016
499749	71357	372760	55632	30080	54853	8350

6—10 续表 4

单位:平方米、万元、套 (2019)

指 标	Item	一级 First Grade
房屋出租面积	**Floor Space of Buildings Rented**	**11300**
住宅	Residence	
90 平方米及以下	90 Square Meters Below	
144 平方米以上	144 Square Meters Above	
别墅、高档公寓	Villas and High-grade Apartments	
办公楼	Office Buildings	10000
商业营业用房	Houses for Business Use	1300
其他	Others	
商品房销售面积	**Floor Space of Commercialized Buildings Sold**	**999720**
住宅	Residence	912837
90 平方米及以下	90 Square Meters Below	21906
144 平方米以上	144 Square Meters Above	256195
别墅、高档公寓	Villas and High-grade Apartments	9803
办公楼	Office Buildings	7748
商业营业用房	Houses for Business Use	28476
其他	Others	50659
现房销售面积	Floor Space of Existing Buildings Sold	181476
住宅	Residence	124388
90 平方米及以下	90 Square Meters Below	20300
144 平方米以上	144 Square Meters Above	22569
别墅、高档公寓	Villas and High-grade Apartments	9803
办公楼	Office Buildings	7748
商业营业用房	Houses for Business Use	18192
其他	Others	31148
期房销售面积	Floor Space of Forward Buildings Sold	818244
住宅	Residence	788449
90 平方米及以下	90 Square Meters Below	1606
144 平方米以上	144 Square Meters Above	233626
别墅、高档公寓	Villas and High-grade Apartments	
办公楼	Office Buildings	
商业营业用房	Houses for Business Use	10284
其他	Others	19511
商品房销售额	**Sales of Commercial Building**	**657086**
住宅	Residence	589970
90 平方米及以下	90 Square Meters Below	12249
144 平方米以上	144 Square Meters Above	194003
别墅、高档公寓	Villas and High-grade Apartments	6617
办公楼	Office Buildings	6665
商业营业用房	Houses for Business Use	37284
其他	Others	23167
现房销售额	Total Sale of Existing Buildings	113237
住宅	Residence	67818
90 平方米及以下	90 Square Meters Below	11302
144 平方米以上	144 Square Meters Above	13422
别墅、高档公寓	Villas and High-grade Apartments	6617

continued

(sq.m, 10 000yuan, set)

资质等级 Qualification Criteria			
二级 Second Grade	三级 Third Grade	四级 Forth Grade	暂定 Tentative
232056	**20570**	**83451**	
17382			
16762			
398			
2571		11797	
212103	13616	71654	
	6954		
1969739	**776992**	**647712**	**2399661**
1754749	652841	534194	2206990
113311	26249	67809	38509
278549	158523	78138	611320
40491	10626	10064	114171
35095	47034	4204	8714
112729	55543	31424	90996
67166	21574	77890	92961
528874	269681	153856	198405
391878	167949	85647	174977
71502	16580	20971	3688
134442	43847	8594	21110
17579	4274	5304	
23995	45948		3030
68569	44304	19397	10903
44432	11480	48812	9495
1440865	507311	493856	2201256
1362871	484892	448547	2032013
41809	9669	46838	34821
144107	114676	69544	590210
22912	6352	4760	114171
11100	1086	4204	5684
44160	11239	12027	80093
22734	10094	29078	83466
1204220	**456376**	**423630**	**1633752**
1050814	387813	365621	1509448
56888	13862	41294	17710
198570	90765	64155	512176
35779	7201	8741	110683
28030	21953	5050	4701
94680	38140	32633	94361
30696	8470	20326	25242
275002	125383	76357	55693
191815	72959	46366	47849
37343	7600	10564	670
73569	19610	6207	10139
10065	3344	4339	

6—10 续表 5

单位:平方米、万元、套 （2019）

指 标	Item	一级 First Grade
办公楼	Office Buildings	6665
商业营业用房	Houses for Business Use	22282
其他	Others	16472
期房销售额	Future Sales	543849
住宅	Residence	522152
90 平方米及以下	90 Square Meters Below	947
144 平方米以上	144 Square Meters Above	180581
别墅、高档公寓	Villas and High-grade Apartments	
办公楼	Office Buildings	
商业营业用房	Houses for Business Use	15002
其他	Others	6695
商品住宅销售套数	**Total Number of Flats of Commercialized Residential Buildings Sold**	**7032**
90 平方米及以下	90 Square Meters Below	311
144 平方米以上	144 Square Meters Above	1560
别墅、高档公寓	Villas and High-grade Apartments	137
现房销售套数	Total Number of Flats of Existing Residential Buildings Sold	1160
90 平方米及以下	90 Square Meters Below	292
144 平方米以上	144 Square Meters Above	127
别墅、高档公寓	Villas and High-grade Apartments	137
期房销售套数	Total Number of Flats of Forward Residential Buildings Sold	5872
90 平方米及以下	90 Square Meters Below	19
144 平方米以上	144 Square Meters Above	1433
别墅、高档公寓	Villas and High-grade Apartments	
待售面积	**Unsold Area**	**1137990**
住宅	Residence	430013
90 平方米及以下	90 Square Meters Below	85711
144 平方米以上	144 Square Meters Above	48318
别墅、高档公寓	Villas and High-grade Apartments	17488
办公楼	Office Buildings	153516
商业营业用房	Houses for Business Use	255899
其他	Others	298562
待售 1-3 年(含 1 年)	For Sale for 1-3 Years (including 1 year)	276502
住宅	Residence	41978
90 平方米及以下	90 Square Meters Below	14657
144 平方米以上	144 Square Meters Above	2935
别墅、高档公寓	Villas and High-grade Apartments	9779
办公楼	Office Buildings	129554
商业营业用房	Houses for Business Use	59312
其他	Others	45658
待售 3 年以上(含 3 年)	For Sale for More Than 3 Years (including 3 years)	501775
住宅	Residence	210507
90 平方米及以下	90 Square Meters Below	69911
144 平方米以上	144 Square Meters Above	41579
别墅、高档公寓	Villas and High-grade Apartments	7709
办公楼	Office Buildings	22358
商业营业用房	Houses for Business Use	128199
其他	Others	140711

continued

(sq.m, 10 000yuan, set)

资质等级 Qualification Criteria			
二级 Second Grade	三级 Third Grade	四级 Forth Grade	暂定 Tentative
16174	21401		801
53126	27347	19749	4846
13887	3676	10242	2197
929218	330993	347273	1578059
858999	314854	319255	1461599
19545	6262	30730	17040
125001	71155	57948	502037
25714	3857	4402	110683
11856	552	5050	3900
41554	10793	12884	89515
16809	4794	10084	23045
14571	**5280**	**4885**	**16778**
1714	359	1290	550
1562	958	465	3627
336	57	46	727
3442	1453	865	1418
1153	245	415	45
723	251	43	130
125	29	25	
11129	3827	4020	15360
561	114	875	505
839	707	422	3497
211	28	21	727
2369354	**1287523**	**611098**	**603729**
680999	475204	148698	436887
176806	83980	52518	27196
158200	70412	42664	24675
35730	68481	14625	
236558	167002	119350	
966204	500877	206484	105514
485593	144440	136566	61328
638349	279403	86306	463398
145531	118589	30295	384030
59672	18973	10662	12726
19587	13577	5017	8450
10609	51764		
108415	33922	1640	
213816	86079	9963	40308
170587	40813	44408	39060
1487809	962728	346096	39856
436902	337978	109584	13049
114910	60148	33132	7470
117056	53002	37647	1292
23508	12875	14625	
105449	133080	60129	
681265	388043	97130	21559
264193	103627	79253	5248

6—11　房地产开发企业资质等级一、二级企业名单

The List of Real Estate Development Enterprise by Qualthication Clriteria of Frist and Second Grade

（2019）

单位名称 Unit Name	资质等级 Qualification Criteria	经济类型 Economic Types
宁夏新材房地产开发有限公司	一级	私营有限责任公司
宁夏住宅建设发展(集团)有限公司	一级	私营有限责任公司
宁夏正丰房地产开发有限公司	一级	私营有限责任公司
宁夏中房实业集团股份有限公司	一级	私营股份有限公司
银川建发集团股份有限公司	一级	私营股份有限公司
北控宁生城市投资发展有限公司	一级	其他有限责任公司
宁夏北方温和房地产开发集团有限公司	一级	私营有限责任公司
宁夏银帝房地产开发有限公司	一级	私营有限责任公司
宁夏铁路多元发展集团地产置业有限公司	一级	国有独资公司
宁夏长城集团房地产开发有限公司	一级	其他有限责任公司
宁夏绿地房地产有限责任公司	二级	私营有限责任公司
宁夏荣恒房地产集团有限公司	二级	私营有限责任公司
宁夏银基房地产开发有限责任公司	二级	私营有限责任公司
宁夏兴泰隆房地产开发有限公司	二级	其他有限责任公司
宁夏房地产综合开发有限公司	二级	私营有限责任公司
银川众一集团房地产开发有限公司	二级	私营有限责任公司
银川大地房地产开发有限责任公司	二级	私营有限责任公司
银川市白云房地产开发有限公司	二级	其他有限责任公司
宁夏昆仑房地产开发有限公司	二级	私营有限责任公司
银川三建房地产开发有限公司	二级	私营有限责任公司
宁夏华尊立达房地产开发集团有限公司	二级	私营有限责任公司
宁夏金宇房地产投资集团有限公司	二级	私营股份有限公司
宁夏灵隆房地产开发有限责任公司	二级	私营有限责任公司
宁夏正基房地产开发有限公司	二级	私营有限责任公司
宁夏盛业房地产开发有限公司	二级	私营有限责任公司
宁夏瑞信房地产开发有限公司	二级	私营有限责任公司
宁夏鸿丰投资置业有限公司	二级	私营有限责任公司
宁夏檀溪房地产开发有限公司	二级	私营有限责任公司
中海宏洋地产(银川)有限公司	二级	与港澳台商合资经营
宁夏隆安房地产开发有限公司	二级	私营有限责任公司
宁夏房地产开发集团有限公司	二级	国有独资公司
宁夏云天房地产开发集团有限公司	二级	私营有限责任公司
宁夏大众房地产开发有限公司	二级	私营有限责任公司
宁夏富地房地产开发有限公司	二级	私营有限责任公司
宁夏宝丰地产开发有限公司	二级	其他有限责任公司
宁夏银川龙马房地产开发有限公司	二级	私营有限责任公司
宁夏吉泰房地产开发有限公司	二级	私营有限责任公司
灵武市建兴房地产开发有限责任公司	二级	其他有限责任公司
宁夏富兴达房地产开发集团有限公司	二级	私营有限责任公司

6—11　续表 1

单位名称 Unit Name	资质等级 Qualification Criteria	经济类型 Economic Types
宁夏吉运开发建设集团有限公司	二级	私营有限责任公司
银川开发区宏建房地产开发有限公司	二级	私营有限责任公司
宁夏英力特房地产开发有限公司	二级	其他有限责任公司
宁夏富龙房地产开发有限公司	二级	私营有限责任公司
宁夏中恒房地产开发有限公司	二级	私营有限责任公司
宁夏派胜房地产开发有限公司	二级	其他有限责任公司
宁夏新思路房地产开发有限公司	二级	私营有限责任公司
宁夏舜天房地产开发有限公司	二级	其他有限责任公司
宁夏建设投资集团房地产开发有限公司	二级	国有独资公司
宁夏瑞兴房地产开发有限公司	二级	私营有限责任公司
宁夏浩海房地产开发集团有限公司	二级	私营有限责任公司
宁夏友厦房地产开发有限公司	二级	私营有限责任公司
宁夏建元房地产开发有限公司	二级	私营有限责任公司
银川市通城置业集团房地产有限公司	二级	私营有限责任公司
宁夏亘元房地产开发有限公司	二级	国有独资公司
宁夏鑫业房地产开发有限公司	二级	私营有限责任公司
宁夏恒诺房地产开发有限公司	二级	私营有限责任公司
宁夏汇融房地产开发有限公司	二级	其他有限责任公司
宁夏光耀房地产开发有限公司	二级	私营有限责任公司
银川隆光置业有限公司	二级	其他有限责任公司
宁夏海利达房地产开发有限公司	二级	私营有限责任公司
宁夏鑫祥房地产开发有限公司	二级	私营有限责任公司
宁夏上陵房地产开发有限公司	二级	其他有限责任公司
宁夏兴俊房地产开发有限公司	二级	其他有限责任公司
宁夏燕葆房地产开发有限公司	二级	私营有限责任公司
宁夏凯尔星房地产开发有限公司	二级	其他有限责任公司
宁夏金色阳光房地产开发有限公司	二级	其他有限责任公司
银川市望远庆丰房地产开发有限公司	二级	私营有限责任公司
银川先泽房地产开发有限公司	二级	其他有限责任公司
宁夏银大房地产开发有限公司	二级	私营有限责任公司
宁夏宁阳房地产开发有限公司	二级	私营有限责任公司
宁夏地德人和房地产开发有限公司	二级	私营有限责任公司
银川旺元投资实业(集团)有限公司	二级	其他有限责任公司
宁夏恒昱源房地产开发有限公司	二级	私营有限责任公司
银川鲁银投资有限公司	二级	私营有限责任公司
宁夏北方明珠房地产开发有限公司	二级	其他有限责任公司
宁夏金盛房地产开发有限公司	二级	私营有限责任公司
宁夏巨力房地产开发有限公司	二级	私营有限责任公司
宁夏天地德科房地产开发有限公司	二级	其他有限责任公司
宁夏众一发展集团有限公司	二级	私营有限责任公司

主 要 统 计 指 标 解 释

【全社会固定资产投资】 固定资产投资额是以货币表现的建造和购置固定资产活动的工作量，它是反映固定资产投资规模、速度、比例关系和使用方向的综合性指标。全社会固定资产投资按经济类型分，包括国有经济单位投资、城乡集体经济单位投资、其他各种经济类型的单位投资和城乡居民个人投资。全社会固定资产投资总额分为基本建设、更新改造、其他固定资产投资和房地产开发投资四个部分；城乡集体经济单位投资包括城镇集体所有制单位投资和农村集体所有制单位投资；其他各种经济类型单位投资包括联营经济、股份制经济、中外合资经营、中外合作经营、外资、与大陆合资经营、与大陆合作经营、港澳台独资及其他经济的单位投资。城乡居民个人投资包括城市、县城、镇、工矿区所辖范围内的个人建房和农村个人建房及购买生产性固定资产的投资。

【基本建设投资】 基本建设是企业、事业、行政单位以扩大生产能力或工程效益为主要目的的新建、扩建工程及有关工作。包括(1)列入中央和各级地方本年基本建设计划的建设项目，以及虽未列入本年基本建设计划，但使用以前年度基建计划内结转投资(包括利用基建设备材料)在本年继续施工的建设项目；(2) 本年基本建设计划内投资与更新改造计划内投资结合安排的新建项目和新增生产能力(或工程效益)达到大中型项目标准的扩建项目，以及为改变生产力布局而进行的全厂性迁建项目；

(3)国有单位既未列入基建计划，也未列入更新改造计划的总投资在 50 万元以上的新、扩建、恢复项目和为改变生产力布局而进行的全厂性迁建项目，以及行政、事业单位增建业务用房和行政单位增建生活福利设施的项目。

【更新改造投资】 更新改造指企业、事业单位对原有设施进行固定资产更新和技术改造，以及相应配套的工程和有关工作(不包括大修理和维护工程)。包括:(1)列入中央和各级地方本年更新改造计划的项目和虽未列入本年更新改造计划，但使用上年更新改造计划内结转的投产在本年继续施工的项目；(2) 本年更新改造计划内投资与基本建设计划内投资结合安排的对企、事业单位原有设施进行技术改造或更新的项目和增建主要生产车间、分厂等其新增生产能力(或工程效益)未达到大中型项目标准的项目，以及由于城市环境保护和安全生产的需要而进行的迁建工作；(3)国有企、事业既未列入基建计划也未列入更新改造计划，总投资在 50 万元以上的属于改建式更新改造性质的项目，以及由于城市环境保护和安全生产的需要而进行的迁建工程。

【房地产开发投资】 指各种登记注册类型的房地产开发法人单位统一开发的住宅、厂房、仓库、饭店、宾馆、度假村、写字楼、办公楼等房屋建筑物，配套的服务设施，土地开发工程(如道路、给水、排水、供电、供热、通讯、平整场地等基础设施工程)和土地购置的投资；不包括单纯的土地开发和交易活动。

【其他固定资产投资】 全社会固定资产投资中未列入基本建设、更新改造和房地产开发投资的建造和购置固定资产的活动。包括:(1)国有单位按规定不纳入基本建设计划和更新改造计划管理，计划总投资或实际需要总投资在 50 万元以上的工程。(2)城镇集体经济单位固定投资。(3)除国有、城镇集体以外的联营经济、股份制经济、外商投资经济、港澳台投资经济及其他经济类型的企、事业单位建造和购置固定资产其计划总投资在 50 万元以上的、未列入基本建设计划和更新改造计划的项目。

【新增固定资产】 指在报告期已经完成建造和开发过程并交付使用的房屋和土地开发面积的价值。指房地产开发公司进行开发经营活动的最终成果，即为社会提供的固定资产，而且是在报告期内新增加的。不是反映房地产开发企业本身固定资产的增加。

【建设项目投产率】 指一定时期内全部建成投入生产项目个数占同期正式施工项目个数的比率。它是从项目建设速度的角度反映投资效果的指标。

【固定资产交付使用率】 指一定时期新增固定资产与同期完成投资额的比率。它是反映各个时期固定资产动用速度，衡量建设过程中宏观投资效果的一个综合性指标。

【商品房销售面积】 指报告期内出售商品房屋的合同总面积(即双方签署的正式买卖合同中所确定的建筑面积)。商品房销售面积由现房销售面积和期房销售面积两部分组成。

【商品房销售额】 指报告期内出售商品房屋的合同总价款(即双方签署的正式买卖合同中所确定的合同总价)。该指标与商品房销售面积同口径,由现房销售额和期房销售额两部分组成。

【项目规划占地面积】 指房地产开发项目规划书载明的相关部门规划的该项目占地面积。

【本年土地购置面积】 指在本年内通过各种方式获得土地使用权的土地面积。

【本年土地成交价款】 指进行土地使用权交易活动的最终金额。在土地一级市场,是指土地最后的划拨款、"招拍挂"价格和出让价;在土地二级市场是指土地转让、出租、抵押等最后确定的合同价格。土地成交价款与土地购置面积同口径,可以计算土地的平均购置价格。

建筑业

Construction

7—1 主要年份建筑业主要指标

指 标	Item	单 位	Unit
企业个数	**Number of Enterprises**	个	**unit**
建筑业总产值	**Gross Output Value of Construction**	**万元**	**10 000yuan**
一、二级企业	First and Second Grade	万元	10 000yuan
按构成分	**Grouped by Composition**		
建筑工程产值	Output Value of Construction	万元	10 000yuan
安装工程产值	Output Value of Installation	万元	10 000yuan
其他产值	Other Output Value	万元	10 000yuan
按登记注册类型分	**Grouped by Status of Registration**		
国有企业	State-owned Enterprises	万元	10 000yuan
集体企业	Collective-owned Enterprises	万元	10 000yuan
有限责任公司	Limited Liabilities Corporations	万元	10 000yuan
股份有限公司	Share-holding Corporations Limited	万元	10 000yuan
私营企业	Private Enterprises	万元	10 000yuan
港澳台投资企业	Funds from Hong Kong, Macao and Taiwan	万元	10 000yuan
外商投资企业	Foreign Funded	万元	10 000yuan
按建筑行业分(2011)	**Grouped by Construction Sector(2011)**		
房屋建筑业	House Building	万元	10 000yuan
土木工程建筑业	Civil Engineering	万元	10 000yuan
建筑安装业	Construction Installation	万元	10 000yuan
建筑装饰和其他建筑业	Construction Decoration and Other Construction	万元	10 000yuan
竣工产值	Output Value of Construction Completed	万元	10 000yuan
房屋施工面积	Floor Space of Buildings under Construction	万平方米	10 000sq.m
房屋竣工面积	Floor Space of Buildings Completed	万平方米	10 000sq.m
期末从业人员	Number of Employed Persons	人	person
工程结算收入	Revenue of Project Settlement Accounts	万元	10 000yuan
工程结算利润	Profits of Project Settlement Accounts	万元	10 000yuan
利税总额	Total Taxes and Profits	万元	10 000yuan

注:本年度汇总资料均为有工作量的总、专包建筑企业数据。

Main Indicators on Construction Enterprises in Main Years

2012 年	2013 年	2014 年	2015 年	2016 年	2017 年	2018 年	2019 年
331	**344**	**352**	**344**	**362**	**509**	**509**	**482**
2829250	**3750575**	**4404625**	**3717353**	**3525490**	**3735159**	**3859174**	**4336340**
2277545	3219796	3947704	3404735	3246890	3486065	3564260	3960755
2685345	3603530	4188711	3515093	3287718	3419064	3506390	3907346
136283	128625	195664	180788	211836	299890	317165	389776
7622	18421	20250	21473	25936	16205	35619	39219
771179	1092670	793211	662742	698510	557183	94194	120095
10080	18531	29905	7637	11434	5678	16181	7994
652699	727406	1021153	898011	1020058	1037727	1678248	1812087
102399	241553	372578	2716209	38617	114591	167855	193212
1274610	1638921	2048260	1731402	1686343	1958159	1890196	2189473
18283	31494	139518	145941	70530	61821	12500	13679
1967393					2126586	2351060	2533605
757592					1536009	1432914	2469093
42069					34618	35455	58796
62196					37947	39745	41901
2344996	3067652	3129988	2922459	2723148	2264803	2342588	2237750
2385	3327	3045	2263	1847	1498	1527	1494
948	1330	923	787	661	354	502	429
53864	70894	69295	88766	63199	76363	65101	73033
2799130	3803254	4406224	3944772	4121375	3467181		
176711	174260	257409	238367	238927	202448		
165473	177330	263319	224349	162658	109765		

a) The summary Data of this year are the data of total and special contract construction enterprises with workload.

7—2　建筑业总产值

单位:万元　　　　　　　　　　　　　　　　　　　　　　　　　　　　　　　　　　　　（2019）

指　标	Item	企业数（个）Number of Enterprises（unit）	有工作量的企业数 Number of Workload Enterprises
总　计	**Total**	**482**	**423**
一、二级企业	First and Second Grade	298	266
按地区分	**Grouped by County**		
市　区	City	427	374
兴庆区	Xingqing	201	182
西夏区	Xixia	19	16
金凤区	Jinfeng	207	176
永宁县	Yongning	5	5
贺兰县	Helan	33	29
灵武市	Lingwu	17	15
按登记注册类型分	**Grouped by Status of Registration**		
内资企业	Domestic Funded	482	442
国有企业	State-owned Enterprises	8	6
集体企业	Collective-owned Enterprises	1	1
有限责任公司	Limited Liabilities Corporations	69	63
国有独资公司	State Sole Funded Corporations	23	22
其他有限责任公司	Other Limited Liabilities Corporations	46	41
股份有限公司	Share-holding Corporations Limited	2	1
私营企业	Private Enterprises	401	351
私营有限责任公司	Private Limited Liabilities Corporations	4	4
私营股份有限公司	Private Share-holding Corporations Ltd.	1	1
外商投资企业	Foreign Funded	1	1
中外合资经营企业	Domestic and Foreign Joint Funded Enterprises	1	1
按国民经济行业分（2017）	**Grouped by Sector（2017）**		
房屋建筑业	House Building	235	206
住宅房屋建筑	Residential Building	222	195
其他房屋建筑业	Other Housing construction	13	11
土木工程建筑业	Civil Engineering	163	149
铁路、道路、隧道和桥梁工程建筑	Railway, Road, Tunnel and Bridge	45	41
公路工程建筑	Road	7	6
市政道路工程建筑	Municipal Works	38	35
水利和水运工程建筑	Water Conservancy and Water Transportation Projects	26	25
水源及供水设施工程建筑	Construction of Water Source and Supply Water Facility	26	25
工矿工程建筑	Mining	4	3
架线和管道工程建筑	Frame Line and Pipeline	53	48
架线及设备工程建筑	Frame Line Equipment Engineering	53	48
节能环保工程施工	Energy-saving and Environmental Engineering	3	2
环保工程施工	Environmental Engineering Construction	3	2
电力工程施工	Power engineering construction	1	1
火力发电工程施工	Thermal power plant construction	1	1
其他土木工程建筑	Other Civil Engineering Buildings	31	29
园林绿化工程施工	Landscaping Project Construction	20	18
其他土木工程建筑施工	Other Civil Engineering Construction	11	11

Total Output Value of Construction

(10 000 yuan)

建筑业总产值 Total Output Valueof Construction	装配式建筑工程产值	装饰装修产值 Output Value of Decoration	在外省完成的产值 Output Value of Completed Outside the Province	建筑工程产值 Output Value of Construction	安装工程产值 Output Value of Installation	其他产值 Others	竣工产值 Output Value of onstruction Completed
4336340	**72248**	**63610**	**554730**	**3907346**	**389776**	**39219**	**2237750**
3960755	69094	55963	533081	3607178	319395	34182	2081888
3805576	70671	21355	434882	3398667	374057	32853	2026660
2100542	8068	4038	330187	1863896	219014	17633	955647
303642		24901	14219	283911	10333	9398	175134
1401392	62604		90476	1250861	144710	5822	895879
31491		13316		31456		35	43327
421610	1577		116255	408861	6418	6331	99298
77662			3593	68362	9301		68465
4322661	72248	63610	541051	3893667	389776	39219	2237750
120095			7548	68196	51900		49478
7794				7794			11154
1812087	62198	19175	411354	1569352	228107	14627	759943
1348536	462	900	357614	1205372	128536	14627	461969
463551	61736	18275	53740	363980	99571		297973
193212			7087	193212			
2189473	10051	44435	115062	2055113	109769	24591	1417175
244803	10051	44435	101038	1818247	101832	24591	1023167
13679			14024	236866	7937		394008
13679			13679	13679			
			13679	13679			
2533605	70059	29093	262169	2486573	18445	28587	1320451
2469093	70059	29093	225210	2426359	18445	24289	1301150
64512			36959	60214		4298	19301
1702038	2190	2197	284182	1353346	338100	10593	866194
792721			71356	792237	485		566400
449601			15684	449601			396783
343120			55672	342635	485		169618
263415			24500	240271	23144		52581
263415			24500	240271	23144		52581
30072			14162	22104	25	7943	7284
489596	710	2197	174155	174716	312230	2650	210496
489596	710	2197	174155	174716	312230	2650	210496
806				707	99		177
806				707	99		177
2945				2061	884		2945
2945				2061	884		2945
122484	1480		9	121250	1233		26310
115967	1480			114797	1170		22596
6517			9	6454	63		3714

7—2 续表 1

单位:万元 （2019）

指 标	Item	企业数(个) Number of Enterprises (unit)	有工作量的企业数 Number of Workload Enterprises
建筑安装业	Construction Installation	44	34
电气安装	Electric Installation	33	24
其他建筑安装业	Other Construction Installation	11	10
其他建筑安装	Other Building Installation	11	10
建筑装饰、装修和其他建筑业	Construction, Decoration and Other Construction	40	34
建筑装饰和装修业	Construction and Decoration	40	34
公共建筑装饰和装修	Decoration and Decoration of Public Buildings	20	19
住宅装饰和装修	Home decoration and decoration	2	1
建筑幕墙装饰和装修	Decoration and Decoration of Building Curtain Walls	18	14
按控股情况分	**Grouped by Controlling Stake**		
国有控股	State-owned	36	32
集体控股	Collective-owned	7	7
私人控股	Private	438	383
外商控股	Foreign	1	1
按企业规模分	**Grouped by Enterprises Scale**		
大型	Large-Scale	10	10
中型	Medium-Scale	85	83
小型	Small-Scale	283	264
微型	Miniatrue	104	66
按营业状况分	**Grouped by Operating Status**		
营业	Operating	477	422
停业(歇业)	Turn O(f out of business)	5	1
当年注销	The Cancellation		
按隶属关系分	**By affiliation**		
中央	The center	5	5
地方	This place	36	33
其他	In the news	441	385
按会计准则分	**Grouped by Accounting Standards**		
企业会计准则	Accounting Standards for Business Enterprises	219	193
小企业会计准则	Accounting Standards for Small Business Enterprises	419	134
其他企业会计制度	Others	114	96
按企业资质等级分	**Grouped by Qualification Criteria**		
施工总承包	General Contractors	352	313
特 级	Special Grade	1	1
一 级	First Grade	20	19
二 级	Second Grade	177	162
三级及以下	Third Grade and Below	154	131
专业承包	Professional Contractors	130	110
一 级	First Grade	17	16
二 级	Second Grade	83	68
三级及以下	Third Grade and Below	30	26

continued

(10 000 yuan)

建筑业总产值 Total Output Valueof Construction	装配式建筑工程产值	装饰装修产值 Output Value of Decoration	在外省完成的产值 Output Value of Completed Outside the Province	建筑工程产值 Output Value of Construction	安装工程产值 Output Value of Installation	其他产值 Others	竣工产值 Output Value of Construction Completed
58796			4171	27066	31715	15	27476
28261			361	8438	19809	15	23445
30535			3810	18629	11906		4032
30535			3810	18629	11906		4032
41901		32320	4208	40360	1516	24	23628
41901		32320	4208	40360	1516	24	23628
11587		10708	1288	10133	1454		3483
7314			317	7314			
23001		21612	2603	22914	62	24	20145
1477970	462	4918	365981	1282907	180436	14627	517807
106728			588	17180	89548		111515
2737963	71786	58691	174481	2593580	119791	24591	1608429
13679			13679	13679			
1650154	462		350125	1516109	128061	5984	810235
1821966	67152	5904	173813	1639958	175013	6995	963260
806307	4635	42509	30240	704868	78676	22763	428292
57914		15196	553	46412	8025	3477	35963
4331702	72248	63610	554730	3902708	389776	39219	2233859
4638				4638			3891
595369			269927	412822	168619	13927	109829
953251	462	4918	63073	851186	101365	700	519492
2787720	71786	58691	221730	2643338	119791	24591	1608429
3244308	63678	47531	490308	2903161	321292	19855	1681647
622624	3155	1590	48510	583209	33401	6014	310963
469409	5416	14489	15911	420977	35083	13350	245140
4068268	72248	30582	502245	3745590	287796	34882	2114508
125480			16134	125480			50312
2035229	62198	1623	365213	1900644	128241	6344	1079724
1577903	6896	22329	99248	1440164	114238	23501	843361
329657	3155	6630	21649	279302	45317	5037	141111
268073		33027	52485	161756	101980	4337	123242
134927		17649	43406	74006	60907	15	52959
87217		14362	9079	66885	16010	4322	55533
45929		1017		20865	25063		14750

7—3 建筑业合同签订及承包工程完成情况

单位:万元 （2019）

指 标	Item	签订的合同额 Total Value of Contracts	上年结转合同额 Value from Contracts Signed in Last Year
总 计	**Total**	**6934924**	**2335702**
一、二级企业	First and Second Grade	6376248	2218723
按地区分	**Grouped by County**		
市 区	City	6272926	2110596
兴庆区	Xingqing	3412210	1072717
西夏区	Xixia	435479	188709
金凤区	Jinfeng	2425238	849170
永宁县	Yongning	47212	24018
贺兰县	Helan	506715	167584
灵武市	Lingwu	108071	33504
按登记注册类型分	**Grouped by Status of Registration**		
内资企业	Domestic Funded	6851201	2335702
国有企业	State-owned Enterprises	165737	64693
集体企业	Collective-owned Enterprises	7794	3545
有限责任公司	Limited Liabilities Corporations	3129976	1210100
国有独资公司	State Sole Funded Corporations	2372584	880611
其他有限责任公司	Other Limited Liabilities Corporations	757392	329488
股份有限公司	Share-holding Corporations Limited	142294	
私营企业	Private Enterprises	3405400	1057365
私营有限责任公司	Private Limited Liabilities Corporations	2853726	746294
私营股份有限公司	Private Share-holding Corporations Ltd.	551674	311071
外商投资企业	Foreign Funded	83723	
中外合资经营企业	Domestic and Foreign Joint Funded Enterprises	83723	
按国民经济行业分(2017)	**Grouped by Sector(2017)**		
房屋建筑业	House Building	3837613	1284857
住宅房屋建筑	Residential Building	3766868	1275327
其他房屋建筑业	Other Housing construction	70745	9530
土木工程建筑业	Civil Engineering	2953165	1017161
铁路、道路、隧道和桥梁工程建筑	Railway, Road, Tunnel and Bridge	1262821	517176
公路工程建筑	Road	715852	315596
市政道路工程建筑	Municipal Works	546968	201579
水利和水运工程建筑	Water Conservancy and Water Transportation Projects	407944	96879
水源及供水设施工程建筑	Construction of Water Source and Supply Water Facility	407944	96879
工矿工程建筑	Mining	101010	1445
架线和管道工程建筑	Frame Line and Pipeline	1007786	367597
架线及设备工程建筑	Frame Line Equipment Engineering	1007786	367597
节能环保工程施工	Energy-saving and Environmental Engineering	806	
环保工程施工	Environmental Engineering Construction	806	
电力工程施工	Power engineering construction	2879	568
火力发电工程施工	Thermal power plant construction	2879	568
其他土木工程建筑	Other Civil Engineering Buildings	169919	33497
园林绿化工程施工	Landscaping Project Construction	159779	30578
其他土木工程建筑施工	Other Civil Engineering Construction	10140	2919

Contracts Signed and Completion of Contracted Projects by Construction Enterprises

(10 000 yuan)

本年新签合同额 Value from New Contracts Signed in This Year	直接从建设单位承揽工程完成的产值 Completed Output Value of Projects Contracted Directly from Investors	自行完成施工产值 Own-completed Output Value	分包出去工程的产值 Output Value of Out-sourced Projects	从建设单位以外承揽工程完成的产值 Completed Output Value of Projects Contracted from Non-investors
4599222	**4412032**	**4246099**	**165932**	**90241**
4157525	4048777	3882845	165932	77910
4162331	3872470	3717195	155274	88381
2339493	2056803	2054611	2192	45931
246770	303637	303637		5
1576068	1512030	1358948	153083	42445
23194	31491	31491		
339131	423032	420746	2287	864
74567	85038	76667	8371	996
4515499	4328309	4232420	95889	90241
101044	120095	120095		
4249	7794	7794		
1919877	1822143	1809130	13013	2957
1491973	1349216	1348536	680	
427904	472927	460594	12333	2957
142294	161904	161904		31308
2348035	2216373	2133497	82876	55976
2107432	1928745	1890579	38166	54091
240603	287628	242917	44711	1886
83723	83723	13679	70043	
83723	83723	13679	70043	
2552756	2524734	2491635	33099	41970
2491541	2460222	2427123	33099	41970
61215	64512	64512		
1936004	1784596	1655607	128989	46431
745645	801479	755756	45724	36966
400256	463004	418293	44711	31308
345389	338475	337462	1013	5658
311065	263410	263410		5
311065	263410	263410		5
99565	100115	30072	70043	
640190	493411	480189	13222	9407
640190	493411	480189	13222	9407
806	806	806		
806	806	806		
2312	2945	2945		
2312	2945	2945		
136421	122430	122430		54
129201	115967	115967		
7221	6463	6463		54

7—3 续表 1

单位:万元 （2019）

指 标	Item	签订的合同额 Total Value of Contracts	上年结转合同额 Value from Contracts Signed in Last Year
建筑安装业	Construction Installation	84809	21484
电气安装	Electric Installation	41024	13486
其他建筑安装业	Other Construction Installation	43785	7998
其他建筑安装	Other Building Installation	43785	7998
建筑装饰、装修和其他建筑业	Construction, Decoration and Other Construction	59337	12200
建筑装饰和装修业	Construction and Decoration	59337	12200
公共建筑装饰和装修	Decoration and Decoration of Public Buildings	13702	861
住宅装饰和装修	Home decoration and decoration	10610	
建筑幕墙装饰和装修	Decoration and Decoration of Building Curtain Walls	35025	11338
按控股情况分	**Grouped by Controlling Stake**		
国有控股	State-owned	2552342	949527
集体控股	Collective-owned	140539	28124
私人控股	Private	4158321	1358051
外商控股	Foreign	83723	
按企业规模分	**Grouped by Enterprises Scale**		
大型	Large-Scale	2922292	1129536
中型	Medium-Scale	2763698	864442
小型	Small-Scale	1147922	275666
微型	Miniatrue	101012	66058
按营业状况分	**Grouped by Operating Status**		
营业	Operating	6930149	2335344
停业(歇业)	Turn O(f out of business)	4775	358
当年注销	The Cancellation		
按隶属关系分	**By affiliation**		
中央	The center	1108430	405276
地方	This place	1548372	572281
其他	In the news	4278122	1358144
按会计准则分	**Grouped by Accounting Standards**		
企业会计准则	Accounting Standards for Business Enterprises	5270070	1818587
小企业会计准则	Accounting Standards for Small Business Enterprises	881916	225663
其他企业会计制度	Others	782938	291452
按企业资质等级分	**Grouped by Qualification Criteria**		
施工总承包	General Contractors	6583359	2229499
特 级	Special Grade	244768	89934
一 级	First Grade	3406148	1371379
二 级	Second Grade	2426467	655641
三级及以下	Third Grade and Below	505977	112545
专业承包	Professional Contractors	351565	106203
一 级	First Grade	166192	73212
二 级	Second Grade	132674	28556
三级及以下	Third Grade and Below	52699	4435

continued

(10 000 yuan)

本年新签合同额 Value from New Contracts Signed in This Year	直接从建设单位承揽工程完成的产值 Completed Output Value of Projects Contracted Directly from Investors	自行完成施工产值 Own-completed Output Value	分包出去工程的产值 Output Value of Out-sourced Projects	从建设单位以外承揽工程完成的产值 Completed Output Value of Projects Contracted from Non-investors
63325	59243	56956	2287	1840
27538	26421	26421		1840
35787	32822	30535	2287	
35787	32822	30535	2287	
47138	43459	41901	1558	
47138	43459	41901	1558	
12840	11633	11587	47	
10610	7314	7314		
23687	24512	23001	1512	
1602815	1478650	1477970	680	
112415	118575	106242	12333	486
2800270	2731084	2648208	82876	89755
83723	83723	13679	70043	
1792756	1733600	1618846	114754	31308
1899256	1830103	1782845	47258	39120
872256	792129	788208	3921	18099
34954	56200	56200		1714
4594805	4407394	4241461	165932	90241
4417	4638	4638		
703154	595369	595369		
976091	965778	952765	13013	486
2919978	2850885	2697966	152919	89755
3451482	3330597	3199503	131094	44804
656253	620604	586890	33714	35734
491487	460830	459706	1124	9703
4353861	4142008	3979921	162088	88347
154834	125480	125480		
2034768	2044521	1999811	44711	35418
1770826	1654628	1537251	117377	40652
393432	317379	317379		12277
245361	270024	266179	3845	1894
92979	134791	134745	47	183
104118	89358	85559	3798	1657
48265	45875	45875		54

7—4 房屋建筑施工面积及竣工面积

单位:平方米 （2019）

指 标	Item	房屋建筑施工面积 Floor Space of Buildings Under Construction
总 计	**Total**	**14935905**
一、二级企业	First and Second Grade	14510065
按地区分	**Grouped by County**	
市 区	City	14083657
兴庆区	Xingqing	6953777
西夏区	Xixia	2920095
金凤区	Jinfeng	4209785
永宁县	Yongning	115999
贺兰县	Helan	525457
灵武市	Lingwu	210792
按登记注册类型分	**Grouped by Status of Registration**	
内资企业	Domestic Funded	14935905
国有企业	State-owned Enterprises	472380
集体企业	Collective-owned Enterprises	69771
有限责任公司	Limited Liabilities Corporations	9521710
国有独资公司	State Sole Funded Corporations	6408673
其他有限责任公司	Other Limited Liabilities Corporations	3113037
股份有限公司	Share-holding Corporations Limited	
私营企业	Share-holding Corporations Limited	4872044
私营有限责任公司	Private Limited Liabilities Corporations	4813417
私营股份有限公司	Private Share-holding Corporations Ltd.	58627
外商投资企业	Foreign Funded	
中外合资经营企业	Domestic and Foreign Joint Funded Enterprises	
按国民经济行业分(2017)	**Grouped by Sector(2017)**	
房屋建筑业	House Building	14369283
住宅房屋建筑	Residential Building	14369283
其他房屋建筑业	Other Housing Construction	
土木工程建筑业	Civil Engineering	564822
铁路、道路、隧道和桥梁工程建筑	Railway, Road, Tunnel and Bridge	167159
公路工程建筑	Road	
市政道路工程建筑	Municipal Works	167159
水利和水运工程建筑	Water Conservancy and Water Transportation Projects	19774
水源及供水设施工程建筑	Construction of Water Source and Supply Water Facility	19774
工矿工程建筑	Mining	
架线和管道工程建筑	Frame Line and Pipeline	357199
架线及设备工程建筑	Frame Line Equipment Engineering	357199
节能环保工程施工	Energy-saving and Environmental Engineering	
环保工程施工	Environmental Engineering Construction	
电力工程施工	Power engineering construction	
火力发电工程施工	Thermal power plant construction	
其他土木工程建筑	Other Civil Engineering Buildings	20690
园林绿化工程施工	Landscaping Project Construction	20690
其他土木工程建筑施工	Other Civil Engineering Construction	

Floor Space of Buildings Constructed and Completed

(sq.m)

本年新开工面积 Floor Space of New Buildings in This Year	房屋建筑竣工面积 Floor Space of Buildings Completed	住宅房屋 Residence	商业及服务用房屋 Business and Service
7388924	**4286712**	**2534973**	**232629**
7253994	4125048	2379847	226202
7208868	3826692	2351347	192063
4326353	2218891	1676784	26790
1118368	865509	291247	131214
1764147	742292	383316	34059
32207	110335		21724
67505	206092	68232	18842
80344	143593	115394	
7388924	4286712	2534973	232629
311517	56329		
22015	66772	66772	
4891708	2711192	1376062	208603
3500396	2083649	1026773	136199
1391312	627543	349289	72404
2163684	1452419	1092139	24026
2163684	1405518	1045238	24026
	46901	46901	
7037603	4229325	2534973	232001
7037603	4229325	2534973	232001
349521	56309		
15890	2862		
15890	2862		
6540	19774		
6540	19774		
311014	17665		
311014	17665		
16077	16008		
16077	16008		

7—4 续表 1

单位:平方米 (2019)

指 标	Item	商厦房屋(批发和零售用房) Commercial (wholesale and retailtrade)
总 计	**Total**	**102584**
一、二级企业	First and Second Grade	99290
按地区分	**Grouped by County**	
市 区	City	80860
兴庆区	Xingqing	3294
西夏区	Xixia	44652
金凤区	Jinfeng	32914
永宁县	Yongning	21724
贺兰县	Helan	
灵武市	Lingwu	
按登记注册类型分	**Grouped by Status of Registration**	
内资企业	Domestic Funded	102584
国有企业	State-owned Enterprises	
集体企业	Collective-owned Enterprises	
有限责任公司	Limited Liabilities Corporations	98923
国有独资公司	State Sole Funded Corporations	45782
其他有限责任公司	Other Limited Liabilities Corporations	53141
股份有限公司	Share-holding Corporations Limited	
私营企业	Share-holding Corporations Limited	3661
私营有限责任公司	Private Limited Liabilities Corporations	3661
私营股份有限公司	Private Share-holding Corporations Ltd.	
外商投资企业	Foreign Funded	
中外合资经营企业	Domestic and Foreign Joint Funded Enterprises	
按国民经济行业分(2017)	**Grouped by Sector(2017)**	
房屋建筑业	House Building	102217
住宅房屋建筑	Residential Building	102217
其他房屋建筑业	Other Housing Construction	
土木工程建筑业	Civil Engineering	
铁路、道路、隧道和桥梁工程建筑	Railway, Road, Tunnel and Bridge	
公路工程建筑	Road	
市政道路工程建筑	Municipal Works	
水利和水运工程建筑	Water Conservancy and Water Transportation Projects	
水源及供水设施工程建筑	Construction of Water Source and Supply Water Facility	
工矿工程建筑	Mining	
架线和管道工程建筑	Frame Line and Pipeline	
架线及设备工程建筑	Frame Line Equipment Engineering	
节能环保工程施工	Energy-saving and Environmental Engineering	
环保工程施工	Environmental Engineering Construction	
电力工程施工	Power engineering construction	
火力发电工程施工	Thermal power plant construction	
其他土木工程建筑	Other Civil Engineering Buildings	
园林绿化工程施工	Landscaping Project Construction	
其他土木工程建筑施工	Other Civil Engineering Construction	

continued

(sq.m)

宾馆用房屋(住宿用房) Hotel(hoteling)	餐饮用房屋(餐饮用房) Catering (catering services)	商务会展用房屋 Commercial Exhibition	其他商业及服务用房屋 (居民服务业用房) Other Business and Service (other services)
261		**33720**	**96064**
261		33720	92931
261		33720	77222
			23496
		33720	52842
261			884
			18842
261		33720	96064
		33720	75960
		33720	56697
			19263
261			20104
261			20104
		33720	96064
		33720	96064

7—4　续表 2

单位:平方米　　　　(2019)

指　标	Item	房屋建筑施工面积 Floor Space of Buildings Under Construction
建筑安装业	Construction Installation	1800
电气安装	Electric Installation	1800
其他建筑安装业	Other Construction Installation	
其他建筑安装	Other Building Installation	
建筑装饰、装修和其他建筑业	Construction, Decoration and Other Construction	
建筑装饰和装修业	Construction and Decoration	
公共建筑装饰和装修	Decoration and Decoration of Public Buildings	
住宅装饰和装修	Home decoration and decoration	
建筑幕墙装饰和装修	Decoration and Decoration of Building Curtain Walls	
按控股情况分	**Grouped by Controlling Stake**	
国有控股	State-owned	6881053
集体控股	Collective-owned	69771
私人控股	Private	7985081
外商控股	Foreign	
按企业规模分	**Grouped by Enterprises Scale**	
大型	Large-Scale	5263257
中型	Medium-Scale	8098823
小型	Small-Scale	1023212
微型	Miniatrue	550613
按营业状况分	**Grouped by Operating Status**	
营业	Operating	14935905
停业(歇业)	Closed(out of business)	
当年注销	The Cancellation	
按隶属关系分	**By affiliation**	
中央	The center	1008100
地方	This place	5942724
其他	In the news	7985081
按会计准则分	**Grouped by Accounting Standards**	
企业会计准则	Accounting Standards for Business Enterprises	11186531
小企业会计准则	Accounting Standards for Small Business Enterprises	1557049
其他企业会计制度	Others	2192325
按企业资质等级分	**Grouped by Qualification Criteria**	
施工总承包	General Contractors	14861063
特级	Special Grade	859833
一级	First Grade	7463630
二级	Second Grade	6111760
三级及以下	Third Grade and Below	425840
专业承包	Professional Contractors	74842
一级	First Grade	4768
二级	Second Grade	70074
三级及以下	Third Grade and Below	

continued

(sq.m)

本年新开工面积 Floor Space of New Buildings in This Year	房屋建筑竣工面积 Floor Space of Buildings Completed	住宅房屋 Residence	商业及服务用房屋 Businessand Service
1800			
1800			
	1078		628
	1078		628
	1078		628
3811913	2139978	1026773	136199
22015	66772	66772	
3554996	2079962	1441428	96430
2812489	1992539	942460	132098
4042554	1711518	1141819	53513
526001	474430	342469	47018
7880	108225	108225	
7388924	4286712	2534973	232629
702663	91325		
3131265	2115425	1093545	136199
3554996	2079962	1441428	96430
5607748	3350256	1871389	170540
695091	425701	357985	8115
1086085	510755	305599	53974
7315875	4280021	2532212	232001
318345	201926	72638	884
3882729	2735886	1609976	150477
2979871	1180545	694472	74213
134930	161664	155126	6427
73049	6691	2761	628
2975	2852		
70074	3839	2761	628

7—4　续表 3

单位:平方米　　　　（2019）

指　标	Item	商厦房屋（批发和零售用房）Commercial（wholesale and retailtrade）
建筑安装业	Construction Installation	
电气安装	Electric Installation	
其他建筑安装业	Other Construction Installation	
其他建筑安装	Other Building Installation	
建筑装饰、装修和其他建筑业	Construction, Decoration and Other Construction	367
建筑装饰和装修业	Construction and Decoration	367
公共建筑装饰和装修	Decoration and Decoration of Public Buildings	
住宅装饰和装修	Home decoration and decoration	
建筑幕墙装饰和装修	Decoration and Decoration of Building Curtain Walls	367
按控股情况分	**Grouped by Controlling Stake**	
国有控股	State-owned	45782
集体控股	Collective-owned	
私人控股	Private	56802
外商控股	Foreign	
按企业规模分	**Grouped by Enterprises Scale**	
大型	Large-Scale	44652
中型	Medium-Scale	22854
小型	Small-Scale	35078
微型	Miniatrue	
按营业状况分	**Grouped by Operating Status**	
营业	Operating	102584
停业(歇业)	Closed(out of business)	
当年注销	The Cancellation	
按隶属关系分	**By affiliation**	
中央	The center	
地方	This place	45782
其他	In the news	56802
按会计准则分	**Grouped by Accounting Standards**	
企业会计准则	Accounting Standards for Business Enterprises	67506
小企业会计准则	Accounting Standards for Small Business Enterprises	367
其他企业会计制度	Others	34711
按企业资质等级分	**Grouped by Qualification Criteria**	
施工总承包	General Contractors	102217
特级	Special Grade	
一级	First Grade	44652
二级	Second Grade	54271
三级及以下	Third Grade and Below	3294
专业承包	Professional Contractors	367
一级	First Grade	
二级	Second Grade	367
三级及以下	Third Grade and Below	

continued

(sq.m)

宾馆用房屋(住宿用房) Hotel(hoteling)	餐饮用房屋(餐饮用房) Catering (catering services)	商务会展用房屋 Commercial Exhibition	其他商业及服务用房屋(居民服务业用房) Other Business and Service (other services)
261			
261			
261			
		33720	56697
261			39367
		33720	53726
			30659
261			11679
261		33720	96064
		33720	56697
261			39367
		33720	69314
261			7487
			19263
		33720	96064
			884
		33720	72105
			19942
			3133
261			
261			

7—4 续表 4

单位:平方米 （2019）

指 标	Item	办公用房屋 Offices	科研、教育、医疗用房屋 Scientific Research, Education and Medical
总 计	**Total**	**160313**	**680499**
一、二级企业	First and Second Grade	160313	680499
按地区分	**Grouped by County**		
市 区	City	127625	617968
兴庆区	Xingqing	3874	273663
西夏区	Xixia	71115	204272
金凤区	Jinfeng	52636	140033
永宁县	Yongning	4425	43539
贺兰县	Helan	28263	3089
灵武市	Lingwu		15903
按登记注册类型分	**Grouped by Status of Registration**		
内资企业	Domestic Funded	160313	680499
国有企业	State-owned Enterprises		
集体企业	Collective-owned Enterprises		
有限责任公司	Limited Liabilities Corporations	120307	503958
国有独资公司	State Sole Funded Corporations	102871	427595
其他有限责任公司	Other Limited Liabilities Corporations	17436	76363
股份有限公司	Share-holding Corporations Limited		
私营企业	Share-holding Corporations Limited	40006	176541
私营有限责任公司	Private Limited Liabilities Corporations	40006	176541
私营股份有限公司	Private Share-holding Corporations Ltd.		
外商投资企业	Foreign Funded		
中外合资经营企业	Domestic and Foreign Joint Funded Enterprises		
按国民经济行业分(2017)	**Grouped by Sector(2017)**		
房屋建筑业	House Building	160313	661629
住宅房屋建筑	Residential Building	160313	661629
其他房屋建筑业	Other Housing Construction		
土木工程建筑业	Civil Engineering		18870
铁路、道路、隧道和桥梁工程建筑	Railway, Road, Tunnel and Bridge		2862
公路工程建筑	Road		
市政道路工程建筑	Municipal Works		2862
水利和水运工程建筑	Water Conservancy and Water Transportation Projects		
水源及供水设施工程建筑	Construction of Water Source and Supply Water Facility		
工矿工程建筑	Mining		
架线和管道工程建筑	Frame Line and Pipeline		
架线及设备工程建筑	Frame Line Equipment Engineering		
节能环保工程施工	Energy-saving and Environmental Engineering		
环保工程施工	Environmental Engineering Construction		
电力工程施工	Power engineering construction		
火力发电工程施工	Thermal power plant construction		
其他土木工程建筑	Other Civil Engineering Buildings		16008
园林绿化工程施工	Landscaping Project Construction		16008
其他土木工程建筑施工	Other Civil Engineering Construction		

continued

(sq.m)

科学研究用房屋 Scientific Research	教育用房屋 Education	医疗用房屋(卫生医疗用房) Medical(health and medical)	文化、体育、娱乐用房屋 Culture,Sports and Entertainment	厂房及建筑物 Workshop and Buildings	厂房 Workshop	仓库 Warehouse	其他未列明的房屋建筑物 Other Buildings
26724	**549429**	**104346**	**72171**	**492682**	**295983**	**36555**	**76890**
26724	549429	104346	72171	492682	295983	36555	76779
26724	486898	104346	72171	363664	234695	33028	68826
	231356	42307	31274	170605	116465	32914	2987
17028	136634	50610	18825	86706	30402		62130
9696	118908	11429	22072	106353	87828	114	3709
	43539			38831		1816	
	3089			78209	61288	1504	7953
	15903			11978		207	111
26724	549429	104346	72171	492682	295983	36555	76890
			5002	2852	2852		48475
26724	413148	64086	61062	393045	218287	32914	15241
26724	336785	64086	61062	315494	213145		13655
	76363			77551	5142	32914	1586
	136281	40260	6107	96785	74844	3641	13174
	136281	40260	6107	96785	74844	3641	13174
26724	530559	104346	71721	455243	258544	36555	76890
26724	530559	104346	71721	455243	258544	36555	76890
	18870			37439	37439		
	2862						
	2862						
				19774	19774		
				19774	19774		
				17665	17665		
				17665	17665		
	16008						
	16008						

7—4 续表 5

单位:平方米 （2019）

指 标	Item	办公用房屋 Offices	科研、教育、医疗用房屋 Scientific Research, Education and Medical
建筑安装业	Construction Installation		
电气安装	Electric Installation		
其他建筑安装业	Other Construction Installation		
其他建筑安装	Other Building Installation		
建筑装饰、装修和其他建筑业	Construction, Decoration and Other Construction		
建筑装饰和装修业	Construction and Decoration		
公共建筑装饰和装修	Decoration and Decoration of Public Buildings		
住宅装饰和装修	Home decoration and decoration		
建筑幕墙装饰和装修	Decoration and Decoration of Building Curtain Walls		
按控股情况分	**Grouped by Controlling Stake**		
国有控股	State-owned	102871	427595
集体控股	Collective-owned		
私人控股	Private	57442	252904
外商控股	Foreign		
按企业规模分	**Grouped by Enterprises Scale**		
大型	Large-Scale	102071	427595
中型	Medium-Scale	50587	227865
小型	Small-Scale	7655	25039
微型	Miniatrue		
按营业状况分	**Grouped by Operating Status**		
营业	Operating	160313	680499
停业(歇业)	Closed(out of business)		
当年注销	The Cancellation		
按隶属关系分	**By affiliation**		
中央	The center	28263	
地方	This place	74608	427595
其他	In the news	57442	252904
按会计准则分	**Grouped by Accounting Standards**		
企业会计准则	Accounting Standards for Business Enterprises	146537	586741
小企业会计准则	Accounting Standards for Small Business Enterprises	4400	25251
其他企业会计制度	Others	9376	68507
按企业资质等级分	**Grouped by Qualification Criteria**		
施工总承包	General Contractors	160313	680499
特级	Special Grade	2693	69062
一级	First Grade	124366	431909
二级	Second Grade	33254	179528
三级及以下	Third Grade and Below		
专业承包	Professional Contractors		
一级	First Grade		
二级	Second Grade		
三级及以下	Third Grade and Below		

continued

(sq.m)

科学研究用房屋 Scientific Research	教育用房屋 Education	医疗用房屋（卫生医疗用房） Medical (health and medical)	文化、体育、娱乐用房屋 Culture,Sports and Entertainment	厂房及建筑物 Workshop and Buildings	厂房 Workshop	仓库 Warehouse	其他未列明的房屋建筑物 Other Buildings
			450				
			450				
			450				
26724	336785	64086	66064	318346	215997		62130
	212644	40260	6107	174336	79986	36555	14760
26724	336785	64086	61062	313598	211249		13655
	194034	33831	10571	139423	70988	33028	54712
	18610	6429	538	39661	13746	3527	8523
26724	549429	104346	72171	492682	295983	36555	76890
				63062	49557		
26724	336785	64086	66064	255284	166440		62130
	212644	40260	6107	174336	79986	36555	14760
26724	456432	103585	66264	437839	271643	1711	69235
	25251		450	23126	5500	1930	4444
	67746	761	5457	31717	18840	32914	3211
26724	549429	104346	71721	489830	293131	36555	76890
9696	54366	5000	16165	40484	40484		
17028	332742	82139	44897	326106	202157	32914	15241
	162321	17207	10659	123240	50490	3641	61538
							111
			450	2852	2852		
				2852	2852		
			450				

7—5 房屋建筑竣工价值

单位:万元 （2019）

指 标	Item	竣工房屋价值 Output Value of Buildings Completed	住宅房屋 Residence
总 计	**Total**	**824717**	**393850**
一、二级企业	First and Second Grade	793952	365291
按地区分	**Grouped by County**		
市 区	City	742449	365780
兴庆区	Xingqing	389542	269101
西夏区	Xixia	181572	31439
金凤区	Jinfeng	171336	65240
永宁县	Yongning	28545	
贺兰县	Helan	30281	11675
灵武市	Lingwu	23442	16395
按登记注册类型分	**Grouped by Status of Registration**		
内资企业	Domestic Funded	824717	393850
国有企业	State-owned Enterprises	15314	
集体企业	Collective-owned Enterprises	10012	10012
有限责任公司	Limited Liabilities Corporations	540296	219279
国有独资公司	State Sole Funded Corporations	411099	156330
其他有限责任公司	Other Limited Liabilities Corporations	129197	62949
股份有限公司	Share-holding Corporations Limited		
私营企业	Share-holding Corporations Limited	259096	164560
私营有限责任公司	Private Limited Liabilities Corporations	254440	159904
私营股份有限公司	Private Share-holding Corporations Ltd.	4656	4656
外商投资企业	Foreign Funded		
中外合资经营企业	Domestic and Foreign Joint Funded Enterprises		
按国民经济行业分(2017)	**Grouped by Sector(2017)**		
房屋建筑业	House Building	802974	393850
住宅房屋建筑	Residential Building	802974	393850
其他房屋建筑业	Other Housing Construction		
土木工程建筑业	Civil Engineering	21635	
铁路、道路、隧道和桥梁工程建筑	Railway, Road, Tunnel and Bridge	1075	
公路工程建筑	Road		
市政道路工程建筑	Municipal Works	1075	
水利和水运工程建筑	Water Conservancy and Water Transportation Projects	4746	
水源及供水设施工程建筑	Construction of Water Source and Supply Water Facility	4746	
工矿工程建筑	Mining		
架线和管道工程建筑	Frame Line and Pipeline	12302	
架线及设备工程建筑	Frame Line Equipment Engineering	12302	
节能环保工程施工	Energy-saving and Environmental Engineering		
环保工程施工	Environmental Engineering Construction		
电力工程施工	Power engineering construction		
火力发电工程施工	Thermal power plant construction		
其他土木工程建筑	Other Civil Engineering Buildings	3512	
园林绿化工程施工	Landscaping Project Construction	3512	
其他土木工程建筑施工	Other Civil Engineering Construction		

Output Value of Floor Space of Buildings Completed

(10 000 yuan)

商业及服务用房屋 Business and Service	商厦房屋（批发和零售用房） Commercial(wholesale and retail trade)	宾馆用房屋（住宿用房） Hotel (hoteling)	餐饮用房屋（餐饮用房） Catering (catering services)	商务会展用房屋 Commercial Exhibition	其他商业及服务用房屋（居民服务业用房） Other Business and Service (other services)	办公用房屋 Offices
53205	**23894**	**26**		**7659**	**21626**	**37408**
51032	22663	26		7659	20684	37408
46686	19788	26		7659	19213	30071
9744	1232				8513	987
29147	11010			7659	10478	15304
7794	7546	26			222	13780
4107	4107					1385
2412					2412	5952
53205	23894	26		7659	21626	37408
49524	22626			7659	19239	27463
31694	12501			7659	11534	22712
17830	10125				7705	4751
3681	1269	26			2387	9945
3681	1269	26			2387	9945
53142	23858			7659	21626	37408
53142	23858			7659	21626	37408

7—5 续表 1

单位:万元 （2019）

指 标	Item	竣工房屋价值 Output Value of Buildings Completed	住宅房屋 Residence
建筑安装业	Construction Installation		
电气安装	Electric Installation		
其他建筑安装业	Other Construction Installation		
其他建筑安装	Other Building Installation		
建筑装饰、装修和其他建筑业	Construction, Decoration and Other Construction	108	
建筑装饰和装修业	Construction and Decoration	108	
公共建筑装饰和装修	Decoration and Decoration of Public Buildings		
住宅装饰和装修	Home decoration and decoration		
建筑幕墙装饰和装修	Decoration and Decoration of Building Curtain Walls	108	
按控股情况分	**Grouped by Controlling Stake**		
国有控股	State-owned	426413	156330
集体控股	Collective-owned	10012	10012
私人控股	Private	388293	227509
外商控股	Foreign		
按企业规模分	**Grouped by Enterprises Scale**		
大型	Large-Scale	398539	147579
中型	Medium-Scale	313302	161131
小型	Small-Scale	88974	61237
微型	Miniatrue	23903	23903
按营业状况分	**Grouped by Operating Status**		
营业	Operating	824717	393850
停业(歇业)	Closed(out of business)		
当年注销	The Cancellation		
按隶属关系分	**By affiliation**		
中央	The center	24161	
地方	This place	412264	166341
其他	In the news	388293	227509
按会计准则分	**Grouped by Accounting Standards**		
企业会计准则	Accounting Standards for Business Enterprises	662050	293427
小企业会计准则	Accounting Standards for Small Business Enterprises	78543	64993
其他企业会计制度	Others	84124	35431
按企业资质等级分	**Grouped by Qualification Criteria**		
施工总承包	General Contractors	816153	393173
特级	Special Grade	50312	9562
一级	First Grade	529603	255915
二级	Second Grade	205472	99137
三级及以下	Third Grade and Below	30765	28559
专业承包	Professional Contractors	8565	677
一级	First Grade	7780	
二级	Second Grade	785	677
三级及以下	Third Grade and Below		

continued

(10 000 yuan)

商业及服务用房屋 Business and Service	商厦房屋（批发和零售用房） Commercial (wholesale and retail trade)	宾馆用房屋（住宿用房） Hotel (hoteling)	餐饮用房屋（餐饮用房） Catering (catering services)	商务会展用房屋 Commercial Exhibition	其他商业及服务用房屋（居民服务业用房） Other Business and Service (other services)	办公用房屋 Offices
63	37	26				
63	37	26				
63	37	26				
31694	12501			7659	11534	22712
21511	11393	26			10092	14696
29370	11010			7659	10701	22496
15101	5598				9503	13275
8735	7287	26			1422	1637
53205	23894	26		7659	21626	37408
						5952
31694	12501			7659	11534	16760
21511	11393	26			10092	14696
36980	16608			7659	12713	33746
1270	37	26			1207	823
14955	7250				7705	2839
53142	23858			7659	21626	37408
222					222	1240
36853	11010			7659	18183	27871
13894	11616				2278	8297
2173	1232				941	
63	37	26				
63	37	26				

7—5 续表 2

单位:万元 (2019)

指 标	Item	科研、教育、医疗用房屋 Scientific Research, Education and Medical	科学研究用房屋 Scientific Research
总 计	**Total**	**170175**	**10457**
一、二级企业	First and Second Grade	170175	10457
按地区分	**Grouped by County**		
市 区	City	152099	10457
兴庆区	Xingqing	46975	
西夏区	Xixia	60678	7862
金凤区	Jinfeng	44446	2595
永宁县	Yongning	11983	
贺兰县	Helan	682	
灵武市	Lingwu	5411	
按登记注册类型分	**Grouped by Status of Registration**		
内资企业	Domestic Funded	170175	10457
国有企业	State-owned Enterprises		
集体企业	Collective-owned Enterprises		
有限责任公司	Limited Liabilities Corporations	118688	10457
国有独资公司	State Sole Funded Corporations	99658	10457
其他有限责任公司	Other Limited Liabilities Corporations	19030	
股份有限公司	Share-holding Corporations Limited		
私营企业	Share-holding Corporations Limited	51487	
私营有限责任公司	Private Limited Liabilities Corporations	51487	
私营股份有限公司	Private Share-holding Corporations Ltd.		
外商投资企业	Foreign Funded		
中外合资经营企业	Domestic and Foreign Joint Funded Enterprises		
按国民经济行业分(2017)	**Grouped by Sector(2017)**		
房屋建筑业	House Building	165587	10457
住宅房屋建筑	Residential Building	165587	10457
其他房屋建筑业	Other Housing Construction		
土木工程建筑业	Civil Engineering	4587	
铁路、道路、隧道和桥梁工程建筑	Railway, Road, Tunnel and Bridge	1075	
公路工程建筑	Road		
市政道路工程建筑	Municipal Works	1075	
水利和水运工程建筑	Water Conservancy and Water Transportation Projects		
水源及供水设施工程建筑	Construction of Water Source and Supply Water Facility		
工矿工程建筑	Mining		
架线和管道工程建筑	Frame Line and Pipeline		
架线及设备工程建筑	Frame Line Equipment Engineering		
节能环保工程施工	Energy-saving and Environmental Engineering		
环保工程施工	Environmental Engineering Construction		
电力工程施工	Power engineering construction		
火力发电工程施工	Thermal power plant construction		
其他土木工程建筑	Other Civil Engineering Buildings	3512	
园林绿化工程施工	Landscaping Project Construction	3512	
其他土木工程建筑施工	Other Civil Engineering Construction		

continued

(10 000 yuan)

教育用房屋 Education	医疗用房屋（卫生医疗用房） Medical(health and medical)	文化、体育、娱乐用房屋 Culture,Sports and Entertainment	厂房及建筑物 Workshop and Buildings	厂房 Workshop	仓库 Warehouse	其他未列明的房屋建筑物 Other Buildings
124696	**35022**	**24317**	**124370**	**75512**	**5076**	**16318**
124696	35022	24317	124370	75512	5076	16285
106619	35022	24317	104069	70266	4949	14479
30556	16419	11515	44896	30870	4937	1387
37633	15184	3999	28525	10532		12480
38431	3420	8804	30649	28864	12	612
11983			11030		41	
682			7694	5245	60	1805
5411			1576		26	33
124696	35022	24317	124370	75512	5076	16318
		391	7780	7780		7144
87745	20486	22126	92248	45857	4937	6032
68716	20486	22126	73244	45086		5336
19030			19005	771	4937	696
36950	14537	1801	24341	21874	139	3142
36950	14537	1801	24341	21874	139	3142
120108	35022	24272	107321	58464	5076	16318
120108	35022	24272	107321	58464	5076	16318
4587			17048	17048		
1075						
1075						
			4746	4746		
			4746	4746		
			12302	12302		
			12302	12302		
3512						
3512						

7—5 续表3

单位:万元 （2019）

指标	Item	科研、教育、医疗用房屋 Scientific Research, Education and Medical	科学研究用房屋 Scientific Research
建筑安装业	Construction Installation		
电气安装	Electric Installation		
其他建筑安装业	Other Construction Installation		
其他建筑安装	Other Building Installation		
建筑装饰、装修和其他建筑业	Construction, Decoration and Other Construction		
建筑装饰和装修业	Construction and Decoration		
公共建筑装饰和装修	Decoration and Decoration of Public Buildings		
住宅装饰和装修	Home decoration and decoration		
建筑幕墙装饰和装修	Decoration and Decoration of Building Curtain Walls		
按控股情况分	**Grouped by Controlling Stake**		
国有控股	State-owned	99658	10457
集体控股	Collective-owned		
私人控股	Private	70516	
外商控股	Foreign		
按企业规模分	**Grouped by Enterprises Scale**		
大型	Large-Scale	99658	10457
中型	Medium-Scale	64255	
小型	Small-Scale	6261	
微型	Miniatrue		
按营业状况分	**Grouped by Operating Status**		
营业	Operating	170175	10457
停业(歇业)	Closed(out of business)		
当年注销	The Cancellation		
按隶属关系分	**By affiliation**		
中央	The center		
地方	This place	99658	10457
其他	In the news	70516	
按会计准则分	**Grouped by Accounting Standards**		
企业会计准则	Accounting Standards for Business Enterprises	144741	10457
小企业会计准则	Accounting Standards for Small Business Enterprises	7910	
其他企业会计制度	Others	17524	
按企业资质等级分	**Grouped by Qualification Criteria**		
施工总承包	General Contractors	170175	10457
特级	Special Grade	25431	2595
一级	First Grade	95354	7862
二级	Second Grade	49389	
三级及以下	Third Grade and Below		
专业承包	Professional Contractors		
一级	First Grade		
二级	Second Grade		
三级及以下	Third Grade and Below		

continued

(10 000 yuan)

教育用房屋 Education	医疗用房屋（卫生医疗用房）Medical(health and medical)	文化、体育、娱乐用房屋 Culture,Sports and Entertainment	厂房及建筑物 Workshop and Buildings	厂房 Workshop	仓库 Warehouse	其他未列明的房屋建筑物 Other Buildings
		45				
		45				
		45				
68716	20486	22516	81024	52866		12480
55980	14537	1801	43346	22646	5076	3838
68716	20486	22126	71974	43816		5336
51658	12597	2123	43935	29782	4949	8533
4322	1940	68	8461	1914	127	2448
124696	35022	24317	124370	75512	5076	16318
			18209	16442		
68716	20486	22516	62815	36424		12480
55980	14537	1801	43346	22646	5076	3838
99460	34824	22545	115469	69972	86	15056
7910		45	2784	1238	53	667
17326	198	1727	6117	4303	4937	595
124696	35022	24272	116590	67732	5076	16318
21356	1480	7032	6825	6825		
59425	28068	15094	87547	53762	4937	6032
43915	5474	2146	22217	7144	139	10253
						33
		45	7780	7780		
			7780	7780		
		45				

7—6 建筑业企业自有施工机械设备及劳动人员情况

（2019）

指 标	Item	年末自有施工机械设备净值(万元) Net Value of Machinery and Equipment Owned at Year-end (10 000 yuan)
总 计	**Total**	**33364**
一、二级企业	First and Second Grade	28620
按地区分	**Grouped by County**	
市 区	City	26397
兴庆区	Xingqing	15949
西夏区	Xixia	612
金凤区	Jinfeng	9836
永宁县	Yongning	15
贺兰县	Helan	4456
灵武市	Lingwu	2496
按登记注册类型分	**Grouped by Status of Registration**	
内资企业	Domestic Funded	33364
国有企业	State-owned Enterprises	2428
集体企业	Collective-owned Enterprises	
有限责任公司	Limited Liabilities Corporations	10019
国有独资公司	State Sole Funded Corporations	4043
其他有限责任公司	Other Limited Liabilities Corporations	5976
股份有限公司	Share-holding Corporations Limited	2931
私营企业	Private Enterprises	17987
私营有限责任公司	Private Limited Liabilities Corporations	17277
私营股份有限公司	Private Share-holding Corporations Ltd.	710
外商投资企业	Foreign Funded	
中外合资经营企业	Domestic and Foreign Joint Funded Enterprises	
按国民经济行业分(2017)	**Grouped by Sector(2017)**	
房屋建筑业	House Building	14265
住宅房屋建筑	Residential Building	13049
其他房屋建筑业	Other Housing construction	1216
土木工程建筑业	Civil Engineering	18880
铁路、道路、隧道和桥梁工程建筑	Railway, Road, Tunnel and Bridge	9000
公路工程建筑	Road	3949
市政道路工程建筑	Municipal Works	5052
水利和水运工程建筑	Water Conservancy and Water Transportation Projects	1925
水源及供水设施工程建筑	Construction of Water Source and Supply Water Facility	1925
工矿工程建筑	Mining	282
架线和管道工程建筑	Frame Line and Pipeline	6690
架线及设备工程建筑	Frame Line Equipment Engineering	6690
节能环保工程施工	Energy-saving and Environmental Engineering	
环保工程施工	Environmental Engineering Construction	
电力工程施工	Power engineering construction	
火力发电工程施工	Thermal power plant construction	
其他土木工程建筑	Other Civil Engineering Buildings	984
园林绿化工程施工	Landscaping Project Construction	935
其他土木工程建筑施工	Other Civil Engineering Construction	48

Machinery and Equipment Owned and Employed Persons by Construction Enterprises

年末自有施工机械设备总台数(台) Number of Machinery and Equipment Owned (set)	年末自有施工机械设备总功率(千瓦) Total Power of Machinery and Equipment Owned (kw)	从事建筑业活动的平均人数(人) Average Number of People Engaged in the Construction Industry (person)	期末从业人员数(人) Number of Employed Persons at Year-end (person)	工程技术人员(人) Engineering Persons (person)	现场施工人员(人) Site Construction Persons (person)
8458	**218048**	**150333**	**73033**	**15391**	**27445**
7794	196033	131617	61823	13021	23637
6818	171548	130865	60448	13868	26257
3958	105031	59460	29116	6408	13375
552	10848	11594	8025	1307	6076
2308	55669	59811	23307	6153	6806
9	85	1073	311	224	35
1287	41652	15217	9503	943	401
344	4763	3178	2771	356	752
8458	218048	149843	72547	15271	27075
240	8964	3259	1399	238	644
		155	95	79	16
4508	82174	48657	28547	4375	14198
2101	42997	36750	23402	3034	13304
2407	39177	11907	5145	1341	894
80	4002	1000	1000	450	
3630	122908	96772	41506	10129	12217
3605	120346	88607	40616	9796	11714
25	2562	8165	890	333	503
		490	486	120	370
		490	486	120	370
4739	130225	98379	44050	8952	14016
4612	127035	97218	43051	8646	13904
127	3190	1161	999	306	112
3449	86649	48010	26304	5704	12691
737	42549	21506	5274	1808	1710
120	8037	10160	1671	828	132
617	34512	11346	3603	980	1578
273	9190	9720	6043	1530	2654
273	9190	9720	6043	1530	2654
308	3238	1059	1029	251	756
1927	27834	10981	10854	1307	7309
1927	27834	10981	10854	1307	7309
		67	22	7	5
		67	22	7	5
		80	80	14	
		80	80	14	
204	3838	4597	3002	787	257
30	1666	4188	2695	705	151
174	2172	409	307	82	106

7—6 续表 1

(2019)

指 标	Item	年末自有施工机械设备净值(万元) Net Value of Machinery and Equipment Owned at Year-end (10 000 yuan)
建筑安装业	Construction Installation	21
电气安装	Electric Installation	14
其他建筑安装业	Other Construction Installation	6
其他建筑安装	Other Building Installation	6
建筑装饰、装修和其他建筑业	Construction, Decoration and Other Construction	199
建筑装饰和装修业	Construction and Decoration	199
公共建筑装饰和装修	Decoration and Decoration of Public Buildings	153
住宅装饰和装修	Home decoration and decoration	
建筑幕墙装饰和装修	Decoration and Decoration of Building Curtain Walls	46
按控股情况分	**Grouped by Controlling Stake**	
国有控股	State-owned	6492
集体控股	Collective-owned	3174
私人控股	Private	23699
外商控股	Foreign	
按企业规模分	**Grouped by Enterprises Scale**	
大型	Large-Scale	6143
中型	Medium-Scale	13269
小型	Small-Scale	13532
微型	Miniatrue	421
按营业状况分	**Grouped by Operating Status**	
营业	Operating	33218
停业(歇业)	Turn O(f out of business)	146
当年注销	The Cancellation	
按隶属关系分	**By affiliation**	
中央	The center	5277
地方	This place	4310
其他	In the news	23778
按会计准则分	**Grouped by Accounting Standards**	
企业会计准则	Accounting Standards for Business Enterprises	20312
小企业会计准则	Accounting Standards for Small Business Enterprises	7330
其他企业会计制度	Others	5722
按企业资质等级分	**Grouped by Qualification Criteria**	
施工总承包	General Contractors	28937
特 级	Special Grade	131
一 级	First Grade	7801
二 级	Second Grade	16448
三级及以下	Third Grade and Below	4556
专业承包	Professional Contractors	4428
一 级	First Grade	2230
二 级	Second Grade	2009
三级及以下	Third Grade and Below	189

continued

年末自有施工机械设备总台数(台) Number of Machinery and Equipment Owned (set)	年末自有施工机械设备总功率(千瓦) Total Power of Machinery and Equipment Owned (kw)	从事建筑业活动的平均人数(人) Average Number of People Engaged in the Construction Industry (person)	期末从业人员数(人) Number of Employed Persons at Year-end (person)	工程技术人员(人) Engineering Persons (person)	现场施工人员(人) Site Construction Persons (person)
56	67	2333	1706	446	572
54	64	1146	749	252	259
2	3	1187	957	194	313
2	3	1187	957	194	313
214	1107	1611	973	289	166
214	1107	1611	973	289	166
29	637	569	263	104	53
		120	112	15	9
185	470	922	598	170	104
2359	52107	40433	25032	3322	14029
1197	11932	1906	1159	377	311
4902	154009	107504	46356	11572	12735
		490	486	120	370
1724	43383	42520	22467	3322	12848
4263	102523	68235	27972	6418	8309
1589	59234	36796	20670	5225	5717
882	12908	2782	1924	426	571
8435	217622	150170	72898	15366	27378
23	426	163	135	25	67
2067	47488	15594	11965	932	5975
1400	15639	26546	14027	2669	8365
4991	154921	108193	47041	11790	13105
5522	159502	92861	47346	9177	20699
956	23817	38025	15947	4413	4930
1980	34729	19447	9740	1801	1816
7655	200551	141765	66197	13967	25419
33	1032	3337	612	414	58
2848	58157	53648	26755	4707	14037
4136	119588	67930	29036	6703	7874
638	21774	16850	9794	2143	3450
803	17497	8568	6836	1424	2026
279	8382	2381	1996	416	807
498	8874	4321	3424	781	861
26	241	1866	1416	227	358

7—7 建筑业企业财务状况

单位:万元　　　　(2019)

指　标	Item	年初存货 Stock
总　计	**Total**	**590889**
一、二级企业	First and Second Grade	525291
按地区分	**Grouped by County**	
市　区	City	465540
兴庆区	Xingqing	298240
西夏区	Xixia	21442
金凤区	Jinfeng	145859
永宁县	Yongning	3495
贺兰县	Helan	70762
灵武市	Lingwu	51092
按登记注册类型分	**Grouped by Status of Registration**	
内资企业	Domestic Funded	590304
国有企业	State-owned Enterprises	7671
集体企业	Collective-owned Enterprises	2544
有限责任公司	Limited Liabilities Corporations	239173
国有独资公司	State Sole Funded Corporations	170966
其他有限责任公司	Other Limited Liabilities Corporations	68207
股份有限公司	Share-holding Corporations Limited	44760
私营企业	Private Enterprises	296156
私营有限责任公司	Private Limited Liabilities Corporations	269064
私营股份有限公司	Private Share-holding Corporations Ltd.	27091
外商投资企业	Foreign Funded	585
中外合资经营企业	Domestic and Foreign Joint Funded Enterprises	585
按国民经济行业分(2017)	**Grouped by Sector(2017)**	
房屋建筑业	House Building	332450
住宅房屋建筑	Residential Building	320066
其他房屋建筑业	Other Housing construction	12384
土木工程建筑业	Civil Engineering	234672
铁路、道路、隧道和桥梁工程建筑	Railway, Road, Tunnel and Bridge	110597
公路工程建筑	Road	73478
市政道路工程建筑	Municipal Works	37118
水利和水运工程建筑	Water Conservancy and Water Transportation Projects	74575
水源及供水设施工程建筑	Construction of Water Source and Supply Water Facility	74575
工矿工程建筑	Mining	946
架线和管道工程建筑	Frame Line and Pipeline	41095
架线及设备工程建筑	Frame Line Equipment Engineering	41095
节能环保工程施工	Energy-saving and Environmental Engineering	683
环保工程施工	Environmental Engineering Construction	683
电力工程施工	Power engineering construction	
火力发电工程施工	Thermal power plant construction	
其他土木工程建筑	Other Civil Engineering Buildings	6777
园林绿化工程施工	Landscaping Project Construction	6353
其他土木工程建筑施工	Other Civil Engineering Construction	424

Financial Indicators on Construction Enterprises

(10 000 yuan)

资产总计 Total Funds	流动资产合计 Total Circulating Funds	货币资金 Monetary capital	应收工程款 Projects Receivable	存货 Stock	可供出售金融资产 Available for sale financial assets	持有至到期投资 Hold to maturity investment
5111200	**4526647**		**2177315**	**577395**		
4712313	4171211		2023985	532229		
4249007	3746091		1710034	418329		
2099745	1897241		826315	205477		
356124	348796		208353	24459		
1793138	1500054		675367	188394		
222618	220557		152395	22743		
468399	402251		230861	93300		
171176	157749		84025	43024		
4931025	4364357		2054578	574984		
178970	156562		123068	6395		
21616	15659		8834	3013		
2183924	2024461		859126	273182		
1317310	1202423		494186	164661		
866614	822039		364941	108521		
141521	124076		57858	23325		
2404994	2043600		1005691	269070		
2067983	1835731		939699	226140		
337011	207869		65992	42930		
180175	162289		122737	2412		
180175	162289		122737	2412		
3016489	2797081		1388503	355948		
2915505	2730307		1345308	346752		
100984	66774		43195	9196		
1897993	1575880		725602	195158		
912763	714645		336313	96797		
526677	372527		153816	66804		
386086	342118		182496	29993		
196048	180376		50533	27003		
196048	180376		50533	27003		
191465	170772		125960	2507		
513740	436461		175368	59242		
513740	436461		175368	59242		
6409	2306		564	765		
6409	2306		564	765		
2407	1804		594			
2407	1804		594			
75161	69516		36270	8845		
56350	53002		24712	7549		
18810	16514		11559	1296		

7—7 续表 1

单位:万元 （2019）

指 标	Item	长期股权投资 Long-term equity investment
总 计	**Total**	
一、二级企业	First and Second Grade	
按地区分	**Grouped by County**	
市 区	City	
兴庆区	Xingqing	
西夏区	Xixia	
金凤区	Jinfeng	
永宁县	Yongning	
贺兰县	Helan	
灵武市	Lingwu	
按登记注册类型分	**Grouped by Status of Registration**	
内资企业	Domestic Funded	
国有企业	State-owned Enterprises	
集体企业	Collective-owned Enterprises	
有限责任公司	Limited Liabilities Corporations	
国有独资公司	State Sole Funded Corporations	
其他有限责任公司	Other Limited Liabilities Corporations	
股份有限公司	Share-holding Corporations Limited	
私营企业	Private Enterprises	
私营有限责任公司	Private Limited Liabilities Corporations	
私营股份有限公司	Private Share-holding Corporations Ltd.	
外商投资企业	Foreign Funded	
中外合资经营企业	Domestic and Foreign Joint Funded Enterprises	
按国民经济行业分(2017)	**Grouped by Sector(2017)**	
房屋建筑业	House Building	
住宅房屋建筑	Residential Building	
其他房屋建筑业	Other Housing construction	
土木工程建筑业	Civil Engineering	
铁路、道路、隧道和桥梁工程建筑	Railway, Road, Tunnel and Bridge	
公路工程建筑	Road	
市政道路工程建筑	Municipal Works	
水利和水运工程建筑	Water Conservancy and Water Transportation Projects	
水源及供水设施工程建筑	Construction of Water Source and Supply Water Facility	
工矿工程建筑	Mining	
架线和管道工程建筑	Frame Line and Pipeline	
架线及设备工程建筑	Frame Line Equipment Engineering	
节能环保工程施工	Energy-saving and Environmental Engineering	
环保工程施工	Environmental Engineering Construction	
电力工程施工	Power engineering construction	
火力发电工程施工	Thermal power plant construction	
其他土木工程建筑	Other Civil Engineering Buildings	
园林绿化工程施工	Landscaping Project Construction	
其他土木工程建筑施工	Other Civil Engineering Construction	

continued

(10 000 yuan)

固定资产减值准备 Impairment of Fixed Assets	固定资产原价 Original Value of Fixed Assets	房屋和购筑物 Houses and Buildings	机器设备 Machinery and Equipment	运输工具 The Means of Transport	电子设备 Electronic equipment
1591	**507246**	**154115**	**112691**		
1591	464645	149826	97371		
681	419867	130096	98731		
151	210643	51165	55112		
	12440	3598	5914		
530	196784	75332	37705		
	3300				
870	70843	22300	11862		
40	13237	1719	2099		
1591	469861	154115	112691		
	38346	15401	302		
	692				
1022	180542	56493	40562		
1022	116129	36436	29873		
0	64413	20057	10688		
	9928	3409	5268		
569	240352	78813	66560		
569	192915	36163	63889		
	47437	42650	2671		
	37385				
	37385				
1440	207271	41348	48958		
1440	171819	32074	38424		
	35453	9274	10534		
152	259253	88835	56681		
	100622	49535	25510		
	64551	45049	15052		
	36071	4486	10458		
151	21415	1499	7108		
151	21415	1499	7108		
	44814	1396	1294		
0	87038	35229	21212		
0	87038	35229	21212		
	1151		630		
	1151		630		
	37				
	37				
	4176	1175	928		
	2524	429	599		
	1653	746	330		

7—7　续表 2

单位:万元　　　　　　　　　　　　　　　　　　　　　　　　　　　　　　　　　　　　(2019)

指　标	Item	年初存货 Stock
建筑安装业	Construction Installation	17776
电气安装	Electric Installation	4601
其他建筑安装业	Other Construction Installation	13176
其他建筑安装	Other Building Installation	13176
建筑装饰、装修和其他建筑业	Construction, Decoration and Other Construction	5992
建筑装饰和装修业	Construction and Decoration	5992
公共建筑装饰和装修	Decoration and Decoration of Public Buildings	1350
住宅装饰和装修	Home decoration and decoration	
建筑幕墙装饰和装修	Decoration and Decoration of Building Curtain Walls	4642
按控股情况分	**Grouped by Controlling Stake**	
国有控股	State-owned	180092
集体控股	Collective-owned	7913
私人控股	Private	402299
外商控股	Foreign	585
按企业规模分	**Grouped by Enterprises Scale**	
大型	Large-Scale	228344
中型	Medium-Scale	195510
小型	Small-Scale	156563
微型	Miniatrue	10472
按营业状况分	**Grouped by Operating Status**	
营业	Operating	586205
停业(歇业)	Turn O(f out of business)	4684
当年注销	The Cancellation	
按隶属关系分	**By affiliation**	
中央	The center	65415
地方	This place	119990
其他	In the news	405485
按会计准则分	**Grouped by Accounting Standards**	
企业会计准则	Accounting Standards for Business Enterprises	421612
小企业会计准则	Accounting Standards for Small Business Enterprises	72794
其他企业会计制度	Others	96483
按企业资质等级分	**Grouped by Qualification Criteria**	
施工总承包	General Contractors	549265
特　级	Special Grade	6324
一　级	First Grade	256701
二　级	Second Grade	228634
三级及以下	Third Grade and Below	57606
专业承包	Professional Contractors	41624
一　级	First Grade	5706
二　级	Second Grade	27926
三级及以下	Third Grade and Below	7992

continued

(10 000 yuan)

资产总计 Total Funds	流动资产合计 Total Circulating Funds	货币资金 Monetary capital	应收工程款 Projects Receivable	存货 Stock	可供出售金融资产 Available for sale financial assets	持有至到期投资 Hold to maturity investment
112555	77143		38796	17785		
37486	32345		20006	4074		
75070	44798		18790	13711		
75070	44798		18790	13711		
84163	76543		24415	8505		
84163	76543		24415	8505		
19166	17662		9541	1636		
1301	1293		528	444		
63696	57587		14346	6426		
1507615	1369393		622101	172037		
116115	97416		54457	6223		
3307295	2897549		1378021	396724		
180175	162289		122737	2412		
1810110	1584994		694554	211704		
2095235	1885647		1017960	212676		
1070335	943303		415708	140661		
135521	112704		49093	12354		
5100128	4518939		2173625	573770		
11072	7708		3690	3626		
574486	509366		236814	114643		
1022058	933656		424093	62245		
3514656	3083625		1516409	400508		
3631254	3177590		1530354	445853		
603349	544637		259018	64130		
876597	804419		387943	67412		
4666673	4202606		2015723	535958		
151683	150482		44405	6375		
2029416	1785210		809862	245621		
2161563	1973846		1039547	246016		
324012	293068		121909	37945		
444527	324041		161592	41438		
148591	116905		64045	4441		
221061	144767		66126	29776		
74875	62368		31421	7221		

7—7　续表 3

单位:万元　　　　(2019)

指　标	Item	长期股权投资 Long-term equity investment
建筑安装业	Construction Installation	
电气安装	Electric Installation	
其他建筑安装业	Other Construction Installation	
其他建筑安装	Other Building Installation	
建筑装饰、装修和其他建筑业	Construction, Decoration and Other Construction	
建筑装饰和装修业	Construction and Decoration	
公共建筑装饰和装修	Decoration and Decoration of Public Buildings	
住宅装饰和装修	Home decoration and decoration	
建筑幕墙装饰和装修	Decoration and Decoration of Building Curtain Walls	
按控股情况分	**Grouped by Controlling Stake**	
国有控股	State-owned	
集体控股	Collective-owned	
私人控股	Private	
外商控股	Foreign	
按企业规模分	**Grouped by Enterprises Scale**	
大型	Large-Scale	
中型	Medium-Scale	
小型	Small-Scale	
微型	Miniatrue	
按营业状况分	**Grouped by Operating Status**	
营业	Operating	
停业(歇业)	Turn O(f out of business)	
当年注销	The Cancellation	
按隶属关系分	**By affiliation**	
中央	The center	
地方	This place	
其他	In the news	
按会计准则分	**Grouped by Accounting Standards**	
企业会计准则	Accounting Standards for Business Enterprises	
小企业会计准则	Accounting Standards for Small Business Enterprises	
其他企业会计制度	Others	
按企业资质等级分	**Grouped by Qualification Criteria**	
施工总承包	General Contractors	
特　级	Special Grade	
一　级	First Grade	
二　级	Second Grade	
三级及以下	Third Grade and Below	
专业承包	Professional Contractors	
一　级	First Grade	
二　级	Second Grade	
三级及以下	Third Grade and Below	

continued

(10 000 yuan)

固定资产减值准备 Impairment of Fixed Assets	固定资产原价 Original Value of Fixed Assets	房屋和购筑物 Houses and Buildings	机器设备 Machinery and Equipment	运输工具 The Means of Transport	电子设备 Electronic equipment
	31676	21441	4532		
	5966	2659	846		
	25710	18782	3686		
	25710	18782	3686		
	9046	2491	2520		
	9046	2491	2520		
	1563	179	515		
	8		8		
	7476	2312	1998		
1022	156721	52356	30653		
0	19385	9017	3218		
569	293755	92742	78821		
	37385				
1022	178236	65296	29344		
530	176386	61977	27243		
40	136521	24022	49195		
	16104	2821	6910		
1591	501275	154115	112691		
	5971				
870	96281	32571	18620		
152	77990	28803	15251		
569	332975	92742	78821		
1591	370316	135530	63695		
	52045	4458	20874		
	84885	14128	28123		
1591	389378	105402	89408		
	545		545		
1022	174618	72171	34129		
569	181944	29052	40881		
	32271	4179	13852		
0	117869	48714	23283		
	37777	15547	3722		
0	69761	33057	18093		
	10331	110	1468		

7—7 续表4

单位:万元 （2019）

指 标	Item	累计折旧 Accumulated Depreciation
总 计	**Total**	**251074**
一、二级企业	First and Second Grade	228948
按地区分	**Grouped by County**	
市 区	City	211868
兴庆区	Xingqing	113080
西夏区	Xixia	8186
金凤区	Jinfeng	90603
永宁县	Yongning	1462
贺兰县	Helan	29785
灵武市	Lingwu	7958
按登记注册类型分	**Grouped by Status of Registration**	
内资企业	Domestic Funded	228529
国有企业	State-owned Enterprises	17647
集体企业	Collective-owned Enterprises	325
有限责任公司	Limited Liabilities Corporations	103441
国有独资公司	State Sole Funded Corporations	63710
其他有限责任公司	Other Limited Liabilities Corporations	39731
股份有限公司	Share-holding Corporations Limited	3324
私营企业	Private Enterprises	103792
私营有限责任公司	Private Limited Liabilities Corporations	91411
私营股份有限公司	Private Share-holding Corporations Ltd.	12381
外商投资企业	Foreign Funded	22545
中外合资经营企业	Domestic and Foreign Joint Funded Enterprises	22545
按国民经济行业分(2017)	**Grouped by Sector(2017)**	
房屋建筑业	House Building	104221
住宅房屋建筑	Residential Building	87560
其他房屋建筑业	Other Housing construction	16661
土木工程建筑业	Civil Engineering	129311
铁路、道路、隧道和桥梁工程建筑	Railway, Road, Tunnel and Bridge	38993
公路工程建筑	Road	19699
市政道路工程建筑	Municipal Works	19294
水利和水运工程建筑	Water Conservancy and Water Transportation Projects	14290
水源及供水设施工程建筑	Construction of Water Source and Supply Water Facility	14290
工矿工程建筑	Mining	27320
架线和管道工程建筑	Frame Line and Pipeline	46791
架线及设备工程建筑	Frame Line Equipment Engineering	46791
节能环保工程施工	Energy-saving and Environmental Engineering	801
环保工程施工	Environmental Engineering Construction	801
电力工程施工	Power engineering construction	
火力发电工程施工	Thermal power plant construction	
其他土木工程建筑	Other Civil Engineering Buildings	1116
园林绿化工程施工	Landscaping Project Construction	451
其他土木工程建筑施工	Other Civil Engineering Construction	664

continued

(10 000 yuan)

本年折旧 Depreciation This Year	固定资产净值 Net value of fixed assets	在建工程 Construction in Process	无形资产 Intangible Asset	土地使用权 Land tenure	软件使用权 Software Rights	负债合计 Total Liabilities
30066		**31458**	**34451**	**21614**		**3616005**
26251		28761	34277	21550		3403123
25631		26498	22011	12794		261878
12934		18351	11143	7096		1528701
414			978	851		287805
12283		8147	9889	4847		1145372
353						212126
3432		4960	11977	8809		330507
650			464	11		111494
26642		31458	32671	21614		3465044
1345		9219	580	573		112340
30			325			15684
8197		7297	15112	10007		1760017
4919		3102	14309	9539		1099296
3278		4196	803	468		660721
1956			66			99035
15113		14942	16588	11033		1477968
12891		14938	12615	7121		1302717
2223		4	3972	3913		175250
3423			1781			150961
3423			1781			150961
12019		9212	7490	4542		2293413
10373		6476	6202	4297		2235516
1646		2736	1288	244		57897
15535		14761	16752	10018		1206758
6241		4	4308	4127		522935
4154		4	4038	3913		308337
2087			270	214		214597
277		1731	3031	64		125103
277		1731	3031	64		125103
3442			1781			156688
5063		10165	7393	5827		350779
5063		10165	7393	5827		350779
64		2739	227			3972
64		2739	227			3972
						956
						956
449		123	12			46324
316			2			34816
133		123	10			11509

7—7 续表 5

单位:万元 (2019)

指 标	Item	流动负债合计 Total Liquid Liabilities
总 计	**Total**	**3521456**
一、二级企业	First and Second Grade	3319250
按地区分	**Grouped by County**	
市 区	City	2891675
兴庆区	Xingqing	1476857
西夏区	Xixia	287218
金凤区	Jinfeng	1127600
永宁县	Yongning	209136
贺兰县	Helan	323558
灵武市	Lingwu	97087
按登记注册类型分	**Grouped by Status of Registration**	
内资企业	Domestic Funded	3370495
国有企业	State-owned Enterprises	110044
集体企业	Collective-owned Enterprises	15684
有限责任公司	Limited Liabilities Corporations	1721356
国有独资公司	State Sole Funded Corporations	1088138
其他有限责任公司	Other Limited Liabilities Corporations	633218
股份有限公司	Share-holding Corporations Limited	97694
私营企业	Private Enterprises	1425716
私营有限责任公司	Private Limited Liabilities Corporations	1250915
私营股份有限公司	Private Share-holding Corporations Ltd.	174800
外商投资企业	Foreign Funded	150961
中外合资经营企业	Domestic and Foreign Joint Funded Enterprises	150961
按国民经济行业分(2017)	**Grouped by Sector(2017)**	
房屋建筑业	House Building	2252873
住宅房屋建筑	Residential Building	2196197
其他房屋建筑业	Other Housing construction	56675
土木工程建筑业	Civil Engineering	1162434
铁路、道路、隧道和桥梁工程建筑	Railway, Road, Tunnel and Bridge	502567
公路工程建筑	Road	306996
市政道路工程建筑	Municipal Works	195571
水利和水运工程建筑	Water Conservancy and Water Transportation Projects	121713
水源及供水设施工程建筑	Construction of Water Source and Supply Water Facility	121713
工矿工程建筑	Mining	156688
架线和管道工程建筑	Frame Line and Pipeline	335875
架线及设备工程建筑	Frame Line Equipment Engineering	335875
节能环保工程施工	Energy-saving and Environmental Engineering	840
环保工程施工	Environmental Engineering Construction	840
电力工程施工	Power engineering construction	956
火力发电工程施工	Thermal power plant construction	956
其他土木工程建筑	Other Civil Engineering Buildings	43795
园林绿化工程施工	Landscaping Project Construction	32289
其他土木工程建筑施工	Other Civil Engineering Construction	11507

continued

(10 000 yuan)

应付账款 Accounts Payable	非流动负债合计 Total Non-Liquid Liabilities	所有者权益合计 Owners' Equity	实收资本 Paid-in Capitals	国家资本 State-owned Capitals	集体资本 Collective owned Capitals
1630801	**57270**	**1495195**	**1098874**		
1535983	53780	1309191	945742		
1452675	48701	1287129	942219		
746364	32622	571044	443237		
136344	86	68319	38352		
569966	15994	647766	460630		
12851		10492	20443		
115498	6949	137892	94583		
49776	1620	59682	41630		
1582533	57270	1465981	1068874		
30000	2296	66630	28046		
		5932	2503		
746977	19863	423907	314010		
535561	10573	218014	144919		
211417	9291	205893	169092		
61861	1341	42486	30030		
743694	33770	927026	694285		
623332	33320	765265	660527		
120363	450	161761	33758		
48268		29214	30000		
48268		29214	30000		
983541	20489	723076	587879		
964794	19268	679989	566286		
18747	1222	43087	21593		
612361	29952	691235	441617		
320691	10768	389828	198649		
194531	1341	218339	79777		
126159	9427	171489	118871		
25377	2380	70945	50405		
25377	2380	70945	50405		
51057		34777	35646		
201599	11221	162961	127696		
201599	11221	162961	127696		
468	3132	2436	3105		
468	3132	2436	3105		
879		1451	1451		
879		1451	1451		
12291	2451	28836	24666		
5950	2451	21535	19013		
6342		7301	5654		

7—7 续表 6

单位:万元　　　　(2019)

指　标	Item	累计折旧 Accumulated Depreciation
建筑安装业	Construction Installation	12603
电气安装	Electric Installation	2295
其他建筑安装业	Other Construction Installation	10308
其他建筑安装	Other Building Installation	10308
建筑装饰、装修和其他建筑业	Construction, Decoration and Other Construction	4939
建筑装饰和装修业	Construction and Decoration	4939
公共建筑装饰和装修	Decoration and Decoration of Public Buildings	1201
住宅装饰和装修	Home decoration and decoration	0
建筑幕墙装饰和装修	Decoration and Decoration of Building Curtain Walls	3737
按控股情况分	**Grouped by Controlling Stake**	
国有控股	State-owned	82698
集体控股	Collective-owned	9958
私人控股	Private	135874
外商控股	Foreign	22545
按企业规模分	**Grouped by Enterprises Scale**	
大型	Large-Scale	85522
中型	Medium-Scale	87880
小型	Small-Scale	67193
微型	Miniatrue	10480
按营业状况分	**Grouped by Operating Status**	
营业	Operating	248467
停业(歇业)	Turn O(f out of business)	2607
当年注销	The Cancellation	
按隶属关系分	**By affiliation**	
中央	The center	48964
地方	This place	42028
其他	In the news	160082
按会计准则分	**Grouped by Accounting Standards**	
企业会计准则	Accounting Standards for Business Enterprises	173419
小企业会计准则	Accounting Standards for Small Business Enterprises	25801
其他企业会计制度	Others	51855
按企业资质等级分	**Grouped by Qualification Criteria**	
施工总承包	General Contractors	199356
特　级	Special Grade	349
一　级	First Grade	81432
二　级	Second Grade	100053
三级及以下	Third Grade and Below	17521
专业承包	Professional Contractors	51718
一　级	First Grade	18112
二　级	Second Grade	29001
三级及以下	Third Grade and Below	4605

continued

(10 000 yuan)

本年折旧 Depreciation This Year	固定资产净值 Net value of fixed assets	在建工程 Construction in Process	无形资产 Intangible Asset	土地使用权 Land tenure	软件使用权 Software Rights	负债合计 Total Liabilities
1965		4044	8997	5989		61838
412		5	92	89		18623
1553		4039	8905	5900		43215
1553		4039	8905	5900		43215
547		3441	1213	1066		53996
547		3441	1213	1066		53996
284			1			10387
0						1136
262		3441	1212	1066		42472
6367		12321	14890	10112		1220239
1532			610			84648
18744		19137	17171	11502		2160157
3423			1781			150961
11245		370	18129	12862		1432785
9316		22073	12670	7521		1488152
8154		8891	3174	762		631717
1351		124	479	468		63352
30066		31458	34451	21614		3608108
			0			7897
3598		9219	9245	9018		459103
4300		3102	6254	1095		827129
22167		19137	18953	11502		2329773
23799		26554	32547	20832		2656166
3504		2141	89			371173
2763		2763	1815	782		588667
24047		8234	22134	13742		3367952
53			18			114647
8806		5373	16399	12862		1585479
12202		1210	5560	815		1496349
2986		1652	157	64		171477
6018		23223	12318	7872		248053
1744		9219	764	706		89631
3446		12959	11536	7166		117016
829		1045	17			41405

7—7 续表 7

单位:万元 （2019）

指 标	Item	流动负债合计 Total Liquid Liabilities
建筑安装业	Construction Installation	53091
电气安装	Electric Installation	18471
其他建筑安装业	Other Construction Installation	34620
其他建筑安装	Other Building Installation	34620
建筑装饰、装修和其他建筑业	Construction, Decoration and Other Construction	53059
建筑装饰和装修业	Construction and Decoration	53059
公共建筑装饰和装修	Decoration and Decoration of Public Buildings	9450
住宅装饰和装修	Home decoration and decoration	1136
建筑幕墙装饰和装修	Decoration and Decoration of Building Curtain Walls	42472
按控股情况分	**Grouped by Controlling Stake**	
国有控股	State-owned	1206786
集体控股	Collective-owned	84648
私人控股	Private	2079061
外商控股	Foreign	150961
按企业规模分	**Grouped by Enterprises Scale**	
大型	Large-Scale	1420871
中型	Medium-Scale	1433776
小型	Small-Scale	607423
微型	Miniatrue	59387
按营业状况分	**Grouped by Operating Status**	
营业	Operating	3513559
停业(歇业)	Turn O(f out of business)	7897
当年注销	The Cancellation	
按隶属关系分	**By affiliation**	
中央	The center	448316
地方	This place	824463
其他	In the news	2248677
按会计准则分	**Grouped by Accounting Standards**	
企业会计准则	Accounting Standards for Business Enterprises	2612098
小企业会计准则	Accounting Standards for Small Business Enterprises	366505
其他企业会计制度	Others	542853
按企业资质等级分	**Grouped by Qualification Criteria**	
施工总承包	General Contractors	3292736
特 级	Special Grade	114647
一 级	First Grade	1554950
二 级	Second Grade	1456375
三级及以下	Third Grade and Below	166765
专业承包	Professional Contractors	228720
一 级	First Grade	87128
二 级	Second Grade	106150
三级及以下	Third Grade and Below	35442

continued

(10 000 yuan)

应付账款 Accounts Payable	非流动负债合计 Total Non-Liquid Liabilities	所有者权益合计 Owners' Equity	实收资本 Paid-in Capitals	国家资本 State-owned Capitals	集体资本 Collective owned Capitals
21738	6830	50717	42245		
9771	-39	18863	15320		
11967	6869	31854	26925		
11967	6869	31854	26925		
13160	-2	30167	27133		
13160	-2	30167	27133		
3508	-2	8779	9372		
76		164			
9576		21224	17762		
570190	12868	287375	175238		
43274		31467	21689		
969069	44401	1147138	871947		
48268		29214	30000		
722347	11914	377325	195995		
595663	28942	607083	441132		
290787	15866	438618	385395		
22004	548	72169	76352		
1628847	57270	1492020	1097997		
1954		3175	877		
227658	10787	115383	78595		
385806	2082	194929	110829		
1017337	44401	1184883	909450		
1190410	28189	975088	645587		
144402	210	232176	208147		
295988	28871	287930	245140		
1554526	43574	1298721	949381		
50061		37036	32718		
875631	30529	443937	233344		
548151	11015	665213	553189		
80683	2030	152535	130130		
76274	13696	196474	149493		
23743	2475	58959	49862		
38396	9762	104045	76629		
14135	1459	33470	23002		

7—7 续表 8

单位:万元 （2019）

指　标	Item	法人资本 Corporate Capitals	个人资本 Personal Capitals
总　计	**Total**		**425145**
一、二级企业	First and Second Grade		351967
按地区分	**Grouped by County**		
市　区	City		377518
兴庆区	Xingqing		143113
西夏区	Xixia		8862
金凤区	Jinfeng		225544
永宁县	Yongning		6618
贺兰县	Helan		18592
灵武市	Lingwu		22416
按登记注册类型分	**Grouped by Status of Registration**		
内资企业	Domestic Funded		425145
国有企业	State-owned Enterprises		
集体企业	Collective-owned Enterprises		
有限责任公司	Limited Liabilities Corporations		56413
国有独资公司	State Sole Funded Corporations		
其他有限责任公司	Other Limited Liabilities Corporations		56413
股份有限公司	Share-holding Corporations Limited		
私营企业	Private Enterprises		368732
私营有限责任公司	Private Limited Liabilities Corporations		334974
私营股份有限公司	Private Share-holding Corporations Ltd.		33758
外商投资企业	Foreign Funded		
中外合资经营企业	Domestic and Foreign Joint Funded Enterprises		
按国民经济行业分(2017)	**Grouped by Sector(2017)**		
房屋建筑业	House Building		227108
住宅房屋建筑	Residential Building		225734
其他房屋建筑业	Other Housing construction		1374
土木工程建筑业	Civil Engineering		178997
铁路、道路、隧道和桥梁工程建筑	Railway, Road, Tunnel and Bridge		98338
公路工程建筑	Road		46632
市政道路工程建筑	Municipal Works		51706
水利和水运工程建筑	Water Conservancy and Water Transportation Projects		30612
水源及供水设施工程建筑	Construction of Water Source and Supply Water Facility		30612
工矿工程建筑	Mining		2003
架线和管道工程建筑	Frame Line and Pipeline		43453
架线及设备工程建筑	Frame Line Equipment Engineering		43453
节能环保工程施工	Energy-saving and Environmental Engineering		
环保工程施工	Environmental Engineering Construction		
电力工程施工	Power engineering construction		
火力发电工程施工	Thermal power plant construction		
其他土木工程建筑	Other Civil Engineering Buildings		4591
园林绿化工程施工	Landscaping Project Construction		2301
其他土木工程建筑施工	Other Civil Engineering Construction		2291

continued

(10 000 yuan)

外商资本 Foreign Capitals	营业收入 Business Revenue	主营业务收入 Revenue from Principal Business	营业成本 Business Costs	主营业务成本 Costs of Principal Business	税金及附加 Taxes and surcharges	主营业务税金及附加 Taxes and Other Charges on Principal Business	其他业务利润 Profits from Other Businesses
	4599003	**4563492**	**4250349**	**4220155**	**20994**	**20481**	**5404**
	4166592	4136863	3852099	3826411	19152	18747	5405
	4055343	4022771	3741865	3713775	18223	17802	4677
	2206682	2194598	2063239	2051551	10610	10362	1047
	311907	311795	293549	293493	1230	1230	55
	1536753	1516377	1385078	1368731	6383	6209	3575
	27835	26671	26809	25790	448	448	
	437304	435844	409205	408348	1941	1850	641
	78521	78207	72470	72242	382	382	86
	4515281	4479770	4186894	4156700	20480	19967	5623
	124200	124011	111420	107155	961	961	123
	7738	7738	7205	7205	29	29	
	1823359	1814502	1722076	1716543	8177	7943	1797
	1389509	1385778	1316433	1313716	5479	5271	1213
	433850	428724	405643	402827	2697	2672	584
	166385	165328	133108	132678	388	388	
	2393598	2368190	2213085	2193120	10925	10647	3702
	2086431	2062745	1966143	1946190	9665	9431	1992
	307168	305445	246942	246930	1260	1216	1710
	83723	83723	63455	63455	514	514	–218
	83723	83723	63455	63455	514	514	–218
	2531382	2508813	2410103	2393872	11051	10825	2243
	2459118	2437374	2345936	2330300	10615	10389	2169
	72264	71439	64167	63572	436	436	74
	1930469	1919134	1722965	1709848	9023	8754	2520
	865329	860496	741520	737486	4151	4146	1832
	479941	477162	387782	387339	1642	1642	1710
	385388	383335	353739	350147	2510	2505	122
	272235	269091	254670	251948	1187	1183	70
	272235	269091	254670	251948	1187	1183	70
	102338	102338	79890	79890	686	686	–218
	546727	544538	510708	505368	2476	2216	833
	546727	544538	510708	505368	2476	2216	833
	1270	1270	1066	1066	7	7	
	1270	1270	1066	1066	7	7	
		2697	2697	2158	2158	4	4
		2697	2697	2158	2158	4	4
	139872	138704	132953	131933	512	512	3
	128606	128605	123623	123623	439	439	
	11266	10099	9329	8310	73	73	3

7—7 续表 9

单位:万元 （2019）

指　标	Item	法人资本 Corporate Capitals	个人资本 Personal Capitals
建筑安装业	Construction Installation		8692
电气安装	Electric Installation		5169
其他建筑安装业	Other Construction Installation		3523
其他建筑安装	Other Building Installation		3523
建筑装饰、装修和其他建筑业	Construction, Decoration and Other Construction		10348
建筑装饰和装修业	Construction and Decoration		10348
公共建筑装饰和装修	Decoration and Decoration of Public Buildings		4956
住宅装饰和装修	Home decoration and decoration		
建筑幕墙装饰和装修	Decoration and Decoration of Building Curtain Walls		5392
按控股情况分	**Grouped by Controlling Stake**		
国有控股	State-owned		200
集体控股	Collective-owned		
私人控股	Private		424945
外商控股	Foreign		
按企业规模分	**Grouped by Enterprises Scale**		
大型	Large-Scale		29423
中型	Medium-Scale		181845
小型	Small-Scale		175048
微型	Miniatrue		38829
按营业状况分	**Grouped by Operating Status**		
营业	Operating		425145
停业(歇业)	Turn O(f out of business)		
当年注销	The Cancellation		
按隶属关系分	**By affiliation**		
中央	The center		
地方	This place		200
其他	In the news		424945
按会计准则分	**Grouped by Accounting Standards**		
企业会计准则	Accounting Standards for Business Enterprises		174302
小企业会计准则	Accounting Standards for Small Business Enterprises		104150
其他企业会计制度	Others		146693
按企业资质等级分	**Grouped by Qualification Criteria**		
施工总承包	General Contractors		381301
特　级	Special Grade		
一　级	First Grade		76701
二　级	Second Grade		244617
三级及以下	Third Grade and Below		59982
专业承包	Professional Contractors		43844
一　级	First Grade		12181
二　级	Second Grade		18468
三级及以下	Third Grade and Below		13195

continued

(10 000 yuan)

外商资本 Foreign Capitals	营业收入 Business Revenue	主营业务收入 Revenue from Principal Business	营业成本 Business Costs	主营业务成本 Costs of Principal Business	税金及附加 Taxes and surcharges	主营业务税金及附加 Taxes and Other Charges on Principal Business	其他业务利润 Profits from Other Businesses
	91871	91114	77552	77036	578	571	211
	36504	35964	29996	29619	156	149	206
	55367	55150	47557	47418	423	421	6
	55367	55150	47557	47418	423	421	6
	45281	44432	39729	39399	341	331	431
	45281	44432	39729	39399	341	331	431
	13681	13681	11997	11997	156	156	
		7314	7314	7018	7018	22	15
	24286	23437	20714	20384	164	160	431
	1525686	1521759	1439047	1432064	6496	6287	1343
	126091	125391	115802	115265	746	746	156
	2863504	2832620	2632046	2609371	13238	12934	4124
	83723	83723	63455	63455	514	514	-218
	1765041	1758870	1599641	1598169	6601	6392	2693
	1909582	1903356	1803861	1794616	9702	9605	366
	906025	890170	830893	817592	4504	4328	1428
	18355	11096	15954	9778	186	156	918
	4591802	4556320	4244164	4213979	20950	20437	5385
	7201	7172	6185	6176	44	44	20
	630061	627864	597155	592169	2679	2471	1201
	985708	983278	923491	920958	4390	4390	298
	2983235	2952350	2729704	2707029	13924	13620	3905
	3374184	3352960	3101412	3081787	15211	14824	3704
	684132	683891	646666	646386	2640	2617	160
	540687	526642	502272	491982	3143	3040	1541
	4262597	4230887	3950935	3927598	18762	18273	4680
	117814	117814	111790	111790	295	295	
	2004916	1996292	1849316	1847556	8171	7962	3076
	1767242	1749724	1642882	1625673	8605	8424	1607
	372626	367058	346948	342580	1692	1592	-3
	336406	332605	299414	292557	2232	2208	725
	137816	137113	128495	123838	998	998	160
	138805	135921	119616	117556	1083	1067	562
	59786	59571	51303	51163	150	142	3

7—7 续表10

单位:万元　　(2019)

指　标	Item	销售费用 Selling Costs	管理费用 Management Costs
总　计	**Total**	**6284**	**160834**
一、二级企业	First and Second Grade	4641	133687
按地区分	**Grouped by County**		
市　区	City	5537	138783
兴庆区	Xingqing	2763	66820
西夏区	Xixia	3	9314
金凤区	Jinfeng	2771	62649
永宁县	Yongning	1	1154
贺兰县	Helan	735	16605
灵武市	Lingwu	12	4292
按登记注册类型分	**Grouped by Status of Registration**		
内资企业	Domestic Funded	6284	157452
国有企业	State-owned Enterprises	56	6085
集体企业	Collective-owned Enterprises		418
有限责任公司	Limited Liabilities Corporations	509	58711
国有独资公司	State Sole Funded Corporations	157	37298
其他有限责任公司	Other Limited Liabilities Corporations	352	21413
股份有限公司	Share-holding Corporations Limited	725	4318
私营企业	Private Enterprises	4994	87921
私营有限责任公司	Private Limited Liabilities Corporations	4768	80069
私营股份有限公司	Private Share-holding Corporations Ltd.	226	7852
外商投资企业	Foreign Funded		3382
中外合资经营企业	Domestic and Foreign Joint Funded Enterprises		3382
按国民经济行业分(2017)	**Grouped by Sector(2017)**		
房屋建筑业	House Building	1668	75547
住宅房屋建筑	Residential Building	1668	70132
其他房屋建筑业	Other Housing construction	1	5415
土木工程建筑业	Civil Engineering	3936	72379
铁路、道路、隧道和桥梁工程建筑	Railway, Road, Tunnel and Bridge	2167	24062
公路工程建筑	Road	884	12551
市政道路工程建筑	Municipal Works	1283	11511
水利和水运工程建筑	Water Conservancy and Water Transportation Projects	99	9776
水源及供水设施工程建筑	Construction of Water Source and Supply Water Facility	99	9776
工矿工程建筑	Mining	130	5071
架线和管道工程建筑	Frame Line and Pipeline	1214	27507
架线及设备工程建筑	Frame Line Equipment Engineering	1214	27507
节能环保工程施工	Energy-saving and Environmental Engineering	19	238
环保工程施工	Environmental Engineering Construction	19	238
电力工程施工	Power engineering construction	13	475
火力发电工程施工	Thermal power plant construction	13	475
其他土木工程建筑	Other Civil Engineering Buildings	296	5251
园林绿化工程施工	Landscaping Project Construction	113	3865
其他土木工程建筑施工	Other Civil Engineering Construction	183	1385

continued

(10 000 yuan)

研发费用 Research and development costs	财务费用 Financial Costs	利息收入 Interest Income	利息支出 Interest Expense	资产减值损失 Empairment of Assets	公允价值变动收益 Income from changes in fair value	投资收益 Investment Income	资产处置收益 Proceeds from asset disposal	其他收益 Other Income
4968	**20605**	**20161**	**9895**	**8407**	**4**		**3305**	**782**
4451	19508	20089	9303	8135	4		3303	775
4672	15334	3152	5880	5790	4		2634	774
1697	7884	2106	3549	3565			336	290
43	171	11	6	326			43	13
2932	7279	1035	2325	1899	4		2256	471
	656							
296	4137	16996	3927	2786			1	5
	478	13	89	-170			670	2
4968	16776	20161	9895	8472	4		3305	782
	7	-14	5	12				60
	93							
1983	7642	1728	4257	4005			2567	235
1763	5359	1706	3747	3425			318	211
221	2282	22	510	580			2249	24
909	554	455	121	3483				129
2076	8480	17992	5512	973	4		739	358
1188	8849	17133	5310	28	4		85	358
888	-369	859	202	945			653	
	3829			-65				
	3829			-65				
1042	9973	559	5565	3318	4		74	553
1042	9609	536	5461	3252	4		74	359
	365	23	104	66				194
3415	9245	2708	3040	5226			3231	220
1797	2501	1370	1864	4150			791	129
1797	1216	1314	1329	4042			705	129
0	1286	56	535	109			86	
	1440	1334	82	-96			-43	5
	1440	1334	82	-96			-43	5
	3819	-9		-65				4
1619	1392	6	1032	1209			2483	82
1619	1392	6	1032	1209			2483	82
	21							
	21							
		-9	9	0	28			
		-9	9	0	28			
	82	-3	62					
	28	-3	10					
	54	0	52					

7—7 续表 11

单位:万元 （2019）

指 标	Item	销售费用 Selling Costs	管理费用 Management Costs
建筑安装业	Construction Installation	660	8285
电气安装	Electric Installation	513	4181
其他建筑安装业	Other Construction Installation	147	4105
其他建筑安装	Other Building Installation	147	4105
建筑装饰、装修和其他建筑业	Construction, Decoration and Other Construction	19	4623
建筑装饰和装修业	Construction and Decoration	19	4623
公共建筑装饰和装修	Decoration and Decoration of Public Buildings	7	1700
住宅装饰和装修	Home decoration and decoration		74
建筑幕墙装饰和装修	Decoration and Decoration of Building Curtain Walls	13	2849
按控股情况分	**Grouped by Controlling Stake**		
国有控股	State-owned	213	44291
集体控股	Collective-owned	77	8952
私人控股	Private	5994	104209
外商控股	Foreign		3382
按企业规模分	**Grouped by Enterprises Scale**		
大型	Large-Scale	769	44049
中型	Medium-Scale	2482	52373
小型	Small-Scale	2596	60497
微型	Miniatrue	437	3915
按营业状况分	**Grouped by Operating Status**		
营业	Operating	6284	160102
停业(歇业)	Turn O(f out of business)		732
当年注销	The Cancellation		
按隶属关系分	**By affiliation**		
中央	The center	154	18265
地方	This place	136	34125
其他	In the news	5994	108443
按会计准则分	**Grouped by Accounting Standards**		
企业会计准则	Accounting Standards for Business Enterprises	3798	106809
小企业会计准则	Accounting Standards for Small Business Enterprises	1162	29144
其他企业会计制度	Others	1325	24881
按企业资质等级分	**Grouped by Qualification Criteria**		
施工总承包	General Contractors	4985	131907
特 级	Special Grade		4331
一 级	First Grade	769	44808
二 级	Second Grade	3133	61699
三级及以下	Third Grade and Below	1083	21070
专业承包	Professional Contractors	1300	28927
一 级	First Grade	169	8802
二 级	Second Grade	570	14048
三级及以下	Third Grade and Below	561	6077

continued

(10 000 yuan)

研发费用 Research and development costs	财务费用 Financial Costs	利息收入 Interest Income	利息支出 Interest Expense	资产减值损失 Empairment of Assets	公允价值变动收益 Income from changes in fair value	投资收益 Investment Income	资产处置收益 Proceeds from asset disposal	其他收益 Other Income
511	983	16896	1004	-142				1
290	85	4	67					
221	898	16892	937	-142				1
221	898	16892	937	-142				1
	404	-2	287	6				8
	404	-2	287	6				8
	134	-1	61					
		2		0				
	268	-1	225	6				8
1763	5367	1691	3753	3442			318	283
	69	4	35	574			2249	11
3205	11340	18466	6108	4456	4		739	487
	3829			-65				
3559	9214	2847	3997	6960			885	141
602	8026	17069	4682	1383	4		2396	623
807	3144	246	1008	64			25	18
	222	-1	210					
4968	20562	20161	9895	8407	4		3305	782
	43							
721	3952	148	3630	3164			234	75
1042	1407	1547	158	853			2333	220
3205	15246	18466	6108	4391	4		739	487
3559	14667	19918	7525	8265			3230	424
1119	1247	212	562				1	
290	4691	30	1809	142	4		75	358
4382	18715	3270	8429	8445	4		3305	520
999	13			198				0
2560	7899	2853	4803	6827	4		885	409
602	9989	357	3253	1006			2418	105
221	813	61	372	414			2	5
586	1891	16891	1467	-38				262
	164	-27	95	6				67
290	1442	16907	1151	98				194
296	284	11	221	-142				1

7—7　续表 12

单位:万元　(2019)

指　标	Item	营业利润 Business Profits	营业外收入 Income Expect Business
总　计	**Total**	**139125**	**6734**
一、二级企业	First and Second Grade	135666	6428
按地区分	**Grouped by County**		
市　区	City	136484	4390
兴庆区	Xingqing	57284	1850
西夏区	Xixia	7370	159
金凤区	Jinfeng	71831	2381
永宁县	Yongning	-1149	6
贺兰县	Helan	2059	2322
灵武市	Lingwu	1730	16
按登记注册类型分	**Grouped by Status of Registration**		
内资企业	Domestic Funded	126735	6654
国有企业	State-owned Enterprises	9920	132
集体企业	Collective-owned Enterprises	-6	5
有限责任公司	Limited Liabilities Corporations	23473	4278
国有独资公司	State Sole Funded Corporations	19651	3183
其他有限责任公司	Other Limited Liabilities Corporations	3822	1095
股份有限公司	Share-holding Corporations Limited	23938	4
私营企业	Private Enterprises	69411	2235
私营有限责任公司	Private Limited Liabilities Corporations	19334	1698
私营股份有限公司	Private Share-holding Corporations Ltd.	50077	537
外商投资企业	Foreign Funded	12390	80
中外合资经营企业	Domestic and Foreign Joint Funded Enterprises	12390	80
按国民经济行业分(2017)	**Grouped by Sector(2017)**		
房屋建筑业	House Building	19135	3525
住宅房屋建筑	Residential Building	17127	3426
其他房屋建筑业	Other Housing construction	2008	100
土木工程建筑业	Civil Engineering	115584	2871
铁路、道路、隧道和桥梁工程建筑	Railway,Road,Tunnel and Bridge	88734	882
公路工程建筑	Road	71773	785
市政道路工程建筑	Municipal Works	16961	97
水利和水运工程建筑	Water Conservancy and Water Transportation Projects	6059	37
水源及供水设施工程建筑	Construction of Water Source and Supply Water Facility	6059	37
工矿工程建筑	Mining	12593	95
架线和管道工程建筑	Frame Line and Pipeline	7362	1676
架线及设备工程建筑	Frame Line Equipment Engineering	7362	1676
节能环保工程施工	Energy-saving and Environmental Engineering	-80	119
环保工程施工	Environmental Engineering Construction	-80	119
电力工程施工	Power engineering construction	29	5
火力发电工程施工	Thermal power plant construction	29	5
其他土木工程建筑	Other Civil Engineering Buildings	888	57
园林绿化工程施工	Landscaping Project Construction	645	9
其他土木工程建筑施工	Other Civil Engineering Construction	242	47

continued

(10 000 yuan)

营业外支出 Expenses Expect Business	利润总额 Total Profits	所得税费用 Income Tax Expense	应付职工薪酬(本年贷方累计发生额) Deal with Wages (volume of gredit side)	应交增值税 Value Added Tax Payable	在境外完成的营业收入 Overseas Revenues	亏损企业数(个) Number of loss-making Enterprises
6301	**137280**	**24096**	**344739**	**90077**	**24838**	**145**
5665	135094	22786	315412	80461	19423	82
5138	133459	22947	298113	80553	24838	123
2439	54391	9510	179644	39320	16618	54
494	7035	2175	25128	9139		6
2206	72034	11262	93340	32094	8220	63
101	-1244	28	4822	530		3
442	3939	902	32463	7144		12
621	1126	220	9342	1850		7
6115	124997	23828	335479	88163	24838	145
281	9771	2310	25662	4030		
5	-7		951	144		1
2110	25642	6001	112001	38550	15205	15
1444	21390	4481	69017	32328	15205	2
666	4252	1519	42984	6222		13
61	23881	3635	8533	2225		
3658	65711	11883	188333	43215	9633	129
3170	15585	4366	177916	43123	9633	128
488	50126	7517	10417	92		1
186	12283	269	9260	1914		
186	12283	269	9260	1914		
3454	19212	6212	214471	55793	7998	77
2884	17674	5607	210740	52823	7998	76
570	1537	605	3730	2970		1
2689	114838	17014	117094	30945	16839	45
1222	88394	12879	33297	10197		12
947	71612	11113	19961	2204		3
275	16783	1766	13337	7993		9
366	4799	1227	11346	6668		5
366	4799	1227	11346	6668		5
198	12491	420	16585	3171	371	1
758	8284	2247	50584	7457	16468	15
758	8284	2247	50584	7457	16468	15
1	37		340	50		1
1	37		340	50		1
10	24		286	305		
10	24		286	305		
135	809	240	4657	3097		11
118	537	215	3912	2780		7
17	272	25	745	317		4

7—7 续表 13

单位:万元 （2019）

指　标	Item	营业利润 Business Profits	营业外收入 Income Expect Business
建筑安装业	Construction Installation	3954	117
电气安装	Electric Installation	1574	43
其他建筑安装业	Other Construction Installation	2380	74
其他建筑安装	Other Building Installation	2380	74
建筑装饰、装修和其他建筑业	Construction, Decoration and Other Construction	451	221
建筑装饰和装修业	Construction and Decoration	451	221
公共建筑装饰和装修	Decoration and Decoration of Public Buildings	–28	81
住宅装饰和装修	Home decoration and decoration	198	
建筑幕墙装饰和装修	Decoration and Decoration of Building Curtain Walls	281	140
按控股情况分	**Grouped by Controlling Stake**		
国有控股	State–owned	29395	3388
集体控股	Collective–owned	2131	881
私人控股	Private	95209	2385
外商控股	Foreign	12390	80
按企业规模分	**Grouped by Enterprises Scale**		
大型	Large–Scale	93997	3575
中型	Medium–Scale	40388	2343
小型	Small–Scale	6569	687
微型	Miniatrue	–1829	129
按营业状况分	**Grouped by Operating Status**		
营业	Operating	138928	6734
停业(歇业)	Turn O(f out of business)	197	
当年注销	The Cancellation		
按隶属关系分	**By affiliation**		
中央	The center	7177	2678
地方	This place	23646	1517
其他	In the news	108302	2539
按会计准则分	**Grouped by Accounting Standards**		
企业会计准则	Accounting Standards for Business Enterprises	129431	5306
小企业会计准则	Accounting Standards for Small Business Enterprises	4124	433
其他企业会计制度	Others	5569	994
按企业资质等级分	**Grouped by Qualification Criteria**		
施工总承包	General Contractors	131298	5833
特　级	Special Grade	189	67
一　级	First Grade	84806	3930
二　级	Second Grade	44399	1711
三级及以下	Third Grade and Below	1904	125
专业承包	Professional Contractors	7826	900
一　级	First Grade	3847	337
二　级	Second Grade	2426	382
三级及以下	Third Grade and Below	1554	181

continued

(10 000 yuan)

营业外支出 Expenses Expect Business	利润总额 Total Profits	所得税费用 Income Tax Expense	应付职工薪酬(本年贷方累计发生额) Deal with Wages (volume of gredit side)	应交增值税 Value Added Tax Payable	在境外完成的营业收入 Overseas Revenues	亏损企业数(个) Number of loss-making Enterprises (pieces)
47	4024	617	8047	1431		8
26	1592	247	3295	1184		6
22	2432	370	4752	247		2
22	2432	370	4752	247		2
111	-793	254	5128	1908		15
111	-793	254	5128	1908		15
6	-1350	53	2183	341		9
11	187	14	206	629		
95	370	187	2739	938		6
1882	30901	6908	95340	36916	15205	3
179	2833	704	14490	1536		2
4054	91263	16215	225649	49711	9633	140
186	12283	269	9260	1914		
1552	96021	13660	84574	29412	15205	
2962	39750	7765	159617	36246	486	9
1698	3379	2623	96094	23412	9147	89
90	-1869	49	4454	1007		47
6300	137085	24039	344393	89910	24838	145
2	195	57	346	167		
489	9366	1890	52308	8016	15205	1
1177	23986	5481	57522	29078		4
4635	103929	16726	234909	52984	9633	140
4102	130664	20805	262389	63550	21883	55
983	2563	1712	34178	14530	2955	52
1216	4053	1579	48172	11997		38
5424	130782	22065	303239	80016	24838	110
39	216	66	7092	7167		
1864	86868	14238	116096	26372	15205	1
2953	43182	6927	157369	37321	4218	55
569	516	834	22683	9156	5415	54
877	6499	2032	41501	10061		35
544	3640	874	22759	4613		2
266	1188	682	12097	4988		24
68	1671	476	6645	460		9

7—8 建筑业总产值(市区)

单位:万元 （2019）

指 标	Item	企业数（个）Number of Enterprises（unit）	有工作量的企业数 Number of Workload Enterprises
总 计	**Total**	**374**	**374**
一、二级企业	First and Second Grade	239	239
按地区分	**Grouped by County**		
兴庆区	Xingqing	182	182
西夏区	Xixia	16	16
金凤区	Jinfeng	176	176
按登记注册类型分	**Grouped by Status of Registration**		
内资企业	Domestic Funded	373	373
国有企业	State-owned Enterprises	6	6
有限责任公司	Limited Liabilities Corporations	53	53
国有独资公司	State Sole Funded Corporations	19	19
其他有限责任公司	Other Limited Liabilities Corporations	34	34
股份有限公司	Share-holding Corporations Limited	1	1
私营企业	Private Enterprises	313	313
私营有限责任公司	Private Limited Liabilities Corporations	309	309
私营股份有限公司	Private Share-holding Corporations Ltd.	4	4
外商投资企业	Foreign Funded	1	1
中外合资经营企业	Domestic and Foreign Joint Funded Enterprises	1	1
按国民经济行业分(2017)	**Grouped by Sector(2017)**		
房屋建筑业	House Building	176	176
住宅房屋建筑	Residential Building	165	165
其他房屋建筑业	Other Housing construction	11	11
土木工程建筑业	Civil Engineering	131	131
铁路、道路、隧道和桥梁工程建筑	Railway, Road, Tunnel and Bridge	38	38
公路工程建筑	Road	6	6
市政道路工程建筑	Municipal Works	32	32
水利和水运工程建筑	Water Conservancy and Water Transportation Projects	20	20
水源及供水设施工程建筑	Construction of Water Source and Supply Water Facility	20	20
工矿工程建筑	Mining	3	3
架线和管道工程建筑	Frame Line and Pipeline	43	43
架线及设备工程建筑	Frame Line Equipment Engineering	43	43
节能环保工程施工	Energy-saving and Environmental Engineering	2	2
环保工程施工	Environmental Engineering Construction	2	2
电力工程施工	Power engineering construction	1	1
火力发电工程施工	Thermal power plant construction	1	1
其他土木工程建筑	Other Civil Engineering Buildings	24	24
园林绿化工程施工	Landscaping Project Construction	15	15
其他土木工程建筑施工	Other Civil Engineering Construction	9	9

Total Output Value of Construction (City)

(10 000 yuan)

建筑业总产值 Total Output Value of Construction	装配式建筑工程产值	装饰装修产值 Output Value of Decoration	在外省完成的产值 Output Value of Completed Outside the Province	建筑工程产值 Output Value of Construction	安装工程产值 Output Value of Installation	其他产值 Others	竣工产值 Output Value of Construction Completed
3805577		**50294**	**434882**	**3398667**	**374057**	**32853**	**2026660**
3486740		42647	416094	3148867	310057	27815	1908531
2100542		21355	330187	1863896	219014	17633	955647
303642		4038	14219	283911	10333	9398	175134
1401392		24901	90476	1250861	144710	5822	895879
3791897		50294	421203	3384988	374057	32853	2026660
120095			7548	68196	51900		49478
1475934		5899	297578	1247472	219819	8643	654603
1081789		900	245449	946378	126768	8643	428219
394145		4999	52129	301094	93051		226384
193212			7087	193212			
2002656		44395	108990	1876109	102338	24210	1322579
1757853		44395	94966	1639242	94401	24210	928571
244803			14024	236866	7937		394008
13679			13679	13679			
13679			13679	13679			
2078658		15777	145874	2040810	15627	22221	1153891
2014146		15777	108916	1980596	15627	17923	1134590
64512			36959	60214		4298	19301
1631815		2197	284029	1296024	325198	10593	821664
766907			71207	766422	485		564606
449601			15684	449601			396783
317305			55523	316821	485		167823
241766			24496	218622	23144		34681
241766			24496	218622	23144		34681
30072			14162	22104	25	7943	7284
474521		2197	174155	172543	299329	2650	187625
474521		2197	174155	172543	299329	2650	187625
806				707	99		177
806				707	99		177
2945				2061	884		2945
2945				2061	884		2945
114798			9	113565	1233		24345
110341				109170	1170		22596
4458			9	4395	63		1749

7—8 续表 1

单位：万元 （2019）

指 标	Item	企业数（个）Number of Enterprises（unit）	有工作量的企业数 Number of Workload Enterprises
建筑安装业	Construction Installation	33	33
电气安装	Electric Installation	24	24
其他建筑安装业	Other Construction Installation	9	9
其他建筑安装	Other Building Installation	9	9
建筑装饰、装修和其他建筑业	Construction, Decoration and Other Construction	34	34
建筑装饰和装修业	Construction and Decoration	34	34
公共建筑装饰和装修	Decoration and Decoration of Public Buildings	19	19
住宅装饰和装修	Home decoration and decoration	1	1
建筑幕墙装饰和装修	Decoration and Decoration of Building Curtain Walls	14	14
按控股情况分	**Grouped by Controlling Stake**		
国有控股	State-owned	27	27
集体控股	Collective-owned	5	5
私人控股	Private	341	341
外商控股	Foreign	1	1
按企业规模分	**Grouped by Enterprises Scale**		
大型	Large-Scale	9	9
中型	Medium-Scale	72	72
小型	Small-Scale	232	232
微型	Miniatrue	61	61
按营业状况分	**Grouped by Operating Status**		
营业	Operating	373	373
停业(歇业)	Turn O(f out of business)	1	1
当年注销	The Cancellation		
按隶属关系分	**By affiliation**		
中央	The center	4	4
地方	This place	27	27
其他	In the news	343	343
按会计准则分	**Grouped by Accounting Standards**		
企业会计准则	Accounting Standards for Business Enterprises	159	159
小企业会计准则	Accounting Standards for Small Business Enterprises	121	121
其他企业会计制度	Others	94	94
按企业资质等级分	**Grouped by Qualification Criteria**		
施工总承包	General Contractors	269	269
特 级	Special Grade	1	1
一 级	First Grade	18	18
二 级	Second Grade	138	138
三级及以下	Third Grade and Below	112	112
专业承包	Professional Contractors	105	105
一 级	First Grade	16	16
二 级	Second Grade	66	66
三级及以下	Third Grade and Below	23	23

continued

(10 000 yuan)

建筑业总产值 Total Output Value of Construction	装饰装修产值 Output Value of Decoration	在外省完成的产值 Output Value of Completed Outside the Province	建筑工程产值 Output Value of Construction	安装工程产值 Output Value of Installation	其他产值 Others	竣工产值 Output Value of Construction Completed
53203		771	21473	31715	15	27476
28261		361	8438	19809	15	23445
24942		410	13035	11906		4032
24942		410	13035	11906		4032
41901	32320	4208	40360	1516	24	23628
41901	32320	4208	40360	1516	24	23628
11587	10708	1288	10133	1454		3483
7314			317	7314		
23001	21612	2603	22914	62	24	20145
1206202	4918	253816	1018892	178667	8643	481318
90241		588	7213	83028		83296
2495454	45375	166799	2358884	112361	24210	1462047
13679		13679	13679			
1392695		237964	1266402	126293		785510
1650391	5904	169681	1475921	167476	6995	838222
718319	42509	26685	623605	72293	22421	367281
44172	1880	553	32739	7995	3437	35647
3800939	50294	434882	3394030	374057	32853	2022769
4638			4638			3891
337909		157766	163116	166851	7943	85105
922455	4918	63069	826910	94845	700	479509
2545212	45375	214048	2408642	112361	24210	1462047
2785623	34255	371192	2466171	305889	13564	1511740
563642	1550	47779	524618	33085	5939	279592
456311	14489	15911	407878	35083	13350	235329
3548327	17266	385798	3244564	275248	28516	1908554
125480		16134	125480			50312
1777769	1623	253053	1650938	126472	360	1054999
1367034	9013	97823	1237246	106669	23119	694728
278044	6630	18788	230900	42107	5037	108515
257249	33027	49085	154104	98809	4337	118106
134927	17649	43406	74006	60907	15	52959
81529	14362	5679	61198	16010	4322	55533
40793	1017		18900	21893		9615

7—9 建筑业合同签订及承包工程完成情况(市区)

单位:万元　　　　(2019)

指　标	Item	签订的合同额 Total Value of Contracts	上年结转合同额 Value from Contracts Signed in Last Year
总　计	**Total**	**6272926**	**2110596**
一、二级企业	First and Second Grade	5806767	2021258
按地区分	**Grouped by County**		
兴庆区	Xingqing	3412210	1072717
西夏区	Xixia	435479	188709
金凤区	Jinfeng	2425238	849170
按登记注册类型分	**Grouped by Status of Registration**		
内资企业	Domestic Funded	6189204	2110596
国有企业	State-owned Enterprises	165737	64693
有限责任公司	Limited Liabilities Corporations	2738570	1084738
国有独资公司	State Sole Funded Corporations	2098883	819819
其他有限责任公司	Other Limited Liabilities Corporations	639687	264919
股份有限公司	Share-holding Corporations Limited	142294	
私营企业	Private Enterprises	3142603	961165
私营有限责任公司	Private Limited Liabilities Corporations	2590929	650095
私营股份有限公司	Private Share-holding Corporations Ltd.	551674	311071
外商投资企业	Foreign Funded	83723	
中外合资经营企业	Domestic and Foreign Joint Funded Enterprises	83723	
按国民经济行业分(2017)	**Grouped by Sector(2017)**		
房屋建筑业	House Building	3303654	1095812
住宅房屋建筑	Residential Building	3232908	1086282
其他房屋建筑业	Other Housing construction	70745	9530
土木工程建筑业	Civil Engineering	2839813	984500
铁路、道路、隧道和桥梁工程建筑	Railway, Road, Tunnel and Bridge	1222755	504937
公路工程建筑	Road	715852	315596
市政道路工程建筑	Municipal Works	506903	189340
水利和水运工程建筑	Water Conservancy and Water Transportation Projects	378624	87868
水源及供水设施工程建筑	Construction of Water Source and Supply Water Facility	378624	87868
工矿工程建筑	Mining	101010	1445
架线和管道工程建筑	Frame Line and Pipeline	977959	360071
架线及设备工程建筑	Frame Line Equipment Engineering	977959	360071
节能环保工程施工	Energy-saving and Environmental Engineering	806	
环保工程施工	Environmental Engineering Construction	806	
电力工程施工	Power engineering construction	2879	568
火力发电工程施工	Thermal power plant construction	2879	568
其他土木工程建筑	Other Civil Engineering Buildings	155780	29612
园林绿化工程施工	Landscaping Project Construction	148658	27077
其他土木工程建筑施工	Other Civil Engineering Construction	7122	2535

Contracts Signed and Completion of Contracted Projects by Construction Enterprises (City)

(10 000 yuan)

本年新签合同额 Value from New ContractsSigned in This Year	直接从建设单位承揽工程完成的产值 Completed Output Value of Projects Contracted Directly from Investors	自行完成施工产值 Own- completed Output Value	分包出去工程的产值 Output Value of Out-sourced Projects	从建设单位以外承揽工程完成的产值 Completed Output Value of Projects Contracted from Non-investors
4162331	**3872470**	**3717195**	**155274**	**88381**
3785510	3564418	3409144	155274	77596
2339493	2056803	2054611	2192	45931
246770	303637	303637		5
1576068	1512030	1358948	153083	42445
4078608	3788747	3703516	85231	88381
101044	120095	120095		
1653832	1477618	1472977	4642	2957
1279064	1082469	1081789	680	
374768	395150	391188	3962	2957
142294	161904	161904		31308
2181438	2029129	1948540	80590	54117
1940834	1741501	1705622	35879	52231
240603	287628	242917	44711	1886
83723	83723	13679	70043	
83723	83723	13679	70043	
2207842	2070337	2037238	33099	41420
2146627	2005825	1972726	33099	41420
61215	64512	64512		
1855313	1707311	1586694	120617	45121
717819	775979	730256	45724	36651
400256	463004	418293	44711	31308
317563	312975	311962	1013	5343
290756	241761	241761		5
290756	241761	241761		5
99565	100115	30072	70043	
617888	470960	466110	4851	8411
617888	470960	466110	4851	8411
806	806	806		
806	806	806		
2312	2945	2945		
2312	2945	2945		
126168	114745	114745		54
121581	110341	110341		
4587	4404	4404		54

7—9 续表 1

单位:万元 （2019）

指　标	Item	签订的合同额 Total Value of Contracts	上年结转合同额 Value from Contracts Signed in Last Year
建筑安装业	Construction Installation	70123	18084
电气安装	Electric Installation	41024	13486
其他建筑安装业	Other Construction Installation	29099	4598
其他建筑安装	Other Building Installation	29099	4598
建筑装饰、装修和其他建筑业	Construction, Decoration and Other Construction	59337	12200
建筑装饰和装修业	Construction and Decoration	59337	12200
公共建筑装饰和装修	Decoration and Decoration of Public Buildings	13702	861
住宅装饰和装修	Home decoration and decoration	10610	
建筑幕墙装饰和装修	Decoration and Decoration of Building Curtain Walls	35025	11338
按控股情况分	**Grouped by Controlling Stake**		
国有控股	State-owned	2271779	887464
集体控股	Collective-owned	109270	17209
私人控股	Private	3808155	1205922
外商控股	Foreign	83723	
按企业规模分	**Grouped by Enterprises Scale**		
大型	Large-Scale	2663931	1071034
中型	Medium-Scale	2517973	769535
小型	Small-Scale	1017886	230994
微型	Miniatrue	73136	39033
按营业状况分	**Grouped by Operating Status**		
营业	Operating	6268152	2110238
停业(歇业)	Turn O(f out of business)	4775	358
当年注销	The Cancellation		
按隶属关系分	**By affiliation**		
中央	The center	850069	346774
地方	This place	1494902	557806
其他	In the news	3927956	1206015
按会计准则分	**Grouped by Accounting Standards**		
企业会计准则	Accounting Standards for Business Enterprises	4707211	1634520
小企业会计准则	Accounting Standards for Small Business Enterprises	796430	186857
其他企业会计制度	Others	769286	289218
按企业资质等级分	**Grouped by Qualification Criteria**		
施工总承包	General Contractors	5942237	2008279
特　级	Special Grade	244768	89934
一　级	First Grade	3147787	1312877
二　级	Second Grade	2130127	520078
三级及以下	Third Grade and Below	419555	85389
专业承包	Professional Contractors	330690	102317
一　级	First Grade	166192	73212
二　级	Second Grade	117894	25156
三级及以下	Third Grade and Below	46604	3949

continued

(10 000 yuan)

本年新签合同额 Value from New ContractsSigned in This Year	直接从建设单位承揽工程完成的产值 Completed Output Value of Projects Contracted Directly from Investors	自行完成施工产值 Own- completed Output Value	分包出去工程的产值 Output Value of Out-sourced Projects	从建设单位以外承揽工程完成的产值 Completed Output Value of Projects Contracted from Non-investors
52038	51363	51363		1840
27538	26421	26421		1840
24501	24942	24942		
24501	24942	24942		
47138	43459	41901	1558	
47138	43459	41901	1558	
12840	11633	11587	47	
10610	7314	7314		
23687	24512	23001	1512	
1384315	1206882	1206202	680	
92061	93716	89755	3962	486
2602232	2488149	2407559	80590	87895
83723	83723	13679	70043	
1592897	1476141	1361387	114754	31308
1748438	1647870	1611271	36600	39120
786892	706001	702080	3921	16239
34104	42458	42458		1714
4157914	3867832	3712557	155274	88381
4417	4638	4638		
503295	337909	337909		
937095	926610	921969	4642	486
2721941	2607950	2457317	150633	87895
3072691	2863115	2742679	120436	42945
609573	561623	527909	33714	35734
480068	447732	446608	1124	9703
3933958	3615556	3461840	153716	86487
154834	125480	125480		
1834909	1787062	1742351	44711	35418
1610050	1435703	1326697	109006	40337
334165	267312	267312		10732
228372	256914	255356	1558	1894
92979	134791	134745	47	183
92737	81384	79872	1512	1657
42656	40739	40739		54

7—10 房屋建筑施工面积及竣工面积(市区)

单位:平方米 (2019)

指 标	Item	房屋建筑施工面积 Floor Space of Buildings under Construction	本年新开工面积 Floor Space of New Buildings in This Year
总 计	**Total**	**14083657**	**7208868**
一、二级企业	First and Second Grade	13705330	7121451
按地区分	**Grouped by County**		
兴庆区	Xingqing	6953777	4326353
西夏区	Xixia	2920095	1118368
金凤区	Jinfeng	4209785	1764147
按登记注册类型分	**Grouped by Status of Registration**		
内资企业	Domestic Funded	14083657	7208868
国有企业	State-owned Enterprises	472380	311517
有限责任公司	Limited Liabilities Corporations	9075864	4824334
国有独资公司	State Sole Funded Corporations	6243724	3479265
其他有限责任公司	Other Limited Liabilities Corporations	2832140	1345069
股份有限公司	Share-holding Corporations Limited		
私营企业	Private Enterprises	4535413	2073017
私营有限责任公司	Private Limited Liabilities Corporations	4476786	2073017
私营股份有限公司	Private Share-holding Corporations Ltd.	58627	
外商投资企业	Foreign Funded		
中外合资经营企业	Domestic and Foreign Joint Funded Enterprises		
按国民经济行业分(2017)	**Grouped by Sector(2017)**		
房屋建筑业	House Building	13517035	6857547
住宅房屋建筑	Residential Building	13517035	6857547
其他房屋建筑业	Other Housing Construction		
土木工程建筑业	Civil Engineering	564822	349521
铁路、道路、隧道和桥梁工程建筑	Railway, Road, Tunnel and Bridge	167159	15890
公路工程建筑	Road		
市政道路工程建筑	Municipal Works		
水利和水运工程建筑	Water Conservancy and Water Transportation Projects	19774	6540
水源及供水设施工程建筑	Construction of Water Source and Supply Water Facility	19774	6540
工矿工程建筑	Mining		
架线和管道工程建筑	Frame Line and Pipeline	357199	311014
架线及设备工程建筑	Frame Line Equipment Engineering	357199	311014
节能环保工程施工	Energy-saving and Environmental Engineering		
环保工程施工	Environmental Engineering Construction		
电力工程施工	Power engineering construction		
火力发电工程施工	Thermal power plant construction		
其他土木工程建筑	Other Civil Engineering Buildings	20690	16077
园林绿化工程施工	Landscaping Project Construction	20690	16077
其他土木工程建筑施工	Other Civil Engineering Construction		

Floor Space of Buildings Constructed and Completed(City)

(sq.m)

房屋建筑竣工面积 Floor Space of Buildings Completed	住宅房屋 Resi-dence	商业及服务用房屋 Business and Service	商厦房屋（批发和零售用房） Commercial (wholesaleandretailtrade)	宾馆用房屋（住宿用房） Hotel (hoteling)	餐饮用房屋（餐饮用房） Catering (catering services)	商务会展用房屋 Commercial Exhibition	其他商业及服务用房屋(居民服务业用房) Other Business and Service(other services)
3826692	**2351347**	**192063**	**80860**	**261**		**33720**	**77222**
3668110	2196221	188607	77566	261		33720	77060
2218891	1676784	26790	3294				23496
865509	291247	131214	44652			33720	52842
742292	383316	34059	32914	261			884
3826692	2351347	192063	80860	261		33720	77222
56329							
2510064	1376062	183908	77199			33720	72989
2007018	1026773	133228	45782			33720	53726
503046	349289	50680	31417				19263
1260299	975285	8155	3661	261			4233
1213398	928384	8155	3661	261			4233
46901	46901						
3769305	2351347	191435	80493			33720	77222
3769305	2351347	191435	80493			33720	77222
56309							
2862							
19774							
19774							
17665							
17665							
16008							
16008							

7—10 续表 1

单位:平方米 (2019)

指 标	Item	房屋建筑施工面积 Floor Space of Buildings under Construction	本年新开工面积 Floor Space of New Buildings in This Year
建筑安装业	Construction Installation	1800	1800
电气安装	Electric Installation	1800	1800
其他建筑安装业	Other Construction Installation		
其他建筑安装	Other Building Installation		
建筑装饰、装修和其他建筑业	Construction, Decoration and Other Construction		
建筑装饰和装修业	Construction and Decoration		
公共建筑装饰和装修	Decoration and Decoration of Public Buildings		
住宅装饰和装修	Home decoration and decoration		
建筑幕墙装饰和装修	Decoration and Decoration of Building Curtain Walls		
按控股情况分	**Grouped by Controlling Stake**		
国有控股	State-owned	6716104	3790782
集体控股	Collective-owned		
私人控股	Private	7367553	3418086
外商控股	Foreign		
按企业规模分	**Grouped by Enterprises Scale**		
大型	Large-Scale	5098308	2791358
中型	Medium-Scale	7676414	3941431
小型	Small-Scale	907764	470479
微型	Miniatrue	401171	5600
按营业状况分	**Grouped by Operating Status**		
营业	Operating	14083657	7208868
停业(歇业)	Closed(out of business)		
当年注销	The Cancellation		
按隶属关系分	**By affiliation**		
中央	The center	843151	681532
地方	This place	5872953	3109250
其他	In the news	7367553	3418086
按会计准则分	**Grouped by Accounting Standards**		
企业会计准则	Accounting Standards for Business Enterprises	10578681	5482052
小企业会计准则	Accounting Standards for Small Business Enterprises	1330223	654303
其他企业会计制度	Others	2174753	1072513
按企业资质等级分	**Grouped by Qualification Criteria**		
施工总承包	General Contractors	14008815	7135819
特级	Special Grade	859833	318345
一级	First Grade	7298681	3861598
二级	Second Grade	5471974	2868459
三级及以下	Third Grade and Below	378327	87417
专业承包	Professional Contractors	74842	73049
一级	First Grade	4768	2975
二级	Second Grade	70074	70074
三级及以下	Third Grade and Below		

continued

(sq.m)

房屋建筑竣工面积 Floor Space of Buildings Completed	住宅房屋 Residence	商业及服务用房屋 Business and Service	商厦房屋（批发和零售用房） Commercial (wholesale and retail trade)	宾馆用房屋（住宿用房） Hotel (hoteling)	餐饮用房屋（餐饮用房） Catering (catering services)	商务会展用房屋 Commercial Exhibition	其他商业及服务用房屋（居民服务业用房） Other Business and Service (other services)
1078		628	367	261			
1078		628	367	261			
1078		628	367	261			
2063347	1026773	133228	45782			33720	53726
1763345	1324574	58835	35078	261			23496
1918879	942460	132098	44652			33720	53726
1377756	984315	24464	1130				23334
421832	316347	35501	35078	261			162
108225	108225						
3826692	2351347	192063	80860	261		33720	77222
17665							
2045682	1026773	133228	45782			33720	53726
1763345	1324574	58835	35078	261			23496
3022434	1778495	137299	45782			33720	57797
309481	267253	790	367	261			162
494777	305599	53974	34711				19263
3820001	2348586	191435	80493			33720	77222
201926	72638	884					884
2662226	1609976	150477	44652			33720	72105
797267	510846	36618	32547				4071
158582	155126	3456	3294				162
6691	2761	628	367	261			
2852							
3839	2761	628	367	261			

7—10 续表 2

单位:平方米 （2019）

指 标	Item	办公用房屋 Offices	科研、教育、医疗用房屋 Scientific Research, Education and Medica
总 计	**Total**	**127625**	**617968**
一、二级企业	First and Second Grade	127625	617968
按地区分	**Grouped by County**		
兴庆区	Xingqing	3874	273663
西夏区	Xixia	71115	204272
金凤区	Jinfeng	52636	140033
按登记注册类型分	**Grouped by Status of Registration**		
内资企业	Domestic Funded	127625	617968
国有企业	State-owned Enterprises		
有限责任公司	Limited Liabilities Corporations	87619	456419
国有独资公司	State Sole Funded Corporations	74608	427595
其他有限责任公司	Other Limited Liabilities Corporations	13011	28824
股份有限公司	Share-holding Corporations Limited		
私营企业	Private Enterprises	40006	161549
私营有限责任公司	Private Limited Liabilities Corporations	40006	161549
私营股份有限公司	Private Share-holding Corporations Ltd.		
外商投资企业	Foreign Funded		
中外合资经营企业	Domestic and Foreign Joint Funded Enterprises		
按国民经济行业分(2017)	**Grouped by Sector(2017)**		
房屋建筑业	House Building	127625	599098
住宅房屋建筑	Residential Building	127625	599098
其他房屋建筑业	Other Housing Construction		
土木工程建筑业	Civil Engineering		18870
铁路、道路、隧道和桥梁工程建筑	Railway, Road, Tunnel and Bridge		2862
公路工程建筑	Road		
市政道路工程建筑	Municipal Works		
水利和水运工程建筑	Water Conservancy and Water Transportation Projects		
水源及供水设施工程建筑	Construction of Water Source and Supply Water Facility		
工矿工程建筑	Mining		
架线和管道工程建筑	Frame Line and Pipeline		
架线及设备工程建筑	Frame Line Equipment Engineering		
节能环保工程施工	Energy-saving and Environmental Engineering		
环保工程施工	Environmental Engineering Construction		
电力工程施工	Power engineering construction		
火力发电工程施工	Thermal power plant construction		
其他土木工程建筑	Other Civil Engineering Buildings		16008
园林绿化工程施工	Landscaping Project Construction		16008
其他土木工程建筑施工	Other Civil Engineering Construction		

continued

(sq.m)

科学研究用房屋 Scientific Research	教育用房屋 Education	医疗用房屋（卫生医疗用房）Medical (health and medical)	文化、体育、娱乐用房屋 Culture, Sports and Entertainment	厂房及建筑物 Workshop and Buildings	厂房 Workshop	仓库 Warehouse	其他未列明的房屋建筑物 Other Buildings
26724	**486898**	**104346**	**72171**	**363664**	**234695**	**33028**	**68826**
26724	486898	104346	72171	363664	234695	33028	68826
	231356	42307	31274	170605	116465	32914	2987
17028	136634	50610	18825	86706	30402		62130
9696	118908	11429	22072	106353	87828	114	3709
26724	486898	104346	72171	363664	234695	33028	68826
			5002	2852	2852		48475
26724	365609	64086	61062	296839	186395	32914	15241
26724	336785	64086	61062	270097	181253		13655
	28824			26742	5142	32914	1586
	121289	40260	6107	63973	45448	114	5110
	121289	40260	6107	63973	45448	114	5110
26724	468028	104346	71721	326225	197256	33028	68826
26724	468028	104346	71721	326225	197256	33028	68826
	18870			37439	37439		
	2862						
				19774	19774		
				19774	19774		
				17665	17665		
				17665	17665		
	16008						
	16008						

7—10 续表 3

单位:平方米 （2019）

指 标	Item	办公用房屋 Offices	科研、教育、医疗用房屋 Scientific Research, Education and Medica
建筑安装业	Construction Installation		
电气安装	Electric Installation		
其他建筑安装业	Other Construction Installation		
其他建筑安装	Other Building Installation		
建筑装饰、装修和其他建筑业	Construction, Decoration and Other Construction		
建筑装饰和装修业	Construction and Decoration		
公共建筑装饰和装修	Decoration and Decoration of Public Buildings		
住宅装饰和装修	Home decoration and decoration		
建筑幕墙装饰和装修	Decoration and Decoration of Building Curtain Walls		
按控股情况分	**Grouped by Controlling Stake**		
国有控股	State-owned	74608	427595
集体控股	Collective-owned		
私人控股	Private	53017	190373
外商控股	Foreign		
按企业规模分	**Grouped by Enterprises Scale**		
大型	Large-Scale	73808	427595
中型	Medium-Scale	46162	165334
小型	Small-Scale	7655	25039
微型	Miniatrue		
按营业状况分	**Grouped by Operating Status**		
营业	Operating	127625	617968
停业(歇业)	Closed(out of business)		
当年注销	The Cancellation		
按隶属关系分	**By affiliation**		
中央	The center		
地方	This place	74608	427595
其他	In the news	53017	190373
按会计准则分	**Grouped by Accounting Standards**		
企业会计准则	Accounting Standards for Business Enterprises	113849	540113
小企业会计准则	Accounting Standards for Small Business Enterprises	4400	13348
其他企业会计制度	Others	9376	64507
按企业资质等级分	**Grouped by Qualification Criteria**		
施工总承包	General Contractors	127625	617968
特级	Special Grade	2693	69062
一级	First Grade	96103	431909
二级	Second Grade	28829	116997
三级及以下	Third Grade and Below		
专业承包	Professional Contractors		
一级	First Grade		
二级	Second Grade		
三级及以下	Third Grade and Below		

continued

(sq.m)

科学研究用房屋 Scientific Research	教育用房屋 Education	医疗用房屋（卫生医疗用房） Medical (health and medical)	文化、体育、娱乐用房屋 Culture, Sports and Entertainment	厂房及建筑物 Workshop and Buildings	厂房 Workshop	仓库 Warehouse	其他未列明的房屋建筑物 Other Buildings
			450				
			450				
			450				
26724	336785	64086	66064	272949	184105		62130
	150113	40260	6107	90715	50590	33028	6696
26724	336785	64086	61062	268201	179357		13655
	131503	33831	10571	63614	45988	33028	50268
	18610	6429	538	31849	9350		4903
26724	486898	104346	72171	363664	234695	33028	68826
				17665	17665		
26724	336785	64086	66064	255284	166440		62130
	150113	40260	6107	90715	50590	33028	6696
26724	409804	103585	66264	320799	210355		65615
	13348		450	23126	5500	114	
	63746	761	5457	19739	18840	32914	3211
26724	486898	104346	71721	360812	231843	33028	68826
9696	54366	5000	16165	40484	40484		
17028	332742	82139	44897	280709	170265	32914	15241
	99790	17207	10659	39619	21094	114	53585
			450	2852	2852		
				2852	2852		
			450				

7—11 房屋建筑竣工价值(市区)

单位:万元　　(2019)

指　标	Item	竣工房屋价值 Output Value of Buildings Completed	住宅房屋 Residence
总　计	**Total**	**742449**	**365780**
一、二级企业	First and Second Grade	712550	337221
按地区分	**Grouped by County**		
兴庆区	Xingqing	389542	269101
西夏区	Xixia	181572	31439
金凤区	Jinfeng	171336	65240
按登记注册类型分	**Grouped by Status of Registration**		
内资企业	Domestic Funded	742449	365780
国有企业	State-owned Enterprises	15314	
有限责任公司	Limited Liabilities Corporations	496818	219279
国有独资公司	State Sole Funded Corporations	398408	156330
其他有限责任公司	Other Limited Liabilities Corporations	98411	62949
股份有限公司	Share-holding Corporations Limited		
私营企业	Private Enterprises	230317	146501
私营有限责任公司	Private Limited Liabilities Corporations	225661	141845
私营股份有限公司	Private Share-holding Corporations Ltd.	4656	4656
外商投资企业	Foreign Funded		
中外合资经营企业	Domestic and Foreign Joint Funded Enterprises		
按国民经济行业分(2017)	**Grouped by Sector(2017)**		
房屋建筑业	House Building	720706	365780
住宅房屋建筑	Residential Building	720706	365780
其他房屋建筑业	Other Housing Construction		
土木工程建筑业	Civil Engineering	21635	
铁路、道路、隧道和桥梁工程建筑	Railway, Road, Tunnel and Bridge	1075	
公路工程建筑	Road		
市政道路工程建筑	Municipal Works		
水利和水运工程建筑	Water Conservancy and Water Transportation Projects	4746	
水源及供水设施工程建筑	Construction of Water Source and Supply Water Facility	4746	
工矿工程建筑	Mining		
架线和管道工程建筑	Frame Line and Pipeline	12302	
架线及设备工程建筑	Frame Line Equipment Engineering	12302	
节能环保工程施工	Energy-saving and Environmental Engineering		
环保工程施工	Environmental Engineering Construction		
电力工程施工	Power engineering construction		
火力发电工程施工	Thermal power plant construction		
其他土木工程建筑	Other Civil Engineering Buildings	3512	
园林绿化工程施工	Landscaping Project Construction	3512	
其他土木工程建筑施工	Other Civil Engineering Construction		

Output Value of Floor Space of Buildings Completed(City)

(10 000 yuan)

商业及服务用房屋 Business and Service	商厦房屋（批发和零售用房）Commercial(wholesale and retail trade)	宾馆用房屋（住宿用房）Hotel (hoteling)	餐饮用房屋（餐饮用房）Catering (catering services)	商务会展用房屋 Commercial Exhibition	其他商业及服务用房屋（居民服务业用房）Other Business and Service (other services)	办公用房屋 Offices
46686	**19788**	**26**		**7659**	**19213**	**30071**
45346	18556	26		7659	19105	30071
9744	1232				8513	987
29147	11010			7659	10478	15304
7794	7546	26			222	13780
46686	19788	26		7659	19213	30071
44584	18519			7659	18406	20126
30861	12501			7659	10701	16760
13723	6018				7705	3366
2102	1269	26			807	9945
2102	1269	26			807	9945
46623	19751			7659	19213	30071
46623	19751			7659	19213	30071

7—11 续表 1

单位:万元 (2019)

指 标	Item	竣工房屋价值 Output Value of Buildings Completed	住宅房屋 Residence
建筑安装业	Construction Installation		
电气安装	Electric Installation		
其他建筑安装业	Other Construction Installation		
其他建筑安装	Other Building Installation		
建筑装饰、装修和其他建筑业	Construction, Decoration and Other Construction	108	
建筑装饰和装修业	Construction and Decoration	108	
公共建筑装饰和装修	Decoration and Decoration of Public Buildings		
住宅装饰和装修	Home decoration and decoration		
建筑幕墙装饰和装修	Decoration and Decoration of Building Curtain Walls	108	
按控股情况分	**Grouped by Controlling Stake**		
国有控股	State-owned	413722	156330
集体控股	Collective-owned		
私人控股	Private	328727	209450
外商控股	Foreign		
按企业规模分	**Grouped by Enterprises Scale**		
大型	Large-Scale	386680	147579
中型	Medium-Scale	251329	138027
小型	Small-Scale	80537	56271
微型	Miniatrue	23903	23903
按营业状况分	**Grouped by Operating Status**		
营业	Operating	742449	365780
停业(歇业)	Closed(out of business)		
当年注销	The Cancellation		
按隶属关系分	**By affiliation**		
中央	The center	12302	
地方	This place	401419	156330
其他	In the news	328727	209450
按会计准则分	**Grouped by Accounting Standards**		
企业会计准则	Accounting Standards for Business Enterprises	601668	278449
小企业会计准则	Accounting Standards for Small Business Enterprises	58939	51900
其他企业会计制度	Others	81842	35431
按企业资质等级分	**Grouped by Qualification Criteria**		
施工总承包	General Contractors	733885	365103
特级	Special Grade	50312	9562
一级	First Grade	517744	255915
二级	Second Grade	135929	71067
三级及以下	Third Grade and Below	29899	28559
专业承包	Professional Contractors	8565	677
一级	First Grade	7780	
二级	Second Grade	785	677
三级及以下	Third Grade and Below		

continued

(10 000 yuan)

商业及服务用房屋 Business and Service	商厦房屋（批发和零售用房） Commercial(wholesale and retail trade)	宾馆用房屋（住宿用房） Hotel (hoteling)	餐饮用房屋（餐饮用房） Catering (catering services)	商务会展用房屋 Commercial Exhibition	其他商业及服务用房屋（居民服务业用房） Other Business and Service (other services)	办公用房屋 Offices
63	37	26				
63	37	26				
63	37	26				
30861	12501			7659	10701	16760
15825	7287	26			8513	13311
29370	11010			7659	10701	16544
9895	1491				8404	11890
7421	7287	26			108	1637
46686	19788	26		7659	19213	30071
30861	12501			7659	10701	16760
15825	7287	26			8513	13311
31560	12501			7659	11400	26409
171	37	26			108	823
14955	7250				7705	2839
46623	19751			7659	19213	30071
222					222	1240
36853	11010			7659	18183	21919
8208	7509				699	6912
1340	1232				108	
63	37	26				
63	37	26				

7—11 续表2

单位:万元 (2019)

指　标	Item	科研、教育、医疗用房屋 Scientific esearch, Education and Medical
总　计	**Total**	**152099**
一、二级企业	First and Second Grade	152099
按地区分	**Grouped by County**	
兴庆区	Xingqing	46975
西夏区	Xixia	60678
金凤区	Jinfeng	44446
按登记注册类型分	**Grouped by Status of Registration**	
内资企业	Domestic Funded	152099
国有企业	State-owned Enterprises	
有限责任公司	Limited Liabilities Corporations	105999
国有独资公司	State Sole Funded Corporations	99658
其他有限责任公司	Other Limited Liabilities Corporations	6341
股份有限公司	Share-holding Corporations Limited	
私营企业	Private Enterprises	46099
私营有限责任公司	Private Limited Liabilities Corporations	46099
私营股份有限公司	Private Share-holding Corporations Ltd.	
外商投资企业	Foreign Funded	
中外合资经营企业	Domestic and Foreign Joint Funded Enterprises	
按国民经济行业分(2017)	**Grouped by Sector(2017)**	
房屋建筑业	House Building	147511
住宅房屋建筑	Residential Building	147511
其他房屋建筑业	Other Housing Construction	
土木工程建筑业	Civil Engineering	4587
铁路、道路、隧道和桥梁工程建筑	Railway, Road, Tunnel and Bridge	1075
公路工程建筑	Road	
市政道路工程建筑	Municipal Works	
水利和水运工程建筑	Water Conservancy and Water Transportation Projects	
水源及供水设施工程建筑	Construction of Water Source and Supply Water Facility	
工矿工程建筑	Mining	
架线和管道工程建筑	Frame Line and Pipeline	
架线及设备工程建筑	Frame Line Equipment Engineering	
节能环保工程施工	Energy-saving and Environmental Engineering	
环保工程施工	Environmental Engineering Construction	
电力工程施工	Power engineering construction	
火力发电工程施工	Thermal power plant construction	
其他土木工程建筑	Other Civil Engineering Buildings	3512
园林绿化工程施工	Landscaping Project Construction	3512
其他土木工程建筑施工	Other Civil Engineering Construction	

continued

(10 000 yuan)

科学研究用房屋 Scientific Research	教育用房屋 Education	医疗用房屋（卫生医疗用房）Medical(health and medical)	文化、体育、娱乐用房屋 Culture, Sports and Entertainment	厂房及建筑物 Workshop and Buildings	厂房 Workshop	仓库 Warehouse	其他未列明的房屋建筑物 Other Buildings
10457	**106619**	**35022**	**24317**	**104069**	**70266**	**4949**	**14479**
10457	106619	35022	24317	104069	70266	4949	14479
	30556	16419	11515	44896	30870	4937	1387
7862	37633	15184	3999	28525	10532		12480
2595	38431	3420	8804	30649	28864	12	612
10457	106619	35022	24317	104069	70266	4949	14479
			391	7780	7780		7144
10457	75057	20486	22126	73736	41718	4937	6032
10457	68716	20486	22126	67337	40946		5336
	6341			6399	771	4937	696
	31563	14537	1801	22553	20769	12	1304
	31563	14537	1801	22553	20769	12	1304
10457	102032	35022	24272	87021	53218	4949	14479
10457	102032	35022	24272	87021	53218	4949	14479
	4587			17048	17048		
	1075						
				4746	4746		
				4746	4746		
				12302	12302		
				12302	12302		
	3512						
	3512						

7—11 续表 3

单位:万元 (2019)

指 标	Item	科研、教育、医疗用房屋 Scientific Research, Education and Medical
建筑安装业	Construction Installation	
电气安装	Electric Installation	
其他建筑安装业	Other Construction Installation	
其他建筑安装	Other Building Installation	
建筑装饰、装修和其他建筑业	Construction, Decoration and Other Construction	
建筑装饰和装修业	Construction and Decoration	
公共建筑装饰和装修	Decoration and Decoration of Public Buildings	
住宅装饰和装修	Home decoration and decoration	
建筑幕墙装饰和装修	Decoration and Decoration of Building Curtain Walls	
按控股情况分	**Grouped by Controlling Stake**	
国有控股	State-owned	99658
集体控股	Collective-owned	
私人控股	Private	52440
外商控股	Foreign	
按企业规模分	**Grouped by Enterprises Scale**	
大型	Large-Scale	99658
中型	Medium-Scale	46179
小型	Small-Scale	6261
微型	Miniatrue	
按营业状况分	**Grouped by Operating Status**	
营业	Operating	152099
停业(歇业)	Closed(out of business)	
当年注销	The Cancellation	
按隶属关系分	**By affiliation**	
中央	The center	
地方	This place	99658
其他	In the news	52440
按会计准则分	**Grouped by Accounting Standards**	
企业会计准则	Accounting Standards for Business Enterprises	132076
小企业会计准则	Accounting Standards for Small Business Enterprises	3204
其他企业会计制度	Others	16818
按企业资质等级分	**Grouped by Qualification Criteria**	
施工总承包	General Contractors	152099
特级	Special Grade	25431
一级	First Grade	95354
二级	Second Grade	31313
三级及以下	Third Grade and Below	
专业承包	Professional Contractors	
一级	First Grade	
二级	Second Grade	
三级及以下	Third Grade and Below	

continued

(10 000 yuan)

科学研究用房屋 Scientific Research	教育用房屋 Education	医疗用房屋（卫生医疗用房） Medical(health and medical)	文化、体育、娱乐用房屋 Culture, Sports and Entertainment	厂房及建筑物 Workshop and Buildings	厂房 Workshop	仓库 Warehouse	其他未列明的房屋建筑物 Other Buildings
			45				
			45				
			45				
10457	68716	20486	22516	75117	48726		
	37904	14537	1801	28952	21540	4949	2000
10457	68716	20486	22126	66067	39676		5336
	33582	12597	2123	30399	28852	4949	7867
	4322	1940	68	7603	1738		1277
10457	106619	35022	24317	104069	70266	4949	14479
				12302	12302		
10457	68716	20486	22516	62815	36424		12480
	37904	14537	1801	28952	21540	4949	2000
10457	86795	34824	22545	96745	64726		13884
	3204		45	2784	1238	12	
	16620	198	1727	4540	4303	4937	595
10457	106619	35022	24272	96289	62486	4949	14479
2595	21356	1480	7032	6825	6825		
7862	59425	28068	15094	81641	49622	4937	6032
	25839	5474	2146	7823	6039	12	8448
			45	7780	7780		
				7780	7780		
			45				

7—12 建筑业企业自有施工机械设备及劳动人员情况(市区)

(2019)

指　标	Item	年末自有施工机械设备净值(万元) Net Value of Machinery and Equipment Owned at Year-end (10 000 yuan)
总　计	**Total**	**26397**
一、二级企业	First and Second Grade	22909
按地区分	**Grouped by County**	
兴庆区	Xingqing	15949
西夏区	Xixia	612
金凤区	Jinfeng	9836
按登记注册类型分	**Grouped by Status of Registration**	
内资企业	Domestic Funded	26397
国有企业	State-owned Enterprises	2428
有限责任公司	Limited Liabilities Corporations	7661
国有独资公司	State Sole Funded Corporations	1934
其他有限责任公司	Other Limited Liabilities Corporations	5727
股份有限公司	Share-holding Corporations Limited	2931
私营企业	Private Enterprises	13378
私营有限责任公司	Private Limited Liabilities Corporations	12668
私营股份有限公司	Private Share-holding Corporations Ltd.	710
外商投资企业	Foreign Funded	
中外合资经营企业	Domestic and Foreign Joint Funded Enterprises	
按国民经济行业分(2017)	**Grouped by Sector(2017)**	
房屋建筑业	House Building	11643
住宅房屋建筑	Residential Building	10427
其他房屋建筑业	Other Housing construction	1216
土木工程建筑业	Civil Engineering	14535
铁路、道路、隧道和桥梁工程建筑	Railway, Road, Tunnel and Bridge	6356
公路工程建筑	Road	3949
市政道路工程建筑	Municipal Works	2408
水利和水运工程建筑	Water Conservancy and Water Transportation Projects	1161
水源及供水设施工程建筑	Construction of Water Source and Supply Water Facility	1161
工矿工程建筑	Mining	282
架线和管道工程建筑	Frame Line and Pipeline	6304
架线及设备工程建筑	Frame Line Equipment Engineering	6304
节能环保工程施工	Energy-saving and Environmental Engineering	
环保工程施工	Environmental Engineering Construction	
电力工程施工	Power engineering construction	
火力发电工程施工	Thermal power plant construction	
其他土木工程建筑	Other Civil Engineering Buildings	431
园林绿化工程施工	Landscaping Project Construction	415
其他土木工程建筑施工	Other Civil Engineering Construction	16

Machinery and Equipment Owned and Employed Persons by Construction Enterprises（City）

年末自有施工机械设备总台数(台) Number of Machinery and Equipment Owned (set)	年末自有施工机械设备总功率(千瓦) Total Power of Machinery and Equipment Owned (kw)	从事建筑业活动的平均人数(人) Average Number of People Engaged in the Construction Industry (person)	期末从业人员数(人) Number of Employed Persons at Year-end (person)	工程技术人员(人) Engineering Persons (person)	现场施工人员(人) Site Construction Persons (person)
6818	**171548**	**130865**	**60448**	**13868**	**26257**
6277	153119	116047	51191	11904	23253
3958	105031	59460	29116	6408	13375
552	10848	11594	8025	1307	6076
2308	55669	59811	23307	6153	6806
6818	171548	130375	59962	13748	25887
240	8964	3259	1399	238	644
3315	50411	37228	21574	3601	13784
976	11634	27839	17966	2571	12906
2339	38777	9389	3608	1030	878
80	4002	1000	1000	450	
3183	108171	88888	35989	9459	11459
3158	105609	80723	35099	9126	10956
25	2562	8165	890	333	503
		490	486	120	370
		490	486	120	370
3303	91595	82075	34081	7821	13446
3176	88405	80914	33082	7515	13334
127	3190	1161	999	306	112
3245	78779	44948	23768	5350	12096
653	38349	20905	4674	1761	1685
120	8037	10160	1671	828	132
533	30312	10745	3003	933	1553
259	7936	8701	5452	1408	2240
259	7936	8701	5452	1408	2240
308	3238	1059	1029	251	756
1845	26173	10176	10086	1199	7223
1845	26173	10176	10086	1199	7223
		67	22	7	5
		67	22	7	5
		80	80	14	
		80	80	14	
180	3083	3960	2425	710	187
18	966	3666	2233	645	86
162	2117	294	192	65	101

7—12 续表 1

(2019)

指　标	Item	年末自有施工机械设备净值(万元) Net Value of Machinery and Equipment Owned at Year-end (10 000 yuan)
建筑安装业	Construction Installation	21
电气安装	Electric Installation	14
其他建筑安装业	Other Construction Installation	6
其他建筑安装	Other Building Installation	6
建筑装饰、装修和其他建筑业	Construction, Decoration and Other Construction	199
建筑装饰和装修业	Construction and Decoration	199
公共建筑装饰和装修	Decoration and Decoration of Public Buildings	153
住宅装饰和装修	Home decoration and decoration	16
建筑幕墙装饰和装修	Decoration and Decoration of Building Curtain Walls	46
按控股情况分	**Grouped by Controlling Stake**	
国有控股	State-owned	4369
集体控股	Collective-owned	2939
私人控股	Private	19090
外商控股	Foreign	
按企业规模分	**Grouped by Enterprises Scale**	
大型	Large-Scale	4034
中型	Medium-Scale	12825
小型	Small-Scale	9161
微型	Miniatrue	377
按营业状况分	**Grouped by Operating Status**	
营业	Operating	26251
停业(歇业)	Turn O(f out of business)	146
当年注销	The Cancellation	
按隶属关系分	**By affiliation**	
中央	The center	3168
地方	This place	4060
其他	In the news	19169
按会计准则分	**Grouped by Accounting Standards**	
企业会计准则	Accounting Standards for Business Enterprises	16231
小企业会计准则	Accounting Standards for Small Business Enterprises	4444
其他企业会计制度	Others	5722
按企业资质等级分	**Grouped by Qualification Criteria**	
施工总承包	General Contractors	22088
特　级	Special Grade	131
一　级	First Grade	5693
二　级	Second Grade	12846
三级及以下	Third Grade and Below	3419
专业承包	Professional Contractors	4309
一　级	First Grade	2230
二　级	Second Grade	2009
三级及以下	Third Grade and Below	70

continued

年末自有施工机械设备总台数(台) Number of Machinery and Equipment Owned (set)	年末自有施工机械设备总功率(千瓦) Total Power of Machinery and Equipment Owned (kw)	从事建筑业活动的平均人数(人) Average Number of People Engaged in the Construction Industry (person)	期末从业人员数(人) Number of Employed Persons at Year-end (person)	工程技术人员(人) Engineering Persons (person)	现场施工人员(人) Site Construction Persons (person)
56	67	2231	1626	408	549
54	64	1146	749	252	259
2	3	1085	877	156	290
2	3	1085	877	156	290
214	1107	1611	973	289	166
214	1107	1611	973	289	166
29	637	569	263	104	53
162	2117	294	192	65	101
185	470	922	598	170	104
1230	20669	31264	19483	2820	13615
1133	11607	1187	561	237	295
4455	139272	97924	39918	10691	11977
		490	486	120	370
600	12190	33929	17466	2890	12848
4180	101990	62899	23752	5911	8195
1365	46037	31543	17573	4678	4671
673	11331	2494	1657	389	543
6795	171122	130702	60313	13843	26190
23	426	163	135	25	67
943	16295	7003	6964	500	5975
1331	15069	25249	12881	2459	7935
4544	140184	98613	40603	10909	12347
3976	114996	76598	36568	7943	19836
862	21823	35440	14595	4157	4605
1980	34729	18827	9285	1768	1816
6030	154112	122653	53937	12509	24259
33	1032	3337	612	414	58
1724	26964	45057	21754	4275	14037
3743	107867	61063	23495	6061	7518
530	18249	13196	8076	1759	2646
788	17436	8212	6511	1359	1998
279	8382	2381	1996	416	807
498	8874	4209	3334	738	833
11	180	1622	1181	205	358

7—13 建筑业企业财务状况(市区)

单位:万元 （2019）

指 标	Item	年初存货 Stock	资产总计 Total Funds
总 计	**Total**	**465540**	**4249007**
一、二级企业	First and Second Grade	414078	3917118
按地区分	**Grouped by County**		
兴庆区	Xingqing	298240	2099745
西夏区	Xixia	21442	356124
金凤区	Jinfeng	145859	1793138
按登记注册类型分	**Grouped by Status of Registration**		
内资企业	Domestic Funded	464955	4068832
国有企业	State-owned Enterprises	7671	178970
有限责任公司	Limited Liabilities Corporations	181415	1648212
国有独资公司	State Sole Funded Corporations	125073	1045646
其他有限责任公司	Other Limited Liabilities Corporations	56341	602566
股份有限公司	Share-holding Corporations Limited	44760	141521
私营企业	Private Enterprises	231109	2100129
私营有限责任公司	Private Limited Liabilities Corporations	204018	1763118
私营股份有限公司	Private Share-holding Corporations Ltd.	27091	337011
外商投资企业	Foreign Funded	585	180175
中外合资经营企业	Domestic and Foreign Joint Funded Enterprises	585	180175
按国民经济行业分(2017)	**Grouped by Sector(2017)**		
房屋建筑业	House Building	221546	2282451
住宅房屋建筑	Residential Building	209162	2181467
其他房屋建筑业	Other Housing construction	12384	100984
土木工程建筑业	Civil Engineering	226126	1818952
铁路、道路、隧道和桥梁工程建筑	Railway, Road, Tunnel and Bridge	106489	889175
公路工程建筑	Road	73478	526677
市政道路工程建筑	Municipal Works	33011	362499
水利和水运工程建筑	Water Conservancy and Water Transportation Projects	73206	180805
水源及供水设施工程建筑	Construction of Water Source and Supply Water Facility	73206	180805
工矿工程建筑	Mining	946	191465
架线和管道工程建筑	Frame Line and Pipeline	40341	485591
架线及设备工程建筑	Frame Line Equipment Engineering	40341	485591
节能环保工程施工	Energy-saving and Environmental Engineering	683	6409
环保工程施工	Environmental Engineering Construction	683	6409
电力工程施工	Power engineering construction		2407
火力发电工程施工	Thermal power plant construction		2407
其他土木工程建筑	Other Civil Engineering Buildings	4462	63100
园林绿化工程施工	Landscaping Project Construction	4119	48899
其他土木工程建筑施工	Other Civil Engineering Construction	344	14200
建筑安装业	Construction Installation	11876	63441
电气安装	Electric Installation	4601	37486
其他建筑安装业	Other Construction Installation	7275	25955
其他建筑安装	Other Building Installation	7275	25955
建筑装饰、装修和其他建筑业	Construction, Decoration and Other Construction	5992	84163
建筑装饰和装修业	Construction and Decoration	5992	84163
公共建筑装饰和装修	Decoration and Decoration of Public Buildings	1350	19166
住宅装饰和装修	Home decoration and decoration		1301
建筑幕墙装饰和装修	Decoration and Decoration of Building Curtain Walls	4642	63696

Financial Indicators on Construction Enterprises(City)

(10 000 yuan)

流动资产合计 Total Circulating Funds	货币资金 Monetary Fund	应收工程款 Projects Receivable	存货 Stock	可供出售金融资产 Available for sale financial assets
3746091		**1710034**	**418329**	
3451679		1583084	386566	
1897241		826315	205477	
348796		208353	24459	
1500054		675367	188394	
3583801		1587297	415917	
156562		123068	6395	
1515466		524375	182581	
953452		331586	105377	
562014		192789	77203	
124076		57858	23325	
1787697		881996	203618	
1579828		816004	160688	
207869		65992	42930	
162289		122737	2412	
162289		122737	2412	
2101178		959861	212548	
2034404		916666	203352	
66774		43195	9196	
1511490		695674	186449	
697358		328332	91794	
372527		153816	66804	
324831		174516	24990	
167083		46801	26418	
167083		46801	26418	
170772		125960	2507	
412165		162232	58591	
412165		162232	58591	
2306		564	765	
2306		564	765	
1804		594		
1804		594		
60002		31191	6375	
47602		22773	5102	
12400		8418	1273	
56880		30084	10827	
32345		20006	4074	
24535		10079	6753	
24535		10079	6753	
76543		24415	8505	
76543		24415	8505	
17662		9541	1636	
1293		528	444	
57587		14346	6426	

7—13 续表 1

单位:万元 (2019)

指 标	Item	持有至到期投资 Held to maturity investment	长期股权投资 Long term equity investment
总 计	**Total**		
一、二级企业	First and Second Grade		
按地区分	**Grouped by County**		
兴庆区	Xingqing		
西夏区	Xixia		
金凤区	Jinfeng		
按登记注册类型分	**Grouped by Status of Registration**		
内资企业	Domestic Funded		
国有企业	State-owned Enterprises		
有限责任公司	Limited Liabilities Corporations		
国有独资公司	State Sole Funded Corporations		
其他有限责任公司	Other Limited Liabilities Corporations		
股份有限公司	Share-holding Corporations Limited		
私营企业	Private Enterprises		
私营有限责任公司	Private Limited Liabilities Corporations		
私营股份有限公司	Private Share-holding Corporations Ltd.		
外商投资企业	Foreign Funded		
中外合资经营企业	Domestic and Foreign Joint Funded Enterprises		
按国民经济行业分(2017)	**Grouped by Sector(2017)**		
房屋建筑业	House Building		
住宅房屋建筑	Residential Building		
其他房屋建筑业	Other Housing construction		
土木工程建筑业	Civil Engineering		
铁路、道路、隧道和桥梁工程建筑	Railway,Road,Tunnel and Bridge		
公路工程建筑	Road		
市政道路工程建筑	Municipal Works		
水利和水运工程建筑	Water Conservancy and Water Transportation Projects		
水源及供水设施工程建筑	Construction of Water Source and Supply Water Facility		
工矿工程建筑	Mining		
架线和管道工程建筑	Frame Line and Pipeline		
架线及设备工程建筑	Frame Line Equipment Engineering		
节能环保工程施工	Energy-saving and Environmental Engineering		
环保工程施工	Environmental Engineering Construction		
电力工程施工	Power engineering construction		
火力发电工程施工	Thermal power plant construction		
其他土木工程建筑	Other Civil Engineering Buildings		
园林绿化工程施工	Landscaping Project Construction		
其他土木工程建筑施工	Other Civil Engineering Construction		
建筑安装业	Construction Installation		
电气安装	Electric Installation		
其他建筑安装业	Other Construction Installation		
其他建筑安装	Other Building Installation		
建筑装饰、装修和其他建筑业	Construction, Decoration and Other Construction		
建筑装饰和装修业	Construction and Decoration		
公共建筑装饰和装修	Decoration and Decoration of Public Buildings		
住宅装饰和装修	Home decoration and decoration		
建筑幕墙装饰和装修	Decoration and Decoration of Building Curtain Walls		

continued

(10 000 yuan)

固定资产减值准备 Impairment of Fixed Assets	固定资产原价 Original Value of Fixed Assets	房屋和购筑物 Houses and Buildings	机器设备 Machinery and Equipment	运输工具 The Means of Transpor	电子设备 Electronic equipment
681	**419867**	**130096**	**98731**		
681	385795	126914	86860		
151	210643	51165	55112		
	12440	3598	5914		
530	196784	75332	37705		
681	382481	130096	98731		
	38346	15401	302		
152	141047	53164	38090		
151	83642	34442	28199		
0	57405	18721	9891		
	9928	3409	5268		
530	193160	58123	55071		
530	145723	15473	52400		
	47437	42650	2671		
	37385				
	37385				
530	158685	37356	45974		
530	123233	28082	35441		
	35453	9274	10534		
152	243072	87224	49230		
	93077	49295	21293		
	64551	45049	15052		
	28527	4245	6241		
151	17133	720	5018		
151	17133	720	5018		
	44814	1396	1294		
0	84095	35002	20641		
0	84095	35002	20641		
	1151		630		
	1151		630		
	37				
	37				
	1406	65	117		
	1359	746	238		
	9063	3026	1006		
	5966	2659	846		
	3097	367	160		
	3097	367	160		
	9046	2491	2520		
	9046	2491	2520		
	1563	179	515		
	8		8		
	7476	2312	1998		

7—13 续表 2

单位:万元 (2019)

指 标	Item	年初存货 Stock	资产总计 Total Funds
按控股情况分	**Grouped by Controlling Stake**		
国有控股	State-owned	133429	1232160
集体控股	Collective-owned	4872	79819
私人控股	Private	326653	2756853
外商控股	Foreign	585	180175
按企业规模分	**Grouped by Enterprises Scale**		
大型	Large-Scale	182484	1541501
中型	Medium-Scale	155612	1715652
小型	Small-Scale	117850	885329
微型	Miniatrue	9595	106526
按营业状况分	**Grouped by Operating Status**		
营业	Operating	460856	4237935
停业(歇业)	Turn O(f out of business)	4684	11072
当年注销	The Cancellation		
按隶属关系分	**By affiliation**		
中央	The center	19554	305877
地方	This place	116147	978915
其他	In the news	329839	2964214
按会计准则分	**Grouped by Accounting Standards**		
企业会计准则	Accounting Standards for Business Enterprises	335335	2882710
小企业会计准则	Accounting Standards for Small Business Enterprises	45095	521475
其他企业会计制度	Others	85110	844823
按企业资质等级分	**Grouped by Qualification Criteria**		
施工总承包	General Contractors	430136	3867474
特 级	Special Grade	6324	151683
一 级	First Grade	210840	1760807
二 级	Second Grade	169233	1686549
三级及以下	Third Grade and Below	43739	268435
专业承包	Professional Contractors	35404	381533
一 级	First Grade	5706	148591
二 级	Second Grade	21975	169489
三级及以下	Third Grade and Below	7723	63453

continued

(10 000 yuan)

流动资产合计 Total Circulating Funds	货币资金 Monetary Fund	应收工程款 Projects Receivable	存货 Stock	可供出售金融资产 Available for sale financial assets
1117500		458456	112280	
68761		38862	2928	
2397540		1089979	300709	
162289		122737	2412	
1338662		532934	152422	
1544388		821145	150086	
778613		329239	104238	
84428		26717	11583	
3738383		1706344	414703	
7708		3690	3626	
263034		75194	55360	
899441		406474	58476	
2583616		1228367	304493	
2503893		1116692	318105	
467685		221372	45419	
774513		371971	54805	
3453605		1565273	384111	
150482		44405	6375	
1538878		648242	186339	
1523091		771072	166613	
241154		101555	24784	
292486		144761	34218	
116905		64045	4441	
122322		55321	22799	
53258		25396	6979	

7—13　续表 3

单位:万元　　　　　　　　　　　　　　　　　　　　　　　　　　　　　　　　（2019）

指　标	Item	持有至到期投资 Held to maturity investment	长期股权投资 Long term equity investment
按控股情况分	**Grouped by Controlling Stake**		
国有控股	State-owned		
集体控股	Collective-owned		
私人控股	Private		
外商控股	Foreign		
按企业规模分	**Grouped by Enterprises Scale**		
大型	Large-Scale		
中型	Medium-Scale		
小型	Small-Scale		
微型	Miniatrue		
按营业状况分	**Grouped by Operating Status**		
营业	Operating		
停业(歇业)	Turn O(f out of business)		
当年注销	The Cancellation		
按隶属关系分	**By affiliation**		
中央	The center		
地方	This place		
其他	In the news		
按会计准则分	**Grouped by Accounting Standards**		
企业会计准则	Accounting Standards for Business Enterprises		
小企业会计准则	Accounting Standards for Small Business Enterprises		
其他企业会计制度	Others		
按企业资质等级分	**Grouped by Qualification Criteria**		
施工总承包	General Contractors		
特　级	Special Grade		
一　级	First Grade		
二　级	Second Grade		
三级及以下	Third Grade and Below		
专业承包	Professional Contractors		
一　级	First Grade		
二　级	Second Grade		
三级及以下	Third Grade and Below		

continued

(10 000 yuan)

固定资产减值准备 Impairment of Fixed Assets	固定资产原价 Original Value of Fixed Assets	房屋和购筑物 Houses and Buildings	机器设备 Machinery and Equipment	运输工具 The Means of Transpor	电子设备 Electronic equipment
151	122534	49843	28941		
0	17469	8901	2805		
530	242478	71353	66984		
	37385				
151	146653	63562	28035		
530	147109	43283	22904		
0	112248	21269	41425		
	13857	1982	6367		
681	413896	130096	98731		
	5971				
	64698	30837	17310		
152	73471	27906	14436		
530	281698	71353	66984		
681	294339	113077	50332		
	44247	3932	20276		
	81281	13087	28123		
681	326511	99908	79224		
	545		545		
151	143035	70438	32820		
530	157459	26288	35205		
	25472	3182	10653		
0	93356	30188	19507		
	37777	15547	3722		
0	46980	14641	14567		
	8600		1218		

7—13 续表 4

单位:万元 （2019）

指 标	Item	累计折旧 Accumulated Depreciation	本年折旧 Depreciation This Year
总 计	**Total**	**211868**	**25631**
一、二级企业	First and Second Grade	193923	22475
按地区分	**Grouped by County**		
兴庆区	Xingqing	113080	12934
西夏区	Xixia	8186	414
金凤区	Jinfeng	90603	12283
按登记注册类型分	**Grouped by Status of Registration**		
内资企业	Domestic Funded	189324	22207
国有企业	State-owned Enterprises	17647	1345
有限责任公司	Limited Liabilities Corporations	84612	6820
国有独资公司	State Sole Funded Corporations	48925	3860
其他有限责任公司	Other Limited Liabilities Corporations	35687	2960
股份有限公司	Share-holding Corporations Limited	3324	1956
私营企业	Private Enterprises	83741	12086
私营有限责任公司	Private Limited Liabilities Corporations	71360	9863
私营股份有限公司	Private Share-holding Corporations Ltd.	12381	2223
外商投资企业	Foreign Funded	22545	3423
中外合资经营企业	Domestic and Foreign Joint Funded Enterprises	22545	3423
按国民经济行业分(2017)	**Grouped by Sector(2017)**		
房屋建筑业	House Building	81535	9923
住宅房屋建筑	Residential Building	64874	8277
其他房屋建筑业	Other Housing construction	16661	1646
土木工程建筑业	Civil Engineering	121393	14480
铁路、道路、隧道和桥梁工程建筑	Railway,Road,Tunnel and Bridge	34885	5677
公路工程建筑	Road	19699	4154
市政道路工程建筑	Municipal Works	15186	1523
水利和水运工程建筑	Water Conservancy and Water Transportation Projects	11864	39
水源及供水设施工程建筑	Construction of Water Source and Supply Water Facility	11864	39
工矿工程建筑	Mining	27320	3442
架线和管道工程建筑	Frame Line and Pipeline	45702	4928
架线及设备工程建筑	Frame Line Equipment Engineering	45702	4928
节能环保工程施工	Energy-saving and Environmental Engineering	801	64
环保工程施工	Environmental Engineering Construction	801	64
电力工程施工	Power engineering construction		
火力发电工程施工	Thermal power plant construction		
其他土木工程建筑	Other Civil Engineering Buildings	821	330
园林绿化工程施工	Landscaping Project Construction	296	239
其他土木工程建筑施工	Other Civil Engineering Construction	526	91
建筑安装业	Construction Installation	4002	681
电气安装	Electric Installation	2295	412
其他建筑安装业	Other Construction Installation	1707	269
其他建筑安装	Other Building Installation	1707	269
建筑装饰、装修和其他建筑业	Construction, Decoration and Other Construction	4939	547
建筑装饰和装修业	Construction and Decoration	4939	547
公共建筑装饰和装修	Decoration and Decoration of Public Buildings	1201	284
住宅装饰和装修	Home decoration and decoration	0	0
建筑幕墙装饰和装修	Decoration and Decoration of Building Curtain Walls	3737	262

continued

(10 000 yuan)

固定资产净值 Net value of fixed assets	在建工程 Construction in Proces	无形资产 Intangible assets	土地使用权 Land use right	软件使用权 Software use right
	26498	**22011**	**12794**	
	24722	21971	12794	
	18351	11143	7096	
		978	851	
	8147	9889	4847	
	26498	20230	12794	
	9219	580	573	
	7297	12065	7162	
	3102	11390	6694	
	4196	675	468	
		66		
	9982	7518	5058	
	9978	3546	1145	
	4	3972	3913	
		1781		
		1781		
	9212	4163	1685	
	6476	2875	1441	
	2736	1288	244	
	13840	16541	9953	
	4	4300	4127	
	4	4038	3913	
		261	214	
	1731	2966		
	1731	2966		
		1781		
	9244	7266	5827	
	9244	7266	5827	
	2739	227		
	2739	227		
	123	2		
		2		
	123	0		
	5	94	89	
	5	92	89	
		2		
		2		
	3441	1213	1066	
	3441	1213	1066	
		1		
	3441	1212	1066	

7—13 续表 5

单位:万元 （2019）

指 标	Item	负债合计 Total Liabilities	流动负债合计 TotalLiquid Liabilities
总 计	**Total**	**2961878**	**2891675**
一、二级企业	First and Second Grade	2777997	2718471
按地区分	**Grouped by County**		
兴庆区	Xingqing	1528701	1476857
西夏区	Xixia	287805	287218
金凤区	Jinfeng	1145372	1127600
按登记注册类型分	**Grouped by Status of Registration**		
内资企业	Domestic Funded	2810917	2740714
国有企业	State-owned Enterprises	112340	110044
有限责任公司	Limited Liabilities Corporations	1302416	1279550
国有独资公司	State Sole Funded Corporations	882680	871539
其他有限责任公司	Other Limited Liabilities Corporations	419736	408011
股份有限公司	Share-holding Corporations Limited	99035	97694
私营企业	Private Enterprises	1297125	1253426
私营有限责任公司	Private Limited Liabilities Corporations	1121875	1078626
私营股份有限公司	Private Share-holding Corporations Ltd.	175250	174800
外商投资企业	Foreign Funded	150961	150961
中外合资经营企业	Domestic and Foreign Joint Funded Enterprises	150961	150961
按国民经济行业分(2017)	**Grouped by Sector(2017)**		
房屋建筑业	House Building	1702787	1679742
住宅房屋建筑	Residential Building	1644889	1623067
其他房屋建筑业	Other Housing construction	57897	56675
土木工程建筑业	Civil Engineering	1170946	1126622
铁路、道路、隧道和桥梁工程建筑	Railway, Road, Tunnel and Bridge	512033	491666
公路工程建筑	Road	308337	306996
市政道路工程建筑	Municipal Works	203695	184669
水利和水运工程建筑	Water Conservancy and Water Transportation Projects	119728	116338
水源及供水设施工程建筑	Construction of Water Source and Supply Water Facility	119728	116338
工矿工程建筑	Mining	156688	156688
架线和管道工程建筑	Frame Line and Pipeline	336023	321118
架线及设备工程建筑	Frame Line Equipment Engineering	336023	321118
节能环保工程施工	Energy-saving and Environmental Engineering	3972	840
环保工程施工	Environmental Engineering Construction	3972	840
电力工程施工	Power engineering construction	956	956
火力发电工程施工	Thermal power plant construction	956	956
其他土木工程建筑	Other Civil Engineering Buildings	41545	39016
园林绿化工程施工	Landscaping Project Construction	31471	28944
其他土木工程建筑施工	Other Civil Engineering Construction	10074	10072
建筑安装业	Construction Installation	34149	32253
电气安装	Electric Installation	18623	18471
其他建筑安装业	Other Construction Installation	15526	13781
其他建筑安装	Other Building Installation	15526	13781
建筑装饰、装修和其他建筑业	Construction, Decoration and Other Construction	53996	53059
建筑装饰和装修业	Construction and Decoration	53996	53059
公共建筑装饰和装修	Decoration and Decoration of Public Buildings	10387	9450
住宅装饰和装修	Home decoration and decoration	1136	1136
建筑幕墙装饰和装修	Decoration and Decoration of Building Curtain Walls	42472	42472

continued

(10 000 yuan)

应付账款 Accounts Payable	非流动负债合计 Total Non-Liquid Liabilities	所有者权益合计 Owners' Equity	实收资本 Paid-in Capita	国家资本 State-owned Capitals	集体资本 Collective owned Capitals
1452675	**48701**	**1287129**	**942219**		
1374033	45212	1139121	809639		
746364	32622	571044	443237		
136344	86	68319	38352		
569966	15994	647766	460630		
1404407	48701	1257915	912219		
30000	2296	66630	28046		
648269	19847	345796	256059		
453319	10557	162966	113252		
194951	9291	182830	142807		
61861	1341	42486	30030		
664277	25217	803004	598084		
543914	24767	641243	564326		
120363	450	161761	33758		
48268		29214	30000		
48268		29214	30000		
827610	18771	579665	484171		
808863	17549	536578	462579		
18747	1222	43087	21593		
595340	29952	648006	408669		
317596	10768	377142	185353		
194531	1341	218339	79777		
123064	9427	158803	105576		
21799	2380	61077	46315		
21799	2380	61077	46315		
51057		34777	35646		
192070	11221	149568	118360		
192070	11221	149568	118360		
468	3132	2436	3105		
468	3132	2436	3105		
879		1451	1451		
879		1451	1451		
11471	2451	21554	18439		
5419	2451	17428	14906		
6052		4126	3534		
16565	-20	29291	22245		
9771	-39	18863	15320		
6794	19	10429	6925		
6794	19	10429	6925		
13160	-2	30167	27133		
13160	-2	30167	27133		
3508	-2	8779	9372		
76		164			
9576		21224	17762		

7—13 续表6

单位:万元 （2019）

指　标	Item	累计折旧 Accumulated Depreciation	本年折旧 Depreciation This Year
按控股情况分	**Grouped by Controlling Stake**		
国有控股	State-owned	67062	5241
集体控股	Collective-owned	9054	1395
私人控股	Private	113208	15571
外商控股	Foreign	22545	3423
按企业规模分	**Grouped by Enterprises Scale**		
大型	Large-Scale	71224	10200
中型	Medium-Scale	75397	7728
小型	Small-Scale	56497	6447
微型	Miniatrue	8750	1256
按营业状况分	**Grouped by Operating Status**		
营业	Operating	209262	25631
停业(歇业)	Turn O(f out of business)	2607	
当年注销	The Cancellation		
按隶属关系分	**By affiliation**		
中央	The center	34666	2553
地方	This place	39786	4084
其他	In the news	137417	18994
按会计准则分	**Grouped by Accounting Standards**		
企业会计准则	Accounting Standards for Business Enterprises	139743	19829
小企业会计准则	Accounting Standards for Small Business Enterprises	22017	3039
其他企业会计制度	Others	50108	2763
按企业资质等级分	**Grouped by Qualification Criteria**		
施工总承包	General Contractors	169364	20951
特　级	Special Grade	349	53
一　级	First Grade	67134	7762
二　级	Second Grade	88021	10781
三级及以下	Third Grade and Below	13859	2356
专业承包	Professional Contractors	42505	4679
一　级	First Grade	18112	1744
二　级	Second Grade	20306	2136
三级及以下	Third Grade and Below	4086	800

continued

(10 000 yuan)

固定资产净值 Net value of fixed assets	在建工程 Construction in Proces	无形资产 Intangible assets	土地使用权 Land use right	软件使用权 Software use right
	12321	11971	7267	
		157		
	14177	8102	5526	
		1781		
	370	15210	10017	
	18034	3313	1622	
	7970	3009	687	
	124	479	468	
	26498	22010	12794	
		0		
	9219	6326	6173	
	3102	5801	1095	
	14177	9884	5526	
	21594	20178	12023	
	2141	29		
	2763	1804	771	
	8234	18606	10821	
		18		
	5373	13480	10017	
	1210	5076	804	
	1652	32		
	18264	3404	1972	
	9219	764	706	
	8921	2633	1266	
	124	7		

7—13　续表 7

单位:万元　　（2019）

指　标	Item	负债合计 Total Liabilities	流动负债合计 Total Liquid Liabilities
按控股情况分	**Grouped by Controlling Stake**		
国有控股	State-owned	1001286	987849
集体控股	Collective-owned	57922	57922
私人控股	Private	1751709	1694944
外商控股	Foreign	150961	150961
按企业规模分	**Grouped by Enterprises Scale**		
大型	Large-Scale	1218570	1206673
中型	Medium-Scale	1173078	1141413
小型	Small-Scale	526156	503482
微型	Miniatrue	44073	40108
按营业状况分	**Grouped by Operating Status**		
营业	Operating	2953981	2883778
停业(歇业)	Turn O(f out of business)	7897	7897
当年注销	The Cancellation		
按隶属关系分	**By affiliation**		
中央	The center	244889	234118
地方	This place	795664	792997
其他	In the news	1921325	1864560
按会计准则分	**Grouped by Accounting Standards**		
企业会计准则	Accounting Standards for Business Enterprises	2079043	2046534
小企业会计准则	Accounting Standards for Small Business Enterprises	314703	310035
其他企业会计制度	Others	568132	535106
按企业资质等级分	**Grouped by Qualification Criteria**		
施工总承包	General Contractors	2746167	2688448
特　级	Special Grade	114647	114647
一　级	First Grade	1371265	1340752
二　级	Second Grade	1113586	1091092
三级及以下	Third Grade and Below	146670	141958
专业承包	Professional Contractors	215710	203227
一　级	First Grade	89631	87128
二　级	Second Grade	88869	84853
三级及以下	Third Grade and Below	37210	31247

continued

(10 000 yuan)

应付账款 Accounts Payable	非流动负债合计 Total Non-Liquid Liabilities	所有者权益合计 Owners' Equity	实收资本 Paid-in Capita	国家资本 State-owned Capitals	集体资本 Collective owned Capitals
485865	12852	230874	142898		
36181		21897	17186		
882361	35849	1005144	752135		
48268		29214	30000		
641624	11898	322931	165015		
565492	22009	542573	386410		
225838	14246	359173	323694		
19721	548	62452	67100		
1450721	48701	1283954	941342		
1954		3175	877		
146936	10771	60989	47615		
375110	2082	183252	104966		
930629	35849	1042889	789638		
1042887	19620	803666	521338		
118174	210	206772	184766		
291614	28871	276691	236115		
1383864	41855	1121307	818546		
50061		37036	32718		
794909	30513	389542	202365		
472148	9312	572963	470066		
66747	2030	121765	113397		
68811	6846	165823	123673		
23743	2475	58959	49862		
33173	2912	80620	54629		
11895	1459	26244	19182		

7—13 续表 8

单位:万元 （2019）

指 标	Item	法人资本 Corporate Capitals	个人资本 Personal Capitals
总 计	**Total**		**377518**
一、二级企业	First and Second Grade		314966
按地区分	**Grouped by County**		
兴庆区	Xingqing		143113
西夏区	Xixia		8862
金凤区	Jinfeng		225544
按登记注册类型分	**Grouped by Status of Registration**		
内资企业	Domestic Funded		377518
国有企业	State-owned Enterprises		
有限责任公司	Limited Liabilities Corporations		44795
国有独资公司	State Sole Funded Corporations		
其他有限责任公司	Other Limited Liabilities Corporations		44795
股份有限公司	Share-holding Corporations Limited		
私营企业	Private Enterprises		332723
私营有限责任公司	Private Limited Liabilities Corporations		298965
私营股份有限公司	Private Share-holding Corporations Ltd.		33758
外商投资企业	Foreign Funded		
中外合资经营企业	Domestic and Foreign Joint Funded Enterprises		
按国民经济行业分(2017)	**Grouped by Sector(2017)**		
房屋建筑业	House Building		185349
住宅房屋建筑	Residential Building		183975
其他房屋建筑业	Other Housing construction		1374
土木工程建筑业	Civil Engineering		173130
铁路、道路、隧道和桥梁工程建筑	Railway, Road, Tunnel and Bridge		98338
公路工程建筑	Road		46632
市政道路工程建筑	Municipal Works		51706
水利和水运工程建筑	Water Conservancy and Water Transportation Projects		27882
水源及供水设施工程建筑	Construction of Water Source and Supply Water Facility		27882
工矿工程建筑	Mining		2003
架线和管道工程建筑	Frame Line and Pipeline		40436
架线及设备工程建筑	Frame Line Equipment Engineering		40436
节能环保工程施工	Energy-saving and Environmental Engineering		
环保工程施工	Environmental Engineering Construction		
电力工程施工	Power engineering construction		
火力发电工程施工	Thermal power plant construction		
其他土木工程建筑	Other Civil Engineering Buildings		4471
园林绿化工程施工	Landscaping Project Construction		2301
其他土木工程建筑施工	Other Civil Engineering Construction		2171
建筑安装业	Construction Installation		8692
电气安装	Electric Installation		5169
其他建筑安装业	Other Construction Installation		3523
其他建筑安装	Other Building Installation		3523
建筑装饰、装修和其他建筑业	Construction, Decoration and Other Construction		10348
建筑装饰和装修业	Construction and Decoration		10348
公共建筑装饰和装修	Decoration and Decoration of Public Buildings		4956
住宅装饰和装修	Home decoration and decoration		
建筑幕墙装饰和装修	Decoration and Decoration of Building Curtain Walls		5392

continued

(10 000 yuan)

外商资本 Foreign Capitals	营业收入 Business Revenue	主营业务收入 Revenue from Principal Business	营业成本 Business Costs	主营业务成本 Costs of Principal Business	税金及附加 Taxes and surcharges	主营业务税金及附加 Taxes and Other Charges on Principal Business	其他业务利润 Profits from Other Businesses
	4055343	**4022771**	**3741865**	**3713775**	**18223**	**17802**	**4677**
	3689148	3662347	3403478	3379743	16625	16298	4690
	2206682	2194598	2063239	2051551	10610	10362	1047
	311907	311795	293549	293493	1230	1230	55
	1536753	1516377	1385078	1368731	6383	6209	3575
	3971620	3939048	3678410	3650320	17709	17288	4896
	124200	124011	111420	107155	961	961	123
	1488236	1480327	1406526	1401482	6503	6289	1187
	1112365	1109280	1055799	1053343	4366	4158	677
	375871	371047	350727	348138	2136	2131	510
	166385	165328	133108	132678	388	388	
	2192800	2169383	2027357	2009005	9858	9650	3585
	1885632	1863938	1780414	1762076	8598	8435	1875
	307168	305445	246942	246930	1260	1216	1710
	83723	83723	63455	63455	514	514	-218
	83723	83723	63455	63455	514	514	-218
	2096781	2075671	1999561	1984187	8939	8800	1601
	2024517	2004233	1935394	1920615	8503	8364	1527
	72264	71439	64167	63572	436	436	74
	1844698	1834842	1645428	1633559	8689	8425	2434
	839046	834213	716657	712622	4017	4012	1832
	479941	477162	387782	387339	1642	1642	1710
	359105	357052	328876	325284	2375	2370	122
	251417	248285	235602	232880	1101	1101	58
	251417	248285	235602	232880	1101	1101	58
	102338	102338	79890	79890	686	686	-218
	517850	515962	485540	480427	2385	2126	760
	517850	515962	485540	480427	2385	2126	760
	1270	1270	1066	1066	7	7	
	1270	1270	1066	1066	7	7	
	2697	2697	2158	2158	4	4	
	2697	2697	2158	2158	4	4	
	130079	130076	124515	124515	489	489	3
	122597	122597	118379	118379	427	427	
	7482	7479	6135	6135	62	62	3
	68582	67826	57147	56631	253	246	211
	36504	35964	29996	29619	156	149	206
	32078	31862	27152	27012	98	96	6
	32078	31862	27152	27012	98	96	6
	45281	44432	39729	39399	341	331	431
	45281	44432	39729	39399	341	331	431
	13681	13681	11997	11997	156	156	
	7314	7314	7018	7018	22	15	
	24286	23437	20714	20384	164	160	431

7—13 续表 9

单位:万元 （2019）

指 标	Item	法人资本 Corporate Capitals	个人资本 Personal Capitals
按控股情况分	**Grouped by Controlling Stake**		
国有控股	State-owned		200
集体控股	Collective-owned		
私人控股	Private		377318
外商控股	Foreign		
按企业规模分	**Grouped by Enterprises Scale**		
大型	Large-Scale		29423
中型	Medium-Scale		169413
小型	Small-Scale		147100
微型	Miniatrue		31582
按营业状况分	**Grouped by Operating Status**		
营业	Operating		377518
停业(歇业)	Turn O(f out of business)		
当年注销	The Cancellation		
按隶属关系分	**By affiliation**		
中央	The center		
地方	This place		200
其他	In the news		377318
按会计准则分	**Grouped by Accounting Standards**		
企业会计准则	Accounting Standards for Business Enterprises		140653
小企业会计准则	Accounting Standards for Small Business Enterprises		96173
其他企业会计制度	Others		140693
按企业资质等级分	**Grouped by Qualification Criteria**		
施工总承包	General Contractors		336294
特 级	Special Grade		
一 级	First Grade		76701
二 级	Second Grade		207617
三级及以下	Third Grade and Below		51977
专业承包	Professional Contractors		41224
一 级	First Grade		12181
二 级	Second Grade		18468
三级及以下	Third Grade and Below		10575

continued

（10 000 yuan）

外商资本 Foreign Capitals	营业收入 Business Revenue	主营业务收入 Revenue from Principal Business	营业成本 Business Costs	主营业务成本 Costs of Principal Business	税金及附加 Taxes and surcharges	主营业务税金及附加 Taxes and Other Charges on Principal Business	其他业务利润 Profits from Other Businesses
	1241536	1238255	1171917	1165196	5353	5144	806
	101242	100844	92698	92389	659	659	83
	2628843	2599949	2413795	2392734	11698	11486	4006
	83723	83723	63455	63455	514	514	–218
	1498498	1492961	1349240	1347877	5514	5306	2168
	1732033	1726108	1635777	1626760	8547	8503	292
	807861	792846	742072	729518	4002	3843	1298
	16951	10856	14776	9619	160	150	918
	4048141	4015598	3735680	3707599	18179	17758	4658
	7201	7172	6185	6176	44	44	20
	363518	361955	346754	341877	1593	1384	677
	943252	941136	883659	881506	4246	4246	212
	2748573	2719679	2511453	2490392	12385	12172	3788
	2917251	2898964	2674200	2656678	12780	12476	2977
	607282	607042	574343	574063	2417	2403	160
	530810	516765	493323	483033	3026	2922	1541
	3753656	3723720	3471464	3449211	16349	15951	3953
	117814	117814	111790	111790	295	295	
	1738373	1730383	1598914	1597264	7084	6876	2552
	1580857	1564468	1466134	1449747	7495	7393	1416
	316612	311056	294626	290410	1475	1388	–15
	301687	299050	270402	264564	1874	1850	725
	137816	137113	128495	123838	998	998	160
	114289	112569	98145	97104	753	736	562
	49583	49368	43761	43622	123	116	3

7—13 续表 10

单位:万元 （2019）

指 标	Item	销售费用 Selling Costs	管理费用 Management Costs
总 计	**Total**	**5537**	**138783**
一、二级企业	First and Second Grade	4317	116673
按地区分	**Grouped by County**		
兴庆区	Xingqing	2763	66820
西夏区	Xixia	3	9314
金凤区	Jinfeng	2771	62649
按登记注册类型分	**Grouped by Status of Registration**		
内资企业	Domestic Funded	5537	135401
国有企业	State-owned Enterprises	56	6085
有限责任公司	Limited Liabilities Corporations	468	48004
国有独资公司	State Sole Funded Corporations	116	28935
其他有限责任公司	Other Limited Liabilities Corporations	352	19069
股份有限公司	Share-holding Corporations Limited	725	4318
私营企业	Private Enterprises	4288	76994
私营有限责任公司	Private Limited Liabilities Corporations	4062	69142
私营股份有限公司	Private Share-holding Corporations Ltd.	226	7852
外商投资企业	Foreign Funded		3382
中外合资经营企业	Domestic and Foreign Joint Funded Enterprises		3382
按国民经济行业分(2017)	**Grouped by Sector(2017)**		
房屋建筑业	House Building	1345	61137
住宅房屋建筑	Residential Building	1345	55722
其他房屋建筑业	Other Housing construction	1	5415
土木工程建筑业	Civil Engineering	3512	66522
铁路、道路、隧道和桥梁工程建筑	Railway, Road, Tunnel and Bridge	2167	22948
公路工程建筑	Road	884	12551
市政道路工程建筑	Municipal Works	1283	10397
水利和水运工程建筑	Water Conservancy and Water Transportation Projects	99	8701
水源及供水设施工程建筑	Construction of Water Source and Supply Water Facility	99	8701
工矿工程建筑	Mining	130	5071
架线和管道工程建筑	Frame Line and Pipeline	851	24889
架线及设备工程建筑	Frame Line Equipment Engineering	851	24889
节能环保工程施工	Energy-saving and Environmental Engineering	19	238
环保工程施工	Environmental Engineering Construction	19	238
电力工程施工	Power engineering construction	13	475
火力发电工程施工	Thermal power plant construction	13	475
其他土木工程建筑	Other Civil Engineering Buildings	234	4200
园林绿化工程施工	Landscaping Project Construction	60	3168
其他土木工程建筑施工	Other Civil Engineering Construction	175	1032
建筑安装业	Construction Installation	660	6501
电气安装	Electric Installation	513	4181
其他建筑安装业	Other Construction Installation	147	2320
其他建筑安装	Other Building Installation	147	2320
建筑装饰、装修和其他建筑业	Construction, Decoration and Other Construction	19	4623
建筑装饰和装修业	Construction and Decoration	19	4623
公共建筑装饰和装修	Decoration and Decoration of Public Buildings	7	1700
住宅装饰和装修	Home decoration and decoration		74
建筑幕墙装饰和装修	Decoration and Decoration of Building Curtain Walls	13	2849

continued

（10 000 yuan）

研发费用 Research and development costs	财务费用 Financial Costs			资产减值损失 Empairment of Assets	公允价值变动收益 Lncome from changes in fair value	投资收益 Investment Income	资产处置收益 Income from disposal of assets	其他收益 Other Income
		利息收入 Interest Income	利息支出 Interest Expense					
4672	**15334**	**3152**	**5880**	**5790**	**4**		**2634**	**774**
4451	14362	3136	5414	5519	4		2633	773
1697	7884	2106	3549	3565			336	290
43	171	11	6	326			43	13
2932	7279	1035	2325	1899	4		2256	471
4672	11505	3152	5880	5856	4		2634	774
	7	−14	5	12				60
1983	4295	1617	1473	1388			1897	227
1763	2661	1608	964	638			318	211
221	1634	9	509	750			1579	17
909	554	455	121	3483				129
1780	6649	1094	4281	973	4		737	358
892	7018	235	4079	28	4		84	358
888	−369	859	202	945			653	
	3829			−65				
	3829			−65				
1042	5597	454	2458	531	4		74	553
1042	5232	431	2354	465	4		74	359
	365	23	104	66				194
3119	9145	2689	2969	5396			2559	213
1797	2501	1370	1863	4150			791	129
1797	1216	1314	1329	4042			705	129
0	1285	56	534	109			86	
	1448	1330	82	−96			−44	
	1448	1330	82	−96			−44	
	3819	−9		−65				4
1323	1330	−7	1009	1378			1812	80
1323	1330	−7	1009	1378			1812	80
	21							
	21							
		−9	9	0	28			
		−9	9	0	28			
	35	−3	15					
	27	−4	8					
	8	0	7					
511	189	11	166	−142				1
290	85	4	67					
221	105	7	99	−142				1
221	105	7	99	−142				1
	404	−2	287	6				8
	404	−2	287	6				8
	134	−1	61					
	2		0					
	268	−1	225	6				8

7—13 续表 11

单位:万元 （2019）

指 标	Item	销售费用 Selling Costs	管理费用 Management Costs
按控股情况分	**Grouped by Controlling Stake**		
国有控股	State-owned	172	35518
集体控股	Collective-owned	77	7673
私人控股	Private	5288	92211
外商控股	Foreign		3382
按企业规模分	**Grouped by Enterprises Scale**		
大型	Large-Scale	728	36145
中型	Medium-Scale	2201	46350
小型	Small-Scale	2172	52683
微型	Miniatrue	437	3606
按营业状况分	**Grouped by Operating Status**		
营业	Operating	5537	138051
停业(歇业)	Turn O(f out of business)		732
当年注销	The Cancellation		
按隶属关系分	**By affiliation**		
中央	The center	113	10361
地方	This place	136	31977
其他	In the news	5288	96445
按会计准则分	**Grouped by Accounting Standards**		
企业会计准则	Accounting Standards for Business Enterprises	3230	89150
小企业会计准则	Accounting Standards for Small Business Enterprises	981	25287
其他企业会计制度	Others	1325	24346
按企业资质等级分	**Grouped by Qualification Criteria**		
施工总承包	General Contractors	4561	113607
特 级	Special Grade		4331
一 级	First Grade	728	36903
二 级	Second Grade	2851	54452
三级及以下	Third Grade and Below	982	17921
专业承包	Professional Contractors	976	25175
一 级	First Grade	169	8802
二 级	Second Grade	569	12185
三级及以下	Third Grade and Below	238	4188

continued

(10 000 yuan)

研发费用 Research and development costs	财务费用 Financial Costs			资产减值损失 Empairment of Assets	公允价值变动收益 Lncome from changes in fair value	投资收益 Investment Income	资产处置收益 Income from disposal of assets	其他收益 Other Income
		利息收入 Interest Income	利息支出 Interest Expense					
1763	2670	1594	969	656			318	278
	-14	-10	35	744			1579	9
2909	8849	1568	4877	4456	4		737	487
	3829			-65				
3559	6464	2797	1213	4174			885	141
602	6272	165	3646	1553	4		1725	620
511	2426	191	862	64			24	13
	172	-1	160					
4672	15291	3152	5880	5790	4		2634	774
	43							
721	1203	98	846	377			234	75
1042	1377	1486	158	1023			1663	213
2909	12755	1568	4877	4391	4		737	487
3559	9706	2917	3765	5648			2558	416
823	957	205	325				1	
290	4672	30	1791	142	4		75	358
4382	14354	3147	5320	5829	4		2634	512
999	13			198				0
2560	5150	2803	2019	4040	4		885	409
602	8386	338	2987	1176			1748	103
221	806	5	314	414			1	
290	980	5	560	-38				262
	164	-27	95	6				67
290	648	22	313	98				194
	167	10	152	-142				1

7—13 续表 12

单位:万元 (2019)

指 标	Item	营业利润 Business Profits	营业外收入 Income Expect Business
总 计	**Total**	**136484**	**4390**
一、二级企业	First and Second Grade	133716	4238
按地区分	**Grouped by County**		
兴庆区	Xingqing	57284	1850
西夏区	Xixia	7370	159
金凤区	Jinfeng	71831	2381
按登记注册类型分	**Grouped by Status of Registration**		
内资企业	Domestic Funded	124095	4310
国有企业	State-owned Enterprises	9920	132
有限责任公司	Limited Liabilities Corporations	21373	2183
国有独资公司	State Sole Funded Corporations	17991	1102
其他有限责任公司	Other Limited Liabilities Corporations	3382	1081
股份有限公司	Share-holding Corporations Limited	23938	4
私营企业	Private Enterprises	68864	1991
私营有限责任公司	Private Limited Liabilities Corporations	18788	1454
私营股份有限公司	Private Share-holding Corporations Ltd.	50077	537
外商投资企业	Foreign Funded	12390	80
中外合资经营企业	Domestic and Foreign Joint Funded Enterprises	12390	80
按国民经济行业分(2017)	**Grouped by Sector(2017)**		
房屋建筑业	House Building	18848	1415
住宅房屋建筑	Residential Building	16840	1316
其他房屋建筑业	Other Housing construction	2008	100
土木工程建筑业	Civil Engineering	113211	2707
铁路、道路、隧道和桥梁工程建筑	Railway,Road,Tunnel and Bridge	88563	866
公路工程建筑	Road	71773	785
市政道路工程建筑	Municipal Works	16790	80
水利和水运工程建筑	Water Conservancy and Water Transportation Projects	5448	31
水源及供水设施工程建筑	Construction of Water Source and Supply Water Facility	5448	31
工矿工程建筑	Mining	12593	95
架线和管道工程建筑	Frame Line and Pipeline	5943	1539
架线及设备工程建筑	Frame Line Equipment Engineering	5943	1539
节能环保工程施工	Energy-saving and Environmental Engineering	-80	119
环保工程施工	Environmental Engineering Construction	-80	119
电力工程施工	Power engineering construction	29	5
火力发电工程施工	Thermal power plant construction	29	5
其他土木工程建筑	Other Civil Engineering Buildings	715	52
园林绿化工程施工	Landscaping Project Construction	645	6
其他土木工程建筑施工	Other Civil Engineering Construction	70	46
建筑安装业	Construction Installation	3975	46
电气安装	Electric Installation	1574	43
其他建筑安装业	Other Construction Installation	2400	3
其他建筑安装	Other Building Installation	2400	3
建筑装饰、装修和其他建筑业	Construction, Decoration and Other Construction	451	221
建筑装饰和装修业	Construction and Decoration	451	221
公共建筑装饰和装修	Decoration and Decoration of Public Buildings	-28	81
住宅装饰和装修	Home decoration and decoration	198	
建筑幕墙装饰和装修	Decoration and Decoration of Building Curtain Walls	281	140

continued

(10 000 yuan)

营业外支出 Expenses Expect Business	利润总额 Total Profits	所得税费用 Income Tax Expense	应付职工薪酬(本年贷方累计发生额) Deal with Wages (volume of gredit side)	应交增值税 Value Added Tax Payable	在境外完成的营业收入 Overseas Revenues	亏损企业数(个) Number of loss-making Enterprises (pieces)
5138	**133459**	**22947**	**298113**	**80553**	**24838**	**123**
4729	131889	21846	276975	72689	19423	67
2439	54391	9510	179644	39320	16618	54
494	7035	2175	25128	9139		6
2206	72034	11262	93340	32094	8220	63
4952	121176	22679	288853	78639	24838	123
281	9771	2310	25662	4030		
1686	21870	5341	85706	33932	15205	11
1356	17737	3950	51600	28648	15205	1
330	4133	1392	34106	5283		10
61	23881	3635	8533	2225		
2924	65655	11393	168952	38453	9633	112
2436	15529	3876	158535	38361	9633	111
488	50126	7517	10417	92		1
186	12283	269	9260	1914		
186	12283	269	9260	1914		
2640	17628	5328	178614	49113	7998	59
2070	16091	4723	174883	46142	7998	58
570	1537	605	3730	2970		1
2361	112631	16753	107693	28101	16839	41
1162	88267	12810	32644	8631		11
947	71612	11113	19961	2204		3
215	16656	1697	12683	6427		8
270	4279	1140	9735	6164		5
270	4279	1140	9735	6164		5
198	12491	420	16585	3171	371	1
632	6854	2151	44985	6876	16468	15
632	6854	2151	44985	6876	16468	15
1	37		340	50		1
1	37		340	50		1
10	24		286	305		
10	24		286	305		
88	679	233	3119	2905		8
72	579	215	2529	2667		4
17	100	18	590	238		4
27	3994	612	6678	1431		8
26	1592	247	3295	1184		6
1	2402	366	3383	247		2
1	2402	366	3383	247		2
111	-793	254	5128	1908		15
111	-793	254	5128	1908		15
6	-1350	53	2183	341		9
11	187	14	206	629		
95	370	187	2739	938		6

单位:万元　(2019)

指　标	Item	营业利润 Business Profits	营业外收入 Income Expect Business
按控股情况分	**Grouped by Controlling Stake**		
国有控股	State-owned	27659	1303
集体控股	Collective-owned	993	868
私人控股	Private	95443	2139
外商控股	Foreign	12390	80
按企业规模分	**Grouped by Enterprises Scale**		
大型	Large-Scale	92424	1503
中型	Medium-Scale	39210	2241
小型	Small-Scale	6519	520
微型	Miniatrue	-1669	126
按营业状况分	**Grouped by Operating Status**		
营业	Operating	136288	4390
停业(歇业)	Turn O(f out of business)	197	
当年注销	The Cancellation		
按隶属关系分	**By affiliation**		
中央	The center	5603	606
地方	This place	22345	1490
其他	In the news	108536	2293
按会计准则分	**Grouped by Accounting Standards**		
企业会计准则	Accounting Standards for Business Enterprises	127023	3104
小企业会计准则	Accounting Standards for Small Business Enterprises	4148	291
其他企业会计制度	Others	5313	994
按企业资质等级分	**Grouped by Qualification Criteria**		
施工总承包	General Contractors	129021	3690
特　级	Special Grade	189	67
一　级	First Grade	83233	1858
二　级	Second Grade	44079	1664
三级及以下	Third Grade and Below	1521	102
专业承包	Professional Contractors	7463	700
一　级	First Grade	3847	337
二　级	Second Grade	2368	312
三级及以下	Third Grade and Below	1248	51

continued

(10 000 yuan)

营业外支出 Expenses Expect Business	利润总额 Total Profits	所得税费用 Income Tax Expense	应付职工薪酬(本年贷方累计发生额) Deal with Wages (volume of gredit side)	应交增值税 Value Added Tax Payable	在境外完成的营业收入 Overseas Revenues	亏损企业数(个) Number of loss-making Enterprises (pieces)
1747	27214	6340	77691	33090	15205	2
54	1807	641	10364	1053		1
3150	92155	15698	200797	44497	9633	120
186	12283	269	9260	1914		
1515	92412	13151	67310	26107	15205	
2576	38856	7475	143622	33117	486	5
1005	3856	2293	83067	20398	9147	75
43	-1665	27	4114	932		43
5136	133264	22890	297766	80386	24838	123
2	195	57	346	167		
452	5757	1381	35044	4710	15205	1
955	22881	5357	53011	28073		2
3731	104821	16209	210057	47770	9633	120
3118	127038	19815	221239	55394	21883	41
855	2573	1554	29842	13305	2955	45
1165	3848	1578	47032	11854		37
4289	127497	20957	259384	70703	24838	88
39	216	66	7092	7167		
1827	83260	13729	98832	23067	15205	1
2074	43692	6502	137650	32911	4218	40
348	329	661	15810	7558	5415	47
850	5962	1990	38729	9850		35
544	3640	874	22759	4613		2
245	1080	676	10643	4931		24
61	1242	440	5327	306		9

7—14 建筑业总承包资质等级一、二级企业名单

Construction Industry List by Contracted Qualification Criteria with First or Secord Grade

（2019）

单位名称 Unit Name	行业类别 Sectors	注册类型 Registration Type	资质等级 Qualification Criteria	企业规模 Scale Enterprises
宁夏建工集团有限公司	住宅房屋建筑	国有独资公司	建筑工程特级	大型
宁夏第一建筑有限公司	住宅房屋建筑	国有独资公司	建筑工程一级	大型
宁夏第五建筑有限公司	住宅房屋建筑	国有独资公司	建筑工程一级	大型
宁夏第二建筑有限公司	住宅房屋建筑	国有独资公司	建筑工程一级	大型
宁夏煤炭基本建设有限公司	住宅房屋建筑	国有独资公司	建筑工程一级	大型
宁夏正丰建筑工程有限公司	住宅房屋建筑	其他有限责任公司	建筑工程一级	中型
宁夏斯达建筑工程有限公司	住宅房屋建筑	私营有限责任公司	建筑工程一级	中型
宁夏视通建设集团有限公司	住宅房屋建筑	私营有限责任公司	建筑工程一级	中型
银川三建集团有限公司	住宅房屋建筑	私营有限责任公司	建筑工程一级	中型
宁夏华宇建设工程有限公司	住宅房屋建筑	其他有限责任公司	建筑工程一级	中型
宁夏住宅建设工程有限公司	住宅房屋建筑	私营有限责任公司	建筑工程一级	中型
宁夏金宸达建筑工程有限公司	住宅房屋建筑	私营有限责任公司	建筑工程一级	中型
银川城建集团工程有限公司	住宅房屋建筑	其他有限责任公司	建筑工程一级	小型
宁夏恺元建筑有限公司	住宅房屋建筑	私营有限责任公司	建筑工程一级	小型
宁夏交通建设股份有限公司	公路工程建筑	股份有限公司	公路工程一级	大型
宁夏路桥工程股份有限公司	公路工程建筑	私营股份有限公司	公路工程一级	大型
宁夏水利水电工程局有限公司	水源及供水设施工程建筑	国有独资公司	水利水电工程一级	大型
中电建宁夏工程有限公司	架线及设备工程建筑	国有独资公司	电力工程一级	大型
宁夏方圆建设工程有限公司	市政道路工程建筑	私营有限责任公司	市政公用工程一级	中型
银川第二市政工程有限责任公司	市政道路工程建筑	其他有限责任公司	市政公用工程一级	中型
银川第一市政工程有限责任公司	市政道路工程建筑	私营有限责任公司	市政公用工程一级	中型
宁夏众一建设工程有限公司	住宅房屋建筑	其他有限责任公司	建筑工程二级	中型
宁夏兴亚建筑工程有限公司	住宅房屋建筑	其他有限责任公司	建筑工程二级	中型
宁夏海兴建设集团有限公司	住宅房屋建筑	私营有限责任公司	建筑工程二级	中型
宁夏陆磐建筑工程有限公司	住宅房屋建筑	私营有限责任公司	建筑工程二级	中型
宁夏伊丰建设工程有限公司	住宅房屋建筑	私营有限责任公司	建筑工程二级	中型
银川市第一建筑工程有限责任公司	住宅房屋建筑	私营有限责任公司	建筑工程二级	中型
宁夏科强建筑安装有限公司	住宅房屋建筑	私营有限责任公司	建筑工程二级	中型
宁夏嘉屋建设工程有限公司	住宅房屋建筑	私营有限责任公司	建筑工程二级	中型
宁夏新源建设工程有限公司	住宅房屋建筑	私营有限责任公司	建筑工程二级	中型
宁夏第三建筑有限公司	住宅房屋建筑	国有独资公司	建筑工程二级	中型
宁夏回族自治区新圣基建筑工程有限公司	住宅房屋建筑	其他有限责任公司	建筑工程二级	中型
宁夏永刚建筑工程有限公司	住宅房屋建筑	其他有限责任公司	建筑工程二级	中型
宁夏佳凯建设工程有限公司	住宅房屋建筑	私营有限责任公司	建筑工程二级	中型
宁夏鑫和成建筑工程有限公司	住宅房屋建筑	私营有限责任公司	建筑工程二级	中型
宁夏宏瑞建设工程有限公司	住宅房屋建筑	其他有限责任公司	建筑工程二级	中型
宁夏衡昌建设工程有限公司	住宅房屋建筑	私营有限责任公司	建筑工程二级	中型
中冶建工集团(宁夏)建设工程有限公司	住宅房屋建筑	国有独资公司	建筑工程二级	中型
宁夏回族自治区农垦建设实业总公司	住宅房屋建筑	国有	建筑工程二级	中型
宁夏庆元建设实业有限公司	住宅房屋建筑	私营有限责任公司	建筑工程二级	中型
宁夏对外建设总公司	住宅房屋建筑	国有独资公司	建筑工程二级	中型
宁夏浩泞建筑工程有限公司	住宅房屋建筑	私营有限责任公司	建筑工程二级	中型
宁夏华元建设工程有限公司	住宅房屋建筑	私营有限责任公司	建筑工程二级	中型
宁夏亘利建筑工程有限公司	住宅房屋建筑	私营有限责任公司	建筑工程二级	中型
宁夏圣峰建筑工程有限公司	住宅房屋建筑	私营有限责任公司	建筑工程二级	中型
宁夏鸿辉建筑工程有限公司	住宅房屋建筑	私营有限责任公司	建筑工程二级	中型
宁夏德成建筑工程有限公司	住宅房屋建筑	私营有限责任公司	建筑工程二级	中型

7—14 续表 1 continued

单位名称 Unit Name	行业类别 Sectors	注册类型 Registration Type	资质等级 Qualification Griteria	企业规模 Scale Enterprises
宁夏灵隆建设集团有限责任公司	住宅房屋建筑	私营有限责任公司	建筑工程二级	中型
宁夏众鑫鹏建筑工程有限责任公司	住宅房屋建筑	私营有限责任公司	建筑工程二级	中型
宁夏大捷建设工程有限公司	住宅房屋建筑	私营有限责任公司	建筑工程二级	中型
宁夏晧顺建设有限公司	住宅房屋建筑	私营有限责任公司	建筑工程二级	中型
宁夏英利达建筑工程有限公司	住宅房屋建筑	私营有限责任公司	建筑工程二级	中型
宁夏成城建设集团有限公司	住宅房屋建筑	私营有限责任公司	建筑工程二级	中型
宁夏恒基建筑安装工程有限公司	住宅房屋建筑	私营有限责任公司	建筑工程二级	中型
宁夏常博建设发展有限公司	住宅房屋建筑	私营有限责任公司	建筑工程二级	中型
宁夏永建建筑工程有限公司	住宅房屋建筑	其他有限责任公司	建筑工程二级	中型
宁夏北方明珠建筑工程有限公司	住宅房屋建筑	私营有限责任公司	建筑工程二级	中型
宁夏永益建设工程有限公司	住宅房屋建筑	私营有限责任公司	建筑工程二级	中型
宁夏天筑建筑工程有限公司	住宅房屋建筑	私营有限责任公司	建筑工程二级	中型
宁夏鎏铭建设工程有限公司	住宅房屋建筑	私营有限责任公司	建筑工程二级	中型
灵武市建筑工程公司	住宅房屋建筑	集体	建筑工程二级	中型
宁夏万通建设工程有限公司	住宅房屋建筑	其他有限责任公司	建筑工程二级	中型
宁夏鹏晨建设工程有限公司	住宅房屋建筑	私营有限责任公司	建筑工程二级	中型
宁夏柏晟建设工程有限公司	住宅房屋建筑	私营有限责任公司	建筑工程二级	小型
宁夏海山佳盛建设工程有限公司	住宅房屋建筑	私营有限责任公司	建筑工程二级	小型
宁夏宁鑫建设工程有限公司	住宅房屋建筑	私营有限责任公司	建筑工程二级	小型
宁夏新彩工程建设有限公司	住宅房屋建筑	私营有限责任公司	建筑工程二级	小型
宁夏坤隆建设工程有限公司	住宅房屋建筑	私营有限责任公司	建筑工程二级	小型
宁夏三鑫机械化工程有限公司	住宅房屋建筑	其他有限责任公司	建筑工程二级	小型
宁夏中建万喜建筑有限公司	住宅房屋建筑	私营有限责任公司	建筑工程二级	小型
宁夏翔实建设工程有限公司	住宅房屋建筑	私营有限责任公司	建筑工程二级	小型
宁夏北方彩新建工集团股份有限公司	住宅房屋建筑	股份有限公司	建筑工程二级	小型
宁夏回族自治区建设工程有限公司	住宅房屋建筑	私营有限责任公司	建筑工程二级	小型
宁夏华旌建设工程有限公司	住宅房屋建筑	私营有限责任公司	建筑工程二级	小型
宁夏卓越建筑安装工程有限责任公司	住宅房屋建筑	其他有限责任公司	建筑工程二级	小型
宁夏岭夏建设工程有限公司	住宅房屋建筑	私营有限责任公司	建筑工程二级	小型
宁夏云腾建设工程有限公司	住宅房屋建筑	私营有限责任公司	建筑工程二级	小型
宁夏苏宏建筑工程有限公司	住宅房屋建筑	私营有限责任公司	建筑工程二级	小型
宁夏天源汇鑫建筑工程有限公司	住宅房屋建筑	私营有限责任公司	建筑工程二级	小型
宁夏天易建筑工程有限公司	住宅房屋建筑	私营有限责任公司	建筑工程二级	小型
宁夏勇峰建筑工程有限公司	住宅房屋建筑	私营有限责任公司	建筑工程二级	小型
启融通建设有限公司	住宅房屋建筑	私营有限责任公司	建筑工程二级	小型
宁夏铭龙建设有限公司	住宅房屋建筑	其他有限责任公司	建筑工程二级	小型
海江建设集团有限公司	住宅房屋建筑	私营有限责任公司	建筑工程二级	小型
宁夏威翔建筑工程有限公司	住宅房屋建筑	私营有限责任公司	建筑工程二级	小型
宁夏浩林建筑安装工程有限公司	住宅房屋建筑	私营有限责任公司	建筑工程二级	小型
宁夏华力坤建设工程有限公司	住宅房屋建筑	私营有限责任公司	建筑工程二级	小型
宁夏业通建设工程有限公司	住宅房屋建筑	私营有限责任公司	建筑工程二级	小型
宁夏冠华建筑安装工程有限公司	住宅房屋建筑	私营有限责任公司	建筑工程二级	小型
银川聚仁建筑工程有限公司	住宅房屋建筑	私营有限责任公司	建筑工程二级	小型
宁夏天禹建设有限公司	住宅房屋建筑	私营有限责任公司	建筑工程二级	小型
宁夏励诚建设工程有限公司	住宅房屋建筑	私营有限责任公司	建筑工程二级	小型
宁夏隆洋建筑实业有限公司	住宅房屋建筑	私营有限责任公司	建筑工程二级	小型
宁夏恒鑫建筑安装工程有限公司	住宅房屋建筑	私营有限责任公司	建筑工程二级	小型
宁夏嘉隆建筑工程有限责任公司	住宅房屋建筑	国有独资公司	建筑工程二级	小型
宁夏鼎晟达建设工程有限公司	住宅房屋建筑	私营有限责任公司	建筑工程二级	小型
宁夏金鼎昌建设工程有限公司	住宅房屋建筑	私营有限责任公司	建筑工程二级	小型

7—14 续表 2 continued

单位名称 Unit Name	行业类别 Sectors	注册类型 Registration Type	资质等级 Qualification Griteria	企业规模 Scale Enterprises
宁夏顺城建设有限公司	住宅房屋建筑	私营有限责任公司	建筑工程二级	小型
宁夏固本建筑有限公司	住宅房屋建筑	其他有限责任公司	建筑工程二级	小型
宁夏百力德建筑工程有限公司	住宅房屋建筑	私营有限责任公司	建筑工程二级	小型
宁夏麟澔建设工程有限公司	住宅房屋建筑	私营有限责任公司	建筑工程二级	小型
宁夏中海东昇工程有限公司	住宅房屋建筑	私营有限责任公司	建筑工程二级	小型
宁夏煜翔建设发展有限公司	园林绿化工程施工	私营有限责任公司	建筑工程二级	小型
宁夏恒远达建筑工程有限公司	住宅房屋建筑	私营有限责任公司	建筑工程二级	小型
中城投弘和建筑(宁夏)有限公司	住宅房屋建筑	私营有限责任公司	建筑工程二级	小型
宁夏晋明建设工程有限公司	住宅房屋建筑	私营有限责任公司	建筑工程二级	小型
宁夏长银建设工程有限公司	住宅房屋建筑	私营有限责任公司	建筑工程二级	小型
宁夏品晟建设集团有限公司	住宅房屋建筑	私营有限责任公司	建筑工程二级	小型
宁夏国基建设工程有限公司	住宅房屋建筑	私营有限责任公司	建筑工程二级	小型
宁夏众力拓建设工程有限公司	住宅房屋建筑	私营有限责任公司	建筑工程二级	小型
宁夏德贤建筑工程有限公司	住宅房屋建筑	私营有限责任公司	建筑工程二级	小型
宁夏宏斌建筑工程有限公司	住宅房屋建筑	私营有限责任公司	建筑工程二级	小型
宁夏城科达建设工程有限公司	住宅房屋建筑	私营有限责任公司	建筑工程二级	小型
宁夏华建建筑有限责任公司	住宅房屋建筑	私营有限责任公司	建筑工程二级	小型
宁夏凯田建筑工程有限公司	住宅房屋建筑	私营有限责任公司	建筑工程二级	小型
宁夏华远恒建设有限公司	住宅房屋建筑	私营有限责任公司	建筑工程二级	小型
宁夏弘宇建设工程有限公司	住宅房屋建筑	私营有限责任公司	建筑工程二级	小型
宁夏金盛远建设工程有限公司	住宅房屋建筑	私营有限责任公司	建筑工程二级	小型
宁夏功达建筑工程有限责任公司	住宅房屋建筑	私营有限责任公司	建筑工程二级	小型
宁夏银晨建筑工程有限公司	住宅房屋建筑	私营有限责任公司	建筑工程二级	小型
宁夏鑫升建设工程有限公司	住宅房屋建筑	私营有限责任公司	建筑工程二级	小型
宁夏圣特建筑安装工程有限公司	住宅房屋建筑	私营有限责任公司	建筑工程二级	小型
宁夏忠仁建设工程有限公司	住宅房屋建筑	私营有限责任公司	建筑工程二级	小型
宁夏瑞泽建筑安装工程有限公司	住宅房屋建筑	私营有限责任公司	建筑工程二级	小型
宁夏宁东建设集团有限公司	住宅房屋建筑	私营有限责任公司	建筑工程二级	小型
宁夏银隆建筑工程有限公司	住宅房屋建筑	私营有限责任公司	建筑工程二级	小型
宁夏合泰建设工程有限公司	住宅房屋建筑	私营有限责任公司	建筑工程二级	微型
宁夏新月建筑有限公司	住宅房屋建筑	私营有限责任公司	建筑工程二级	微型
宁夏石油化工建设有限公司	住宅房屋建筑	私营有限责任公司	建筑工程二级	微型
银川市郊区第二建筑有限公司	住宅房屋建筑	私营有限责任公司	建筑工程二级	微型
宁夏天拓石油建设工程有限公司	住宅房屋建筑	私营有限责任公司	建筑工程二级	微型
宁夏润海建设工程发展有限公司	住宅房屋建筑	私营有限责任公司	建筑工程二级	微型
宁夏年丰建筑工程有限公司	住宅房屋建筑	私营有限责任公司	建筑工程二级	微型
宁夏华鹏建设集团有限公司	住宅房屋建筑	私营有限责任公司	建筑工程二级	微型
宁夏建昌建筑实业有限公司	住宅房屋建筑	私营有限责任公司	建筑工程二级	微型
宁夏东业建设集团有限公司	住宅房屋建筑	私营有限责任公司	建筑工程二级	微型
宁夏金川建筑工程有限公司	住宅房屋建筑	私营有限责任公司	建筑工程二级	微型
宁夏昱正泰建筑工程有限公司	住宅房屋建筑	其他有限责任公司	建筑工程二级	微型
宁夏昌泽建设工程有限公司	住宅房屋建筑	私营有限责任公司	建筑工程二级	微型
宁夏德冠建设工程有限公司	住宅房屋建筑	私营有限责任公司	建筑工程二级	微型
宁夏灵武市第六建筑安装工程有限公司	住宅房屋建筑	私营有限责任公司	建筑工程二级	微型
宁夏路捷建设集团有限公司	公路工程建筑	私营有限责任公司	公路工程二级	中型
宁夏银鑫建设工程有限公司	公路工程建筑	私营有限责任公司	公路工程二级	中型
宁夏大洋公路工程有限公司	公路工程建筑	私营股份有限公司	公路工程二级	小型
正坤建设有限公司	水源及供水设施工程建筑	私营有限责任公司	水利水电工程二级	中型
中民汇联实业有限公司	水源及供水设施工程建筑	私营有限责任公司	水利水电工程二级	小型

7—14 续表 3 continued

单位名称 Unit Name	行业类别 Sectors	注册类型 Registration Type	资质等级 Qualification Griteria	企业规模 Scale Enterprises
宁夏超高压电力工程有限公司	架线及设备工程建筑	其他有限责任公司	电力工程二级	中型
宁夏荣光电力工程有限公司	架线及设备工程建筑	私营有限责任公司	电力工程二级	中型
宁夏东宏电力有限公司	架线及设备工程建筑	其他有限责任公司	电力工程二级	中型
宁夏佳洋能源有限公司	架线及设备工程建筑	其他有限责任公司	电力工程二级	中型
宁夏新锐电气有限公司	架线及设备工程建筑	私营有限责任公司	电力工程二级	小型
宁夏新恒通电力建筑工程有限公司	架线及设备工程建筑	私营有限责任公司	电力工程二级	小型
银川明辉电力工程有限公司	架线及设备工程建筑	私营有限责任公司	电力工程二级	小型
宁夏元亘电力有限公司	架线及设备工程建筑	私营有限责任公司	电力工程二级	小型
宁夏中新能电力建设有限公司	架线及设备工程建筑	其他有限责任公司	电力工程二级	小型
宁夏天信建设发展有限责任公司	架线及设备工程建筑	其他有限责任公司	电力工程二级	小型
宁夏天宏爆破有限公司	工矿工程建筑	私营有限责任公司	矿山工程二级	中型
斯伦贝谢长和油田工程有限公司	工矿工程建筑	中外合资经营	石油化工工程二级	大型
宁夏长中建筑安装工程有限公司	工矿工程建筑	私营有限责任公司	石油化工工程二级	小型
宁夏宁化安装检修有限责任公司	工矿工程建筑	国有独资公司	石油化工工程二级	小型
银川市市政建设工程有限责任公司	市政道路工程建筑	私营有限责任公司	市政公用工程二级	中型
银川市成通建设工程有限公司	市政道路工程建筑	私营有限责任公司	市政公用工程二级	中型
银川中铁水务集团市政工程有限公司	市政道路工程建筑	国有独资公司	市政公用工程二级	中型
宁夏鑫源建设工程有限公司	市政道路工程建筑	私营有限责任公司	市政公用工程二级	中型
诚捷祥集团有限公司	市政道路工程建筑	私营有限责任公司	市政公用工程二级	中型
宁夏万嘉市政建设工程有限公司	市政道路工程建筑	私营有限责任公司	市政公用工程二级	中型
宁夏力丰市政景观有限公司	园林绿化工程施工	私营有限责任公司	市政公用工程二级	中型
宁夏瑞德建设工程有限公司	市政道路工程建筑	私营有限责任公司	市政公用工程二级	中型
宁夏诚畅建设工程有限公司	市政道路工程建筑	私营有限责任公司	市政公用工程二级	中型
宁夏中远工程建设有限公司	市政道路工程建筑	私营有限责任公司	市政公用工程二级	中型
宁夏易方达建设工程有限公司	市政道路工程建筑	私营有限责任公司	市政公用工程二级	中型
宁夏宏顺远达建设工程有限公司	市政道路工程建筑	私营有限责任公司	市政公用工程二级	小型
宁夏德嘉建设工程有限公司	市政道路工程建筑	私营有限责任公司	市政公用工程二级	小型
宁夏善途建设景观有限公司	园林绿化工程施工	私营有限责任公司	市政公用工程二级	小型
宁夏兴涛瀚宇建设工程有限公司	市政道路工程建筑	私营有限责任公司	市政公用工程二级	小型
宁夏赐鑫建筑工程有限公司	市政道路工程建筑	其他有限责任公司	市政公用工程二级	小型
宁夏政柏建设工程有限公司	市政道路工程建筑	私营有限责任公司	市政公用工程二级	小型
中盛建设集团有限公司	园林绿化工程施工	私营有限责任公司	市政公用工程二级	小型
宁夏华瑞星建筑景观工程有限公司	园林绿化工程施工	私营有限责任公司	市政公用工程二级	小型
宁夏昱博市政建设工程有限公司	市政道路工程建筑	私营有限责任公司	市政公用工程二级	小型
宁夏秀华园林景观工程有限公司	园林绿化工程施工	私营有限责任公司	市政公用工程二级	小型
宁夏建宏道路有限公司	市政道路工程建筑	其他有限责任公司	市政公用工程二级	小型
宁夏宝康市政园林工程有限公司	园林绿化工程施工	私营有限责任公司	市政公用工程二级	小型
宁夏润源市政建设有限公司	市政道路工程建筑	私营有限责任公司	市政公用工程二级	小型
银川天宏实业有限公司	市政道路工程建筑	私营有限责任公司	市政公用工程二级	小型
宁夏天基伟业建设工程有限公司	市政道路工程建筑	私营有限责任公司	市政公用工程二级	小型
宁夏凯阳建设工程有限公司	市政道路工程建筑	私营有限责任公司	市政公用工程二级	小型
宁夏邦晟建设工程有限公司	市政道路工程建筑	私营有限责任公司	市政公用工程二级	小型
宁夏中畅恒基景观工程有限公司	园林绿化工程施工	私营有限责任公司	市政公用工程二级	小型
宁夏华源通工程建设有限公司	市政道路工程建筑	私营有限责任公司	市政公用工程二级	小型
宁夏聚宏源建设景观工程有限公司	园林绿化工程施工	私营有限责任公司	市政公用工程二级	小型
宁夏新宇建设工程有限公司	市政道路工程建筑	私营有限责任公司	市政公用工程二级	小型
宁夏众捷建设景观工程有限公司	园林绿化工程施工	私营有限责任公司	市政公用工程二级	小型
宁夏凯珠机械化工程有限公司	市政道路工程建筑	私营有限责任公司	市政公用工程二级	小型
宁夏晨洋公路工程有限公司	市政道路工程建筑	私营有限责任公司	市政公用工程二级	小型
宁夏捷运通信工程建设有限公司	架线及设备工程建筑	私营有限责任公司	通信工程二级	小型
宁夏通信建设公司	架线及设备工程建筑	国有独资公司	通信工程二级	小型

7—15 建筑业专业承包资质等级一、二级企业名单
Construction Industry List by Professional Contractor Qualification Criteria with First or Secord Grade

（2019）

单位名称 UnitName	行业类别 Sectors	注册类型 Registration Type	资质等级 Qualification Criteria	企业规模 Scale Enterprises
宁夏伊地地质工程有限公司	其他房屋建筑业	国有独资公司	地基基础工程一级	中型
宁夏夯中岩土工程有限公司	其他房屋建筑业	私营有限责任公司	地基基础工程一级	小型
银川汇达建筑装饰工程有限公司	公共建筑装饰和装修	私营有限责任公司	建筑装修装饰工程一级	小型
宁夏鑫吉海医疗工程有限公司	建筑幕墙装饰和装修	私营有限责任公司	建筑幕墙工程一级	小型
宁夏建设投资集团装饰工程有限公司	建筑幕墙装饰和装修	其他有限责任公司	建筑幕墙工程一级	小型
宁夏古月建筑装饰工程有限公司	建筑幕墙装饰和装修	私营有限责任公司	建筑幕墙工程一级	小型
宁夏凯田装饰设计工程有限公司	建筑幕墙装饰和装修	私营有限责任公司	建筑幕墙工程一级	微型
宁夏众安消防安全工程有限公司	电气安装	私营有限责任公司	消防设施工程一级	小型
宁夏久安消防工程有限公司	电气安装	私营有限责任公司	消防设施工程一级	小型
银川瑞安祥消防安全技术工程有限公司	电气安装	私营有限责任公司	消防设施工程一级	小型
宁夏天府消防工程设备有限公司	电气安装	私营有限责任公司	消防设施工程一级	小型
宁夏宁电消防设备有限公司	电气安装	私营有限责任公司	消防设施工程一级	小型
宁夏众邦消防工程有限公司	电气安装	私营有限责任公司	消防设施工程一级	小型
宁夏安消消防设施工程有限公司	电气安装	私营有限责任公司	消防设施工程一级	微型
宁夏嘉宁科技实业有限公司	电气安装	私营有限责任公司	电子与智能化工程一级	微型
宁夏送变电工程公司	架线及设备工程建筑	国有	输变电工程一级	中型
宁夏昊能电力有限公司	架线及设备工程建筑	私营有限责任公司	输变电工程一级	微型
宁夏大力岩土工程公司	其他房屋建筑业	国有	地基基础工程二级	中型
宁夏煤炭勘察工程有限公司	其他房屋建筑业	国有独资公司	地基基础工程二级	中型
宁夏基础工程有限公司	其他房屋建筑业	其他有限责任公司	地基基础工程二级	小型
宁夏夯利岩土工程有限公司	其他房屋建筑业	私营有限责任公司	地基基础工程二级	小型
宁夏天斧机械化工程有限公司	其他房屋建筑业	私营有限责任公司	地基基础工程二级	小型
宁夏地质工程勘察院	其他房屋建筑业	国有	地基基础工程二级	小型
宁夏天力基础工程有限公司	其他房屋建筑业	私营有限责任公司	地基基础工程二级	小型
宁夏建设投资集团岩土工程有限公司	其他房屋建筑业	国有独资公司	地基基础工程二级	小型
宁夏有色地质工程公司	其他房屋建筑业	国有	地基基础工程二级	微型
宁夏晟弘建筑工程有限公司	住宅房屋建筑	私营有限责任公司	建筑装修装饰工程二级	中型
宁夏西美装饰工程有限公司	公共建筑装饰和装修	私营有限责任公司	建筑装修装饰工程二级	小型
宁夏佳骅建设工程有限公司	公共建筑装饰和装修	私营有限责任公司	建筑装修装饰工程二级	小型
宁夏百韧广告装饰工程有限公司	公共建筑装饰和装修	私营有限责任公司	建筑装修装饰工程二级	小型
宁夏森达广告装饰工程有限公司	公共建筑装饰和装修	私营有限责任公司	建筑装修装饰工程二级	小型
宁夏信誉建筑装饰工程有限公司	公共建筑装饰和装修	私营有限责任公司	建筑装修装饰工程二级	小型
宁夏完美艺家装饰工程有限公司	公共建筑装饰和装修	私营有限责任公司	建筑装修装饰工程二级	小型

7—15 续表 1 continued

单位名称 UnitName	行业类别 Sectors	注册类型 Registration Type	资质等级 Qualification Griteria	企业规模 Scale Enterprises
宁夏胜邺装饰工程有限公司	公共建筑装饰和装修	私营有限责任公司	建筑装修装饰工程二级	小型
宁夏弘亿元建筑装饰工程有限公司	公共建筑装饰和装修	私营有限责任公司	建筑装修装饰工程二级	小型
宁夏环城建设工程有限公司	公共建筑装饰和装修	私营有限责任公司	建筑装修装饰工程二级	小型
宁夏建筑设计装饰工程有限公司	建筑幕墙装饰和装修	其他有限责任公司	建筑装修装饰工程二级	小型
宁夏通锦建筑装饰有限公司	公共建筑装饰和装修	私营有限责任公司	建筑装修装饰工程二级	微型
宁夏通恒建筑装饰有限公司	公共建筑装饰和装修	私营有限责任公司	建筑装修装饰工程二级	微型
宁夏美筑广告装饰工程有限公司	公共建筑装饰和装修	私营有限责任公司	建筑装修装饰工程二级	微型
宁夏元泰装饰工程有限公司	公共建筑装饰和装修	私营有限责任公司	建筑装修装饰工程二级	微型
宁夏屹立建筑装饰工程有限公司	公共建筑装饰和装修	私营有限责任公司	建筑装修装饰工程二级	微型
宁夏金利马建筑装饰工程有限公司	公共建筑装饰和装修	私营有限责任公司	建筑装修装饰工程二级	微型
宁夏舜豪建筑装饰工程有限公司	公共建筑装饰和装修	私营有限责任公司	建筑装修装饰工程二级	微型
深装华南(宁夏)建筑装饰工程有限公司	公共建筑装饰和装修	私营有限责任公司	建筑装修装饰工程二级	微型
银川泰冉装饰设计工程有限公司	公共建筑装饰和装修	私营有限责任公司	建筑装修装饰工程二级	微型
宁夏鸿瑞达建设工程有限公司	住宅房屋建筑	私营有限责任公司	建筑装修装饰工程二级	微型
宁夏陆宇建设装饰有限公司	建筑幕墙装饰和装修	私营有限责任公司	建筑幕墙工程二级	小型
银川新形象装饰设计工程有限公司	建筑幕墙装饰和装修	私营有限责任公司	建筑幕墙工程二级	小型
宁夏中联装饰工程有限公司	建筑幕墙装饰和装修	私营有限责任公司	建筑幕墙工程二级	小型
宁夏三昌建筑装饰工程有限公司	建筑幕墙装饰和装修	私营有限责任公司	建筑幕墙工程二级	小型
宁夏鑫北装饰有限公司	建筑幕墙装饰和装修	私营有限责任公司	建筑幕墙工程二级	小型
银川市民政福利建筑装饰有限公司	建筑幕墙装饰和装修	私营有限责任公司	建筑幕墙工程二级	小型
宁夏宁程建设工程有限公司	住宅装饰和装修	私营有限责任公司	建筑幕墙工程二级	小型
宁夏天邦装饰工程有限公司	建筑幕墙装饰和装修	私营有限责任公司	建筑幕墙工程二级	微型
宁夏僖泰装饰工程有限公司	建筑幕墙装饰和装修	私营有限责任公司	建筑幕墙工程二级	微型
宁夏新三星建设工程有限公司	建筑幕墙装饰和装修	私营有限责任公司	建筑幕墙工程二级	微型
宁夏恒亚制造安装有限公司	建筑幕墙装饰和装修	其他有限责任公司	建筑幕墙工程二级	微型
宁夏红鼎盛建设工程有限公司	建筑幕墙装饰和装修	私营有限责任公司	建筑幕墙工程二级	微型
宁夏鸿日建筑幕墙装饰有限公司	建筑幕墙装饰和装修	私营有限责任公司	建筑幕墙工程二级	微型
宁夏鑫翔建设集团股份有限公司	建筑幕墙装饰和装修	私营有限责任公司	建筑幕墙工程二级	微型
宁夏远高绿色科技建筑有限公司	其他建筑安装	私营有限责任公司	钢结构工程二级	中型
宁夏众辰安全技术有限公司	电气安装	私营有限责任公司	消防设施工程二级	小型
宁夏德瑞昇实业有限公司	电气安装	其他有限责任公司	消防设施工程二级	小型
宁夏高力安装工程有限公司	电气安装	私营有限责任公司	消防设施工程二级	小型
宁夏泰银消防设备安装工程有限公司	电气安装	私营有限责任公司	消防设施工程二级	小型
宁夏易兴建设工程有限公司	电气安装	私营有限责任公司	消防设施工程二级	小型
宁夏优泰消防安全工程有限公司	电气安装	私营有限责任公司	消防设施工程二级	微型

7—15 续表 2 continued

单位名称 UnitName	行业类别 Sectors	注册类型 Registration Type	资质等级 Qualification Griteria	企业规模 Scale Enterprises
宁夏龙津消防安全技术有限公司	电气安装	私营有限责任公司	消防设施工程二级	微型
宁夏丰亨环保消防工程有限公司	电气安装	私营有限责任公司	消防设施工程二级	微型
宁夏安邦智能科技有限公司	电气安装	私营有限责任公司	消防设施工程二级	微型
宁夏银盛达消防工程有限公司	电气安装	私营有限责任公司	消防设施工程二级	微型
宁夏隆泰华消防工程有限公司	电气安装	私营有限责任公司	消防设施工程二级	微型
宁夏恒创设备安装工程有限公司	电气安装	私营有限责任公司	消防设施工程二级	微型
宁夏欣安消防工程有限公司	电气安装	私营有限责任公司	消防设施工程二级	微型
宁夏仁昊建设工程有限公司	电气安装	私营有限责任公司	消防设施工程二级	微型
宁夏层峰建设工程有限公司	其他土木工程建筑施工	私营有限责任公司	防水防腐保温工程二级	小型
宁夏建科骏瀚特种工程有限公司	其他土木工程建筑施工	私营有限责任公司	防水防腐保温工程二级	小型
银川恒丰达防腐保温工程有限公司	其他土木工程建筑施工	私营有限责任公司	防水防腐保温工程二级	小型
宁夏住宅康克建材科技工程有限公司	其他土木工程建筑施工	其他有限责任公司	防水防腐保温工程二级	小型
宁夏茂林建设安装工程有限公司	其他土木工程建筑施工	私营有限责任公司	防水防腐保温工程二级	微型
银川桓安保温工程有限公司	其他土木工程建筑施工	私营有限责任公司	防水防腐保温工程二级	微型
宁夏安正科贸有限公司	电气安装	私营有限责任公司	电子与智能化工程二级	小型
宁夏智林智能科技有限公司	电气安装	私营有限责任公司	电子与智能化工程二级	小型
宁夏佳邦建筑智能化工程有限公司	电气安装	私营有限责任公司	电子与智能化工程二级	小型
银川市福林科技有限公司	电气安装	私营有限责任公司	电子与智能化工程二级	小型
宁夏亚视电子科技有限公司	电气安装	私营有限责任公司	电子与智能化工程二级	小型
宁夏清达有线电视网络有限公司	电气安装	私营有限责任公司	电子与智能化工程二级	微型
宁夏思源高科智能工程有限公司	电气安装	私营有限责任公司	电子与智能化工程二级	微型
宁夏新锐达视讯有限公司	电气安装	私营有限责任公司	电子与智能化工程二级	微型
宁夏正宇科技网络有限公司	电气安装	私营有限责任公司	电子与智能化工程二级	微型
宁夏金维电子科技有限公司	电气安装	私营有限责任公司	电子与智能化工程二级	微型
宁夏奇文安全系统工程有限公司	电气安装	私营有限责任公司	电子与智能化工程二级	微型
宁夏瑞威尔能源环境工程有限公司	环保工程施工	私营有限责任公司	环保工程二级	小型
宁夏怡达公路工程有限公司	公路工程建筑	私营有限责任公司	公路路面工程二级	小型
宁夏东和交通工程开发有限公司	公路工程建筑	其他有限责任公司	公路交通工程二级	小型
宁夏天庆电力工程有限公司	架线及设备工程建筑	私营有限责任公司	输变电工程二级	小型
宁夏坤承电力工程有限公司	架线及设备工程建筑	私营有限责任公司	输变电工程二级	小型
银川市亮化工程建设有限公司	架线及设备工程建筑	其他有限责任公司	城市及道路照明工程二级	小型
宁夏华艺景观照明工程有限公司	架线及设备工程建筑	私营有限责任公司	城市及道路照明工程二级	微型

主要统计指标解释

【建筑业统计单位】 指从事房屋、构筑物建造和设备安装活动的法人企业。建筑业法人企业应同时具备的条件是：1.依法成立，有自己的名称、组织机构和场所，能够承担民事责任；2.独立拥有和使用资产，承担负债，有权与其他单位签订合同；3.独立核算盈亏，能够编制资产负债表。统计范围是具有建筑业资质等级的独立核算的总承包、专业承包和劳务分包企业。

【年末自有施工机械设备总台数】 指年末本企业（或单位）自有的直接用于工程施工的各种机械设备的台数。但不包括附属辅助生产机械设备、运输设备、生产试验机械设备的台数。

【年末自有施工机械设备总功率】 指年末本企业（或单位）自有的直接用于工程施工的各种机械设备年末总功率，按设定能力或查定能力计算。包括施工机械本身的动力和为该机械服务的单独动力设备，如电动机等。但不包括附属辅助生产机械设备、运输机械设备、生产试验机械设备的功率。计算单位用千瓦，动力换算可按 1 马力 =0.735 千瓦折合成千瓦数。电焊机、变压器、锅炉不计算动力。

【建筑业总产值】 是以货币表现的建筑业企业在一定时期内生产的建筑业产品和服务的总和。建筑业总产值包括三部分内容：

（1）建筑工程产值：指列入建筑工程预算内的各种工程价值。

（2）安装工程产值：指设备安装工程价值，不包括被安装设备本身价值。

（3）其他产值：建筑业总产值中除建筑工程、安装工程以外的产值。包括房屋构筑物修理产值、非标准设备制造产值、总包企业向分包企业收取的管理费以及不能明确划分的施工活动所完成的产值。

【工程结算收入】 指本企业承包工程实现的工程价款结算收入以及向发包单位收取的除工程价款以外的按规定列作营业收入的各种款项，如临时设施费、劳动保险费、施工机构调迁费等以及向发包单位收取的各种索赔款。

【建筑业增加值】 是建筑业企业在报告期内以货币表现的建筑业生产经营活动的最终成果。目前建筑业增加值采用分配法（收入法）计算，即从收入的角度出发，根据生产要素在生产过程中应得的收入份额计算。具体计算公式是：

建筑业增加值 = 本年提取的固定资产折旧 + 本年应付工资总额 + 本年应付福利费 + 管理费中的税金、劳动待业保险金 + 工程结算税金及附加 + 营业利润。

【工程结算利润】 指已结算工程实现的利润。如亏损以“-”号表示。计算公式为：工程结算利润 = 工程结算收入 - 工程结算成本 - 销售费用 - 工程结算税金及附加。

【企业总收入】 指与企业生产经营直接有关的各项收入，包括工程结算收入和其他业务收入。计算公式为：企业总收入 = 工程结算收入 + 其他业务收入

【房屋建筑施工面积】 指在报告期内施过工的全部房屋建筑面积，它包括本期新开工的房屋面积、上期施工跨入本期继续施工的房屋面积、上期停缓建在本期恢复施工的房屋面积、本期竣工的房屋面积以及本期施工后又停缓建的房屋面积。

【房屋建筑竣工面积】 指在报告期内房屋建筑按照设计要求已全部完工，达到了住人和使用条件，经检查验收鉴定合格，正式移交使用单位的房屋建筑面积。

【从事建筑业活动的平均人数】 指建筑业企业（或单位）报告期实际拥有的、与建筑施工活动有关的平均人数，包括参加本企业（或单位）建筑施工活动的非本企业（或单位）人员，但不包括企业内部社会服务性机构的人员以及由本企业支付工资但所从事的工作与本企业生产基本无关的人员。

交通运输与邮电

Transport, Postal and Telecommunication Services

8—1 主要年份交通运输业主要经济指标

Major Economic Indicators of Transport Conveyance in Main Years

年 份 Year	载客汽车年末拥有量(辆) Number of Passenger Vehicles at Year-end	载货汽车年末拥有量(辆) Number of Truck at Year-end (unit)	公路客运量(万人) Passenger Traffic of Highways (10 000 persons)	公路客运周转量(万人公里) Passenger-kilometers of Highways (10 000 person-km)	公路货运量(万吨) Freight Traffic of Highways (10 000 tons)	公路货运周转量(万吨公里) Freight Ton-kilometers of Highways (10 000 ton-km)
1978	227	1028	185	12436	441	17512
1979	230	1083	162	10980	476	11429
1980	1225	3647	189	15004	469	10284
1981	1448	3668	265	14477	266	8391
1982	1488	3718	340	18282	284	10400
1983	1719	3154	344	20421	319	12018
1984	2030	3583	400	22801	292	12851
1985	2840	4791	529	30601	645	30305
1986	2838	4778	653	35965	672	29367
1987	3028	5152	815	41344	688	38034
1988	3313	5380	879	48898	649	37890
1989	3789	6023	1154	54764	646	36800
1990	4422	7532	1095	49564	685	36796
1991	4794	7913	1329	54133	735	40943
1992	5285	8533	1396	56210	862	46592
1993	5991	9306	1324	57166	960	56678
1994	6908	10068	1405	62297	957	58098
1995	7921	11387	1784	74634	1083	59637
1996	9754	12627	2057	82712	1103	62332
1997	13025	13819	2196	94080	1125	66804
1998	15393	15408	2396	106437	1210	78994
1999	17687	17353	2118	117973	1157	159830
2000	19286	17825	2457	134031	1422	170906
2001	21002	19278	2526	144234	1504	168145
2002	23395	17963	2672	152435	1600	190162
2003	27499	25117	1974	124815	1897	211205
2004	27928	24570	2240	142166	2013	216448
2005	28852	31253	2468	160420	2149	232092
2006	48154	28130	2475	162024	2170	235412
2007	56514	28035	2601	173365	2261	247417
2008	76417	35092	2775	187408	2428	263994
2009	106290	45953	2498	216942	9433	1257876
2010	133293	54316	2682	231846	10244	1347185
2011	206527	73279	2926	251785	11473	1498070
2012	267539	86579	3201	279481	12976	1728042
2013	328567	99235	2818	251389	14520	1604415
2014	391035	107336	3366	303176	15314	1643428
2015	460883	106105	3602	318396	10656	1370800
2016	542718	112795	3447	311482	8779	1132969
2017	630274	121208	2862	277263	7797	1032520
2018	709368	133775	2378	217685	7006	694981
2019	772854	146949				

注:2019 年起公路相关数据自治区交通厅只反馈到省级。

a)Since 2019, the relevant data of highways will only be fed back to the provincial level by the transportation department of the autonomous region.

8—2 主要年份邮电业主要经济指标

Major Economic Indicators of Post and Telecommunication Services in Main Years

年份 Year	邮电业务总量（万元） Business Volume of Postal and Telecommunication (10 000 yuan)	函件（万件） Number of Letters (10 000 pcs)	包件（万件） Number of Packages (10 000pcs)	年末本地固定电话用户（户） Number of Telephone Subscribers (household)	住宅电话 Residence	移动电话用户期末数（户） Number of Mobile Telephone Subscribers (household)	上网用户（户） Number of Internet Users (household)
1978	183	413	7.4	2622			
1979	188	546	7.6	2717			
1980	200	603	7.4	3303			
1981	289	652	7.3	3498			
1982	310	674	6.9	3742			
1983	343	651	7.1	4230			
1984	377	636	11.3	5036			
1985	465	897	8.5	5738			
1986	532	949	9.8	6721			
1987	606	1001	9.5	7007			
1988	789	969	11.3	9003			
1989	998	934	10.2	10610			
1990	2307	976	9	12178			
1991	2953	1153	7	14036			
1992	3798	1086	8.5	16572			
1993	5800	1292	13	29502			
1994	8199	1225	9	49742	26509	2495	
1995	12967	1296	10	81657	55094	4740	
1996	18352	1356	11	108910	80450	8053	
1997	25225	1098	11	130056	95776	15457	
1998	37400	1090	11	160444	126770	31935	
1999	57015	1098	12.6	187467	150534	52902	
2000	72997	1213	15	260162	171586	107817	21102
2001	116008	1685	15.1	329612	185834	197215	47456
2002	130389	134	18.3	402525	214230	327112	116364
2003	150294	59	20.3	457690	246919	580460	150238
2004	199442	44	21.3	541000	253133	705009	181568
2005	218200	649	20.4	615000	267000	856800	221700
2006	246431	1964	17.5	572300	258030	1035800	108600
2007	280632	1132	18.2	535100	260900	1248600	114000
2008	326375	942	15	536835	259688	1226000	116410
2009	360200	1830	15.8	628400	302800	1469700	197400
2010	431880	1281	15.5	677691	339035	1821558	241946
2011	264017	600	17.1	495652	374830	2428721	307117
2012	293125	828	16.6	508069	402494	3102341	339593
2013	366108	655	17.3	509774	419314	3428468	385854
2014	365423	581	15.6	532104	430248	3796484	440269
2015	316125	594	17.4	389543	410576	3600094	492937
2016	348251	642	18.3	323852	387645	3906918	637648
2017	347126	682	16.7	297944	232587	4153148	683325
2018	334174	235	14.3	244000	165000	3848000	988000
2019	396800	224		254400	94000	3627000	1125600

注：2019 年起包件指标取消。
a) The package index will be cancelled from 2019.

8—3 全社会客货运输量

Traffic Volume of Passenger and Freigh

(2019)

指 标	Item	客运量（万人）Passenger Traffic（10 000 persons）	客运周转量（万人公里）Passenger-kilometers（10 000 person-km）	货运量（万吨）Freight Traffic（10 000 tons）	货运周转量（万吨公里）Freight Tonkilometers（10 000 ton-km）
铁路运输	Railway transportation	413.00		365.20	
民航运输	Civil Aviation	499.28	701258.70	3.29	4021.72

注:中国铁路兰州局集团有限公司只测算到省级客运量和货运量。
a)China Railway Lanzhou Bureau Group Co., Ltd. only estimates provincial passenger and freight volume.

8—4 机动车拥有量

Ownership Volume of Motor Vehicle

单位:辆 (2019) (unit)

指 标	Item	合 计 Total	个人 Personal	营运 Service	公交客运 Bus	出租客运 Taxi
总 计	**Total**	**960674**	**874835**	**85002**	**1023**	**5872**
汽车	Automotive	927046	847285	71047	2067	5872
载客汽车	Passenger Vehicles	772854	723167	11528	2067	5872
大型	Large-scale	5026	123	3414	1999	
中型	Medium-sized	2091	808	382	58	
小型	Small-scale	761398	717994	7732	10	5872
微型	Miniature	4339	4242			
载货汽车	Truck	146949	119813	57289		
重型	Heavy	29773	16113	29168		
中型	Medium-sized	3049	2639	2659		
轻型	Lightweight	114024	100965	25414		
微型	Miniature	103	96	48		
其它汽车	Others	7243	4305	2230		
摩托车	Motorcycle	19550	19352	4		
普通	Ordinary	19346	19149	4		
轻便	Portable	204	203			
拖拉机	Tractor					
挂车	Trailer	14078	8198	13951		

8—5 邮政、电信业务量

Business Volume of Post and Telecommunication Services

指　标	Item	单位	Unit
邮电业务总量	Business Volume of Postal and Telecommunication	万元	10 000yuan
邮政	Post	万元	10 000yuan
包件	Number of Packages	万件	10 000 pcs
订销报纸累计份数	Number of Subscribed and Sold Newspapers Cumulative Copies	万份	10 000 copies
订销杂志累计份数	Number of Subscribed and Sold Magazines Cumulative Copies	万份	10 000 copies
收寄特快专递	Pieces of Express Mail Services	万份	10 000 copies
市内电话年末到达户数	Number of Telephone Subscribers at Year-end	户	subscriber
住宅电话	Household Telephone Subscribers	户	subscriber
农村电话期末到达户数	Rural Fixed Telephone Subscribers at Year-end	户	subscriber
公用电话	Public Telephone	部	set
移动电话期末数	Number of Mobile Telephone Subscribers at Year-end	部	set
互联网用户	Number of Internet Users	户	subscriber
邮政局、所总数	Total Number of Post and Spot	处	unit
邮政服务网点	Number of Postal Offices	处	unit
电信服务网点	Number of Telecommunication Offices	处	unit
本地网及接入网设备总容量	Broad Band Subscribers Capacity of Internet	门	line
电话普及率	Popularization Rate of Telephone	部 / 百人	set/100persons
移动电话普及率	Popularization Rate of Mobile Telephone	部 / 百人	set/100persons

注:2019 年起宁夏回族自治区通信管理局将农村电话期末到达户数、公用电话和本地网及接入网设备总容量指标取消。
a)From 2019, the Ningxia Hui Autonomous Region Communications Administration will cancel the indicators of the number of rural telephone households at the end of the period, the total capacity of public telephone and local network and access network equipment.

Business Volume of Post and Telecommunication Services

2008年	2009年	2010年	2011年	2012年	2013年	2014年	2015年	2016年	2017年	2018年	2019年
326375	360200	431880	264017	293125	366108	365423	316125	348253	347126	334174	396800
15196	14187	15836	10845	12318	13264	12832	17835	20514	20411	22263	66900
15.04	15.84	15.51	17.06	16.60	17.30	15.60	17.40	18.30	16.70	14.30	
2064.12	2168.05	2319.77	2720.80	2857.79	3281.10	3190.90	3164.27	2569.92	2752.85	3075.39	2803.36
154.75	158.28	167.30	174.85	174.88	168.15	158.08	173.75	184.05	166.19	171.04	180.53
36.59	25.31	28.87	25.41	26.90	21.40	17.30	29.38	96.42	103.42	117.63	328.00
536835	451966	677691	495652	508069	509774	526517	389543	323852	297944	244000	254400
259688	291551	339035	374830	402494	419314	430231	410576	387645	232587	165000	94000
84612	73722	71847	60679	54640	49212	43214	26050	17819	17017	11354	
37960	48545	47987	45743	42611	41248	39785	20716	16388	9341	6578	
1226000	1634830	1821558	2428721	3102341	3428468	3796467	3600094	3906918	4153148	3848000	3627000
116410	197386	241946	307117	339593	385854	440291	492937	637648	683325	988000	1125600
412	498	536	614	555	542	680	106	103	101	94	119
107	115	105	98	97	97	106	2109	2117	1186	1098	54
305	383	431	516	458	445	426	1120	1292	1175	1032	902
899770	891521	876060	901443	929538	937147	975216	993214	987654	1004444	1178956	
115.70	122.60	125.40	144.36	176.43	187.50	208.60	196.40	185.70	184.60	176.50	169.30
80.50	96.10	91.39	119.89	151.60	164.30	176.20	182.32	196.76	202.99	189.32	121.18

主要统计指标解释

【货(客)运量】 指在一定时期内,各种运输工具实际运送的货物(旅客)数量。货运按吨计算,客运按人计算。

【货物(旅客)周转量】 指在一定时期内,由各种运输工具运送的货物(旅客)数量与其相应运输距离的乘积之总和。计算公式为:货物(旅客)周转量 =∑货物(旅客)运输量×运输距离

【邮电业务总量】 即邮电专业产品量。邮电业务量按专业分类包括函件、机要文件、包裹、汇票、报刊发行、邮政快件、特快专递、邮政储蓄、集邮、公众电报、用户电报、传真、长途电话、出租电路、市话无线寻呼、移动电话、分组交换数据通信、出租代维等。

【移动电话用户】 指在邮电部门登记,通过移动电话交换机进入移动电话网、占有移动电话号码的电话用户,按实际办理登记手续进入邮电部门移动电话网的户数进行计算。一部(台)移动电话统计为一户。

【固定电话用户】 指在电信运营商营业网点办理开户登记手续并已接入固定电话网上,并按固定电话业务进行经营管理的全部电话用户。包括普通电话用户、公共电话用户、窄带综合业务数字网(N-ISDN)用户、智能网专用接入终端用户等。

【计算机互联网(INTERNET)用户】 计算机互联网是一个连接计算机网的网络,范围遍及全世界,包括局域网、城域网和广域网,旨在实现计算机资源共享。它分为两大类,一类是学术范围的非盈利的网络,另一类是商业性或非学术的网络。接入这个网络的用户,称为 INTERNET 用户。

内贸、外贸和旅游
Domestic Trade,Foreign Trade and Tourism

9—1 主要年份社会消费品零售总额分类情况

Total Retail Saled Values of Consumer

单位:万元　　　　（10 000yuan）

年份 Year	社会消费品零售总额 Total Retail Sales of Consumer Goods	按经济类型分 Grouped by Economic Type					按行业分 Grouped by Sector	
		国有经济 State-owned	集体经济 Collective-owned	个体经济 Individual	私营经济 Private	股份制经济 Share-holding	批发和零售业 Wholesale and Retail Trade	住宿和餐饮业 Hotels and Catering Services
1949	728	177		540			618	
1950	1128	335	69	711			860	66
1951	1601	468	99	1019			1245	75
1952	2080	616	172	1275			1555	90
1953	2588	678	297	1559			2024	94
1954	3131	906	516	1647			2604	139
1955	3101	994	524	1546			2672	115
1956	3505	1342	1046	963			2949	163
1957	3761	1384	1226	958			2968	164
1958	5098	2299	1925	455			4271	193
1959	7038	4537	2163	222			6520	331
1960	8007	5484	2460				7625	231
1961	7362	5211	2065				7271	256
1962	7079	5628	1225	83			6421	378
1963	6998	5354	1381	102			6319	375
1964	7059	5506	1404	46			6442	295
1965	7213	5575	1533	46			6610	286
1966	8193	6062	2111	5			7603	291
1967	7796	6136	1641	7			7435	250
1968	8324	6376	1928	10			7763	260
1969	8730	6616	2090	11			8231	275
1970	9857	7452	2375	14			9326	329
1971	10821	8254	2536	9			10354	352
1972	13137	9430	3370	12			12125	468
1973	13343	9738	3564	15			12709	484
1974	13933	10008	3778	10			13229	473
1975	14903	10766	3974	11			13963	559
1976	16050	11561	4328	18			15001	599
1977	16780	12039	4559	24			15628	577
1978	22581	14282	5963	40			18031	773
1979	26308	19110	6782	221			21049	885
1980	30622	22929	6924	417			24425	1066
1981	34389	24324	8970	970			27137	1102

9—1 续表 continued

单位:万元 (10 000yuan)

年份 Year	社会消费品零售总额 Total Retail Sales of Consumer Goods	按经济类型分 Grouped by Economic Type					按行业分 Grouped by Sector	
		国有经济 State-owned	集体经济 Collective-owned	个体经济 Individual	私营经济 Private	股份制经济 Share-holding	批发和零售业 Wholesale and Retail Trade	住宿和餐饮业 Hotels and Catering Services
1982	39754	25835	12656	1243			31332	1436
1983	44007	27596	13924	2398			34590	1547
1984	52457	29743	15408	6932			41148	2104
1985	64364	36022	15084	12455			50945	2330
1986	74148	41250	18806	13215			59079	2499
1987	84158	43319	25144	14419			66184	3581
1988	106964	53149	32266	20370			84657	4406
1989	123437	61632	36472	23670			98072	4767
1990	135904	65184	36417	32575			107772	5487
1991	151126	71094	38439	39379			119229	6463
1992	144346	81822	43881	44707			136158	8091
1993	196698	93383	20010	50249	32864	382	181725	10960
1994	245684	106092	21929	61113	38550	1093	199277	23476
1995	304417	143211	29752	77665	52273	2715	267919	31548
1996	370005	158139	35227	90725	59843	11012	312164	36994
1997	407201	144521	32856	112897	63924	38925	346450	41993
1998	456788	138273	29095	131677	71097	56507	378256	47821
1999	501958	125797	23359	148339	86828	79256	408701	54567
2000	554213	111087	19636	175010	106822	99046	448299	63039
2001	620116	98044	17126	192152	118014	123542	486107	72563
2002	700272	88324	14679	225369	144302	149996	537957	85124
2003	818992	81502	12754	257501	165745	193922	611801	99806
2004	970316	78049	11349	299751	194872	236438	703023	117450
2005	1132968	76948	11530	339585	231788	286559	809167	137023
2006	1326059	79711	10552	392046	405463	214033	941556	159583
2007	1592516	92843	11471	448567	510765	246667	1126913	184785
2008	1976527	97582	14296	522094	620487	349751	1370188	240549
2009	2341186	134824	11712	524427	629819	727251	1766161	272020
2010	3001761	86917	12848	574085	730708	994984	2131164	315306
2011	3857070	129041	14604	649466	851599	1469824	2737851	379147
2012	4458194	75602	15232	590872	1208496	1665508	3196050	373247
2013	5115239	70843	15741	725107	1085524	2117639	3655413	396400
2014	5666444	70801	19532	867631	1233817	2164136	4031619	422571
2015	6140230	47638	5893	1332987	1488606	1780833	4131980	644307
2016	6660120	45438	5383	1502518	1690331	1765915	4587696	554231
2017	7366994	51572	41969	2182577	1428396	1777773	5064667	558446
2018	7809593	38367	17470	1957868	1598715	1748196	4973068	554244
2019	8300064	42735	40336	2015246	1630474	1974050	5390856	476901

注:1992-2019 年社会消费品零售总额数据为第四次全国经济普查衔接后数据。

a) The data of total retail sales of social consumer goods from 1992 to 2019 is the data after the fourth national economic census.

9—2 社会消费品零售总额增速

单位:%　　　　　　　　　　　　　　　　　　　　　　　　　　　　　　　　　　　(2019)

指　标	Item	合计 Total	兴庆区 Xingqing
社会消费品零售总额增速	**Total Retail Sales of Consumer Goods**	**6.2**	**3.1**
按销售单位所在地分	**Grouped by Location**		
城镇	Town	5.8	3.1
城区	Urban Area	5.9	3.8
乡村	Country	15.3	10.7
按登记注册类型分	**Grouped by Economic Type**		
国有经济	State- Owned	1.8	1.1
集体经济	Cllective–Owned	–0.1	–19.5
私营经济	Private	0.3	–1.3
个体经济	Individual	9.7	10.7
股份制经济	Share–Holding	8.9	–2.8
其他经济	Others	–2.6	3.2
按行业分	**Grouped by Sector**		
批发业	Wholesale	14.8	12.9
限额以上	Above Norm	12.9	23.5
零售业	Retail	5.2	2.4
限额以上	Above Norm	1.4	–8.7
住宿业	Lodging Industry	–2.2	–0.9
限额以上	Above Norm	–3.4	–3.2
餐饮业	Catering Sevices	5.4	6.4
限额以上	Above Norm	–2.4	4.9

Total Retail Saled of Consumer Goods

(%)

金凤区 jinfeng	西夏区 Xixia	永宁县 Yongning	贺兰县 Helan	灵武市 Lingwu
11.7	**6.7**	**8.0**	**8.5**	**5.0**
10.3	7.0	7.9	8.7	0.8
10.5	7.7	12.8	7.8	19.2
58.5	–6.8	9.0	5.6	25.3
6.1	14.6	6.9	5.6	–17.5
–5.7	–7.8	6.9	4.6	28.0
21.9	–26.9	7.6	–5.3	19.9
31.6	–7.6	6.9	4.6	27.4
5.4	20.1	10.7	59.1	–48.4
6.7	–8.0	6.9	–6.6	28.1
28.9	19.2	10.7	15.5	–65.6
27.8	10.2	18.7	18.3	–72.5
2.3	10.9	6.8	8.3	25.5
2.2	19.7	8.4	10.7	11.0
–1.6	–55.8	7.9	5.1	–4.3
–3.5	13.9	–100.0	–22.4	3.7
31.4	–55.9	7.9	7.1	3.7
–4.7	–1.5	–100.0	–23.4	0.6

9—3 限额以上批发和零售业法人企业商品分类销售额

Sale Values of Wholesale and Retail by Enterprises above Designated Size by Category

单位:万元 (2019)

指 标	Item	销售额 Sales Value	批发额 Wholesale Value	零售额 Retail Value
总 计	**Total**	**10554857**	**7344243**	**3210615**
批发业	**Wholesale Trade**	**7808304**	**7218860**	**589444**
粮油、食品类	Grain and Oils, Food	211394	207854	3540
粮油类	Grain and Oils	33939	33939	
肉禽蛋类	Meat Poultry and eggs	7567	7567	
水产品类	Aquatic Products			
蔬菜类	Vegetables			
干鲜果品类	Dried and Fresh Melons and Fruits			
饮料类	Beverages	8434		8434
烟酒类	Tobacco and Liquor	905242	892242	13000
服装、鞋帽、针纺织品类	Clothing,Shoes,Hats and Textiles	4593	4519	74
服装类	Clothing	1257	1183	74
鞋帽类	Footwear and Hats			
针纺织品类	Textiles	3336	3336	
化妆品类	Cosmetics			
金银珠宝类	Gold,Silver and jewelry			
日用品类	Articles for Daily Use	2521	2521	
可穿戴智能设备	Wearable smart devices			
五金、电料类	Hardware & Electrical Materials			
体育、娱乐用品类	Sports and Entertainment Products			
照相器材类	Photographic Equipments			
书报杂志类	Newspapers and Magazines	24139	24139	
电子出版物及音像制品类	E-journals and Video Products			
家用电器和音像器材类	Household Appliances and Video Equipments	11538	11461	78
能效等级为 1 级和 2 级的商品	Products with energy efficiency grade 1 and 2	11461	11461	
智能家用电器和音像器材	Intelligent household appliances and audio-visual equipment			
中西药品类	Traditional Chinese and Western Medicine	541255	533812	7443
西药类	Western Medicine	463045	457789	5256
中草药及中成药类	Traditional Chinese	72585	70398	2187
文化办公用品类	Cultral and Official Goods			
计算机及其配套产品	Computer and Corollary Equipments			
家具类	Furniture			
通讯器材类	Communication Appliances			
智能手机	Intelligent mobile phone			
煤炭及制品类	Coal and Related Products	58715	58715	
石油及制品类	Petroleum and Related Products	4776137	4222792	553345
化工材料及制品类	Raw Chemical Materials and Related Products	80259	80259	
化肥类	Fertilizer	42643	42643	
金属材料类	Metal Materials	700489	700489	
建筑及装潢材料类	Building and Decoration Materials	1641	1641	
机电产品及设备类	Mechanical & Electrical Products	33880	33880	
农机类	Agricultural Machinery	19796	19796	
汽车类	Automobile	121524	117994	3530
新能源汽车	New energy vehicles			
种子饲料类	Seed feed	261322	261322	
其他类	Others	65222	65222	

9—3 续表 continued

（10 000yuan）

指 标	Item	销售额 Sales Value	批发额 Wholesale Value	零售额 Retail Value
零售业	**Retail Trade**	**2746554**	**125383**	**2621171**
粮油、食品类	Grain and Oils, Food	313590		313590
粮油类	Grain and Oils	37606	426	37181
肉禽蛋类	Meat Poultry and eggs	40271		40271
水产品类	Aquatic Products	2527		2527
蔬菜类	Vegetables	9576		9576
干鲜果品类	Dried and Fresh Melons and Fruits	27819		27819
饮料类	Beverages	16950		16950
烟酒类	Tobacco and Liquor	43256		43256
服装、鞋帽、针纺织品类	Clothing,Shoes,Hats and Textiles	221025		221025
服装类	Clothing	163099		163099
鞋帽类	Footwear and Hats	33187		33187
针纺织品类	Textiles	24738		24738
化妆品类	Cosmetics	53407		53407
金银珠宝类	Gold,Silver and jewelry	76386		76386
日用品类	Articles for Daily Use	81881	57	81824
可穿戴智能设备	Wearable smart devices	51		51
五金、电料类	Hardware & Electrical Materials	741		741
体育、娱乐用品类	Sports and Entertainment Products	10560	100	10460
照相器材类	Photographic Equipments	192	100	92
书报杂志类	Newspapers and Magazines	12061		12061
电子出版物及音像制品类	E-journals and Video Products	1572		1572
家用电器和音像器材类	Household Appliances and Video Equipments	149779	13998	135781
能效等级为 1 级和 2 级的商品	Products with energy efficiency grade 1 and 2	6221		6221
智能家用电器和音像器材	Intelligent household appliances and audio-visual equipment	7583		7583
中西药品类	Traditional Chinese and Western Medicine	68409	269	68140
西药类	Western Medicine	48882	241	48642
中草药及中成药类	Traditional Chinese	16351	29	16322
文化办公用品类	Cultral and Official Goods	28697	1571	27126
计算机及其配套产品	Computer and Corollary Equipments	10376	903	9473
家具类	Furniture	37242		37242
通讯器材类	Communication Appliances	50515	18860	31655
智能手机	Intelligent mobile phone	48528	18532	29996
煤炭及制品类	Coal and Related Products			
石油及制品类	Petroleum and Related Products	494539	78341	416199
化工材料及制品类	Raw Chemical Materials and Related Products	964	964	
化肥类	Fertilizer	964	964	
金属材料类	Metal Materials			
建筑及装潢材料类	Building and Decoration Materials			
机电产品及设备类	Mechanical & Electrical Products			
农机类	Agricultural Machinery			
汽车类	Automobile	1047721	11223	1036498
新能源汽车	New energy vehicles	28090	11200	16890
种子饲料类	Seed feed			
其他类	Others	37262		37262

9—4 限额以上批发和零售业法人企业经营情况

单位：万元　　　　　　　　　　　　　　　　　　　　　　　　　　　　　　　　（2019）

指　标	Item	法人企业数(个) Corporate Enterprises(unit)
总　计	**Total**	**296**
兴庆区	Xingqing	70
西夏区	Xixia	25
金凤区	Jinfeng	67
永宁县	Yongning	39
贺兰县	Helan	68
灵武市	Lingwu	27
批发业	**Wholesale Trade**	**137**
按批发行业小类分	**Grouped by Wholesale Industry Small Class**	
农、林、牧、渔产品批发	Wholesale of Agricultural, Forestry, Animal Husbandry Products	4
谷物、豆及薯类批发	Wholesale of Grain, Bean and Potatoes	2
畜牧渔业饲料批发	Animal husbandry and fishery feed wholesale	1
牲畜批发	Wholesale of Livestock	1
食品、饮料及烟草制品批发	Wholesale of Food,Beverages and Tobacoos	8
米、面制品及食用油批发	Wholesale of Rice,Flour and Edible Oil	1
肉、禽、蛋、奶及水产品批发	Wholesale of Meat and Aquatic Products	1
盐及调味品批发	Wholesale of Salt and Condiments	1
酒、饮料及茶叶批发	Wholesale of Beverages and tea	3
烟草制品批发	Wholesale of Tobacoos	2
纺织、服装及家庭用品批发	Wholesale of Textiles, Garments and Daily Consummer Aticles	3
纺织品、针织品及原料批发	Wholesale of textiles, knitwear and raw materials	1
服装批发	Wholesale of Garments	1
日用家电批发	Wholesale of Household Electrical Appliances	1
文化、体育用品及器材批发	Wholesale of Cultural, Sports Goods Appliances and Equipments	2
图书批发	Wholesale of Books	1
首饰、工艺品及收藏品批发	Wholesale of jewelry, handicrafts and Collectibles	1
医药及医疗器材批发	Wholesale of Medicines and Medical Appliances	19
西药批发	Wholesale of Western Medicine	14
中药批发	Wholesale of Chinese Medicine	2
医疗用品及器材批发	Wholesale of Medical Supplies and Equipment	3
矿产品、建材及化工产品批发	Wholesale of Mineral Products, Building Materials and Chemical Products	86
煤炭及制品批发	Wholesale of Coal and Related Products	13
石油及制品批发	Wholesale of Petroleum and Related Products	20
金属及金属矿批发	Wholesale of Metallic mineral Products	35
建材批发	Wholesale of building materials	11
化肥批发	Wholesale of Chemical Fertilizer	2
农药批发	Wholesale of Pesticide	1
其他化工产品批发	Wholesale of Other Chemical Products	4

Business Operation of wholesale and retail enterprises with legal persons above designated size

(10 000 yuan)

从业人员期末人数(人) Number of employees at the end of the period (person)	商品购进额 Total Commodity Purchas	进口 Imported	商品销售额 Total Commodity Sales Value	通过公共网络实现的商品销售额 Commodity Sales Through Public Network	通过非自营平台实现的商品销售额 Including: sales volume of goods realized through non proprietary platform
24351	**11709108**	**56544**	**11777680**	**485138**	**53**
8705	2859728		2135726	2653	
2262	894252	209	918423	117267	53
7456	5365311	50439	5663663	364359	
766	695342		1083515		
4184	1500092	5896	1568408		
978	394384		407946	860	
7832	**9207923**	**41707**	**9026490**	**428442**	
356	82361		468543	99	
100	35713		27588	99	
250	43981		438949		
6	2667		2005		
687	783135		912248	328576	
58	4823		5812		
36	5604		5562	760	
25	2660		4527		
131	17366		20191	136	
437	752683		876156	327680	
86	37069		16753		
22	3489		4029		
15	21807		1263		
49	11773		11461		
141	66301		66570		
129	24567		24139		
12	41734		42432		
1484	523086	30012	569185		
1346	490993	30012	529730		
71	10242		11311		
67	21851		28144		
4405	7511227	11486	6775612	79037	
330	227995		248115		
3526	6232722		5432841		
288	701384	11486	734212	79037	
103	273966		269333		
66	29564		30105		
20	958		2000		
72	44637		59006		

9—4 续表 1

单位:万元 （2019）

指 标	Item	批发额 Wholesale Value
总 计	**Total**	**8426631**
兴庆区	Xingqing	917285
西夏区	Xixia	653141
金凤区	Jinfeng	4772527
永宁县	Yongning	1067036
贺兰县	Helan	639385
灵武市	Lingwu	377257
批发业	**Wholesale Trade**	**8347126**
按批发行业小类分	**Grouped by Wholesale Industry Small Class**	
农、林、牧、渔产品批发	Wholesale of Agricultural, Forestry, Animal Husbandry Products	468543
谷物、豆及薯类批发	Wholesale of Grain, Bean and Potatoes	27588
畜牧渔业饲料批发	Animal husbandry and fishery feed wholesale	438949
牲畜批发	Wholesale of Livestock	2005
食品、饮料及烟草制品批发	Wholesale of Food,Beverages and Tobacoos	910939
米、面制品及食用油批发	Wholesale of Rice,Flour and Edible Oil	5812
肉、禽、蛋、奶及水产品批发	Wholesale of Meat and Aquatic Products	5562
盐及调味品批发	Wholesale of Salt and Condiments	4527
酒、饮料及茶叶批发	Wholesale of Beverages and tea	18882
烟草制品批发	Wholesale of Tobacoos	876156
纺织、服装及家庭用品批发	Wholesale of Textiles, Garments and Daily Consummer Aticles	16679
纺织品、针织品及原料批发	Wholesale of textiles, knitwear and raw materials	4029
服装批发	Wholesale of Garments	1189
日用家电批发	Wholesale of Household Electrical Appliances	11461
文化、体育用品及器材批发	Wholesale of Cultural, Sports Goods Appliances and Equipments	66570
图书批发	Wholesale of Books	24139
首饰、工艺品及收藏品批发	Wholesale of jewelry, handicrafts and Collectibles	42432
医药及医疗器材批发	Wholesale of Medicines and Medical Appliances	564614
西药批发	Wholesale of Western Medicine	525706
中药批发	Wholesale of Chinese Medicine	10763
医疗用品及器材批发	Wholesale of Medical Supplies and Equipment	28144
矿产品、建材及化工产品批发	Wholesale of Mineral Products, Building Materials and Chemical Products	6106463
煤炭及制品批发	Wholesale of Coal and Related Products	248115
石油及制品批发	Wholesale of Petroleum and Related Products	4763691
金属及金属矿批发	Wholesale of Metallic mineral Products	734212
建材批发	Wholesale of building materials	269333
化肥批发	Wholesale of Chemical Fertilizer	30105
农药批发	Wholesale of Pesticide	2000
其他化工产品批发	Wholesale of Other Chemical Products	59006

continued

(10 000yuan)

出口 Export	零售额 Retail Value	通过公共网络实现的零售额 Including: retail sales realized through public network	通过非自营平台实现的零售额 Including: retail sales realized through non proprietary platform	期末商品库存额 Total Stock at Year-end	服务营业额 Service turnover	年末零售营业面积(平方米) Area of Retail Business at Year-end(sq.m)
45267	**3351049**	**21854**	**3**	**664448**	**119782**	**1401443**
3724	1218441	2019		204009	5911	630448
946	265282	50	3	51449	61137	107581
40597	891135	19786		165782	20474	531614
	16479			51984	71	26543
	929023			144062	32191	82748
	30689			47162		22509
44960	**679364**			**335563**	**70696**	**105865**
				12777		
				11394		
				860		
				523		
	1309			44550		1508
				2791		50
				44		
				675		
	1309			7077		1458
				33963		
	74			6079		
				832		
	74			960		
				4288		
				8455	158	
				8454	158	
				1		
	4571			58571	119	9141
	4024			54099	1	8671
	548			1329	118	470
				3143		
44014	669150			175917	62954	64108
2063				20919	61130	2100
	669150			104493	1824	61358
38226				22547		650
				25102		
				139		
				2541		
3724				177		

9—4 续表 2

单位:万元 （2019）

指标	Item	法人企业数(个) Corporate Enterprises(unit)
机械设备、五金产品及电子产品批发	Wholesale of Machinery, Hardware and Electronic Equipment	13
农业机械批发	Wholesale of Agriculture Machinary	3
汽车及零配件批发	Wholesale of MotorVehicles	7
电气设备批发	Wholesale of Electrical Equipment	1
其他机械设备及电子产品批发	Wholesale of Other Machinary and Electric Equipment	2
其他批发业	Other Wholesale	2
再生物资回收与批发	Recovery and Wholesale of Recycled Materials	1
其他未列明批发业	Other Wholesale Unlisted	1
按登记注册类型分	Grouped By Registration Type	
内资企业	Domestic Funded Enterprises	137
国有企业	State-owned Enterprises	3
有限责任公司	Limited Liability Corporations	38
国有独资公司	State-owned Enterprises	5
其他有限责任公司	Other Limited Liability Corporations	33
股份有限公司	Share-holding Corporations Ltd.	5
私营企业	Private Enterprises	91
私营有限责任公司	Private Limited Liability Corporations	91
按控股情况分	Grouped By Controlling Stake	
国有控股	State-owned	21
私人控股	Private	110
其他	Others	6
按经营形式分	Grouped By Business Form	
独立门店	Indipendent Stores	97
连锁总店	Distributor Chain	4
其他	Others	36
按单位规模分	Grouped By Unit Scale	
大型	large-scale	7
中型	Medium-scale	44
小型	Small-scale	70
微型	Miniature	16
按经营地分	By place of operation	
城镇	Town	124
其中:城区	Including: urban area	68
乡村	Rural	13

continued

(10 000yuan)

从业人员期末人数(人) Number of employees at the end of the period (person)	商品购进额 Total Commodity Purchas	进口 Imported	商品销售额 Total Commodity Sales Value	通过公共网络实现的商品销售额 Commodity Sales Through Public Network	通过非自营平台实现的商品销售额 Including: sales volume of goods realized through non proprietary platform
570	149215	209	152466		
107	18085		20016		
332	122253		121873		
38	3080		2605		
93	5798	209	7972		
103	55529		65113	20729	
66	55529		65113	20729	
37					
7832	9207923	41707	9026490	428442	
473	277971		364232	327680	
2382	2902678	30221	2376508	99902	
628	747312		798294		
1754	2155366	30221	1578214	99902	
2386	3733265		3881912		
2591	2294009	11486	2403838	860	
2591	2294009	11486	2403838	860	
4055	6224245	30012	5512676	327816	
3282	2842413	11695	2964444	79897	
495	141265		549370	20729	
3609	3435598	30221	2939340	407614	
2024	763143		823828		
2199	5009182	11486	5263322	20829	
3469	1421881		1984302	327680	
3085	6309164	30221	5520543	21589	
1045	1296400	11486	1332834	79173	
233	180479		188811		
7210	8345579	41707	8105175	428343	
5021	7023960	41707	6389649	427582	
622	862343		921315	99	

9—4 续表 3

单位:万元 （2019）

指　标	Item	批发额 Wholesale Value
机械设备、五金产品及电子产品批发	Wholesale of Machinery, Hardware and Electronic Equipment	148206
农业机械批发	Wholesale of Agriculture Machinary	19568
汽车及零配件批发	Wholesale of MotorVehicles	118138
电气设备批发	Wholesale of Electrical Equipment	2528
其他机械设备及电子产品批发	Wholesale of Other Machinary and Electric Equipment	7972
其他批发业	Other Wholesale	65113
再生物资回收与批发	Recovery and Wholesale of Recycled Materials	65113
其他未列明批发业	Other Wholesale Unlisted	
按登记注册类型分	Grouped By Registration Type	
内资企业	Domestic Funded Enterprises	8347126
国有企业	State-owned Enterprises	364232
有限责任公司	Limited Liability Corporations	2364841
国有独资公司	State-owned Enterprises	796711
其他有限责任公司	Other Limited Liability Corporations	1568130
股份有限公司	Share-holding Corporations Ltd.	3373615
私营企业	Private Enterprises	2244438
私营有限责任公司	Private Limited Liability Corporations	2244438
按控股情况分	Grouped By Controlling Stake	
国有控股	State-owned	4994284
私人控股	Private	2804401
其他	Others	548441
按经营形式分	Grouped By Business Form	
独立门店	Indipendent Stores	2912589
连锁总店	Distributor Chain	383896
其他	Others	5050641
按单位规模分	Grouped By Unit Scale	
大型	large-scale	1474422
中型	Medium-scale	5353094
小型	Small-scale	1330800
微型	Miniature	188811
按经营地分	By place of operation	
城镇	Town	7425812
其中:城区	Including: urban area	5714436
乡村	Rural	921315

continued

(10 000yuan)

出口 Export	零售额 Retail Value	通过公共网络实现的零售额 Including: retail sales realized through public network	通过非自营平台实现的零售额 Including: retail sales realized through non proprietary platform	期末商品库存额 Total Stock at Year-end	服务营业额 Service turnover	年末零售营业面积(平方米) Area of Retail Business at Year-end(sq.m)
946	4260			24093	7465	31108
	448			4910	224	29559
	3735			13679	1782	1444
	78			3045	4740	105
946				2458	720	
				5120		
				3223		
				1898		
44960	679364			335563	70696	105865
				2792		50
946	11667			171539	61463	14115
	1583			60718	7617	2057
946	10084			110822	53846	12058
	508297			51033		55196
44014	159400			110200	9233	36504
44014	159400			110200	9233	36504
	518392			148372	61288	63798
44960	160043			176469	9408	41067
	928			10722		1000
3286	26751			199899	68754	41429
	439932			31550		60659
41673	212681			104114	1942	3777
	509879			53431	1824	57253
4670	167449			177156	67928	14565
40012	2035			67657	944	34047
277				37320		
44960	679364			286764	70696	103815
44960	675213			155096	66814	102701
				48800		2050

9—4 续表 4

单位:万元 （2019）

指 标	Item	法人企业数(个) Corporate Enterprises(unit)
零售业	**Retail Trade**	**159**
按零售行业小类分	**Grouped by Retail Trade Industry Small Class**	
综合零售	Integrated Retail	12
百货零售	Retail of General Merchandise	7
超级市场零售	Retail of Supermarkets	5
食品、饮料及烟草制品专门零售	Retail of Food,Beverages and Tobaccos	9
粮油零售	Retail of Grain and Oil	1
果品、蔬菜零售	Retail of Fruits and Vegetables	3
酒、饮料及茶叶零售	Retail of Wine,Beverages and Tea	5
纺织、服装及日用品专门零售	Special Retail of Textiles,Garments and Daily Consumer Articles	3
服装零售	Retail of Garments	2
钟表、眼镜零售	Retail of watches and glasses	1
文化、体育用品及器材专门零售	Retail of Culture,Sports Appliances and Equipments	8
体育用品及器材零售	Retail of Sports Goods Appliances and Equipments	1
图书、报刊零售	Retail of Books, Newspapers and Magazines	2
珠宝首饰零售	Retail of Jewelery	2
工艺美术品及收藏品零售	Retail of Arts ,Crafts and Collections	1
乐器零售	Retail of Musical Instruments Retail	1
其他文化用品零售	Retail of Other Culture Appliances	1
医药及医疗器材专门零售	Retail of Medicines and Medical Appliances	11
西药零售	Retail of Drug	10
中药零售	Retail of Medical Supplies and Appliances	1
汽车、摩托车、零配件和燃料及其他动力销售	Retail of Motor Vehicles,Motorcycles,Fuel and Parts	99
汽车新车零售	Retail of Motor Vehicles	75
机动车燃油零售	Retail of Motor Vehicles and Parts	19
机动车燃气零售	Retail of Motor Vehicles Fuel	5
家用电器及电子产品专门零售	Special Retailof Household Electric Appliances and Electronic Products	13
日用家电零售	Retail of Household Electric Appliances	5
计算机、软件及辅助设备零售	Retail of Computer,Software and Assistant Appliances	6
通信设备零售	Retail of Communication Equipments	2
五金、家具及室内装饰材料专门零售	Special Retail of Hardware,Furniture and Decoration Materials	2
家具零售	Retail of Furniture	2
货摊、无店铺及其他零售业	Retail of Other Decoration Materials	2
互联网零售	Internet retail	1
生活用燃料零售	Retail of Non-shop and Other Retails	1

continued

(10 000yuan)

从业人员期末人数(人) Number of employees at the end of the period (person)	商品购进额 Total Commodity Purchas	进口 Imported	商品销售额 Total Commodity Sales Value	通过公共网络实现的商品销售额 Commodity Sales Through Public Network	通过非自营平台实现的商品销售额 Including: sales volume of goods realized through non proprietary platform
16519	**2501185**	**14837**	**2751190**	**56696**	**53**
6455	731987		780064	11986	
1435	263501		320673		
5020	468487		459390	11986	
454	39940	398	44582		
26	979		1137		
324	28598		29862		
104	10363	398	13583		
341	28295		33680		
247	25007		28684		
94	3288		4996		
419	25644		24041		
102	5336		5016		
204	14115		13427		
75	3447		2804		
18	409		525		
10	1517		1636		
10	822		633		
1483	58809		71828		
1399	56600		69679		
84	2209		2149		
5329	1413242	14439	1521280	24557	
4142	1051432	14439	1143141	24557	
902	342254		350438		
285	19556		27701		
1680	197962		217480	2653	
1335	179442		193695	2653	
127	14481		17757		
218	4039		6028		
151	1169		36819		
151	1169		36819		
207	4137		21417	17500	53
49	2186		17553	17500	53
158	1951		3864		

9—4 续表 5

单位:万元 （2019）

指 标	Item	批发额 Wholesale Value
零售业	**Retail Trade**	**79505**
按零售行业小类分	**Grouped by Retail Trade Industry Small Class**	
综合零售	Integrated Retail	
百货零售	Retail of General Merchandise	
超级市场零售	Retail of Supermarkets	
食品、饮料及烟草制品专门零售	Retail of Food,Beverages and Tobaccos	3854
粮油零售	Retail of Grain and Oil	
果品、蔬菜零售	Retail of Fruits and Vegetables	
酒、饮料及茶叶零售	Retail of Wine,Beverages and Tea	3854
纺织、服装及日用品专门零售	Special Retail of Textiles,Garments and Daily Consumer Articles	
服装零售	Retail of Garments	
钟表、眼镜零售	Retail of watches and glasses	
文化、体育用品及器材专门零售	Retail of Culture,Sports Appliances and Equipments	199
体育用品及器材零售	Retail of Sports Goods Appliances and Equipments	
图书、报刊零售	Retail of Books, Newspapers and Magazines	
珠宝首饰零售	Retail of Jewelery	
工艺美术品及收藏品零售	Retail of Arts ,Crafts and Collections	172
乐器零售	Retail of Musical Instruments Retail	27
其他文化用品零售	Retail of Other Culture Appliances	
医药及医疗器材专门零售	Retail of Medicines and Medical Appliances	269
西药零售	Retail of Drug	269
中药零售	Retail of Medical Supplies and Appliances	
汽车、摩托车、零配件和燃料及其他动力销售	Retail of Motor Vehicles,Motorcycles,Fuel and Parts	20364
汽车新车零售	Retail of Motor Vehicles	20364
机动车燃油零售	Retail of Motor Vehicles and Parts	
机动车燃气零售	Retail of Motor Vehicles Fuel	
家用电器及电子产品专门零售	Special Retailof Household Electric Appliances and Electronic Products	37319
日用家电零售	Retail of Household Electric Appliances	31085
计算机、软件及辅助设备零售	Retail of Computer,Software and Assistant Appliances	4461
通信设备零售	Retail of Communication Equipments	1773
五金、家具及室内装饰材料专门零售	Special Retail of Hardware,Furniture and Decoration Materials	
家具零售	Retail of Furniture	
货摊、无店铺及其他零售业	Retail of Other Decoration Materials	17500
互联网零售	Internet retail	17500
生活用燃料零售	Retail of Non-shop and Other Retails	

continued

(10 000yuan)

出口 Export	零售额 Retail Value	通过公共网络实现的零售额 Including: retail sales realized through public network	通过非自营平台实现的零售额 Including: retail sales realized through non proprietaryplatform	期末商品库存额 Total Stock at Year-end	服务营业额 Service turnover	年末零售营业面积(平方米) Area of Retail Business at Year-end(sq.m)
308	**2671685**	**21854**	**3**	**328885**	**49086**	**1295578**
	780064	11986		47921	2979	611286
	320673			8067	2979	279747
	459390	11986		39854		331539
	40729			11923	7	12504
	1137			208		994
	29862			3740		10455
	9729			7975	7	1055
	33680			4714	61	45882
	28684			1307	61	45600
	4996			3407		282
	23841			28198		26691
	5016			8063		9166
	13427			5302		12300
	2804			12873		3708
	353			85		1063
	1609			1052		254
	633			822		200
	71559			11425	3	125533
	69410			11312	3	124033
	2149			113		1500
308	1500917	7799		192183	45082	269326
308	1122777	7799		186416	44849	167947
	350438			5709	233	71496
	27701			59		29883
	180161	2019		29711	893	113108
	162610	2019		20641		109699
	13296			8046	138	1258
	4255			1024	755	2151
	36819			507	2	76913
	36819			507	2	76913
	3917	50	3	2304	59	14335
	53	50	3	2223		12335
	3864			81	59	2000

9—4　续表 6

单位:万元　　　　　　　　　　　　　　　　　　　　　　　　　　　　　　　　（2019）

指　标	Item	法人企业数(个) Corporate Enterprises(unit)
按登记注册类型分	Retail of Life Fuel	
内资企业	Domestic Funded Enterprises	155
国有企业	State-owned Enterprises	3
集体企业	Collective-owned Enterprises	1
有限责任公司	Limited Liability Corporations	49
国有独资公司	State-owned Enterprises	4
其他有限责任公司	Other Limited Liability Corporations	45
股份有限公司	Share-holding Corporations Ltd.	2
私营企业	Private Enterprises	100
私营有限责任公司	Private Limited Liability Corporations	100
港、澳、台商投资企业	Hong Kong, Macao and Taiwan Investment Enterprises	3
与港澳台商合资经营企业	With the Joint Venture Enterprises from Hong Kong, Macao andTaiwan	1
港澳台商独资企业	Hong Kong, Macao, Taiwan-Owned Enterprise	1
其他港澳台投资企业	Other Hong Kong, Macao and Taiwan Investment Enterprises	1
外商投资企业	Foreign Funded Enterprises	1
中外合资经营企业	Sino-foreign Joint Venture Enterprises	1
按控股情况分	Grouped By Controlling Stake	
国有控股	State-owned	10
集体控股	Collective-owned	2
私人控股	Private	133
港澳台商控股	Holding from Hong Kong, Macao and Taiwan	3
外商控股	Foreign	1
其他	Others	10
按经营形式分	Grouped By Business Form	
独立门店	Indipendent Store	135
连锁总店	Distributor Chain	16
其他	Others	8
按单位规模分	Grouped By Unit Scale	
大型	Large-scale	6
中型	Medium-scale	76
小型	Small-scale	60
微型	Miniature	17
按零售业态分	Grouped By Retail Formats	
有店铺零售	Have a Retail Store	157
超市	Supermarket	3
大型超市	Hypermarket	5
百货店	Department Store	8
专业店	Speciality Store	55
专卖店	Franchised Store	82
家居建材商店	Home Fureishing Materials Store	2
购物中心	Shopping Mall	1
厂家直销中心	Center of Manufacturer Direct Deal	1
无店铺零售	Non-store Retail	1
网上商店	Online store	1
按经营地分	By place of operation	
城镇	Town	152
其中:城区	Including: urban area	86
乡村	Rural	7

continued

(10 000yuan)

从业人员期末人数(人) Number of employees at the end of the period (person)	商品购进额 Total Commodity Purchas	进口 Imported	商品销售额 Total Commodity Sales Value	通过公共网络实现的商品销售额 Commodity Sales Through Public Network	通过非自营平台实现的商品销售额 Including: sales volume of goods realized through non proprietary platform
16113	2413303	14837	2653602	56572	53
70	10115		10158		
14	3222		4277		
8664	1080608	8655	1156122	12496	
413	22414		25150		
8251	1058194	8655	1130972	12496	
2223	371635		376873	2019	
5142	947724	6182	1106173	42057	53
5142	947724	6182	1106173	42057	53
323	83010		89901	125	
102	45836		51519		
58	29854		29525		
163	7320		8856	125	
83	4872		7688		
83	4872		7688		
687	289335		342553		
38	4045		5277		
8431	1273756	14837	1458760	42057	53
323	83010		89901	125	
83	4872		7688		
6957	846167		847012	14515	
8513	1764873	14837	1969222	25316	
7051	695203		722589	13880	
955	41109		59379	17500	53
7668	857000		848187	13880	
7173	1092935	13290	1312556	759	
1641	543774	1149	573572	42057	53
37	7476	398	16876		
16470	2498999	14837	2733637	39196	
958	42610		41089		
5447	602384		600348	14005	
1579	286933		347433		
3547	590782	351	666912	8741	
4784	973069	14486	1038959	16450	
100	651		35839		
55	2570		2272		
			785		
49	2186		17553	17500	53
49	2186		17553	17500	53
15568	2460754	14837	2705593	56696	53
11810	1524162	8940	1708124	56696	53
951	40431		45597		

9—4 续表 7

单位:万元 (2019)

指 标	Item	批发额 Wholesale Value
按登记注册类型分	Retail of Life Fuel	
内资企业	Domestic Funded Enterprises	79505
国有企业	State-owned Enterprises	
集体企业	Collective-owned Enterprises	
有限责任公司	Limited Liability Corporations	6926
国有独资公司	State-owned Enterprises	3854
其他有限责任公司	Other Limited Liability Corporations	3072
股份有限公司	Share-holding Corporations Ltd.	31085
私营企业	Private Enterprises	41494
私营有限责任公司	Private Limited Liability Corporations	41494
港、澳、台商投资企业	Hong Kong, Macao and Taiwan Investment Enterprises	
与港澳台商合资经营企业	With the Joint Venture Enterprises from Hong Kong, Macao andTaiwan	
港澳台商独资企业	Hong Kong, Macao, Taiwan-Owned Enterprise	
其他港澳台投资企业	Other Hong Kong, Macao and Taiwan Investment Enterprises	
外商投资企业	Foreign Funded Enterprises	
中外合资经营企业	Sino-foreign Joint Venture Enterprises	
按控股情况分	Grouped By Controlling Stake	
国有控股	State-owned	3854
集体控股	Collective-owned	
私人控股	Private	42793
港澳台商控股	Holding from Hong Kong, Macao and Taiwan	
外商控股	Foreign	
其他	Others	32858
按经营形式分	Grouped By Business Form	
独立门店	Indipendent Store	30650
连锁总店	Distributor Chain	31085
其他	Others	17769
按单位规模分	Grouped By Unit Scale	
大型	Large-scale	31085
中型	Medium-scale	23464
小型	Small-scale	23294
微型	Miniature	1662
按零售业态分	Grouped By Retail Formats	
有店铺零售	Have a Retail Store	62005
超市	Supermarket	
大型超市	Hypermarket	31085
百货店	Department Store	
专业店	Speciality Store	13821
专卖店	Franchised Store	17098
家居建材商店	Home Fureishing Materials Store	
购物中心	Shopping Mall	
厂家直销中心	Center of Manufacturer Direct Deal	
无店铺零售	Non-store Retail	17500
网上商店	Online store	17500
按经营地分	By place of operation	
城镇	Town	79505
其中:城区	Including: urban area	66364
乡村	Rural	

continued

(10 000yuan)

出口 Export	零售额 Retail Value	通过公共网络实现的零售额 Including: retail sales realized through public network	通过非自营平台实现的零售额 Including: retail sales realized through non proprietary platform	期末商品库存额 Total Stock at Year-end	服务营业额 Service turnover	年末零售营业面积(平方米) Area of Retail Business at Year-end(sq.m)
308	2574097	21730	3	318132	46858	1262542
	10158			1425	3	1630
	4277			27		500
	1149196	11862		99664	11943	623874
	21296			6799	59	14400
	1127900	11862		92864	11884	609474
	345788	2019		25885		172068
308	1064679	7849	3	191132	34913	464470
308	1064679	7849	3	191132	34913	464470
	89901	125		10752	2228	12467
	51519			5294	1511	2567
	29525			4192	716	1500
	8856	125		1266		8400
	7688			1		20569
	7688			1		20569
	338699			8372	62	104593
	5277			55		1580
308	1415968	7849	3	240923	46797	647573
	89901	125		10752	2228	12467
	7688			1		20569
	814153	13880		68783		508796
308	1938572	7924		232156	48590	733139
	691504	13880		89220	325	522471
	41610	50	3	7509	171	39968
	817101	13880		67751		492816
	1289092	125		196788	43138	638897
308	550278	7849	3	52749	5878	152194
	15214			11597	71	11671
308	2671632	21804		326303	49086	1283243
	41089			6565		28455
	569263	14005		57226		393725
	347433			8772	2979	324747
308	653091	7799		84126	5397	213127
	1021861			169238	40710	168951
	35839			55		73213
	2272			321		81025
	785					
	53	50	3	2223		12335
	53	50	3	2223		12335
308	2626088	21854	3	324994	49086	1267849
308	1641760	21854	3	215252	20336	1140568
	45597			3891		27729

9—5 限额以上批发和零售业法人企业主要财务状况

Financial Indicators of Wholesale and Retail by Enterprises above Designated Size

单位:万元　　　　　　　　　　　　　　　　　　　　　　　　　　（2019）

指　标	Item	法人企业数(个) Number of Corporate (unit)
总　计	**Total**	**296**
兴庆区	Xingqing	70
西夏区	Xixia	25
金凤区	Jinfeng	67
永宁县	Yongning	39
贺兰县	Helan	68
灵武市	Lingwu	27
批发业	**Wholesale Trade**	**137**
按批发行业小类分	**Grouped by Wholesale Industry Small Class**	
农、林、牧、渔产品批发	Wholesale of Agricultural, Forestry, Animal Husbandry Products	4
谷物、豆及薯类批发	Wholesale of Grain, Bean and Potatoes	2
畜牧渔业饲料批发	Animal husbandry and fishery feed wholesale	1
牲畜批发	Wholesale of Livestock	1
食品、饮料及烟草制品批发	Wholesale of Food,Beverages and Tobacoos	8
米、面制品及食用油批发	Wholesale of Rice,Flour and Edible Oil	1
肉、禽、蛋、奶及水产品批发	Wholesale of Meat and Aquatic Products	1
盐及调味品批发	Wholesale of Salt and Condiments	1
酒、饮料及茶叶批发	Wholesale of Beverages and tea	3
烟草制品批发	Wholesale of Tobacoos	2
纺织、服装及家庭用品批发	Wholesale of Textiles, Garments and Daily Consummer Aticles	3
纺织品、针织品及原料批发	Wholesale of textiles, knitwear and raw materials	1
服装批发	Wholesale of Garments	1
日用家电批发	Wholesale of Household Electrical Appliances	1
文化、体育用品及器材批发	Wholesale of Cultural, Sports Goods Appliances and Equipments	2
图书批发	Wholesale of Books	1
首饰、工艺品及收藏品批发	Wholesale of jewelry, handicrafts and Collectibles	1
医药及医疗器材批发	Wholesale of Medicines and Medical Appliances	19
西药批发	Wholesale of Western Medicine	14
中药批发	Wholesale of Chinese Medicine	2
医疗用品及器材批发	Wholesale of Medical Supplies and Equipment	3
矿产品、建材及化工产品批发	Wholesale of Mineral Products, Building Materials and Chemical Products	86
煤炭及制品批发	Wholesale of Coal and Related Products	13
石油及制品批发	Wholesale of Petroleum and Related Products	20
金属及金属矿批发	Wholesale of Metallic mineral Products	35
建材批发	Wholesale of building materials	11
化肥批发	Wholesale of Chemical Fertilizer	2
农药批发	Wholesale of Pesticide	1
其他化工产品批发	Wholesale of Other Chemical Products	4

continued

(10 000yuan)

执行《2006年企业会计准则》企业数(个) Number of Enterprises Implementing The Accounting Standards for Business Enterprises2006	年初存货 Invertory at Begining of Year	期末资产负债 Ending assets and Liabilities		
		流动资产合计 Total Working Capitals	应收账款 Accounts Receivable	存货 Stock
192	**632094**	**4375527**	**552581**	**645274**
44	177664	996806	134506	193309
21	39053	195095	53401	42630
39	168802	1019377	160260	183882
19	32062	182402	48530	44826
56	132517	519602	108127	121752
13	81995	1462246	47757	58874
90	**333806**	**3153643**	**425842**	**355237**
4	11467	66133	16883	15083
2	10405	18343	1577	11616
1		42764	11897	2658
1	1062	5026	3408	809
6	48440	183821	8336	40124
1	3520	7425		2855
	180	784	379	181
1	1089	9137	1262	675
3	6595	17978	6695	6357
1	37056	148497		30056
3	19009	49905	10401	21106
1	2929	8127	843	832
1	12837	34994	9558	16479
1	3243	6784		3794
1	4061	47626	11633	11186
1	4061	33802	7145	5250
		13824	4489	5936
13	45788	297175	182075	55182
11	43260	271304	165730	51127
	174	7887	4747	1207
2	2354	17985	11598	2848
51	180867	2226201	144798	188523
7	29084	129171	24589	18783
15	114399	1809093	52180	128057
18	24016	180329	25160	28620
6	10445	50661	14250	12327
1	433	200	-132	162
1	702	4114	200	399
3	1788	52633	28552	176

9—5 续表 1

单位:万元 (2019)

指 标	Item	固定资产原价 Original Value of Fixed Assets
总 计	**Total**	**866564**
兴庆区	Xingqing	343438
西夏区	Xixia	165263
金凤区	Jinfeng	168321
永宁县	Yongning	24345
贺兰县	Helan	105331
灵武市	Lingwu	59867
批发业	**Wholesale Trade**	**470454**
按批发行业小类分	**Grouped by Wholesale Industry Small Class**	
农、林、牧、渔产品批发	Wholesale of Agricultural, Forestry, Animal Husbandry Products	10580
谷物、豆及薯类批发	Wholesale of Grain, Bean and Potatoes	8550
畜牧渔业饲料批发	Animal husbandry and fishery feed wholesale	
牲畜批发	Wholesale of Livestock	2030
食品、饮料及烟草制品批发	Wholesale of Food,Beverages and Tobacoos	52086
米、面制品及食用油批发	Wholesale of Rice,Flour and Edible Oil	8229
肉、禽、蛋、奶及水产品批发	Wholesale of Meat and Aquatic Products	255
盐及调味品批发	Wholesale of Salt and Condiments	343
酒、饮料及茶叶批发	Wholesale of Beverages and tea	926
烟草制品批发	Wholesale of Tobacoos	42334
纺织、服装及家庭用品批发	Wholesale of Textiles, Garments and Daily Consummer Aticles	10622
纺织品、针织品及原料批发	Wholesale of textiles, knitwear and raw materials	2
服装批发	Wholesale of Garments	10583
日用家电批发	Wholesale of Household Electrical Appliances	36
文化、体育用品及器材批发	Wholesale of Cultural, Sports Goods Appliances and Equipments	4970
图书批发	Wholesale of Books	4870
首饰、工艺品及收藏品批发	Wholesale of jewelry, handicrafts and Collectibles	100
医药及医疗器材批发	Wholesale of Medicines and Medical Appliances	32582
西药批发	Wholesale of Western Medicine	31583
中药批发	Wholesale of Chinese Medicine	397
医疗用品及器材批发	Wholesale of Medical Supplies and Equipment	602
矿产品、建材及化工产品批发	Wholesale of Mineral Products, Building Materials and Chemical Products	351767
煤炭及制品批发	Wholesale of Coal and Related Products	65929
石油及制品批发	Wholesale of Petroleum and Related Products	266639
金属及金属矿批发	Wholesale of Metallic mineral Products	10410
建材批发	Wholesale of building materials	935
化肥批发	Wholesale of Chemical Fertilizer	164
农药批发	Wholesale of Pesticide	2795
其他化工产品批发	Wholesale of Other Chemical Products	4895

continued

(10 000yuan)

期末资产负债 Ending assets and Liabilities			
房屋和构筑物 Houses and structures	机器设备 Machinery equipment	累计折旧 Accumulated Depreciation	本年折旧 Depreciation This Year
334737	**206121**	**306332**	**69503**
137740	122503	114459	29565
16882	12269	63711	8843
89940	38433	60618	10743
13027	6189	5904	3012
50195	8879	43826	13652
26953	17848	17815	3688
117312	**146188**	**161392**	**34828**
7653	2511	2799	2163
5807	2326	2135	2015
1846	184	664	148
27100	13584	17776	4910
		2602	2602
	42	120	50
	343	232	-10
	701	682	28
27100	12498	14140	2241
10349	84	2454	304
10349	84	2419	300
		35	4
4271	270	2696	297
4271	270	2596	197
		100	100
19753	2167	8293	1793
19753	1627	7576	1678
	358	302	64
	181	415	52
43981	126478	123325	25027
1708	3067	19954	2468
34172	116482	97182	20989
5320	2155	3284	1112
43	627	525	66
		95	79
2692	2	645	5
45	4146	1640	308

9—5　续表 2

单位:万元　　　　(2019)

指　标	Item	法人企业数(个) Number of Corporate (unit)
机械设备、五金产品及电子产品批发	Wholesale of Mechanical Equipment, Hardware Products and Electronic Products	13
农业机械批发	Wholesale of Agriculture Machinary	3
汽车及零配件批发	Wholesale of MotorVehicles	7
电气设备批发	Wholesale of Electrical Equipment	1
其他机械设备及电子产品批发	Wholesale of Other Machinary and Electric Equipment	2
其他批发业	Other Wholesale	2
再生物资回收与批发	Recovery and Wholesale of Recycled Materials	1
其他未列明批发业	Other Wholesale Unlisted	1
按登记注册类型分	Grouped By Registration Type	
内资企业	Domestic Funded Enterprises	137
国有企业	State-owned Enterprises	3
有限责任公司	Limited Liability Corporations	38
国有独资公司	State-owned Enterprises	5
其他有限责任公司	Other Limited Liability Corporations	33
股份有限公司	Share-holding Corporations Ltd.	5
私营企业	Private Enterprises	91
私营有限责任公司	Private Limited Liability Corporations	91

continued

（10 000yuan）

执行《2006年企业会计准则》企业数(个) Number of Enterprises Implementing The Accounting Standards for Business Enterprises2006	年初存货 Invertory at Begining of Year	期末资产负债 Ending assets and Liabilities		
		流动资产合计 Total Working Capitals	应收账款 Accounts Receivable	存货 Stock
10	18934	90948	32510	18916
3	5474	12375	4665	4568
6	10084	40645	14893	10505
1	1385	32219	11262	1385
	1992	5709	1690	2458
2	5240	191834	19206	5118
1	3344	36507	19202	3223
1	1895	155327	4	1895
90	333806	3153643	425842	355237
2	3520	96965		2855
33	129482	1949313	202958	147848
5	53107	217848	69753	51269
28	76375	1731465	133205	96579
5	61452	69517	13112	47196
50	139351	1037847	209772	157338
50	139351	1037847	209772	157338

9—5 续表3

单位:万元 (2019)

指 标	Item	固定资产原价 Original Value of Fixed Assets
机械设备、五金产品及电子产品批发	Wholesale of Mechanical Equipment, Hardware Products and Electronic Products	4009
农业机械批发	Wholesale of Agriculture Machinary	783
汽车及零配件批发	Wholesale of MotorVehicles	2568
电气设备批发	Wholesale of Electrical Equipment	536
其他机械设备及电子产品批发	Wholesale of Other Machinary and Electric Equipment	123
其他批发业	Other Wholesale	3838
再生物资回收与批发	Recovery and Wholesale of Recycled Materials	109
其他未列明批发业	Other Wholesale Unlisted	3729
按登记注册类型分	Grouped By Registration Type	
内资企业	Domestic Funded Enterprises	470454
国有企业	State-owned Enterprises	16661
有限责任公司	Limited Liability Corporations	156276
国有独资公司	State-owned Enterprises	54105
其他有限责任公司	Other Limited Liability Corporations	102171
股份有限公司	Share-holding Corporations Ltd.	209115
私营企业	Private Enterprises	88402
私营有限责任公司	Private Limited Liability Corporations	88402

continued

(10 000yuan)

期末资产负债 Ending assets and Liabilities			
房屋和构筑物 Houses and structures	机器设备 Machinery equipment	累计折旧 Accumulated Depreciation	本年折旧 Depreciation This Year
1290	1081	2176	141
350		453	35
898	1000	1478	130
		209	-33
42	81	37	9
2915	14	1874	192
55	11	99	5
2861	3	1775	187
117312	146188	161392	34828
4745	951	8261	3032
59206	31129	48940	9290
38086	14694	15807	2891
21120	16436	33134	6399
19906	98140	68081	17077
33456	15968	36110	5429
33456	15968	36110	5429

9—5 续表 4

单位:万元　　　　　　　　　　　　　　　　　　　　　　　　　　　　　　　　　　　　(2019)

指　标	Item	法人企业数(个) Number of Corporate (unit)
按控股情况分	Grouped By Controlling Stake	
国有控股	State-owned	21
私人控股	Private	110
其他	Others	6
按经营形式分	Grouped By Business Form	
独立门店	Indipendent Stores	97
连锁总店	Distributor Chain	4
其他	Others	36
按单位规模分	Grouped By Unit Scale	
大型	large-scale	7
中型	Medium-scale	44
小型	Small-scale	70
微型	Miniature	16
按经营地分	By place of operation	
城镇	Town	124
其中:城区	Including: urban area	68
乡村	Rural	13
零售业	**Retail Trade**	**159**
按零售行业小类分	**Grouped by Retail Trade Industry Small Class**	
综合零售	Integrated Retail	12
百货零售	Retail of General Merchandise	7
超级市场零售	Retail of Supermarkets	5
食品、饮料及烟草制品专门零售	Retail of Food,Beverages and Tobaccos	9
粮油零售	Retail of Grain and Oil	1
果品、蔬菜零售	Retail of Fruits and Vegetables	3
酒、饮料及茶叶零售	Retail of Wine,Beverages and Tea	5
纺织、服装及日用品专门零售	Special Retail of Textiles,Garments and Daily Consumer Articles	3
服装零售	Retail of Garments	2
钟表、眼镜零售	Watches and glasses retail	1

continued

（10 000yuan）

执行《2006 年企业会计准则》企业数(个) Number of Enterprises Implementing The Accounting Standards for Business Enterprises2006	年初存货 Invertory at Begining of Year	期末资产负债 Ending assets and Liabilities		
		流动资产合计 Total Working Capitals	应收账款 Accounts Receivable	存货 Stock
20	138709	540689	133428	133117
65	183608	2516667	260405	209577
5	11488	96286	32010	12544
63	183713	2388519	228340	193255
3	27692	51057	10134	29854
24	122400	714067	187368	132128
6	42085	285966	72672	51744
34	184487	898830	234636	187900
41	74437	469089	97874	82568
9	32796	1499757	20660	33025
82	259213	2987163	405290	306815
47	151861	1279230	266730	179801
8	74593	166480	20552	48421
102	**298288**	**1221885**	**126739**	**290037**
11	30519	351324	47800	45361
6	5424	189981	2173	6727
5	25095	161343	45628	38635
4	13720	40963	8219	11424
	145	1032	124	191
1	2853	20304	7159	3413
3	10721	19628	936	7820
2	8776	12759	68	8224
1	5324	9090		5205
1	3452	3668	67	3020

9—5 续表 5

单位:万元 （2019）

指 标	Item	固定资产原价 Original Value of Fixed Assets
按控股情况分	Grouped By Controlling Stake	
国有控股	State-owned	351373
私人控股	Private	113379
其他	Others	5702
按经营形式分	Grouped By Business Form	
独立门店	Indipendent Stores	176462
连锁总店	Distributor Chain	182818
其他	Others	111174
按单位规模分	Grouped By Unit Scale	
大型	large-scale	235729
中型	Medium-scale	189887
小型	Small-scale	36185
微型	Miniature	8653
按经营地分	By place of operation	
城镇	Town	394691
其中:城区	Including: urban area	333920
乡村	Rural	75763
零售业	**Retail Trade**	**396110**
按零售行业小类分	**Grouped by Retail Trade Industry Small Class**	
综合零售	Integrated Retail	161029
百货零售	Retail of General Merchandise	96334
超级市场零售	Retail of Supermarkets	64695
食品、饮料及烟草制品专门零售	Retail of Food,Beverages and Tobaccos	9857
粮油零售	Retail of Grain and Oil	743
果品、蔬菜零售	Retail of Fruits and Vegetables	6758
酒、饮料及茶叶零售	Retail of Wine,Beverages and Tea	2356
纺织、服装及日用品专门零售	Special Retail of Textiles,Garments and Daily Consumer Articles	4202
服装零售	Retail of Garments	2218
钟表、眼镜零售	Watches and glasses retail	1984

continued

(10 000yuan)

期末资产负债 Ending assets and Liabilities			
房屋和构筑物 Houses and structures	机器设备 Machinery equipment	累计折旧 Accumulated Depreciation	本年折旧 Depreciation This Year
70314	118084	116706	27713
46944	23314	42531	6807
55	4790	2155	307
55184	30685	66308	11893
19906	98076	59488	16979
42223	17427	35597	5955
34572	99801	80397	18681
57859	34062	64706	13383
20994	9358	11367	2334
3888	2967	4922	429
83417	120641	141296	27996
47798	112026	121301	23313
33895	25547	20096	6831
217424	**59934**	**144940**	**34676**
120701	26960	45675	5723
81832	10682	25675	3092
38870	16278	20000	2631
1858	949	5384	3842
619	30	420	39
	42	3720	3720
1239	877	1245	83
1497	141	2846	341
165	54	1616	229
1332	87	1229	113

9—5　续表 6

单位:万元　　(2019)

指　标	Item	法人企业数(个) Number of Corporate (unit)
文化、体育用品及器材专门零售	Retail of Culture,Sports Appliances and Equipments	8
体育用品及器材零售	Retail of Sports Goods Appliances and Equipments	1
图书、报刊零售	Retail of Books, Newspapers and Magazines	2
珠宝首饰零售	Retail of Jewelery	2
工艺美术品及收藏品零售	Retail of Arts ,Crafts and Collections	1
乐器零售	Retail of Musical instrument	1
其他文化用品零售	Retail of Other Culture Appliances	1
医药及医疗器材专门零售	Retail of Medical Supplies and Appliances	11
西药零售	Retail of Western Medicine	10
中药零售	Retail of Chinese medicine	1
汽车、摩托车、零配件和燃料及其他动力销售	Retail of Motor Vehicles,Motorcycles,Fuel and Parts	99
汽车新车零售	Retail of New Car	75
机动车燃油零售	Retail of Motor Vehicle Fuel	19
机动车燃气零售	Retail of Motor Vehicle Gas	5
家用电器及电子产品专门零售	Special Retailof Household Electric Appliances and Electronic Products	13
日用家电零售	Retail of Household Electric Appliances	5
计算机、软件及辅助设备零售	Retail of Computer,Software and Assistant Appliances	6
通信设备零售	Retail of Communication Equipments	2
五金、家具及室内装饰材料专门零售	Special Retail of Hardware,Furniture and Decoration Materials	2
家具零售	Retail of Furniture	2
货摊、无店铺及其他零售业	Retail of Non-shop and Other Retails	2
互联网零售	Internet retail	1
生活用燃料零售	Retail of Life Fuel	1

continued

(10 000yuan)

执行《2006年企业会计准则》企业数(个) Number of Enterprises Implementing The Accounting Standards for Business Enterprises2006	年初存货 Invertory at Begining of Year	期末资产负债 Ending assets and Liabilities		
		流动资产合计 Total Working Capitals	应收账款 Accounts Receivable	存货 Stock
4	18679	40538	8695	25663
	7895	10294	483	8133
2	6093	13003	7783	3127
1	2798	14989	244	12481
1	85	126	58	48
	986	1108	6	1052
	822	1019	122	822
4	12504	35749	4535	12388
4	11916	34434	4432	11180
	589	1315	103	1208
65	179136	605451	44195	153051
55	173936	525314	38628	146671
8	4531	56630	5271	5821
2	670	23507	295	560
9	31390	122033	7186	30434
5	22308	102614	3902	21923
3	8382	16214	3352	7606
1	700	3206	-68	906
1	601	5197	2855	507
1	601	5197	2855	507
2	2962	7872	3187	2984
1	2186	5414	3101	2223
1	776	2459	86	761

9—5 续表 7

单位:万元 （2019）

指 标	Item	固定资产原价 Original Value of Fixed Assets
文化、体育用品及器材专门零售	Retail of Culture,Sports Appliances and Equipments	18861
体育用品及器材零售	Retail of Sports Goods Appliances and Equipments	666
图书、报刊零售	Retail of Books, Newspapers and Magazines	10316
珠宝首饰零售	Retail of Jewelery	7805
工艺美术品及收藏品零售	Retail of Arts ,Crafts and Collections	58
乐器零售	Retail of Musical instrument	
其他文化用品零售	Retail of Other Culture Appliances	16
医药及医疗器材专门零售	Retail of Medical Supplies and Appliances	10061
西药零售	Retail of Western Medicine	10006
中药零售	Retail of Chinese medicine	55
汽车、摩托车、零配件和燃料及其他动力销售	Retail of Motor Vehicles,Motorcycles,Fuel and Parts	175257
汽车新车零售	Retail of New Car	124764
机动车燃油零售	Retail of Motor Vehicle Fuel	33972
机动车燃气零售	Retail of Motor Vehicle Gas	16520
家用电器及电子产品专门零售	Special Retailof Household Electric Appliances and Electronic Products	9341
日用家电零售	Retail of Household Electric Appliances	8560
计算机、软件及辅助设备零售	Retail of Computer,Software and Assistant Appliances	515
通信设备零售	Retail of Communication Equipments	265
五金、家具及室内装饰材料专门零售	Special Retail of Hardware,Furniture and Decoration Materials	1852
家具零售	Retail of Furniture	1852
货摊、无店铺及其他零售业	Retail of Non-shop and Other Retails	5651
互联网零售	Internet retail	365
生活用燃料零售	Retail of Life Fuel	5286

continued

（10 000yuan）

期末资产负债 Ending assets and Liabilities			
房屋和构筑物 Houses and structures	机器设备 Machinery equipment	累计折旧 Accumulated Depreciation	本年折旧 Depreciation This Year
16123	963	6273	934
187	479	436	56
8795	452	3971	438
7116		1801	416
26	32	49	8
		16	16
745	242	4206	3197
745	187	4202	3195
	55	4	2
71924	28180	71505	19685
51856	14326	49988	16900
14668	12282	12518	2114
5400	1572	9000	672
	289	3446	505
		2776	448
	289	421	48
		249	9
1701	21	1155	57
1701	21	1155	57
2875	2189	4450	392
350	15	103	80
2525	2175	4348	311

9—5 续表 8

单位:万元 （2019）

指 标	Item	法人企业数(个) Number of Corporate (unit)
按登记注册类型分	Grouped By Registration Type	
内资企业	Domestic Funded Enterprises	155
国有企业	State-owned Enterprises	3
集体企业	Collective-owned Enterprises	1
有限责任公司	Limited Liability Corporations	49
国有独资公司	State-owned Enterprises	4
其他有限责任公司	Other Limited Liability Corporations	45
股份有限公司	Share-holding Corporations Ltd.	2
私营企业	Private Enterprises	100
私营有限责任公司	Private Limited Liability Corporations	100
港、澳、台商投资企业	Hong Kong, Macao and Taiwan Investment Enterprises	3
与港澳台商合资经营企业	With the Joint Venture Enterprises from Hong Kong, Macao and Taiwan	1
港澳台商独资企业	Hong Kong, Macao, Taiwan-Owned Enterprise	1
其他港澳台投资企业	Other Hong Kong, Macao and Taiwan Investment Enterprises	1
外商投资企业	Foreign Funded Enterprises	1
中外合资经营企业	Sino-foreign Joint Venture Enterprises	1
按控股情况分	Grouped By Controlling Stake	
国有控股	State-owned	10
集体控股	Collective-owned	2
私人控股	Private	133
港澳台商控股	Holding from Hong Kong, Macao and Taiwan	3
外商控股	Foreign	1
其他	Others	10
按经营形式分	Grouped By Business Form	
独立门店	Indipendent Store	135
连锁总店	Distributor Chain	16
其他	Others	8
按单位规模分	Grouped By Unit Scale	
大型	Large-scale	6
中型	Medium-scale	76
小型	Small-scale	60
微型	Miniature	17
按零售业态分	Grouped By Retail Formats	
有店铺零售	Have a Retail Store	157
超市	Supermarket	3
大型超市	Hypermarket	5
百货店	Department Store	8
专业店	Speciality Store	55
专卖店	Franchised Store	82
家居建材商店	Home Fureishing Materials Store	2
购物中心	Shopping Mall	1
厂家直销中心	Center of Manufacturer Direct Deal	1
无店铺零售	Non-store Retail	1
网上商店	Online store	1
城镇	Town	1
其中:城区	Including: urban area	1

continued

(10 000yuan)

执行《2006年企业会计准则》企业数(个) Number of Enterprises Implementing The Accounting Standards for Business Enterprises2006	年初存货 Invertory at Begining of Year	期末资产负债 Ending assets and Liabilities		
		流动资产合计 Total Working Capitals	应收账款 Accounts Receivable	存货 Stock
99	288789	1200150	123112	281308
2	1062	3921	446	1181
	25	1210	2	28
34	87654	345767	63981	89220
4	8334	17785	7773	5304
30	79321	327982	56208	83916
2	26505	270550	4903	27148
61	173542	578703	53780	163731
61	173542	578703	53780	163731
3	9357	18319	3591	8613
1	6895	9662	3278	4858
1	2462	7270	300	3710
1		1387	13	46
	143	3415	36	116
	143	3415	36	116
9	9611	27598	8514	7191
	54	1245	2	53
81	222749	755386	62632	204409
3	9357	18319	3591	8613
	143	3415	36	116
9	56375	415922	51965	69655
89	207470	846102	56740	192241
7	79689	315177	64861	89771
6	11129	60605	5137	8025
6	56241	449207	52037	69152
53	170834	576205	57648	164962
33	56572	147295	14814	44951
10	14641	49178	2239	10972
101	294989	1214479	123638	287591
1	4942	56389	2338	6238
5	44797	210317	48785	57270
7	6061	193622	2173	7432
28	63485	236461	26022	64515
57	174961	509493	41857	151390
2	71	5073	2464	73
	673	2294		673
1		831		
1	2186	5414	3101	2223
1	2186	5414	3101	2223
1	2186	5414	3101	2223
1	2186	5414	3101	2223

9—5 续表 9

单位:万元 （2019）

指 标	Item	固定资产原价 Original Value of Fixed Assets
按登记注册类型分	Grouped By Registration Type	
内资企业	Domestic Funded Enterprises	377795
国有企业	State-owned Enterprises	1520
集体企业	Collective-owned Enterprises	48
有限责任公司	Limited Liability Corporations	144951
国有独资公司	State-owned Enterprises	15633
其他有限责任公司	Other Limited Liability Corporations	129318
股份有限公司	Share-holding Corporations Ltd.	102272
私营企业	Private Enterprises	129004
私营有限责任公司	Private Limited Liability Corporations	129004
港、澳、台商投资企业	Hong Kong, Macao and Taiwan Investment Enterprises	14429
与港澳台商合资经营企业	With the Joint Venture Enterprises from Hong Kong, Macao and Taiwan	8871
港澳台商独资企业	Hong Kong, Macao, Taiwan-Owned Enterprise	1800
其他港澳台投资企业	Other Hong Kong, Macao and Taiwan Investment Enterprises	3758
外商投资企业	Foreign Funded Enterprises	3886
中外合资经营企业	Sino-foreign Joint Venture Enterprises	3886
按控股情况分	Grouped By Controlling Stake	
国有控股	State-owned	18192
集体控股	Collective-owned	305
私人控股	Private	187761
港澳台商控股	Holding from Hong Kong, Macao and Taiwan	14429
外商控股	Foreign	3886
其他	Others	171538
按经营形式分	Grouped By Business Form	
独立门店	Indipendent Store	279809
连锁总店	Distributor Chain	109008
其他	Others	7294
按单位规模分	Grouped By Unit Scale	
大型	Large-scale	187106
中型	Medium-scale	162590
小型	Small-scale	42507
微型	Miniature	3909
按零售业态分	Grouped By Retail Formats	
有店铺零售	Have a Retail Store	395746
超市	Supermarket	3631
大型超市	Hypermarket	70413
百货店	Department Store	98506
专业店	Speciality Store	99499
专卖店	Franchised Store	122994
家居建材商店	Home Fureishing Materials Store	631
购物中心	Shopping Mall	73
厂家直销中心	Center of Manufacturer Direct Deal	
无店铺零售	Non-store Retail	365
网上商店	Online store	365
城镇	Town	365
其中:城区	Including: urban area	365

continued

(10 000yuan)

期末资产负债 Ending assets and Liabilities			
房屋和构筑物 Houses and structures	机器设备 Machinery equipment	累计折旧 Accumulated Depreciation	本年折旧 Depreciation This Year
217424	59904	137334	30995
804	116	1121	287
	48	35	5
79145	32510	53345	12268
11348	2552	8541	561
67798	29958	44804	11707
81832	10512	27375	2808
55643	16718	55457	15627
55643	16718	55457	15627
	29	4649	3653
		3047	3047
	29	1197	201
		405	405
		2957	28
		2957	28
12794	2753	10258	950
161	117	211	13
82381	29789	75441	22003
	29	4649	3653
		2957	28
122088	27245	51424	8029
155930	34127	107236	26672
58256	24417	34658	7671
3239	1389	3047	332
131217	33802	52045	8638
65886	13515	71197	19900
20266	12041	17379	5753
55	576	4320	386
217074	59919	144122	34596
	42	1136	705
38870	16278	22335	3069
81997	10688	27246	3321
47382	19744	43226	7433
48753	13166	50114	20026
		52	28
73		11	11
		2	2
350	15	103	80
350	15	103	80
350	15	103	80
350	15	103	80

9—5 续表10

单位:万元 （2019）

指 标	Item	固定资产净值 Net value of fixed assets
总计	**Total**	**496969**
兴庆区	Xingqing	226556
西夏区	Xixia	57785
金凤区	Jinfeng	99910
永宁县	Yongning	18441
贺兰县	Helan	52569
灵武市	Lingwu	41709
批发业	**Wholesale Trade**	**267337**
按批发行业小类分	**Grouped by Wholesale Industry Small Class**	
农、林、牧、渔产品批发	Wholesale of Agricultural, Forestry, Animal Husbandry Products	7781
谷物、豆及薯类批发	Wholesale of Grain, Bean and Potatoes	6415
畜牧渔业饲料批发	Animal husbandry and fishery feed wholesale	
牲畜批发	Wholesale of Livestock	1366
食品、饮料及烟草制品批发	Wholesale of Food,Beverages and Tobacoos	34291
米、面制品及食用油批发	Wholesale of Rice,Flour and Edible Oil	5627
肉、禽、蛋、奶及水产品批发	Wholesale of Meat and Aquatic Products	134
盐及调味品批发	Wholesale of Salt and Condiments	111
酒、饮料及茶叶批发	Wholesale of Beverages and tea	225
烟草制品批发	Wholesale of Tobacoos	28194
纺织、服装及家庭用品批发	Wholesale of Textiles,Garments and Daily Consummer Aticles	8157
纺织品、针织品及原料批发	Wholesale of textiles, knitwear and raw materials	2
服装批发	Wholesale of Garments	8153
日用家电批发	Wholesale of Household Electrical Appliances	2
文化、体育用品及器材批发	Wholesale of Cultural,Sports Goods Appliances and Equipments	2275
图书批发	Wholesale of Books	2275
首饰、工艺品及收藏品批发	Wholesale of jewelry, handicrafts and Collectibles	
医药及医疗器材批发	Wholesale of Medicines and Medical Appliances	20231
西药批发	Wholesale of Western Medicine	19949
中药批发	Wholesale of Chinese Medicine	95
医疗用品及器材批发	Wholesale of Medical Supplies and Equipment	187

continued

（10 000yuan）

期末资产负债 Ending assets and Liabilities			
在建工程 Construction in Process	无形资产 Intangible Assets	土地使用权 Land Use Right	资产总计 Total Assets
131536	**267040**	**137800**	**6469157**
40076	138163	90187	1712778
5322	59505	13958	383346
20258	32590	10313	1914084
581	3236	3216	230403
5382	24628	12772	653275
59917	8918	7354	1575272
110359	**175872**	**69506**	**4624218**
581	3088	3069	78149
581	3088	3069	28633
			42764
			6752
126	7477	6492	299880
17	571	571	13641
109	32		1239
	26		11406
			18360
	6848	5921	255233
	4		58065
			8128
	4		43151
			6785
320	183	181	58841
320	183	181	45018
			13824
36	3688	2855	329567
36	3663	2855	301471
	14		9898
	11		18198

9—5 续表 11

单位:万元 (2019)

指 标	Item	流动负债合计 Total Current Liabilities
总计	**Total**	**5009235**
兴庆区	Xingqing	968979
西夏区	Xixia	1352502
金凤区	Jinfeng	868044
永宁县	Yongning	147313
贺兰县	Helan	430999
灵武市	Lingwu	1241398
批发业	**Wholesale Trade**	**3927396**
按批发行业小类分	**Grouped by Wholesale Industry Small Class**	
农、林、牧、渔产品批发	Wholesale of Agricultural, Forestry, Animal Husbandry Products	61708
谷物、豆及薯类批发	Wholesale of Grain, Bean and Potatoes	12943
畜牧渔业饲料批发	Animal husbandry and fishery feed wholesale	45306
牲畜批发	Wholesale of Livestock	3459
食品、饮料及烟草制品批发	Wholesale of Food,Beverages and Tobacoos	29755
米、面制品及食用油批发	Wholesale of Rice,Flour and Edible Oil	2602
肉、禽、蛋、奶及水产品批发	Wholesale of Meat and Aquatic Products	512
盐及调味品批发	Wholesale of Salt and Condiments	2994
酒、饮料及茶叶批发	Wholesale of Beverages and tea	14348
烟草制品批发	Wholesale of Tobacoos	9298
纺织、服装及家庭用品批发	Wholesale of Textiles,Garments and Daily Consummer Aticles	42266
纺织品、针织品及原料批发	Wholesale of textiles, knitwear and raw materials	3242
服装批发	Wholesale of Garments	33726
日用家电批发	Wholesale of Household Electrical Appliances	5298
文化、体育用品及器材批发	Wholesale of Cultural,Sports Goods Appliances and Equipments	41305
图书批发	Wholesale of Books	27501
首饰、工艺品及收藏品批发	Wholesale of jewelry, handicrafts and Collectibles	13804
医药及医疗器材批发	Wholesale of Medicines and Medical Appliances	240953
西药批发	Wholesale of Western Medicine	226238
中药批发	Wholesale of Chinese Medicine	3582
医疗用品及器材批发	Wholesale of Medical Supplies and Equipment	11133

continued

(10 000yuan)

期末资产负债 Ending assets and Liabilities			
应付账款 Accounts Payable	负债合计 Total Liabilities	所有者权益 Total Owners' Equities	实收资本 Paid-in Capitals
630670	**5751104**	**1943319**	**1110727**
261118	1210504	579170	346505
36376	1368256	162462	89968
188457	1019135	894949	277201
27140	149802	80601	93996
72583	463408	192198	136721
44997	1539999	33939	166335
359809	**4561195**	**1282516**	**810683**
20559	64149	14000	17258
1062	15384	13249	14758
16849	45306	-2542	
2648	3459	3293	2500
9311	37478	262402	13338
80	10144	3497	3752
146	512	727	500
180	3098	8309	3384
6411	14348	4012	1600
2494	9376	245857	4103
2523	42266	15798	27522
21	3242	4886	480
2502	33726	9425	26942
	5298	1487	100
23068	42725	16116	7009
9264	28921	16096	7009
13804	13804	20	
94776	241885	87682	35657
88094	227164	74307	27810
2116	3582	6316	6500
4565	11140	7059	1347

9—5 续表 12

单位:万元 (2019)

指 标	Item	固定资产净值 Net value of fixed assets
矿产品、建材及化工产品批发	Wholesale of Mineral Products, Building Materials and Chemical Products	190803
煤炭及制品批发	Wholesale of Coal and Related Products	2547
石油及制品批发	Wholesale of Petroleum and Related Products	175892
金属及金属矿批发	Wholesale of Metallic mineral Products	6630
建材批发	Wholesale of building materials	410
化肥批发	Wholesale of Chemical Fertilizer	
农药批发	Wholesale of Pesticide	2150
其他化工产品批发	Wholesale of Other Chemical Products	3174
机械设备、五金产品及电子产品批发	Wholesale of Mechanical Equipment, Hardware Products and Electronic Products	1764
农业机械批发	Wholesale of Agriculture Machinary	312
汽车及零配件批发	Wholesale of MotorVehicles	1366
电气设备批发	Wholesale of Electrical Equipment	
其他机械设备及电子产品批发	Wholesale of Other Machinary and Electric Equipment	86
其他批发业	Other Wholesale	2036
再生物资回收与批发	Recovery and Wholesale of Recycled Materials	67
其他未列明批发业	Other Wholesale Unlisted	1969
按登记注册类型分	Grouped By Registration Type	
内资企业	Domestic Funded Enterprises	267337
国有企业	State-owned Enterprises	8400
有限责任公司	Limited Liability Corporations	68710
国有独资公司	State-owned Enterprises	38298
其他有限责任公司	Other Limited Liability Corporations	30412
股份有限公司	Share-holding Corporations Ltd.	140512
私营企业	Private Enterprises	49714
私营有限责任公司	Private Limited Liability Corporations	49714

continued

(10 000yuan)

期末资产负债 Ending assets and Liabilities			
在建工程 Construction in Process	无形资产 Intangible Assets	土地使用权 Land Use Right	资产总计 Total Assets
108972	157785	53458	3397613
19016	12521	582	382687
89955	144256	52758	2676955
	7		204101
			70461
			253
	118	118	6382
	883		56776
323	2507	2490	96478
			12939
323	2507	2490	45198
			32547
			5795
	1140	960	305626
	3		36578
	1137	960	269048
110359	175872	69506	4624218
17	1210	1209	107562
54305	19989	16990	2246614
320	7706	6693	347760
53985	12283	10297	1898854
26086	124705	41411	399000
29950	29968	9896	1871043
29950	29968	9896	1871043

9—5 续表 13

单位:万元 （2019）

指 标	Item	流动负债合计 Total Current Liabilities
矿产品、建材及化工产品批发	Wholesale of Mineral Products, Building Materials and Chemical Products	3316200
煤炭及制品批发	Wholesale of Coal and Related Products	131202
石油及制品批发	Wholesale of Petroleum and Related Products	2986638
金属及金属矿批发	Wholesale of Metallic mineral Products	114905
建材批发	Wholesale of building materials	38484
化肥批发	Wholesale of Chemical Fertilizer	115
农药批发	Wholesale of Pesticide	1793
其他化工产品批发	Wholesale of Other Chemical Products	43064
机械设备、五金产品及电子产品批发	Wholesale of Mechanical Equipment, Hardware Products and Electronic Products	87917
农业机械批发	Wholesale of Agriculture Machinary	8655
汽车及零配件批发	Wholesale of MotorVehicles	42643
电气设备批发	Wholesale of Electrical Equipment	33287
其他机械设备及电子产品批发	Wholesale of Other Machinary and Electric Equipment	3333
其他批发业	Other Wholesale	107291
再生物资回收与批发	Recovery and Wholesale of Recycled Materials	26104
其他未列明批发业	Other Wholesale Unlisted	81187
按登记注册类型分	Grouped By Registration Type	
内资企业	Domestic Funded Enterprises	3927396
国有企业	State-owned Enterprises	7130
有限责任公司	Limited Liability Corporations	1566438
国有独资公司	State-owned Enterprises	117571
其他有限责任公司	Other Limited Liability Corporations	1448867
股份有限公司	Share-holding Corporations Ltd.	1423924
私营企业	Private Enterprises	929904
私营有限责任公司	Private Limited Liability Corporations	929904

continued

(10 000yuan)

期末资产负债 Ending assets and Liabilities			
应付账款 Accounts Payable	负债合计 Total Liabilities	所有者权益 Total Owners' Equities	实收资本 Paid-in Capitals
147590	3787382	829725	589388
16653	165001	217686	79125
80508	3420605	475844	357822
19461	115870	88230	110005
2478	38484	31977	30910
-258	115	137	100
180	1793	4589	1058
28570	45514	11261	10369
28180	87917	8561	14510
5265	8655	4284	2850
10990	42643	2555	8460
10049	33287	-740	1000
1876	3333	2462	2200
33802	257394	48232	106000
8111	26104	10474	10000
25691	231289	37758	96000
359809	4561195	1282516	810683
80	14672	92889	5320
171864	1863632	382982	266976
53142	120970	226790	29495
118722	1742662	156192	237481
10718	1454452	164041	111092
177146	1228439	642604	427294
177146	1228439	642604	427294

9—5 续表 14

单位:万元 （2019）

指 标	Item	固定资产净值 Net value of fixed assets
按控股情况分	Grouped By Controlling Stake	
国有控股	State-owned	197688
私人控股	Private	66051
其他	Others	3598
按经营形式分	Grouped By Business Form	
独立门店	Indipendent Stores	73432
连锁总店	Distributor Chain	122809
其他	Others	71096
按单位规模分	Grouped By Unit Scale	
大型	large-scale	154811
中型	Medium-scale	84621
小型	Small-scale	24159
微型	Miniature	3746
按经营地分	By place of operation	
城镇	Town	211774
其中:城区	Including: urban area	174791
乡村	Rural	55563
零售业	**Retail Trade**	**229632**
按零售行业小类分	**Grouped by Retail Trade Industry Small Class**	
综合零售	Integrated Retail	108700
百货零售	Retail of General Merchandise	66866
超级市场零售	Retail of Supermarkets	41834
食品、饮料及烟草制品专门零售	Retail of Food,Beverages and Tobaccos	4704
粮油零售	Retail of Grain and Oil	323
果品、蔬菜零售	Retail of Fruits and Vegetables	3039
酒、饮料及茶叶零售	Retail of Wine,Beverages and Tea	1342

continued

(10 000yuan)

期末资产负债 Ending assets and Liabilities			
在建工程 Construction in Process	无形资产 Intangible Assets	土地使用权 Land Use Right	资产总计 Total Assets
27468	138304	52919	1072831
82890	36682	16587	3450549
	886		100838
64943	31040	16782	2939148
24055	124695	41411	349103
21361	20138	11313	1335967
27832	127667	43232	637313
28099	31295	22469	1591972
19056	14206	1278	736269
35372	2704	2526	1658664
86215	163462	58021	4293139
47803	153693	50084	2460766
24144	12411	11485	331079
21177	**91167**	**68295**	**1844939**
4372	43809	42595	666360
4320	42688	42595	413700
52	1121		252660
1692	1700	29	57608
			1511
1692	1663		27217
	37	29	28880

9—5 续表 15

单位：万元 (2019)

指 标	Item	流动负债合计 Total Current Liabilities
按控股情况分	Grouped By Controlling Stake	
国有控股	State-owned	1675113
私人控股	Private	2170145
其他	Others	82139
按经营形式分	Grouped By Business Form	
独立门店	Indipendent Stores	1899905
连锁总店	Distributor Chain	1302150
其他	Others	725341
按单位规模分	Grouped By Unit Scale	
大型	large-scale	1526468
中型	Medium-scale	837000
小型	Small-scale	360705
微型	Miniature	1203223
按经营地分	By place of operation	
城镇	Town	3804843
其中：城区	Including: urban area	2383837
乡村	Rural	122553
零售业	**Retail Trade**	**1081839**
按零售行业小类分	**Grouped by Retail Trade Industry Small Class**	
综合零售	Integrated Retail	376117
百货零售	Retail of General Merchandise	201457
超级市场零售	Retail of Supermarkets	174661
食品、饮料及烟草制品专门零售	Retail of Food,Beverages and Tobaccos	30339
粮油零售	Retail of Grain and Oil	229
果品、蔬菜零售	Retail of Fruits and Vegetables	10594
酒、饮料及茶叶零售	Retail of Wine,Beverages and Tea	19517

continued

(10 000yuan)

期末资产负债 Ending assets and Liabilities			
应付账款 Accounts Payable	负债合计 Total Liabilities	所有者权益 Total Owners' Equities	实收资本 Paid-in Capitals
124723	1719077	573247	203068
209037	2757530	693019	594784
26049	84589	16249	12831
218886	2392830	546318	482185
12515	1322748	173728	111750
128408	845618	562470	216748
65131	1557293	299513	126722
179379	964598	627374	261410
71064	397129	339140	214420
44234	1642175	16489	208131
327636	4423460	1089172	768896
250232	2709742	970517	514434
32173	137735	193344	41787
270862	**1189909**	**660803**	**300044**
152556	405023	261383	44630
35027	222874	190872	26293
117529	182149	70511	18337
8678	33302	24310	22258
174	276	1235	574
7198	11840	15378	14900
1306	21186	7697	6784

9—5 续表16

单位:万元 (2019)

指 标	Item	固定资产净值 Net value of fixed assets
纺织、服装及日用品专门零售	Special Retail of Textiles,Garments and Daily Consumer Articles	1357
服装零售	Retail of Garments	602
钟表、眼镜零售	Retail of watches and glasses	755
文化、体育用品及器材专门零售	Retail of Culture,Sports Appliances and Equipments	12579
体育用品及器材零售	Retail of Sports Goods Appliances and Equipments	230
图书、报刊零售	Retail of Books, Newspapers and Magazines	6345
珠宝首饰零售	Retail of Jewelery	6004
工艺美术品及收藏品零售	Retail of Arts ,Crafts and Collections	
乐器零售	Retail of Musical instrument	
其他文化用品零售	Retail of Other Culture Appliances	
医药及医疗器材专门零售	Retail of Medical Supplies and Appliances	5574
西药零售	Retail of Western Medicine	5523
中药零售	Retail of Chinese medicine	51
汽车、摩托车、零配件和燃料及其他动力销售	Retail of Motor Vehicles,Motorcycles,Fuel and Parts	88927
汽车新车零售	Retail of New Car	58527
机动车燃油零售	Retail of Motor Vehicle Fuel	22880
机动车燃气零售	Retail of Motor Vehicle Gas	7520
家用电器及电子产品专门零售	Special Retailof Household Electric Appliances and Electronic Products	5895
日用家电零售	Retail of Household Electric Appliances	5785
计算机、软件及辅助设备零售	Retail of Computer,Software and Assistant Appliances	95
通信设备零售	Retail of Communication Equipments	16
五金、家具及室内装饰材料专门零售	Special Retail of Hardware,Furniture and Decoration Materials	697
家具零售	Retail of Furniture	697
货摊、无店铺及其他零售业	Retail of Non-shop and Other Retails	1198
互联网零售	Internet retail	262
生活用燃料零售	Retail of Life Fuel	936

continued

(10 000yuan)

期末资产负债 Ending assets and Liabilities			
在建工程 Construction in Process	无形资产 Intangible Assets	土地使用权 Land Use Right	资产总计 Total Assets
11			14805
11			10326
			4479
8259	1245	1031	68264
			11911
8129	1218	1031	29315
131	27		24783
			129
			1108
			1019
	45		45346
	45		43980
			1366
6723	43468	24483	825762
4472	28146	14257	687483
1304	13852	10196	104506
948	1470	30	33773
	535		135546
	442		115884
	93		16383
			3279
	200		11761
	200		11761
120	165	157	19488
120	7		5802
	159	157	13686

9—5 续表 17

单位:万元 （2019）

指 标	Item	流动负债合计 Total Current Liabilities
纺织、服装及日用品专门零售	Special Retail of Textiles,Garments and Daily Consumer Articles	12615
服装零售	Retail of Garments	12067
钟表、眼镜零售	Retail of watches and glasses	548
文化、体育用品及器材专门零售	Retail of Culture,Sports Appliances and Equipments	38509
体育用品及器材零售	Retail of Sports Goods Appliances and Equipments	7561
图书、报刊零售	Retail of Books, Newspapers and Magazines	19946
珠宝首饰零售	Retail of Jewelery	9310
工艺美术品及收藏品零售	Retail of Arts ,Crafts and Collections	
乐器零售	Retail of Musical instrument	940
其他文化用品零售	Retail of Other Culture Appliances	752
医药及医疗器材专门零售	Retail of Medical Supplies and Appliances	22790
西药零售	Retail of Western Medicine	21438
中药零售	Retail of Chinese medicine	1352
汽车、摩托车、零配件和燃料及其他动力销售	Retail of Motor Vehicles,Motorcycles,Fuel and Parts	514953
汽车新车零售	Retail of New Car	457000
机动车燃油零售	Retail of Motor Vehicle Fuel	51632
机动车燃气零售	Retail of Motor Vehicle Gas	6321
家用电器及电子产品专门零售	Special Retailof Household Electric Appliances and Electronic Products	61893
日用家电零售	Retail of Household Electric Appliances	49747
计算机、软件及辅助设备零售	Retail of Computer,Software and Assistant Appliances	9558
通信设备零售	Retail of Communication Equipments	2588
五金、家具及室内装饰材料专门零售	Special Retail of Hardware,Furniture and Decoration Materials	15359
家具零售	Retail of Furniture	15359
货摊、无店铺及其他零售业	Retail of Non-shop and Other Retails	9264
互联网零售	Internet retail	7529
生活用燃料零售	Retail of Life Fuel	1735

continued

(10 000yuan)

期末资产负债 Ending assets and Liabilities			
应付账款 Accounts Payable	负债合计 Total Liabilities	所有者权益 Total Owners' Equities	实收资本 Paid-in Capitals
822	13125	1680	8961
354	12067	-1741	6800
468	1058	3421	2161
17904	42370	25894	26794
2116	7561	4350	5736
14729	23696	5619	4055
328	9310	15474	16601
	111	18	
416	940	168	100
315	752	267	302
13189	23312	21632	11507
11847	21960	21618	11457
1342	1352	14	50
44801	584558	248261	157685
40350	490193	198121	135412
3995	87142	23589	16453
456	7222	26551	5820
25219	62908	71707	14789
20661	50762	64190	9584
2873	9558	6825	4455
1685	2588	692	750
1805	15359	-3598	2000
1805	15359	-3598	2000
5889	9953	9534	11422
5758	8179	-2377	51
130	1775	11911	11371

9—5 续表 18

单位:万元 （2019）

指 标	Item	固定资产净值 Net value of fixed assets
按登记注册类型分	Grouped By Registration Type	
内资企业	Domestic Funded Enterprises	222276
国有企业	State-owned Enterprises	399
集体企业	Collective-owned Enterprises	12
有限责任公司	Limited Liability Corporations	87838
国有独资公司	State-owned Enterprises	7471
其他有限责任公司	Other Limited Liability Corporations	80367
股份有限公司	Share-holding Corporations Ltd.	71780
私营企业	Private Enterprises	62247
私营有限责任公司	Private Limited Liability Corporations	62247
港、澳、台商投资企业	Hong Kong, Macao and Taiwan Investment Enterprises	6427
与港澳台商合资经营企业	With the Joint Venture Enterprises from Hong Kong, Macao and Taiwan	5824
港澳台商独资企业	Hong Kong, Macao, Taiwan-Owned Enterprise	603
其他港澳台投资企业	Other Hong Kong, Macao and Taiwan Investment Enterprises	
外商投资企业	Foreign Funded Enterprises	929
中外合资经营企业	Sino-foreign Joint Venture Enterprises	929
按控股情况分	Grouped By Controlling Stake	
国有控股	State-owned	8351
集体控股	Collective-owned	94
私人控股	Private	96341
港澳台商控股	Holding from Hong Kong, Macao and Taiwan	6427
外商控股	Foreign	929
其他	Others	117490
按经营形式分	Grouped By Business Form	
独立门店	Indipendent Store	150101
连锁总店	Distributor Chain	74381
其他	Others	5149
按单位规模分	Grouped By Unit Scale	
大型	Large-scale	132435
中型	Medium-scale	75392
小型	Small-scale	18845
微型	Miniature	2960
按零售业态分	Grouped By Retail Formats	
有店铺零售	Have a Retail Store	229370
超市	Supermarket	2926
大型超市	Hypermarket	44786
百货店	Department Store	67466
专业店	Speciality Store	55949
专卖店	Franchised Store	57602
家居建材商店	Home Fureishing Materials Store	579
购物中心	Shopping Mall	62
厂家直销中心	Center of Manufacturer Direct Deal	
无店铺零售	Non-store Retail	262
网上商店	Online store	262
城镇	Town	262
其中:城区	Including: urban area	262

continued

(10 000yuan)

期末资产负债 Ending assets and Liabilities			
在建工程 Construction in Process	无形资产 Intangible Assets	土地使用权 Land Use Right	资产总计 Total Assets
21066	89660	68295	1808347
309			4787
			1222
9346	18064	11711	541631
7819	1385	1188	45054
1527	16678	10523	496577
4307	43036	42595	500376
7104	28560	13989	760332
7104	28560	13989	760332
111	1403		32136
	1387		17115
111	16		9752
			5269
	105		4456
	105		4456
8220	4643	1321	63759
	178	178	1517
8487	40511	24073	1006649
111	1403		32136
	105		4456
4359	44329	42723	736423
10433	79418	60657	1314394
10455	11462	7476	462808
290	288	162	67737
5568	50619	49040	792572
14750	32302	16127	793078
859	8220	3128	186190
	26		73099
21058	91161	68295	1836577
8	21		61357
52	1562		309835
4331	42688	42595	418575
11568	20146	12217	372088
5098	26743	13483	660212
			11318
			2356
			838
120	7		5802
120	7		5802
120	7		5802
120	7		5802

9—5 续表 19

单位:万元 （2019）

指标	Item	流动负债合计 Total Current Liabilities
按登记注册类型分	Grouped By Registration Type	
内资企业	Domestic Funded Enterprises	1063657
国有企业	State-owned Enterprises	1931
集体企业	Collective-owned Enterprises	362
有限责任公司	Limited Liability Corporations	338468
国有独资公司	State-owned Enterprises	22760
其他有限责任公司	Other Limited Liability Corporations	315708
股份有限公司	Share-holding Corporations Ltd.	230090
私营企业	Private Enterprises	492806
私营有限责任公司	Private Limited Liability Corporations	492806
港、澳、台商投资企业	Hong Kong, Macao and Taiwan Investment Enterprises	17418
与港澳台商合资经营企业	With the Joint Venture Enterprises from Hong Kong, Macao and Taiwan	7279
港澳台商独资企业	Hong Kong, Macao, Taiwan-Owned Enterprise	4782
其他港澳台投资企业	Other Hong Kong, Macao and Taiwan Investment Enterprises	5357
外商投资企业	Foreign Funded Enterprises	764
中外合资经营企业	Sino-foreign Joint Venture Enterprises	764
按控股情况分	Grouped By Controlling Stake	
国有控股	State-owned	33428
集体控股	Collective-owned	493
私人控股	Private	671599
港澳台商控股	Holding from Hong Kong, Macao and Taiwan	17418
外商控股	Foreign	764
其他	Others	358137
按经营形式分	Grouped By Business Form	
独立门店	Indipendent Store	735507
连锁总店	Distributor Chain	283973
其他	Others	62359
按单位规模分	Grouped By Unit Scale	
大型	Large-scale	432386
中型	Medium-scale	497249
小型	Small-scale	128784
微型	Miniature	23420
按零售业态分	Grouped By Retail Formats	
有店铺零售	Have a Retail Store	1074310
超市	Supermarket	54504
大型超市	Hypermarket	168882
百货店	Department Store	205247
专业店	Speciality Store	201008
专卖店	Franchised Store	428941
家居建材商店	Home Fureishing Materials Store	14202
购物中心	Shopping Mall	1525
厂家直销中心	Center of Manufacturer Direct Deal	
无店铺零售	Non-store Retail	7529
网上商店	Online store	7529
城镇	Town	7529
其中:城区	Including: urban area	7529

continued

(10 000yuan)

期末资产负债 Ending assets and Liabilities			
应付账款 Accounts Payable	负债合计 Total Liabilities	所有者权益 Total Owners' Equities	实收资本 Paid-in Capitals
263648	1171703	642417	282371
1588	2339	2448	679
183	537	686	1
156579	386897	161005	93189
15015	26663	18437	16589
141565	360234	142569	76600
44906	251397	248979	26163
60392	530535	229299	162339
60392	530535	229299	162339
7211	17442	14693	15626
4655	7303	9812	7000
311	4782	4970	3889
2245	5357	-88	4737
3	764	3693	2048
3	764	3693	2048
20597	37738	26067	19358
228	667	849	261
126012	746297	266080	208074
7211	17442	14693	15626
3	764	3693	2048
116811	387001	349422	54679
104300	829838	490730	248255
111516	296304	166103	42791
55045	63768	3970	8998
160242	460740	331832	44663
83580	523443	269635	194283
24158	135336	50854	52548
2881	70390	8482	8550
265103	1179716	663180	299993
51511	55034	6322	9900
87649	176952	132883	20937
35179	226664	191956	31293
42027	239714	138199	90768
48140	464783	195874	145341
141	14202	-2885	1500
457	1525	831	255
	842		
5758	8179	-2377	51
5758	8179	-2377	51
5758	8179	-2377	51
5758	8179	-2377	51

9—5 续表20

单位:万元 (2019)

指 标	Item
总计	**Total**
兴庆区	Xingqing
西夏区	Xixia
金凤区	Jinfeng
永宁县	Yongning
贺兰县	Helan
灵武市	Lingwu
批发业	**Wholesale Trade**
按批发行业小类分	**Grouped by Wholesale Industry Small Class**
农、林、牧、渔产品批发	Wholesale of Agricultural, Forestry, Animal Husbandry Products
谷物、豆及薯类批发	Wholesale of Grain, Bean and Potatoes
畜牧渔业饲料批发	Animal husbandry and fishery feed wholesale
牲畜批发	Wholesale of Livestock
食品、饮料及烟草制品批发	Wholesale of Food,Beverages and Tobacoos
米、面制品及食用油批发	Wholesale of Rice,Flour and Edible Oil
肉、禽、蛋、奶及水产品批发	Wholesale of Meat and Aquatic Products
盐及调味品批发	Wholesale of Salt and Condiments
酒、饮料及茶叶批发	Wholesale of Beverages and tea
烟草制品批发	Wholesale of Tobacoos
纺织、服装及家庭用品批发	Wholesale of Textiles,Garments and Daily Consummer Aticles
纺织品、针织品及原料批发	Wholesale of textiles, knitwear and raw materials
服装批发	Wholesale of Garments
日用家电批发	Wholesale of Household Electrical Appliances
文化、体育用品及器材批发	Wholesale of Cultural,Sports Goods Appliances and Equipments
图书批发	Wholesale of Books
首饰、工艺品及收藏品批发	Wholesale of jewelry, handicrafts and Collectibles
医药及医疗器材批发	Wholesale of Medicines and Medical Appliances
西药批发	Wholesale of Western Medicine
中药批发	Wholesale of Chinese Medicine
医疗用品及器材批发	Wholesale of Medical Supplies and Equipment

continued

(10 000yuan)

期末资产负债 Ending assets and Liabilities	损益及分配 Profit and loss and distribution		
个人资本 Personal Capitals	营业收入 Total Revenue	主营业务收入 Revenue from Principal Business	营业成本 Business Costs
201655	**10698146**	**10497402**	**9980138**
26527	1943515	1871845	1714491
18238	873764	816419	827659
77062	5081463	5022654	4797393
24790	966521	965897	931101
19129	1440082	1429591	1346712
35909	392801	390996	362782
139270	**8152285**	**8063073**	**7792066**
3500	423294	423252	401450
1000	28863	28863	27843
	392426	392384	371905
2500	2005	2005	1703
600	801254	799257	695799
	5875	5812	5521
500	5562	5562	5171
	4231	3787	3133
100	16109	15841	14300
	769478	768255	667674
	14857	14792	13081
	3532	3532	3340
	1182	1117	1403
	10143	10143	8338
	66728	66570	63185
	24297	24139	20959
	42432	42432	42226
16347	508285	507537	457161
9695	471751	471374	429343
5500	10238	9898	7930
1152	26295	26265	19889

9—5 续表 21

单位:万元 (2019)

指 标	Item
矿产品、建材及化工产品批发	Wholesale of Mineral Products, Building Materials and Chemical Products
煤炭及制品批发	Wholesale of Coal and Related Products
石油及制品批发	Wholesale of Petroleum and Related Products
金属及金属矿批发	Wholesale of Metallic mineral Products
建材批发	Wholesale of building materials
化肥批发	Wholesale of Chemical Fertilizer
农药批发	Wholesale of Pesticide
其他化工产品批发	Wholesale of Other Chemical Products
机械设备、五金产品及电子产品批发	Wholesale of Mechanical Equipment, Hardware Products and Electronic Products
农业机械批发	Wholesale of Agriculture Machinary
汽车及零配件批发	Wholesale of MotorVehicles
电气设备批发	Wholesale of Electrical Equipment
其他机械设备及电子产品批发	Wholesale of Other Machinary and Electric Equipment
其他批发业	Other Wholesale
再生物资回收与批发	Recovery and Wholesale of Recycled Materials
其他未列明批发业	Other Wholesale Unlisted
按登记注册类型分	Grouped By Registration Type
内资企业	Domestic Funded Enterprises
国有企业	State-owned Enterprises
有限责任公司	Limited Liability Corporations
国有独资公司	State-owned Enterprises
其他有限责任公司	Other Limited Liability Corporations
股份有限公司	Share-holding Corporations Ltd.
私营企业	Private Enterprises
私营有限责任公司	Private Limited Liability Corporations

continued

(10 000yuan)

期末资产负债 Ending assets and Liabilities	损益及分配 Profit and loss and distribution		
个人资本 Personal Capitals	营业收入 Total Revenue	主营业务收入 Revenue from Principal Business	营业成本 Business Costs
110913	6136595	6051251	5976152
36401	278783	232964	255770
34106	4881616	4842719	4773818
22089	650541	650540	630500
14890	237673	237111	231710
	30105	30105	29776
1058	4385	4385	3796
2369	53492	53427	50783
7910	144049	143193	129708
1050	20035	20016	17769
5860	109487	108649	100322
1000	6801	6801	5909
	7727	7727	5708
	57222	57222	55529
	57222	57222	55529
139270	8152285	8063073	7792066
	324042	323597	248556
20301	2207194	2157442	2086843
	715006	713253	668692
20301	1492188	1444190	1418150
	3370180	3332908	3329073
118969	2250869	2249126	2127594
118969	2250869	2249126	2127594

9—5 续表 22

单位:万元　　　　(2019)

指 标	Item
按控股情况分	Grouped By Controlling Stake
国有控股	State-owned
私人控股	Private
其他	Others
按经营形式分	Grouped By Business Form
独立门店	Indipendent Stores
连锁总店	Distributor Chain
其他	Others
按单位规模分	Grouped By Unit Scale
大型	large-scale
中型	Medium-scale
小型	Small-scale
微型	Miniature
按经营地分	By place of operation
城镇	Town
其中:城区	Including: urban area
乡村	Rural
零售业	**Retail Trade**
按零售行业小类分	**Grouped by Retail Trade Industry Small Class**
综合零售	Integrated Retail
百货零售	Retail of General Merchandise
超级市场零售	Retail of Supermarkets
食品、饮料及烟草制品专门零售	Retail of Food,Beverages and Tobaccos
粮油零售	Retail of Grain and Oil
果品、蔬菜零售	Retail of Fruits and Vegetables
酒、饮料及茶叶零售	Retail of Wine,Beverages and Tea

continued

(10 000yuan)

期末资产负债 Ending assets and Liabilities	损益及分配 Profit and loss and distribution		
个人资本 Personal Capitals	营业收入 Total Revenue	主营业务收入 Revenue from Principal Business	营业成本 Business Costs
1005	4909992	4824743	4721189
137464	2751680	2748107	2605419
801	490612	490223	465457
106489	2742790	2692938	2540106
328	727065	701966	680129
32453	4682430	4668169	4571831
	1772154	1734583	1608992
50245	5014044	4964394	4875089
82125	1198942	1197757	1147603
6900	167145	166340	160383
108869	7312641	7224779	7001552
74726	5759233	5674335	5520227
30401	839643	838294	790514
62385	**2545862**	**2434329**	**2188072**
1100	753937	672536	588228
1000	296273	258269	221560
100	457664	414268	366668
9000	41743	41382	34739
	1125	1045	860
4000	26945	26945	23195
5000	13673	13392	10684

9—5 续表23

单位:万元 (2019)

指　标	Item
纺织、服装及日用品专门零售	Special Retail of Textiles,Garments and Daily Consumer Articles
服装零售	Retail of Garments
钟表、眼镜零售	Retail of watches and glasses
文化、体育用品及器材专门零售	Retail of Culture,Sports Appliances and Equipments
体育用品及器材零售	Retail of Sports Goods Appliances and Equipments
图书、报刊零售	Retail of Books, Newspapers and Magazines
珠宝首饰零售	Retail of Jewelery
工艺美术品及收藏品零售	Retail of Arts ,Crafts and Collections
乐器零售	Retail of Musical instrument
其他文化用品零售	Retail of Other Culture Appliances
医药及医疗器材专门零售	Retail of Medical Supplies and Appliances
西药零售	Retail of Western Medicine
中药零售	Retail of Chinese medicine
汽车、摩托车、零配件和燃料及其他动力销售	Retail of Motor Vehicles,Motorcycles,Fuel and Parts
汽车新车零售	Retail of New Car
机动车燃油零售	Retail of Motor Vehicle Fuel
机动车燃气零售	Retail of Motor Vehicle Gas
家用电器及电子产品专门零售	Special Retailof Household Electric Appliances and Electronic Products
日用家电零售	Retail of Household Electric Appliances
计算机、软件及辅助设备零售	Retail of Computer,Software and Assistant Appliances
通信设备零售	Retail of Communication Equipments
五金、家具及室内装饰材料专门零售	Special Retail of Hardware,Furniture and Decoration Materials
家具零售	Retail of Furniture
货摊、无店铺及其他零售业	Retail of Non-shop and Other Retails
互联网零售	Internet retail
生活用燃料零售	Retail of Life Fuel

continued

(10 000yuan)

期末资产负债 Ending assets and Liabilities	损益及分配 Profit and loss and distribution		
个人资本 Personal Capitals	营业收入 Total Revenue	主营业务收入 Revenue from Principal Business	营业成本 Business Costs
2161	30713	29007	25776
	26292	24585	22388
2161	4421	4421	3388
22437	21443	20850	16545
5736	4439	4439	3872
	11617	11366	8546
16601	2818	2477	1921
	541	541	421
100	1448	1448	1276
	580	580	509
1355	66978	66222	51266
1305	65245	64488	50002
50	1734	1734	1264
21683	1406995	1387915	1292435
15262	1063151	1050736	973353
4608	313817	311142	296735
1812	30027	26037	22347
3650	193309	185895	156331
3600	171029	163637	137362
50	16246	16234	14303
	6034	6024	4665
1000	9698	9696	6018
1000	9698	9696	6018
	21047	20827	16735
	17543	17543	13853
	3504	3284	2881

9—5 续表 24

单位:万元 （2019）

指　标	Item
按登记注册类型分	Grouped By Registration Type
内资企业	Domestic Funded Enterprises
国有企业	State-owned Enterprises
集体企业	Collective-owned Enterprises
有限责任公司	Limited Liability Corporations
国有独资公司	State-owned Enterprises
其他有限责任公司	Other Limited Liability Corporations
股份有限公司	Share-holding Corporations Ltd.
私营企业	Private Enterprises
私营有限责任公司	Private Limited Liability Corporations
港、澳、台商投资企业	Hong Kong, Macao and Taiwan Investment Enterprises
与港澳台商合资经营企业	With the Joint Venture Enterprises from Hong Kong, Macao and Taiwan
港澳台商独资企业	Hong Kong, Macao, Taiwan-Owned Enterprise
其他港澳台投资企业	Other Hong Kong, Macao and Taiwan Investment Enterprises
外商投资企业	Foreign Funded Enterprises
中外合资经营企业	Sino-foreign Joint Venture Enterprises
按控股情况分	Grouped By Controlling Stake
国有控股	State-owned
集体控股	Collective-owned
私人控股	Private
港澳台商控股	Holding from Hong Kong, Macao and Taiwan
外商控股	Foreign
其他	Others
按经营形式分	Grouped By Business Form
独立门店	Indipendent Store
连锁总店	Distributor Chain
其他	Others
按单位规模分	Grouped By Unit Scale
大型	Large-scale
中型	Medium-scale
小型	Small-scale
微型	Miniature
按零售业态分	Grouped By Retail Formats
有店铺零售	Have a Retail Store
超市	Supermarket
大型超市	Hypermarket
百货店	Department Store
专业店	Speciality Store
专卖店	Franchised Store
家居建材商店	Home Fureishing Materials Store
购物中心	Shopping Mall
厂家直销中心	Center of Manufacturer Direct Deal
无店铺零售	Non-store Retail
网上商店	Online store
城镇	Town
其中:城区	Including: urban area

continued

（10 000yuan）

期末资产负债 Ending assets and Liabilities	损益及分配 Profit and loss and distribution		
个人资本 Personal Capitals	营业收入 Total Revenue	主营业务收入 Revenue from Principal Business	营业成本 Business Costs
62385	2452507	2344606	2108377
	9310	9215	7892
	3763	3763	2901
7796	1093918	1034455	937645
	24414	23037	18121
7796	1069504	1011418	919524
3600	340407	308401	258916
50990	1005109	988773	901024
50990	1005109	988773	901024
	86305	82692	74840
	51015	47738	44492
	26636	26300	24580
	8655	8655	5768
	7050	7031	4856
	7050	7031	4856
	306906	300091	285975
128	4660	4645	3637
56496	1333421	1307908	1188404
	86305	82692	74840
	7050	7031	4856
5761	807519	731963	630361
47594	1799071	1738669	1583647
14791	689248	640288	556897
	57543	55373	47528
3600	809042	734165	632737
39779	1197884	1166579	1051804
13757	521456	517550	488847
5250	17480	16036	14684
62385	2527273	2415741	2173294
4000	38632	37197	32326
3700	579871	531015	463602
1000	320821	281110	242365
26220	610876	600553	548929
27210	965516	954309	878590
	8922	8922	5474
255	2038	2038	1548
	598	598	461
	17543	17543	13853
	17543	17543	13853
	17543	17543	13853
	17543	17543	13853

单位:万元 (2019)

指 标	Item	营业税金及附加 Business Taxesand Other Charges
总计	**Total**	**64161**
兴庆区	Xingqing	6243
西夏区	Xixia	1520
金凤区	Jinfeng	50972
永宁县	Yongning	1144
贺兰县	Helan	3308
灵武市	Lingwu	974
批发业	**Wholesale Trade**	**51757**
按批发行业小类分	**Grouped by Wholesale Industry Small Class**	
农、林、牧、渔产品批发	Wholesale of Agricultural, Forestry, Animal Husbandry Products	608
谷物、豆及薯类批发	Wholesale of Grain, Bean and Potatoes	59
畜牧渔业饲料批发	Animal husbandry and fishery feed wholesale	550
牲畜批发	Wholesale of Livestock	
食品、饮料及烟草制品批发	Wholesale of Food,Beverages and Tobacoos	41251
米、面制品及食用油批发	Wholesale of Rice,Flour and Edible Oil	6
肉、禽、蛋、奶及水产品批发	Wholesale of Meat and Aquatic Products	2
盐及调味品批发	Wholesale of Salt and Condiments	31
酒、饮料及茶叶批发	Wholesale of Beverages and tea	26
烟草制品批发	Wholesale of Tobacoos	41186
纺织、服装及家庭用品批发	Wholesale of Textiles,Garments and Daily Consummer Aticles	169
纺织品、针织品及原料批发	Wholesale of textiles, knitwear and raw materials	2
服装批发	Wholesale of Garments	117
日用家电批发	Wholesale of Household Electrical Appliances	50
文化、体育用品及器材批发	Wholesale of Cultural,Sports Goods Appliances and Equipments	97
图书批发	Wholesale of Books	82
首饰、工艺品及收藏品批发	Wholesale of jewelry, handicrafts and Collectibles	15
医药及医疗器材批发	Wholesale of Medicines and Medical Appliances	1246
西药批发	Wholesale of Western Medicine	1116
中药批发	Wholesale of Chinese Medicine	40
医疗用品及器材批发	Wholesale of Medical Supplies and Equipment	91

continued

(10 000yuan)

损益及分配 Profit and loss and distribution						
其他业务利润 Profits fromOther Businesses	销售费用 Selling Costs	管理费用 Management Costs	研发费用 Research and developmegnt costs	财务费用 Financial Costs		
					利息收入 Interest Income	利息支出 Interest Expense
687690	**378954**	**139786**	**324**	**42420**	**12996**	**47271**
10526	139215	44534	110	8426	1769	8801
665125	37886	8776	3	1519	-1142	1896
5540	111905	50049	211	15085	3351	14423
160	29447	4653		1762	-45	1703
6393	39153	23941		8080	553	4670
-54	21349	7833		7548	8510	15779
669578	**172052**	**67612**	**3**	**23790**	**12848**	**36753**
42	21894	1286		244	9	166
	247	1048		171	7	122
42	21648	211		30	2	
		28		44		44
1615	7891	17545		-2766	3090	290
	237	650		41	-2	42
	103	255		8		8
71	484	184				
925	1560	274		265	1	240
620	5507	16181		-3080	3091	
-1018	1129	505		621	-56	676
	148	88				
-1018	837	67		677	1	676
	145	350		-55	-56	
158	1222	2238		-128	128	
158	1191	2057		-125	128	
	31	181		-3		
545	18830	12055		4522	187	3007
545	14421	10307		4351	177	3007
	1123	958		1		
	3287	790		170	10	

9—5 续表 26

单位:万元 (2019)

指 标	Item	营业税金及附加 Business Taxesand Other Charges
矿产品、建材及化工产品批发	Wholesale of Mineral Products, Building Materials and Chemical Products	7831
煤炭及制品批发	Wholesale of Coal and Related Products	784
石油及制品批发	Wholesale of Petroleum and Related Products	3001
金属及金属矿批发	Wholesale of Metallic mineral Products	3758
建材批发	Wholesale of building materials	201
化肥批发	Wholesale of Chemical Fertilizer	11
农药批发	Wholesale of Pesticide	
其他化工产品批发	Wholesale of Other Chemical Products	76
机械设备、五金产品及电子产品批发	Wholesale of Mechanical Equipment, Hardware Products and Electronic Products	359
农业机械批发	Wholesale of Agriculture Machinary	8
汽车及零配件批发	Wholesale of MotorVehicles	234
电气设备批发	Wholesale of Electrical Equipment	65
其他机械设备及电子产品批发	Wholesale of Other Machinary and Electric Equipment	52
其他批发业	Other Wholesale	197
再生物资回收与批发	Recovery and Wholesale of Recycled Materials	59
其他未列明批发业	Other Wholesale Unlisted	138
按登记注册类型分	Grouped By Registration Type	
内资企业	Domestic Funded Enterprises	51757
国有企业	State-owned Enterprises	40117
有限责任公司	Limited Liability Corporations	4328
国有独资公司	State-owned Enterprises	1663
其他有限责任公司	Other Limited Liability Corporations	2664
股份有限公司	Share-holding Corporations Ltd.	951
私营企业	Private Enterprises	6362
私营有限责任公司	Private Limited Liability Corporations	6362

continued

(10 000yuan)

损益及分配 Profit and loss and distribution						
其他业务利润 Profits fromOther Businesses	销售费用 Selling Costs	管理费用 Management Costs	研发费用 Research and developmegnt costs	财务费用 Financial Costs	利息收入 Interest Income	利息支出 Interest Expense
666176	112828	28354	3	19708	9396	31071
	15199	3511		2103	23	1963
665913	78922	20302		14742	9374	25903
208	12596	2814	3	2313	-35	2214
	4730	589		133	26	77
	190	65		21		21
	36	40		36		35
54	1156	1034		360	7	858
2058	8016	3882		1266	42	1066
1	2427	552		68	-1	2
2058	4893	1721		956	16	817
	357	353		205	27	219
	339	1256		38		28
1	242	1748		321	52	478
1	242	810		321	52	478
		938				
669578	172052	67612	3	23790	12848	36753
364	4707	8608		-2462	2504	42
2689	48464	26550		9225	11627	19702
687	6596	13705		-208	853	616
2003	41868	12845		9433	10775	19086
664722	56805	7473		723	-1412	1115
1802	62076	24981	3	16304	129	15894
1802	62076	24981	3	16304	129	15894

9—5 续表 27

单位:万元 （2019）

指　标	Item	营业税金及附加 Business Taxesand Other Charges
按控股情况分	Grouped By Controlling Stake	
国有控股	State-owned	43525
私人控股	Private	7543
其他	Others	689
按经营形式分	Grouped By Business Form	
独立门店	Indipendent Stores	44158
连锁总店	Distributor Chain	865
其他	Others	6734
按单位规模分	Grouped By Unit Scale	
大型	large-scale	41962
中型	Medium-scale	4508
小型	Small-scale	4759
微型	Miniature	529
按经营地分	By place of operation	
城镇	Town	50209
其中:城区	Including: urban area	47708
乡村	Rural	1548
零售业	**Retail Trade**	**12404**
按零售行业小类分	**Grouped by Retail Trade Industry Small Class**	
综合零售	Integrated Retail	6806
百货零售	Retail of General Merchandise	3347
超级市场零售	Retail of Supermarkets	3459
食品、饮料及烟草制品专门零售	Retail of Food,Beverages and Tobaccos	271
粮油零售	Retail of Grain and Oil	5
果品、蔬菜零售	Retail of Fruits and Vegetables	18
酒、饮料及茶叶零售	Retail of Wine,Beverages and Tea	248
纺织、服装及日用品专门零售	Special Retail of Textiles,Garments and Daily Consumer Articles	273
服装零售	Retail of Garments	249
钟表、眼镜零售	Retail of watches and glasses	25

continued

(10 000yuan)

损益及分配 Profit and loss and distribution						
其他业务利润 Profits fromOther Businesses	销售费用 Selling Costs	管理费用 Management Costs	研发费用 Research and developmegnt costs	财务费用 Financial Costs	利息收入 Interest Income	利息支出 Interest Expense
665783	75417	34728		−1600	4250	3220
2773	73344	30830	3	24690	8646	32630
1022	23292	2054		700	−47	904
4212	81724	37311	3	11510	13481	22843
664722	42571	8372		647	−1222	840
644	47757	21930		11632	589	13070
665330	83385	18377		−1042	1216	1911
4127	49896	36708		14074	3037	16325
−684	34033	10185	3	5443	49	4682
804	4739	2342		5316	8546	13836
669249	155137	53458	3	22976	12301	35558
666751	104254	39633	3	13962	3705	18289
329	16915	14154		814	547	1195
18112	**206902**	**72173**	**321**	**18630**	**148**	**10518**
1416	111749	23324		6484	196	3941
15	47949	7994		3700	87	2884
1401	63799	15330		2784	109	1056
189	3811	1584		164	1	59
	169	105		−2	2	
	2618	799		145		55
189	1025	680		20	−1	4
712	3788	2107		226		198
712	3344	1600		198		198
	444	507		29		

9—5 续表 28

单位:万元 （2019）

指 标	Item	营业税金及附加 Business Taxesand Other Charges
文化、体育用品及器材专门零售	Retail of Culture,Sports Appliances and Equipments	116
体育用品及器材零售	Retail of Sports Goods Appliances and Equipments	11
图书、报刊零售	Retail of Books, Newspapers and Magazines	4
珠宝首饰零售	Retail of Jewelery	93
工艺美术品及收藏品零售	Retail of Arts ,Crafts and Collections	6
乐器零售	Retail of Musical instrument	1
其他文化用品零售	Retail of Other Culture Appliances	1
医药及医疗器材专门零售	Retail of Medical Supplies and Appliances	368
西药零售	Retail of Western Medicine	366
中药零售	Retail of Chinese medicine	1
汽车、摩托车、零配件和燃料及其他动力销售	Retail of Motor Vehicles,Motorcycles,Fuel and Parts	3761
汽车新车零售	Retail of New Car	3191
机动车燃油零售	Retail of Motor Vehicle Fuel	459
机动车燃气零售	Retail of Motor Vehicle Gas	110
家用电器及电子产品专门零售	Special Retailof Household Electric Appliances and Electronic Products	691
日用家电零售	Retail of Household Electric Appliances	620
计算机、软件及辅助设备零售	Retail of Computer,Software and Assistant Appliances	50
通信设备零售	Retail of Communication Equipments	21
五金、家具及室内装饰材料专门零售	Special Retail of Hardware,Furniture and Decoration Materials	14
家具零售	Retail of Furniture	14
货摊、无店铺及其他零售业	Retail of Non-shop and Other Retails	105
互联网零售	Internet retail	29
生活用燃料零售	Retail of Life Fuel	76

continued

(10 000yuan)

损益及分配 Profit and loss and distribution						
其他业务利润 Profits fromOther Businesses	销售费用 Selling Costs	管理费用 Management Costs	研发费用 Research and developmegnt costs	财务费用 Financial Costs	利息收入 Interest Income	利息支出 Interest Expense
214	3602	3163		471	3	234
	1364	284		119		15
214	1665	1978		21	3	1
	385	772		327		216
	51	52		3	1	3
	92	43				
	45	35				
654	11410	3279		–14	218	128
654	11176	3034		–14	218	128
	235	245				
8022	43698	28488		10976	271	5722
4791	31515	22334		10301	235	5470
1456	9661	3946		660	1	243
1776	2522	2208		15	36	9
6906	23044	8047	321	168	–542	86
6896	21333	6927	110	40	–540	
	517	855	211	97	1	55
10	1194	266		31	–3	31
	1829	1086		95		96
	1829	1086		95		96
	3971	1095		61	1	55
	3286	610		8		7
	685	485		53	1	48

9—5 续表 29

单位:万元 （2019）

指　标	Item	营业税金及附加 Business Taxesand Other Charges
按登记注册类型分	Grouped By Registration Type	
内资企业	Domestic Funded Enterprises	9565
国有企业	State-owned Enterprises	31
集体企业	Collective-owned Enterprises	15
有限责任公司	Limited Liability Corporations	3977
国有独资公司	State-owned Enterprises	247
其他有限责任公司	Other Limited Liability Corporations	3730
股份有限公司	Share-holding Corporations Ltd.	2800
私营企业	Private Enterprises	2743
私营有限责任公司	Private Limited Liability Corporations	2743
港、澳、台商投资企业	Hong Kong, Macao and Taiwan Investment Enterprises	2800
与港澳台商合资经营企业	With the Joint Venture Enterprises from Hong Kong, Macao and Taiwan	445
港澳台商独资企业	Hong Kong, Macao, Taiwan-Owned Enterprise	18
其他港澳台投资企业	Other Hong Kong, Macao and Taiwan Investment Enterprises	2337
外商投资企业	Foreign Funded Enterprises	39
中外合资经营企业	Sino-foreign Joint Venture Enterprises	39
按控股情况分	Grouped By Controlling Stake	
国有控股	State-owned	1019
集体控股	Collective-owned	21
私人控股	Private	4339
港澳台商控股	Holding from Hong Kong, Macao and Taiwan	2800
外商控股	Foreign	39
其他	Others	4187
按经营形式分	Grouped By Business Form	
独立门店	Indipendent Store	10201
连锁总店	Distributor Chain	1966
其他	Others	237
按单位规模分	Grouped By Unit Scale	
大型	Large-scale	4181
中型	Medium-scale	7078
小型	Small-scale	978
微型	Miniature	167
按零售业态分	Grouped By Retail Formats	
有店铺零售	Have a Retail Store	12371
超市	Supermarket	67
大型超市	Hypermarket	3928
百货店	Department Store	3589
专业店	Speciality Store	1632
专卖店	Franchised Store	3134
家居建材商店	Home Fureishing Materials Store	9
购物中心	Shopping Mall	10
厂家直销中心	Center of Manufacturer Direct Deal	2
无店铺零售	Non-store Retail	29
网上商店	Online store	29
城镇	Town	29
其中:城区	Including: urban area	29

continued

(10 000yuan)

损益及分配 Profit and loss and distribution						
其他业务利润 Profits fromOther Businesses	销售费用 Selling Costs	管理费用 Management Costs	研发费用 Research and developmegnt costs	财务费用 Financial Costs	利息收入 Interest Income	利息支出 Interest Expense
15426	199785	70892	321	18368	97	10271
18	567	342		1	6	7
	166	169				
3119	105682	31697	110	4927	353	2516
387	4148	2798		91	2	48
2732	101534	28898	110	4836	351	2468
6896	47757	11024		3269	-461	2753
5394	45614	27661	211	10171	199	4996
5394	45614	27661	211	10171	199	4996
2686	6401	1027		283	20	247
2686	2052	438		56	1	28
	1032	590		210	12	211
	3317			17	7	8
	716	254		-22	31	
	716	254		-22	31	
405	15159	4084		296	25	171
16	240	245		3		
7525	72455	38675	211	12169	222	6356
2686	6401	1027		283	20	247
	716	254		-22	31	
7480	111931	27889	110	5901	-150	3744
8966	112192	42937	110	15591	499	8874
7816	85071	27343		2973	-343	1574
1331	9639	1893	211	66	-7	70
8796	113330	27733		5780	-156	3811
7004	72749	32776	110	9905	275	4704
2311	18531	10303	211	2625	29	1743
	2292	1361		320	1	260
18112	203577	71563	321	18604	148	10512
1326	7370	773		128	-6	98
6971	74610	20932		2609	-424	1013
727	50933	9259		3550	87	2734
4910	33994	16578	321	2838	222	2292
4178	35173	22707		9320	270	4310
	1451	836		102		11
		458		57		55
	47	20		2		
	3286	610		8		7
	3286	610		8		7
	3286	610		8		7
	3286	610		8		7

9—5 续表30

单位:万元 (2019)

指 标	Item	投资收益 Investment Income
总 计	**Total**	**36695**
兴庆区	Xingqing	4339
西夏区	Xixia	52
金凤区	Jinfeng	30690
永宁县	Yongning	171
贺兰县	Helan	1416
灵武市	Lingwu	26
批发业	**Wholesale Trade**	**31024**
按批发行业小类分	**Grouped by Wholesale Industry Small Class**	
农、林、牧、渔产品批发	Wholesale of Agricultural, Forestry, Animal Husbandry Products	-11
谷物、豆及薯类批发	Wholesale of Grain, Bean and Potatoes	-11
畜牧渔业饲料批发	Animal husbandry and fishery feed wholesale	
牲畜批发	Wholesale of Livestock	
食品、饮料及烟草制品批发	Wholesale of Food,Beverages and Tobacoos	28964
米、面制品及食用油批发	Wholesale of Rice,Flour and Edible Oil	
肉、禽、蛋、奶及水产品批发	Wholesale of Meat and Aquatic Products	
盐及调味品批发	Wholesale of Salt and Condiments	94
酒、饮料及茶叶批发	Wholesale of Beverages and tea	
烟草制品批发	Wholesale of Tobacoos	28870
纺织、服装及家庭用品批发	Wholesale of Textiles,Garments and Daily Consummer Aticles	
纺织品、针织品及原料批发	Wholesale of textiles, knitwear and raw materials	
服装批发	Wholesale of Garments	
日用家电批发	Wholesale of Household Electrical Appliances	
文化、体育用品及器材批发	Wholesale of Cultural,Sports Goods Appliances and Equipments	37
图书批发	Wholesale of Books	6
首饰、工艺品及收藏品批发	Wholesale of jewelry, handicrafts and Collectibles	31

continued

(10 000yuan)

损益及分配 Profit and loss and distribution	
营业利润 Business Profits	营业外收入 Revenue Excluding Business
129731	**12884**
35787	5289
-3871	2924
86216	2024
-451	118
20657	954
-8607	1576
74594	**8658**
-1350	500
962	484
-2544	2
231	15
70054	911
-579	820
22	70
526	6
-902	
70987	15
-1666	126
-46	116
-2936	4
1316	5
151	461
139	461
12	

9—5 续表 31

单位:万元 (2019)

指 标	Item	营业外支出 Non-business Expenditure
总 计	**Total**	**2905**
兴庆区	Xingqing	-1482
西夏区	Xixia	2505
金凤区	Jinfeng	810
永宁县	Yongning	100
贺兰县	Helan	815
灵武市	Lingwu	158
批发业	**Wholesale Trade**	**3864**
按批发行业小类分	**Grouped by Wholesale Industry Small Class**	
农、林、牧、渔产品批发	Wholesale of Agricultural, Forestry, Animal Husbandry Products	23
谷物、豆及薯类批发	Wholesale of Grain, Bean and Potatoes	19
畜牧渔业饲料批发	Animal husbandry and fishery feed wholesale	
牲畜批发	Wholesale of Livestock	3
食品、饮料及烟草制品批发	Wholesale of Food,Beverages and Tobacoos	236
米、面制品及食用油批发	Wholesale of Rice,Flour and Edible Oil	1
肉、禽、蛋、奶及水产品批发	Wholesale of Meat and Aquatic Products	
盐及调味品批发	Wholesale of Salt and Condiments	6
酒、饮料及茶叶批发	Wholesale of Beverages and tea	5
烟草制品批发	Wholesale of Tobacoos	223
纺织、服装及家庭用品批发	Wholesale of Textiles,Garments and Daily Consummer Aticles	35
纺织品、针织品及原料批发	Wholesale of textiles, knitwear and raw materials	28
服装批发	Wholesale of Garments	5
日用家电批发	Wholesale of Household Electrical Appliances	2
文化、体育用品及器材批发	Wholesale of Cultural,Sports Goods Appliances and Equipments	39
图书批发	Wholesale of Books	39
首饰、工艺品及收藏品批发	Wholesale of jewelry, handicrafts and Collectibles	

continued

(10 000yuan)

损益及分配 Profit and loss and distribution		人工成本及增值税 Labor cost and VAT		从事批发零售业活动的从业人员平均人数(人) Employees engaged in wholesale and retail activities Averagenumberof people
利润总额 Total Profits	应交所得税 Tax Payable	应付职工薪酬 Benefits of Employee Payable	应交增值税 Added Tax Payable	
139514	**28537**	**200353**	**214502**	**24580**
42393	7801	61179	172132	8647
-3452	702	15498	3675	2380
87430	15385	36341	25319	7632
-433	273	52299	1699	765
20797	4056	29034	10107	4177
-7221	320	6004	1571	979
79216	**16720**	**126759**	**190243**	**7746**
-873	-3	2081	9	353
1427	-3	594	9	96
-2542		1463		251
243		23		6
70729	10752	16523	14525	689
239		458		52
91		161		30
526	15	505	102	25
-908	20	444	45	139
70780	10717	14956	14379	443
-1575	476	473	703	91
42	14	82	-252	22
-2937		137	721	20
1320	462	254	234	49
573	5	2516	9	131
561		2499	9	119
12	5	17		12

9—5 续表 32

单位:万元 （2019）

指 标	Item	投资收益 Investment Income
医药及医疗器材批发	Wholesale of Medicines and Medical Appliances	1019
西药批发	Wholesale of Western Medicine	1019
中药批发	Wholesale of Chinese Medicine	
医疗用品及器材批发	Wholesale of Medical Supplies and Equipment	
矿产品、建材及化工产品批发	Wholesale of Mineral Products, Building Materials and Chemical Products	981
煤炭及制品批发	Wholesale of Coal and Related Products	593
石油及制品批发	Wholesale of Petroleum and Related Products	57
金属及金属矿批发	Wholesale of Metallic mineral Products	183
建材批发	Wholesale of building materials	
化肥批发	Wholesale of Chemical Fertilizer	1
农药批发	Wholesale of Pesticide	
其他化工产品批发	Wholesale of Other Chemical Products	147
机械设备、五金产品及电子产品批发	Wholesale of Mechanical Equipment, Hardware Products and Electronic Products	
农业机械批发	Wholesale of Agriculture Machinary	
汽车及零配件批发	Wholesale of MotorVehicles	
电气设备批发	Wholesale of Electrical Equipment	
其他机械设备及电子产品批发	Wholesale of Other Machinary and Electric Equipment	
其他批发业	Other Wholesale	34
再生物资回收与批发	Recovery and Wholesale of Recycled Materials	34
其他未列明批发业	Other Wholesale Unlisted	
按登记注册类型分	Grouped By Registration Type	
内资企业	Domestic Funded Enterprises	31024
国有企业	State-owned Enterprises	1
有限责任公司	Limited Liability Corporations	29847
国有独资公司	State-owned Enterprises	30022
其他有限责任公司	Other Limited Liability Corporations	-176
股份有限公司	Share-holding Corporations Ltd.	19
私营企业	Private Enterprises	1158
私营有限责任公司	Private Limited Liability Corporations	1158

continued

（10 000yuan）

损益及分配 Profit and loss and distribution	
营业利润 Business Profits	营业外收入 Revenue Excluding Business
15782	536
13540	534
188	1
2054	2
-8463	5064
1587	327
-10086	4034
-1195	617
308	1
43	1
478	
403	85
856	1058
-786	1017
1377	11
-88	13
353	17
-770	3
296	1
-1066	2
74594	8658
24562	829
62137	1679
54776	852
7361	827
-25649	788
13544	5362
13544	5362

9—5 续表 33

单位:万元 （2019）

指 标	Item	营业外支出 Non-business Expenditure
医药及医疗器材批发	Wholesale of Medicines and Medical Appliances	230
西药批发	Wholesale of Western Medicine	215
中药批发	Wholesale of Chinese Medicine	7
医疗用品及器材批发	Wholesale of Medical Supplies and Equipment	9
矿产品、建材及化工产品批发	Wholesale of Mineral Products, Building Materials and Chemical Products	3277
煤炭及制品批发	Wholesale of Coal and Related Products	101
石油及制品批发	Wholesale of Petroleum and Related Products	3064
金属及金属矿批发	Wholesale of Metallic mineral Products	103
建材批发	Wholesale of building materials	3
化肥批发	Wholesale of Chemical Fertilizer	
农药批发	Wholesale of Pesticide	
其他化工产品批发	Wholesale of Other Chemical Products	5
机械设备、五金产品及电子产品批发	Wholesale of Mechanical Equipment, Hardware Products and Electronic Products	21
农业机械批发	Wholesale of Agriculture Machinary	1
汽车及零配件批发	Wholesale of MotorVehicles	12
电气设备批发	Wholesale of Electrical Equipment	
其他机械设备及电子产品批发	Wholesale of Other Machinary and Electric Equipment	8
其他批发业	Other Wholesale	4
再生物资回收与批发	Recovery and Wholesale of Recycled Materials	
其他未列明批发业	Other Wholesale Unlisted	4
按登记注册类型分	Grouped By Registration Type	
内资企业	Domestic Funded Enterprises	3864
国有企业	State-owned Enterprises	94
有限责任公司	Limited Liability Corporations	946
国有独资公司	State-owned Enterprises	349
其他有限责任公司	Other Limited Liability Corporations	597
股份有限公司	Share-holding Corporations Ltd.	1033
私营企业	Private Enterprises	1792
私营有限责任公司	Private Limited Liability Corporations	1792

continued

(10 000yuan)

损益及分配 Profit and loss and distribution		人工成本及增值税 Labor cost and VAT		从事批发零售业活动的从业人员平均人数(人) Employees engaged in wholesale and retail activities Averagenumberof people
利润总额 Total Profits	应交所得税 Tax Payable	应付职工薪酬 Benefits of Employee Payable	应交增值税 Added Tax Payable	
16088	2506	7918	6464	1477
13860	2107	7164	5611	1343
181	33	220	149	62
2047	366	534	704	72
–6848	2748	90182	167274	4434
1813	636	3401	3035	379
–9116	1883	35158	161825	3447
–681	49	1714	1599	351
306	43	48376	531	103
43		677		68
478		72		19
310	138	785	284	67
1893	163	6232	1243	503
231	32	739	19	106
1375	13	4479	777	267
–75		420	155	37
362	118	593	292	93
–771	74	834	16	68
297	74	371	16	68
–1068		463		
79216	16720	126759	190243	7746
25297	6336	10750	10396	469
62698	6909	27883	150669	2431
55280	5475	9330	6035	604
7418	1434	18553	144633	1827
–25893	1297	22571	22092	2438
17114	2179	65555	7087	2408
17114	2179	65555	7087	2408

9—5 续表 34

单位:万元 (2019)

指　标	Item	投资收益 Investment Income
按控股情况分	Grouped By Controlling Stake	
国有控股	State-owned	30002
私人控股	Private	1160
其他	Others	-139
按经营形式分	Grouped By Business Form	
独立门店	Indipendent Stores	674
连锁总店	Distributor Chain	18
其他	Others	30332
按单位规模分	Grouped By Unit Scale	
大型	large-scale	1071
中型	Medium-scale	29214
小型	Small-scale	739
微型	Miniature	
按经营地分	By place of operation	
城镇	Town	2151
其中:城区	Including: urban area	1955
乡村	Rural	28873
零售业	**Retail Trade**	**5670**
按零售行业小类分	**Grouped by Retail Trade Industry Small Class**	
综合零售	Integrated Retail	2341
百货零售	Retail of General Merchandise	2194
超级市场零售	Retail of Supermarkets	147
食品、饮料及烟草制品专门零售	Retail of Food,Beverages and Tobaccos	77
粮油零售	Retail of Grain and Oil	
果品、蔬菜零售	Retail of Fruits and Vegetables	77
酒、饮料及茶叶零售	Retail of Wine,Beverages and Tea	
纺织、服装及日用品专门零售	Special Retail of Textiles,Garments and Daily Consumer Articles	
服装零售	Retail of Garments	
钟表、眼镜零售	Retail of watches and glasses	

continued

(10 000yuan)

损益及分配 Profit and loss and distribution	
营业利润 Business Profits	营业外收入 Revenue Excluding Business
66817	2890
9949	5676
-2172	93
28073	6105
-6069	796
52590	1757
20502	1137
64042	6390
-3774	997
-6176	134
29963	6655
33741	5766
44632	2003
55137	**4225**
20224	1248
13734	154
6490	1094
1244	550
-13	68
247	365
1010	118
-1457	39
-1486	39
29	

9—5　续表 35

单位:万元　　　　(2019)

指　标	Item	营业外支出 Non-business Expenditure
按控股情况分	Grouped By Controlling Stake	
国有控股	State-owned	1874
私人控股	Private	1948
其他	Others	42
按经营形式分	Grouped By Business Form	
独立门店	Indipendent Stores	2357
连锁总店	Distributor Chain	1037
其他	Others	470
按单位规模分	Grouped By Unit Scale	
大型	large-scale	1360
中型	Medium-scale	2248
小型	Small-scale	250
微型	Miniature	5
按经营地分	By place of operation	
城镇	Town	3619
其中:城区	Including: urban area	3303
乡村	Rural	245
零售业	**Retail Trade**	**-959**
按零售行业小类分	**Grouped by Retail Trade Industry Small Class**	
综合零售	Integrated Retail	-2065
百货零售	Retail of General Merchandise	-2515
超级市场零售	Retail of Supermarkets	449
食品、饮料及烟草制品专门零售	Retail of Food,Beverages and Tobaccos	304
粮油零售	Retail of Grain and Oil	1
果品、蔬菜零售	Retail of Fruits and Vegetables	1
酒、饮料及茶叶零售	Retail of Wine,Beverages and Tea	302
纺织、服装及日用品专门零售	Special Retail of Textiles,Garments and Daily Consumer Articles	4
服装零售	Retail of Garments	4
钟表、眼镜零售	Retail of watches and glasses	

continued

(10 000yuan)

损益及分配 Profit and loss and distribution		人工成本及增值税 Labor cost and VAT		从事批发零售业活动的从业人员平均人数(人) Employees engaged in wholesale and retail activities Averagenumberof people
利润总额 Total Profits	应交所得税 Tax Payable	应付职工薪酬 Benefits of Employee Payable	应交增值税 Added Tax Payable	
67833	13782	53243	181067	4078
13677	2849	70572	8732	3166
-2294	89	2944	444	502
31648	8584	89872	159112	3607
-6309	1410	19330	3575	2080
53877	6727	17557	27556	2059
20279	8807	33199	33805	3388
68184	6885	37434	150869	2980
-3200	1012	54352	4962	1112
-6047	16	1774	607	266
32827	12124	117634	185945	7137
36032	10880	53198	181096	5156
46389	4596	9124	4297	609
60298	**11816**	**73595**	**24259**	**16834**
23537	4728	16182	1421	6771
16403	2767	9802	762	1633
7135	1960	6380	658	5138
1490	248	2479	2590	412
54	1	163	158	26
610	20	1164	82	273
826	227	1152	2350	113
-1422	7	1828	343	367
-1451		1318	171	275
29	7	510	172	92

9—5 续表 36

单位:万元 (2019)

指 标	Item	投资收益 Investment Income
文化、体育用品及器材专门零售	Retail of Culture,Sports Appliances and Equipments	24
体育用品及器材零售	Retail of Sports Goods Appliances and Equipments	
图书、报刊零售	Retail of Books, Newspapers and Magazines	
珠宝首饰零售	Retail of Jewelery	23
工艺美术品及收藏品零售	Retail of Arts ,Crafts and Collections	
乐器零售	Retail of Musical instrument	
其他文化用品零售	Retail of Other Culture Appliances	
医药及医疗器材专门零售	Retail of Medical Supplies and Appliances	-35
西药零售	Retail of Western Medicine	-35
中药零售	Retail of Chinese medicine	
汽车、摩托车、零配件和燃料及其他动力销售	Retail of Motor Vehicles,Motorcycles,Fuel and Parts	3219
汽车新车零售	Retail of New Car	3190
机动车燃油零售	Retail of Motor Vehicle Fuel	6
机动车燃气零售	Retail of Motor Vehicle Gas	23
家用电器及电子产品专门零售	Special Retailof Household Electric Appliances and Electronic Products	
日用家电零售	Retail of Household Electric Appliances	
计算机、软件及辅助设备零售	Retail of Computer,Software and Assistant Appliances	
通信设备零售	Retail of Communication Equipments	
五金、家具及室内装饰材料专门零售	Special Retail of Hardware,Furniture and Decoration Materials	28
家具零售	Retail of Furniture	28
货摊、无店铺及其他零售业	Retail of Non-shop and Other Retails	16
互联网零售	Internet retail	
生活用燃料零售	Retail of Life Fuel	16

continued

(10 000yuan)

损益及分配 Profit and loss and distribution	
营业利润 Business Profits	营业外收入 Revenue Excluding Business
-2430	862
-1210	526
-597	224
-655	112
7	
36	
-10	
1267	78
1278	77
-11	1
31529	695
26366	666
2355	5
2808	24
4733	87
4664	52
213	1
-143	34
685	27
685	27
-657	639
-245	157
-412	482

9—5 续表 37

单位:万元 （2019）

指 标	Item	营业外支出 Non-business Expenditure
文化、体育用品及器材专门零售	Retail of Culture,Sports Appliances and Equipments	35
体育用品及器材零售	Retail of Sports Goods Appliances and Equipments	4
图书、报刊零售	Retail of Books, Newspapers and Magazines	31
珠宝首饰零售	Retail of Jewelery	
工艺美术品及收藏品零售	Retail of Arts ,Crafts and Collections	
乐器零售	Retail of Musical instrument	
其他文化用品零售	Retail of Other Culture Appliances	
医药及医疗器材专门零售	Retail of Medical Supplies and Appliances	21
西药零售	Retail of Western Medicine	20
中药零售	Retail of Chinese medicine	1
汽车、摩托车、零配件和燃料及其他动力销售	Retail of Motor Vehicles,Motorcycles,Fuel and Parts	590
汽车新车零售	Retail of New Car	504
机动车燃油零售	Retail of Motor Vehicle Fuel	65
机动车燃气零售	Retail of Motor Vehicle Gas	22
家用电器及电子产品专门零售	Special Retailof Household Electric Appliances and Electronic Products	83
日用家电零售	Retail of Household Electric Appliances	23
计算机、软件及辅助设备零售	Retail of Computer,Software and Assistant Appliances	2
通信设备零售	Retail of Communication Equipments	58
五金、家具及室内装饰材料专门零售	Special Retail of Hardware,Furniture and Decoration Materials	4
家具零售	Retail of Furniture	4
货摊、无店铺及其他零售业	Retail of Non-shop and Other Retails	66
互联网零售	Internet retail	65
生活用燃料零售	Retail of Life Fuel	1

continued

(10 000yuan)

损益及分配 Profit and loss and distribution		人工成本及增值税 Labor cost and VAT		从事批发零售业活动的从业人员平均人数(人) Employees engaged in wholesale and retail activities Averagenumberof people
利润总额 Total Profits	应交所得税 Tax Payable	应付职工薪酬 Benefits of Employee Payable	应交增值税 Added Tax Payable	
-1602	1	3839	108	444
-689		539	19	115
-403		2705	12	205
-543		417	68	86
7		71		18
36	1	60	10	10
-10		47		10
1292	299	6391	2026	1396
1303	299	6108	2021	1340
-11		284	4	56
31642	5451	30796	14176	5413
26536	4255	25972	11334	4255
2296	643	2891	2275	857
2809	553	1933	566	301
4737	1081	9695	3382	1674
4692	1063	7901	2954	1304
212	10	852	284	131
-167	8	942	144	239
707		441	75	150
707		441	75	150
-83	2	1944	140	207
-152	2	264	10	49
69		1680	130	158

9—5 续表 38

单位:万元 (2019)

指 标	Item	投资收益 Investment Income
按登记注册类型分	Grouped By Registration Type	
内资企业	Domestic Funded Enterprises	5670
国有企业	State-owned Enterprises	
集体企业	Collective-owned Enterprises	
有限责任公司	Limited Liability Corporations	564
国有独资公司	State-owned Enterprises	16
其他有限责任公司	Other Limited Liability Corporations	547
股份有限公司	Share-holding Corporations Ltd.	2194
私营企业	Private Enterprises	2913
私营有限责任公司	Private Limited Liability Corporations	2913
港、澳、台商投资企业	Hong Kong, Macao and Taiwan Investment Enterprises	
与港澳台商合资经营企业	With the Joint Venture Enterprises from Hong Kong, Macao and Taiwan	
港澳台商独资企业	Hong Kong, Macao, Taiwan-Owned Enterprise	
其他港澳台投资企业	Other Hong Kong, Macao and Taiwan Investment Enterprises	
外商投资企业	Foreign Funded Enterprises	
中外合资经营企业	Sino-foreign Joint Venture Enterprises	
按控股情况分	Grouped By Controlling Stake	
国有控股	State-owned	16
集体控股	Collective-owned	
私人控股	Private	3313
港澳台商控股	Holding from Hong Kong, Macao and Taiwan	
外商控股	Foreign	
其他	Others	2341
按经营形式分	Grouped By Business Form	
独立门店	Indipendent Store	5495
连锁总店	Distributor Chain	175
其他	Others	
按单位规模分	Grouped By Unit Scale	
大型	Large-scale	2327
中型	Medium-scale	2915
小型	Small-scale	429
微型	Miniature	
按零售业态分	Grouped By Retail Formats	
有店铺零售	Have a Retail Store	5670
超市	Supermarket	77
大型超市	Hypermarket	147
百货店	Department Store	2194
专业店	Speciality Store	1845
专卖店	Franchised Store	1414
家居建材商店	Home Fureishing Materials Store	28
购物中心	Shopping Mall	-35
厂家直销中心	Center of Manufacturer Direct Deal	
无店铺零售	Non-store Retail	
网上商店	Online store	
城镇	Town	
其中:城区	Including: urban area	

continued

(10 000yuan)

损益及分配 Profit and loss and distribution	
营业利润 Business Profits	营业外收入 Revenue Excluding Business
53022	4160
931	68
512	
11743	2165
−729	738
12473	1427
19220	59
20616	1868
20616	1868
949	65
3416	8
207	44
−2673	13
1166	
1166	
1083	835
515	
20949	2262
949	65
1166	
30475	1063
41235	2016
15921	1896
−2018	314
28619	1045
25863	2511
2080	626
−1425	43
55391	4068
−1947	35
15073	1071
13139	179
8928	1038
19088	1723
1078	26
−35	
66	−4
−245	157
−245	157
−245	157
−245	157

9—5 续表 39

单位:万元 （2019）

指 标	Item	营业外支出 Non-business Expenditure
按登记注册类型分	Grouped By Registration Type	
内资企业	Domestic Funded Enterprises	−987
国有企业	State-owned Enterprises	7
集体企业	Collective-owned Enterprises	
有限责任公司	Limited Liability Corporations	704
国有独资公司	State-owned Enterprises	34
其他有限责任公司	Other Limited Liability Corporations	670
股份有限公司	Share-holding Corporations Ltd.	−2526
私营企业	Private Enterprises	829
私营有限责任公司	Private Limited Liability Corporations	829
港、澳、台商投资企业	Hong Kong, Macao and Taiwan Investment Enterprises	13
与港澳台商合资经营企业	With the Joint Venture Enterprises from Hong Kong, Macao and Taiwan	12
港澳台商独资企业	Hong Kong, Macao, Taiwan-Owned Enterprise	1
其他港澳台投资企业	Other Hong Kong, Macao and Taiwan Investment Enterprises	
外商投资企业	Foreign Funded Enterprises	15
中外合资经营企业	Sino-foreign Joint Venture Enterprises	15
按控股情况分	Grouped By Controlling Stake	
国有控股	State-owned	53
集体控股	Collective-owned	
私人控股	Private	1023
港澳台商控股	Holding from Hong Kong, Macao and Taiwan	13
外商控股	Foreign	15
其他	Others	−2063
按经营形式分	Grouped By Business Form	
独立门店	Indipendent Store	−1645
连锁总店	Distributor Chain	601
其他	Others	86
按单位规模分	Grouped By Unit Scale	
大型	Large-scale	−2057
中型	Medium-scale	500
小型	Small-scale	213
微型	Miniature	386
按零售业态分	Grouped By Retail Formats	
有店铺零售	Have a Retail Store	−1024
超市	Supermarket	4
大型超市	Hypermarket	461
百货店	Department Store	−2511
专业店	Speciality Store	319
专卖店	Franchised Store	405
家居建材商店	Home Fureishing Materials Store	4
购物中心	Shopping Mall	
厂家直销中心	Center of Manufacturer Direct Deal	295
无店铺零售	Non-store Retail	65
网上商店	Online store	65
城镇	Town	65
其中:城区	Including: urban area	65

continued

（10 000yuan）

损益及分配 Profit and loss and distribution		人工成本及增值税 Labor cost and VAT		从事批发零售业活动的从业人员平均人数(人) Employees engaged in wholesale and retail activities Averagenumberof people
利润总额 Total Profits	应交所得税 Tax Payable	应付职工薪酬 Benefits of Employee Payable	应交增值税 Added Tax Payable	
58145	10584	71245	23184	16293
992	89	499	252	68
512	128	78	128	14
13204	3036	26826	8583	8728
-25	212	5193	2367	558
13229	2825	21633	6216	8170
21806	3521	13927	2598	2146
21632	3810	29915	11624	5337
21632	3810	29915	11624	5337
1002	936	1844	909	458
3413	856	144	723	106
250	80	478	79	63
-2661		1222	107	289
1151	296	507	167	83
1151	296	507	167	83
1865	414	7232	4219	833
515	128	166	147	39
22164	4348	43543	14036	8516
1002	936	1844	909	458
1151	296	507	167	83
33601	5695	20303	4782	6905
44905	8738	52818	18413	8978
17184	3061	16819	4350	6919
-1791	17	3958	1497	937
31721	5498	20257	4090	7544
27875	5680	42872	13514	7167
2462	624	10029	6060	1710
-1760	15	437	595	413
60451	11815	73331	24218	16783
-1915	12	3126	301	900
15683	3024	10373	2882	5505
15828	2767	10776	736	1782
9615	1969	20489	10897	3569
20406	4035	28144	9316	4864
1100		122	19	99
-35		302	48	55
-233	8		19	9
-152	2	264	10	49
-152	2	264	10	49
-152	2	264	10	49
-152	2	264	10	49

9—6 限额以上批发和零售业连锁经营情况

单位:万元　　(2019)

指　标	Item	连锁总店数（个）Number of Chain Stores（unit）
总　计	**Total**	**27**
按登记注册类型分	**Grouped By Registration Type**	
内资企业	Domestic Funded Enterprises	27
国有企业	State-owned Enterprises	4
有限责任公司	Limited Liability Corporations	9
其他有限责任公司	Other Limited Liability Corporations	9
股份有限公司	Share-holding Corporations Ltd.	4
私营企业	Private Enterprises	10
私营有限责任公司	Limited Liability Corporations	9
私营股份有限公司	Private Share-holding Corporations Ltd.	1
按行业分	**Grouped By Sector**	
批发业	Wholesale Trade	7
食品、饮料及烟草制品批发	Wholesale of food, beverage and tobacco products	2
文化、体育用品及器材批发	Wholesale of Culture, Sports Goods and Equipment	1
医药及医疗器材批发	Wholesale of medicine and medical equipment	2
矿产品、建材及化工产品批发	Wholesale of Mineral Products, Building Materialsand Chemical Products	2
零售业	Retail Trade	20
综合零售	Integrated Retail	6
食品、饮料及烟草制品专门零售	Food, Beverages and Tobacco Products Sold Exclusively	1
纺织、服装及日用品专门零售	Textile, clothing and daily necessities retail	1
文化、体育用品及器材专门零售	Retail of Culture,Sports Appliances and Equipments	1
医药及医疗器材专门零售	Retail of Medicines and Medical Appliances	7
汽车、摩托车、燃料及零配件专门零售	Automobile, motorcycle, fuel and spare parts retail	2
家用电器及电子产品专门零售	Special Retail ofHousehold Electric Appliances and Electronic Products	2
按业态分	**Grouped By Retail Formats**	
超市	Supermarket	4
百货店	Department Stores	2
专业店	Speciality Store	16
其中:加油站	Gas Station	3
专卖店	Store	4
其他	Others	1

Chain Operations Statistics of Wholesale and Retail by Enterprises above Designated Size

(10 000yuan)

商品购进总额 Total Purchase	统一配送 Unified Distribution	商品销售总额 Total Sales of Commodities	零售额 Retail Sales
2066233	**1271129**	**2174539**	**1423421**
2066233	1271129	2174539	1423421
265510	265510	351853	13205
637054	207769	662629	631544
637054	207769	662629	631544
1093774	739466	1079291	720501
69896	58384	80765	58172
51471	39960	60794	57529
18425	18425	19972	643
993545	993545	1138688	441248
249164	249164	336274	
2868	2868	2752	376
2048	2048	2511	2511
739466	739466	797151	438361
1072688	277584	1035851	982173
666595	24028	657546	654282
2626		2899	2899
4722	2423	4439	4439
13478	13478	12828	12828
63779	63302	71735	52406
157027	16378	113778	113778
164462	157975	172626	141541
450496	21589	442078	442078
216099	2439	215468	212204
1126748	979136	1129539	717959
880114	739466	867087	508297
27952	23027	57386	51181
244939	244939	330068	

9—7 限额以上住宿和餐饮业法人企业经营情况

单位:万元　　　　　　　　　　　　　　　　　　　　　　　　　　　　　　　　　（2019）

指　标	Item	法人企业数(个) Number of Corporate Unit (unit)
总　计	**Total**	**63**
住宿业	**Hotels**	**34**
按住宿业行业小类分	**Grouped by Hotels Industry Small Class**	
旅游饭店	Turist Hotel	26
旅游饭店	Turist Hotel	26
一般旅馆	General Hotel	8
经济型连锁酒店	Economy chain hotel	2
其他一般旅馆	Other General Hotel	6
按登记注册类型分	Grouped By Registration Type	
内资企业	Domestic Funded Enterprises	34
国有企业	State-owned Enterprises	2
有限责任公司	Limited Liability Corporations	14
国有独资公司	State-owned Enterprises	2
其他有限责任公司	Other Limited Liability Corporations	12
私营企业	Private Enterprises	18
私营有限责任公司	Private Limited Liability Corporations	16
私营股份有限公司	Private Share Holding Limited Companies	2
按控股情况分	Grouped By Controlling Stake	
国有控股	State-owned	5
集体控股	Collective-owned	2
私人控股	Private	23
其他	Others	3
按经营形式分	Grouped By Business Form	
独立门店	Indipendent Stores	32
其他	Others	2
按单位规模分	Grouped By Unit Scale	
中型	Medium-scale	7
小型	Small-scale	24
微型	Miniature	3
按星级分	Grouped By Star Grade	
四星	Four	13
三星	Three	7
其他	Others	14
按经营地分	By place of operation	
城镇	Town	33
其中:城区	Including: urban area	29
乡村	Rural	1

Bussiness of Hotels and Catering Servies by Enterprises above Designated Size

(10 000yuan)

从业人员(人) Number of Employees at Year-end (Person)	营业额 Business Revenue	客房收入 From Hotel Rooms	通过公共网络实现的客房收入 Hotel Rooms Revenue from Public Network	通过非自营平台实现的客房收入 Hotel Rooms Revenue from Non-proprietary Platform	餐费收入 From Meals
5905	**96017**	**34958**	**2636**	**634**	**49421**
3637	**61031**	**28467**	**2221**	**484**	**25561**
3174	53746	24665	1337	484	23311
3174	53746	24665	1337	484	23311
463	7286	3802	885		2250
100	1431	1063			330
363	5855	2739	885		1920
3637	61031	28467	2221	484	25561
531	8588	3920	22		2592
1679	29628	11186	1857	368	15371
139	1831	629	3		903
1540	27798	10557	1854	368	14468
1427	22815	13362	343	116	7598
1265	21131	12571	323	116	6964
162	1683	790	20		634
778	14319	7160	76		4851
60	795	206			229
1754	26157	13025	1751	484	11195
622	13113	4910	394		7547
3182	50678	25131	2005	484	19946
455	10353	3336	216		5615
1898	35224	15596	1080	368	15528
1730	25248	12678	1142	116	9771
9	559	194			261
1387	22043	11026	255	87	8548
423	6479	2382	622		3548
1827	32509	15059	1344	397	13465
3592	60489	28326	2221	484	25356
3124	52373	24010	1942	454	21628
45	542	141			205

9—7 续表 1

单位:万元 (2019)

指 标	Item	法人企业数(个) Number of Corporate Unit (unit)
餐饮业	**Catering Servies**	**29**
按餐饮业行业小类分	**Grouped by Catering Industry Small Class**	
正餐服务	Dinner Service	28
正餐服务	Dinner Service	28
餐饮配送及外卖送餐服务	Catering delivery and take out service	1
外卖送餐服务	Take out service	1
按登记注册类型分	Grouped By Registration Type	
内资企业	Domestic Funded Enterprises	29
有限责任公司	Limited Liability Corporations	4
国有独资公司	State-owned Enterprises	1
其他有限责任公司	Other Limited Liability Corporations	3
股份有限公司	Share-holding Corporations Ltd.	1
私营企业	Private Enterprises	24
私营有限责任公司	Private Limited Liability Corporations	23
私营股份有限公司	Private Share-holding Corporations Ltd.	1
按控股情况分	Grouped By Controlling Stake	
国有控股	State-owned	2
私人控股	Private	27
按经营形式分	Grouped By Business Form	
独立门店	Indipendent Stores	26
其他	Others	3
按单位规模分	Grouped By Unit Scale	
中型	Medium-scale	4
小型	Small-scale	19
微型	Miniature	6
按经营地分	By place of operation	
城镇	Town	28
其中:城区	Including: urban area	24
乡村	Rural	1
住宿业按地区分组	**Accommodation Industry Grouped by Region**	**34**
银川市	Yinchuan	34
兴庆区	Xingqing	17
西夏区	Xixia	2
金凤区	Jinfeng	11
永宁县	Yongning	
贺兰县	Helan	1
灵武市	Lingwu	3
餐饮业按地区分组	**Catering Industry Grouped by Region**	**29**
银川市	Yinchuan	29
兴庆区	Xingqing	10
西夏区	Xixia	2
金凤区	Jinfeng	12
永宁县	Yongning	
贺兰县	Helan	4
灵武市	Lingwu	1

continued

(10 000yuan)

从业人员(人) Number of Employees at Year-end (Person)	营业额 Business Revenue	客房收入 From Hotel Rooms	通过公共网络实现的客房收入 Hotel Rooms Revenue from Public Network	通过非自营平台实现的客房收入 Hotel Rooms Revenue from Non-proprietary Platform	餐费收入 From Meals
2268	**34985**	**6491**	**415**	**150**	**23860**
2011	31748	6491	415	150	23860
2011	31748	6491	415	150	23860
257	3238				
257	3238				
2268	34985	6491	415	150	23860
563	9737	4386	251		4880
76	1425	473			730
487	8312	3913	251		4151
	129				129
1705	25119	2105	164	150	18850
1600	24366	2105	164	150	18098
105	753				753
280	4840	2298			2086
1988	30145	4194	415	150	21774
2011	31460	6491	415	150	23573
257	3525				287
826	13924	3320	251		7133
1442	20296	3172	164	150	15963
	765				765
2268	34972	6491	415	150	23846
1964	30669	5744	401	150	20510
	14				14
3637	**61031**	**28467**	**2221**	**484**	**25561**
3637	61031	28467	2221	484	25561
2024	34419	16085	1694	454	15261
55	755	355			205
1266	21995	9977	478		8341
102	1285	651	20		634
190	2577	1399	30	30	1120
2268	**34985**	**6491**	**415**	**150**	**23860**
2268	34985	6491	415	150	23860
1039	16647	3056	150	150	12658
333	4663	473			730
566	8988	2214	251		6751
304	4302	748	14		3337
26	385				385

9—7 续表2

单位:万元 （2019）

指 标	Item	通过公共网络实现的餐费收入 Meal Revenue from Public Network
总 计	**Total**	**4107**
住宿业	**Hotels**	**1736**
按住宿业行业小类分	**Grouped by Hotels Industry Small Class**	
旅游饭店	Turist Hotel	665
旅游饭店	Turist Hotel	665
一般旅馆	General Hotel	1071
经济型连锁酒店	Economy chain hotel	
其他一般旅馆	Other General Hotel	1071
按登记注册类型分	Grouped By Registration Type	
内资企业	Domestic Funded Enterprises	1736
国有企业	State-owned Enterprises	97
有限责任公司	Limited Liability Corporations	1612
国有独资公司	State-owned Enterprises	1
其他有限责任公司	Other Limited Liability Corporations	1611
私营企业	Private Enterprises	27
私营有限责任公司	Private Limited Liability Corporations	27
私营股份有限公司	Private Share Holding Limited Companies	
按控股情况分	Grouped By Controlling Stake	
国有控股	State-owned	98
集体控股	Collective-owned	
私人控股	Private	1301
其他	Others	337
按经营形式分	Grouped By Business Form	
独立门店	Indipendent Stores	1595
其他	Others	141
按单位规模分	Grouped By Unit Scale	
中型	Medium-scale	522
小型	Small-scale	1214
微型	Miniature	
按星级分	Grouped By Star Grade	
四星	Four	142
三星	Three	1006
其他	Others	588
按经营地分	By place of operation	
城镇	Town	1736
其中:城区	Including: urban area	1540
乡村	Rural	

continued

(10 000yuan)

通过非自营平台实现的餐费收入 Meal Rooms Revenue from Non-proprietary Platform	商品销售额 From Commo ditie	其他收入 From Other Income	其中:外卖送餐服务收入 Including: take out service income	客房数(间) Number of Rooms (room)	床位数(个) Number of Beds(unit)	餐位数(位) Number of Dining-seats (person)	年末餐饮营业面积(平方米) Operating Area of Catering Servies at Year-end(sq.m)
56	**1895**	**9743**	**3068**	**5928**	**9565**	**55526**	**189482**
56	**1342**	**5661**	**11**	**4758**	**7536**	**14577**	**125156**
56	1096	4674	11	4111	6511	12670	96302
56	1096	4674	11	4111	6511	12670	96302
	246	988		647	1025	1907	28854
		37		81	120	160	8745
	246	950		566	905	1747	20109
56	1342	5661	11	4758	7536	14577	125156
	131	1946		613	808	1488	12564
41	543	2529	11	1989	3180	5628	58175
	197	103		195	389	511	3900
41	346	2426	11	1794	2791	5117	54275
15	668	1187		2156	3548	7461	54417
15	668	929		1835	2968	6711	52717
		259		321	580	750	1700
	937	1372		655	1147	1567	10943
	13	347		121	180		
56	363	1574	11	2748	4415	9817	73755
	29	627		752	1207	2105	30731
56	1287	4313	11	4196	6624	13471	107606
	55	1348		562	912	1106	17550
41	642	3458	11	1853	2689	4549	52614
15	686	2114		2872	4797	9928	70542
	15	89		33	50	100	2000
15	916	1552		1562	2689	6317	38843
	218	332		731	1298	2037	9010
41	208	3778	11	2465	3549	6223	77303
56	1190	5618	11	4705	7389	14326	124256
56	1130	5605	11	3936	6142	12397	106575
	153	43		53	147	251	900

9—7 续表3

单位:万元 (2019)

指 标	Item	通过公共网络实现的餐费收入 Meal Revenue from Public Network
餐饮业	**Catering Servies**	**2371**
按餐饮业行业小类分	**Grouped by Catering Industry Small Class**	
正餐服务	Dinner Service	2371
正餐服务	Dinner Service	2371
餐饮配送及外卖送餐服务	Catering delivery and take out service	
外卖送餐服务	Take out service	
按登记注册类型分	Grouped By Registration Type	
内资企业	Domestic Funded Enterprises	2371
有限责任公司	Limited Liability Corporations	
国有独资公司	State-owned Enterprises	
其他有限责任公司	Other Limited Liability Corporations	
股份有限公司	Share-holding Corporations Ltd.	17
私营企业	Private Enterprises	2355
私营有限责任公司	Private Limited Liability Corporations	2355
私营股份有限公司	Private Share-holding Corporations Ltd.	
按控股情况分	Grouped By Controlling Stake	
国有控股	State-owned	
私人控股	Private	2371
按经营形式分	Grouped By Business Form	
独立门店	Indipendent Stores	2371
其他	Others	
按单位规模分	Grouped By Unit Scale	
中型	Medium-scale	
小型	Small-scale	2355
微型	Miniature	17
按经营地分	By place of operation	
城镇	Town	2371
其中:城区	Including: urban area	2354
乡村	Rural	
住宿业按地区分组	**Accommodation Industry Grouped by Region**	**1736**
银川市	Yinchuan	1736
兴庆区	Xingqing	1510
西夏区	Xixia	
金凤区	Jinfeng	226
永宁县	Yongning	
贺兰县	Helan	
灵武市	Lingwu	
餐饮业按地区分组	**Catering Industry Grouped by Region**	**2371**
银川市	Yinchuan	2371
兴庆区	Xingqing	557
西夏区	Xixia	
金凤区	Jinfeng	1797
永宁县	Yongning	
贺兰县	Helan	18
灵武市	Lingwu	

continued

(10 000yuan)

通过非自营平台实现的餐费收入 Meal Rooms Revenue from Non-proprietary Platform	商品销售额 From Commo ditie	其他收入 From Other Income	其中:外卖送餐服务收入 Including: take out service income	客房数(间) Number of Rooms (room)	床位数(个) Number of Beds(unit)	餐位数(位) Number of Dining-seats (person)	年末餐饮营业面积(平方米) Operating Area of Catering Servies at Year-end(sq.m)
	553	**4082**	**3057**	**1170**	**2029**	**40949**	**64326**
	553	844	2	1170	2029	40949	64326
	553	844	2	1170	2029	40949	64326
		3238	3054				
		3238	3054				
	553	4082	3057	1170	2029	40949	64326
	8	463		564	929	3502	18741
	8	214		115	226	864	1200
		249		449	703	2638	17541
	545	3619	3057	606	1100	37447	45585
	545	3619	3057	606	1100	36979	43985
						468	1600
	8	449		289	513	2064	1700
	545	3633	3057	881	1516	38885	62626
	553	844	2	1170	2029	40949	64326
		3238	3054				
		3472	3054	328	533	2718	25341
	553	610	2	842	1496	38231	38985
	553	4082	3057	1170	2029	40949	64326
	472	3944	3057	876	1459	37016	56976
56	**1342**	**5661**	**11**	**4758**	**7536**	**14577**	**125156**
56	1342	5661	11	4758	7536	14577	125156
56	921	2152	11	2485	3956	8187	49024
	153	43		103	219	251	900
	238	3439		1609	2371	4059	66781
				200	400	750	1700
	31	27		361	590	1330	6751
	553	**4082**	**3057**	**1170**	**2029**	**40949**	**64326**
	553	4082	3057	1170	2029	40949	64326
	457	476		381	627	4294	21954
	8	3452	3054	115	226	864	1200
	7	16	2	380	606	31618	32962
	81	138		294	570	3933	7350
						240	860

9—8 限额以上住宿和餐饮业法人企业主要财务状况

单位:万元 （2019）

指　标	Item	法人企业数（个）Number of Corporate(unit)	执行《2006 年企业会计准则》企业数(个) Number of Enterprises Implementing The Accounting Standards for Business Enterprises2006
总　计	**Total**	**63**	**37**
住宿业	**Hotels**	**34**	**20**
按住宿业行业小类分	**Grouped by Hotels Industry Small Class**		
旅游饭店	Turist Hotel	26	17
旅游饭店	Turist Hotel	26	17
一般旅馆	General Hotel	8	3
经济型连锁酒店	Economy chain hotel	2	1
其他一般旅馆	Other General Hotel	6	2
按登记注册类型分	Grouped By Registration Type		
内资企业	Domestic Funded Enterprises	34	20
国有企业	State-owned Enterprises	2	2
有限责任公司	Limited Liability Corporations	14	7
国有独资公司	State-owned Enterprises	2	1
其他有限责任公司	Other Limited Liability Corporations	12	6
私营企业	Private Enterprises	18	11
私营有限责任公司	Private Limited Liability Corporations	16	9
私营股份有限公司	Private Share Holding Limited Companies	2	2
按控股情况分	Grouped By Controlling Stake		
国有控股	State-owned	5	4
集体控股	Collective-owned	2	2
私人控股	Private	23	12
其他	Others	3	1
按经营形式分	Grouped By Business Form		
独立门店	Indipendent Stores	32	19
其他	Others	2	1
按单位规模分	Grouped By Unit Scale		
中型	Medium-scale	7	5
小型	Small-scale	24	13
微型	Miniature	3	2
按星级分	Grouped By Star Grade		
四星	Four	13	8
三星	Three	7	6
其他	Others	14	6
按经营地分	By place of operation		
城镇	Town	33	20
其中:城区	Including: urban area	29	18
乡村	Rural	1	

Financial Indicators of Hotels and Catering Servies by Enterprises above Designed Size

(10 000yuan)

年初存货 Invertory at Begining of Year	期末资产负债 Ending assets and Liabilities		
	流动资产合计 Total Working Capitals	应收账款 Accounts Receivable	存货 Stock
4356	**88900**	**6689**	**4134**
3557	**67999**	**4409**	**3445**
3349	58297	3678	3249
3349	58297	3678	3249
208	9702	731	196
36	261	58	12
172	9441	673	184
3557	67999	4409	3445
728	5089	336	746
1064	16588	2626	872
286	1974	214	42
778	14614	2413	831
1766	46322	1447	1826
1749	45896	1358	1777
16	426	89	50
711	8010	1660	634
21	392	2	18
2059	52628	1735	2045
134	3520	875	114
3339	63054	3261	3159
219	4945	1148	286
1394	16572	2877	1482
2134	50426	1530	1936
29	1001	2	26
2149	42982	1824	2100
205	5204	605	235
1204	19813	1980	1109
3305	67222	4219	3433
3174	65540	3905	3272
252	777	190	12

单位:万元 （2019）

指 标	Item	固定资产原价 Original Value of Fixed Assets
总 计	**Total**	**264344**
住宿业	**Hotels**	**206741**
按住宿业行业小类分	**Grouped by Hotels Industry Small Class**	
旅游饭店	Turist Hotel	199649
旅游饭店	Turist Hotel	199649
一般旅馆	General Hotel	7093
经济型连锁酒店	Economy chain hotel	46
其他一般旅馆	Other General Hotel	7047
按登记注册类型分	Grouped By Registration Type	
内资企业	Domestic Funded Enterprises	206741
国有企业	State-owned Enterprises	110819
有限责任公司	Limited Liability Corporations	43482
国有独资公司	State-owned Enterprises	13425
其他有限责任公司	Other Limited Liability Corporations	30057
私营企业	Private Enterprises	52440
私营有限责任公司	Private Limited Liability Corporations	44204
私营股份有限公司	Private Share Holding Limited Companies	8236
按控股情况分	Grouped By Controlling Stake	
国有控股	State-owned	37425
集体控股	Collective-owned	1184
私人控股	Private	59052
其他	Others	2384
按经营形式分	Grouped By Business Form	
独立门店	Indipendent Stores	190071
其他	Others	16670
按单位规模分	Grouped By Unit Scale	
中型	Medium-scale	133971
小型	Small-scale	72658
微型	Miniature	113
按星级分	Grouped By Star Grade	
四星	Four	70241
三星	Three	18263
其他	Others	118237
按经营地分	By place of operation	
城镇	Town	201316
其中:城区	Including: urban area	191835
乡村	Rural	5425

continued

(10 000yuan)

期末资产负债 Ending assets and Liabilities			
房屋和构筑物 Houses and structures	机器设备 Machinery equipment	累计折旧 AccumulatedDepreciation	本年折旧 Depreciation this year
70718	**20948**	**101682**	**15897**
38845	**11559**	**78115**	**8467**
35204	10214	72836	7872
35204	10214	72836	7872
3641	1345	5279	595
		24	24
3641	1345	5256	572
38845	11559	78115	8467
2892	1231	30820	3811
19143	7184	25067	1949
2600	2825	5007	213
16543	4359	20061	1736
16810	3144	22228	2708
16810	3144	21094	2027
		1135	681
20461	6351	19622	1068
		1006	5
17882	4663	27602	3330
502	545	1687	416
26252	9353	68464	8030
12593	2207	9651	438
15471	3102	45778	4861
23262	8458	31671	3489
113		665	118
30252	8270	29895	3344
7979	2284	11929	317
614	1006	36291	4807
36245	8734	77245	8284
35744	8189	74912	7284
2600	2825	870	183

9—8 续表 2

单位:万元 (2019)

指 标	Item	固定资产净值 Net value of fixed assets
总 计	**Total**	**152860**
住宿业	**Hotels**	**123983**
按住宿业行业小类分	**Grouped by Hotels Industry Small Class**	
旅游饭店	Turist Hotel	122023
旅游饭店	Turist Hotel	122023
一般旅馆	General Hotel	1960
经济型连锁酒店	Economy chain hotel	
其他一般旅馆	Other General Hotel	1960
按登记注册类型分	Grouped By Registration Type	
内资企业	Domestic Funded Enterprises	123983
国有企业	State-owned Enterprises	80000
有限责任公司	Limited Liability Corporations	14263
国有独资公司	State-owned Enterprises	4556
其他有限责任公司	Other Limited Liability Corporations	9707
私营企业	Private Enterprises	29721
私营有限责任公司	Private Limited Liability Corporations	22995
私营股份有限公司	Private Share Holding Limited Companies	6727
按控股情况分	Grouped By Controlling Stake	
国有控股	State-owned	13941
集体控股	Collective-owned	
私人控股	Private	30848
其他	Others	697
按经营形式分	Grouped By Business Form	
独立门店	Indipendent Stores	116965
其他	Others	7019
按单位规模分	Grouped By Unit Scale	
中型	Medium-scale	87257
小型	Small-scale	36727
微型	Miniature	
按星级分	Grouped By Star Grade	
四星	Four	41356
三星	Three	2369
其他	Others	80258
按经营地分	By place of operation	
城镇	Town	119428
其中:城区	Including: urban area	111925
乡村	Rural	4556

continued

(10 000yuan)

期末资产负债 Ending assets and Liabilities			
在建工程 Construction in Process	无形资产 Intangible assets	土地使用权 land use right	资产总计 Total Assets
7877	**13403**	**1929**	**289469**
7801	**12355**	**1313**	**219858**
2485	12355	1313	202241
2485	12355	1313	202241
5316			17617
			281
5316			17336
7801	12355	1313	219858
1588	4	4	86794
5316	945	792	44900
	792	792	12108
5316	153		32792
897	11406	516	88164
869	11406	516	79566
28			8598
	1015	797	28100
			2372
6213	11312	516	101363
	28		4489
7801	12353	1313	207694
	2		12164
1588	369		107905
6213	11986	1313	110759
			1194
72	11415	1313	88355
839	790		18353
6890	151		113150
7801	11563	520	213627
7773	11535	520	204453
	792	792	6231

9—8 续表 3

单位:万元 （2019）

指 标	Item	法人企业数（个）Number of Corporate(unit)	执行《2006 年企业会计准则》企业数(个) Number of Enterprises Implementing The Accounting Standards for Business Enterprises2006
餐饮业	**Catering Servies**	**29**	**17**
按餐饮业行业小类分	**Grouped by Catering Industry Small Class**		
正餐服务	Dinner Service	28	16
正餐服务	Dinner Service	28	16
餐饮配送及外卖送餐服务	Catering delivery and take out service	1	1
外卖送餐服务	Take out service	1	1
按登记注册类型分	Grouped By Registration Type		
内资企业	Domestic Funded Enterprises	29	17
有限责任公司	Limited Liability Corporations	4	3
国有独资公司	State-owned Enterprises	1	1
其他有限责任公司	Other Limited Liability Corporations	3	2
股份有限公司	Share-holding Corporations Ltd.	1	
私营企业	Private Enterprises	24	14
私营有限责任公司	Private Limited Liability Corporations	23	13
私营股份有限公司	Private Share-holding Corporations Ltd.	1	1
按控股情况分	Grouped By Controlling Stake		
国有控股	State-owned	2	2
私人控股	Private	27	15
按经营形式分	Grouped By Business Form		
独立门店	Indipendent Stores	26	16
其他	Others	3	1
按单位规模分	Grouped By Unit Scale		
中型	Medium-scale	4	3
小型	Small-scale	19	12
微型	Miniature	6	2
按经营地分	By place of operation		
城镇	Town	28	17
其中:城区	Including: urban area	24	14
乡村	Rural	1	
住宿业按地区分组	**Accommodation Industry Grouped by Region**	**34**	**20**
银川市	Yinchuan	34	20
兴庆区	Xingqing	17	13
西夏区	Xixia	2	
金凤区	Jinfeng	11	5
永宁县	Yongning		
贺兰县	Helan	1	1
灵武市	Lingwu	3	1
餐饮业按地区分组	**Catering Industry Grouped by Region**	**29**	**17**
银川市	Yinchuan	29	17
兴庆区	Xingqing	10	6
西夏区	Xixia	2	2
金凤区	Jinfeng	12	5
永宁县	Yongning		
贺兰县	Helan	4	3
灵武市	Lingwu	1	1

continued

(10 000yuan)

年初存货 Invertory at Begining of Year	期末资产负债 Ending assets and Liabilities		
	流动资产合计 Total Working Capitals	应收账款 Accounts Receivable	存货 Stock
799	**20901**	**2280**	**689**
799	20679	2280	689
799	20679	2280	689
	222		
	222		
799	20901	2280	689
168	7525	238	197
23	467	97	25
145	7059	142	173
22	125		18
609	13250	2042	473
549	11677	949	401
60	1574	1093	72
64	4419	196	41
734	16482	2085	649
794	20546	2280	684
5	355		5
149	5772	175	109
601	14761	2106	541
49	368		39
799	20901	2280	689
721	16073	2000	624
3557	**67999**	**4409**	**3445**
3557	67999	4409	3445
1511	20632	2879	1644
265	794	195	23
1654	30633	1125	1604
12	354	86	45
117	15586	123	129
799	**20901**	**2280**	**689**
799	20901	2280	689
458	8377	1575	295
23	688	97	25
238	6954	301	298
78	4828	281	65
2	54	28	8

9—8 续表4

单位:万元 (2019)

指 标	Item	固定资产原价 Original Value of Fixed Assets
餐饮业	**Catering Servies**	**57603**
按餐饮业行业小类分	**Grouped by Catering Industry Small Class**	
正餐服务	Dinner Service	57539
正餐服务	Dinner Service	57539
餐饮配送及外卖送餐服务	Catering delivery and take out service	63
外卖送餐服务	Take out service	63
按登记注册类型分	Grouped By Registration Type	
内资企业	Domestic Funded Enterprises	57603
有限责任公司	Limited Liability Corporations	27793
国有独资公司	State-owned Enterprises	198
其他有限责任公司	Other Limited Liability Corporations	27596
股份有限公司	Share-holding Corporations Ltd.	
私营企业	Private Enterprises	29809
私营有限责任公司	Private Limited Liability Corporations	28627
私营股份有限公司	Private Share-holding Corporations Ltd.	1182
按控股情况分	Grouped By Controlling Stake	
国有控股	State-owned	18422
私人控股	Private	39181
按经营形式分	Grouped By Business Form	
独立门店	Indipendent Stores	57539
其他	Others	63
按单位规模分	Grouped By Unit Scale	
中型	Medium-scale	32593
小型	Small-scale	25010
微型	Miniature	
按经营地分	By place of operation	
城镇	Town	57603
其中:城区	Including: urban area	49867
乡村	Rural	
住宿业按地区分组	**Accommodation Industry Grouped by Region**	**206741**
银川市	Yinchuan	206741
兴庆区	Xingqing	54787
西夏区	Xixia	5460
金凤区	Jinfeng	122733
永宁县	Yongning	
贺兰县	Helan	7053
灵武市	Lingwu	16708
餐饮业按地区分组	**Catering Industry Grouped by Region**	**57603**
银川市	Yinchuan	57603
兴庆区	Xingqing	39363
西夏区	Xixia	261
金凤区	Jinfeng	10218
永宁县	Yongning	
贺兰县	Helan	7736
灵武市	Lingwu	25

continued

(10 000yuan)

期末资产负债 Ending assets and Liabilities			
房屋和构筑物 Houses and structures	机器设备 Machinery equipment	累计折旧 AccumulatedDepreciation	本年折旧 Depreciation this year
31873	**9389**	**23567**	**7430**
31873	9389	23503	7367
31873	9389	23503	7367
		63	63
		63	63
31873	9389	23567	7430
21138	5613	9002	859
		169	10
21138	5613	8833	849
		1336	18
10735	3776	13230	6553
10036	3704	12954	6277
699	72	276	276
13627	4597	7013	222
18246	4792	16553	7208
31873	9389	23485	7361
		82	69
21138	5613	8822	1543
10735	3776	13348	5821
		1397	66
31873	9389	23567	7430
31693	9363	20195	7086
38845	**11559**	**78115**	**8467**
38845	11559	78115	8467
27744	8460	35020	2302
2600	2825	889	203
6259	274	35514	4960
		681	681
2243		6012	322
31873	**9389**	**23567**	**7430**
31873	9389	23567	7430
24167	7908	15911	6217
		232	73
7526	1455	4039	794
180	26	3372	345
		13	1

9—8 续表 5

单位:万元 （2019）

指 标	Item	固定资产净值 Net value of fixed assets
餐饮业	**Catering Servies**	**28876**
按餐饮业行业小类分	**Grouped by Catering Industry Small Class**	
正餐服务	Dinner Service	28876
正餐服务	Dinner Service	28876
餐饮配送及外卖送餐服务	Catering delivery and take out service	
外卖送餐服务	Take out service	
按登记注册类型分	Grouped By Registration Type	
内资企业	Domestic Funded Enterprises	28876
有限责任公司	Limited Liability Corporations	18685
国有独资公司	State-owned Enterprises	29
其他有限责任公司	Other Limited Liability Corporations	18657
股份有限公司	Share-holding Corporations Ltd.	
私营企业	Private Enterprises	10191
私营有限责任公司	Private Limited Liability Corporations	9285
私营股份有限公司	Private Share-holding Corporations Ltd.	906
按控股情况分	Grouped By Controlling Stake	
国有控股	State-owned	11408
私人控股	Private	17468
按经营形式分	Grouped By Business Form	
独立门店	Indipendent Stores	28876
其他	Others	
按单位规模分	Grouped By Unit Scale	
中型	Medium-scale	18657
小型	Small-scale	10220
微型	Miniature	
按经营地分	By place of operation	
城镇	Town	28876
其中:城区	Including: urban area	24733
乡村	Rural	
住宿业按地区分组	**Accommodation Industry Grouped by Region**	**123983**
银川市	Yinchuan	123983
兴庆区	Xingqing	15684
西夏区	Xixia	4556
金凤区	Jinfeng	87144
永宁县	Yongning	
贺兰县	Helan	6727
灵武市	Lingwu	9873
餐饮业按地区分组	**Catering Industry Grouped by Region**	**28876**
银川市	Yinchuan	28876
兴庆区	Xingqing	17340
西夏区	Xixia	29
金凤区	Jinfeng	7353
永宁县	Yongning	
贺兰县	Helan	4144
灵武市	Lingwu	12

continued

(10 000yuan)

期末资产负债 Ending assets and Liabilities			
在建工程 Construction in Process	无形资产 Intangible assets	土地使用权 land use right	资产总计 Total Assets
76	**1047**	**616**	**69611**
76	1047	616	69389
76	1047	616	69389
			222
			222
76	1047	616	69611
	589	587	29057
			571
	589	587	28486
			1127
76	458	30	39427
76	458	29	34237
			5191
	587	587	13135
76	461	30	56476
76	1047	616	69184
			427
	589	587	27296
76	458	30	40195
			2120
76	1047	616	69611
76	620	616	59535
7801	**12355**	**1313**	**219858**
7801	12355	1313	219858
14	1331	161	49419
	792	792	6267
6934	360	360	126825
28			6738
825	9873		30609
76	**1047**	**616**	**69611**
76	1047	616	69611
76	616	616	35822
			793
	4		22854
	427		10076
			66

9—8 续表 6

单位:万元 （2019）

指 标	Item	流动负债合计 TotalCurrent Liabilities	应付账款 Accounts Payable
总 计	**Total**	**134146**	**34997**
住宿业	**Hotels**	**78784**	**12663**
按住宿业行业小类分	**Grouped by Hotels Industry Small Class**		
旅游饭店	Turist Hotel	63821	11929
旅游饭店	Turist Hotel	63821	11929
一般旅馆	General Hotel	14963	734
经济型连锁酒店	Economy chain hotel	222	210
其他一般旅馆	Other General Hotel	14741	524
按登记注册类型分	Grouped By Registration Type		
内资企业	Domestic Funded Enterprises	78784	12663
国有企业	State-owned Enterprises	8287	4424
有限责任公司	Limited Liability Corporations	29353	2958
国有独资公司	State-owned Enterprises	6823	355
其他有限责任公司	Other Limited Liability Corporations	22530	2602
私营企业	Private Enterprises	41144	5281
私营有限责任公司	Private Limited Liability Corporations	39970	4692
私营股份有限公司	Private Share Holding Limited Companies	1174	589
按控股情况分	Grouped By Controlling Stake		
国有控股	State-owned	10061	1393
集体控股	Collective-owned		
私人控股	Private	52595	5996
其他	Others	8622	1067
按经营形式分	Grouped By Business Form		
独立门店	Indipendent Stores	76261	12304
其他	Others	2523	359
按单位规模分	Grouped By Unit Scale		
中型	Medium-scale	23006	6915
小型	Small-scale	55686	5703
微型	Miniature	93	46
按星级分	Grouped By Star Grade		
四星	Four	36962	4184
三星	Three	7479	1138
其他	Others	34343	7342
按经营地分	By place of operation		
城镇	Town	72299	12339
其中:城区	Including: urban area	63525	10539
乡村	Rural	6486	324

continued

(10 000yuan)

期末资产负债 Ending assets and Liabilities			
负债合计 Total Liabilities	所有者权益 Total Owners' Equities	实收资本 Paid-in Capitals	个人资本 Personal Capitals
220894	**66373**	**173765**	**10948**
159369	**60151**	**153518**	**7380**
140555	61347	147919	4418
140555	61347	147919	4418
18813	-1197	5599	2962
222	58	58	21
18591	-1255	5541	2941
159369	60151	153518	7380
37901	48893	80110	
55447	-10885	27195	4879
6823	5286	6100	
48624	-16171	21095	4879
66021	22143	46213	2501
64566	15000	40649	2501
1455	7143	5564	
10122	17978	26066	
454	1579		
103050	-1687	49912	6862
8622	-4133	718	518
156845	50510	139102	7380
2523	9640	14416	
78182	29723	95518	2018
80921	29838	57900	5261
266	589	101	101
56243	32112	57311	1400
8657	9357	13584	2840
94469	18682	82624	3140
152883	60405	152418	7380
144109	60005	145512	6862
6486	-254	1100	

9—8 续表 7

单位:万元 (2019)

指 标	Item	流动负债合计 Total Current Liabilities	应付账款 Accounts Payable
餐饮业	**Catering Servies**	**55362**	**22334**
按餐饮业行业小类分	**Grouped by Catering Industry Small Class**		
正餐服务	Dinner Service	55338	22334
正餐服务	Dinner Service	55338	22334
餐饮配送及外卖送餐服务	Catering delivery and take out service	24	
外卖送餐服务	Take out service	24	
按登记注册类型分	Grouped By Registration Type		
内资企业	Domestic Funded Enterprises	55362	22334
有限责任公司	Limited Liability Corporations	36657	16779
国有独资公司	State-owned Enterprises	2465	100
其他有限责任公司	Other Limited Liability Corporations	34192	16679
股份有限公司	Share-holding Corporations Ltd.		
私营企业	Private Enterprises	18705	5555
私营有限责任公司	Private Limited Liability Corporations	14777	5460
私营股份有限公司	Private Share-holding Corporations Ltd.	3928	95
按控股情况分	Grouped By Controlling Stake		
国有控股	State-owned	25546	15652
私人控股	Private	29816	6682
按经营形式分	Grouped By Business Form		
独立门店	Indipendent Stores	55338	22334
其他	Others	24	
按单位规模分	Grouped By Unit Scale		
中型	Medium-scale	27363	16360
小型	Small-scale	27999	5975
微型	Miniature		
按经营地分	By place of operation		
城镇	Town	55362	22334
其中:城区	Including: urban area	46111	18034
乡村	Rural		
住宿业按地区分组	**Accommodation Industry Grouped by Region**	**78784**	**12663**
银川市	Yinchuan	78784	12663
兴庆区	Xingqing	31549	4268
西夏区	Xixia	6501	339
金凤区	Jinfeng	31697	6293
永宁县	Yongning		
贺兰县	Helan	1174	589
灵武市	Lingwu	7864	1173
餐饮业按地区分组	**Catering Industry Grouped by Region**	**55362**	**22334**
银川市	Yinchuan	55362	22334
兴庆区	Xingqing	31085	15946
西夏区	Xixia	2489	100
金凤区	Jinfeng	12527	1977
永宁县	Yongning		
贺兰县	Helan	9251	4301
灵武市	Lingwu	10	10

continued

(10 000yuan)

期末资产负债 Ending assets and Liabilities			
负债合计 Total Liabilities	所有者权益 Total Owners' Equities	实收资本 Paid-in Capitals	个人资本 Personal Capitals
61526	**6222**	**20246**	**3568**
61502	6024	20246	3568
61502	6024	20246	3568
24	198		
24	198		
61526	6222	20246	3568
35859	-6802	10955	798
2465	-1894	100	
33394	-4908	10855	798
98			
25569	13024	9291	2771
21640	11762	8108	1588
3928	1263	1183	1183
25546	-12411	3955	
35980	18633	16291	3568
61430	6024	20246	3568
96	198		
28237	-941	12855	
33032	7163	7391	3568
257			
61526	6222	20246	3568
52266	5405	18545	3367
159369	**60151**	**153518**	**7380**
159369	60151	153518	7380
59449	-10369	35361	5858
6501	-233	1121	21
80581	46245	86360	1501
1174	5564	5564	
11664	18945	25113	
61526	**6222**	**20246**	**3568**
61526	6222	20246	3568
35110	712	10448	2361
2489	-1696	100	
14658	6334	7997	1006
9259	817	1701	201
10	56		

9—8 续表 8

单位:万元 （2019）

指 标	Item	营业收入 Total Revenue	主营业务收入 Revenue from Principal Business
总 计	**Total**	**92088**	**91256**
住宿业	**Hotels**	**58775**	**58223**
按住宿业行业小类分	**Grouped by Hotels Industry Small Class**		
旅游饭店	Turist Hotel	51592	51040
旅游饭店	Turist Hotel	51592	51040
一般旅馆	General Hotel	7183	7183
经济型连锁酒店	Economy chain hotel	1421	1421
其他一般旅馆	Other General Hotel	5762	5762
按登记注册类型分	Grouped By Registration Type		
内资企业	Domestic Funded Enterprises	58775	58223
国有企业	State-owned Enterprises	8209	8209
有限责任公司	Limited Liability Corporations	28530	28530
国有独资公司	State-owned Enterprises	1730	1730
其他有限责任公司	Other Limited Liability Corporations	26800	26800
私营企业	Private Enterprises	22036	21484
私营有限责任公司	Private Limited Liability Corporations	20425	20132
私营股份有限公司	Private Share Holding Limited Companies	1611	1352
按控股情况分	Grouped By Controlling Stake		
国有控股	State-owned	13807	13751
集体控股	Collective-owned	655	396
私人控股	Private	25246	25008
其他	Others	12800	12800
按经营形式分	Grouped By Business Form		
独立门店	Indipendent Stores	48609	48057
其他	Others	10166	10166
按单位规模分	Grouped By Unit Scale		
中型	Medium-scale	33929	33874
小型	Small-scale	24427	23931
微型	Miniature	418	418
按星级分	Grouped By Star Grade		
四星	Four	21151	21089
三星	Three	6090	6090
其他	Others	31534	31044
按经营地分	By place of operation		
城镇	Town	58260	57708
其中:城区	Including: urban area	50539	49987
乡村	Rural	514	514

continued

(10 000yuan)

损益及分配 Profit and loss and distribution			
营业成本 Business Costs	营业税金及附加 Business Taxes and Other Charges	其他业务利润 Profits from Other Businesses	销售费用 Selling Costs
48559	**1074**	**286**	**26622**
31777	**669**	**232**	**16517**
29435	635	232	13862
29435	635	232	13862
2342	34		2655
962	19		
1380	16		2655
31777	669	232	16517
10367	50		687
10252	342		10579
1402	120		58
8850	222		10521
11158	278	232	5251
10360	224	232	5039
798	53		212
10913	384		672
409	16		197
8031	228	232	10293
3013	38		5111
27672	497	232	14044
4105	173		2473
22452	276		7639
8912	393	232	8757
413			122
12689	462		4735
3030	96		1887
16057	111	231	9896
31413	625	232	16459
28685	566	232	13627
364	44		58

9—8 续表 9

单位:万元 （2019）

指 标	Item	营业收入 Total Revenue	主营业务收入 Revenue from Principal Business
餐饮业	**Catering Servies**	**33313**	**33033**
按餐饮业行业小类分	**Grouped by Catering Industry Small Class**		
正餐服务	Dinner Service	30259	29979
正餐服务	Dinner Service	30259	29979
餐饮配送及外卖送餐服务	Catering delivery and take out service	3054	3054
外卖送餐服务	Take out service	3054	3054
按登记注册类型分	Grouped By Registration Type		
内资企业	Domestic Funded Enterprises	33313	33033
有限责任公司	Limited Liability Corporations	9386	9151
国有独资公司	State-owned Enterprises	1342	1342
其他有限责任公司	Other Limited Liability Corporations	8043	7809
股份有限公司	Share-holding Corporations Ltd.	89	89
私营企业	Private Enterprises	23838	23793
私营有限责任公司	Private Limited Liability Corporations	23129	23083
私营股份有限公司	Private Share-holding Corporations Ltd.	710	710
按控股情况分	Grouped By Controlling Stake		
国有控股	State-owned	4757	4523
私人控股	Private	28556	28510
按经营形式分	Grouped By Business Form		
独立门店	Indipendent Stores	30010	29730
其他	Others	3303	3303
按单位规模分	Grouped By Unit Scale		
中型	Medium-scale	13323	13089
小型	Small-scale	19443	19397
微型	Miniature	547	547
按经营地分	By place of operation		
城镇	Town	33313	33033
其中:城区	Including: urban area	29175	28940
乡村	Rural		
住宿业按地区分组	**Accommodation Industry Grouped by Region**	**58775**	**58223**
银川市	Yinchuan	58775	58223
兴庆区	Xingqing	32822	32270
西夏区	Xixia	728	728
金凤区	Jinfeng	21509	21509
永宁县	Yongning		
贺兰县	Helan	1212	1212
灵武市	Lingwu	2504	2504
餐饮业按地区分组	**Catering Industry Grouped by Region**	**33313**	**33033**
银川市	Yinchuan	33313	33033
兴庆区	Xingqing	16057	15823
西夏区	Xixia	4396	4396
金凤区	Jinfeng	8336	8336
永宁县	Yongning		
贺兰县	Helan	4138	4093
灵武市	Lingwu	385	385

continued

(10 000yuan)

损益及分配 Profit and loss and distribution			
营业成本 Business Costs	营业税金及附加 Business Taxes and Other Charges	其他业务利润 Profits from Other Businesses	销售费用 Selling Costs
16782	**405**	**54**	**10105**
14818	405	54	10105
14818	405	54	10105
1964			
1964			
16782	405	54	10105
5403	196	9	2107
343	8		578
5060	188	9	1529
49			26
11330	209	45	7972
11068	186	45	7705
262	23		267
3044	192	9	578
13738	213	45	9527
14652	404	54	10056
2130	1		49
7660	245	9	2275
8825	153	45	7659
297	7		171
16782	405	54	10105
15232	394	9	8080
31777	**669**	**232**	**16517**
31777	669	232	16517
16291	472	231	9380
494	44		58
13525	99		6050
741	38		16
726	16		1014
16782	**405**	**54**	**10105**
16782	405	54	10105
8545	362	9	4177
2307	8		578
4194	22		3319
1550	11	45	2025
186	3		6

9—8 续表 10

单位:万元 (2019)

指标	Item	管理费用 Management Costs	研发费用 Research and developmegnt costs
总计	**Total**	**24962**	
住宿业	**Hotels**	**18371**	
按住宿业行业小类分	**Grouped by Hotels Industry Small Class**		
旅游饭店	Turist Hotel	16546	
旅游饭店	Turist Hotel	16546	
一般旅馆	General Hotel	1825	
经济型连锁酒店	Economy chain hotel	408	
其他一般旅馆	Other General Hotel	1417	
按登记注册类型分	Grouped By Registration Type		
内资企业	Domestic Funded Enterprises	18371	
国有企业	State-owned Enterprises	1892	
有限责任公司	Limited Liability Corporations	11062	
国有独资公司	State-owned Enterprises	724	
其他有限责任公司	Other Limited Liability Corporations	10337	
私营企业	Private Enterprises	5417	
私营有限责任公司	Private Limited Liability Corporations	5248	
私营股份有限公司	Private Share Holding Limited Companies	169	
按控股情况分	Grouped By Controlling Stake		
国有控股	State-owned	2019	
集体控股	Collective-owned	163	
私人控股	Private	10236	
其他	Others	4539	
按经营形式分	Grouped By Business Form		
独立门店	Indipendent Stores	15259	
其他	Others	3112	
按单位规模分	Grouped By Unit Scale		
中型	Medium-scale	10772	
小型	Small-scale	7595	
微型	Miniature	4	
按星级分	Grouped By Star Grade		
四星	Four	3957	
三星	Three	1408	
其他	Others	13006	
按经营地分	By place of operation		
城镇	Town	18131	
其中:城区	Including: urban area	16269	
乡村	Rural	240	

continued

(10 000yuan)

损益及分配 Profit and loss and distribution				
财务费用 Financial Costs	利息收入 Interest Income	利息支出 Interest Expense	投资收益 Investment Income	营业利润 Business Profits
1556	**28**	**1131**	**-25**	**-11008**
1389	**25**	**1020**		**-9911**
1375	25	1017		-9967
1375	25	1017		-9967
14		3		56
8				24
6		3		32
1389	25	1020		-9911
14				-4801
60	4	11		-3690
16				-553
44	4	11		-3137
1316	21	1009		-1420
1311	21	1008		-1793
4		1		373
12	21			-147
1		1		-130
1352	1	1011		-4942
11	2	8		126
1393	22	1020		-10235
-4	3			324
33	23			-7199
1356	1	1020		-2668
				-44
1191	21	935		-1867
104	1	84		-401
95	2	1		-7644
1388	25	1020		-9718
1327	24	1020		-9910
1				-193

9—8 续表 11

单位:万元 (2019)

指 标	Item	管理费用 Management Costs	研发费用 Research and developmegnt costs
餐饮业	**Catering Servies**	**6591**	
按餐饮业行业小类分	**Grouped by Catering Industry Small Class**		
正餐服务	Dinner Service	5566	
正餐服务	Dinner Service	5566	
餐饮配送及外卖送餐服务	Catering delivery and take out service	1025	
外卖送餐服务	Take out service	1025	
按登记注册类型分	Grouped By Registration Type		
内资企业	Domestic Funded Enterprises	6591	
有限责任公司	Limited Liability Corporations	2211	
国有独资公司	State-owned Enterprises	333	
其他有限责任公司	Other Limited Liability Corporations	1879	
股份有限公司	Share-holding Corporations Ltd.	10	
私营企业	Private Enterprises	4369	
私营有限责任公司	Private Limited Liability Corporations	4242	
私营股份有限公司	Private Share-holding Corporations Ltd.	128	
按控股情况分	Grouped By Controlling Stake		
国有控股	State-owned	945	
私人控股	Private	5646	
按经营形式分	Grouped By Business Form		
独立门店	Indipendent Stores	5548	
其他	Others	1043	
按单位规模分	Grouped By Unit Scale		
中型	Medium-scale	2923	
小型	Small-scale	3600	
微型	Miniature	68	
按经营地分	By place of operation		
城镇	Town	6591	
其中:城区	Including: urban area	5827	
乡村	Rural		
住宿业按地区分组	**Accommodation Industry Grouped by Region**	**18371**	
银川市	Yinchuan	18371	
兴庆区	Xingqing	10743	
西夏区	Xixia	324	
金凤区	Jinfeng	6439	
永宁县	Yongning		
贺兰县	Helan	8	
灵武市	Lingwu	858	
餐饮业按地区分组	**Catering Industry Grouped by Region**	**6591**	
银川市	Yinchuan	6591	
兴庆区	Xingqing	2472	
西夏区	Xixia	1357	
金凤区	Jinfeng	1864	
永宁县	Yongning		
贺兰县	Helan	764	
灵武市	Lingwu	134	

continued

（10 000yuan）

损益及分配 Profit and loss and distribution				
财务费用 Financial Costs	利息收入 Interest Income	利息支出 Interest Expense	投资收益 Investment Income	营业利润 Business Profits
167	**3**	**111**	**-25**	**-1097**
167	3	111	-25	-1163
167	3	111	-25	-1163
				66
				66
167	3	111	-25	-1097
22	3	11	-25	-566
4				76
18	3	11	-25	-643
				2
144		100		-533
142		100		-560
2				28
9	1		-25	-26
158	2	111		-1070
165	3	111	-25	-1177
1				80
81	3	69	-25	123
83		43		-1225
3				5
167	3	111	-25	-1097
161	3	110	-25	-879
1389	**25**	**1020**		**-9911**
1389	25	1020		-9911
142	22	85		-3929
1				-193
947	2	925		-5789
4				406
296	1	10		-406
167	**3**	**111**	**-25**	**-1097**
167	3	111	-25	-1097
130	1	97	-25	5
4				142
26	2	13		-1081
6		2		-218
				56

9—8 续表12

单位:万元 （2019）

指 标	Item	营业外收入 Revenue from Excluding Business	营业外支出 Expence from Excluding Business
总 计	**Total**	**652**	**198**
住宿业	**Hotels**	**367**	**136**
按住宿业行业小类分	**Grouped by Hotels Industry Small Class**		
旅游饭店	Turist Hotel	356	102
旅游饭店	Turist Hotel	356	102
一般旅馆	General Hotel	12	34
经济型连锁酒店	Economy chain hotel		33
其他一般旅馆	Other General Hotel	12	1
按登记注册类型分	Grouped By Registration Type		
内资企业	Domestic Funded Enterprises	367	136
国有企业	State-owned Enterprises	126	18
有限责任公司	Limited Liability Corporations	116	53
国有独资公司	State-owned Enterprises	2	5
其他有限责任公司	Other Limited Liability Corporations	114	48
私营企业	Private Enterprises	125	65
私营有限责任公司	Private Limited Liability Corporations	125	65
私营股份有限公司	Private Share Holding Limited Companies		
按控股情况分	Grouped By Controlling Stake		
国有控股	State-owned	29	22
集体控股	Collective-owned		
私人控股	Private	201	85
其他	Others	23	13
按经营形式分	Grouped By Business Form		
独立门店	Indipendent Stores	353	122
其他	Others	14	14
按单位规模分	Grouped By Unit Scale		
中型	Medium-scale	217	49
小型	Small-scale	150	87
微型	Miniature		
按星级分	Grouped By Star Grade		
四星	Four	137	46
三星	Three	7	7
其他	Others	223	83
按经营地分	By place of operation		
城镇	Town	366	135
其中:城区	Including: urban area	333	110
乡村	Rural	1	1

continued

(10 000yuan)

损益及分配 Profit and loss and distribution		人工成本及增值税 Labor cost and VAT		从事住宿和餐饮业活动的从业人员平均人数(人) Average Number of Employees Engaged in the Accommodation and Catering Industry(person)
利润总额 Total Profits	应交所得税 Tax Payable	应付职工薪酬 Benefits of Employee Payable	应交增值税 Added Tax Payable	
-10524	**862**	**29651**	**2126**	**6219**
-9649	**654**	**19334**	**1437**	**3876**
-9682	640	17964	1328	3415
-9682	640	17964	1328	3415
33	14	1370	110	461
-9	5	390	24	100
42	9	980	86	361
-9649	654	19334	1437	3876
-4693	1	3693	46	565
-3596	10	8503	646	1820
-557		504	44	151
-3039	10	7998	602	1669
-1360	643	7139	745	1491
-1733	237	6663	688	1298
373	406	475	57	193
-140	227	5114	379	773
-130		200	13	176
-4795	428	7465	712	1829
136		3524	334	644
-9973	654	16743	1236	3429
324		2591	202	447
-7031	226	12414	683	1944
-2574	428	6867	749	1803
-44	1	53	6	129
-1745	633	7975	668	1419
-401	4	1149	173	547
-7503	17	10209	596	1910
-9457	654	19148	1414	3831
-9657	241	16738	1208	3301
-192		186	24	45

9—8 续表 13

单位:万元 （2019）

指 标	Item	营业外收入 Revenue from Excluding Business	营业外支出 Expence from Excluding Business
餐饮业	**Catering Servies**	**285**	**62**
按餐饮业行业小类分	Grouped by Catering Industry Small Class		
正餐服务	Dinner Service	265	62
正餐服务	Dinner Service	265	62
餐饮配送及外卖送餐服务	Catering delivery and take out service	20	
外卖送餐服务	Take out service	20	
按登记注册类型分	Grouped By Registration Type		
内资企业	Domestic Funded Enterprises	285	62
有限责任公司	Limited Liability Corporations	122	11
国有独资公司	State-owned Enterprises	3	
其他有限责任公司	Other Limited Liability Corporations	119	11
股份有限公司	Share-holding Corporations Ltd.		
私营企业	Private Enterprises	162	52
私营有限责任公司	Private Limited Liability Corporations	162	52
私营股份有限公司	Private Share-holding Corporations Ltd.		
按控股情况分	Grouped By Controlling Stake		
国有控股	State-owned	111	4
私人控股	Private	174	58
按经营形式分	Grouped By Business Form		
独立门店	Indipendent Stores	265	62
其他	Others	20	
按单位规模分	Grouped By Unit Scale		
中型	Medium-scale	225	33
小型	Small-scale	59	29
微型	Miniature		
按经营地分	By place of operation		
城镇	Town	285	62
其中:城区	Including: urban area	270	55
乡村	Rural		
住宿业按地区分组	**Accommodation Industry Grouped by Region**	**367**	**136**
银川市	Yinchuan	367	136
兴庆区	Xingqing	201	67
西夏区	Xixia	1	1
金凤区	Jinfeng	157	67
永宁县	Yongning		
贺兰县	Helan		
灵武市	Lingwu	9	2
餐饮业按地区分组	**Catering Industry Grouped by Region**	**285**	**62**
银川市	Yinchuan	285	62
兴庆区	Xingqing	220	42
西夏区	Xixia	23	
金凤区	Jinfeng	27	13
永宁县	Yongning		
贺兰县	Helan	15	7
灵武市	Lingwu		

continued

(10 000yuan)

损益及分配 Profit and loss and distribution		人工成本及增值税 Labor cost and VAT		从事住宿和餐饮业活动的从业人员平均人数(人) Average Number of Employees Engaged in the Accommodation and Catering Industry(person)
利润总额 Total Profits	应交所得税 Tax Payable	应付职工薪酬 Benefits of Employee Payable	应交增值税 Added Tax Payable	
-874	**208**	**10317**	**689**	**2343**
-960	206	8353	689	2087
-960	206	8353	689	2087
85	2	1964		256
85	2	1964		256
-874	208	10317	689	2343
-455	-6	2758	267	532
79		309	64	79
-534	-6	2449	204	453
2			2	28
-422	214	7559	420	1783
-450	200	7169	397	1715
28	13	390	23	68
81	-6	1519	64	246
-955	214	8798	625	2097
-974	206	8353	686	2047
99	2	1964	3	296
315	-4	4787	55	792
-1195	210	5530	628	1439
5	2		6	112
-874	208	10317	689	2343
-664	46	9051	550	2026
-9649	**654**	**19334**	**1437**	**3876**
-9649	654	19334	1437	3876
-3796	227	11294	939	2196
-193	2	212	29	55
-5668	12	6745	314	1300
406	406	276	42	137
-399	7	807	112	188
-874	**208**	**10317**	**689**	**2343**
-874	208	10317	689	2343
183	40	4640	242	976
165	2	2273	64	335
-1067	4	2137	245	681
-211	162	1266	138	317
56		2		34

9—9 亿元以上商品交易市场成交情况

单位:万元 （2019）

指 标	Item	市场个数(个) Number of Markets (unit)
总 计	**Total**	**22**
按经营环境分	**Grouped by Business Environment**	
露天式	Open Air	2
封闭式	Closed	19
其他	Others	1
按经营方式分	**Grouped by Star**	
批发	Wholesale	12
零售	Retail	10
按市场类别分	**Grouped by Market**	
综合市场	Integrated Markets	5
工业消费品综合市场	Industrial Products Integrated Markets	1
农产品综合市场	Farm Produce Comprehensive Markets	3
其他综合市场	Others	1
专业市场	Special Markets	17
生产资料市场	Production Markets	4
农业生产用具市场	Agricultural Productions Markets	1
木材市场	Wood Markets	
金属材料市场	Metal Materials Markets	2
机械设备市场	Machinery and Equipment Markets	1
农产品市场	Agricultural Products Markets	4
粮油市场	Grain and Oil Markets	1
蔬菜市场	Vegetables Markets	1
水产品市场	Aquatil Products Markets	1
干鲜果品市场	Fresh and Dried Fruits Markets	1
其他农产品市场	Others	
纺织、服装、鞋帽市场	Textile, Garments, Footwear and Hat Wear Markets	3
布料及纺织品市场	Textiles and Textile Goods Markets	
服装市场	Garments	
鞋帽市场	Footwear and Hat Wear Markets	
其他纺织服装鞋帽市场	Others	3
日用品及文化用品市场	Daily Use Articles and Cultaral Goods Markets	
其他日用品及文化用品市场	Others	
电器、通讯器材、电子设备市场	Electrical,Communication Appliances and ElectronicEquipment Markets	1
通讯器材市场	Communication Appliances Markets	
计算机及辅助设备市场	Computer and Assistant Appliances Markets	1
家具、五金及装饰材料市场	Furniture,Hardware & Electrical Materials and Decoration Materials Markets	4
家具市场	Furniture Markets	2
其他装饰材料市场	Building and Decoration Materials Markets	2
灯具市场	Lamps Markets	
其他装修市场	Others	2
汽车、摩托车及零配件市场	Automotive,Motorcycle and Accessories Markets	1
汽车市场	Automotive Markets	1

Basic Statistics on Commodity Exchange Markets of Transaction Value

（10 000yuan）

总摊位数 （个） Number of Booths （unit）	成交额 （万元） Turnover （10 000yuan）	营业面积 （平方米） Area of business （square meter）
18494	**1816422**	**1986746**
1757	32531	292470
14279	1300153	1223376
2458	483738	470900
11958	1561131	1379242
6536	255291	607504
3835	186029	159700
362	18714	48742
2410	74381	76958
1063	92934	34000
14659	1630393	1827046
2181	558795	291102
185	137000	16144
1700	396995	242470
296	24800	32488
4426	744407	879460
38	13708	7160
1517	78019	370000
413	168942	31400
2458	483738	470900
5496	156109	120000
5496	156109	120000
280	35047	6800
280	35047	6800
1444	125535	329684
724	54449	142213
720	71086	187471
720	187471	71086
832	10500	200000
832	10500	200000

9—10 利用外资情况

Utilization of Foreign Capital

单位:万美元　　　　（2019）　　　　（USD 10 000）

指　标	Item	新批外资企业数（个）Number of newly approved foreign funded enterprises (unit)	项目总投资 Total Investment of Project	合同外资 Contracted Foreign Investment	实际利用外资 Actual Utilization of Foreign Capital
直接利用外资	Foreign Direct Investment	19	18155.03	10568.35	20022.77
中外合资企业	Sino-foreign Joint Ventures	13	8259.08	2159.17	16777.04
外商独资企业	Foreign Funds Enterprises	5	2610.70	2508.98	3245.73

9—11 进出口贸易总额

Number of Major Export Commodities

单位:亿元　　　　（2019）　　　　（100 million yuan）

指　标	Item	合计 Total
进出口贸易总额	**Total Trade Value of Imports and Exports**	**157.60**
出口贸易总额	Total Trade Value of Exports	104.40
进口贸易总额	Total Trade Value of Imports	53.20

9—12 主要出口商品数量

Number of Major Export Commodities

指　标	Item	单位	Unit	2019 年
铁合金	Ferrosilicon	千克	Kilogram	11051
碳化硅	Silicon Carbide	千克	Kilogram	19442348
抗菌素	Antibiotics	千克	Kilogram	1572538
机车用柴油机的零件	Parts of Diesel Engines For Locomotives	千克	Kilogram	4833098
汽轮机零件	Turbine Parts	千克	Kilogram	587503
制成的饲料添加剂	Made of Feed Additives	千克	Kilogram	29297065
其他未混合的水果汁	Unmixed fruit juice	千克	Kilogram	1279061
葡萄酒	Wine	升	Litre	45459
天然蜂蜜	Natural Honey	千克	Kilogram	2180200

9—13 旅游情况

Basic Statistics of Traveling

指　标	Item	单位	Unit	2019 年	2018 年
接待国内游客总人数	Total Number of Domestic Visitors	万人次	10 000 person-times	1642.00	1658.21
接待国内游客总收入	Total Income of Domestic Visitors	亿元	100 million yuan	168.00	148.80
接待国内游客人均花费额	Per Capita Amount of Domestic Visitors	元	yuan	1023.14	897.35
接待海外旅游者	Number of Overseas Tourists	人次	person-times	78811.00	53791.00
旅游外汇收入	Tourism Exchange Income	万美元	USD 100 million	3783.00	2958.50

注：接待国内游客人均花费额类不含农家乐部分。
a)The per capita amount of domestic visitors does not agritainment.

主要统计指标解释

【社会消费品零售总额】 指国民经济各行业直接售给城乡居民和社会集团的消费品总额，它是反映各行业通过多种商品流通渠道向居民和社会集团供应的生活消费品总量，是研究国内零售市场变动情况、反映经济景气程度的重要指标。

社会消费品零售总额包括：(1) 售给城乡居民作为生活用的商品和修建房屋用的建筑材料；(2) 售给社会集团的各种办公用品和公用消费品；(3) 售给机关、团体、学校、部队、企业、事业单位的职工食堂和旅店(招待所)附设专门供本店旅客食用，不对外营业的食堂的各种食品、燃料；企业单位和国营农场直接售给本单位职工和职工食堂的自己生产的产品；(4)售给部队干部、战士生活用和粮食、副食品、衣着品、日用品、燃料；(5)售给来华的外国人、华侨、港澳台同胞的消费品；(6)居民自费购买的中、西药品、中药材及医疗用品；(7)报社、出版社直接售给居民和社会集团的报纸、图书、杂志，集邮公司出售的新、旧纪念邮票、特种邮票、首日封、集邮册、集邮工具等；(8)旧货寄售商店自购、自销部分的商品；(9)煤气公司、液化石油气站售给居民和社会集团的煤气灶具和罐装液化气石油气；(10) 农民售给非农业居民和社会集团的商品。不包括售给国民经济各部门企业、事业单位(包括国有经济的农场)生产经营用的各种原材料、燃料、设备、工具等和售给批发零售贸易业、餐饮业作为转卖用的商品，旧货寄售商店受托寄售卖出的商品，服务业的营业收入，邮局出售邮票的收入，自来水、电力、煤气生产(供应)单位的产品供应收入，也不包括农民之间的商品销售。

【商品销售总额】 指对本企业(单位)以外的单位和个人出售的商品金额(包括售给本单位消费用的商品，含增值税)。它反映批发零售贸易业在国内市场上销售商品以及出口商品的总量。商品销售总额包括：(1) 售给城乡居民和社会集团消费用的商品；(2)售给工业、农业、建筑业、运输邮电业、批发零售贸易业、餐饮业、服务业等作为生产、经营使用的商品；(3)售给批发零售贸易业作为转卖或加工后转卖的商品；(4)对国(境)外直接出口的商品。不包括出售本企业(单位)自用的废旧包装用品；未通过买卖行为付出的商品；经本单位介绍，由买卖双方直接结算，本单位只收取手续费的业务；购货退出的商品以及商品损耗和损失等。

【零售额】 指售给城乡居民用于生活消费和社会集团用于公共消费的商品金额。

商品零售包括：(1) 售给城乡居民的各种生活消费品，售给入境旅游的外国人、华侨、港澳台同胞的各类商品；(2)售给行政事业单位、社会团体、军队和武警等机构的商品，以及以零售方式售给各类企业的商品。具体包括：用于非生产和社会交往的办公用品，如通讯设备、计算器具和设备、电讯网络设备、文印设备、音像视听器材和设备、纸张、本册、文具及装订文印材料、家具、日用电器、针纺织品、清洁卫生用品、文体用品、奖品、纪念品、礼品等；供内部人员乘坐的交通工具和燃料；用于办公设施修缮的各类配件、材料、工具等；用于取暖和防暑降温的设备、燃料、材料及食品等；专用于教学的用品和设备；非营利医疗机构的中、西药品、中药材和医疗设备器材；非专用的劳动保护用品；不对外营业的内部食堂用的餐具、炊具、设备、清洁卫生工具和食品、燃料等；军队、武警用于其人员生活的衣着品和个人用品；其他各类非生产性设备和用品。

商品零售不包括：(1) 售给城乡居民已确知是用于生产、经营的商品；(2)售给各类农业生产者的生产资料类商品，如农机、农药化肥、农膜、种子饲料等商品；(3) 售给企业单位生产用具及生产上专用的劳动保护用品。

【营业额】 指住宿和餐饮业单位在经营活动中因提供服务或销售商品等取得的全部收入，包括：客房收入、餐费收入、商品销售额(含增值税)和其他收入。不包括法人单位附营的其他行业产业活动单位的餐费收入、商品销售收入等各项收入。

【客房收入】 指住宿和餐饮业单位在经营活动中因提供住宿服务取得的收入。不包括法人单位附营的其他行业产业活动单位的客房收入。

【餐费收入】 指住宿和餐饮业单位因为顾客提供就餐服务取得的收入。包括：经烹饪、调制加工后出售的各种食品，如主食、炒菜、凉拌菜等的收入。不包括法人单位附营的其他行业产业活动单位的餐费收入。

【其他收入】 指营业额中除客房收入、餐费收入、商品销售额(含增值税)以外的其他收入。

【进出口总额】 海关进出口总额指实际进出我国国境的货物总金额。包括对外贸易实际进出口货样。来料加工装配进出口货物，国家间、联合国及国际组织无偿援助物资和赠送品，华侨、港澳台同胞和外籍华人捐赠品，租赁期满归承租人所有的租赁货物。进料加工进出口货物。边境地方贸易及边境地区小额贸易进出口货物（边民互市贸易除外），中外合资企业、中外合作经营企业、外商独资经营企业进出口货物和公用物品，到、离岸价格在规定限额以上进出口货物和广告品(无商业价值、无使用价值和免费提供出口的除外)，从保税仓库提取在中国境内销售的进口货物，以及其他进出口货物。进出口总额用以观察一个国家在对外贸易方面的总规模，我国规定出口货物按离岸价格统计，进口货物按到岸价格统计。

【利用外资】 指我国各级政府、部门、企业和其他经济组织通过对外借款、吸收外商直接投资以及用其他方式筹措的境外现汇、设备、技术等。

财政金融保险

Governement Finance,Financial Intermediation and Insurance

10—1 主要年份地方财政收支情况

ocal Financial Revenue and Expenditure in Main Years

单位：万元 (10 000 yuan)

年份 Year	地方财政收入 Local Financial Revenue	市区 City	地方财政支出 Local Financial Expenditure	市区 City	基本建设支出 Capital Construction	农业支出 Expenditure for Surporting Rural Production	文教科学卫生 Science, education culture and healh care
1951	201	79	39	23	4		
1952	307	159	92	67	16		
1953	452	307	243	88	7	1	70
1954	850	604	337	181	91	2	79
1955	607	326	225	83	14	4	66
1956	584	341	409	198	54	5	172
1957	730	422	392	176	33	7	158
1958	773	721	1040	652	694	6	139
1959	1356	1242	1349	929	785	36	234
1960	2100	1576	2571	1761	1618	73	382
1961	1007	903	1631	876	638	113	343
1962	970	843	1194	759	439	26	319
1963	1145	982	1387	858	541	62	288
1964	1457	1108	1904	1244	871	84	499
1965	1580	1175	1641	1027	636	83	557
1966	1935	1501	1930	1207	742	83	578
1967	1434	1101	1520	892	651	42	461
1968	1260	913	1455	941	664	27	435
1969	2198	1782	1932	1298	1043	13	520
1970	2827	2381	2294	1430	1234	34	568
1971	3277	2798	2837	1527	1095	48	625
1972	3886	3265	3069	1873	975	80	709
1973	4449	3657	3451	2163	837	118	756
1974	4574	3655	3885	2507	1211	153	834
1975	5467	4308	4324	2410	1200	191	901
1976	5333	4037	5214	2528	1993	158	993
1977	5522	4057	5257	2776	1682	188	1035
1978	7254	5413	6833	3915	2317	202	
1979	7117	5441	8272	4688	2337	1955	
1980	3881	2396	6669	3411	276	1932	
1981	3160	1671	5153	2416	217	1070	

10—1 续表 continued

单位:万元 (10 000 yuan)

年份 Year	地方财政收入 Local Financial Revenue	市区 City	地方财政支出 Local Financial Expenditure	市区 City	基本建设支出 Capital Construction	农业支出 Expenditure for Surporting Rural Production	文教科学卫生 Science, education culture and healh care
1982	3958	2271	7478	4221	501	1052	
1983	4087	2554	9219	5669	723	1335	
1984	5833	4080	12048	7390	809	1199	
1985	13171	10544	12223	6974	744	1472	
1986	14056	11251	17413	10993	1242	1513	
1987	15941	12815	15306	8986	368	1578	
1988	18850	15133	18230	10862	436	2023	
1989	21277	17458	21238	13674	470	2425	
1990	22965	19173	22367	14382	453	2315	
1991	26391	22130	26179	18147	493	1680	
1992	24737	19790	25198	16805	641	2136	
1993	31260	24223	31211	19732	866	2614	
1994	19598	14899	33718	21292	797	1878	
1995	26402	20868	42954	28799	1641	1673	
1996	42468	32474	51499	35104	2487	2279	
1997	54396	41935	66118	45690	2297	3099	
1998	74720	61745	85335	63941	2360	3394	
1999	80515	66323	90549	67040	2694	3369	
2000	94989	79183	123786	91481	16031	3416	
2001	123089	103303	163850	118290	25296	3530	
2002	133234	112189	202666	147863	36049	4689	
2003	160561	137437	234359	177796	29063	9665	
2004	194609	162362	284863	215923	30969	12876	
2005	249307	210424	343573	254325	35907	14021	
2006	299372	244279	431830	306971	47976	16419	
2007	539726	389012	744479	499537			
2008	646674	467143	926417	613012			
2009	925713	655309	1114240	641419			
2010	1379942	932676	1768768	1041810			
2011	1801422	1253585	2377933	1515983			
2012	1873131	1331335	2672293	1693464			
2013	2232886	1623472	3077821	1943088			
2014	2517282	1785730	3685557	2379303			
2015	2438310	1622913	3718067	2330739			
2016	2276231	1632488	3970408	2668690			
2017	2245024	1494755	3924870	2479659			
2018	2355961	1683905	4413415	2869232			
2019	2164968	1600978	4497767	2826260			

10—2 地方财政收入

Local Financial Revenue

单位:万元 （2019） （10 000 yuan）

指 标	Item	合计 Total	市区 City	永宁县 Yongning	贺兰县 Helan	灵武市 Lingwu
本年收入总计	**Total Government Revenue This Year**	**2164968**	**1600978**	**87805**	**166238**	**309947**
一般公共预算收入	**General Budget Revenue**	**1547084**	**1084800**	**71733**	**120927**	**269624**
税收收入	Total Tax Revenue	1055982	702394	38841	100219	214528
增值税	Value-added Tax	428383	281495	15546	30637	100705
企业所得税	Corporate Income Tax	89632	64178	1122	6247	18085
个人所得税	Individual Income Tax	35249	26060	1197	1744	6248
资源税	Resource Tax	0	0	0	0	0
城市维护建设税	City Maintenance and Construction Tax	110549	83022	2573	5261	19693
房产税	House Property Tax	66645	41371	2620	5071	17583
印花税	Stamp Tax	34778	23186	1448	2775	7369
城镇土地使用税	Urban Land Use Tax	49201	16812	4549	7789	20051
土地增值税	Land Appreciation Tax	48002	37615	1445	8300	642
车船税	Tax on Vehicles and Boat Operation	26450	18334	865	5336	1915
耕地占用税	Farm Land Occupation Tax	20242	3889	1222	3196	11935
契税	Deed Tax	140410	105341	6150	23390	5529
非税收入	Total Non-tax Revenue	491102	382406	32892	20708	55096
专项收入	Special Program Recipts	116616	92134	3491	6298	14693
行政事业性收费收入	Charge of Administrative and Institutional Units	34992	19827	5004	8599	1562
罚没收入	Penalty Receipts	30207	15670	1913	3732	8892
国有资本经营收入	Operating Income of State-owned Capital	28162	2121	18612	0	7429
国有资源(资产)有偿使用收入	Income from National Resources(assets)Paid Using	187621	164925	2725	1392	18579
其他收入	Other Income	11219	9115	76	72	1956
基金预算收入	**Fund Budget Revenue**	**613649**	**513045**	**16072**	**45311**	**39221**
国有土地使用权出让收入	Income from the use of state-owned land	572052	477204	14793	41227	38828
国有资本经营预算收入	**State-owned Capital Management Budget Revenue**	**4235**	**3133**	**0**	**0**	**1102**
国有资本经营收入	Income from State-owned Capital Operation	4235	3133	0	0	1102

10—3 地方财政支出

Local Financial Expenditure

单位:万元 （2019） （10 000 yuan）

指 标	Item	合计 Total	市区 City	永宁县 Yongning	贺兰县 Helan	灵武市 Lingwu
本年支出总计	**Total Government Expenditure This Year**	**4497767**	**2826260**	**399620**	**445954**	**825933**
一般公共预算支出	**General Budget Expenditure**	**3464668**	**2080678**	**364502**	**326568**	**692920**
一般公共服务支出	Expenditure for General Public Services	252566	177575	19630	20479	34882
国防支出	Expenditure for National Defense	0	0	0	0	0
公共安全支出	Expenditure for Public Security	140710	105457	10455	11684	13114
教育支出	Expenditure for Education	408302	252448	46825	48663	60366
科学技术支出	Expenditure for Science and Technology	87788	68486	1008	5415	12879
文化旅游体育与传媒支出	Cultural tourism, sports and media expenditure	51366	40519	3699	3283	3865
社会保障和就业支出	Expenditure forSocial Safety Net and Employment Effort	333412	194544	38127	45612	55129
卫生健康支出	Health expenditure	223161	150291	24531	17236	31103
节能环保支出	Expenditure for Environment Protection	134414	63458	10715	16058	44183
城乡社区支出	Expenditure forUrban and Rural Community Affairs	817078	499472	97873	43237	176496
农林水支出	Expenditure for Agriculture,Forestryand Water Conservancy	273855	92576	65724	59114	56441
交通运输支出	Expenditure for Transportation	82722	60357	12247	3599	6519
资源勘探信息等支出	Expenditure for Resource xploration,Electricityand Information Technology	331305	194425	1058	16222	119600
商业服务业等支出	Expenditure for Business Service Industry Affairs	36203	18505	4719	8408	4571
金融支出	Expenditure for Financial	-2563	-2580	0	10	7
自然资源海洋气象等支出	Expenditure on natural resources, marine meteorology, etc	38979	29973	2141	3044	3821
住房保障支出	Expenditure for Affordable Houses	103991	51073	5349	13616	33953
粮油物资储备支出	Expenditure for Reserve for Cereals and Oils	3499	3369	0	52	78
灾害防治及应急管理支出	Expenditure on disaster prevention and emergency management	18011	10801	728	1442	5040
其他支出(类)	Other Expenditure	5243	4599	22	300	322
债务付息支出	Expenditure for Debt Principal and Interest	124626	65330	19651	9094	30551
政府性基金支出	**Governmental fund Expenditure**	**1031883**	**745582**	**35118**	**119386**	**131797**
国有土地使用权出让相关支出	Expenditure for State-owned Land Use Right Transfer	500563	410028	220	44501	45814
农业土地开发资金相关支出	Expenditure for Agricultural Land Development Funds	450	0	106	321	23
城市基础设施配套费相关支出	Expenditure for The cost of the urban infrastructure	29109	28230	0	879	0
污水处理费相关支出	Expenditure for Sewage Disposal	15134	13275	600	878	381
彩票公益金相关支出	Expenditure for Lottery Ticket Public Welfare Fund	14362	8675	979	1395	3313
其他政府性基金相关支出	Other Expenditure	237967	110639	249	47323	79756
国有资本经营支出	**Expenditure for State-owned Capital Operation**	**1216**	**0**	**0**	**0**	**1216**

注:自 2017 年起散装水泥专项资金相关支出指标并入新型墙体材料专项基金相关支出。
a)From 2017, the expenditure target of Bulk Cement Special Fund will be merged into the expenditure of New Wall Materials Special Fund.

10—4 主要年份金融机构存、贷款余额

Total Deposits and Loans of Financial Institutions in Main Years

单位:万元 (10 000 yuan)

年份 Year	各项存款余额 Total Deposits	国家银行 State Bank	居民储蓄 Saving Deposits	各项贷款余额 Total Loans	国家银行 State Bank	工业贷款 Loans to Industrial Sector	商业贷款 Loans to Commercial Sector	农业贷款 Loans to Agricultural Sector
1951	27	27	8	13	13		2	7
1952	51	51	12	25	25		2	10
1953	92	92	19	39	39	2	5	21
1954	1137	1137	135	1092	1092	28	43	19
1955	2256	2256	155	2605	2605	80	1213	29
1956	2525	2525	248	2966	2966	50	569	178
1957	3282	3282	355	3523	3523	10	426	118
1958	5898	5898	413	6088	6088	225	1700	49
1959	19157	19157	625	19480	19480	1548	4528	89
1960	31169	31169	757	31608	31608	3248	2093	167
1961	18809	18809	752	19481	19481	2002	8101	178
1962	12994	12994	936	13213	13213	883	633	536
1963	9310	9310	670	10824	10824	538	1767	520
1964	8908	8908	892	9326	9326	456	2294	404
1965	13077	13077	1009	13907	13907	256	3375	438
1966	21340	21340	1195	20958	20958	415	6076	966
1967	23802	23802	1291	24300	24300	489	6405	804
1968	21700	21700	1361	22263	22263	679	6991	633
1969	26827	26827	1333	27592	27592	848	7299	577
1970	26021	26021	1455	27210	27210	2461	10592	563
1971	29952	29952	1723	30038	30038	5528	13362	751
1972	26818	26818	2025	27003	27003	4970	12852	379
1973	29112	29112	2303	28643	28643	2019	13350	354
1974	28487	28487	2575	28972	28972	4309	12420	337
1975	36203	36203	2774	36696	36696	3864	14235	445
1976	37683	37683	2957	38506	38506	4596	12950	642
1977	41410	41410	3383	42337	42337	4041	14454	759
1978	49659	49659	3903	50310	50310	3802	17152	934
1979	50928	50928	5135	50453	50453	4044	17681	1131
1980	83659	83659	6734	83659	83659	6700	16611	908
1981	98680	98680	8862	99103	99103	7519	20505	758

10—4 续表 continued

单位:万元 (10 000 yuan)

年份 Year	各项存款余额 Total Deposits	国家银行 State Bank	居民储蓄 Saving Deposits	各项贷款余额 Total Loans	国家银行 State Bank	工业贷款 Loans to Industrial Sector	商业贷款 Loans to Commercial Sector	农业贷款 Loans to Agricultural Sector
1982	71523	71523	11802	72742	72742	6803	22173	676
1983	107439	107439	15814	106354	106354	8699	20620	464
1984	148583	148583	23568	149627	149627	12361	24332	4228
1985	95110	95110	30382	98640	98640	26876	40067	4992
1986	115343	115343	42416	126374	126374	36572	46583	6282
1987	128112	128112	57368	170829	170829	47666	55486	8961
1988	149310	149310	71642	224608	224608	62190	79357	8570
1989	180472	180472	93624	257532	257532	78071	89926	11639
1990	225386	225386	122634	311791	311791	108775	100529	12956
1991	281564	281564	154230	399997	399997	131676	107238	13563
1992	345822	345822	186737	468094	468094	156467	128217	13913
1993	416441	416441	236156	570809	570809	184433	151318	15877
1994	674904	549733	362184	796435	690839	205252	168235	26422
1995	863818	708656	493414	900108	782052	233542	175200	23903
1996	1097742	933259	628206	1051645	931411	294426	239680	27268
1997	1242053	1091149	714143	1201302	1032897	328032	275001	33885
1998	1389316	1215715	813962	1310574	1164919	335518	290594	42587
1999	1903393	1642217	913344	1848119	1655668	377651	433091	46311
2000	2232318	1885173	998236	2053071	1774688	362999	373399	49141
2001	2813614	2319854	1239655	2353019	1970644	405628	315090	75352
2002	3583910	2666719	1548067	2854180	2177933	407808	283762	136569
2003	4641305	3069964	1930771	3724738	2543640	458811	262614	218000
2004	5139463	3455615	2188016	4013796	2840865	496620	267837	261023
2005	6126851	4200698	2649514	5517095	4152282	456304	308036	331312
2006	7182299		3063847	6612150		450296	336665	356859
2007	8096592		3264143	7960248		669992	371927	390264
2008	9939064		4231523	9650819		1172224	292573	330976
2009	12789671		5194029	12891250		1142625	325506	410443
2010	15979613		6344542	16410628				
2011	18101999		7252604	19454215				
2012	21082811		9014685	22829704				
2013	23409309		10152220	26606157				
2014	26089685		10898949	31859330				
2015	30177702		13049710	36539817				
2016	33434020		13913467	40765663				
2017	35872321		14969408	44603072				
2018	37045588		13535639	47978695				
2019	40137730		15361820	51506746				

10—5 金融机构年末存、贷款余额

Total Deposits and Loans of Financial Institutions at Year-end

单位:万元 （2019） （10 000 yuan）

指 标	Item	合计 Total	市区 City	永宁县 Yongning	贺兰县 Helan	灵武市 Lingwu
年末各项存款余额	**Total Deposits at Year-end**	**40137730**	**34875947**	**1456745**	**1813019**	**1992018**
境内存款	Domestic Deposits	40088843	34827892	1456551	1812605	1991795
住户存款	Households Deposits	18670136	14837104	1152530	1376349	1304153
活期存款	Demand Deposits	6877989	5503074	351504	438285	585126
定期及其他存款	Time Deposits and Others	11792147	9334030	801026	938064	719027
非金融企业存款	Non-financial Deposits	10642439	9946869	117643	218019	359908
活期存款	Demand Deposits	5027661	4604949	73473	126345	222894
定期及其他存款	Time Deposits and Others	5614777	5341920	44169	91674	137014
财政性存款	Fiscal Deposits	1881871	1826286	4313	5209	46063
机关团体存款	Organizations & communities Deposits	7820187	7143423	182066	213027	281671
非银行业金融机构存款	Non-banking Financial Institutions Deposits	1074210	1074210	0	0	0
境外存款	Overseas Deposits	48887	48056	194	415	223
年末各项贷款余额	**Total Loans at Year-end**	**51506746**	**47138595**	**1370467**	**1194532**	**1803151**
境内贷款	Domestic Loans	51505887	47137772	1370431	1194532	1803151
住户贷款	Households Loans	12547955	10283075	772283	766455	726142
短期贷款	Short-term Loans	3731185	2752964	345193	276796	356233
消费贷款	Consumption Loans	2456949	2131380	135404	75955	114209
经营贷款	Business Loans	1274236	621584	209788	200841	242024
中长期贷款	Medium & Long-term Loans	8816770	7530111	427091	489660	369909
消费贷款	Consumption Loans	7295361	6540484	296668	292031	166178
经营贷款	Business Loans	1521409	989627	130423	197629	203730
非金融企业及机关团体贷款	Non-financial Corporationsand Organizations& communities Loans	38857931	36754697	598148	428077	1077010
短期贷款	Short-term Loans	6721232	6058957	207434	176641	278200
中长期贷款	Medium & Long-term Loans	27397653	26189316	336433	153183	718721
票据融资	Bill Financing	4723240	4490817	54282	98253	79889
各项垫款	Every Advance Money	15806	15607	0	0	200
境外贷款	Overseas Loans	859	823	36	0	0

10—6 中资全国性大型银行年末存、贷款余额

Total Deposits and Loans of Financial Institutions at Year-end

单位:万元 （2019） （10 000 yuan）

指 标	Item	合计 Total	市区 City	永宁县 Yongning	贺兰县 Helan	灵武市 Lingwu
年末各项存款余额	**Total Deposits at Year-end**	**18508836**	**16081809**	**705709**	**717111**	**1004206**
境内存款	Domestic Deposits	18461220	16035025	705515	716696	1003984
个人存款	Personal Deposits	8922134	7273654	499764	521494	627223
活期储蓄存款	Demand Savings Deposits	4579380	3621672	256725	280540	420444
定期储蓄存款	Time Savings Deposits	1492350	1202194	112945	111220	65992
结构性存款	Structured Deposits	739034	677602	21825	14823	24785
单位存款	Unit Deposits	9217996	8440410	205751	195074	376760
活期存款	Demand Savings Deposits	4936017	4476926	100306	126781	232003
定期存款	Time Savings Deposits	1543176	1431872	65099	11819	34386
保证金存款	Margin Deposit	468447	394977	21583	34319	17568
结构性存款	Structured Deposits	162547	131804	5100	9900	15743
国库定期存款	Treasury Time Deposit	267200	267200	0	0	0
非存款类金融机构存款	Non-deposit Financial Institutions Deposits	53890	53761	0	129	0
境外存款	Overseas Deposits	47615	46784	194	415	223
年末各项贷款余额	**Total Loans at Year-end**	**32623732**	**30689021**	**509134**	**364169**	**1061408**
境内贷款	Overseas Loans	32623010	30688335	509098	364169	1061408
短期贷款	Short-term Loans	4550168	4015525	175232	123240	236172
个人贷款及透支	Personal Loans and Overdrafts	1074951	844546	76266	55518	98621
个人消费贷款	Personal Consumption Loans	875102	742554	32039	36136	64373
单位贷款及透支	Unit Ordinary Loans and Overdrafts	3375217	3070978	98965	67722	137551
经营贷款及透支	Business Loans and Overdrafts	3116887	2821833	96529	67722	130803
固定资产贷款	Fixed Asset Loans	9902	5748	0	0	4154
贸易融资	Trade Finance	248428	243398	2437	0	2594
中长期贷款	Medium & Long-term Loans	25288638	23955370	290727	240094	802447
个人贷款	Personal Loans	5005886	4355231	239135	234811	176709
个人消费贷款	Personal Consumption Loans	4687420	4091517	225482	221847	148574
单位贷款	Corporate Loans	20282752	19600139	51593	5283	625737
经营贷款	Business Loans	2198557	2125824	5146	1278	66309
固定资产贷款	Fixed Asset Loans	18025945	17416065	46446	4005	559428
并购贷款	Annexation loans	21200	21200	0	0	0
贸易融资	Trade Financing	37050	37050	0	0	0
票据融资	Bill Financing	2769325	2702562	43139	835	22790
各项垫款	Every Advance Money	14878	14878	0	0	0
境外贷款	Overseas Loans	722	686	36	0	0

10—7 政策性银行年末存、贷款余额

Total Deposits and Loans of Policy Banks at Year-end

单位:万元　　　　(2019)　　　　(10 000 yuan)

指　标	Item	合计 Total	市区 City	永宁县 Yongning	贺兰县 Helan	灵武市 Lingwu
年末各项存款余额	**Total Deposits at Year-end**	**174728**	**140366**	**10049**	**8478**	**15836**
单位存款	Unit Deposits	174728	140366	10049	8478	15836
活期存款	Demand Savings Deposits	152648	120837	9499	6677	15635
定期存款	Time Savings Deposits	18966	17216	550	1000	200
保证金存款	Margin Deposit	3114	2313		801	1
年末各项贷款余额	**Total Loans at Year-end**	**1743763**	**1312396**	**246793**	**100472**	**84102**
短期贷款	Short-term Loans	343385	228493	62931	11798	40162
单位贷款及透支	Unit Ordinary Loans and Overdrafts	343385	228493	62931	11798	40162
经营贷款及透支	Business Loans and Overdrafts	343385	228493	62931	11798	40162
中长期贷款	Medium & Long-term Loans	1400378	1083903	183862	88674	43940
单位贷款	Corporate Loans	1400378	1083903	183862	88674	43940
非存款类金融机构贷款	Non-deposit Financial Institutions Loans	0	0	0	0	0
票据融资	Bill Financing	0	0	0	0	0
融资租赁	Finance Leases	0	0	0	0	0
各项垫款	Every Advance Money	0	0	0	0	0

注:2010 年国家开发银行进行了股改,表中政策性银行仅包括农业发展银行。

a)The National Development Bank shares changed in 2010, Policy banks in the table only includes the Agricultural Develpoment Bank.

10—8 地方性金融机构年末存、贷款余额

Total Deposits and Loans of Local Financial Institutions at Year-end

单位:万元　　　　(2019)　　　　(10 000 yuan)

指 标	Item	合计 Total	市区 City	永宁县 Yongning	贺兰县 Helan	灵武市 Lingwu
年末各项存款余额	**Total Deposits at Year-end**	**15937456**	**13256678**	**736674**	**1018191**	**925913**
个人存款	Personal Deposits	8513193	6367462	652765	816035	676930
活期储蓄存款	Demand Savings Deposits	1714853	1309271	94779	146121	164682
定期储蓄存款	Time Savings Deposits	6017793	4298453	549104	665464	504772
结构性存款	Structured Deposits	700834	689570	3551	2272	5441
单位存款	Unit Deposits	6361951	5826903	83909	202156	248983
活期存款	Demand Savings Deposits	2919990	2583463	57878	136387	142261
定期存款	Time Savings Deposits	1669722	1527523	22178	38674	81346
保证金存款	Margin Deposit	1636274	1583189	3821	26389	22875
结构性存款	Structured Deposits	19212	19141	31	0	40
非存款类金融机构存款	Treasury Time Deposit	908263	908263	0	0	0
年末各项贷款余额	**Total Loans at Year-end**	**12349792**	**10416055**	**614540**	**661556**	**657641**
短期贷款	Short-term Loans	4541883	3595282	314464	274039	358099
个人贷款及透支	Personal Loans and Overdrafts	2568483	1821118	268926	220826	257612
个人消费贷款	Personal Consumption Loans	1515744	1323098	103365	39445	49836
单位贷款及透支	Unit Ordinary Loans and Overdrafts	1833400	1634164	45537	53213	100487
经营贷款及透支	Business Loans and Overdrafts	1797255	1598019	45537	53213	100487
固定资产贷款	Fixed Asset Loans	36145	36145	0	0	0
贸易融资	Trade Finance	0	0	0	0	0
中长期贷款	Medium & Long-term Loans	6436941	5615663	288934	290100	242243
个人贷款	Personal Loans	2701133	2089103	187956	230874	193199
个人消费贷款	Personal Consumption Loans	1579472	1443239	71186	47443	17604
单位贷款	Corporate Loans	3735808	3526560	100978	59226	49044
经营贷款	Business Loans	2937063	2782054	69843	47391	37774
固定资产贷款	Fixed Asset Loans	798746	744506	31135	11835	11270
票据融资	Bill Financing	1370041	1204381	11143	97418	57099
各项垫款	Every Advance Money	928	728	0	0	200

注:地方性金融机构包括宁夏银行、石嘴山银行、农村商业银行、农村信用社、村镇银行。

a)Local financial institutions included Bank of Ningxia, Yellow River Rural Commercial Bank, Rural Credit Cooperatives and Village Bank.

10—9 保险业务情况

Basic Statistics for Insurance Companies

单位:万元　　　　(2019)　　　　(10 000 yuan)

指　标	Item	保费收入 Premium	赔款支出 Reparation
总计	**Total**	**1159567.04**	**359275.32**
财产险	**Property Insurance**	**388938.65**	**205030.35**
企业财产险	Enterprise Property Insurance	17151.37	20437.25
家庭财产险	Family Property Insurance	1550.76	1200.21
责任险	Liability Insurance	25087.39	12449.62
机动车辆险	Motor Vehicle Insurance	256848.07	124710.19
货物运输险	Freight Transport Insurance	1310.2	1184.67
工程险	Engineering Insurance	1336.62	1991.42
农业险	Agriculture Insurance	22254.31	16616.9
其他险	Other Insurance	63399.93	26440.09
人身险	**Personal Accident Insurance**	**770628.39**	**154244.95**
人寿险	Life Insurance	527392.22	109065.69
意外伤害险	Accident Injury Insurance	31355.15	7062.13
健康险	Health Insurance	211881.01	38117.13

主要统计指标解释

【一般公共预算收入】 指属于地方一般公共预算的收入，包括地方企业上交利润，城市维护建设税（不含铁道部门、各银行总行、各保险公司总公司集中缴纳的部分），房产税，城镇土地使用税，土地增值税，车船税，耕地占用税，契税，烟叶税，印花税，增值税 25%部分，纳入共享范围的企业所得税 40%部分，个人所得税 40%部分，证券交易印花税 3%部分，海洋石油资源税以外的其他资源税，地方非税收入等。

【税收收入】 包括增值税、消费税、企业所得税、企业所得税退税、个人所得税、资源税、固定资产投资方向调节税、城市维护建设税、房产税、印花税、城镇土地使用税、土地增值税、车船税、耕地占用税、契税、烟叶税和其他税收收入。

【企业所得税】 指税务机关按《中华人民共和国企业所得税暂行条例》征收的企业所得税及依照《中华人民共和国外商投资企业和外国企业所得税法》征收的外商投资企业和外国企业所得税。税务机关对港澳台商投资企业征收的企业所得税也包括在内。

【个人所得税】 指反映按照《中华人民共和国个人所得税法》和《对储蓄存款利息所得征收个人所得税的实施办法》征收的个人所得税。

【一般公共预算支出】 指一般公共服务，公共安全支出，地方统筹的各项社会事业支出等。

【一般公共服务支出】 指政府提供一般公共服务的支出。

【年末金融机构人民币各项存款余额】 指企业、机关、团体和居民根据可以收回的原则，把货币存入银行或其他信用机构保管并取得一定利息的年末货币总量。

【年末金融机构人民币各项贷款余额】 指年终时银行或其他信用机构根据必须归还的原则，按一定利率，为企业、个人等提供资金贷款的总额。不包括外币贷款。

【住户存款余额】 指城乡居民在某一时点上，在银行和其他金融机构的本（人民币）、外币储蓄存款总额。不包括居民的手存现金和工矿企业、部队、机关、团体等单位存款。

【保费收入】 保险费收入指投保人或被保险人为获得保险保障而付给保险人的代价。储金收入指投保人为取得经济保障而存入保险公司的存款，保险期满，保险公司连同部分利息退还投保人。

【赔款支出】 赔款指财产保险在被保险财产发生保险合同规定的损失后，保险公司按实际损失给予的经济补偿金额。给付指人身保险在保险责任发生的意外伤害或事故及返还性保险期满，保险公司给保险人支付的款项。

人民生活和物价

people´s living conditions ang price indices

11—1 主要年份城市居民收支及价格指数情况

Income and Expenditure of Uran Households and Price Indices in Main Years

年份 Year	城镇居民人均可支配收入(元) Per Capita Disposable Income of Uran Households(yuan)	城镇居民人均消费性支出(元) Per Capita Consumption Expenditure of Uran Households(yuan)	恩格尔系数(%) Engel's Coefficient (%)	居民消费价格总指数(%) Consumer price Index(%)	服务项目价格指数(%) Service Items Price Price (%)	商品零售价格指数(%) Retail Price Index (%)
1949	118.64	110.96	60.1			
1950	136.13	135.94	60.1			
1951	156.15	166.52	60.1	123.7		113.3
1952	179.24	204.02	60.1	106.7		102.6
1953	187.00	205.38	60.0	104.7		102.8
1954	195.04	206.70	59.9	101.4		102.1
1955	203.43	208.05	59.9	100.7		101.2
1956	212.18	209.44	59.8	100.1		100.2
1957	221.56	211.09	59.7	102.5		101.5
1958	222.31	210.03	60.0	102.4		101.7
1959	222.97	209.52	60.2	102.9		102.0
1960	223.64	209.74	60.2	104.3		104.4
1961	224.31	210.79	60.0	120.2		120.6
1962	224.99	212.85	59.5	95.1		95.3
1963	226.08	216.48	58.7	88.9		89.1
1964	233.73	218.25	58.7	94.9		95.7
1965	263.90	235.81	57.0	97.7		97.5
1966	268.74	238.59	57.5	98.2		98.1
1967	273.58	241.75	57.9	102.5		102.5
1968	278.50	245.26	58.2	101.3		101.3
1969	283.51	249.08	58.4	102.5		102.5
1970	288.62	253.26	58.6	100.8		100.8
1971	293.81	257.74	58.8	99.8		99.7
1972	299.10	262.50	58.8	100.4		100.4
1973	304.49	267.59	58.9	100.3		100.3
1974	309.97	272.97	58.9	100.4		100.4
1975	315.55	278.65	58.8	100.6		100.7
1976	321.23	284.62	58.7	100.9		101.1
1977	327.01	291.24	58.8	108.2		108.4
1978	346.08	306.12	58.8	100.6	100.0	100.7
1979	369.49	314.13	60.0	101.2	100.1	101.3
1980	488.18	403.32	54.8	106.5	105.0	106.5

11—1 续表 continued

年份 Year	城镇居民人均可支配收入(元) Per Capita Disposable Income of Uran Households(yuan)	城镇居民人均消费性支出(元) Per Capita Consumption Expenditure of Uran Households(yuan)	恩格尔系数(%) Engel's Coefficient (%)	居民消费价格总指数(%) Consumer price Index(%)	服务项目价格指数(%) Service Items Price Price(%)	商品零售价格指数(%) Retail Price Index (%)
1981	485.01	422.90	52.5	101.7	103.2	101.6
1982	501.36	448.07	52.9	101.2	102.6	101.1
1983	550.00	477.46	55.1	101.8	98.5	101.7
1984	672.43	583.30	54.7	103.8	101.9	103.8
1985	815.45	703.41	47.9	108.9	112.3	108.6
1986	972.44	830.82	46.4	107.3	109.8	107.1
1987	1050.51	916.73	49.3	110.1	100.7	111.0
1988	1170.23	1177.16	46.9	117.2	107.6	118.1
1989	1298.92	1241.06	53.1	115.8	105.6	116.7
1990	1580.72	1432.67	52.9	106.3	145.3	102.9
1991	1708.50	1490.00	49.4	106.0	113.3	105.3
1992	1961.60	1683.80	46.1	109.7	117.1	108.9
1993	2326.00	2159.50	42.1	116.7	140.3	113.9
1994	3410.40	3036.10	43.9	124.3	115.9	119.1
1995	3931.70	3540.50	44.2	117.3	120.3	114.7
1996	4252.07	3684.99	44.5	107.0	107.7	106.2
1997	4471.08	4016.61	42.7	104.1	114.1	102.2
1998	4821.05	4398.48	39.0	100.2	117.7	97.1
1999	5167.67	4484.40	36.3	100.1	105.5	98.7
2000	5621.51	5369.05	34.2	99.2	107.6	97.7
2001	6256.61	5507.79	33.7	101.4	109.6	100.6
2002	6845.28	5979.36	35.7	99.5	103.9	98.7
2003	7245.32	6093.01	36.4	101.7	104.5	99.8
2004	7984.33	6728.85	37.4	103.2	102.9	102.0
2005	8852.42	7311.38	35.8	101.7	102.9	100.6
2006	10067.76	8288.47	34.6	101.6	101.9	101.2
2007	12185.47	9176.42	36.3	105.3	102.1	103.6
2008	14458.00	11455.00	35.4	107.6	101.5	105.9
2009	15715.44	12271.76	32.8	99.7	100.4	98.5
2010	17073.12	13589.00	32.1	103.8	104.8	102.5
2011	19480.85	14931.24	35.3	105.5	104.1	104.2
2012	21900.50	16389.53	33.4	102.6	102.6	100.6
2013	23776.41	16843.79	32.3	103.5	101.8	102.3
2014	26117.69	20401.22	30.5	102.1	102.8	100.8
2015	28261.37	21694.03	30.3	101.6	103.4	100.2
2016	30477.81	22897.85	29.1	101.7	101.8	100.8
2017	32980.81	23124.48	28.8	101.7	103.6	101.5
2018	35586.34	25505.80	25.4	102.2	101.6	102.7
2019	38216.85	27716.91	25.2	102.2	101.5	101.1

11—2　城镇居民家庭就业情况

Employed Conditions of Urban Households

(2019)

指　标	Item	单位	unit	总平均 Total Aeage
调查人口和就业情况	**Statistics of Survey Population and Employment**			
户均常住人口	Resident Population of Average Household	人	person	2.83
由本户供养的在校学生	Enrollment Students Supported by the Family	人/户	Person / household	0.51
不由本户供养的在校学生	Enrollment Students Non-Supported by theFamily	人/户	Person / household	0.00
非在校学生	Non School Students	人/户	Person / household	2.12
受教育程度	Education Level	人/户	Person / household	2.62
未上过学	Never go to School	人/户	Person / household	0.05
小学	Primary School	人/户	Person / household	0.36
初中	Junior Secondary School	人/户	Person / household	0.56
高中	Senior Secondary School	人/户	Person / household	0.58
大学专科	Junior College	人/户	Person / household	0.50
大学本科	Undergraduate	人/户	Person / household	0.52
研究生	Postgraduate	人/户	Person / household	0.06
常住劳动力情况	Labor Situation			
劳动力人数	Number of Labor Force	人/户	Person / household	2.02
整劳动力人数	Number of Full Labour Force	人/户	Person / household	1.17
半劳动力人数	Number of Semi Labour Force	人次	person-time	0.84
常住从业人员情况	**Employment Situation**			
参加医疗保险情况	Basic Medical Care Insurance			2.02
新型农村合作医疗	New Rural Co-operative Medical System	人/户	Person / household	0.04
城镇职工基本医疗保险	Urban Workers	人/户	Person / household	1.27
(城镇)居民基本医疗保险	(urban)Non-employment Residents	人/户	Person / household	0.56
公费医疗	Free Medical Care	人/户	Person / household	0.00
商业医疗保险	Commercial Medical Insurance	人/户	Person / household	0.21
其他医疗保险	Other Medical Insurance	人/户	Person / household	0.00
没有参加任何医疗保险	Non-Participated in any Medical Insurance	人/户	Person / household	0.11
参加养老保险情况	Basic Pension Insurance			2.02
城镇职工基本养老保险	Urban Workers	人/户	Person / household	1.44
(城乡)居民社会养老保险	(urban)Non-employment Residents	人/户	Person / household	0.15
商业养老保险	Commercial Pension Insurance	人/户	Person / household	0.03
其他养老保险	Other Pension Insurance	人/户	Person / household	0.01
没有参加任何养老保险	Non-Participated in any Pension Insurance	人/户	Person / household	0.48

11—2 续表 continued

指 标	Item	单 位	unit	总平均 Total Average
从事行业	**Engaged in Sector**	**人/户**	**Person / household**	**1.33**
第一产业	Primary Industry	人 / 户	Person / household	0.02
第二产业	Secondary Industry	人 / 户	Person / household	0.33
采矿业	Mining	人 / 户	Person / household	0.07
制造业	Manufacturing	人 / 户	Person / household	0.13
电力、热力、燃气及水生产供应业	Production and Distribution of Electricity	人 / 户	Person / household	0.06
建筑业	Construction	人 / 户	Person / household	0.07
第三产业	Tertiary Industry	人 / 户	Person / household	0.98
批发和零售业	Wholesale and Retail Trades	人 / 户	Person / household	0.22
交通运输、仓储和邮政业	Traffic,Transports,Storage and Post	人 / 户	Person / household	0.08
住宿和餐饮业	Hotels and Catering Services	人 / 户	Person / household	0.06
信息传输、软件业和信息技术服务业	Information Transmission,Computer Services and Software	人 / 户	Person / household	0.04
金融业	Financial Intermediation	人 / 户	Person / household	0.06
房地产业	Real Estate	人 / 户	Person / household	0.01
租赁和商务服务业	Leasing and Business Services	人 / 户	Person / household	0.02
科学研究和技术服务业	Scientific Research and Technical Service	人 / 户	Person / household	0.01
水利、环境和公共设施管理业	Management of Water Conservancy,Environment	人 / 户	Person / household	0.03
居民服务、修理和其他服务业	Services to Households and Other Services	人 / 户	Person / household	0.17
教育	Education	人 / 户	Person / household	0.09
卫生和社会工作	Health and Social Welfare	人 / 户	Person / household	0.04
文化、体育和娱乐业	Culture, Sports and Entertainment	人 / 户	Person / household	0.03
公共管理、社会保障和社会组织	Public Management,Social Security and Social Organization	人 / 户	Person / household	0.12
国际组织	International Organization	人 / 户	Person / household	0.00
从事职业	**Engaged in Occupation**	人 / 户	Person / household	1.33
国家机关、党群组织、企业、事业单位负责人	Head of State organs, Party organizations, Enterprises and Government-affiliated institutions	人 / 户	Person / household	0.04
专业技术人员	Professionals	人 / 户	Person / household	0.31
办事人员和有关人员	Staff and Related Personnel	人 / 户	Person / household	0.29
商业、服务业人员	Business and Service Personnel	人 / 户	Person / household	0.40
农、林、牧、渔、水利业生产人员	Production Personnel of Agricultural, Forestry, Animal Husbandry, Fishery and Water Conservancy Industry	人 / 户	Person / household	0.02
生产、运输设备操作人员及有关人员	Production, Transport Equipment Operators and Related Personnel	人 / 户	Person / household	0.19
军人	Soldier	人 / 户	Person / household	0.01
不便分类的其他从业人员	Other Practitioners without Classification	人 / 户	Person / household	0.08

11—3 城镇居民家庭年末主要消费拥有情况

Employed Conditions of Urban Ownership Volume of Major Consumer Goods by Urban Households at Year-end

（2019）

指 标	Item	单位	unit	总平均 Total Average
摩托车	Motorcycle	辆	unit	5.44
助力车	Powered Bicycle	辆	unit	35.36
家用汽车	Automobile	辆	unit	50.35
洗衣机	Washing Machine	台	set	99.60
电冰箱	Refrigerator	台	set	99.38
彩色电视机	Color Television Set	台	set	102.13
计算机	Computer	台	set	84.42
组合音响	Hi-Fi Stereo Component	套	set	—
摄像机	Video Camera	架	set	—
照相机	Camera	架	set	23.71
其它中高档乐器	Secondary and Top Grade Musical Instrument	件	set	14.50
微波炉	Microwave Oven	台	set	70.74
空调器	Air Conditioner	台	set	35.15
淋浴热水器	Water Heater for Shower	台	set	99.71
消毒碗柜	Disinfection Cupboard	台	set	—
洗碗机	Dishwasher	台	set	0.92
健身器材	Health Equipment	套	set	9.56
固定电话	Telephone	部	unit	8.68
移动电话	Mobile Telephone	部	unit	246.68
接入互联网移动电话	Mobile Telephone Accessed to Internet	部	unit	232.95
接入有线电视机	Television Accessed to Network	台	set	—
接入互联网计算机	Computer Accessed to Internet	台	set	74.57

11—4 城镇居民家庭收支情况(年人均)

Basic Statistics of Cash Income and Expenditure by Urban Households(Annual Average)

(2019)

指　标	item	总平均 Total Average
可支配收入(新口径)	**Disposable Income(new caliber)**	**38216.85**
工资性收入	Income from Wages and Salaries	25405.98
工资	Wages	24247.20
实物福利	Material Benefits	44.99
其他	Others	1113.78
经营净收入	Net Income from Business	3615.50
第一产业经营净收入	Primary Industry	246.12
第二产业经营净收入	Secondary Industry	477.03
第三产业经营净收入	Tertiary Industry	2892.35
财产净收入	Net Income from Properties	1864.91
利息净收入	Interest	-17.51
红利收入	Dividend	226.89
储蓄性保险净收益	Net Profit of Savings Insurance	16.56
转让承包土地经营权租金净收入	Rent Income of Transfer Contract Land Management Right	34.09
出租房屋财产性收入	Rental Housing Property Income	248.76
出租机械、专利、版权等资产的收入	Rent Income of Machinery, Patents, Copyrights and Other Assets	13.89
其他财产净收入	Others	68.12
房屋虚拟租金	Virtual Rent of House	1274.10
转移净收入	Net Income from Transfer	7330.46
转移性收入	Transfer Income	10116.30
养老金或离退休金	Pension	9288.02
社会救济和补助	Social Relief	69.53
转移性支出	Transfer Expenditure	2785.84
个人所得税	Individual Income-tax	190.50
社会保障支出	Social Security Expenditures	2337.90
外来从业人员寄给家人的支出	Expenses for Family by Foreign Employees	0.00
赡养支出	Support Expenditures	124.85
其他转移性支出	Others	132.59
消费支出	**Consumption Expenditure**	**27716.91**
食品烟酒	Food, Cigarettes and Liquor	6996.09
食品	Food	3808.89
谷物	Cereal	379.33
薯类	Potatoes	29.70
豆类	Beans	47.70
食用油	Edible Oil	106.91
蔬菜和食用菌	Vegetable and Edible Fungus	472.02
肉类	Meat	815.63
禽类	Poultry	191.06
水产品	Aquatic Products	172.96
蛋类	Eggs	94.07
奶类	Dairy Products	374.07
干鲜瓜果类	Dry and Fresh Fruits	744.62
糖果糕点类	Sweets and Cakes	176.16
其他食品	Others	204.67
烟酒	Cigarettes and Liquor	501.86
烟草	Tobacco	352.34
酒类	Wine	149.51
饮料	Beverag	166.04

11—4 续表 continued

指 标	item	总平均 Total Average
饮食服务	Catering Services	2519.30
食堂用餐	Dining Room	61.37
其他在外饮食	Other Dining Outside	2457.75
食品加工服务费	Food Processing Service Charge	0.18
衣着	Clothing	2338.17
衣类	Clothes	1901.62
鞋类	Shoes	436.55
居住	Residence	5219.51
租赁房房租	Rent of Rental Housing	198.53
住房维修及管理	Housing Maintenance and Management	648.78
水电燃料及其他	Hydropower Fuel and Others	1009.71
自有住房折算租金	Converted Rent of Owned Housing	3362.48
生活用品及服务	Daily Necessities and Services	1656.71
家具及室内装饰品	Furniture and Interior Decoration	212.18
家用器具	Household Appliances	295.73
家用纺织品	Home Textiles	127.51
家庭日用杂品	Family Daily Necessities	333.88
个人用品	Personal Items	562.77
家庭服务	Domestic Service	124.64
交通通信	Transport and Communications	4196.13
交通	Transport	3246.95
交通工具	Traffic Tools	537.63
交通费	Traffic Expense	707.66
交通工具用燃料	Fuel for Transportation	969.48
交通工具使用及维修	Use and Maintenance of Transportation	1032.18
车辆保险支出	Expenses of Vehicle Insurance	564.20
通信	Communications	949.18
通信工具	Communication Tools	266.98
通信服务	Communication Services	682.19
教育文化娱乐	Education, Culture and Recreation	3901.82
教育	Education	2182.44
学前教育	Pre-primary Education	311.39
小学教育	Primary Education	429.42
初中教育	Junior Secondary Education	247.77
高中教育	Senior Secondary Education	217.21
中专职高教育	Vocational Secondary Education	22.23
大专及以上教育	Junior College and Above Education	780.13
成人教育	Adult Education	174.29
文化娱乐	Cultural and Recreation	1719.38
文娱耐用消费品	Entertainment and Durable Consumer Goods	277.64
其他文娱用品	Other Entertainment Products	358.96
文化娱乐服务	Cultural Entertainment Service	1082.77
医疗保健	Health Care and Medical Services	2560.07
医疗器具及药品	Medical Apparatus and Medicine	843.96
医疗服务	Medical Service	1716.11
门诊总费用	Total Cost of Outpatient Service	853.39
住院总费用	Total Hospitalization Expenses	862.71
其他用品和服务	Other Articles and Services	848.42
其他用品	Other Articles	333.34
其他服务	Other Services	515.09

11—5 城镇居民平均每人全年购买商品数量

Employed Conditions of Urban Households

（2019）

指　标	item	单位	unit	总平均 Total Average
食用植物油	Edible Vegetable Oil	千克	kg	6.4
猪肉	Pork	千克	kg	6.5
牛肉	Beef	千克	kg	3.6
羊肉	Mutton	千克	kg	4.6
禽类	Poultry	千克	kg	6.7
鲜蛋	Fresh Eggs	千克	kg	8.1
鱼	Fish	千克	kg	3.4
鲜菜	Fresh Vegetables	千克	kg	95.0
白酒	Liquor	千克	kg	0.8
啤酒	Beer	千克	kg	1.9
鲜瓜果	Fruits	千克	kg	79.7
糕点	Cake	千克	kg	3.5
鲜奶	Fresh Dairy Products	千克	kg	15.6
酸奶	Yogurt	千克	kg	6.9
鞋类	Shoes	双	pair	2.8
液化石油气	Liquefied Petroleum Gas	千克	kg	0.3
管道天然气	Pipeline Natural Gas	立方米	cu.m	104.7

11—6　城镇居民家庭住房基本情况

Housing Statistics of Urban Households

（2019）

指　标	item	单位	unit	总平均 Total Average
现住房建筑面积	Housing Sonstruction Area	平方米	sq.m	36.60
本住户居住空间样式	Residential Space Style	%	%	100.00
单栋楼房	Single Building	%	%	0.12
单栋平房	Single Bungalow	%	%	0.18
四居室及以上单元房	Four and above Bedroom	%	%	3.19
三居室单元房	Three Bedroom	%	%	43.88
二居室单元房	Two Bedroom	%	%	50.44
一居室单元房	One Bedroom	%	%	2.20
筒子楼或连片平房	Tube-shaped apartment or Many of the Bungalow	%	%	0.00
其他	Others	%	%	0.00
主要建筑材料	Main Building Materials	%	%	100.00
钢筋混凝土	Reinforced Concrete	%	%	54.63
砖混材料	Brick Material	%	%	45.37
砖瓦砖木	Tile and Brick	%	%	0.00
竹草土坯	Bamboo Grass Mud	%	%	0.00
其他	Others	%	%	0.00
现住房房屋来源	Source of House	%	%	100.00
租赁公房	Lease Public Housing	%	%	0.16
租赁私房	Lease Private Housing	%	%	5.07
自建住房	House Built by Oneself	%	%	0.32
购买商品房	Purchase Commercial Housing	%	%	69.35
购买房改住房	Purchase Reform Housing	%	%	12.44
购买保障性住房	Purchase Affordable Housing	%	%	3.86
拆迁安置房	Removal and Resettlement Housing	%	%	7.14
继承或获赠住房	Inheritance or Gift of Housing	%	%	0.66
免费借用房	Free Use of Housing	%	%	1.01
雇主提供免费住房	Provided Free Housing by Employers	%	%	0.00
其他来源	Others	%	%	0.00

11—7 农村居民家庭就业情况

Employed Conditions of Rural Households

(2019)

指 标	item	单位	unit	总平均 Total Average
调查人口和就业情况	Statistics of Survey Population and Employment			
户均常住人口	Resident Population of Average Household	人	person	3.26
由本户供养的在校学生	Enrollment Students Supported by the Family	人/户	Person / household	0.67
不由本户供养的在校学生	Enrollment Students Non-Supported by the Family	人/户	Person / household	0.00
非在校学生	Non School Students	人/户	Person / household	2.40
6周岁及以上住户成员受教育程度	**Education Level**	**人/户**	**Person / household**	**3.07**
未上过学	Never go to School	人/户	Person / household	0.22
小学	Primary School	人/户	Person / household	0.96
初中	Junior Secondary School	人/户	Person / household	1.25
高中	Senior Secondary School	人/户	Person / household	0.36
大学专科	Junior College	人/户	Person / household	0.19
大学本科	Undergraduate	人/户	Person / household	0.07
研究生	Postgraduate	人/户	Person / household	0.01
常住劳动力情况	**Labor Situation**			
劳动力人数	Number of Labor Force	人/户	Person / household	2.27
整劳动力人数	Number of Full Labour Force	人/户	Person / household	1.26
半劳动力人数	Number of Semi Labour Force	人/户	Person / household	1.01
常住从业人员情况	**Employment Situation**			
参加医疗保险情况	Basic Medical Care Insurance	人/户	Person / household	2.27
新型农村合作医疗	New Rural Co-operative Medical System	人/户	Person / household	0.39
城镇职工基本医疗保险	Urban Workers	人/户	Person / household	0.17
(城镇)居民基本医疗保险	(urban)Non-employment Residents	人/户	Person / household	1.66
公费医疗	Free Medical Care	人/户	Person / household	0.00
商业医疗保险	Commercial Medical Insurance	人/户	Person / household	0.08
其他医疗保险	Other Medical Insurance	人/户	Person / household	0.01
没有参加任何医疗保险	Non-Participated in any Medical Insurance	人/户	Person / household	0.04
参加养老保险情况	Basic Pension Insurance	人/户	Person / household	2.27
新型农村社会养老保险	New Rural Old-age Insurance	人/户	Person / household	0.24
城镇职工基本养老保险	Urban Workers	人/户	Person / household	1.39
(城镇)居民社会养老保险	(urban)Non-employment Residents	人/户	Person / household	0.02
商业养老保险	Commercial Pension Insurance	人/户	Person / household	0.01
其他养老保险	Other Pension Insurance	人/户	Person / household	0.14
没有参加任何养老保险	Non-Participated in any Pension Insurance	人/户	Person / household	0.48

11—7 续表 continued

指 标	item	单位	unit	总平均 Total Average
从事行业	**Engaged in Sector**	**人/户**	**Person / household**	**1.78**
第一产业	Primary Industry	人 / 户	Person / household	0.55
第二产业	Secondary Industry	人 / 户	Person / household	0.31
采矿业	Mining	人 / 户	Person / household	0.01
制造业	Manufacturing	人 / 户	Person / household	0.08
电力、热力、燃气及水生产供应业	Production and Distribution of Electricity	人 / 户	Person / household	0.03
建筑业	Construction	人 / 户	Person / household	0.18
第三产业	Tertiary Industry	人 / 户	Person / household	0.92
批发和零售业	Wholesale and Retail Trades	人 / 户	Person / household	0.14
交通运输、仓储和邮政业	Traffic,Transports,Storage and Post	人 / 户	Person / household	0.19
住宿和餐饮业	Hotels and Catering Services	人 / 户	Person / household	0.08
信息传输、软件业和信息技术服务业	Information Transmission,Computer Services and Soft	人 / 户	Person / household	0.00
金融业	Financial Intermediation	人 / 户	Person / household	0.04
房地产业	Real Estate	人 / 户	Person / household	0.00
租赁和商务服务业	Leasing and Business Services	人 / 户	Person / household	0.01
科学研究和技术服务业	Scientific Research and Technical Service	人 / 户	Person / household	0.00
水利、环境和公共设施管理业	Management of Water Conservancy,Environment	人 / 户	Person / household	0.10
居民服务、修理和其他服务业	Services to Households and Other Services	人 / 户	Person / household	0.22
教育	Education	人 / 户	Person / household	0.04
卫生和社会工作	Health and Social Welfare	人 / 户	Person / household	0.03
文化、体育和娱乐业	Culture, Sports and Entertainment	人 / 户	Person / household	0.01
公共管理、社会保障和社会组织	Public Management,Social Security and Social Organiza-tion	人 / 户	Person / household	0.06
国际组织	International Organization	人 / 户	Person / household	0.00
从事职业	**Engaged in Occupation**	**人/户**	**Person / household**	**1.78**
国家机关、党群组织、企业、事业单位负责人	Head of State organs, Party organizations, Enterprises and Government-affiliatedinstitutions	人 / 户	Person / household	0.00
专业技术人员	Professionals	人 / 户	Person / household	0.08
办事人员和有关人员	Staff and Related Personnel	人 / 户	Person / household	0.08
商业、服务业人员	Business and Service Personnel	人 / 户	Person / household	0.38
农、林、牧、渔、水利业生产人员	Production Personnel of Agricultural, Forestry, Animal Husbandry, Fishery and Water ConservancyIndustry	人 / 户	Person / household	0.57
生产、运输设备操作人员及有关人员	Production, Transport Equipment Operators and Related Personnel	人 / 户	Person / household	0.33
军人	Soldier	人 / 户	Person / household	0.00
不便分类的其他从业人员	Other Practitioners without Classification	人 / 户	Person / household	0.34

11—8 农村居民家庭收支情况(年人均)

Income and Expenditure by Rural Households(Annual Average)

(2019)

指　标	item	总平均 Total Average
可支配收入(新口径)	**Disposable Income(new caliber)**	**15282.0**
工资性收入	Income from Wages and Salaries	7362.4
工资	Wages	7292.6
实物福利	Material Benefits	26.4
其他	Others	43.4
经营净收入	Net Income from Business	6243.9
第一产业经营净收入	Primary Industry	3409.7
第二产业经营净收入	Secondary Industry	277.8
第三产业经营净收入	Tertiary Industry	2556.4
财产净收入	Net Income from Properties	680.2
利息净收入	Interest	39.2
红利收入	Dividend	29.4
储蓄性保险净收益	Net Profit of Savings Insurance	0.1
转让承包土地经营权租金净收入	Rent Income of Transfer Contract Land Management Right	306.9
出租房屋财产性收入	Rental Housing Property Income	258.8
出租机械、专利、版权等资产的收入	Rent Income of Machinery, Patents, Copyrights and Other Assets	42.5
其他财产净收入	Others	3.3
房屋虚拟租金	Virtual Rent of House	0.0
转移净收入	Net Income from Transfer	995.6
转移性收入	Transfer Income	1576.3
养老金或离退休金	Pension	847.7
社会救济和补助	Social Relief	91.0
转移性支出	Transfer Expenditure	580.7
个人所得税	Individual Income-tax	4.0
社会保障支出	Social Security Expenditures	520.7
外来从业人员寄给家人的支出	Expenses for Family by Foreign Employees	0.0
赡养支出	Support Expenditures	23.3
其他转移性支出	Others	32.7
总支出	**Total Expenditure**	**25298.6**
消费支出	**Consumption Expenditure**	**12966.2**
食品烟酒	Food, Cigarettes and Liquor	3743.2
食品	Food	2691.1
谷物	Cereal	400.8
薯类	Potatoes	26.3
豆类	Beans	34.6
食用油	Edible Oil	128.6
蔬菜和食用菌	Vegetable and Edible Fungus	337.4
肉类	Meat	728.4
禽类	Poultry	174.7
水产品	Aquatic Products	56.4
蛋类	Eggs	61.4
奶类	Dairy Products	165.9
干鲜瓜果类	Dry and Fresh Fruits	366.2
糖果糕点类	Sweets and Cakes	72.2
其他食品	Others	138.2
烟酒	Cigarettes and Liquor	314.8
烟草	Tobacco	267.7
酒类	Wine	47.1
饮料	Beverag	83.9

11—8 续表 1 continued

指 标	item	总平均 Total Average
饮食服务	Catering Services	653.3
食堂用餐	Dining Room	31.9
其他在外饮食	Other Dining Outside	616.4
食品加工服务费	Food Processing Service Charge	5.0
衣着	Clothing	1009.6
衣类	Clothes	792.3
鞋类	Shoes	217.3
居住	Residence	2417.0
租赁房房租	Rent of Rental Housing	80.6
住房维修及管理	Housing Maintenance and Management	441.4
水电燃料及其他	Hydropower Fuel and Others	650.9
自有住房折算租金	Converted Rent of Owned Housing	1244.2
生活用品及服务	Daily Necessities and Services	687.3
家具及室内装饰品	Furniture and Interior Decoration	97.8
家用器具	Household Appliances	119.7
家用纺织品	Home Textiles	67.2
家庭日用杂品	Family Daily Necessities	162.0
个人用品	Personal Items	221.6
家庭服务	Domestic Service	19.1
交通通信	Transport and Communications	2163.3
交通	Transport	1597.4
交通工具	Traffic Tools	426.1
交通费	Traffic Expense	165.5
交通工具用燃料	Fuel for Transportation	500.2
交通工具使用及维修	Use and Maintenance of Transportation	505.6
车辆保险支出	Expenses of Vehicle Insurance	295.7
通信	Communications	565.8
通信工具	Communication Tools	149.9
通信服务	Communication Services	415.9
教育文化娱乐	Education, Culture and Recreation	1446.8
教育	Education	1118.1
学前教育	Pre-primary Education	105.1
小学教育	Primary Education	127.0
初中教育	Junior Secondary Education	81.0
高中教育	Senior Secondary Education	211.4
中专职高教育	Vocational Secondary Education	51.7
大专及以上教育	Junior College and Above Education	464.0
成人教育	Adult Education	77.9
文化娱乐	Cultural and Recreation	328.7
文娱耐用消费品	Entertainment and Durable Consumer Goods	65.4
其他文娱用品	Other Entertainment Products	97.1
文化娱乐服务	Cultural Entertainment Service	166.2
医疗保健	Health Care and Medical Services	1225.9
医疗器具及药品	Medical Apparatus and Medicine	413.8
医疗服务	Medical Service	812.1
门诊总费用	Total Cost of Outpatient Service	457.2
住院总费用	Total Hospitalization Expenses	354.9
其他用品和服务	Other Articles and Services	273.1
其他用品	Other Articles	146.0
其他服务	Other Services	127.1

11—8 续表2 continued

（2019）

指 标	item	总平均 Total Average
生产经营费用支出	Expenditure of Production and Operating	5034.47
第一产业经营费用支出	Operating Expenditure of Primary Industry	3977.41
农业	Farming	2851.16
林业	Forestry	1.49
牧业	Animal Husbandry	920.49
渔业	Fishery	204.27
第二产业生产费用支出	Production Expenditure of Secondary Industry	61.75
采矿业	Mining	0.21
制造业	Manufacturing	16.50
电力、热力、燃气及水生产和供应业	Production and Distribution of Electricity	0.00
建筑业	Construction	45.04
第三产业经营费用支出	Operating Expenditure of Tertiary Industry	995.31
批发和零售业	Wholesale and Retail Trades and Catering Services	29.54
交通运输、仓储和邮政业	Transport, Postal and Telecommunication Services	883.79
住宿和餐饮业	Hotels and Catering Services	14.11
房地产业	Real Estate	0.00
租赁和商务服务业	Leasing and Business Services	0.00
居民服务、修理和其他服务业	Services to Households and Other Services	37.04
其他	Others	0.88
农林牧渔服务业	Agriculture, Forestry, Animal Husbandry and Fishery Service	29.95
财产性支出	Property Expenditure	61.60
转移性支出	Transfer Expenditure	580.69
部分商业保险支出	Part of Commercial Insurance Expenditure	335.35
购置资产及非经常性转移支出	Purchase Assets and Non Recurrent Transfer Expenditure	3982.20
借贷性支出	Borrowing Expenditure	2338.06

11—9 农村居民家庭住房基本情况

Housing Statistics of Rural Households

（2019）

指 标	Item	单 位	unit	总平均 Total Average
现住房建筑面积	**Housing Sonstruction Area**	平方米	sq.m	**34.75**
本住户居住空间样式	Residential Space Style	%	%	100.00
单栋楼房	Single Building	%	%	1.58
单栋平房	Single Bungalow	%	%	69.13
四居室及以上单元房	Four and above Bedroom	%	%	0.66
三居室单元房	Three Bedroom	%	%	12.67
二居室单元房	Two Bedroom	%	%	15.96
一居室单元房	One Bedroom	%	%	0.00
筒子楼或连片平房	Tube-shaped apartment or Many of the Bungalow	%	%	0.00
其他	Others	%	%	0.00
主要建筑材料	Main Building Materials	%	%	100.00
钢筋混凝土	Reinforced Concrete	%	%	26.42
砖混材料	Brick Material	%	%	42.14
砖瓦砖木	Tile and Brick	%	%	31.08
竹草土坯	Bamboo Grass Mud	%	%	0.00
其他	Others	%	%	0.36
现住房房屋来源	Source of House	%	%	100.00
租赁公房	Lease Public Housing	%	%	0.00
租赁私房	Lease Private Housing	%	%	1.84
自建住房	House Built by Oneself	%	%	67.59
购买商品房	Purchase Commercial Housing	%	%	7.79
购买房改住房	Purchase Reform Housing	%	%	0.00
购买保障性住房	Purchase Affordable Housing	%	%	0.00
拆迁安置房	Removal and Resettlement Housing	%	%	22.02
继承或获赠住房	Inheritance or Gift of Housing	%	%	0.00
免费借用房	Free Use of Housing	%	%	0.51
雇主提供免费住房	Provided Free Housing by Employers	%	%	0.26
其他来源	Others	%	%	0.00

11—10 农民人均消费品消费量

Per Capita Consumption of Consumer Goods by Rural Households

（2019）

指 标	Item	单 位	unit	总平均 Total Average
粮食消费量	Grain Consumption	公斤	kg	125.46
谷物消费量	Cereal Consumption	公斤	kg	118.97
小麦	Wheat	公斤	kg	56.47
稻谷	Unhusked Rice	公斤	kg	59.00
玉米	Corn	公斤	kg	1.98
其他谷物	Others	公斤	kg	1.53
薯类消费量	Potatoes Consumption	公斤	kg	0.91
豆类消费量	Beans Consumption	公斤	kg	5.58
油脂类消费量	Oil Consumption	公斤	kg	8.34
蔬菜及菜制品	Vegetable and Vegetable Products	公斤	kg	109.28
肉类	Meat	公斤	kg	17.45
猪肉	Pork	公斤	kg	7.70
牛肉	Beef	公斤	kg	3.73
羊肉	Mutton	公斤	kg	5.11
禽类	Poultry	公斤	kg	9.00
水产品	Aquatic Products	公斤	kg	2.89
蛋类及蛋制品	Eggs and Eggs Products	公斤	kg	6.67
奶和奶制品	Dairy Products	公斤	kg	14.33
干鲜瓜果类	Dry and Fresh Fruits	公斤	kg	79.32
糖果糕点类	Sweets and Cakes	公斤	kg	4.69
饮料	Beverage	公斤	kg	0.25
烟叶	Tobacco	公斤	kg	32.23
酒	Wine	公斤	kg	2.67

11—11 农民百户耐用消费品拥有量

Number of Durable Consumer Goods Owned Per Hundred by Rural Households

（2019）

指 标	Item	单 位	unit	总平均 Total Average
家用汽车	Automobile	辆	unit	40.91
摩托车	Motorcycle	辆	unit	34.15
助力车	Powered Bicycle	辆	unit	88.76
洗衣机	Washing Machine	台	set	104.46
电冰箱	Refrigerator	台	set	104.20
微波炉	Microwave Oven	台	set	33.84
彩色电视机	Color TV Set	台	set	107.17
接入有线电视	Access Cable TV	台	set	—
空调	Air Conditioner	台	set	5.25
热水器	Water Heater	台	set	97.31
太阳能热水器	Solar Water Heater	台	set	—
消毒碗柜	Disinfection Cupboard	台	set	—
洗碗机	Dishwasher	台	set	0.52
排油烟机	Lampblack Machine	台	set	54.67
固定电话	Telephone	部	set	1.22
移动电话	Mobile Telephone	部	set	277.22
接入互联网	Access the Internet	部	set	257.33
计算机	Computer	台	set	29.46
接入互联网	Access the Internet	台	set	19.20
摄像机	Video Disc Player	台	set	—
照相机	Camera	架	set	2.71
中高档乐器	Secondary and Top Grade Musical Instrument	台	set	2.06
健身器材	Health Equipment	台	set	1.27
组合音响	Hi-Fi Stereo Component	套	set	—

11—12 居民消费价格指数

单位:%　　　　(2019,以上年价格为 100)

指标	Item	年度 Year	月份 Month 一 Jan.	二 Feb.
居民消费价格总指数	**Consumer Price Index**	**102.2**	**102.5**	**102.6**
非食品烟酒价格指数	Price Index of Excluding Food ,Tobacco and liquor	100.8	102.6	102.6
食品(原口径)指数	Food(Previous Definitions)Index	105.7	102.3	102.8
非食品(原口径)指数	Non-Food(Previous Definitions)Index	100.8	102.5	102.5
服务价格指数	Service Items Price Index	101.5	102.6	102.5
工业品价格指数	Producer Price Index	100.2	102.6	102.6
鲜活食品价格指数	Fresh Food Price Index	111.3	102.4	104.0
消费品价格指数	**Consumer Goods Price Index**	**102.5**	**102.4**	**102.6**
能源价格指数	Energy Price Index	99.6	101.9	102.9
非食品价格指数	Non-food Price Index	101.1	102.6	102.5
扣除食品和能源价格指数	Price Index of Excluding Food and Energy	101.2	102.6	102.5
扣除鲜菜鲜果价格指数	Price Index of Excluding Fresh Vegetables and Fresh Fruits	101.8	102.5	102.4
扣除自有住房价格指数	Price Index of Excluding Private Housing	102.4	102.4	102.5
居住(扣自有住房)价格指数	Residence(Excluding Private Housing)Price Index	103.2	104.6	104.9
食品烟酒	**Food ,Tobacco and Liquor**	**105.2**	**102.1**	**102.6**
食品	Food	106.5	102.0	102.7
粮食	Grain	101.4	101.4	100.7
大米	Rice	98.4	98.8	96.9
面粉	Flour	100.0	100.0	99.0
其他粮食	Others	107.9	108.6	108.3
粮食制品	Grain Products	102.3	101.8	102.1
薯类	Tubers	95.2	92.9	89.2
薯类	Tubers	95.2	92.9	89.2
豆类	Beans and Products	104.4	105.7	107.7
干豆	Beans	100.9	98.9	98.9
豆制品	Bean Products	104.5	105.9	108.0
食用油	Edible oil and Fats	99.3	99.1	99.3
食用植物油	Edible Vegetable Oil	98.9	98.8	99.0
食用动物油	Edible Animal Oil	106.8	106.2	106.2
菜	Vegetables	103.5	95.3	100.9
鲜菜	Fresh Vegetables	103.5	95.2	100.9
干菜及菜制品	Dry Vegetables and Related Products	103.4	100.5	100.6
畜肉类	Livestock Meat	114.7	102.3	102.4
猪肉	Pork	138.1	94.9	92.3
牛肉	Beef	107.5	105.4	104.9
羊肉	Mutton	104.7	107.3	109.7
畜肉副产品	Meat by-products	113.9	97.0	96.1
其他畜肉及制品	Others	104.6	100.9	103.2
禽肉类	Poultry	112.4	106.9	105.9
鸡	Chicken	114.3	108.2	106.7
鸭	Duck	124.4	117.9	120.6
其他禽肉及制品	Others	107.3	103.1	103.1

Consumer Price Indices

(2019, preceding year=100)

(%)

三 Mar.	四 Apr.	五 May.	六 June.	七 July.	八 Aug.	九 Sept.	十 Oct.	十一 Nov.	十二 Dec.
102.3	**101.5**	**101.8**	**102.1**	**102.0**	**101.3**	**101.3**	**101.8**	**103.4**	**103.4**
101.2	100.5	100.4	100.7	100.2	100.0	100.3	100.1	100.6	100.6
105.4	104.4	105.4	106.1	106.6	104.6	103.7	106.3	110.4	110.4
101.1	100.4	100.4	100.6	100.2	100.0	100.3	100.0	100.6	100.6
101.2	101.0	101.2	101.6	101.4	101.0	101.2	100.6	102.0	101.5
101.2	100.1	99.7	99.9	99.2	99.2	99.6	99.6	99.5	99.8
111.3	109.6	112.7	113.9	115.5	109.0	105.4	110.2	121.2	121.1
102.9	**101.8**	**102.0**	**102.4**	**102.3**	**101.4**	**101.3**	**102.4**	**104.0**	**104.2**
105.0	103.1	102.7	99.5	97.3	96.9	96.1	94.9	96.2	99.9
101.4	100.8	100.7	101.0	100.6	100.4	100.7	100.7	101.2	101.2
101.2	100.6	100.6	101.1	100.8	100.6	101.0	101.0	101.5	101.3
101.5	100.8	100.9	101.3	101.0	101.0	101.9	102.4	103.3	103.0
102.4	101.6	102.0	102.3	102.1	101.5	101.6	102.3	103.9	103.8
103.5	103.3	103.0	102.6	102.2	101.9	101.2	100.8	105.5	104.7
105.0	**104.0**	**104.9**	**105.6**	**106.0**	**104.2**	**103.5**	**105.8**	**109.6**	**109.6**
106.4	104.9	106.3	107.3	108.2	105.2	103.7	106.7	112.7	112.5
100.4	100.1	100.4	101.5	100.5	101.2	102.7	103.9	102.6	101.5
96.8	96.9	96.5	97.6	95.6	98.0	100.6	102.4	101.4	99.7
98.3	98.0	99.5	101.5	100.3	99.5	99.7	100.5	101.6	101.6
108.2	106.8	109.3	109.1	109.6	109.7	110.0	110.1	105.1	101.3
101.9	101.7	100.9	101.8	101.3	101.7	103.5	105.0	103.2	103.1
99.1	92.2	87.1	107.8	102.8	91.5	83.5	96.0	102.7	98.5
99.1	92.2	87.1	107.8	102.8	91.5	83.5	96.0	102.7	98.5
106.4	106.4	105.9	106.0	103.0	103.6	102.5	102.5	102.4	101.6
96.9	97.6	100.2	99.9	105.8	102.6	103.2	103.5	101.6	102.3
106.7	106.7	106.0	106.2	102.9	103.6	102.5	102.5	102.5	101.5
99.3	98.9	98.7	99.4	97.8	100.4	100.8	100.0	100.1	97.4
99.1	98.6	98.4	99.1	97.5	100.2	100.6	99.6	99.7	96.9
106.2	106.2	106.2	106.2	106.2	106.2	104.5	109.1	109.1	109.1
120.7	112.3	110.8	102.2	106.9	95.4	81.2	88.2	110.5	120.1
121.4	112.7	111.1	102.1	107.0	95.0	80.3	87.5	110.7	120.7
102.1	102.7	103.5	104.0	103.4	104.3	104.6	105.0	105.0	105.0
103.8	103.4	105.3	106.4	108.6	111.2	123.3	131.6	140.3	135.4
99.8	106.2	119.0	121.8	126.3	135.4	162.4	187.4	212.5	194.3
105.5	103.4	102.8	102.8	102.7	104.4	111.8	114.5	116.4	115.0
107.1	102.3	99.8	99.5	100.4	100.0	106.2	106.6	108.3	109.9
96.6	95.6	100.1	104.4	107.8	109.5	122.9	127.0	161.3	150.9
102.5	103.5	99.7	102.0	107.0	103.5	104.5	107.5	109.4	111.5
107.6	108.3	108.8	109.5	109.1	109.3	109.3	117.9	131.3	123.7
109.2	110.2	111.0	111.6	110.9	111.7	111.3	122.4	135.0	122.3
120.6	122.7	127.7	125.4	124.9	124.9	115.2	123.6	133.2	134.5
102.9	103.1	102.6	103.6	103.9	103.0	104.4	107.9	123.0	126.0

11—12 续表 1

单位:%

（2019,以上年价格为 100）

指　标	Item	年度 Year	月份 Month 一 Jan.	二 Feb.
水产品	Aquatic Products	98.6	101.0	97.1
淡水鱼	Freshwater Fish	97.1	99.8	92.2
海水鱼	Marine Fish	100.0	99.7	99.4
虾蟹类	shrimps,Prawn and Crabs	99.3	101.7	100.2
其他水产品及制品	Others	100.5	103.8	104.7
蛋类	Eggs	104.6	99.9	100.5
鸡蛋	Chicken	104.0	98.7	99.4
其他蛋及制品	Others	112.6	118.7	118.3
奶类	Milk	101.8	102.2	100.4
鲜奶	Fresh Milk	103.1	102.6	102.2
酸奶	Yoghourt	99.6	99.8	96.2
奶粉	Milk Powder	101.7	104.1	100.7
其他奶制品	Others	101.4	101.2	101.2
干鲜瓜果类	Dried and Fresh Melons and Fruits	112.6	111.5	111.9
鲜瓜果	Fresh Melons and Fruits	120.2	117.5	116.9
坚果	Nuts	98.4	100.0	101.9
瓜果制品	Products of Melons and Fruits	98.2	100.9	100.9
糖果糕点类	Sugar,Candy and Cake	101.9	101.2	100.8
食糖	Sugar	98.8	100.0	95.4
糖果	Candy	101.4	104.7	105.1
糕点	Cake	102.7	99.9	99.9
其他糖果糕点	Others	101.1	102.2	102.2
调味品	Flavoring	99.7	102.4	100.9
食用盐	Edible Salt	102.5	102.5	102.5
酱油	Sauce	97.9	101.5	97.5
食醋	Edible Vinegar	100.3	100.0	97.2
调味酱	Bechamel	103.5	105.3	107.7
味精	MSG	100.9	105.7	105.7
其他调味品	Others	96.3	101.9	100.4
其他食品类	Other Food	102.2	103.9	106.0
方便食品	Convenience Food	98.3	99.7	101.5
淀粉及制品	Starch and Derived Products	101.4	102.5	104.6
膨化食品	Puffed Food	109.2	112.5	114.8
茶及饮料	Tea and Beverages	103.6	105.7	106.9
茶叶	Tea	98.3	103.5	103.6
固体咖啡	Solid Coffee	104.3	103.7	104.4
其他固体饮料	Other Solid Drink	95.3	100.2	99.2
饮用水	Drinking Water	114.2	112.4	118.4
果汁饮料	Juice	99.0	99.6	99.6
其他液体饮料	Others	109.7	114.3	115.8

continued

(2019, preceding year=100) (%)

三 Mar.	四 Apr.	五 May.	六 June.	七 July.	八 Aug.	九 Sept.	十 Oct.	十一 Nov.	十二 Dec.
98.6	97.7	97.3	97.8	97.9	97.0	98.7	99.4	99.8	100.9
95.3	94.6	94.6	95.7	96.5	96.1	98.6	100.3	100.5	101.3
99.3	99.7	98.3	98.3	98.2	98.3	100.2	101.1	103.6	104.6
100.9	100.9	100.9	100.9	98.8	97.7	97.5	97.8	97.3	96.9
103.8	100.6	99.3	98.7	100.1	97.4	99.1	98.1	98.7	101.9
98.8	100.0	102.6	104.0	108.2	103.0	110.6	109.8	111.0	105.8
97.5	98.7	101.8	103.2	107.8	102.4	110.7	110.0	111.4	106.0
118.3	119.2	114.8	116.5	113.5	112.0	108.9	106.1	104.6	103.3
100.7	100.1	99.3	98.8	101.3	102.8	104.1	104.6	104.6	102.7
102.0	100.8	100.7	100.7	103.1	105.9	105.9	104.9	105.0	102.9
100.0	100.0	99.5	100.0	100.0	100.0	100.0	100.0	100.0	100.0
98.6	98.2	96.8	94.7	99.7	100.0	105.6	108.6	108.6	105.4
101.2	102.8	98.1	98.7	101.0	102.8	102.2	103.3	103.3	101.2
110.6	114.1	125.3	138.9	136.3	119.4	101.1	96.9	96.2	97.4
116.8	124.1	140.4	163.6	160.7	132.2	103.9	96.4	95.1	95.9
98.4	95.2	97.7	97.9	97.8	97.9	95.7	97.8	98.3	101.9
97.5	94.4	100.3	97.7	97.1	97.7	97.6	97.9	98.8	97.5
101.2	102.0	102.0	100.0	103.0	103.6	103.1	102.6	100.2	102.6
92.4	100.0	96.2	96.9	100.7	100.7	102.5	100.7	100.7	100.0
98.6	98.5	99.0	100.6	102.1	102.1	102.1	101.1	101.5	101.5
103.8	103.8	104.4	100.1	104.2	105.3	103.8	103.8	99.7	103.8
102.2	102.2	102.2	102.2	99.4	99.4	101.0	100.4	100.0	100.0
100.1	97.6	97.4	97.4	99.4	99.7	100.9	100.6	100.9	99.5
102.5	102.5	102.5	102.5	102.5	102.5	102.5	102.5	102.5	102.5
99.8	95.8	95.8	92.0	97.2	97.4	100.0	100.0	100.0	97.4
100.0	100.0	96.0	96.0	100.0	100.0	102.4	102.4	104.8	104.8
104.6	96.5	94.0	101.9	102.3	106.5	109.4	106.6	106.6	101.5
100.0	100.0	100.0	100.0	100.0	100.0	100.0	100.0	100.0	100.0
95.5	93.7	96.8	96.8	96.8	95.2	94.7	94.7	94.7	94.7
105.7	102.7	103.4	103.0	100.9	100.2	100.7	99.3	100.3	101.2
101.1	94.5	98.8	99.2	98.7	96.2	97.3	95.2	97.6	100.0
104.0	104.6	100.0	100.0	100.0	100.0	101.4	100.0	100.0	100.0
114.8	113.1	115.1	112.7	105.3	106.2	104.9	104.4	104.4	104.4
106.9	104.6	101.4	101.1	100.8	103.4	104.0	103.1	102.7	103.2
107.8	96.7	97.6	98.8	98.3	95.7	95.7	93.7	93.7	95.7
101.2	105.7	99.2	99.3	100.4	102.7	107.2	107.6	109.5	110.7
99.1	98.5	91.9	92.7	94.7	95.9	94.1	94.5	90.8	91.8
118.4	116.6	118.3	114.6	110.9	115.6	114.1	112.0	110.1	110.1
99.9	99.2	96.4	97.0	98.3	99.7	100.4	99.7	99.3	98.8
113.1	113.3	104.2	101.8	100.8	113.1	112.0	111.5	110.0	107.9

11—12 续表 2

单位:%　　　　（2019,以上年价格为 100）

指　标	Item	年度 Year	月份 Month 一 Jan.	二 Feb.
烟酒	Tobacco and Liquor	99.5	99.4	99.8
烟草	Tobacco	100.0	100.0	100.0
烟草	Tobacco	100.0	100.0	100.0
酒类	Liquor	98.3	98.1	99.5
白酒	White spirit	97.1	97.2	98.2
葡萄酒	Wine	97.3	94.7	98.4
啤酒	Beer	102.7	102.1	103.0
其他酒类	Others	96.7	100.0	104.0
在外餐饮	Out-dining	104.1	102.8	102.6
正餐	Dinner	104.8	102.1	102.0
快餐	Fast Food	98.0	100.0	100.0
地方小吃	Local Snacks	104.0	103.7	103.7
其他在外餐饮	Others	107.2	110.7	109.6
衣着	**Clothing**	**100.3**	**105.7**	**105.7**
服装	Garments	101.5	107.4	107.1
男式服装	Men's Clothing	101.1	107.5	106.2
男式西服	Western-style Clothes	97.1	102.1	101.2
男式冬衣	Winter Coat	110.4	111.0	108.1
男式夹克衫	Clip Grams Shirt	100.1	107.7	106.0
男式毛线衣	Wool Sweaters	96.8	102.7	97.2
男式运动装	Sport swear	100.6	105.8	112.0
男式衬衫 T 恤	Shirts and T-shirts	102.1	106.3	106.3
男式裤子	Trousers	101.2	110.1	109.3
男式内衣	Underwear	99.5	114.4	111.8
女式服装	Women's Clothing	102.2	107.5	107.5
女式外套	Outerwear	94.1	99.1	99.1
女式冬衣	Winter Coat	115.0	115.3	119.9
女式毛线衣	Wool Sweaters	96.8	103.0	98.3
女式运动装	Sport swear	102.4	104.9	111.1
女式衬衫 T 恤	Shirts and T-shirts	101.0	109.1	108.6
女式裤子	Trousers	102.7	101.8	101.8
女式裙子	skirts	99.9	105.0	105.0
女式内衣	Underwear	101.1	114.4	111.8
儿童服装	Children Clothing	98.5	105.0	111.0
婴幼服装	Baby's Clothing	98.4	103.0	103.0
儿童上衣	Upper Outer Garment	101.4	109.0	115.7
儿童裤子	Trousers	98.1	106.7	116.8
儿童裙子	Skirts	94.1	98.5	105.4

continued

(2019, preceding year=100) (%)

三 Mar.	四 Apr.	五 May.	六 June.	七 July.	八 Aug.	九 Sept.	十 Oct.	十一 Nov.	十二 Dec.
99.6	98.5	99.2	99.0	99.2	99.5	100.0	99.6	99.8	99.9
100.0	100.0	100.0	100.0	100.0	100.0	100.0	100.0	100.0	100.0
100.0	100.0	100.0	100.0	100.0	100.0	100.0	100.0	100.0	100.0
98.6	95.1	97.4	96.9	97.3	98.5	100.0	98.7	99.4	99.5
97.2	92.8	95.0	94.2	97.1	97.1	99.0	99.0	98.9	99.0
99.8	95.2	97.2	100.0	98.0	96.0	100.0	96.0	96.0	96.0
101.7	100.7	104.3	104.3	98.6	104.8	104.8	100.4	103.1	104.3
101.7	103.4	99.5	92.0	91.7	94.0	92.2	92.5	96.2	92.2
103.1	103.4	103.7	103.9	103.8	103.4	103.7	105.9	106.2	106.4
102.6	103.3	105.0	105.0	105.0	105.0	105.0	107.0	107.5	107.9
100.0	100.0	100.0	100.0	97.9	95.6	95.6	95.6	95.6	95.6
104.6	104.6	100.8	100.8	100.8	100.8	103.0	108.4	108.4	108.4
108.5	106.1	103.8	107.3	108.6	106.6	106.6	106.6	106.6	106.6
101.0	**98.1**	**98.3**	**99.5**	**98.9**	**98.3**	**99.9**	**100.3**	**99.6**	**99.2**
102.5	99.4	99.1	100.4	99.5	98.7	101.2	102.0	101.0	100.4
101.2	98.8	98.5	100.4	99.6	97.9	100.8	102.1	101.1	99.9
95.2	92.9	89.2	92.9	90.9	90.9	97.8	104.3	103.1	104.1
112.7	112.7	112.7	112.7	112.7	112.7	112.7	112.7	106.3	101.3
100.8	98.7	96.7	98.7	98.2	94.1	98.4	102.0	102.2	99.2
94.5	94.5	94.5	94.5	94.5	94.5	94.5	95.1	101.8	102.8
99.4	99.8	99.8	99.8	99.8	99.8	100.3	97.5	97.5	96.8
100.9	99.3	100.9	104.9	104.4	102.5	100.9	99.0	100.3	99.6
102.5	98.7	99.8	100.1	101.3	94.3	99.2	103.6	99.3	96.3
102.3	95.3	95.8	97.9	94.7	94.6	100.1	98.0	95.9	95.9
103.2	100.3	100.2	101.0	100.2	99.9	101.9	102.3	101.4	101.1
97.9	93.8	90.4	88.6	92.7	93.2	95.7	94.0	94.0	91.8
116.3	117.1	117.1	117.1	117.1	117.1	117.1	117.1	107.6	105.3
96.0	95.1	95.1	95.1	95.1	95.1	95.1	93.7	98.4	100.8
102.3	102.5	102.5	102.5	102.5	102.5	102.5	99.1	99.1	98.4
103.1	99.0	99.0	99.8	96.6	94.7	97.8	101.9	101.9	101.9
100.7	101.8	103.8	105.5	105.0	104.4	102.9	101.5	101.5	101.5
99.4	93.9	93.1	96.0	95.1	96.1	100.3	104.7	105.7	105.7
104.4	96.3	97.8	99.9	96.7	96.6	102.2	100.0	97.9	97.9
104.9	96.1	93.7	94.5	93.4	93.2	97.0	99.1	97.6	98.2
100.2	97.4	97.4	97.4	97.4	97.4	97.4	97.4	94.8	97.4
108.6	96.2	93.5	94.3	94.3	94.3	100.0	104.8	103.7	103.7
107.3	94.6	92.6	93.6	93.6	93.6	96.8	95.6	94.2	94.2
100.8	96.1	91.7	93.2	87.9	86.8	91.3	93.5	92.2	92.2

11—12 续表 3

单位:%　　（2019,以上年价格为 100）

指 标	Item	年度 Year	月份 Month 一 Jan.	二 Feb.
服装材料	Clothing Material	102.3	102.3	102.3
服装材料	Clothing Material	102.3	102.3	102.3
其他衣着及配件	Other Clothing and Accessories	99.3	100.7	100.7
袜子	Socks	100.0	100.0	100.0
帽子	Hats	97.4	100.0	100.0
其他衣着配件	Others	100.0	101.7	101.7
衣着加工服务费	Clothing Manufacturing Services	100.0	100.0	100.0
衣着洗涤保养	Cleaning and Maintenance	100.0	100.0	100.0
衣着加工	Clothing Manufacturin	100.0	100.0	100.0
鞋类	Shoes	96.4	101.8	102.5
鞋	Shoes	96.4	101.8	102.6
男鞋	Male	100.3	103.6	103.2
女鞋	Female	92.6	101.0	102.6
童鞋	Children	98.0	100.5	101.5
鞋类加工服务	Shoes Manufacturing Services	100.0	100.0	100.0
鞋类加工服务	Shoes Manufacturing Services	100.0	100.0	100.0
居住	**Residence**	**101.6**	**104.2**	**104.4**
租赁房房租	Rental Housing Rent	102.0	107.5	109.3
公房房租	Public Houses	100.0	100.0	100.0
私房房租	Private Houses	102.4	109.4	111.7
住房保养维修及管理	Housing Maintenance and management	102.8	105.5	105.2
住房装潢材料	Housing Decoration Materials	101.1	103.7	103.0
木地板	Wood Flooring	101.2	103.3	101.2
瓷砖	Ceramic	100.0	100.0	100.0
水泥	Cement	104.7	106.0	106.0
涂料	Painting	100.8	103.4	103.4
板材	Boarding	100.4	102.2	102.2
管材	Tubing	97.9	100.0	100.0
厨卫设备	Hutch Defends Equipment	100.5	103.7	102.0
门窗	Door & Window	103.4	111.0	111.0
其他住房装潢材料	Others	100.5	103.1	103.1
物业管理费	Property Management Fee	100.0	100.0	100.0
物业管理费	Property Management Fee	100.0	100.0	100.0
住房装潢维修	Housing Decoration Maintenance	108.9	114.7	114.7
装潢维修费	Decoration Maintenance fee	110.2	117.0	117.0
其他住房费用	Other Housing fee	100.0	100.0	100.0

continued

(2019, preceding year=100)

(%)

三 Mar.	四 Apr.	五 May.	六 June.	七 July.	八 Aug.	九 Sept.	十 Oct.	十一 Nov.	十二 Dec.
102.3	102.3	102.3	102.3	102.3	102.3	102.3	102.3	102.3	102.3
102.3	102.3	102.3	102.3	102.3	102.3	102.3	102.3	102.3	102.3
97.3	99.5	101.0	99.1	97.6	97.9	100.2	99.8	99.8	98.0
100.0	100.0	100.0	100.0	100.0	100.0	100.0	100.0	100.0	100.0
87.7	97.4	100.0	97.4	94.5	94.5	100.0	100.0	100.0	97.5
101.7	100.5	102.5	99.5	97.7	98.5	100.4	99.6	99.6	96.6
100.0	100.0	100.0	100.0	100.0	100.0	100.0	100.0	100.0	100.0
100.0	100.0	100.0	100.0	100.0	100.0	100.0	100.0	100.0	100.0
100.0	100.0	100.0	100.0	100.0	100.0	100.0	100.0	100.0	100.0
96.8	93.3	94.7	96.5	96.6	96.5	95.4	94.4	94.2	94.8
96.7	93.2	94.6	96.4	96.6	96.5	95.3	94.3	94.1	94.7
99.6	98.3	98.4	101.0	101.6	101.6	100.8	99.1	98.2	98.5
92.2	86.1	89.3	90.9	91.8	91.8	91.3	91.2	91.4	91.4
102.1	100.5	99.6	100.6	98.4	98.0	94.7	92.9	93.2	95.3
100.0	100.0	100.0	100.0	100.0	100.0	100.0	100.0	100.0	100.0
100.0	100.0	100.0	100.0	100.0	100.0	100.0	100.0	100.0	100.0
102.7	**102.2**	**101.5**	**101.3**	**101.3**	**100.3**	**99.4**	**98.8**	**101.8**	**101.6**
105.0	104.1	101.8	103.9	104.9	102.5	97.8	95.5	96.2	96.9
100.0	100.0	100.0	100.0	100.0	100.0	100.0	100.0	100.0	100.0
106.3	105.2	102.3	104.9	106.1	103.2	97.2	94.5	95.3	96.1
102.5	102.5	102.5	102.5	102.8	102.8	102.8	102.8	102.6	100.0
100.6	100.5	100.5	100.5	101.1	101.1	101.1	101.1	100.8	100.1
101.2	101.2	101.2	101.2	101.2	101.2	101.2	101.2	100.0	100.0
100.0	100.0	100.0	100.0	100.0	100.0	100.0	100.0	100.0	100.0
100.0	100.0	100.0	100.0	109.4	109.4	109.4	109.4	109.4	97.0
103.4	100.0	100.0	100.0	100.0	100.0	100.0	100.0	100.0	100.0
100.0	100.0	100.0	100.0	100.0	100.0	100.0	100.0	100.0	100.0
100.0	97.2	97.2	97.2	97.2	97.2	97.2	97.2	97.2	97.2
100.9	100.0	100.0	100.0	100.0	100.0	100.0	100.0	100.0	100.0
100.0	102.3	102.3	102.3	102.3	102.3	102.3	102.3	102.3	102.3
100.0	100.0	100.0	100.0	100.0	100.0	100.0	100.0	100.0	100.0
100.0	100.0	100.0	100.0	100.0	100.0	100.0	100.0	100.0	100.0
100.0	100.0	100.0	100.0	100.0	100.0	100.0	100.0	100.0	100.0
108.8	108.8	108.8	108.8	108.8	108.8	108.8	108.8	108.8	100.0
110.1	110.1	110.1	110.1	110.1	110.1	110.1	110.1	110.1	100.0
100.0	100.0	100.0	100.0	100.0	100.0	100.0	100.0	100.0	100.0

11—12 续表4

单位:%　　　　（2019,以上年价格为100）

指　标	Item	年度 Year	月份 Month 一 Jan.	二 Feb.
水电燃料	Water,Electricity and Fuel	103.7	103.3	103.6
水	Water	106.3	104.7	106.4
水	Water	106.3	104.7	106.4
电	Electricity	100.0	100.0	100.0
电	Electricity	100.0	100.0	100.0
燃气	Gas	103.4	108.7	108.7
管道燃气	Pipeline Natural Gas	104.3	111.0	111.0
液化石油气	Liquefied Petroleum Gas	100.0	100.0	100.0
取暖费	Heating fee	104.8	100.0	100.0
取暖费	Heating fee	104.8	100.0	100.0
其他燃料	Other Fuel	102.4	105.0	105.0
其他燃料	Other Fuel	102.4	105.0	105.0
自有住房	Private Housing	99.3	103.7	103.7
自有住房	Private Housing	99.3	103.7	103.7
生活用品及服务	**Articles of daily use and Services**	**100.2**	**101.6**	**101.1**
家具及室内装饰品	Furniture and Upholstery	101.3	101.0	101.0
家具	Furniture	101.5	101.1	101.1
柜	Cabinets	99.8	100.0	100.0
床	Beds	102.1	102.1	102.1
桌	Tables	100.4	100.0	100.0
椅	Chairs	100.4	100.0	100.0
沙发	Sofas	103.6	102.3	102.3
其他家具	Others	102.1	102.1	102.1
室内装饰品	Upholstery	99.8	100.0	100.0
灯具	lamps and Lanterns	100.0	100.0	100.0
其他室内装饰品	Other	99.0	100.0	100.0
家用器具	Home Appliances	99.1	102.6	100.3
大型家用器具	Major	99.0	102.2	100.2
洗衣机	Washing Machine	100.2	106.0	102.8
电冰箱(柜)	Refrigerator(cabinet)	98.4	101.4	99.5
抽油烟机	Exhaust Fan	101.4	105.9	103.6
空调器	Air Conditioner	95.3	97.0	96.7
热水器	Water Heater	98.8	97.0	95.4
炉具灶具	Cooker	100.6	102.1	100.1
微波炉	Microwave Oven	99.0	107.3	104.2
其他大型家用器具	Others	101.0	102.4	100.7

continued

(2019, preceding year=100) (%)

三 Mar.	四 Apr.	五 May.	六 June.	七 July.	八 Aug.	九 Sept.	十 Oct.	十一 Nov.	十二 Dec.
103.6	103.5	103.5	102.4	101.2	101.2	101.2	101.2	109.5	109.5
106.4	106.4	106.4	106.4	106.4	106.4	106.4	106.4	106.4	106.4
106.4	106.4	106.4	106.4	106.4	106.4	106.4	106.4	106.4	106.4
100.0	100.0	100.0	100.0	100.0	100.0	100.0	100.0	100.0	100.0
100.0	100.0	100.0	100.0	100.0	100.0	100.0	100.0	100.0	100.0
108.7	108.2	108.2	103.2	99.6	99.6	99.6	99.6	99.6	99.6
111.0	110.4	110.4	104.0	99.4	99.4	99.4	99.4	99.4	99.4
100.0	100.0	100.0	100.0	100.0	100.0	100.0	100.0	100.0	100.0
100.0	100.0	100.0	100.0	100.0	100.0	100.0	100.0	128.9	128.9
100.0	100.0	100.0	100.0	100.0	100.0	100.0	100.0	128.9	128.9
105.0	105.0	105.0	105.0	100.0	100.0	100.0	100.0	100.0	100.0
105.0	105.0	105.0	105.0	100.0	100.0	100.0	100.0	100.0	100.0
101.6	100.6	99.3	99.3	100.0	97.9	96.8	95.8	96.3	96.8
101.6	100.6	99.3	99.3	100.0	97.9	96.8	95.8	96.3	96.8
100.3	**100.2**	**100.1**	**100.1**	**99.8**	**100.0**	**99.5**	**99.9**	**100.0**	**100.5**
101.0	102.0	102.0	102.0	101.2	101.2	101.2	101.2	100.8	100.8
101.1	102.3	102.3	102.3	101.4	101.4	101.4	101.4	101.1	101.1
100.0	100.0	100.0	100.0	100.0	100.0	100.0	100.0	98.9	98.9
102.1	102.1	102.1	102.1	102.1	102.1	102.1	102.1	102.1	102.1
100.0	101.7	101.7	101.7	100.0	100.0	100.0	100.0	100.0	100.0
100.0	101.7	101.7	101.7	100.0	100.0	100.0	100.0	100.0	100.0
102.3	105.2	105.2	105.2	103.4	103.4	103.4	103.4	103.4	103.4
102.1	102.1	102.1	102.1	102.1	102.1	102.1	102.1	102.1	102.1
100.0	100.0	100.0	100.0	100.0	100.0	100.0	100.0	99.1	99.1
100.0	100.0	100.0	100.0	100.0	100.0	100.0	100.0	100.0	100.0
100.0	100.0	100.0	100.0	100.0	100.0	100.0	100.0	94.2	94.2
100.8	99.6	98.6	98.3	97.9	98.9	98.5	98.0	98.1	98.1
100.7	99.5	98.6	98.1	97.7	99.1	98.5	97.8	97.9	97.8
101.9	101.4	101.2	99.7	99.9	100.2	97.4	98.6	98.1	96.2
100.4	98.7	98.3	98.0	96.5	98.2	98.4	96.5	97.0	97.6
103.6	104.8	100.0	100.0	100.0	100.0	100.0	100.0	100.0	100.0
98.2	95.4	95.3	93.2	92.0	95.8	95.0	95.5	94.8	94.3
98.4	96.5	98.7	100.7	100.1	101.2	102.9	98.4	98.4	98.4
101.1	100.0	100.0	100.0	100.7	100.7	100.7	100.7	100.7	100.7
103.4	101.2	94.9	93.6	96.2	98.5	96.2	96.2	97.6	100.0
99.2	99.3	99.0	100.2	100.8	101.7	102.1	102.3	102.3	101.7

11—12 续表 5

单位:%

（2019,以上年价格为 100）

指 标	Item	年度 Year	月份 Month 一 Jan.	二 Feb.
小家电	Small	99.5	103.9	100.7
厨房小家电	Kitchen	98.8	107.0	101.4
生活小家电	Household	100.6	100.0	99.8
家用纺织品	Home textile	100.9	103.5	104.0
床上用品	Bed Articles	101.2	104.8	104.8
被子	Quilt	100.0	100.0	100.0
床单被套	Bed Sheet and Duvet Cover	102.7	111.6	111.6
其他床上用品	Others	100.0	100.0	100.0
窗帘门帘	Curtain	100.0	100.0	100.0
窗帘门帘	Curtain	100.0	100.0	100.0
其他家用纺织品	Others	101.5	104.5	106.8
其他家用纺织品	Others	101.5	104.5	106.8
家庭日用杂品	Household Articles Daily Use	99.4	100.5	101.7
洗涤卫生用品	Washing Sanitary Articles	99.9	99.6	102.0
清洗用品	Cleaning Articles	103.6	98.6	99.7
清洁用具	Cleaning Appliance	95.7	99.1	102.7
清洁用纸	Cleaning Paper	100.1	100.7	103.3
厨具餐具茶具	Kitchen,Tableware and Tea Set	99.5	101.4	101.1
厨具	Kitchen	100.2	102.1	102.1
餐具	Tableware	99.9	100.0	100.0
茶具	Tea Set	95.3	102.7	100.0
家用手工工具	Hand Tools for Household Use	99.3	100.3	100.3
家用手工工具	Hand Tools for Household Use	99.3	100.3	100.3
其他家庭日用杂品	Others	98.6	100.8	102.0
配电附件	Distribution Accessories	98.9	100.0	100.7
雨具	Rain Gear	96.0	100.0	100.0
其他日用杂品	Others	99.4	101.4	103.3
个人护理用品	Personal-care Products	100.3	100.4	100.6
化妆品	Cosmetics	100.4	100.0	100.0
清洁化妆品	Cleaning	101.0	100.0	100.0
护肤化妆品	Skin-care	100.0	100.0	100.0
彩妆化妆品	Make-up	100.9	100.0	100.0
化妆器具	Make-up Appliances	100.0	100.0	100.0
其他护理用品类	Other Nursing Materials	100.2	101.3	101.6
清洁类护理用品	Cleaning	100.1	103.2	104.5
护发美发用品	Bath & Slim	100.8	100.9	100.9
护理器具	Nursing Appliances	100.0	100.0	100.0
其他护理用品	Others	99.6	100.0	100.0

continued

(2019, preceding year=100) (%)

三 Mar.	四 Apr.	五 May.	六 June.	七 July.	八 Aug.	九 Sept.	十 Oct.	十一 Nov.	十二 Dec.
101.2	100.2	98.4	98.7	98.4	98.3	98.4	98.5	98.6	99.2
100.5	98.5	97.0	97.3	97.2	97.0	97.0	97.3	97.5	98.5
102.1	102.5	100.5	100.7	100.2	100.2	100.2	100.2	100.2	100.2
102.0	100.4	99.5	100.4	100.4	100.4	98.7	100.4	100.4	101.4
104.8	100.0	100.0	100.0	100.0	100.0	100.0	100.0	100.0	100.0
100.0	100.0	100.0	100.0	100.0	100.0	100.0	100.0	100.0	100.0
111.6	100.0	100.0	100.0	100.0	100.0	100.0	100.0	100.0	100.0
100.0	100.0	100.0	100.0	100.0	100.0	100.0	100.0	100.0	100.0
100.0	100.0	100.0	100.0	100.0	100.0	100.0	100.0	100.0	100.0
100.0	100.0	100.0	100.0	100.0	100.0	100.0	100.0	100.0	100.0
97.8	101.9	97.8	101.9	101.9	101.9	93.7	101.9	101.9	106.5
97.8	101.9	97.8	101.9	101.9	101.9	93.7	101.9	101.9	106.5
99.4	98.4	99.4	99.2	99.4	99.1	98.3	98.5	98.7	100.5
98.4	98.4	100.0	100.0	99.7	100.0	98.0	99.3	100.3	103.0
99.7	100.6	105.9	105.9	105.9	105.9	101.7	105.9	105.9	107.4
94.7	93.9	93.9	93.9	96.5	93.9	91.4	91.4	94.8	102.8
100.0	100.0	100.0	100.0	97.4	100.0	100.0	100.0	100.0	100.0
97.5	98.1	100.0	99.5	98.3	100.2	100.2	99.1	99.1	99.1
97.0	97.3	100.0	100.0	99.3	102.1	102.1	100.0	100.0	100.0
98.7	100.0	100.0	100.0	100.0	100.0	100.0	100.0	100.0	100.0
96.0	96.0	100.0	96.0	89.2	92.9	92.9	92.9	92.9	92.9
102.1	99.1	99.1	99.1	99.1	99.1	99.1	99.1	96.4	99.1
102.1	99.1	99.1	99.1	99.1	99.1	99.1	99.1	96.4	99.1
103.0	98.5	97.6	97.6	100.2	96.3	96.3	96.2	95.9	98.5
99.9	96.0	96.0	94.8	100.7	98.7	100.7	100.0	100.0	100.0
100.0	100.0	96.0	97.4	96.7	90.3	93.0	93.0	93.0	93.0
105.1	98.7	98.7	98.7	101.4	97.8	96.1	96.1	95.7	100.0
99.3	100.2	100.5	100.5	100.0	100.0	99.9	100.7	100.8	100.8
100.3	100.3	101.3	100.3	100.3	100.3	99.4	100.7	101.0	101.0
100.0	100.0	100.0	100.0	100.0	100.0	103.1	103.1	103.1	103.1
100.0	100.0	102.1	100.0	100.0	100.0	97.3	100.0	100.0	100.0
101.1	101.1	100.8	100.8	100.8	100.8	100.8	100.8	101.6	101.6
100.0	100.0	100.0	100.0	100.0	100.0	100.0	100.0	100.0	100.0
97.5	100.0	99.3	101.1	99.6	99.6	100.9	100.6	100.6	100.6
96.5	101.8	97.3	102.1	97.3	97.3	100.9	100.0	100.0	100.0
95.6	98.2	100.3	102.0	101.9	101.9	101.9	101.9	101.9	101.9
100.0	100.0	100.0	100.0	100.0	100.0	100.0	100.0	100.0	99.9
100.0	100.0	100.0	98.3	98.3	98.3	100.0	100.0	100.0	100.0

单位:%　　　　(2019,以上年价格为 100)

指　标	Item	年度 Year	月份 Month 一 Jan.	二 Feb.
家庭服务	Home Service	102.9	103.3	100.0
家政服务	Housekeeping	104.6	105.1	100.0
家庭维修服务	Maintenance	100.0	100.0	100.0
交通和通信	**Transportation and Communication**	**98.4**	**99.1**	**100.1**
交通	Transportation	98.4	99.1	100.4
交通工具	Transportation Facility	96.7	100.7	100.7
小型汽车	Sedan	95.7	100.6	100.6
电动自行车	Electric Bicycle	107.7	101.6	101.6
自行车	Bicycles	103.5	101.2	101.2
其他交通工具	Others	99.8	100.0	100.0
交通工具用燃料	Fuel of Vehicles Use	95.7	97.0	99.9
汽油	Gasoline	94.0	93.8	97.1
柴油	Diesel Oil	93.7	93.4	96.9
其他车用能源	Others	108.2	120.2	120.2
交通工具使用和维修	Use and Maintance of Transporatation Facility	100.2	99.7	99.7
停车费	Parking Fees	100.0	100.0	100.0
车辆使用费	Fees for Vehicles Use	100.0	100.0	100.0
交通工具零配件	Accessories	99.0	98.4	98.4
车辆修理与保养	Repair and Maintenance of Vehicles	101.6	100.0	100.0
交通费	Traffic Fare	101.9	97.8	101.0
市内公共交通	Urban Traffic	100.0	100.0	100.0
出租汽车	Taxi	100.0	100.0	100.0
飞机票	Air Tickets	108.4	90.2	104.2
火车票	Train Tickets	100.0	100.0	100.0
长途汽车	Coach	100.0	100.0	100.0
其他交通费	Others	88.0	95.3	95.3
通信	Communication	98.5	99.2	99.3
通信工具	Communication Facility	94.1	96.5	96.7
固定电话机	Telephone	101.1	107.2	107.2
移动电话机	Mobile Telephone	92.8	95.3	95.6
通信工具零配件	Accessories	101.5	100.0	100.0
通信服务	Communication Service	100.0	100.0	100.0
固定电话费	Telephone	100.0	100.0	100.0
移动通信费	Mobile Communications	100.0	100.0	100.0
上网费	On Network Costs	100.0	100.0	100.0
其他通信服务	Others	100.0	100.0	100.0

continued

(2019, preceding year=100) (%)

三 Mar.	四 Apr.	五 May.	六 June.	七 July.	八 Aug.	九 Sept.	十 Oct.	十一 Nov.	十二 Dec.
100.0	103.0	103.0	103.0	103.0	103.0	103.0	104.8	104.8	104.8
100.0	104.6	104.6	104.6	104.6	104.6	104.6	107.4	107.4	107.4
100.0	100.0	100.0	100.0	100.0	100.0	100.0	100.0	100.0	100.0
99.8	**98.5**	**98.4**	**98.3**	**97.5**	**97.8**	**97.4**	**97.7**	**97.6**	**98.8**
100.0	98.5	98.6	98.3	97.6	98.0	97.6	97.1	97.1	98.6
98.3	96.7	93.7	94.8	94.7	95.9	97.7	96.4	96.6	94.8
97.9	96.1	92.6	93.1	93.1	94.2	96.3	95.0	95.3	93.3
101.6	101.6	101.6	112.3	112.3	113.8	113.8	110.6	110.6	110.6
104.5	104.5	104.5	104.5	104.5	104.5	103.2	103.2	103.2	103.2
100.0	100.0	103.1	102.7	98.7	98.7	98.7	98.7	98.7	98.7
105.7	100.8	99.8	95.3	92.9	91.8	90.0	87.0	90.3	100.1
103.6	100.4	98.9	93.8	91.2	89.9	87.9	84.7	89.2	100.6
104.0	100.8	99.0	93.5	90.6	89.2	87.1	83.7	88.6	101.0
120.2	103.8	107.2	107.2	107.2	107.2	107.2	107.2	97.3	97.3
100.5	100.5	100.5	100.5	100.5	100.5	100.1	100.1	100.1	100.1
100.0	100.0	100.0	100.0	100.0	100.0	100.0	100.0	100.0	100.0
100.0	100.0	100.0	100.0	100.0	100.0	100.0	100.0	100.0	100.0
100.0	100.0	100.0	100.0	100.0	100.0	97.6	97.6	97.6	97.6
101.9	101.9	101.9	101.9	101.9	101.9	101.9	101.9	101.9	101.9
97.7	98.1	104.0	104.8	103.8	104.2	101.9	104.9	101.8	102.1
100.0	100.0	100.0	100.0	100.0	100.0	100.0	100.0	100.0	100.0
100.0	100.0	100.0	100.0	100.0	100.0	100.0	100.0	100.0	100.0
89.5	92.6	118.2	121.5	115.5	115.3	107.7	122.2	108.7	110.5
100.0	100.0	100.0	100.0	100.0	100.0	100.0	100.0	100.0	100.0
100.0	100.0	100.0	100.0	100.0	100.0	100.0	100.0	100.0	100.0
84.9	83.4	89.1	86.9	89.9	84.1	83.6	84.1	91.1	88.8
99.3	98.6	98.1	98.4	97.4	97.4	97.1	99.1	98.9	99.3
96.8	94.3	92.4	93.6	90.2	90.1	88.9	96.8	96.1	97.3
100.0	100.0	100.0	100.0	100.0	100.0	100.0	100.0	100.0	100.0
96.0	92.9	90.8	92.2	88.1	88.0	86.5	96.2	95.3	96.7
102.6	102.6	102.6	102.6	102.6	102.6	102.6	100.0	100.0	100.2
100.0	100.0	100.0	100.0	100.0	100.0	100.0	100.0	100.0	100.0
100.0	100.0	100.0	100.0	100.0	100.0	100.0	100.0	100.0	100.0
100.0	100.0	100.0	100.0	100.0	100.0	100.0	100.0	100.0	100.0
100.0	100.0	100.0	100.0	100.0	100.0	100.0	100.0	100.0	100.0
100.0	100.0	100.0	100.0	100.0	100.0	100.0	100.0	100.0	100.0

11—12 续表 7

单位:% （2019,以上年价格为 100）

指 标	Item	年度 Year	月份 Month 一 Jan.	二 Feb.
邮递服务	Postal Service	102.3	102.8	102.8
邮政邮寄	Post	100.8	100.0	100.0
快递服务	Expressage	102.9	103.9	103.9
教育文化和娱乐	**Education,Culture and Recreation**	**99.8**	**101.0**	**100.2**
教育	Education	101.8	101.2	101.6
教育用品	Education Products	103.3	107.7	107.7
工具书	Reference Book	100.0	100.0	100.0
教材	Textbook	100.7	108.1	108.1
参考资料	Reference Material	106.3	109.8	109.8
其他教育用品	Others	99.1	100.0	99.3
教育服务	Educational Service	101.4	100.0	100.4
学前教育	Pre-school	102.0	103.0	103.0
小学初中教育	Primary and Junior Schools	117.5	100.0	100.0
高中中职教育	High and Vocational Schools	102.2	100.0	102.4
高等教育	Higher Education	100.0	100.0	100.0
课外教育	Professional Skills Training	100.0	100.0	100.0
专业技能培训	Professional Skills Training	95.3	95.3	95.3
文化娱乐	Cultural and Recreation	97.1	100.7	98.4
文娱耐用消费品	Durable Consumer Goods for Cultural and Recreation	98.2	96.9	97.0
电视机	TV Set	95.8	90.1	89.1
照相机	Camera	96.4	97.6	96.4
台式计算机	Desktop Computer	97.8	97.9	98.2
笔记本平板	Tablets	101.2	103.1	105.4
乐器	Musical Instruments	102.7	100.9	100.9
音响	Sound Equipment	95.1	104.6	104.6
其他文娱耐用消费品	Ohters	99.4	101.1	100.8
其他文娱用品	Other Entertainment Products	99.7	101.8	98.6
书报杂志	Newspapers and Magazines	103.4	107.0	107.0
纸张文具	Paper and Stationery	99.2	100.0	100.0
体育户外用品	Sports and Outdoor Products	101.2	101.7	101.7
游戏用品和玩具	Games and Toys	99.4	100.0	100.0
园艺花卉及用品	Gardening Flowers and Products	93.7	100.0	82.7
宠物及用品	Pets and Products	100.3	100.0	100.0
其他文化娱乐用品	Ohters	98.4	100.0	100.0
文化娱乐服务	Cultural and Recreation Services	96.5	94.5	94.5
电影票	Movie Tickets	103.3	100.0	100.0
景点门票	Attractions Tickets	82.5	67.4	67.4
有线电视	Cable Television	100.0	100.0	100.0
健身活动	Fitness Activities	96.8	105.5	105.5
其他文娱服务	Others	100.0	100.0	100.0

continued

(2019, preceding year=100)　　(%)

三 Mar.	四 Apr.	五 May.	六 June.	七 July.	八 Aug.	九 Sept.	十 Oct.	十一 Nov.	十二 Dec.
102.8	102.8	103.1	103.1	103.1	103.1	103.1	100.3	100.3	100.3
100.0	100.0	101.2	101.2	101.2	101.2	101.2	101.2	101.2	101.2
103.9	103.9	103.9	103.9	103.9	103.9	103.9	100.0	100.0	100.0
98.9	**98.9**	**99.4**	**99.7**	**98.5**	**98.7**	**100.2**	**100.7**	**100.6**	**100.8**
101.3	101.3	101.3	101.8	101.8	101.7	102.2	102.2	102.2	102.3
104.4	104.4	104.4	104.4	104.4	104.3	99.8	99.8	99.8	99.7
100.0	100.0	100.0	100.0	100.0	100.0	100.0	100.0	100.0	100.0
99.3	99.3	99.3	99.3	99.3	99.3	99.5	99.5	99.5	99.5
109.8	109.8	109.8	109.8	109.8	109.8	100.0	100.0	100.0	100.0
99.3	99.3	99.3	99.3	99.3	96.8	99.0	99.4	99.4	98.6
100.7	100.7	100.7	101.2	101.2	101.2	102.7	102.7	102.7	102.8
103.0	103.0	103.0	103.0	103.0	103.0	100.0	100.0	100.0	100.0
109.5	109.5	109.5	109.5	109.5	109.5	138.2	138.2	138.2	138.2
102.4	102.4	102.4	102.4	102.4	102.4	102.4	102.4	102.4	102.4
100.0	100.0	100.0	100.0	100.0	100.0	100.0	100.0	100.0	100.0
100.0	100.0	100.0	100.0	100.0	100.0	100.0	100.0	100.0	100.0
92.1	92.1	92.1	96.6	96.6	96.6	96.6	96.6	96.6	98.0
95.5	95.5	96.7	96.9	94.2	94.6	97.3	98.6	98.3	98.6
98.2	98.1	98.6	98.3	98.3	97.6	97.6	99.9	99.5	99.0
90.6	95.1	97.8	100.5	99.6	98.7	98.3	98.0	97.6	95.1
97.5	98.1	101.2	97.5	95.8	96.4	94.0	94.3	94.3	94.3
100.9	97.2	97.0	96.8	99.5	98.3	97.2	98.1	96.3	96.6
105.1	101.3	98.1	95.5	94.6	94.6	96.1	106.7	106.7	107.8
100.9	103.0	103.0	103.0	103.0	103.0	103.2	103.2	103.2	104.8
102.4	94.5	100.2	96.0	91.1	84.0	91.1	91.1	93.4	87.1
102.2	100.7	98.1	94.9	99.1	99.0	97.7	99.0	100.2	100.2
101.8	101.0	101.0	100.5	98.8	97.4	98.1	98.8	98.8	99.5
107.0	107.0	107.0	107.0	100.0	100.0	100.0	100.0	100.0	100.0
100.0	100.0	100.0	100.0	100.0	95.1	96.6	100.7	99.1	99.1
101.7	101.7	101.7	101.7	101.7	101.7	100.4	100.4	100.0	100.0
100.0	99.1	99.1	99.1	99.1	99.1	99.1	99.1	99.1	99.1
100.0	94.9	94.9	92.9	92.9	88.9	92.9	92.9	94.9	100.0
100.0	100.0	100.0	100.0	100.0	100.0	100.0	101.3	101.3	101.3
100.0	100.0	100.0	98.5	97.1	97.1	97.1	97.1	97.1	97.1
91.4	92.5	92.5	96.5	96.5	96.5	97.6	100.5	100.5	104.6
94.9	100.0	100.0	106.5	106.5	106.5	106.5	106.5	106.5	106.5
67.4	67.4	67.4	86.1	86.1	86.1	86.1	100.0	100.0	127.7
100.0	100.0	100.0	100.0	100.0	100.0	100.0	100.0	100.0	100.0
96.6	96.6	96.6	92.0	92.0	92.0	96.6	96.6	96.6	96.6
100.0	100.0	100.0	100.0	100.0	100.0	100.0	100.0	100.0	100.0

11—12 续表 8

单位:%　　　　　　　　　　　　　　　　　　　　　　　　　　　　　　　(2019,以上年价格为 100)

指 标	Item	年度 Year	月份 Month 一 Jan.	二 Feb.
旅游	Touring and Outing	94.9	111.5	103.4
旅行社收费	Travel Agent Fees	93.8	112.9	103.6
其他旅游	Others	100.6	105.0	102.5
医疗保健	**Health Care**	**104.0**	**104.4**	**104.4**
药品及医疗器具	Medicines and Medical Apparatus	102.1	102.6	102.6
中药	Traditional Chinese Medicines	105.5	105.8	106.0
中药材	Traditional Chinese	105.3	106.6	106.6
中成药	Chinese Patent Medicine	105.6	105.4	105.7
西药	Western Medicines	101.8	102.9	102.8
抗微生物药	Antimicrobial	95.9	100.1	100.1
消化系统用药	Digestive System	101.2	101.1	101.1
呼吸系统用药	Respiratory	105.2	101.9	101.9
解热镇痛药	Antipyretic and Analgesic	100.8	106.9	106.9
抗肿瘤药	Antineoplastic	100.0	100.0	100.0
激素及影响内分泌药	Hormone and Endocrine	97.9	92.5	91.7
心血管系统用药	Cardiovascular	102.1	103.5	103.5
血液系统用药	Hematological system	99.3	100.2	99.8
治疗精神障碍药	Antipsychotics	117.8	121.2	121.2
神经系统用药	Nervous System	102.8	105.8	105.8
消毒防腐及创伤外科用药	Disinfection Antiseptics and Traumatology Department	101.1	101.7	101.7
泌尿系统用药	Urinary System	100.4	100.7	100.7
维生素、矿物质类药	Vitamin and Mineral	100.0	100.0	100.0
调节水、电解质及酸碱平衡药	Regulate water Electrolyte and Acid-base Balance	105.3	106.5	105.7
滋补保健品	Nourishing Health Products	98.9	98.0	98.0
医疗卫生器具	Medical Apparatus	100.6	102.5	102.5
医疗卫生器具	Medical Apparatus	100.6	102.5	102.5
保健器具	Health Care Apparatus	100.0	100.0	100.0
保健器具	Health Care Apparatus	100.0	100.0	100.0
医疗服务	Medical Services	106.2	106.4	106.4
综合医疗类	Comprehensive Medical	115.8	116.6	116.6
一般医疗服务	General Medical Services	119.8	120.9	120.9
一般治疗操作	General Treatment Operation	109.3	109.7	109.7
护理	Nursing	131.4	133.1	133.1
其他综合医疗服务	Others	115.5	115.5	115.5
诊断类	Diagnosis	100.9	101.0	101.0
病理学诊断	Pathology	100.0	100.0	100.0
实验室诊断	Laboratory	100.0	100.0	100.0
影像学诊断	Iconography	102.1	102.1	102.1
临床诊断	Clinic	100.1	100.4	100.4

continued

(2019, preceding year=100) (%)

三 Mar.	四 Apr.	五 May.	六 June.	七 July.	八 Aug.	九 Sept.	十 Oct.	十一 Nov.	十二 Dec.
92.9	92.3	96.0	93.9	85.9	88.3	96.2	94.8	94.2	91.6
91.6	90.8	95.2	92.7	83.6	86.3	95.5	93.7	92.8	89.7
100.0	100.0	100.0	100.0	100.0	100.0	100.0	100.0	100.0	100.0
104.1	**104.3**	**104.3**	**104.3**	**104.1**	**104.0**	**104.0**	**103.6**	**103.9**	**102.6**
102.1	102.5	102.5	102.5	102.1	101.9	101.9	101.2	101.8	102.0
105.4	107.0	106.0	105.5	105.5	105.1	105.2	104.0	104.9	105.6
104.9	105.6	104.4	104.4	104.4	103.1	103.9	103.7	106.2	110.2
105.7	107.8	106.9	106.2	106.2	106.2	106.0	104.2	104.2	103.2
101.9	102.4	102.4	102.7	101.7	101.4	101.5	100.5	100.9	101.0
100.1	100.1	100.1	100.1	92.0	92.0	92.0	91.3	91.2	91.2
101.1	101.1	101.1	101.1	101.1	101.1	101.1	101.1	101.7	101.6
98.5	107.2	107.2	107.2	104.6	104.6	106.4	106.5	108.2	108.2
100.8	96.6	96.6	96.6	100.6	101.4	101.0	101.0	100.9	100.9
100.0	100.0	100.0	100.0	100.0	100.0	100.0	100.0	100.0	100.0
92.5	98.6	99.1	99.1	99.1	99.1	100.0	100.0	102.7	102.7
102.7	102.7	102.7	103.4	100.8	100.8	100.8	100.8	100.8	102.7
99.8	96.1	96.1	97.1	100.9	100.9	100.9	100.0	100.0	100.0
121.2	121.2	121.2	123.6	121.9	121.9	121.1	107.7	107.7	107.7
105.8	104.3	103.7	104.6	104.6	100.0	100.0	100.0	100.0	100.0
101.7	101.7	101.7	101.7	101.7	101.7	100.0	100.0	100.0	100.0
100.7	100.7	100.7	100.5	100.5	100.5	100.0	100.0	100.0	100.0
100.0	100.0	100.0	100.0	100.0	100.0	100.0	100.0	100.0	100.0
105.7	105.7	105.7	105.7	105.7	105.7	105.7	104.4	104.3	103.8
98.0	97.9	99.2	99.2	99.2	99.2	99.0	99.0	100.0	100.0
102.5	100.0	100.0	100.0	100.0	100.0	100.0	100.0	100.0	100.0
102.5	100.0	100.0	100.0	100.0	100.0	100.0	100.0	100.0	100.0
100.0	100.0	100.0	100.0	100.0	100.0	100.0	100.0	100.0	100.0
100.0	100.0	100.0	100.0	100.0	100.0	100.0	100.0	100.0	100.0
106.4	106.4	106.4	106.4	106.4	106.4	106.4	106.4	106.4	103.3
116.6	116.6	116.6	116.6	116.6	116.6	116.6	116.6	116.6	107.9
120.9	120.9	120.9	120.9	120.9	120.9	120.9	120.9	120.9	108.8
109.7	109.7	109.7	109.7	109.7	109.7	109.7	109.7	109.7	104.7
133.1	133.1	133.1	133.1	133.1	133.1	133.1	133.1	133.1	115.3
115.5	115.5	115.5	115.5	115.5	115.5	115.5	115.5	115.5	115.5
100.9	100.9	100.9	100.9	100.9	100.9	100.9	100.9	100.9	100.8
100.0	100.0	100.0	100.0	100.0	100.0	100.0	100.0	100.0	100.0
100.0	100.0	100.0	100.0	100.0	100.0	100.0	100.0	100.0	100.0
102.1	102.1	102.1	102.1	102.1	102.1	102.1	102.1	102.1	101.8
100.0	100.0	100.0	100.0	100.0	100.0	100.0	100.0	100.0	100.0

11—12 续表 9

单位:% （2019,以上年价格为 100）

指 标	Item	年度 Year	月份 Month 一 Jan.	二 Feb.
治疗类	Therapy	102.8	102.9	102.9
临床手术治疗	Clinical Operation	106.7	107.0	107.0
临床非手术治疗	Non-Clinical Operation	100.0	100.0	100.0
康复类	Rehabilitation	100.0	100.0	100.0
康复医疗	Rehabilitation Therapy	100.0	100.0	100.0
中医医疗服务类	Chinese Medicine Service	104.0	104.1	104.1
中医治疗	Chinese Medicine Therapy	104.0	104.1	104.1
其他医疗服务	Others	100.0	100.0	100.0
其他用品和服务	**Other Goods and Services**	**101.9**	**100.4**	**99.1**
其他用品类	Other Items	101.6	99.0	97.1
首饰手表	Jewellery and Watches	102.6	98.5	95.8
金饰品	Gold	106.9	98.9	91.8
银饰品	Silver	99.6	100.0	100.0
铂金饰品	Platinum	99.5	94.9	95.1
手表	Watches	101.1	102.2	102.2
其他杂项用品	Others	99.5	100.1	99.9
箱包	Luggage	98.0	100.0	100.0
母婴用品	Maternal and Child Products	104.0	101.8	100.8
眼镜	Glasses	96.7	98.5	98.5
其他服务类	Other Services	102.2	101.5	100.6
旅馆住宿	Hotel Accommodation	111.0	100.4	95.5
宾馆住宿	Hotel	113.3	95.2	90.5
其他住宿	Others	107.2	109.3	103.7
美容美发洗浴	Beauty,Hairdressing and Bath	100.0	100.0	100.0
美容	Beauty	100.0	100.0	100.0
美发	Hairdressing	100.0	100.0	100.0
洗浴	Bath	100.0	100.0	100.0
养老服务	Service for the aged	100.0	100.0	100.0
金融保险	Finance and Insurance	100.4	103.8	103.7
金融服务	Finance Services	95.4	100.0	98.5
车辆保险	Vehicle Insurance	100.0	100.0	100.0
旅行保险	Travel Insurance	100.0	100.0	100.0
其他保险	Other Insurance	101.5	107.3	107.3
其他服务类	Other Services	99.9	100.0	100.0
中介服务	Intermediary Agent	99.8	100.0	100.0
其他服务	Others	100.0	100.0	100.0

continued

(2019, preceding year=100) (%)

三 Mar.	四 Apr.	五 May.	六 June.	七 July.	八 Aug.	九 Sept.	十 Oct.	十一 Nov.	十二 Dec.
102.9	102.9	102.9	102.9	102.9	102.9	102.9	102.9	102.9	101.4
107.0	107.0	107.0	107.0	107.0	107.0	107.0	107.0	107.0	103.3
100.0	100.0	100.0	100.0	100.0	100.0	100.0	100.0	100.0	100.0
100.0	100.0	100.0	100.0	100.0	100.0	100.0	100.0	100.0	100.0
100.0	100.0	100.0	100.0	100.0	100.0	100.0	100.0	100.0	100.0
104.1	104.1	104.1	104.1	104.1	104.1	104.1	104.1	104.1	102.0
104.1	104.1	104.1	104.1	104.1	104.1	104.1	104.1	104.1	102.0
100.0	100.0	100.0	100.0	100.0	100.0	100.0	100.0	100.0	100.0
100.4	**100.8**	**101.5**	**103.1**	**103.8**	**105.0**	**106.9**	**101.9**	**100.4**	**99.9**
99.0	100.2	100.0	100.8	101.5	104.9	107.5	105.1	102.2	102.4
98.6	99.4	99.5	100.8	102.9	107.6	111.5	108.5	104.3	104.1
98.7	99.1	96.9	102.9	108.4	119.3	126.6	121.1	111.8	109.0
100.0	100.0	100.0	100.0	100.0	100.0	100.0	100.0	97.4	97.4
95.5	97.9	101.0	97.7	99.3	101.3	105.6	101.9	100.6	103.5
102.2	102.2	102.2	102.2	100.0	100.0	100.0	100.0	100.0	100.0
99.9	102.0	101.1	100.9	98.3	98.9	98.9	97.7	97.7	98.7
100.0	100.0	100.0	98.3	95.4	98.3	98.3	95.4	95.4	95.4
100.8	105.6	105.6	104.7	104.7	104.7	104.7	104.7	104.7	104.7
98.5	101.1	97.8	100.6	95.5	93.1	93.1	93.1	93.1	97.0
101.5	101.2	102.7	104.9	105.6	105.0	106.5	99.6	99.1	98.0
101.0	99.7	108.5	121.0	120.9	117.7	125.9	114.8	113.6	107.2
93.5	99.5	107.0	123.2	131.2	134.1	136.3	117.8	113.8	106.8
114.0	100.1	111.1	117.4	104.6	93.4	107.8	109.7	113.3	107.8
100.0	100.0	100.0	100.0	100.0	100.0	100.0	100.0	100.0	100.0
100.0	100.0	100.0	100.0	100.0	100.0	100.0	100.0	100.0	100.0
100.0	100.0	100.0	100.0	100.0	100.0	100.0	100.0	100.0	100.0
100.0	100.0	100.0	100.0	100.0	100.0	100.0	100.0	100.0	100.0
100.0	100.0	100.0	100.0	100.0	100.0	100.0	100.0	100.0	100.0
103.7	103.5	103.5	103.2	103.2	103.0	103.3	91.5	91.5	91.5
98.5	96.9	96.9	93.1	93.1	91.2	94.1	94.1	94.1	94.1
100.0	100.0	100.0	100.0	100.0	100.0	100.0	100.0	100.0	100.0
100.0	100.0	100.0	100.0	100.0	100.0	100.0	100.0	100.0	100.0
107.3	107.3	107.3	107.3	107.3	107.3	107.3	85.3	85.3	85.3
98.1	98.1	96.1	98.1	102.8	102.8	102.8	100.0	100.0	100.0
96.4	96.4	92.6	96.4	105.4	105.4	105.4	100.0	100.0	100.0
100.0	100.0	100.0	100.0	100.0	100.0	100.0	100.0	100.0	100.0

11—13 商品零售价格分类指数

Retail Price Indices by Classification

单位：%　　　　（2019，以上年价格为 100）

指标	Item	指数 Indice
商品零售价格指数	**Retail Price Index**	**101.1**
食品	**Food**	**104.7**
粮食	Grain	100.5
大米	Rice	98.4
面粉	Flour	100.0
其他粮食	Others	107.9
粮食制品	Grain Products	102.3
薯类	Tubers	95.2
薯类	Tubers	95.2
豆类	Beans and Products	103.3
干豆	Beans	100.9
豆制品	Bean Products	104.5
食用油	Edible oil and Fats	101.8
食用植物油	Edible Vegetable Oil	98.9
食用动物油	Edible Animal Oil	106.8
菜	Vegetables	103.5
鲜菜	Fresh Vegetables	103.5
干菜及菜制品	Dry Vegetables and Related Products	103.4
畜肉类	Livestock Meat	115.8
猪肉	Pork	138.1
牛肉	Beef	107.5
羊肉	Mutton	104.7
畜肉副产品	Meat by-products	113.9
其他畜肉及制品	Others	104.6
禽肉类	Poultry	113.6
鸡	Chicken	114.3
鸭	Duck	124.4
其他禽肉及制品	Others	107.3
水产品	Aquatic Products	98.3
淡水鱼	Freshwater Fish	97.1
海水鱼	Marine Fish	100.0
虾蟹类	shrimps,Prawn and Crabs	99.3
其他水产品及制品	Others	100.5
蛋类	Eggs	106.5
鸡蛋	Chicken	104.0
其他蛋及制品	Others	112.6
奶类	Milk	101.4
鲜奶	Fresh Milk	103.1
酸奶	Yoghourt	99.6

11—13 续表 1 continued

(2019,preceding year=100) (%)

指 标	Item	指数 Indice
奶粉	Milk Powder	101.7
其他奶制品	Others	101.4
干鲜瓜果类	Dried and Fresh Melons and Fruits	111.3
鲜瓜果	Fresh Melons and Fruits	120.2
坚果	Nuts	98.4
瓜果制品	Products of Melons and Fruits	98.2
糖果糕点类	Sugar,Candy and Cake	101.2
食糖	Sugar	98.8
糖果	Candy	101.4
糕点	Cake	102.7
其他糖果糕点	Others	101.1
调味品	Flavoring	100.4
食用盐	Edible Salt	102.5
酱油	Sauce	97.9
食醋	Edible Vinegar	100.3
调味酱	Bechamel	103.5
味精	MSG	100.9
其他调味品	Others	96.3
其他食品类	Other Food	101.2
方便食品	Convenience Food	98.3
淀粉及制品	Starch and Derived Products	101.4
膨化食品	Puffed Food	109.2
在外餐饮	Out-dining	103.4
正餐	Dinner	104.8
快餐	Fast Food	98.0
地方小吃	Local Snacks	104.0
其他在外餐饮	Others	107.2
饮料、烟酒	**Beverages , Tobacco and Liquor**	**100.7**
茶及饮料	Tea and Beverages	103.9
茶叶	Tea	98.3
固体咖啡	Solid Coffee	104.3
其他固体饮料	Other Solid Drink	95.3
饮用水	Drinking Water	114.2
果汁饮料	Juice	99.0
其他液体饮料	Others	109.7
烟草	Tobacco and Liquor	100.0
烟草	Tobacco	100.0
酒类	Liquor	98.1
白酒	White spirit	97.1

11—13 续表 2 continued

单位:% （2019,以上年价格为 100）

指 标	Item	指 数 Indice
葡萄酒	Wine	97.3
啤酒	Beer	102.7
其他酒类	Others	96.7
服装、鞋帽	**Garments ,Shoes and Hats**	**99.3**
服装	Garments	101.0
男士服装	Men's Clothing	100.5
男式西服	Western-style Clothes	97.1
男式冬衣	Winter Coat	110.4
男式夹克衫	Clip Grams Shirt	100.1
男式毛线衣	Wool Sweaters	96.8
男式运动装	Sport swear	100.6
男式衬衫 T 恤	Shirts and T-shirts	102.1
男式裤子	Trousers	101.2
男式内衣	Underwear	99.5
女士服装	Women's Clothing	101.8
女式外套	Outerwear	94.1
女式冬衣	Winter Coat	115.0
女式毛线衣	Wool Sweaters	96.8
女式运动装	Sport swear	102.4
女式衬衫 T 恤	Shirts and T-shirts	101.0
女式裤子	Trousers	102.7
女式裙子	skirts	99.9
女式内衣	Underwear	101.1
儿童服装	Children Clothing	98.1
婴幼服装	Baby's Clothing	98.4
儿童上衣	Upper Outer Garment	101.4
儿童裤子	Trousers	98.1
儿童裙子	Skirts	94.1
鞋帽袜	Shoes ,Hats and Socks	96.6
鞋	Shoes	95.8
男鞋	Male	100.3
女鞋	Female	92.6
童鞋	Children	98.0
袜子	Socks	100.0
袜子	Socks	100.0
帽子	Hats	97.4
帽子	Hats	97.4
其他衣着配件	Others	100.0
其他衣着配件	Others	100.0

11—13 续表 3 continued

(2019, preceding year=100) (%)

指 标	Item	指数 Indice
纺织品	**Textile**	**101.5**
服装材料	Clothing Material	102.3
服装材料	Clothing Material	102.3
床上用品	Bed Articles	101.4
被子	Quilt	100.0
床单被套	Bed Sheet and Duvet Cover	102.7
其他床上用品	Others	100.0
家用电器及音像器材	**Home Appliances and Audio & Video Equipment**	**98.1**
家庭设备	Household Equipment	99.1
洗衣机	Washing Machine	100.2
电冰箱(柜)	Refrigerator(cabinet)	98.4
抽油烟机	Exhaust Fan	101.4
空调器	Air Conditioner	95.3
热水器	Water Heater	98.8
炉具灶具	Cooker	100.6
微波炉	Microwave Oven	99.0
厨房小家电	Kitchen	98.8
生活小家电	Household	100.6
其他大型家用器具	Other Home Appliances	101.0
文娱用耐用消费品	Durable Consumer Goods for Cultural and Recreation	96.7
电视机	TV Set	95.8
照相机	Camera	96.4
音响	Sound Equipment	95.1
其他文娱耐用消费品	Others	99.4
专业音像器材	Professional Audio and Video Equipment	98.1
专业音响器材	Audio	100.6
专业声像器材	Video	94.5
文化办公用品	**Cultural and Office Goods**	**99.1**
纸张文具	Paper and Stationery	99.2
台式计算机	Desktop Computer	97.8
笔记本平板	Tablets	101.2
电脑附件	Computer Accessories	96.7
打印复印机	Printers	96.6
教学设备	Teaching Equipment	99.5
日用品	**Commodity**	**101.0**
日用百货	General Merchandise	102.2
电动自行车	Electric Bicycle	107.7
自行车	Bicycles	103.5
雨具	Others	96.0
护理器具	Nursing Appliances	100.0

11—13 续表 4 continued

单位:% （2019,以上年价格为 100）

指 标	Item	指数 Indice
清洁用纸	Cleaning Paper	100.1
化妆器具	Make-up Appliances	100.0
厨具餐具茶具	Kitchen,Tableware and Tea Set	98.7
厨具	Kitchen	100.2
餐具	Tableware	99.9
茶具	Tea Set	95.3
清洗用品	Cleaning Articles	103.6
清洗用品	Cleaning Articles	103.6
其他日用品	Others	99.3
灯具	lamps and Lanterns	100.0
箱包	Luggage	98.0
母婴用品	Maternal and Child Products	104.0
眼镜	Glasses	96.7
其他护理用品	Other Nursing Materials	99.6
其他日用杂品	Other Daily Groceries	99.4
体育娱乐用品	**Sports and Entertainment Goods**	**99.8**
体育户外用品	Sports and Outdoor Products	101.2
体育户外用品	Sports and Outdoor Products	101.2
娱乐用品	Recreation Products	98.7
乐器	Musical Instruments	102.7
游戏用品和玩具	Games and Toys	99.4
园艺花卉及用品	Gardening Flowers and Products	93.7
宠物及用品	Pets and Products	100.3
其他文化娱乐用品	Others	98.4
交通、通信用品	**Transportation and Communication Articles**	**98.1**
交通运输机械	Transport machinery	98.9
小型汽车	Sedan	95.7
大中型客车	Large and Medium Coach	101.4
交通工具零配件	Accessories	99.0
通信器材	Telecom Equipment	96.8
固定电话机	Telephone	101.1
移动电话机	Mobile Telephone	92.8
其他通信器材	Others	98.7
家具	**Furniture**	**101.2**
柜	Cabinets	99.8
床	Beds	102.1
桌	Tables	100.4

11—13 续表 5 continued

（2019，preceding year=100） （%）

指 标	Item	指数 Indice
椅	Chairs	100.4
沙发	Sofas	103.6
其他家具	Others	102.1
化妆品	**Cosmetics**	**100.4**
清洁化妆品	Cleaning	101.0
护肤化妆品	Skin-care	100.0
彩妆化妆品	Make-up	100.9
清洁类护理用品	Cleaning Nursing Materials	100.1
护发美发用品	Bath & Slim Materials	100.8
金银饰品	**Gold and Silver Jewellery**	**103.3**
金饰品	Gold	106.9
银饰品	Silver	99.6
铂金饰品	Platinum	99.5
中西药品及医疗保健用品	**Traditional Chinese & Western Medicines and Health Care Products**	**102.5**
医疗卫生器具	Medical Apparatus	100.6
医疗卫生器具	Medical Apparatus	100.6
中药	Traditional Chinese Medicines	105.4
中药材	Traditional Chinese	105.3
中成药	Chinese Patent Medicine	105.6
西药	Western Medicines	101.7
抗微生物药	Antimicrobial	95.9
消化系统用药	Digestive System	101.2
呼吸系统用药	Respiratory	105.2
解热镇痛药	Antipyretic and Analgesic	100.8
抗肿瘤药	Antineoplastic	100.0
激素及影响内分泌药	Hormone and Endocrine	97.9
心血管系统用药	Cardiovascular	102.1
血液系统用药	Hematological system	99.3
治疗精神障碍药	Antipsychotics	117.8
神经系统用药	Nervous System	102.8
消毒防腐及创伤外科用药	Disinfection Antiseptics and Traumatology Department	101.1
泌尿系统用药	Urinary System	100.4
维生素、矿物质类药	Vitamin and Mineral	100.0
调节水、电解质及酸碱平衡药	Regulate water Electrolyte and Acid-base Balance	105.3
保健器具及用品	Health Equipment and Supplies	99.2

11—13　续表 6　continued

单位:%　　(%)

指　标	Item	指 数 Indice
保健器具	Health Care Apparatus	100.0
滋补保健品	Nourishing Health Products	98.9
书报杂志及电子出版物	**Books,Newspapers, Magazine and Electronic Publications**	**103.2**
教材及参考书	Textbook and Supplies	103.1
工具书	Reference Book	100.0
教材	Textbook	100.7
参考资料	Reference Material	106.3
其他教育用品	Others	99.1
书报杂志	Newspapers and Magazines	103.4
书报杂志	Newspapers and Magazines	103.4
计算机办公软件	Computer Office Software	102.2
计算机办公软件	Computer Office Software	102.2
燃料	**Fuel**	**97.4**
煤炭及制品	Coal and Related Product	102.0
原煤	Raw Coal	102.4
煤制品	Coal Product	102.0
石油及制品	Oil and Related Product	97.0
管道燃气	Pipeline Gas	104.3
液化石油气	Liquefied Petroleum Gas	100.0
汽油	Gasoline	94.0
柴油	Diesel Oil	93.7
建筑材料及五金电料	**Building Materials and Metal Materials**	**100.7**
建筑装璜材料	Building Decoration Materials	101.0
木地板	Wood Flooring	101.2
瓷砖	Ceramic	100.0
水泥	Cement	104.7
涂料	Painting	100.8
板材	Boarding	100.4
管材	Tubing	97.9
厨卫设备	Hutch Defends Equipment	100.5
门窗	Door & Window	103.4
其他住房装潢材料	Others	100.5
五金水暖	Hardware Plumbing	100.0
家用手工工具	Hand Tools for Household Use	99.3
配电附件	Distribution Accessories	98.9
水暖器材	Plumbing Equipment	100.7

11—14 各种物价总指数

Variety of Price Indices

单位:%　　(%)

指　标	Item	居民消费价格总指数 Consumer Price Index	商品零售价格总指数 Retail Price Index
以 1957 年价格为 100	Year of 1957=100	933.1	621.2
以 1962 年价格为 100	Year of 1962=100	742.6	498.9
以 1965 年价格为 100	Year of 1965=100	901.0	600.1
以 1970 年价格为 100	Year of 1970=100	855.4	570.2
以 1978 年价格为 100	Year of 1978=100	767.3	509.0
以 1980 年价格为 100	Year of 1980=100	711.9	471.9
以 1985 年价格为 100	Year of 1985=100	601.1	400.7
以 1990 年价格为 100	Year of 1990=100	352.4	237.6
以 1992 年价格为 100	Year of 1992=100	303.3	207.1
以 1995 年价格为 100	Year of 1995=100	177.9	133.2
以 1997 年价格为 100	Year of 1997=100	174.0	122.6
以 1998 年价格为 100	Year of 1998=100	159.7	126.3
以 1999 年价格为 100	Year of 1999=100	159.6	127.9
以 2000 年价格为 100	Year of 2000=100	165.4	136.3
以 2001 年价格为 100	Year of 2001=100	158.6	130.2
以 2002 年价格为 100	Year of 2002=100	159.6	131.6
以 2003 年价格为 100	Year of 2003=100	156.8	132.0
以 2004 年价格为 100	Year of 2004=100	151.9	129.5
以 2005 年价格为 100	Year of 2005=100	154.9	133.2
以 2006 年价格为 100	Year of 2006=100	147.1	127.4
以 2007 年价格为 100	Year of 2007=100	139.6	122.8
以 2008 年价格为 100	Year of 2008=100	129.7	116.0
以 2009 年价格为 100	Year of 2009=100	130.1	117.8
以 2010 年价格为 100	Year of 2010=100	125.1	114.3
以 2011 年价格为 100	Year of 2011=100	118.9	110.4
以 2012 年价格为 100	Year of 2012=100	116.0	109.8
以 2013 年价格为 100	Year of 2013=100	112.1	107.3
以 2014 年价格为 100	Year of 2014=100	109.8	106.5
以 2015 年价格为 100	Year of 2015=100	110.4	107.8
以 2016 年价格为 100	Year of 2016=100	106.2	105.3
以 2017 年价格为 100	Year of 2017=100	104.4	103.8
以 2018 年价格为 100	Year of 2018=100	102.2	101.1

11—15 工业生产者出厂价格指数

单位:% （以上年价格为 100）

指 标	Item	2011 年
全部工业品出厂价格总指数	**Total Industry Products Price Index**	**109.1**
核心指数	Core Index	112.2
高技术	Hi-technology	106.1
能源	Enery	106.5
按轻重工业分	Grouped by Light and Heavy Industry	
轻工业	Light Industry	119.4
以农产品为原料	Raw Material of Agricultural Products	117.6
以非农产品为原料	Raw Material of Non-Agricultural Products	128.3
重工业	Heavy Industry	107.2
采掘	Mining & Quarrying	112.1
原料	Raw Material	105.8
加工	Process	108.3
按生产生活资料分	Grouped by Means of Production and Means of Livilyhood	
生产资料	Means of Production	108.6
采掘	Mining & Quarrying	112.1
原料	Raw Material	105.7
加工	Process	112.7
生活资料	Consumer Goods	114.3
食品	Food	109.5
衣着	Clothing	114.3
一般日用品	Artiales for Daily Used	120.6
耐用消费品	Durable Cinsumer Goods	101.1
按初级中间最终产品分	Grouped by Primary Products Intermediate Products and fiual Products	
初级产品	Primary Products	112.1
矿产品	Minerals	112.1
废料	Waste	—
中间产品	Intermediate Products	108.9
最终产品	Final Products	107.0
最终投资品	Final Investment	111.9
最终消费品	Final Consumption Goods	103.0
按工业部门分	Grouped by Industry Branch	
冶金工业	Metallurgy Industry	110.5
电力工业	Electric Power Industry	100.4
煤炭及炼焦工业	Coal and Coking Industry	110.1
石油工业	Petroleum Industry	115.8
化学工业	Chemistry Industry	116.8
机械工业	Machinery Industry	103.0
建筑材料工业	Building Materials Industry	102.6
森林工业	Forest Industry	100.1

Industrial Producer Price Indices

(preceding year=100) (%)

2012年	2013年	2014年	2015年	2016年	2017年	2018年	2019年
99.4	**95.0**	**97.1**	**94.5**	**98.9**	**112.3**	**107.9**	**98.5**
97.4	96.2	96.3	97.3	99.2	106.1	104.6	100.4
89.1	94.0	98.0	102.7	102.6	104.1	117.3	108.5
100.9	94.3	97.4	92.3	98.5	117.9	110.8	97.0
100.4	97.6	99.8	99.5	99.5	100.8	100.6	100.5
101.8	100.2	101.3	99.9	98.9	100.4	100.8	101.1
93.3	83.4	90.4	97.1	103.2	103.3	98.9	95.6
99.2	94.5	96.6	93.5	98.7	114.8	109.4	98.1
92.5	71.5	92.6	89.8	96.2	129.0	119.8	92.4
101.6	98.4	98.0	93.0	99.5	115.5	109.2	98.6
96.4	95.7	94.6	97.0	98.2	106.5	104.1	99.5
99.8	95.1	97.0	93.9	98.7	113.7	108.2	97.7
92.5	71.5	92.6	89.8	96.2	129.0	119.8	92.4
102.0	98.7	98.0	92.8	99.4	115.7	108.3	97.6
98.5	97.1	96.4	97.8	98.5	105.1	103.2	99.7
95.2	93.7	98.3	99.9	100.0	102.1	106.1	104.5
100.1	100.4	102.5	101.0	98.2	100.2	103.2	104.3
108.2	103.4	104.8	98.4	93.8	101.7	100.0	99.2
88.2	84.5	91.3	98.8	103.8	104.3	111.6	106.2
100.5	100.0	100.2	101.0	100.1	100.0	100.0	99.1
92.5	71.5	92.6	89.8	96.2	129.0	119.8	92.4
92.5	71.5	92.6	89.8	96.2	129.0	119.8	92.4
—	—	—	—	—	—	—	—
100.4	97.7	97.4	94.8	99.2	110.8	106.6	99.2
101.2	98.3	98.5	95.1	98.2	107.1	105.1	98.5
102.3	97.1	96.5	89.6	97.0	108.5	109.2	96.7
100.2	99.3	100.0	99.4	99.2	105.9	101.5	100.3
95.9	94.8	94.4	91.9	102.4	115.7	103.6	96.5
100.9	100.0	100.0	99.3	99.3	107.8	100.4	99.8
92.6	75.2	91.2	87.7	100.3	141.2	119.6	94.7
108.3	98.5	96.9	81.5	95.9	111.5	115.5	94.6
91.3	89.4	90.6	97.5	97.7	107.2	109.2	101.6
100.5	98.3	99.6	99.6	99.9	100.3	99.9	99.7
95.2	97.2	96.4	93.3	99.3	110.8	108.0	103.5
100.5	100.3	100.3	101.1	100.1	100.0	100.0	99.6

11—15 续表

单位:% （以上年价格为 100）

指 标	Item	2011 年
食品工业	Food Industry	108.9
纺织工业	Textile Industry	126.7
缝纫工业	Sewing Industry	109.6
皮革工业	Leather Industry	115.6
造纸工业	Papermaking Industry	104.2
文教艺术用品工业	Culture and Education Articles Industry	102.8
其它工业	Others Industry	115.1
按工业行业分	Grouped by Industry Sector	
煤炭开采和洗选业	Mining and Washing of Coal	112.1
农副食品加工业	Processing of Food from Agricultural Products	108.7
食品制造业	Manufacture of Foods	123.2
饮料制造业	Manufacture of Beverages	106.6
纺织业	Manufacture of Textile	126.4
纺织服装、鞋、帽制造业	Manufacture of Textile Wearing Apparel,Footware and Caps	102.4
皮革、毛皮、羽毛(绒)及其制品业	Manufacture of Leather,Fur,Feather and Related Products	115.6
木材加工及木、竹、藤、棕、草制品业	Processing of Timber,Manufacture of Wood,Bamboo,Rattan,Palm and Straw Products	98.9
家具制造业	Manufacture of Furniture	100.9
造纸及纸制品业	Manufacture of Paper and Paper Products	104.2
印刷业和记录媒介的复制	Printing,Reproduction of Recording Media	102.8
石油加工、炼焦及核燃料加工业	Processing of Petroleum,Coking,Processing of Nuclear Fuel	114.1
化学原料及化学制品制造业	Manufacture of Raw Chemical Materials and Chemical Products	116.2
医药制造业	Manufacture of Medicines	106.2
化学纤维制造业	Manufacture of Chemical Fibers	—
橡胶制品业	Manufacture of Rubber	117.8
塑料制品业	Manufacture of Plastics	106.0
非金属矿物制品业	Manufacture of Non-metallic Mineral Products	104.9
黑色金属冶炼及压延加工业	Smelting and Pressing of Ferrous Metals	107.9
有色金属冶炼及压延加工业	Smelting and Pressing of Non-ferrous Metals	110.6
金属制品业	Manufacture of Metal Products	113.6
通用设备制造业	Manufacture of General Purpose Machieery	103.7
专用设备制造业	Manufacture of Special Purpose Machieery	100.1
交通运输设备制造业	Manufacture of Transport Equipment	101.8
电气机械及器材制造业	Manufacture of Electrical Machinery and Equipment	102.2
仪器仪表及文化、办公用机械制造业	Manufacture of Measuring Instruments and Machinery for Cultural Activity and Office Work	104.8
电力、热力的生产和供应业	Production and Suppy of Electric Power,Steam and Hot Water	100.4
燃气生产和供应业	Production and Suppy of Gas	100.0
水的生产和供应业	Production and Suppy of Tap Water	115.1

continued

（preceding year=100）

（%）

2012年	2013年	2014年	2015年	2016年	2017年	2018年	2019年
100.7	101.3	102.6	99.8	98.3	100.7	103.0	103.7
102.4	99.7	100.4	100.1	100.1	99.7	99.2	99.5
105.4	100.5	104.2	100.5	98.3	102.4	99.5	99.8
109.4	107.4	102.7	94.9	88.9	100.4	100.7	99.1
100.2	97.8	100.0	100.0	100.2	103.7	102.3	99.5
104.8	103.9	100.3	100.0	100.0	100.4	101.1	99.9
101.3	98.3	97.7	101.6	100.4	112.1	117.9	106.2
92.5	71.5	92.6	89.8	95.7	132.5	120.2	94.2
102.8	104.6	100.6	99.3	101.0	101.5	101.3	99.5
91.1	85.8	96.1	96.6	98.1	101.5	99.8	101.9
102.6	98.6	102.3	103.0	99.6	100.4	106.1	106.7
102.5	99.7	100.6	100.1	99.9	99.9	99.2	99.5
102.2	101.7	101.1	100.0	100.1	100.0	100.0	100.0
109.4	107.4	102.7	94.9	88.9	100.4	100.7	99.1
100.3	100.7	100.6	101.1	100.1	100.0	100.0	100.1
100.6	100.0	100.2	101.2	100.1	100.0	100.0	99.1
100.2	97.8	100.0	100.0	100.2	103.7	102.3	99.5
105.2	104.2	100.4	100.0	100.0	100.4	101.1	99.9
105.4	97.0	94.6	80.4	99.8	122.0	116.3	94.6
102.0	94.3	90.8	102.5	93.2	103.9	107.0	97.6
88.1	93.6	98.0	102.9	102.9	104.6	120.2	110.3
—	—	—	—	—	—	—	—
85.0	87.1	85.7	89.8	92.1	115.5	103.6	97.0
99.7	96.9	102.0	92.1	95.0	105.4	102.1	100.4
96.2	97.3	96.3	93.9	99.1	111.8	109.5	103.9
94.6	96.9	90.0	86.9	98.3	103.2	103.3	97.2
94.3	93.0	94.9	92.6	106.5	120.9	101.8	95.9
102.5	97.5	98.4	95.8	98.2	112.4	105.8	99.1
100.2	99.8	99.9	99.8	99.6	100.2	100.1	100.1
99.8	97.3	97.1	100.0	99.7	100.4	99.9	100.0
100.0	100.0	100.0	100.0	—	—	—	—
100.0	96.0	99.4	99.4	100.1	100.4	99.5	99.2
100.9	99.3	97.6	100.1	100.2	100.1	101.3	100.5
102.6	100.0	100.0	99.3	99.3	107.8	100.4	99.8
133.0	114.9	115.6	101.3	90.7	110.1	116.6	103.7
102.0	100.0	101.2	111.4	103.0	103.5	110.0	104.3

11—16 工业生产者购进价格指数

单位:%　　（以上年价格为 100）

指标	Item	2011 年
全部原材料购进价格总指数	**Purchasing Price of Materials**	**115.0**
按初级中间最终产品分	**Grouped by Intermediate Product and Final Product**	
初级产品	Primary Product	119.7
农产品	Agricultural Product	115.5
矿产品	Minerals	121.9
废料	Scrap	117.7
中间产品	Intermediate Product	108.4
九大类原材料购进价格指数	**Classification of Purchasing Price of Materials**	
燃料、动力类	Fuel and Power	116.5
黑色金属材料类	Ferrous Metals	108.9
钢材	Steel	107.5
其它	Others	112.5
有色金属材料及电线类	Nonferrous Metals and Electric Wires	104.2
化工原料类	Raw Chemical Materials	120.8
木材及纸浆类	Timber and Paper Pulp	101.9
建筑材料及非金属类	Building Materials and Non-metallic Mineral	123.0
其它工业原材料及半成品类	Others Industry Raw Materials and Semi-manufantures	108.7
农副产品类	Agricultural Products	115.5
纺织原料类	Textile Materials	114.7

11—17 房地产价格指数

单位:%　　房地产月同比价格指数　　（2019,以上年价格为 100）

指标	Item	1月	2月
新建住宅价格指数	**New Residential Buildings Sales Price Index**		
新建商品住宅价格指数	**New Commercialized Houses Sales Price Index**	**109.3**	**109.5**
$90m^2$ 及以下	Housing of 90 Square Meters Below	108.0	108.0
$90-144m^2$	Housing of Square Meters Below 90 and 140	109.5	109.9
$144m^2$ 以上	Housing of 144 Square Meters Above	109.8	109.4
二手住宅价格指数	**Second-hand House Sales Price Index**	**105.4**	**105.8**
$90m^2$ 及以下	Housing of 90 Square Meters Below	105.4	105.7
$90-144m^2$	Housing of Square Meters Below 90 and 140	105.3	105.8
$144m^2$ 以上	Housing of 144 Square Meters Above	105.9	106.3

单位:%　　房地产月环比价格指数　　（2019,以上年价格为 100）

指标	Item	1月	2月
新建住宅价格指数	**New Residential Buildings Sales Price Index**		
新建商品住宅价格指数	**New Commercialized Houses Sales Price Index**	**100.5**	**100.7**
$90m^2$ 及以下	Housing of 90 Square Meters Below	99.7	100.5
$90-144m^2$	Housing of Square Meters Below 90 and 140	100.6	100.9
$144m^2$ 以上	Housing of 144 Square Meters Above	100.6	100.2
二手住宅价格指数	**Second-hand House Sales Price Index**	**100.2**	**100.3**
$90m^2$ 及以下	Housing of 90 Square Meters Below	100.0	100.2
$90-144m^2$	Housing of Square Meters Below 90 and 140	100.5	100.3
$144m^2$ 以上	Housing of 144 Square Meters Above	100.0	100.1

Purchasing Price Indices of Industrial Producer

(preceding year=100) (%)

2012 年	2013 年	2014 年	2015 年	2016 年	2017 年	2018 年	2019 年
104.2	**96.9**	**97.0**	**84.6**	**96.4**	**113.4**	**110.5**	**97.5**
106.8	95.8	96.9	76.4	92.3	119.0	115.1	96.3
101.0	101.3	101.7	96.3	96.8	100.5	99.5	99.4
109.7	93.2	94.5	65.9	90.0	129.0	122.2	94.9
90.9	86.7	89.7	76.8	99.6	111.0	114.3	103.1
100.2	98.5	97.1	96.1	102.3	106.2	103.9	99.4
107.4	96.0	96.4	74.3	94.1	121.9	118.5	95.8
93.8	89.4	92.1	92.1	103.3	114.6	105.7	98.8
96.2	88.9	93.4	96.8	104.0	113.2	105.6	98.6
87.7	90.5	88.8	79.8	101.0	119.5	106.1	98.7
94.2	94.3	91.3	97.1	97.8	111.9	103.4	96.0
100.3	93.9	93.8	88.4	98.1	114.2	100.9	97.3
100.8	99.4	99.7	99.8	102.2	102.0	104.0	100.6
110.3	87.4	91.4	90.2	98.7	105.5	105.0	102.0
103.1	104.9	98.9	98.0	101.6	101.9	102.5	100.9
101.0	101.3	101.7	96.3	96.7	100.5	99.5	99.4
97.3	98.6	100.7	99.6	99.2	106.2	99.6	98.5

Price Indices of Real Estate

(2019, preceding year=100) Monthly real estate price index (%)

3 月	4 月	5 月	6 月	7 月	8 月	9 月	10 月	11 月	12 月
109.4	**109.4**	**109.6**	**109.1**	**108.5**	**108.6**	**109.5**	**110.1**	**111.9**	**112.3**
108.7	109.1	109.2	109.5	108.8	108.6	109.6	110.4	112.5	112.1
109.7	109.1	109.5	108.6	108.4	108.4	109.8	110.5	112.3	112.7
109.1	110.3	110.0	110.4	108.6	109.4	108.7	109.5	110.6	111.3
106.8	**106.9**	**107.2**	**107.0**	**106.9**	**107.4**	**106.6**	**107.0**	**107.4**	**107.6**
106.8	106.9	107.5	107.2	106.7	107.3	106.8	106.7	106.9	106.8
106.6	106.7	106.7	106.5	106.7	107.3	106.4	107.1	107.8	108.4
107.7	108.3	108.3	108.4	108.7	108.5	107.3	107.9	108.2	108.2

(2019, preceding year=100) Month on month price index of real estate (%)

3 月	4 月	5 月	6 月	7 月	8 月	9 月	10 月	11 月	12 月
100.7	**100.5**	**100.6**	**101.0**	**100.3**	**101.8**	**101.7**	**100.8**	**101.9**	**101.2**
100.8	101.0	100.3	101.3	100.7	101.6	101.9	100.6	102.0	101.1
100.8	100.2	100.8	100.8	100.6	101.8	101.7	100.9	101.9	101.0
100.3	101.1	100.0	101.2	99.6	102.1	101.2	100.8	101.8	101.6
101.0	**100.3**	**100.3**	**100.6**	**100.8**	**101.5**	**100.7**	**100.5**	**100.9**	**100.4**
101.1	100.2	100.6	100.5	100.4	101.4	100.8	100.3	100.8	100.2
100.9	100.4	100.0	100.5	101.0	101.5	100.6	100.7	100.9	100.6
101.4	100.6	99.8	101.0	101.1	101.3	100.4	100.6	101.0	100.4

主 要 统 计 指 标 解 释

【城乡居民人均可支配收入】 指调查户在调查内获得的、可用于最终消费支出和储蓄的总和,即调查户可以用来自由支配的收入。可支配收入既包括现金,也包括实物收入。按照收入的来源,可支配收入包含四项,分别为:工资性收入、经营净收入、财产净收入和转移净收入。

可支配收入=工资性收入+经营净收入+财产净收入+转移净收入

其中:经营净收入=经营收入-经营费用-生产性固定资产折旧-生产税

财产净收入=财产性收入-财产性支出转移净

收入=转移性收入-转移性支出

【城乡居民消费支出】 指住户用于满足家庭日常生活消费需要的全部支出,包括用于消费品的支出和用于服务性消费的支出。根据用途不同,消费支出可划分为食品烟酒、衣着、居住、生活用品及服务、交通通信、教育文化娱乐、医疗保健、其他用品及服务八大类。根据来源不同,消费支出可划分为现金消费支出、实物消费支出(含自产自用、来自单位、来自政府和其它社会组织)。

【居民消费价格指数(简称CPI)】 是指城乡居民购买并用于日常生活消费的商品和服务项目的价格。居民消费价格调查的任务是调查、搜集和整理这些商品和服务项目的价格,并编制居民消费价格指数(英文名称:ConsumerPriceIn-dex 缩写:CPI),旨在反应一定时期内居民所消费商品及服务

项目的价格水平变动趋势和变动程度。居民消费价格水平的变动率在一定程度上反映了通货膨胀(或紧缩)的程度。

【商品零售价格指数(简称RPI)】 商品的零售价格是商品在流通过程中最后一个环节的价格,是工业、商业、餐饮和其他零售企业向城乡居民、机关团体出售生活消费品和办公用品的价格。商品零售价格调查的任务是系统地调查、搜集和整理市场商品零售价格资料,编制商品零售价格指数(RPI),以此反映市场商品零售价格的变动趋势和变动程度。其目的在于掌握商品价格的变动趋势,为国家宏观调控和国民经济核算提供参考依据。

【工业生产者价格指数】 包括工业生产者出厂价格指数(简称PPI)和工业生产者购进价格指数(简称IPI),是反映工业产品价格变化趋势和变动幅度的统计指标,是工业品价格在不同时间和空间条件下平均变动的相对数。工业生产者价格包括工业品第一次出售时的出厂价格和企业作为中间投入的原材料、燃料、动力购进价格,是进行国民经济核算和经济管理的重要依据。

【房地产价格指数】 是综合反映住宅商品价格水平总体变化趋势和变化幅度的相对数,住宅销售价格指数由全国70个大中城市的新建商品住宅销售价格指数和二手住宅销售价格指数组成。

城市公用事业
Gity Public Utilities

12—1 主要年份城市设施水平

指 标	Item	单位	Unit
人均日生活用水量	Per Capita Daily Water Consumption for Residential Use	升	liter
用水普及率	Coverage Rate of Urban Populationwith Access to Tap Water	%	%
每万人拥有公交车辆	Number of Public TransportationVehicles Per 10 000 Population	标台	unit
燃气普及率	Coverage Rate of Urban Population with Access to Gas	%	%
人均拥有城市道路面积	Per Capita Area of Paved Roads	平方米	sp.m
排水管道密度	Density of City Sewage Pipes	公里 / 平方公里	km/sq.km
污水处理率	Rate of Sewage Disposal	%	%
污水处理厂集中处理率	Rate of Sewage Disposal	%	%
粪便处理率	Rate of Disposal of Excrement and Urine	%	%
清运生活垃圾无害化处理率	Rate of Life Garbage Disposal	%	%
人均公园绿地面积	Per Capita Park Green Area	平方米	sq.m
建成区绿地率	Parksand Greenland Rate of Developed Areas	%	%
建成区绿化覆盖率	Green Covered Rate of Completed Area	%	%

注:城市公用事业数据资料均来自相关部门。

12—2 主要年份城市环境卫生

指 标	Item	单位	Unit
从业人数	Number of Employed Persons	人	person
道路清扫保洁面积	Area under Cleaning Program	万平方米	10 000sq.m
机械清扫	Mechanical Cleaning	万平方米	10 000sq.m
生活垃圾清运量	Volume of Garbage Disposal	万吨	10 000tons
生活垃圾无害化处理厂(场)	Harmless Treatment Plant of Garbage(Field)	座	unit
生活垃圾无害化处理能力	Harmless Treatment Capacity of Garbage	吨 / 日	ton/day
生活垃圾无害化处理量	Harmless Treatment quantity of Garbage	万吨	10 000tons
粪便清运量	Volume of Excrement and Urine Disposal	万吨	10 000tons
公厕数量	Number of Public Lavatories	座	unit
水冲式	Flush	座	unit
市容环卫专用车辆	NumberSanitationof Special Vehicles for Environmental	辆	vehicle

The Level of Urban Facilities in Main Years

2009年	2010年	2011年	2012年	2013年	2014年	2015年	2016年	2017年	2018年	2019年
162.0	164.9	153.2	163.0	163.5	165.0	184.0	194.0	213.0	221.0	215
99.5	99.5	85.0	96.3	97.3	96.0	96.0	96.0	96.0	96.0	96.0
14.10	11.00	11.50	13.30	14.30	13.90	17.40	10.25	12.38	17.8	27.6
97.8	82.4	73.9	82.6	83.3	99.6	89.9	96.0	97.0	95.0	95.6
15.10	15.30	12.20	13.60	19.80	13.7	13.70	15.28	15.47	18.34	18.61
3.80	3.70	4.10	4.00	4.00	4.2	4.00	7.65	7.91	6.18	6.40
87.0	91.8	92.0	92.0	93.0	93.0	93.8	95.2	95.3	95.5	95.6
87.0	91.8	92.0	92.0	93.0	93.0	93.8	95.2	95.3	95.5	95.6
100	100	100	100	100	100	100	100	100	100	100
100	100	100	100	100	100	100	97	96	100	100
14.00	12.10	12.20	13.40	15.1	16.10	16.30	16.52	16.79	17.04	17.16
43.20	43.20	43.30	41.90	41.10	40.40	40.90	41.48	42.11	41.68	40.84
43.00	43.00	43.20	41.70	41.10	40.40	40.90	41.51	42.14	42.02	41.25

a)Date in this table came from related department.

Environmental Sanitation in Main Years

2009年	2010年	2011年	2012年	2013年	2014年	2015年	2016年	2017年	2018年	2019年
2591	3290	3045	3233	3734	4028	4476	4589	5021	5075	5481
1793	1503	1916	2544	3697	3885	4188	4156	4251	5099	6409
490	520	520	520	556	1090	1443	1578	2091	2751	3304
26.0	29.0	29.6	37.0	41.0	44.0	51.0	46.7	50.1	51.9	53.1
1	1	1	1	1	1	2	2	2	2	2
1000	1000	1000	1000	1000	1000	2500	2500	3000	3000	3000
26.0	29.0	29.6	37.0	41.0	44.0	51.0	45.3	48.3	51.9	53.1
0.8	1.0	1.0	1.0	1.0	0.8	1.0	6.0	5.0	4.0	6.9
288	338	338	392	214	215	263	285	309	320	351
251	301	301	355	211	214	263	285	309	320	351
279	340	301	299	634	818	1100	1033	1301	1276	1619

12—3 主要年份城市供水

指 标	Item	单位	Unit
年末水厂个数	Number of Waterworks at Year-end	个	unit
地下水综合生产能力	Synthesize Productivity of Groundwater	万立方米 / 日	10 000cu.m/day
水质综合合格率	Qualified Rate of Water Quality at Year-end	%	%
年末供水管道总长度	Length of Water Supply Pipelines	公里	km
全年供水总量	Total Annual Volume of Water Supply	万立方米	10 000cu.m
生产用量	Volume of Productive Use	万立方米	10 000cu.m
居民生活用量	Volume of Residential Use	万立方米	10 000cu.m
城市公共管网漏失率	Rate of City Public Pipe Network	%	%
用水户数	Number of Households with Access to Tap Water	万户	10 000 houeshold
用水人口	Number of Residents with Access to Tap Water	万人	10 000 person
城市居民人均生活用水量	Volume of Per Capita in Urban Life	升 / 人·日	liter/person·day

12—4 主要年份城市园林绿化

指 标	Item	单位	Unit
园林绿地面积	Area of Parks and Green land	公顷	hectare
建成区公园绿地面积	Area of Public Parks and Green land	公顷	hectare
年末绿化覆盖面积	Green Covered Area at Year-end	公顷	hectare
建成区	Completed Area	公顷	hectare
公园个数	Number of Parks	个	unit
公园面积	Area of Parks	公顷	hectare

12—5 主要年份城市公共交通

指标	Item	单位	Unit
公共汽车运营车辆数	Number of Public Vehicles under Operation	辆	unit
标准运营车辆	Number of Standard Vehicles under Operation	标台	unit
运营线路网长度	Network Length	公里	km
客运总量	Volume of Passenger	万人次	10 000 person-times
出租汽车数	Number of Taxi	辆	unit
出租汽车从业人员	Drivers of Taxi	人	person

Tap Water Supply of City in Main Years

2009 年	2010 年	2011 年	2012 年	2013 年	2014 年	2015 年	2016 年	2017 年	2018 年	2019 年
6	6	6	6	6	7	8	8	8	8	8
44.0	44.0	41.0	39.4	40.2	34.5	44.6	44.6	40.0	40	60
100	100	100	100	100	100	100	100	100	100	99.89
831.00	841.00	850.00	859.00	641.00	724.00	739.00	772.87	792.47	801.41	1013.00
10225	10525	11249	11468	11835	9717	10824	11445	13778	14226	15031
2917	2671	2642	2413	2445	2101	2655	2984	932	1261	1736
4452	5104	5182	5381	5776	6316	6718	6925	3345	3624	3739
9.80	10.20	9.9	10.10	11.70	11.50	13.40	13.40	10.47	10.5	10.3
22.9	23.0	36.3	34.6	36.5	38.1	37.8	39.5	39.3	40.5	44.0
105.3	107.6	125.4	122.0	128.0	140.0	138.9	140.0	143.0	145.0	154.0
162	165	153	163	167	115	133	145	160	164	215

Parks and Green Areas of City in Main Years

2009 年	2010 年	2011 年	2012 年	2013 年	2014 年	2015 年	2016 年	2017 年	2018 年	2019 年
5181	5407	5584	5884	7413	8506	9022	9683	9951	10302	10607
1545	1556	1651	1780	2173	2213	2263	2322	2400	2419	2431
5403	5701	5865	6165	7694	8694	9209	9869	10111	10495	10864
4976	5188	5332	5632	6102	6506	6821	7086	7301	7722	7860
17	17	17	17	17	19	20	20	21	21	21
532	532	950	532	532	660	730	730	1252	1252	1252

Public Transportation of City in Main Years

2009 年	2010 年	2011 年	2012 年	2013 年	2014 年	2015 年	2016 年	2017 年	2018 年	2019 年
1321	1401	1377	1535	1645	1616	1949	1818	2202	2074	2054
1492	1421	1514	1762	1942	1907	2398	2246	2755	2613	2571
410	420	450	489	1594	1755	1979	658	702	742	1466
17378	18171	19920	25445	30048	30271	30653	31025	29321	27861	29825
5006	5006	5006	5278	5364	5364	5364	5364	5364	5442	5743
11000	9667	12000	12000	12000	13193	12000	13400	10077	10070	11325

12—6 主要年份市政建设及城市燃气

指　标	Item	单位	Unit
市政建设	Public Facilities		
年末实有道路长度	Length of Paved Roads at Year-end	公里	km
道路面积	Area of Street	万平方米	10 000sq.m
人行道面积	Area of Sidewalk	万平方米	10 000sq.m
年末实有桥梁数	Number of Bridge at Year-end	座	unit
立交桥	Overpass	座	unit
排水管道长度	Length of Draining Water Pipelines	公里	km
路灯盏数	Number of Street Lights	盏	unit
污水年排放量	Volume of Sewage Annual Emission	万立方米	10 000cu.m
污水处理厂座数	Number of Sewage Treatment Plant	座	unit
污水年处理量	Volume of Sewage Annual Disposal	万立方米	10 000cu.m
液化石油气	Liquefied Petroleum Gas		
供气总量	Volume of Gas Supply	吨	ton
家庭用量	Volume of Household	吨	ton
用气户数	Number of Household Used Gas	户	household
家庭用户	Household	户	household
用气人口	Population with Access to Gas	万人	10 000 persons
天然气	Natural Gas		
供气总量	Volume of Gas Supply	万立方米	10 000cu.m
家庭用量	Volume of Household	万立方米	10 000cu.m
用气户数	Number of Household Used Gas	户	household
家庭用户	Household	户	household
用气人口	Population with Access to Gas	万人	10 000 persons
供气管道长度	Length of Gas Pipelines	公里	km
集中供热	Heating		
供热能力(热水)	Heating Capacity(hot water)	兆瓦	mega watts
热电厂供热(热水)	Heating by Thermal Power Plan(t hot water)	兆瓦	mega watts
锅炉房供热	Heating by Boiler Room	兆瓦	mega watts
供热总量(热水)	Quantity of Heat Supplied(hot water)	万吉焦	10 000gigajoules
热电厂供热(热水)	Heating by Thermal Power Plan(t hot water)	万吉焦	10 000gigajoules
管道长度(热水)	Length of Heating Pipelines(hot water)	公里	km
供热面积	Area of Centralized Heating	万平方米	10 000sq.m
住宅	Residence	万平方米	10 000sq.m
集中供热率	Rate of Heating	%	%

12—7 主要年份城市规模及用地情况

指　标	Item	单位	Unit
城市建成区面积	**Developed Areas of Cities**	**平方公里**	**sq.km**
城市建设用地面积	**Land Used of City Areas and Floor Space of Buildings**	**平方公里**	**sq.km**
居住用地	Land Used of Residence	平方公里	sq.km
公共设施用地	Land Used of Public Facilities	平方公里	sq.km
工业用地	Land Used of Industry	平方公里	sq.km
仓储用地	Land Used of Warehousing	平方公里	sq.km
交通设施用地	Land Used of External Transport	平方公里	sq.km
公用设施用地	Land Used of Municipal Utilities	平方公里	sq.km

注:因部门机构合并调整,2018 年以后数据来源为银川市自然资源局。

Public Transportation of City in Main Years

2009 年	2010 年	2011 年	2012 年	2013 年	2014 年	2015 年	2016 年	2017 年	2018 年	2019 年
490	506	551	563	598	605	616	687	697	715	729
1594	1652	1796	1809	1837	1881	1897	2535	2565	2660	2698
478	352	395	398	407	447	447	537	544	568	576
47	49	49	49	52	85	90	86	90	90	91
2	2	2	2	2	4	4	3	3	3	3
436	451	522	538	544	683	689	1136	1176	1256	1301
115305	118093	120900	128000	134530	137198	143534	132466	126407	106695	110000
9203	10525	10931	13281	15283	15658	15664	15992	16179	18002	16998
4	4	5	5	5	6	6	6	8	8	8
8004	9662	10057	12125	14214	14568	14724	15227	15419	17192	16250
7890	7684	6950	11084	12321	14000	6570	5117	4056	4355	7210.86
7890	7684	6950	5500	5573	5000	5528	4566	4056	4121	2450
150000	100000	90000	72500	77060	97000	90000	101000	100920	111600	93200
150000	100000	90000	72500	75198	97000	80000	90000	100920	111600	88000
45.00	39.90	35.92	28.30	20.45	21.34	13.50	13.00	22.01	24.55	10.95
55092	86937	95626	147354	172394	172394	162000	163000	122154	151376	143566
55092	86937	95626	45666	63261	60130	19785	46139	19562	16784	16827
195000	278617	305588	336116	458688	519000	522531	562435	599772	631723	658466
195000	278617	305588	336116	458609	519000	520000	557868	596612	628348	655057
58.50	66.36	72.95	80.20	113.29	123.76	124.80	135.00	130.75	137.61	196.56
1334	1527	1560	1751	2124	2417	2542	2675	3233	3233	3250
2947.00	2994.72	3107.72	3394.40	3551.62	3519.32	4028.10	4081.80	4519.00	4420.52	3000.52
977.22	977.22	977.22	977.20	989.22	935.22	1027.00	1027.00	1654.00	2794.52	2930.52
1955.50	2003.50	2130.50	2417.20	2562.40	2584.10	3001.10	3054.80	2865.00	1626.00	70.00
2894.00	2940.00	2066.52	2462.70	2058.43	2176.65	2254.77	2539.67	2924.00	3460.47	3464.82
905.00	905.00	638.40	843.40	679.20	748.39	732.45	732.45	1075.00	3354.00	3427.34
656.00	755.00	963.00	1297.00	1384.00	1299.00	1672.68	1874.18	3000.00	2785.01	2972.01
3279.00	3452.00	3564.00	3914.00	4093.00	4247.00	4663.00	5710.84	6138.80	6681.96	6840.35
2721.00	2790.00	2680.00	3012.00	3197.00	3412.00	3699.00	4452.51	4835.90	5372.58	5179.84
71.0	71.0	71.1	72.4	73.0	71.0	71.0	71.3	80.2	58.1	58.5

Size and Land Used of City in Main Years

2009 年	2010 年	2011 年	2012 年	2013 年	2014 年	2015 年	2016 年	2017 年	2018 年	2019 年
115.70	**120.60**	**126.40**	**135.10**	**148.60**	**160.80**	**166.80**	**170.70**	**194.04**	**183.77**	**190.55**
115.70	**120.60**	**126.40**	**135.10**	**148.60**	**160.80**	**166.80**	**170.70**	**194.04**	**183.77**	**190.55**
36.90	37.70	39.70	42.80	45.50	49.40	50.90	52.16	57.89	56.38	58.66
22.50	23.10	24.00	25.10	27.10	27.60	27.90	28.65	30.38	32.52	33.14
14.60	14.80	15.00	15.20	15.50	15.70	15.80	16.65	29.56	17.56	18.23
5.40	5.40	5.70	6.40	7.20	7.2	7.2	7.43	7.47	7.49	7.62
5.00	5.20	5.20	5.40	7.30	10.10	11.70	27.36	29.40	29.92	32.01
5.20	5.20	5.20	6.50	6.60	6.60	6.90	9.33	9.43	9.49	10.24

a)Due to the consolidation and adjustment of departments and institutions, the data source after 2018 is Yinchuan natural resources bureau.

主要统计指标解释

【水综合生产能力】 指按供水设施取水、净化、送水、出厂输水干管等环节设计能力计算的综合生产能力。包括在原设计能力的基础上，经挖、革、改增加的生产能力。计算时,以四个环节中最薄弱的环节为主确定能力。原则上按设计能力填报，对于经过更新改造后,实际生产能力与设计能力相差很大的,按实际能力填报。

【供水管道长度】 指从送水泵至用户水表之间所有管道的长度。不包括新安装尚未使用、水厂内以及用户建筑物内的管道。在同一条街道埋设两条或两条以上管道时,应按每条管道的长度计算。

【供水总量】 指报告期供水企业(单位)供出的全部水量。包括有效供水量和漏损水量。有效供水量指水厂将水供出厂外后,各类用户实际使用到的水量。包括售水量和免费供水量。售水量指报告期供水企业(单位)收费供应的水量。免费供水量指无偿供应的水量,比如消防用水,特困居民免收水费的水量等。漏损水量指在供水过程中由于管道及附属设施破损而造成的漏水量、失窃水量以及水表失灵少计算的水量。管道及附属设施漏水量指供水管道、闸井、表井、消火栓及中间加压设施(水池、水库、水塔)等各种管道及附属供水设施的明漏、暗漏、溢流、渗漏等漏失的水量。

【集中供热】 指从一个或多个热源通过热网向城市的热用户供给生产和生活热能的方式。要求具有一定的规模:大、中城市供热设备的单机容量在 7 兆瓦及以上(锅炉单台容量在 10 吨 / 时及以上)，民用建筑供热面积在 10 万平方米及以上；小城市供热设备的单机容量在 3 兆瓦及以上(锅炉单台容量在 4 吨 / 时及以上),民用建筑供热面积在 4 万平方米及以上。工业供热能力不得小于 7 兆瓦(单台锅炉容量不小于 10 吨 / 时)。

【供热总量】 指在报告期供热企业(单位)向城市热用户输送全部蒸汽和热水的总热量。

【运营线路网长度】 指公共交通线路所通过的运营线路净长度。计算公式:运营线路网长度 = 运营线路总长度 - Σ 重复的线路长度

【污水处理能力】 指污水处理厂(或污水处理装置)每昼夜处理污水量的设计能力。

【绿化覆盖面积】 指城市中的乔木、灌木、草坪等所有植被的垂直投影面积。包括公园绿地、防护绿地、生产绿地、附属绿地、其他绿地的绿化种植覆盖面积、屋顶绿化覆盖面积以及零散树木的覆盖面积,不含各类绿地中的水域面积以及没有被植被覆盖的面积(硬化道路、无屋顶绿化的建筑物等)。乔木树冠下重迭的灌木和草本植物不能重复计算。

【绿地面积】 指报告期末用作园林和绿化的各种绿地面积。包括公园绿地、生产绿地、防护绿地、附属绿地和其他绿地的面积。

【公园绿地】 城市中向公众开放的、以游憩为主要功能,有一定的游憩设施和服务设施,同时兼有健全生态、美化景观、防灾减灾等综合作用的绿化用地。它是城市建设用地、城市绿地系统和城市市政公用设施的重要组成部分。

教育、科学、文化
Education, Science and Culture

13—1 主要年份各类学校在校学生数

单位：人

年份 Year	高等学校 Higher Education	普通高等学校 Regular Institutions of Higher Education	中等职业教育 Vocational Secondary Education	中等专业学校 Regular Specialized Secondary Schools	职业学校 Vocational Education Schools	普通中学 Regular Secondary Education Schools	小学 Primary Schools
1949			190	190		482	11151
1950			419	419		562	11459
1951			708	708		508	11975
1952			1247	1247		729	14769
1953			1389	1389		885	17549
1954			1379	1379		1219	16939
1955			1088	1088		1638	20483
1956			1720	1720		2530	27199
1957			1673	1673		3526	31500
1958	329	329	2254	2254		5285	52329
1959	784	784	2609	2609		6918	60622
1960	1079	1079	4522	4522		7081	65047
1961	1288	1288	2817	2817		6205	51191
1962	1174	1174	919	919		5729	44091
1963	1084	1084	724	724		6804	50397
1964	1056	1056	816	816		7497	62525
1965	982	982	1005	1005		9322	71561
1966	808	808	900	900		9278	67636
1967	627	627	635	635		8766	66962
1968	351	351	612	612		7696	70280
1969						11696	73706
1970			200	200		16141	70880
1971			300	300		19701	78410
1972	441	441	445	445		19741	91292
1973	1025	1025	693	693		25048	102186
1974	1614	1614	800	800		31220	112264
1975	2023	1719	1438	1438		40450	119871
1976	3097	2089	1440	1440		53128	125505
1977	2929	2160	1766	1766		61198	126011
1978	2690	2476	1896	1896		66814	126512
1979	7919	2542	2025	2025		63285	126062
1980	8582	3432	2648	2648		59887	123975
1981	7145	5078	3512	2668		55417	119041

Number of Students Enrollment by Level and Type in Main Years

(person)

年份 Year	高等学校 Higher Education	普通高等学校 Regular Institutions of Higher Education	中等职业教育 Vocational Secondary Education	中等专业学校 Regular Specialized Secondary Schools	职业学校 Vocational Education Schools	普通中学 Regular Secondary Education Schools	小学 Primary Schools
1982	8776	4204	3349	2677		52891	115465
1983	10485	4563	4254	3342	279	54279	116699
1984	8519	5025	5757	3362	1377	54361	124486
1985	11139	5790	7547	4423	1580	72492	127998
1986	12536	6540	7420	5435	708	65506	128881
1987	12035	6681	11389	6216	2962	71233	130626
1988	12849	6949	12530	6539	3318	66622	129165
1989	13327	7183	12398	6539	2922	63840	126347
1990	12338	7279	11939	6463	2724	69628	123323
1991	11581	7234	18482	11526	2822	68373	119993
1992	11554	7803	20740	12399	3063	67684	118854
1993	13625	8848	22937	13638	3452	63037	119394
1994	15246	9701	28962	18678	3511	63064	172321
1995	14645	9873	22719	12613	3488	65217	123587
1996	15090	9700	23373	12730	3150	67636	131027
1997	11301	10173	24652	13692	3046	69072	127990
1998	19283	10522	28895	17979	3366	69797	132165
1999	22025	12249	29100	19240	3447	70811	132018
2000	28879	15901	32327	22977	4174	77013	136022
2001	43441	20134	35105	26993	3816	84674	136781
2002	55489	25947	31965	24391	3809	92068	135561
2003	62235	30891	35733	26667	3734	99186	134594
2004	57434	36801	36163	26421	4363	104201	140541
2005	60034	40925	42516	30650	5284	107253	142453
2006	71558	46073	45616	31351	7007	106880	147824
2007	74904	52657	48823	30071	8624	109841	149188
2008	79619	60505	57608	33912	10350	115179	149977
2009	86307	62432	64499	40496	9536	120550	147663
2010	98132	69678	64730	46079	9404	123331	147483
2011	98975	74082	67992	50330	11903	123785	148184
2012	107978	78721	60456	45429	11060	125665	147703
2013	117248	88477	53923			128649	151903
2014	124760	97593	42020			130551	156931
2015	123507	97996	44739			130200	162121
2016	127580	98912	41434			129365	167635
2017	106916	101638	38294			130380	173587
2018	110336	103989	34428			133814	181783
2019	113219	111218	33982			138771	190013

13—2 主要年份各类学校专任教师数

单位:人

年份 Year	高等学校 Higher Education	普通高等学校 Regular Institutions of Higher Education	中等职业教育 Vocational Secondary Education	中等专业学校 Regular Specialized Secondary Schools	职业学校 Vocational Education Schools	普通中学 Regular Secondary Education Schools	小学 Primary Schools
1949			21	21		40	433
1950			30	30		31	453
1951			42	42		37	508
1952			78	78		41	637
1953			67	67		45	487
1954			84	84		55	442
1955			55	55		62	525
1956			101	101		118	646
1957			103	103		142	779
1958	79	79	124	124		293	1223
1959	165	165	157	157		313	1397
1960	247	247	189	189		298	1682
1961	336	336	272	272		348	1622
1962	320	320	217	217		364	1591
1963	293	293	223	223		416	1682
1964	273	273	109	109		455	1965
1965	272	272	113	113		480	2214
1966	223	223	74	74		535	2447
1967	217	217	67	67		549	2079
1968	264	264	49	49		551	2264
1969	230	230	43	43		620	2612
1970	230	230	116	116		747	2862
1971	514	514	117	117		877	2679
1972	374	374	144	144		1047	3128
1973	467	467	161	161		1278	3512
1974	496	496	189	189		1393	3660
1975	535	518	330	330		1623	3969
1976	595	534	237	237		2132	4170
1977	674	580	232	232		2530	4433
1978	658	637	208	208		2503	4479
1979	718	712	370	370		2640	4369
1980	766	738	473	388		2913	4563
1981	724	720	506	506		2938	4551

Number of Full-time Teachers by Level and Type of Schools in Main Years

(person)

年份 Year	高等学校 Higher Education	普通高等学校 Regular Institutions of Higher Education	中等职业教育 Vocational Secondary Education	中等专业学校 Regular Specialized Secondary Schools	职业学校 Vocational Education Schools	普通中学 Regular Secondary Education Schools	小学 Prirymary Schools
1982	990	862	1715	1378		3543	5063
1983	1173	1004	1695	1430	19	3622	5111
1984	1270	1126	1715	1363	89	3623	5082
1985	1426	1251	1737	1363	81	4135	5428
1986	1526	1322	2277	1853	46	4002	5314
1987	1590	1371	1512	969	200	3945	5338
1988	1789	1432	1747	969	217	3913	5407
1989	1749	1492	1984	975	221	5099	5534
1990	1717	1466	1672	950	273	4473	5388
1991	1803	1486	1948	1180	237	4210	5216
1992	1870	1562	2163	1328	233	4328	5536
1993	1829	1499	2232	1364	251	4382	5853
1994	1889	1736	2377	1465	248	4348	5988
1995	1792	1627	2428	1534	277	4466	6087
1996	1626	1626	2174	1364	240	4518	6054
1997	1779	1669	1872	975	263	4600	6140
1998	1777	1589	2249	1622	294	4625	6214
1999	1829	1646	2331	1516	299	4683	6543
2000	1897	1714	2352	1454	311	4855	6961
2001	2062	1867	2095	1345	320	5013	7087
2002	2063	1876	2159	1373	297	5256	7066
2003	2791	2711	1468	721	305	5675	6950
2004	2917	2917	1431	651	273	5873	6752
2005	3161	3161	1380	549	323	6146	6856
2006	3407	3407	1648	720	364	6398	6873
2007	3564	3564	1645	723	366	6424	6949
2008	3957	3892	2159	862	421	6941	6937
2009	3720	3655	2739	902	440	7185	7200
2010	5069	5004	2222	743	437	7310	7236
2011	5356	5290	1970	734	299	7555	7356
2012	5771	5703	1880	810	493	7789	7582
2013	6189	6119	2142			7940	7820
2014	6678	6606	2048			8182	8049
2015	7013	6937	1187			8537	8280
2016	6996	6920	1196			8752	8581
2017	7029	6953	1047			9023	8872
2018	7053	6978	1122			9714	8570
2019	7159	7084	1173			9410	8755

13—3 教育事业

（2019）

指标	Item	单位	Unit	总计 Total	市区 City	永宁县 Yongning	贺兰县 Helan	灵武市 Lingwu
学校数	**Number of Schools**							
普通高等学校	Regular Institutions of Higher Education	所	unit	16	15	1	0	0
成人高等学校	Institutions of Higher Education for Adult	所	unit	1	1	0	0	0
中等职业学校	Regular Specialized Secondary Schools	所	unit	15	11	2	1	1
中学	Secondary Education Schools	所	unit	83	55	11	8	9
小学	Primary Schools	所	unit	202	115	28	25	34
本年毕业生数	**Graduates in This Year**							
普通高等学校	Regular Institutions of Higher Education	人	person	26830	23017	3813	0	0
研究生	Postgraduates	人	person	1966	1966	0	0	0
成人高等学校	Institutions of Higher Education for Adult	人	person	785	785	0	0	0
中等职业学校	Regular Specialized Secondary Schools	人	person	11801	9709	812	442	838
中学	Secondary Education Schools	人	person	42845	28244	5607	4482	4512
小学	Primary Schools	人	person	29285	18109	4097	3652	3427
本年招生数	**Number of New Student Enrollment This Year**							
普通高等学校	Regular Institutions of Higher Education	人	person	35940	32339	3601	0	0
研究生	Postgraduates	人	person	3214	3214	0	0	0
成人高等学校	Institutions of Higher Education for Adult	人	person	764	764	0	0	0
中等职业学校	Regular Specialized Secondary Schools	人	person	12648	9086	1687	580	1295
中学	Secondary Education Schools	人	person	48286	31704	6306	5317	4959
小学	Primary Schools	人	person	36279	24070	4649	4380	3180

指标	Item	单位	Unit	总计 Total	市区 City	永宁县 Yongning	贺兰县 Helan	灵武市 Lingwu
本年在校学生数	**Number of Students Enrollment in This Year**							
普通高等学校	Regular Institutions of Higher Education	人	person	111218	98938	12280	0	0
研究生	Postgraduates	人	person	7563	7563	0	0	0
成人高等学校	Institutions of Higher Education for Adult	人	person	2001	2001	0	0	0
中等职业学校	Regular Specialized Secondary Schools	人	person	33982	26406	2604	1330	3642
中学	Secondary Education Schools	人	person	138771	90836	18522	14802	14611
小学	Primary Schools	人	person	190013	122578	24058	23622	19755
本年教职工数	**Number of Teachers and Staff in This Year**							
普通高等学校	Regular Institutions of Higher Education	人	person	10181	9432	749	0	0
成人高等学校	Institutions of Higher Education for Adult	人	person	123	123	0	0	0
中等职业学校	Regular Specialized Secondary Schools	人	person	1632	1170	182	159	121
中学	Secondary Education Schools	人	person	10684	6912	1519	1093	1160
小学	Primary Schools	人	person	8956	5468	1025	1249	1214
本年专任教师数	**Number of Full-time Teachers in This Year**							
普通高等学校	Regular Institutions of Higher Education	人	person	7084	6426	658	0	0
成人高等学校	Institutions of Higher Education for Adult	人	person	75	75	0	0	0
中等职业学校	Regular Specialized Secondary Schools	人	person	1173	840	125	55	120
中学	Secondary Education Schools	人	person	9410	6090	1280	966	1074
小学	Primary Schools	人	person	8755	5379	1020	1143	1213

13—4 学龄儿童入学和小学、初中毕业生情况

Enrollment of School-age Children and Graduates of Primary and Secondary Schools

指 标	Item	单位	Uint	2018 年	2019 年
学龄儿童入学情况	**Enrollment of Children at School-age**				
学龄儿童数	Number of Children at School-age	人	person	172495	181117
已入学学龄儿童数	Total Enrollment	人	person	172495	181117
学龄儿童入学率	Persontage of Children at School-age Enrollment	%	%	100	100
小学毕业生升学情况	**Enrollment of Graduates of Primary Schools**				
小学毕业生数	Number of Graduates of Primary Schools	人	person	27538	29285
初级中学学校招生数	New Enrollment of Junior Secondary Schools	人	person	27912	29120
小学毕业生升学率	New Enrollment Percentage of Graduates of Primary Schools	%	%	100	100
初中毕业生升学情况	**Enrollment of Graduates of Junior Secondary Schools**				
初中毕业生数	Number of Graduates of Junior Secondary Schools	人	person	23354	24528
高中学校招生数	New Enrollment of Senior Secondary Schools	人	person	17730	18616
普通高中升学率	New Enrollment Percentage of Graduates of Regular Secondary Schools	人	person	75.92	75.9

13—5 广播电视基本情况

Basic Statistics on Radio and TV Stations

指 标	Item	单位	Unit	2018 年	2019 年
广播	**Broadcasting**				
广播人口覆盖率	Population Coverage on Radio	%	%	100	100
节目套数	Program	套	unit	7	7
全年播出时间	Total Broadcasting-time This Year	时	hours	40266	35022
新闻资讯	News Programs	时	hours	7980	7856
专题服务	Special Subject Programs	时	hours	6283	5610
综艺类	General Entertainment Programs	时	hours	15311	12241
广告	Advertising Programs	时	hours	7834	9805
其他	Others	时	hours	2858	1676
广播节目制作	Production of Broadcasting	小时	hour	7293	7467
新闻资讯	News	小时	hour	2336	2547
专题服务	Featured	小时	hour	1616	1592
综艺类	Variety	小时	hour	723	718
广告	Advertising Programs	小时	hour	2541	392
其他	Others	小时	hour	77	74
电视	**TV**				
电视发射台和转播台	TV Transmission and Relaying Stations	座	unit	6	6
电视人口覆盖率	Viewer Rate	%	%	100	100
节目套数	Program	套	unit	7	7
全年播出时间	Production of TV Programs	时	hours	41682	36107
新闻资讯	News Programs	时	hours	3279	3364
专题服务	Special Subject Programs	时	hours	4271	5034
综艺类	General Entertainment Programs	时	hours	3038	2491
广告	Advertising Programs	时	hours	8648	8891
影视剧	TV Play Programs	时	hours	20305	17524
其他	Others	时	hours	2141	1691
电视节目制作	Production of TV Programs	小时	hour	4161	4198
新闻资讯	News Programs	时	hours	1183	1362
专题服务	Special Subject Programs	时	hours	1298	1266
综艺类	General Entertainment Programs	时	hours	459	476
广告	Advertising Programs	时	hours	1073	1384
其他	Others	时	hours	148	141

13—6 图书、杂志、报纸出版情况

Publication of Books, Magazines and Newspapers

指 标	Item	单位	Uint	2018 年	2019 年
图书	**Books**				
图书种类	Number of Publications	种	kind	3303	3220
图书印数	Printed Copies	万册	10 000 copies	8070	8433
杂志	**Magazines**				
杂志种类	Number of Publications	种	kind	37	37
杂志印数	Printed Copies	万册	10 000 copies	516	434
报纸	**Newspapers**				
报纸种类	Number of Publications	种	kind	14	18
报纸总印数	Printed Copies	万份	10 000 copies	10284	9092

13—7 公共图书馆基本情况

（2019）

指 标	Item	总藏书量(册) Total Collections (volumes)	开架书刊 Open-shelf Books	书架单层总长度(米) Total Length of Shelves(m)
合 计	**Total**	**3660303**	**1786418**	**66107**
其中:宁夏图书馆	Ningxia Library	2175091	762022	44896
市属合计	**Public Libraries at Yinchuan Municipal Level**	**1485212**	**1024396**	**21211**
银川市图书馆	Yinchuan	592281	512327	12219
兴庆区图书馆	Xingqing	152223	90396	1750
金凤区图书馆	Jinfeng	55366	47418	750
西夏区图书馆	Xixia	104860	84020	1000
永宁县图书馆	Yongning	131360	129091	1800
贺兰县图书馆	Helan	251360	107891	3200
灵武市图书馆	Lingwu	197762	53253	492

13—8 艺术表演团体基本情况

（2019）

指 标	Item	本团原创首演剧目 Original Created and Showed Performances	国内演出场次 Number of Domestic Performances
合 计	**Total**	**1**	**1774**
区属合计	Total of Provincial Level	1	1394
宁夏歌舞团	Ningxia Sing and Dance Troupe	0	330
宁夏京剧团	Ningxia Peking-opera Troupe	0	336
宁夏话剧团	Ningxia Drama Troupe	0	228
宁夏秦腔剧团	Ningxia Qinqiang Troupe	1	500
市属合计	Total of Yinchuan Municiqal Level	0	380
银川艺术剧院有限公司	Yinchuan Art Theatre Ltd.	0	380

13—9 群众艺术馆、文化馆基本情况

（2019）

指 标	Item	举办展览个数(个) Number of Exhibitions (unit)
合 计	**Total**	**62**
其中:宁夏文化馆	Ningxia Cultral Center	38
市属合计	**Total Cultral Center at Yinchuan Municiqal Level**	**24**
银川市文化艺术馆	Yinchuan	7
兴庆区文化馆	Xingqing	3
金凤区文化馆	Jinfeng	5
西夏区文化馆	Xixia	5
永宁县文化馆	Yongning	0
贺兰县文化馆	Helan	4
灵武市文化馆	Lingwu	0

Facilities and Services of Public Libraries

发放借书证数（个）Number of Library Cards Distributed(unit)	总流通人次（千人次）Total Number of Circulation (1000person-times)	书刊外借千人次 Number of Books Borrowed by Readers	为读者举办各种活动 Activites Hold for Readers		阅览室座席（个）Seating Capacity of Rerding-rooms	
			次数（次）Times(times)	参加人次（人次）Participated (Person-times		少儿阅读室座席 Seats for Younger Children
171071	**2847**	**1056**	**203**	**80492**	**4495**	**921**
74388	1154	318	35	32380	1700	350
96683	**1693**	**738**	**168**	**48112**	**2795**	**571**
53924	474	277	58	23662	864	176
13759	98	83	13	1331	306	48
2594	62	4	11	5830	240	60
10959	165	55	12	1344	164	48
958	170	137	16	2300	450	30
13061	582	97	53	11385	480	189
1428	142	85	5	2260	291	20

Basic Statistics of Art Performance Troupes

农村演出场次 Shows in Rural Areas	国内观众人次（千人次）Number of Domestic Spectators (1000person-times)	国外演出场次（场）Number of Perfofmances Showed Abroad (unit)
871	**1062**	**28**
631	932	2
189	250	2
89	106	0
123	93	0
230	483	0
120	130	26
120	130	26

Basic Statistics of Mass Art Centres and Cultral Centres

组织文艺活动次数（次）Art Performances and Story-telling Sessions (times)	举办训练班 Training Courses	
	班次（次）Number of Classes(times)	培训人次（人次）Number of Persons Completing Courses (person-times)
1952	**1331**	**49800**
146	46	3500
1806	**1285**	**46300**
172	120	5000
400	160	5000
456	560	10600
350	41	8000
20	57	11400
278	47	3300
130	300	3000

13—10 银川市规模以上工业企业科技活动情况

Basic Statistics on Scientific Reserch of Indusrtial Enterprises above Designated Size in Yinchuan

指　标	Item	2019 年
企业数(个)	Number of Enterprises(unit)	354
有 R&D 活动的企业	Number of Enterprises Having R&D Activities	113
有研发机构单位数	Number of Enterprises Having R&D Institutions	72
R&D 人员折合全时人员当量(人年)	Full-time Equivalent of R&D Persone(1 man-year)	3426
基础研究	Basic Research	4
应用研究	Applied Research	225
试验发展	Experimental Development	3198
R&D 经费内部支出(万元)	Intramural Expenditure on R&D(10000 yuan)	192044.2
按经济活动类型分	Grouped by Type of Intramural Expenditure on R&D	6483.7
基础研究支出	Basic Research	2577.8
应用研究支出	Applied Research	182982.7
试验发展支出	Experimental Development	
按资金来源分	Grouped by Fund Resource	
企业资金	Self-raised Funds by Enterprises	179654.1
政府资金	Government Funds	12390.1
其他资金	Others	
境外资金	Foreign Funds	
全社会 R&D 经费内部支出于国内生产总值比例(%)	Proportion of Intramural Expenditure on R&D to GDP(%)	
专利申请数(件)	Patent Applications(item)	1310
发明专利	Inventive Patent	658
发表科技论文(篇)	Scientific Papers Issued(pieces)	608
新产品开发项目数(项)	Number of New Products R&D Projec(t item)	764
新产品开发经费支出(万元)	Expenditure of New Products R&D Projec(t 10000 yuan)	136492.3
新产品销售收入(万元)	Sales Revenue of New Products(10000 yuan)	2704707.6
技术改造经费支出(万元)	Expenditure of Technology Update(10000 yuan)	347190.8
技术引进经费支出(万元)	Expenditure of Technology Introduction(10000 yuan)	0
消化吸收经费支出(万元)	Expenditure for Assimilation of Technology(10000 yuan)	0
购买国内技术经费支出(万元)	Expenditure for Purchase of Domestic Technology(10000 yuan)	934.5

主要统计指标解释

【高等学校】 指按国家规定审批程序批准举办，通过全国统一招生考试招收高级中等学校毕业生或具有同等学历者，实施高等教育，培养高等专门人才的学校。包括大学、专门学院、高等专科学校和短期职业大学。

【成人高等学校】 指按照国家规定的审批程序批准举办，招收高中毕业或同等学历者，利用多种形式对成人实施高等教育，培养相当普通高等学校专科或本科毕业水平的专门人才的学校。包括广播电视大学、职工高等学校、农民高等学校、干部管理学院、教育学院、独立函授学院以及普通高等学校举办的函授、夜大学等。

【毕业生数】 指上学年度内，具有学籍的学生学完教学计划规定的全部课程，考试及格，实际毕业的学生数。不包括结业生和肄业生数。

【招生数】 指新学年开学时，一年级实际招收入学的新生数。不包括留级生和复学生数。

【在校学生数】 指学年初具有学籍的在校生总数。

【专任教师】 指主要从事教育工作人员。包括临时（一年以内）调去帮助做其他工作的教学人员。不包括调离教学岗位，担任行政领导工作或其他工作的原教学人员；不包括兼任教师和代课教师。

【艺术表演团体】 指从事戏曲、音乐、舞蹈、杂技等专业艺术表演，有独立账户，实行单独核算的团体。不包括半工半艺、半农半艺的业余剧团。

【艺术表演观众人数(人次)】 指售票、包场演出或民族地区免费演出的艺术表演观众人次数。不包括彩排审查和内部观摩演出的观看人次数。

卫生、体育、民政、司法及其他

Public Health, Sports, Civil Administration,Justic ang Others

14—1 主要年份卫生发展情况

年份 Year	卫生机构数(个) Number of Health Care Institutions (unit)	医院、卫生院(个) Hospitals and Health Centers (unit)	医院 Hospitals	卫生技术人员(人)Medical Technology personne(l person)	医生 Doctors	卫生机构床位数(张)Number of Beds in Health CareInstitutions (bed)
1949	3	13	1	124	102	40
1950	18	15	4	158	14	40
1951	31	15	4	182	122	50
1952	26	15	4	251	148	120
1953	37	19	8	371	189	150
1954	51	21	10	471	231	200
1955	56	22	11	514	239	255
1956	83	21	10	708	396	276
1957	83	22	11	779	422	341
1958	96	25	14	992	487	501
1959	129	25	14	1210	648	635
1960	176	26	15	1379	777	726
1961	195	35	24	1444	735	739
1962	175	36	25	1344	692	795
1963	167	36	25	1500	756	924
1964	205	37	26	1712	815	1126
1965	199	37	26	1707	788	1234
1966	195	42	31	1834	812	1296
1967	190	42	31	1858	820	1313
1968	177	42	31	1905	852	1348
1969	176	42	31	1951	912	1448
1970	182	43	32	1993	993	1432
1971	192	47	36	2174	1060	1764
1972	208	48	37	2867	1273	1830
1973	243	47	36	3002	1396	1891
1974	257	46	35	3478	1605	2075
1975	275	53	42	3625	1653	2429
1976	313	55	44	3950	1813	2650
1977	331	57	46	4275	1934	2953
1978	312	60	60	4280	2000	2859
1979	337	58	58	4572	2078	2653
1980	392	60	60	5126	2354	2749
1981	416	61	61	5400	2352	3008
1982	466	61	61	5785	2440	3180

注:从 2007 年起含社区卫生服务中心、诊所卫生所和医务室,从 2011 年起含村卫生室。

Basic Statistics of Health Care Development in Main Years

年份 Year	卫生机构数(个) Number of HealthCare Institutions(unit)	医院、卫生院(个)Hospitals andHealth Centers(unit)	医院 Hospitals	卫生技术人员(人)Medical Technology personne(l person)	医生 Doctors	卫生机构床位数(张)Number of Beds in Health CareInstitutions (bed)
1983	474	63	63	6085	2610	3237
1984	438	63	63	6093	2613	3470
1985	433	59	59	6252	2758	3495
1986	475	53	53	6720	3021	3792
1987	478	45	45	7060	3221	3797
1988	455	56	56	7316	3418	4237
1989	447	55	55	7650	3585	4253
1990	510	54	54	7876	4082	4491
1991	472	51	51	8224	4060	4906
1992	471	53	53	8567	4136	5082
1993	389	50	50	8798	4364	5645
1994	403	74	74	7493	3641	5680
1995	134	76	76	7552	3845	5759
1996	148	67	67	7820	3678	5575
1997	135	67	67	7990	3754	5730
1998	136	67	67	7881	3564	5908
1999	136	40	40	7894	3612	5761
2000	137	39	39	7932	4033	6166
2001	137	86	49	8189	3860	6148
2002	130	83	42	7900	3357	6155
2003	149	94	53	8256	3582	6845
2004	163	107	62	8751	3762	7726
2005	158	104	59	8619	3660	8058
2006	143	95	52	8581	3631	8132
2007	495	101	58	10733	4541	7975
2008	595	101	59	11532	4827	8333
2009	533	101	61	12626	5096	8506
2010	543	99	61	13667	5301	9472
2011	862	99	61	14651	5461	10329
2012	903	91	53	15952	5829	11313
2013	931	92	54	17562	6429	12898
2014	939	92	53	19288	7059	13688
2015	964	92	53	20408	7578	14079
2016	967	104	65	22077	8306	15494
2017	1027	109	70	23603	8990	16675
2018	1105	121	86	25449	9684	17348
2019	1194	112	76	26726	10321	17216

a)Since 2007, date in this table included community sanitary serive center, clinic health conter and infirmary, included village clinic since 2011.

14—2 卫生机构、床位、人员数

单位:人 （2019）

指 标	Item	机构数(个) Health Care Institutions (unit)
总 计	**Total**	**1194**
医院	**Hospitals**	**76**
综合医院	Ceneral Hospitals	38
中医医院	Hospitals Specialized in Chinese Medicine	11
中西医结合医院	Hospitals of Traditional Chinise and Western Medicine	0
专科医院	Specialized Hospitals	27
基层医疗卫生机构	**Primary level of Medieal and Health Institutions**	**1082**
社区卫生服务中心(站)	Community Health Centers(station)	111
卫生院	Health Centers	36
村卫生室	Village Clinics	221
门诊部	Clinics	23
诊所、卫生所、医务室	Clinics,Health Centers and Dispensaries	691
专业公共卫生机构	**Professional Publil Health Agencies**	**27**
急救中心(站)	Emergency Centers(station)	1
采供血机构	Blood Stations	1
妇幼保健院(所、站)	Maternity and Child Care Centers(unit, station)	5
疾病预防控制中心	Center for Disease Control and Prevention	8
卫生监督所(中心)	Health Supervision centers(center)	7
计划生育服务机构	Family Planning Centers	2
健康教育所(站、中心)	Health Education Centers(station,center)	3
其他卫生机构	**Other Institutions**	**9**
医学在职培训机构	Health In-service Training Centers	0
疗养院	Sanatoriums	0
统计信息中心	Statistical Information Center	1
其他	**Others**	**8**

Number of Health Care Institutions,Beds and Persons

（person）

床位数(张) Beds(bed)	工作人员 Number of Staff	卫生技术人员 Medical Technical Personnel	医生 Doctors	其他技术人员 Other Technical Personnel	管理人员 Administrators	工勤人员 Workers
17216	**32706**	**26726**	**10321**	**1672**	**1713**	**2202**
15491	**23177**	**18751**	**6695**	**1383**	**1309**	**1734**
11378	17689	14421	5149	1041	988	1239
2152	2554	2190	853	162	94	108
0	0	0	0	0	0	0
1961	2934	2140	693	180	227	387
929	**6790**	**5738**	**2718**	**151**	**214**	**294**
295	1701	1565	587	59	30	47
634	1015	885	377	38	30	62
0	459	66	62	0	0	0
0	615	460	184	34	56	65
0	3000	2762	1508	20	98	120
796	**2453**	**2056**	**819**	**99**	**157**	**141**
0	30	19	11	0	1	10
0	141	107	15	14	6	14
796	**1662**	**1415**	**535**	**52**	**101**	**94**
0	433	361	232	27	26	19
0	118	111	0	0	4	3
0	40	28	0	2	9	1
0	29	15	12	4	10	0
0	**286**	**181**	**0**	**39**	**33**	**33**
0	0	0	0	0	0	0
0	0	0	0	0	0	0
0	14	3	0	8	3	0
0	**272**	**178**	**0**	**31**	**30**	**33**

14—3 卫生事业

Health Protection

（2019）

指 标	Item	全市 Yinchuan	市区 City
机构数(个)	Health Care Institutions(unit)	1194	768
医院	Hospitals	76	55
床位数(张)	Beds(bed)	17216	14250
人员数(人)	Number of Sta(f f person)	32706	27529
卫生技术人员	Medical Technical Personnel	26726	22478
执业(助理)医师	Licensed and Assistant Doctors	10321	8706
执业医师	Licensed Doctors	9452	8152
注册护士	Regietered Nurses	12172	10399
药师(士)	Phamacis(t person)	1444	1123
技师(士)	Technician(person)	1386	1152
检验师	Library Technician	923	779
其他	Others	1403	1098
其他技术人员	Other Technical Personnel	1672	1450
管理人员	Administrators	1713	1447
工勤技能人员	Workers	2202	1946

14—4 中心敬老院情况

Situation of the Centre for the elderly

（2019）

指 标	Item	全市 Yinchuan
院数(个)	Number of Geracomiums(unit)	6
床位数(张)	Beds(bed)	1134
年末在院人员数(人)	Adoptd Persons at Year-end(person)	617

14—5 群众体育活动情况

Basic Statistics of Mass Sports

（2019）

指 标	Item	举办全民健身活动次数(次) Number of Mass Sports Activities hold (times)	参加活动人数(万人) Number of Attendees (10000persons)
总 计	**Total**	**174**	**59.59**
银川市	Yinchuan	32	25.46
兴庆区	Xingqing	20	1.20
西夏区	Xixia	20	1.72
金凤区	Jinfeng	21	12.22
永宁县	Yongning	19	5.79
贺兰县	Helan	30	5.20
灵武市	Lingwu	32	8.00

14—6　体育场地数(标准)

Number of Sports Venues(Standard)

单位:个　　(2019)　　(unit)

指　标	Item	体育场 Stadium	体育馆 Gymnasium	游泳馆 Natatorium	游泳池 Swimming Pool	综合训练馆 Comprehenswe Training Venue
总　计	**Total**	**26**	**16**	**10**	**5**	**24**
兴庆区	Xingqing	8	5	7	1	1
西夏区	Xixia	7	5	1	2	19
金凤区	Jinfeng		2	1		
永宁县	Yongning	4				
贺兰县	Helan	2	3		1	3
灵武市	Lingwu	5	1	1	1	1

14—7　重点优抚对象人员情况

Basic Statistics of Key Preferencial Treatment Group

单位:人　　(person)

指　标	Item	2018 年	2019 年
重点优抚对象总人数	Total Number of Recsiving Key Preferential Treatnent	3917	4068
残疾军人	Disabled soldiers	979	1014
“三属”人员	Three Types of Family Members	102	92
烈士家属	Family Members of Martyr	44	29
牺牲军人家属	Family Members of Sacrifice Soldiers	25	21
病故军人家属	Family Members of Disseas Dead Soldiers	33	32
在乡退伍红军老战士、在乡西路军	Retired Old Soldiers ofRed Army in the Township, Old Soldiers of	0	0
红军老战士、红军失散人员	Xilujun in the Township and Lost Staff of Red Army	0	0
在乡复员军人	Number of Demobilized Soldiers in Rural Areas	258	221
带病回乡退伍军人	Number of Returning Soldiers With Disseas	83	88
参战退役人员	Number of Ex-serviceman of War -participater	315	316
参核退役人员	Number of Ex-serviceman of Nuclear-participater	146	146

14—8 社会救济对象情况

Basic Statistics of Social Relief

单位:人 (person)

指　标	Item	2018 年	2019 年
城乡低保对象	Number of Persons Receiving Minimum Living Allowance in Urban and Rural Areas	33368	32959
城市低保对象	Number of Persons Receiving Minimum Living Allowance in Urban Areas	12109	12238
农村低保对象	Number of Persons Receiving Minimum Living Allowance in Rural Areas	21259	20721
特困人员总数	Total number of extremely poor people	1248	1202
集中供养	Concentrated Support	402	424
散居供养	Scatterd Support	846	778

14—9 律师、公证、调解工作基本情况

Basic Statistics on Lawyers,Notarization and Mediation

指　标	Item	单位	Unit	2018 年	2019 年
律师工作	**Lawyers**				
律师事务所	Number of Law Offices	家	unit	75	83
律师	Lawyers	人	person	1778	1992
担任法律顾问	Legal Advisors	家	unit	1791	2214
民(商)事案件代理	Agent of Civil Cases	件	case	15121	21555
刑事案件辩护	Defender of Criminal Cases	件	case	1168	3579
非诉讼法律事务	Agent of Non-Litigious Legal Affairs	件	case	3209	4430
咨询和代书	Agent of Legal Documents Written on Behalf of Clients	件	case	11928	9808
公证工作	**Notarization**				
公证处	Number of Notary Offices	家	unit	5	5
公证员	Notaries Personnel	人	person	52	50
办理公证	Number of Notarized Documents	件	case	31821	39773
办理涉外公证	Number of Notarized Documents Concerning Foreign Affairs	件	case	5181	4156
人民调解	**People´s Mediation**				
人民调解委员会	Number of Full-time Judicial Assistants	个	unit	737	746
人民调解员	Number of People's Mediation Committees	人	person	4631	4318
调解民间纠纷	Number of Mediators	件	case	6449	5120

14—10 社会治安

Public Security

指 标	Item	单位	Unit	2018 年	2019 年
火灾	**Fire Accidents**				
火灾起数	Number of Fire Accidents	起	case	1681	2326
火灾死亡、伤亡人数	Number of Deaths and Injuries	人	person	2	1
死亡人数	Number of Deaths	人	person	2	1
火灾事故经济损失	Losses Converted into Cash	万元	10 000 yuan	635.58	565.30
交通事故	**Traffic Accidents**				
交通事故起数	Number of Traffic Accidents	起	case	1825	1638
交通事故死亡、伤亡人数	Number of Deaths and Injuries	人	person	2159	1833
死亡人数	Number of Deaths	人	person	292	251
交通事故经济损失	Economil Loss of Traffic Accident	万元	10 000 yuan	630.84	530.08
刑事案件	**Criminal Cases**				
刑事案件立案数	Registered Criminal Cases	起	case	18453	19264
刑事案件破案数	Solved Criminal Cases	起	case	8557	8750

14—11 银川市一级以上地震情况

Basic Statistics of Level One Grade above Earthquake

年份 Year	发震时间 Earthquake Occurrence					震中位 Epicenter			震级 Earthquake magnitude
	月 Month	日 Date	时 Hour	分 Minute	秒 Second	经度 Longitude	纬度 Latitude	地点 Place	Ms
2019	5	18	23	43	38	106.37°	38.02°	灵武	2.7
2019	8	22	19	31	4	106.25°	38.06°	灵武	1.3
2019	9	13	12	56	49	106.42°	37.83°	灵武	2.0
2019	10	4	10	12	4	106.30°	38.52°	贺兰	1.2

注：据宁夏地震台网测定，不含离台较远的单台地震。
a)The data in above table excluding from the station far single seismic station.

主要统计指标解释

【卫生机构】 指各个部门(军事部门除外)、各种性质的设有专职卫生技术人员的卫生事业机构包括:医院、卫生院、门诊部、采供血机构、妇幼保健院(所、站)、专科疾病防治院(所、站)、疾病预防控制中心(防疫站)、卫生监督所、医学科学研究机构、医学在职培训机构、健康教育所(站、中心)、其他卫生机构。

【医院】 指名称为医院、设有固定床位能收容病人住院并能为病人提供医疗、护理服务的医疗机构。包括县及县以上医院、农村乡卫生院、其他医院三部分,按所属性质分为卫生部门、工业及其他部门、集体所有制三类。其中县及县以上医院按业务性质分为综合医院和专科医院。

【卫生技术人员】 指卫生事业机构支付工资的全部固定职工和合同制职工中现任职务为卫生技术工作的人员。包括执业医师、执业助理医师、注册护士、药剂人员、检验人员、其他。

【医生】 指经卫生部门审查合格,从事医疗工作的专业人员。包括卫生技术人员中的执业医师、执业助理医师、其他。

【公证员】 是国家的法律工作者,是在公证处专门行使国家证明权,独立办理公证事务的法律专业人员。

【公证文书】 是指公证处根据当事人的申请,依照事实和法律,按照法定程序制作的,具有特殊法律效力的司法证明文书。

全区分市县资料
Statistical Data by City and County

15—1 各市县地区生产总值

Gross Domestic Product by City and County

单位:万元 （2019） （10 000 yuan）

地 区	Region	地区生产总值 Gross Domestic Product	分产业增加值 by Sub-industry			分行业增加值 by Sector and Composition		
			第一产业 Primary Industry	第二产业 Secondary Industry	第三产业 Tertiary Industry	农林牧渔业 Agriculture, Forestry, Animal Husbandry and Fishery	工业 Industry	建筑业 Construction
银川市	**Yinchuan**	**18967883**	**647122**	**8288196**	**10032564**	**702259**	**6628566**	**1663032**
兴庆区	Xingqing	5315783	87572	742765	4485446	101472	248321	494445
西夏区	Xixia	3176102	73010	1982101	1120991	84599	1767517	214584
金凤区	Jinfeng	2903792	37194	550911	2315687	43098	226454	324457
永宁县	Yongning	1008884	162130	262640	584114	169495	165744	97011
贺兰县	Helan	1389486	174517	446347	768622	182310	310042	138014
灵武市	Lingwu	5173836	112699	4303432	757705	121285	3910488	394522
石嘴山市	**Shizuishan**	**5112429**	**286936**	**2490147**	**2335346**	**300794**	**2069218**	**424742**
大武口区	Dawukou	1866086	11045	864512	990529	13974	737538	126974
惠农区	Huinong	1569407	69182	801070	699155	71717	661447	143434
平罗县	Pingluo	1676936	206709	824566	645662	215103	670232	154334
吴忠市	**Wuzhong**	**5801885**	**702121**	**2571503**	**2528261**	**739047**	**2111433**	**467029**
利通区	Litong	1933292	225415	743724	964154	240819	582440	167012
红寺堡区	Hongsipu	629149	56132	311632	261385	58560	274820	36812
盐池县	Yanchi	1056416	85323	550709	420384	91247	440680	110783
同心县	Tongxin	918329	138223	324280	455826	143340	262064	62265
青铜峡市	Qingtongxia	1264699	197029	641159	426512	205081	551429	90157
固原市	**Guyuan**	**3226589**	**567963**	**626263**	**2032362**	**614585**	**369313**	**256950**
原州区	Yuanzhou	1368038	158463	232676	976899	173285	152803	79873
西吉县	Xiji	695381	175961	104082	415338	188722	41554	62528
隆德县	Longde	317070	60848	55395	200826	65758	12444	42951
泾源县	Jingyuan	204172	31190	36624	136358	39446	3943	32681
彭阳县	Pengyang	641928	141501	197486	302941	147374	158569	38917
中卫市	**Zhongwei**	**4376463**	**601842**	**1871113**	**1903508**	**626239**	**1521680**	**349937**
沙坡头区	Shapotou	1901200	259635	785284	856281	268971	606533	178803
中宁县	Zhongning	1713557	203788	950390	559379	212601	847926	102734
海原县	Haiyuan	761705	138419	135438	487847	144668	67221	68400

单位：万元 （2019） （10 000 yuan）

地 区	Region	分行业增加值 by Sector and Composition					人均地区生产总值（元／人）Per Capita GDP（yuan/person）
		交通运输、仓储和邮政业 Transport, Storage and Post Service	批发和零售业、住宿和餐饮业 Wholesale, Retail Trade, Hoteling and Catering Services	金融业 Finance and Insurance	房地产业 Real Estate	其他服务业 Other Services	
银川市	**Yinchuan**	**837097**	**1249882**	**2061371**	**966190**	**4859485**	**83492**
兴庆区	Xingqing	345036	621235	1367593	355973	1781710	70552
西夏区	Xixia	64827	188853	104583	61979	689160	87890
金凤区	Jinfeng	163854	86208	392456	364391	1302873	82020
永宁县	Yongning	72841	106563	53097	17786	326348	41250
贺兰县	Helan	44970	165154	68027	122965	358002	52875
灵武市	Lingwu	145569	81869	75615	43095	401392	175033
石嘴山市	**Shizuishan**	**255614**	**301811**	**281599**	**103591**	**1375060**	**63494**
大武口区	Dawukou	82644	152022	133484	43288	576161	60769
惠农区	Huinong	102837	74158	84840	20144	410829	75707
平罗县	Pingluo	70133	75631	63275	40159	388070	57666
吴忠市	**Wuzhong**	**232811**	**416623**	**293163**	**149120**	**1392659**	**40889**
利通区	Litong	69559	168700	129648	69013	506101	46094
红寺堡区	Hongsipu	7272	41498	16755	16248	177184	30724
盐池县	Yanchi	28906	69124	40492	11130	264056	66513
同心县	Tongxin	29999	74302	45978	35651	264731	27174
青铜峡市	Qingtongxia	97076	63000	60291	17078	180587	42446
固原市	**Guyuan**	**247780**	**282685**	**177296**	**126608**	**1151372**	**25886**
原州区	Yuanzhou	160071	134230	91157	62338	514281	31659
西吉县	Xiji	52156	63832	36247	24551	225792	19594
隆德县	Longde	7942	28027	17285	15333	127331	20158
泾源县	Jingyuan	2685	13023	10528	9516	92350	19893
彭阳县	Pengyang	24927	43573	22080	14870	191619	32176
中卫市	**Zhongwei**	**208326**	**294704**	**206703**	**139565**	**1029309**	**37358**
沙坡头区	Shapotou	77233	154086	102877	76942	435755	45982
中宁县	Zhongning	56637	56713	72798	34529	329619	48532
海原县	Haiyuan	74456	83905	31028	28094	263934	18810

15—1 续表 2 continued

单位:万元 (2019) (10 000 yuan)

地 区	Region	构成(%) Conposition(%) 第一产业 Primary Industry	第二产业 Secondary Industry	第三产业 Tertiary Industry	指数(上年=100) Indices(preceding year=100) 地区生产总值 Gross Demestic Product	第一产业 Primary Industry	第二产业 Secondary Industry	第三产业 Tertiary Industry	人均地区生产总值 Per Capita GDP
银川市	**Yinchuan**	**3.4**	**43.7**	**52.9**	**106.3**	**102.0**	**106.4**	**106.5**	**104.7**
兴庆区	Xingqing	1.6	14.0	84.4	106.6	101.9	109.5	106.3	106.1
西夏区	Xixia	2.3	62.4	35.3	105.0	101.9	105.6	104.1	104.3
金凤区	Jinfeng	1.3	19.0	79.7	107.4	101.9	107.3	107.6	100.4
永宁县	Yongning	16.1	26.0	57.9	101.1	103.0	78.7	116.9	100.4
贺兰县	Helan	12.6	32.1	55.3	109.0	100.6	114.4	108.2	108.4
灵武市	Lingwu	2.2	83.2	14.6	106.4	103.0	107.5	100.6	105.9
石嘴山市	**Shizuishan**	**5.6**	**48.7**	**45.7**	**107.0**	**103.1**	**107.7**	**106.9**	**106.9**
大武口区	Dawukou	0.6	46.3	53.1	106.3	103.3	104.9	107.7	106.2
惠农区	Huinong	4.4	51.0	44.6	108.1	104.1	110.6	105.6	107.9
平罗县	Pingluo	12.3	49.2	38.5	107.0	102.8	108.1	107.2	106.6
吴忠市	**Wuzhong**	**12.1**	**44.3**	**43.6**	**107.1**	**103.9**	**108.3**	**106.9**	**106.4**
利通区	Litong	11.6	38.5	49.9	105.0	103.5	103.1	106.9	104.2
红寺堡区	Hongsipu	8.9	49.5	41.6	108.1	104.3	109.6	107.1	107.2
盐池县	Yanchi	8.1	52.1	39.8	108.0	104.1	108.7	107.8	107.4
同心县	Tongxin	15.1	35.3	49.6	110.0	104.0	117.0	107.2	108.8
青铜峡市	Qingtongxia	15.6	50.7	33.7	107.5	104.0	109.7	106.0	107.3
固原市	**Guyuan**	**17.6**	**19.4**	**63.0**	**106.5**	**103.7**	**105.3**	**107.7**	**105.5**
原州区	Yuanzhou	11.6	17.0	71.4	106.2	103.1	102.8	107.7	105.3
西吉县	Xiji	25.3	15.0	59.7	106.8	104.2	112.4	106.4	105.3
隆德县	Longde	19.2	17.5	63.3	106.0	104.2	100.1	108.6	105.6
泾源县	Jingyuan	15.3	17.9	66.8	106.1	103.0	105.3	107.2	105.3
彭阳县	Pengyang	22.0	30.8	47.2	107.1	103.7	106.2	109.6	106.3
中卫市	**Zhongwei**	**13.8**	**42.7**	**43.5**	**106.0**	**103.6**	**105.4**	**107.5**	**105.3**
沙坡头区	Shapotou	13.7	41.3	45.0	105.8	103.6	105.8	106.7	105.4
中宁县	Zhongning	11.9	55.5	32.6	105.9	104.2	105.0	108.0	105.0
海原县	Haiyuan	18.2	17.8	64.0	107.0	102.9	105.8	108.7	105.9

15—2 各市县农林牧渔业总产值

Gross Output Value of Agriculture, Forestry, Animal Husbandry and Fishery by City and County

单位:万元　　（按现行价格计算）(calculated at current price)　　(10 000 yuan)

地区	Region	农林牧渔业总产值 Gross Output Value of Agriculture, Forestry, Animal Husbandry and Fishery	农业 Agriculture	林业 Forestry	牧业 Animal Husbandry	渔业 Fishery	农、林、牧、渔专业及辅助性活动 Output Value of Services for Agriculture, Forestry, Animal Husbandry and Fishery	农林牧渔业总产值指数（上年=100） Indices of Gross Output (preceding year=100)
全区总计	**Total**	**5848469**	**3307806**	**111687**	**1978170**	**174172**	**276633**	**103.1**
银川市	**Yinchuan**	**1327292**	**741857**	**14667**	**401633**	**82884**	**86251**	**102.2**
市辖区	District	399852	213953	4139	121336	11435	48989	101.4
永宁县	Yongning	304712	221600	2593	62592	6390	11537	102.6
贺兰县	Helan	374001	204549	2937	93754	60501	12260	102.3
灵武市	Lingwu	248727	101756	4998	123951	4557	13465	103.2
石嘴山市	**Shizuishan**	**590204**	**362313**	**4533**	**153769**	**47858**	**21729**	**101.8**
大武口区	Dawukou	27743	9553	778	2766	10068	4578	101.8
惠农区	Huinong	144128	72669	1134	60724	5569	4032	105.4
平罗县	Pingluo	418333	280092	2621	90279	32222	13120	100.6
吴忠市	**Wuzhong**	**1425534**	**635988**	**15356**	**704615**	**11857**	**57719**	**103.5**
利通区	Litong	450174	136593	1949	284517	3042	24073	103.5
红寺堡区	Hongsipu	121342	82050	1842	33652		3798	104.4
盐池县	Yanchi	187034	61105	4597	111942	132	9258	103.8
同心县	Tongxin	292066	147252	4181	132618		8015	103.7
青铜峡市	Qingtongxia	374919	208989	2787	141885	8683	12575	103.1
固原市	**Guyuan**	**1337027**	**821267**	**67784**	**374209**	**951**	**72816**	**103.5**
原州区	Yuanzhou	380379	250933	7115	98553	564	23214	102.4
西吉县	Xiji	420748	302517	6302	91560	387	19983	103.8
隆德县	Longde	148070	88680	8079	43689		7622	104.2
泾源县	Jingyuan	87832	11054	29489	34489		12800	106.9
彭阳县	Pengyang	299999	168084	16800	105918		9197	103.3
中卫市	**Zhongwei**	**1168411**	**746380**	**9347**	**343943**	**30622**	**38118**	**103.7**
沙坡头区	Shapotou	494837	309292	2225	143812	24882	14626	104.1
中宁县	Zhongning	387710	259280	3411	105479	5740	13800	103.7
海原县	Haiyuan	285864	177807	3711	94653		9692	102.9

15—3 各市县农林牧渔业增加值

Value-added of Agriculture, Forestry, Animal Husbandry and Fishery by City and County

单位:万元　　　　（按现行价格计算）(calculated at current price)　　　　(10 000 yuan)

地　区	Region	农林牧渔业增加值 Value Added of Agriculture, Forestry, Animal Husbandry and Fishery	农 业 Agriculture	林 业 Forestry	牧 业 Animal Husbandry	渔 业 Fishery	农、林、牧、渔专业及辅助性活动 Output Value of Services for Agriculture, Forestry, Animal Husbandry and Fishery	农林牧渔业增加值指数（上年＝100） Indices of Value Added of Agriculture, Forestry, Animal Husbandry and Fishery (preceding year=100)
全区总计	**Total**	**2976358**	**1855415**	**39567**	**837308**	**67107**	**176961**	**103.2**
银川市	**Yinchuan**	**697359**	**446168**	**5130**	**160174**	**30735**	**55152**	**102.3**
市辖区	District	220976	135440	1469	48490	4176	31402	102.8
永宁县	Yongning	166876	132150	869	24034	2458	7366	103.1
贺兰县	Helan	185568	117874	1035	36599	22265	7795	100.3
灵武市	Lingwu	123939	60705	1757	51051	1837	8589	103.1
石嘴山市	**Shizuishan**	**307132**	**212173**	**1638**	**60554**	**18907**	**13860**	**102.5**
大武口区	Dawukou	13507	5185	268	1216	3908	2930	102.4
惠农区	Huinong	70469	42703	443	22658	2130	2536	103.7
平罗县	Pingluo	223156	164286	927	36680	12868	8394	102.2
吴忠市	**Wuzhong**	**723215**	**353995**	**5606**	**322092**	**4588**	**36933**	**103.9**
利通区	Litong	231555	71589	714	142601	1244	15407	103.5
红寺堡区	Hongsipu	62794	46432	549	13382		2431	105.4
盐池县	Yanchi	88083	33381	1687	47037	53	5925	104.2
同心县	Tongxin	138288	74137	1659	57375		5118	103.9
青铜峡市	Qingtongxia	202495	128457	998	61697	3291	8053	103.9
固原市	**Guyuan**	**644741**	**416983**	**23923**	**156861**	**349**	**46625**	**103.6**
原州区	Yuanzhou	183153	128910	2513	36701	207	14822	103.2
西吉县	Xiji	205204	150545	2295	39464	142	12759	103.9
隆德县	Longde	68828	41802	2964	19150		4912	104.0
泾源县	Jingyuan	38487	5250	10589	14389		8259	103.3
彭阳县	Pengyang	149068	90476	5563	47157		5873	103.6
中卫市	**Zhongwei**	**603912**	**426096**	**3270**	**137627**	**12528**	**24392**	**103.6**
沙坡头区	Shapotou	259033	184513	719	54195	10271	9336	103.6
中宁县	Zhongning	199457	144669	1195	42525	2257	8811	104.0
海原县	Haiyuan	145421	96914	1356	40907		6245	102.8

15—4 分地区规模以上工业企业主要经济指标

Main Economic Indicators of Industrial Enterprises above Designated Size by Region

单位:个、万元 （2019） （10 000 yuan）

地 区	Region	企业单位数(个) Number of Enterprises (unit)	亏损企业 Loss-making Enterprises	年初存货 Beginning Inventories	产成品 Finished Goods	资产总计 Total Assets	流动资产合计 Total Current Assets
宁夏	**Total**	**1196**	**373**	**6753554**	**1903513**	**105814029**	**34835417**
银川市	**Yinchuan**	**353**	**110**	**1470356**	**494515**	**34510626**	**10049424**
兴庆区	Xingqing	22	6	57582	28734	5974849	1336229
西夏区	Xixia	76	20	422520	134547	7777500	2884867
金凤区	Jinfeng	43	9	679291	265257	15256813	2392319
永宁县	Yongning	49	18	156997	20156	1658055	779673
贺兰县	Helan	73	25	231133	118187	2233479	1147815
灵武市	Lingwu	91	32	475333	144477	14890937	3024277
石嘴山市	**Shizuishan**	**291**	**116**	**1079272**	**513352**	**10499854**	**4858922**
大武口区	Dawukou	66	16	290253	75124	2762231	1373044
惠农区	Huinong	86	42	292124	156090	3344380	1575763
平罗县	Pingluo	139	58	496896	282138	4393243	1910116
吴忠市	**Wuzhong**	**351**	**85**	**1017879**	**434116**	**15362421**	**5483060**
利通区	Litong	91	22	187552	65077	2028705	914711
红寺堡区	Hongsipu	48	16	120295	62742	3988207	1192541
盐池县	Yanchi	60	17	96566	40460	3388810	932831
同心县	Tongxin	62	8	318973	169039	2433098	1097581
青铜峡市	Qingtongxia	90	22	294493	96798	3523602	1345396
固原市	**Guyuan**	**49**	**10**	**52851**	**24823**	**1964428**	**492006**
原州区	Yuanzhou	27	4	38882	19536	1000019	337341
西吉县	Xiji	7	4	4561	3235	200212	49245
隆德县	Longde	7	2	3159	1891	108167	28243
泾源县	Jingyuan						
彭阳县	Pengyang	7		6243	155	654170	75470
中卫市	**Zhongwei**	**151**	**52**	**2580696**	**219863**	**30195695**	**12436248**
沙坡头区	Shapotou	94	32	301277	122584	6554735	2496796
中宁县	Zhongning	52	19	2278868	97070	22804440	9814699
海原县	Haiyuan	5	1	551	210	836520	124753
其他直报	Others						

15—4 续表 1 continued

单位:个、万元 （2019） (unit,10 000yuan)

地 区	Region	应收账款 Accounts Receivable	存货 Inventories	产成品 Finished Goods	固定资产原价 Original Cost of Fixed Assets
		资产总计 Total Assets			
		流动资产合计 Total Current Assets			
宁夏	**Total**	**7578955**	**7359893**	**1841176**	**68746342**
银川市	**Yinchuan**	**3057186**	**1458744**	**437443**	**27932740**
兴庆区	Xingqing	610392	62953	28909	7281205
西夏区	Xixia	1104393	413224	110185	5885796
金凤区	Jinfeng	534479	730466	238352	15378097
永宁县	Yongning	134167	175129	33648	851914
贺兰县	Helan	322890	219294	77413	899426
灵武市	Lingwu	629784	439053	112793	12009768
石嘴山市	**Shizuishan**	**1097002**	**1006703**	**470237**	**6418253**
大武口区	Dawukou	391469	297322	88407	1408830
惠农区	Huinong	354635	249125	128434	2543857
平罗县	Pingluo	350898	460257	253396	2465566
吴忠市	**Wuzhong**	**1558581**	**1198866**	**444955**	**10458744**
利通区	Litong	235228	208133	61083	1146917
红寺堡区	Hongsipu	315020	147638	52160	2317314
盐池县	Yanchi	358687	97615	45499	1802726
同心县	Tongxin	361926	449600	190027	1375291
青铜峡市	Qingtongxia	287721	295880	96187	3816496
固原市	**Guyuan**	**147248**	**54485**	**21842**	**1549198**
原州区	Yuanzhou	78309	33477	15095	686329
西吉县	Xiji	24779	4952	4622	183439
隆德县	Longde	7224	5266	1893	47394
泾源县	Jingyuan				
彭阳县	Pengyang	35924	10783	232	631856
中卫市	**Zhongwei**	**1440019**	**3059721**	**302842**	**8013943**
沙坡头区	Shapotou	848836	280078	99272	3507231
中宁县	Zhongning	525422	2779109	203570	3838265
海原县	Haiyuan	65761	535		668447
其他直报	Others				

15—4 续表 2 continued

单位:个、万元 (2019) (unit,10 000yuan)

地 区	Region	资产总计 Total Assets		累计折旧 Accumulated Depreciation	本年折旧 Depreciation in this Year
		房屋和构筑物 Buildings and Structures	机器设备 Machinery Equipment		
宁夏	**Total**	**15626211**	**40369550**	**23705399**	**3096859**
银川市	**Yinchuan**	**5585892**	**17041197**	**10408092**	**1239890**
兴庆区	Xingqing	707970	5518877	3673000	342217
西夏区	Xixia	699232	2375822	2405389	214668
金凤区	Jinfeng	3958637	8425483	4994795	581081
永宁县	Yongning	267059	544803	425959	35149
贺兰县	Helan	234029	255160	298496	62950
灵武市	Lingwu	3553603	8145670	3261990	538016
石嘴山市	**Shizuishan**	**1588899**	**3164342**	**2521181**	**317454**
大武口区	Dawukou	404034	559080	611670	71350
惠农区	Huinong	610777	1605553	1157126	118298
平罗县	Pingluo	574087	999709	752385	127806
吴忠市	**Wuzhong**	**1904316**	**6537029**	**3463005**	**545391**
利通区	Litong	297832	643460	352454	67737
红寺堡区	Hongsipu	360381	1177175	620201	152138
盐池县	Yanchi	217547	1204868	397960	99288
同心县	Tongxin	180796	1010760	227557	81008
青铜峡市	Qingtongxia	847760	2500765	1864833	145220
固原市	**Guyuan**	**591719**	**715093**	**352957**	**78033**
原州区	Yuanzhou	159231	450813	146934	38983
西吉县	Xiji	27384	14123	51714	5283
隆德县	Longde	9440	28828	19475	3348
泾源县	Jingyuan				
彭阳县	Pengyang	395630	221182	134737	30401
中卫市	**Zhongwei**	**2120747**	**4687272**	**2308628**	**381901**
沙坡头区	Shapotou	746592	2534652	1008319	137526
中宁县	Zhongning	1358580	1648089	1160090	212284
海原县	Haiyuan	15574	504531	140219	32091
其他直报	Others				

15—4 续表 3 continued

单位:个、万元 （2019） （unit, 10 000yuan）

地 区	Region	负债合计 Total Liabilities	流动负债合计 Total Current Liabilities	应付账款 Accounts payable	所有者权益合计 Total Owners'Equities
宁夏	**Total**	**64053730**	**42913742**	**10507809**	**41710331**
银川市	**Yinchuan**	**21316859**	**13445513**	**3590122**	**13174852**
兴庆区	Xingqing	3715584	2351802	1003787	2260133
西夏区	Xixia	4151769	2371751	606365	3647342
金凤区	Jinfeng	10421792	6392928	1124388	4835021
永宁县	Yongning	925293	592497	135248	691370
贺兰县	Helan	1592039	1360946	581866	641439
灵武市	Lingwu	9789150	6043015	945536	5101785
石嘴山市	**Shizuishan**	**7639765**	**6086967**	**1675666**	**2842531**
大武口区	Dawukou	1751822	1343526	411874	1010409
惠农区	Huinong	2325149	1938185	530944	1019230
平罗县	Pingluo	3562794	2805256	732848	812892
吴忠市	**Wuzhong**	**10612338**	**6246028**	**1650130**	**4736592**
利通区	Litong	1186875	884366	361479	841829
红寺堡区	Hongsipu	2772239	1765604	343973	1215967
盐池县	Yanchi	2469244	1208206	251566	919564
同心县	Tongxin	1486579	691633	122405	933031
青铜峡市	Qingtongxia	2697401	1696219	570706	826200
固原市	**Guyuan**	**1268930**	**758901**	**181445**	**695497**
原州区	Yuanzhou	629107	514709	121673	370911
西吉县	Xiji	138844	42239	-1504	61368
隆德县	Longde	53036	35310	10473	55130
泾源县	Jingyuan				
彭阳县	Pengyang	444090	162790	47447	210080
中卫市	**Zhongwei**	**13937071**	**10708907**	**2603377**	**16258622**
沙坡头区	Shapotou	4167720	2969678	1027340	2387013
中宁县	Zhongning	9323856	7530525	1594642	13480583
海原县	Haiyuan	445495	208704	-18606	391026
其他直报	Others				

15—4　续表 4　continued

单位:个、万元　　　　(2019)　　　　(unit,10 000yuan)

地　区	Region	实收资本 Called up Capital	国家资本 National Capital	集体资本 Collective Capital	法人资本 Corporate Capital	个人资本 Personal Capital	港澳台资本 Hong Kong, Macao and Taiwan Capital	外商资本 Foreign Capital
宁夏	**Total**	**28435525**	**6321676**	**187635**	**10211534**	**10208550**	**1352960**	**149553**
银川市	**Yinchuan**	**9286899**	**3557645**	**107558**	**4574007**	**603746**	**354770**	**89172**
兴庆区	Xingqing	1592886	989950		517982	14454	70500	
西夏区	Xixia	2335637	736581	25400	1287624	216321	10516	59196
金凤区	Jinfeng	2546307	1179485	3014	1248809	47642	50987	16371
永宁县	Yongning	247797	10293		133089	104416		
贺兰县	Helan	580942	114788	5045	373255	74249		13605
灵武市	Lingwu	4094476	1561011	74099	2089934	146665	222767	
石嘴山市	**Shizuishan**	**2213789**	**311204**	**18265**	**1137656**	**684652**	**14136**	**44261**
大武口区	Dawukou	690715	257477	17372	316376	86268		13221
惠农区	Huinong	768050	29672	119	387891	350368		
平罗县	Pingluo	755025	24055	774	433389	248016	14136	31039
吴忠市	**Wuzhong**	**3273874**	**886883**	**47773**	**1892066**	**436832**	**200**	**10120**
利通区	Litong	506498	106703	1350	296602	101742		100
红寺堡区	Hongsipu	867225	241206	41033	471381	103584		10020
盐池县	Yanchi	710439	178131	300	445760	86249		
同心县	Tongxin	468072	106629		317094	44150	200	
青铜峡市	Qingtongxia	721641	254214	5090	361229	101108		
固原市	**Guyuan**	**448688**	**45012**		**381345**	**22331**		
原州区	Yuanzhou	208642	21725		180017	6900		
西吉县	Xiji	37788	21570		14228	1990		
隆德县	Longde	27416	1000		15600	10816		
泾源县	Jingyuan							
彭阳县	Pengyang	174694	568		171500	2625		
中卫市	**Zhongwei**	**11101128**	**486471**	**14038**	**1149775**	**8460989**	**983855**	**6000**
沙坡头区	Shapotou	1419205	294239	10700	788259	326007		
中宁县	Zhongning	9489099	85313	3338	347566	8134934	911948	6000
海原县	Haiyuan	192825	106920		13950	48	71907	
其他直报	Others							

15—4 续表 5 continued

单位:个、万元 （2019） （unit,10 000yuan）

地区	Region	营业收入 Operating Revenue	营业成本 Operating Cost	销售费用 Selling Expenses	管理费用 Administrative Expense	研发费用 Research and development Expense
宁夏	**Total**	**49378583**	**41170080**	**868578**	**1713679**	**423949**
银川市	**Yinchuan**	**19842904**	**16393240**	**336151**	**595039**	**191783**
兴庆区	Xingqing	5697388	5342621	16348	92664	24363
西夏区	Xixia	5717713	4161887	82865	135828	88663
金凤区	Jinfeng	4877291	3095265	109570	555602	40328
永宁县	Yongning	773877	636202	28687	61716	24997
贺兰县	Helan	1211802	1023472	57981	50924	19376
灵武市	Lingwu	5674953	4666123	93722	206409	20730
石嘴山市	**Shizuishan**	**7852078**	**6967130**	**208856**	**238000**	**116851**
大武口区	Dawukou	1510062	1262015	48586	72087	45901
惠农区	Huinong	2816982	2543295	50267	74945	45641
平罗县	Pingluo	3525034	3161820	110004	90968	25309
吴忠市	**Wuzhong**	**8284709**	**7081412**	**155957**	**175585**	**46667**
利通区	Litong	2169190	1743147	80975	62309	21860
红寺堡区	Hongsipu	1285551	1131094	7988	32447	2790
盐池县	Yanchi	1201663	994742	17814	24566	8865
同心县	Tongxin	652834	527803	3500	10541	3996
青铜峡市	Qingtongxia	2975471	2684626	45679	45723	9156
固原市	**Guyuan**	**928456**	**731175**	**17494**	**25207**	**5406**
原州区	Yuanzhou	573023	477300	9009	9641	3437
西吉县	Xiji	35708	25714	556	1141	569
隆德县	Longde	25271	22203	4127	1567	1155
泾源县	Jingyuan					
彭阳县	Pengyang	291298	203265	3799	12726	246
中卫市	**Zhongwei**	**8360315**	**7464795**	**97098**	**171744**	**36568**
沙坡头区	Shapotou	2666970	2288967	45342	101459	31552
中宁县	Zhongning	5603044	5133110	51704	68728	4302
海原县	Haiyuan	90302	42718	51	1556	714
其他直报	Others					

15—4 续表 6 continued

单位:个、万元 （2019） （unit,10 000yuan）

地 区	Region	财务费用 Financial Expense	利息费用 Interest Expense	利息收入 Interest Income	资产减值损失 Assets Devaluation	其他收益 Other Income
宁夏	**Total**	**1766680**	**1566361**	**80537**	**118864**	**133503**
银川市	**Yinchuan**	**566668**	**546947**	**25578**	**52061**	**51196**
兴庆区	Xingqing	93719	84800	2893	6277	4662
西夏区	Xixia	114073	111037	8794	22663	20656
金凤区	Jinfeng	322984	216071	4696	35014	16723
永宁县	Yongning	21602	18044	4141	-461	3987
贺兰县	Helan	34592	31451	1853	832	1741
灵武市	Lingwu	283809	282603	6510	12287	9224
石嘴山市	**Shizuishan**	**215671**	**197397**	**10145**	**-34062**	**29540**
大武口区	Dawukou	31782	35612	6854	-41131	17232
惠农区	Huinong	60741	49390	1463	6638	2646
平罗县	Pingluo	123149	112395	1827	432	9662
吴忠市	**Wuzhong**	**319259**	**291574**	**8059**	**41006**	**23755**
利通区	Litong	27202	23426	-22	1092	8698
红寺堡区	Hongsipu	82296	80451	610	3787	1711
盐池县	Yanchi	65910	49169	1390	17966	2675
同心县	Tongxin	56861	53600	982	10316	367
青铜峡市	Qingtongxia	86990	84929	5099	7845	10304
固原市	**Guyuan**	**33554**	**30810**	**140**	**403**	**3421**
原州区	Yuanzhou	14346	14174	52	318	716
西吉县	Xiji	5650	4955	1		679
隆德县	Longde	-141	-174	-6	31	2026
泾源县	Jingyuan					
彭阳县	Pengyang	13696	11855	92	54	
中卫市	**Zhongwei**	**327417**	**302573**	**33307**	**34904**	**19797**
沙坡头区	Shapotou	96506	97894	3688	-232	8295
中宁县	Zhongning	209791	183628	29645	35136	11497
海原县	Haiyuan	21121	21050	-26		5
其他直报	Others					

15—4 续表 7 continued

单位:个、万元 (2019) (unit,10 000yuan)

地 区	Region	投资收益 Investment Income	公允价值变动收益 Profits or Losses on the Changes in Fair Value	营业利润 Operating Profit	营业外收入 Non-Operating Income	营业外支出 Non-Operating Expense
宁夏	**Total**	**242449**	**99**	**2200142**	**242331**	**258940**
银川市	**Yinchuan**	**200003**	**-20**	**1094465**	**94718**	**146455**
兴庆区	Xingqing	-6442		108391	6357	2882
西夏区	Xixia	61035	-13	412807	21760	39631
金凤区	Jinfeng	1890	-17	350924	18185	17639
永宁县	Yongning	1353		-1993	19359	58437
贺兰县	Helan	1102		12912	15091	5135
灵武市	Lingwu	142252	10	499045	23787	39175
石嘴山市	**Shizuishan**	**-30660**	**92**	**88298**	**37912**	**25317**
大武口区	Dawukou	-29118		63388	10911	7049
惠农区	Huinong	325	1	22661	9640	10202
平罗县	Pingluo	-1867	91	2249	17362	8067
吴忠市	**Wuzhong**	**14351**	**27**	**355375**	**56606**	**18213**
利通区	Litong	1165	1	139433	8199	6232
红寺堡区	Hongsipu	45	28	23345	10423	1969
盐池县	Yanchi	9772		73094	6078	2200
同心县	Tongxin	472		34794	13703	1087
青铜峡市	Qingtongxia	2897	-2	84709	18204	6726
固原市	**Guyuan**	**623**		**99458**	**14695**	**2556**
原州区	Yuanzhou	623		57667	8643	146
西吉县	Xiji			2501	2912	1669
隆德县	Longde			-2022	1280	56
泾源县	Jingyuan					
彭阳县	Pengyang			41016	1073	658
中卫市	**Zhongwei**	**56946**		**274925**	**28581**	**49957**
沙坡头区	Shapotou	40204		141046	16221	5012
中宁县	Zhongning	16742		109819	10908	44914
海原县	Haiyuan			24060	1451	31
其他直报	Others					

15—4 续表 8 continued

单位:个、万元 （2019） （unit,10 000yuan）

地 区	Region	利润总额 Total Profits	本年应付职工薪酬 Employee Benefits Payable	从业人员平均人数 Average Employed Persons	亏损企业亏损总额 Losses of Deficit Enterprises
宁夏	**Total**	**2183183**	**3378548**	**293892**	**810077**
银川市	**Yinchuan**	**1042728**	**1132087**	**96626**	**390086**
兴庆区	Xingqing	111866	256691	14659	6166
西夏区	Xixia	394936	285807	24900	30342
金凤区	Jinfeng	351470	1073792	56260	15530
永宁县	Yongning	-41071	48207	6649	70576
贺兰县	Helan	22869	75031	11462	29603
灵武市	Lingwu	483657	393931	31492	237869
石嘴山市	**Shizuishan**	**100892**	**451170**	**58417**	**220991**
大武口区	Dawukou	67249	130502	14119	40818
惠农区	Huinong	22100	164641	19680	85723
平罗县	Pingluo	11543	156026	24618	94450
吴忠市	**Wuzhong**	**393769**	**398913**	**47360**	**112899**
利通区	Litong	141402	114261	15071	10487
红寺堡区	Hongsipu	31799	36969	5586	25103
盐池县	Yanchi	76972	33668	4951	29408
同心县	Tongxin	47410	14907	2496	30198
青铜峡市	Qingtongxia	96187	199107	19256	17703
固原市	**Guyuan**	**111596**	**89298**	**8375**	**7916**
原州区	Yuanzhou	66164	22426	3078	4402
西吉县	Xiji	3744	1776	598	1577
隆德县	Longde	-798	2123	644	1937
泾源县	Jingyuan				
彭阳县	Pengyang	41430	62819	4009	
中卫市	**Zhongwei**	**253200**	**305708**	**34318**	**78186**
沙坡头区	Shapotou	151713	128132	16442	35321
中宁县	Zhongning	76007	173254	17484	41720
海原县	Haiyuan	25480	4323	392	1145
其他直报	Others				

15—5 各市县按产业划分的固定资产投资构成

Investment Composition of Fixed Assests by Sector for each city and county

单位:万元 (2019) (10 000 yuan)

地　区	Region	投资总计 Total	一产 Primary Industry	二产 Secondary Industry	工业 Industry	三产 Tertiary Industry	基础设施 Infrastructure
全区总计	**Total**	**100.0**	**3.7**	**40.9**	**40.9**	**55.4**	**21.4**
银川市	**Yinchuan**	**100.0**	**2.0**	**37.1**	**37.1**	**60.9**	**10.7**
市辖区	District	100.0	0.3	17.4	17.4	82.3	12.5
兴庆区	Xingqing	100.0	1.0	6.5	6.5	92.5	4.8
西夏区	Xixia	100.0	0.1	36.1	36.1	63.8	26.5
金凤区	Jinfeng	100.0	0.2	9.6	9.6	90.2	6.5
永宁县	Yongning	100.0	14.8	19.5	19.5	65.7	11.6
贺兰县	Helan	100.0	4.6	18.3	18.3	77.1	5.8
灵武市	Lingwu	100.0	3.2	81.4	81.4	15.4	8.6
石嘴山市	**Shizuishan**	**100.0**	**2.4**	**74.3**	**74.2**	**23.3**	**15.1**
石嘴山市	District	100.0	1.0	71.7	71.5	27.3	16.6
大武口区	Dawukou	100.0	1.1	56.4	56.4	42.5	23.0
惠农区	Huinong	100.0	0.9	82.9	82.5	16.2	12.0
平罗县	Pingluo	100.0	4.5	78.2	78.2	17.3	12.9
吴忠市	**Wuzhong**	**100.0**	**5.4**	**57.7**	**57.7**	**36.9**	**12.2**
利通区	Litong	100.0	10.4	35.7	35.7	53.9	11.5
红寺堡区	Hongsipu	100.0	0.4	81.7	81.7	17.9	8.9
盐池县	Yanchi	100.0	6.4	77.3	77.3	16.3	8.4
同心县	Tongxin	100.0	1.5	39.0	39.0	59.5	18.6
青铜峡市	Qingtongxia	100.0	7.4	57.3	57.3	35.3	15.9
固原市	**Guyuan**	**100.0**	**7.4**	**15.7**	**15.7**	**76.9**	**39.1**
原州区	Yuanzhou	100.0	1.9	17.5	17.5	80.6	44.5
西吉县	Xiji	100.0	2.4	13.4	13.4	84.2	48.2
隆德县	Longde	100.0	9.2	11.1	11.1	79.7	40.0
泾源县	Jingyuan	100.0	32.5	2.9	2.9	64.6	16.0
彭阳县	Pengyang	100.0	7.0	31.1	31.1	61.9	28.1
中卫市	**Zhongwei**	**100.0**	**10.8**	**45.9**	**45.8**	**43.3**	**11.8**
沙坡头区	Shapotou	100.0	6.8	45.6	45.4	47.6	10.1
中宁县	Zhongning	100.0	18.9	51.1	51.1	30.0	7.7
海原县	Haiyuan	100.0	6.2	38.1	38.1	55.7	22.3

15—6 各市县主要年份社会消费品零售额

Total Retail Sales of Consumer Goods by City and County in Main Years

单位:万元 (10 000 yuan)

地区	Region	2011	2012	2013	2014	2015	2016	2017	2018	2019
全区总计	**Total**	**6481534**	**7510013**	**8600389**	**9590700**	**10397816**	**11306393**	**12536624**	**13301394**	**13994131**
银川市	**Yinchuan**	**3857070**	**4458194**	**5115239**	**5666444**	**6140230**	**6660120**	**7366994**	**7809593**	**8300064**
兴庆区	Xingqing	1949456	2203802	2403247	2561871	2769376	2984398	3294047	3473007	3577585
西夏区	Xixia	282427	333843	385410	436114	484582	535567	607170	666925	710070
金凤区	Jinfeng	611928	715033	931815	1066361	1170303	1288114	1447176	1581519	1763699
永宁县	Yongning	144682	167679	193354	217868	233580	254521	280484	293703	317077
贺兰县	Helan	710796	852608	977679	1133028	1204133	1296751	1399231	1423867	1543276
灵武市	Lingwu	157782	185229	223734	251202	278255	300768	338887	370572	388357
石嘴山市	**Shizuishan**	**651303**	**745305**	**808290**	**865712**	**913059**	**967024**	**1048369**	**1088900**	**1135511**
大武口区	District	307395	352449	382284	410099	432302	457501	496693	518163	538410
惠农区	Huinong	167963	189915	203432	215651	224688	235181	251469	253628	260815
平罗县	Pingluo	175945	202941	222573	239962	256069	274342	300207	317109	336287
吴忠市	**Wuzhong**	**828254**	**966839**	**1118332**	**1273487**	**1393652**	**1524946**	**1701111**	**1823734**	**1915093**
利通区	Litong	398409	463784	536238	606419	663510	726841	807077	871235	924160
红寺堡区	Hongsipu	63609	76827	92724	109762	123432	141109	160862	172644	171979
盐池县	Yanchi	109309	127843	148794	168483	184754	200611	225456	242999	256639
同心县	Tongxin	119617	140314	162144	188428	207953	226536	255613	274610	286500
青铜峡市	Qingtongxia	137311	158070	178431	200394	214004	229849	252103	262247	275814
固原市	**Guyuan**	**559536**	**654501**	**760132**	**870851**	**955626**	**1052954**	**1175748**	**1246365**	**1276251**
原州区	Yuanzhou	300626	353749	412811	476084	526866	583703	659917	714031	723992
西吉县	Xiji	107911	124589	143004	161017	171974	186490	201910	199655	208335
隆德县	Longde	52837	61843	72083	82163	90374	99561	109488	117069	111484
泾源县	Jingyuan	34476	40218	46549	53770	59178	65179	72503	75629	81720
彭阳县	Pengyang	63686	74103	85685	97817	107233	118021	131931	139981	150721
中卫市	**Zhongwei**	**585371**	**685174**	**798397**	**914206**	**995249**	**1101350**	**1244402**	**1332801**	**1367212**
沙坡头区	Shapotou	284244	330499	383183	437435	477673	524744	586883	613241	600864
中宁县	Zhongning	183158	214480	249120	284421	308185	341634	398141	432992	453495
海原县	Haiyuan	117969	140195	166093	192351	209390	234972	259378	286569	312853

15—7 各地市县地方一般公共预算收入

单位:万元 (10 000 yuan)

地 区	Region	1978	1980	1985	1995	2000	2005
全区总计	**Total**	**31603**	**20353**	**29075**	**89792**	**208244**	**477216**
区级	**Autonomous Regional Level**	**14502**	**10237**	**6228**	**37174**	**50592**	**130904**
地市县级	**Prefecture Level**	**15723**	**9152**	**21836**	**48566**	**146490**	**346312**
银川市	**Yinchuan**	**7267**	**3880**	**13172**	**26402**	**83064**	**181645**
市辖区	District	5466	2396	10545	20868	24832	44311
兴庆区	Xingqing						
西夏区	Xixia						
金凤区	Jinfeng						
永宁县	Yongning	401	410	604	1674	4299	8129
贺兰县	Helan	375	365	614	1673	4218	7325
灵武市	Lingwu	1025	709	1409	2187	6257	11452
石嘴山市	**Shizuishan**	**4141**	**2125**	**4957**	**9555**	**29192**	**72900**
石嘴山市	District	3141	1413	3651	723	8827	14796
大武口区	Dawukou						
惠农区	Huinong						
平罗县	Pingluo	1000	712	1306	2360	6194	21036
吴忠市	**Wuzhong**	**3398**	**2122**	**2897**	**8689**	**24610**	**50177**
利通区	Litong	1598	783	1504	3230	5413	8978
红寺堡区	Hongsipu						1850
盐池县	Yanchi	213	224	290	539	2549	4971
同心县	Tongxin	241	198	139	697	1455	3423
青铜峡市	Qingtongxia	1346	917	964	4052	11162	20856
固原市	**Guyuan**	**1182**	**833**	**538**	**3208**	**7874**	**14024**
原州区	Yuanzhou	602	479	308	1274	3017	2220
西吉县	Xiji	245	156	102	380	1058	1803
隆德县	Longde	123	106	6	603	1781	1204
泾源县	Jingyuan	63	45	22	206	545	1080
彭阳县	Pengyang			65	436	651	1319
中卫市	**Zhongwei**	**1081**	**1109**	**1236**	**4764**	**12912**	**27566**
沙坡头区	Shapotou	516	564	462	2892	7425	15572
中宁县	Zhongning	375	374	774	1670	4487	10395
海原县	Haiyuan	190	171		202	1000	1599

注:1.各县(区、市)合计数不等于大市数据,大市包含市本级数据;
2.2015年以前沙坡头区数据包含中卫市本级,2015年起沙坡头区数据不包含中卫市本级。

General Pubulic Budget Revenue of the Local Governments by Prefecture, City and County

单位:万元 （10 000 yuan）

2010	2011	2012	2013	2014	2015	2016	2017	2018	2019
1535507	**2199767**	**2639569**	**3083376**	**3398627**	**3734474**	**3876576**	**4175888**	**4365205**	**4235774**
384429	**546301**	**672106**	**801381**	**872639**	**1065445**	**1182353**	**1436962**	**1648900**	**1724223**
1151078	**1653466**	**1967463**	**2281995**	**2525988**	**2669029**	**2694223**	**2738926**	**2716305**	**2511551**
640368	**966202**	**1131320**	**1345999**	**1535998**	**1709831**	**1731960**	**1774561**	**1732545**	**1547084**
150824	206395	244566	277306	317148	357466	381232	367239	246246	223321
48220	70212	81749	100352	115067	129600	140966	132216	114409	97098
14222	18673	22634	26567	30910	35105	41365	56687	61068	51728
18312	26386	33275	39587	46830	53105	58502	64166	70769	74495
42091	75064	91101	108862	125520	144588	132821	126633	65360	71733
55158	93361	112730	130241	145449	156220	150809	110566	115984	120927
103414	141809	137703	157766	181635	186642	234335	303082	341750	269624
216460	**263831**	**297937**	**309948**	**291020**	**267490**	**247391**	**230627**	**239190**	**227901**
45689	51939	63516	66344	62683	57155	54433	45682	46930	43942
33824	35867	44479	47605	42101	34682	31857	27620	27391	23748
11865	16072	19037	18739	20582	22473	22576	18062	19539	20194
51965	68241	76568	85731	92585	86162	80185	80414	82318	82751
156690	**219148**	**287426**	**324749**	**351384**	**319659**	**325587**	**326885**	**345724**	**353637**
12628	19041	27847	33429	29601	32596	34516	28389	30855	33382
5474	8388	10907	14630	17518	16051	17310	20431	21995	20337
23492	36470	57956	69581	85230	75713	77184	71860	82815	87639
8941	12230	17014	21061	20246	22254	21550	23490	26066	28255
53619	68681	79102	92263	104150	69944	74827	79451	72294	72381
52581	**79788**	**103345**	**130567**	**152950**	**159094**	**157827**	**166805**	**172600**	**162380**
9594	14967	20169	23298	25037	25071	25070	24192	19625	17979
4460	8460	9505	11420	13604	16675	15213	16817	16888	18028
3290	4636	6378	9637	11479	13500	12834	10306	11102	10121
2535	3531	4597	6422	10138	12613	13637	15077	15783	11389
9066	16519	20269	25436	29296	22100	21866	24018	26446	28655
84979	**124497**	**147435**	**170732**	**194636**	**212955**	**231458**	**240048**	**226246**	**220549**
42555	63333	73434	82080	6	8	14	27670	27154	26941
36472	54660	65420	76091	86143	94129	101718	111488	91350	87306
5952	6504	8581	12561	15819	17412	20106	22066	24247	21001

a)The sum of counties(districts,cities)data is not equal to the total data of the city, and the total data of the city include the city itself.
b)Before 2015, data of Shapotou includes Zhongwei, while after 2015, it is not included.

15—8 各地市县地方一般公共预算支出

单位:万元 (10 000 yuan)

地 区	Region	1978	1980	1985	1995	2000	2005
全区总计	**Total**	**57755**	**57526**	**98526**	**229963**	**608380**	**1602509**
区级	**Autonomous Regional Level**	**30989**	**29029**	**48071**	**92232**	**266998**	**718290**
地市县级	**Prefecture Level**	**26496**	**28134**	**49740**	**137731**	**341022**	**884219**
银川市	**Yinchuan**	**6794**	**6669**	**12224**	**42953**	**110739**	**353762**
市辖区	District	3915	3411	6974	28798	29658	152513
兴庆区	Xingqing						
西夏区	Xixia						
金凤区	Jinfeng						
永宁县	Yongning	935	898	1454	4190	7910	21859
贺兰县	Helan	1073	1300	1587	4077	7818	21387
灵武市	Lingwu	871	1060	2209	5888	15498	33666
石嘴山市	**Shizuishan**	**3861**	**3561**	**6233**	**23364**	**50874**	**149331**
石嘴山市	District	2513	2212	4089	3714	18783	40298
大武口区	Dawukou						
惠农区	Huinong				2495	6404	
平罗县	Pingluo	1348	1349	2144	6982	11589	46954
吴忠市	**Wuzhong**	**4964**	**5830**	**10138**	**27021**	**61721**	**84708**
利通区	Litong	1724	1652	3260	8234	12046	25671
红寺堡区	Hongsipu						10906
盐池县	Yanchi	1100	1467	2578	3922	12561	26806
同心县	Tongxin	1042	1675	2389	5353	14519	34122
青铜峡市	Qingtongxia	1098	1036	1911	7522	15805	40048
固原市	**Guyuan**	**7032**	**7565**	**13578**	**26417**	**77143**	**185472**
原州区	Yuanzhou	2747	3210	3927	6955	19851	43043
西吉县	Xiji	1471	1959	3191	6129	16873	38614
隆德县	Longde	972	1042	1659	4166	12249	24900
泾源县	Jingyuan	468	545	1228	1997	7181	16357
彭阳县	Pengyang			2025	3394	12605	26098
中卫市	**Zhongwei**	**3845**	**4509**	**7567**	**17976**	**40545**	**110946**
沙坡头区	Shapotou	1624	1742	2908	7878	15896	46362
中宁县	Zhongning	1074	1054	1736	5170	9608	30941
海原县	Haiyuan	1147	1713	2923	4928	15041	33643

注:1.各县(区、市)合计数不等于大市数据,大市包含市本级数据;
2.2015 年以前沙坡头区数据包含中卫市本级,2015 年起沙坡头区数据不包含中卫市本级。

General Pubulic Budget Expenditure of the Local Governments by Prefecture, City and County

单位:万元 (10 000 yuan)

2010	2011	2012	2013	2014	2015	2016	2017	2018	2019
5575285	**7059096**	**8643616**	**9224819**	**10004526**	**11384858**	**12545380**	**13727841**	**14190592**	**14382916**
1605095	**2000263**	**2231298**	**2188943**	**2409918**	**3112664**	**3066278**	**3579426**	**3471793**	**3472388**
3970190	**5058833**	**6412318**	**7035876**	**7594608**	**8272194**	**9479102**	**10148415**	**10718799**	**10910528**
1199157	**1472546**	**1867446**	**2205311**	**2639036**	**2878980**	**3310717**	**3418283**	**3632756**	**3464668**
285922	365452	438868	467468	549048	606096	714366	755055	710172	638225
99352	136417	151863	180970	216748	217824	241068	299492	297096	271406
53459	62863	82435	82454	95396	97518	143515	174261	231394	175303
48910	63075	79441	86731	110626	148964	183511	164635	181682	191516
140892	180797	206078	243312	278827	314378	300914	297528	311721	364502
136129	163715	225419	248186	272002	271869	322582	328433	316699	326568
217375	253272	342965	393173	452049	434581	525174	602329	720905	692920
614539	**648406**	**777175**	**831682**	**791844**	**793531**	**882217**	**901063**	**1005745**	**1165422**
162447	148990	190568	208903	194426	187021	208437	199775	239380	271432
78101	72687	90449	106418	95946	87073	98097	94596	117660	132853
84346	76303	100119	102485	98480	99948	110340	105179	121720	138579
183737	202261	227146	253365	273453	285316	302472	323572	361595	383125
785706	**1081638**	**1399324**	**1398375**	**1447684**	**1568074**	**1766106**	**2002162**	**2048878**	**2193369**
48368	74942	102394	93356	93616	113444	135629	140141	163524	202726
60782	115570	142014	151210	155705	174971	220625	281471	267789	283841
119543	175361	209240	239415	262616	284015	329841	366215	366828	376549
180538	229261	300557	308046	315483	361316	436715	528471	530635	567026
164900	218102	259627	222046	232467	247527	274418	290756	311481	320457
786629	**1081060**	**1359933**	**1494503**	**1654252**	**1835195**	**2090434**	**2259975**	**2405892**	**2358056**
141508	186667	227775	269458	264392	309841	350140	383724	420436	416019
184889	258553	316371	339132	355083	386036	448286	512188	570030	593236
118627	142897	171967	192861	195738	216547	254826	288891	281197	297878
70234	102210	117061	141378	148593	149616	191508	202097	209466	205414
124768	168121	213969	244376	282891	275921	303766	362727	373656	373678
584159	**775183**	**1008440**	**1106005**	**1061792**	**1196414**	**1429628**	**1566932**	**1625528**	**1729013**
233508	302723	394290	445093	48944	62723	92030	116558	124301	194563
175274	237504	312803	306257	287355	319633	377858	449771	439463	481245
175377	234956	301347	354655	373434	409121	457150	519224	587259	586108

a)The sum of counties(districts,cities)data is not equal to the total data of the city, and the total data of the city include the city itself.
b)Before 2015, data of Shapotou includes Zhongwei, while after 2015, it is not included.

15—9 主要年份各市县农村居民家庭人均可支配收入

Per Capita Disposable Income of Rural Households by City and County in Main Years

单位:元,% (yuan,%)

市 县	Region	1983	1984	1985	1986	1987	1988	1989	1990	1991
全区	**Total**	**289**	**313**	**321**	**374**	**383**	**472**	**522**	**578**	**590**
沿黄地区	**Plain**	**354**	**370**	**434**	**503**	**539**	**645**	**742**	**833**	**845**
中南部地区	**Mountain Area**	**188**	**214**	**211**	**244**	**215**	**290**	**317**	**383**	**407**
银川市	**Yinchuan**			**482**	**593**	**628**	**734**	**888**	**1012**	**1004**
兴庆区	Xingqing									
西夏区	Xixia									
金凤区	Jinfeng									
永宁县	Yongning	538	597	495	585	607	740	861	1035	1017
贺兰县	Helan	432	446	432	545	621	690	927	1053	1043
灵武市	Lingwu	348	373	438	481	514	606	697	777	798
石嘴山市	**Shizuishan**			**451**	**485**	**515**	**678**	**723**	**845**	**824**
大武口区	Dawukou									
惠农区	Huinong	344	378	402	441	492	621	672	775	762
平罗县	Pingluo	388	378	478	507	518	687	735	871	817
吴忠市	**Wuzhong**			**377**	**452**	**471**	**583**	**629**	**689**	**716**
利通区	Litong	282	316	353	418	447	575	604	723	754
红寺堡区	Hongsipu									
盐池县	Yanchi	275	347	411	477	467	682	578	601	576
同心县	Tongxin	192	213	233	333	285	444	396	451	539
青铜峡市	Qingtongxia	436	437	409	506	534	578	720	743	729
固原市	**Guyuan**			**208**	**230**	**204**	**265**	**305**	**374**	**386**
原州区	Yuanzhou	179	237	270	291	226	300	351	429	425
西吉县	Xiji	201	227	174	223	200	244	275	353	367
隆德县	Longde	206	183	193	213	261	274	314	396	410
泾源县	Jingyuan	111	135	226	166	150	177	204	259	273
彭阳县	Pengyang			164	185	201	260	303	388	367
中卫市	**Zhongwei**									
沙坡头区	Shapotou	304	323	358	427	473	592	661	737	838
中宁县	Zhongning	362	385	380	440	485	527	603	650	688
海原县	Haiyuan	189	221	213	258	156	289	332	353	415

注:1.2003 年、2004 年部分市县(区)数据按最新区划调整重新进行了测算,具体包括川区、山区、银川市、石嘴山市、吴忠市、固原市、中卫市、平罗县、中宁县、同心县。2003 年以前市县(区)数是原区划数未作调整。

2.2008 年,因区划调整,原州区黑城镇、甘城乡划归海原县;海原县兴隆乡划归同心县,徐套乡划归中宁县,兴仁乡划归沙坡头区,因此对原州区、海原县、同心县、中宁县、沙坡头区的数据进行了调整,同时对川区、山区、吴忠市、固原市、中卫市的数据也进行了相应调整。2009 年以后数据按新区划调整口径。

3.2013 年实施城乡一体化住户调查改革,按照年度间收入增速不变原则,将农民人均纯收入全部调整为新口径的农民人均可支配收入。

15—9 续表 1 continued

单位:元,% (yuan,%)

1992	1993	1994	1995	1996	1997	1998	1999	2000	2001
591	**636**	**867**	**999**	**1398**	**1513**	**1734**	**1779**	**1760**	**1873**
872	**917**	**1238**	**1584**	**2056**	**2432**	**2701**	**2719**	**2796**	**2940**
376	**454**	**626**	**634**	**967**	**948**	**1114**	**1171**	**1044**	**1140**
986	**1050**	**1381**	**1740**	**2328**	**2666**	**2906**	**2747**	**2804**	**2948**
949	1002	1303	1746	2347	2666	2842	2645	2694	2873
998	1057	1304	1726	2328	2586	2841	2660	2714	2824
803	898	1258	1529	1886	2355	2519	2567	2733	2867
899	**882**	**1186**	**1594**	**1893**	**2305**	**2679**	**2733**	**2826**	**2939**
866	883	1143	1482	1798	2195	2586	2654	2740	2884
864	821	1115	1542	1851	2224	2560	2598	2703	2848
771	**814**	**1121**	**1289**	**1811**	**1990**	**2190**	**2261**	**2331**	**2488**
791	874	1101	1379	1870	2314	2617	2664	2842	3028
799	718	1049	924	1394	1302	1512	1506	1278	1469
561	598	797	857	1467	1283	1396	1468	1260	1295
777	816	1172	1509	2101	2360	2517	2667	2775	2970
345	**431**	**602**	**588**	**861**	**841**	**1009**	**1071**	**986**	**1099**
379	481	637	683	909	887	1121	1134	1015	1152
308	431	587	467	863	785	924	1024	942	1082
380	461	645	653	908	897	1069	1072	1119	1168
249	320	488	480	646	734	812	993	1019	1076
369	429	634	691	888	916	1100	1096	943	1141
830	848	1160	1450	1964	2352	2579	2666	2620	2853
733	843	1184	1510	1940	2228	2539	2639	2721	2785
344	412	563	499	902	762	946	1048	932	972

a)2003 and 2004, data were adjusted according newly division of some county and city, including Plain, Mountain Area, Yinchuan, Shizuishan,Wuzhong, Guyuan, Zhongwei, Pingluo, Zhongning and Tongxin. Data were not adjusted on original division before 2003.

b)2008, Heicheng town, Gancheng town of County Yuanzhou were allocated County Haiyuan, Xinglong town of County Haiyuan were allocated County Tongxin, Xutao town of County Haiyuan were allocated County Zhongning, Xingren town of County Haiyuan were allocated County Shapotou, data of County Yuanzhou, County Haiyuan, County Tongxin, County Zhongning and County Shapotou were adjusted, at the same time, data of Plain, Mountain area, Wuzhong, Guyuan, Zhongwei were adjusted. From 2009, data are newly division.

c)According to the integration of urban and rural household survey in 2013 new caliber, according to the principle of annual revenue growth, per capita net income unified adjust per capita disposable income.

15—9 续表 2 continued

单位:元,% (yuan,%)

市 县	Region	2002	2003	2004	2005	2006	2007	2008	2009
全区	**Total**	**1984**	**2129**	**2435**	**2651**	**2938**	**3411**	**3978**	**4405**
沿黄地区	**Plain**	**3033**	**3147**	**3527**	**3710**	**4020**	**4523**	**5035**	**5445**
中南部地区	**Mountain Area**	**1274**	**1369**	**1573**	**1784**	**1991**	**2316**	**2731**	**3084**
银川市	**Yinchuan**	**3031**	**3085**	**3503**	**3611**	**3928**	**4448**	**5083**	**5571**
兴庆区	Xingqing			4182	4337	4792	5392	6066	6521
西夏区	Xixia			2590	2673	2925	3267	3791	4189
金凤区	Jinfeng			3227	3303	3568	4042	4628	5026
永宁县	Yongning	2999	3152	3658	3575	3897	4442	5029	5432
贺兰县	Helan	2944	3114	3572	3745	4112	4606	5204	5808
灵武市	Lingwu	2892	3040	3390	3635	3933	4472	5238	5792
石嘴山市	**Shizuishan**	**3019**	**3154**	**3589**	**3695**	**4008**	**4521**	**5074**	**5524**
大武口区	Dawukou					3485	3959	4525	4887
惠农区	Huinong	2958	3081	3484	3660	3964	4491	4971	5523
平罗县	Pingluo	2925	3135	3574	3782	4112	4630	5200	5643
吴忠市	**Wuzhong**	**2522**	**2520**	**2868**	**3072**	**3331**	**3836**	**4344**	**4665**
利通区	Litong	3138	3354	3760	3959	4300	4966	5592	5805
红寺堡区	Hongsipu								2981
盐池县	Yanchi	1608	1763	1983	2256	2518	2952	3378	3699
同心县	Tongxin	1388	1440	1652	1804	2005	2336	2747	3075
青铜峡市	Qingtongxia	3060	3218	3745	3967	4343	4873	5373	5755
固原市	**Guyuan**	**1241**	**1371**	**1583**	**1823**	**2046**	**2354**	**2761**	**3147**
原州区	Yuanzhou	1317	1453	1664	1879	2110	2438	2845	3269
西吉县	Xiji	1192	1320	1547	1818	2027	2314	2706	3075
隆德县	Longde	1273	1345	1554	1755	1971	2250	2693	3061
泾源县	Jingyuan	1129	1204	1371	1583	1824	2166	2544	2861
彭阳县	Pengyang	1298	1395	1598	1857	2082	2385	2803	3205
中卫市	**Zhongwei**		**2180**	**2396**	**2578**	**2806**	**3174**	**3512**	**3914**
沙坡头区	Shapotou	2947	3088	3348	3517	3816	4156	4538	4936
中宁县	Zhongning	2889	2857	3122	3398	3700	4107	4262	4746
海原县	Haiyuan	1165	1225	1394	1536	1683	2039	2496	2804

15—9 续表 3 continued

单位:元,% (yuan,%)

2010	2011	2012	2013	2014	2015	2016	2017	2018	2019
5125	**5931**	**6776**	**7599**	**8410**	**9119**	**9852**	**10738**	**11708**	**12858**
6222	**7149**	**8143**	**9104**	**10023**	**10821**	**11661**	**12661**	**13712**	**14859**
3612	**4193**	**4856**	**5550**	**6227**	**6818**	**7505**	**8347**	**9298**	**10415**
6369	**7309**	**8341**	**9341**	**10275**	**11148**	**12037**	**13087**	**14160**	**15282**
7363	8425	9538	10663	11677	12625	13600	14788	15904	17129
4970	5787	6678	7827	8618	9334	10112	10975	11820	12835
5691	6535	7450	8359	9187	9941	10746	11629	12669	13708
6247	7195	8225	9223	10130	10995	11865	12855	13871	14994
6585	7591	8692	9694	10667	11628	12560	13668	14780	15928
6650	7649	8707	9752	10756	11650	12546	13659	14848	16032
6298	**7248**	**8279**	**9278**	**10215**	**10995**	**11829**	**12880**	**14000**	**15163**
5537	6354	7252	8124	8896	9563	10261	11185	12124	13155
6344	7298	8321	9325	10269	11074	11850	12857	13865	15185
6428	7420	8486	9530	10502	11300	12196	13276	14491	15665
5153	**5921**	**6767**	**7605**	**8442**	**9150**	**9938**	**10912**	**12045**	**13337**
6736	7741	8770	9823	10787	11589	12576	13675	14906	16273
3443	3956	4533	5211	5837	6408	7081	7896	8796	9825
4128	4668	5392	6211	6975	7674	8532	9549	10685	12127
3610	4159	4783	5457	6123	6711	7388	8216	9185	10278
6464	7466	8542	9457	10435	11200	12040	13135	14199	15491
3695	**4297**	**4984**	**5695**	**6395**	**7002**	**7714**	**8579**	**9557**	**10657**
3857	4501	5214	5944	6693	7296	8070	8961	9946	11164
3613	4195	4866	5539	6222	6857	7566	8401	9308	10416
3598	4174	4834	5535	6199	6769	7462	8305	9277	10344
3325	3861	4529	5176	5805	6375	7032	7842	8736	9724
3743	4363	5050	5807	6530	7158	7861	8790	9863	11000
4510	**5260**	**6021**	**6681**	**7403**	**8002**	**8626**	**9365**	**10236**	**11308**
5628	6499	7353	8146	8971	9669	10375	11249	12194	13210
5434	6243	7148	7945	8819	9580	10356	11245	12180	13239
3304	3852	4488	5138	5765	6258	6872	7658	8511	9627

15—10 主要年份各市县城镇居民人均可支配收入

Per Capita Annual Disposable Income of Urban Households by City and County in Main Years

单位:元,%　　　　(yuan,%)

市 县	Region	2010	2011	2012	2013	2014	2015	2016	2017	2018	2019
全 区	**Total**	**15093**	**17291**	**19507**	**21476**	**23285**	**25186**	**27153**	**29472**	**31895**	**34328**
沿黄地区	**Plain**	**15716**	**18011**	**20262**	**22288**	**24160**	**26154**	**28172**	**30540**	**33013**	**35595**
中南部地区	**Mountain Area**	**11935**	**13618**	**15430**	**17003**	**18449**	**19920**	**21534**	**23383**	**25324**	**27257**
银川市	**Yinchuan**	**16958**	**19335**	**21769**	**23940**	**26118**	**28261**	**30478**	**32981**	**35586**	**38217**
兴庆区	Xingqing	18523	21120	23680	25835	28246	30514	32781	35452	38317	41218
西夏区	Xixia	13660	15575	17641	19563	21347	23125	24976	26985	29191	31302
金凤区	Jinfeng	17736	20222	22795	25530	27957	30361	32734	35560	38348	41191
永宁县	Yongning	15023	16959	19252	21177	23017	25091	26948	29211	30730	33032
贺兰县	Helan	14796	16890	19117	20906	22791	24548	26468	28641	31051	33660
灵武市	Lingwu	15637	17867	20300	22405	24310	26255	28329	30624	32860	35252
石嘴山市	**Shizuishan**	**14408**	**16702**	**18906**	**20703**	**22380**	**24168**	**25970**	**28186**	**30583**	**33016**
大武口区	Dawukou	15871	18397	20800	22734	24671	26768	28855	31365	34220	36961
惠农区	Huinong	12883	14934	16777	18437	19914	21495	23110	25056	26944	29163
平罗县	Pingluo	13009	14769	16719	18308	19736	21216	22738	24606	26647	28684
吴忠市	**Wuzhong**	**12940**	**14720**	**16674**	**18298**	**19853**	**21553**	**23351**	**25364**	**27478**	**29616**
利通区	Litong	14084	16122	18206	19953	21710	23582	25303	27387	29828	32291
红寺堡区	Hongsipu	10354	11879	13528	15223	16489	17875	19412	21195	23045	24774
盐池县	Yanchi	12494	14217	16055	17653	19157	20919	22673	24677	26601	28464
同心县	Tongxin	10867	12337	14127	15774	17131	18758	20277	22101	23803	25661
青铜峡市	Qingtongxia	12874	15112	17107	18713	20292	22003	23633	25547	27591	29716
固原市	**Guyuan**	**12556**	**14322**	**16223**	**18085**	**19677**	**21144**	**22717**	**24628**	**26709**	**28727**
原州区	Yuanzhou	13136	15029	17001	19009	20680	22463	24154	26258	28596	30595
西吉县	Xiji	11742	13425	15207	17107	18601	19965	21411	23240	25216	27335
隆德县	Longde	11008	12605	14348	15970	17441	18632	20047	21732	23361	25020
泾源县	Jingyuan	11668	13393	15189	17027	18565	19735	21158	22918	24774	26557
彭阳县	Pengyang	11831	13521	15361	17128	18591	20049	21612	23345	25166	27239
中卫市	**Zhongwei**	**12997**	**14750**	**16610**	**18421**	**19931**	**21604**	**23277**	**25344**	**27372**	**29602**
沙坡头区	Shapotou	13596	15495	17487	19293	20920	22703	24339	26488	28694	31028
中宁县	Zhongning	13303	14689	16487	18395	19831	21481	23141	25293	27271	29462
海原县	Haiyuan	11062	12788	14348	16223	17570	19046	20592	22346	24046	26097

注:1.根据2013年城乡一体化住户调查新口径测算方法,按照年度间收入增幅不变的原则,对2010-2015年的城镇居民收入统一调整为新口径的城镇居民人均可支配收入。

2.2010年以前城镇住户调查主要在五市开展,所辖县区没有开展城镇住户抽样调查,所以2010年各县、区与上年没有对比基数。

1.According to the integration of urban and rural household survey in 2013 new caliber and the principle of annual revenue growth, urban residents income from 2010 to 2015 unified adjust for the new urban per capita disposable income.

2.Before 2010 the urban household survey mainly carried out in five cities, didn't carry out in county area, so counties and districts base of no comparision with the previous year in 2010.

附　记

Apprndix

2019年大事记

一月份

1月1日,全市第四次全国经济普查现场入户登记工作全面展开。

1月11日,银川市统计局组织党员传达学习了市委十四届七次全会精神。

1月24日,银川市统计局党组召开2018年度民主生活会。

1月29日,银川市统计局开展2019年春节慰问活动。

二月份

2月15日,自治区统计局党组书记、局长徐秀梅,总经济师侯运红、总统计师马宏德赴银川市辖区调研工作。

2月26日,银川市人民政府召开全市统计工作会议,表彰奖励统计工作先进集体和先进个人。

三月份

3月5日,银川市统计局赴灵武市郝家桥镇新民村开展对口帮扶及扶贫攻坚工作。

3月12日–13日,自治区"四经普"领导小组副组长、自治区统计局局长徐秀梅率"四经普"调研组一行到银川市调研"四经普"工作。

3月14日,银川市统计局对2019年统计法治工作进行安排部署。

3月15日,银川市统计局召开2019年机关党建暨党风廉政建设工作会议。

3月20日,银川市统计局局领导与分管科室负责人签订2019年党风廉政建设责任书。

3月27日–29日,银川市四经普办分三个核查指导小组,分别到全市六个县(市)区现场核查指导四经普登记工作。

四月份

4月16日–18日,自治区普办对我市"四经普"登记工作进行专项调研指导。

4月19日,银川市统计局召开作风建设警示教育会。

4月23日–25日,银川市统计局对兴庆区、金凤区开展限额以上商贸企业统计执法检查工作。

4月30日,银川市统计局团支部组织收看纪念五四运动100周年大会直播。

五月份

5月21日,银川市委党校2019年春季县处级领导干部和中青年干部理论培训班开班,银川市统计局将《统计法》列入理论培训班重点培训内容。

5月23日,银川市统计局组织开展在职党员下社区志愿服务活动。

5月30日,银川市统计局和妇儿工委办联合召开银川市妇女儿童发展规划2019年度监测统计工作暨培训会议。

六月份

6月13日,银川市统计局高龄党员葛世忠一次性向党组织缴纳大额党费5000元。

6月14日,银川市统计局召开新任职科级干部任前集中廉政谈话。

6月16日–19日,国务院经济普查办公室分别对灵武市、金凤区开展经济普查事后质量抽查工作。

6月25日–27日,银川市统计局对兴庆区、金凤区开展房地产、建筑业统计执法检查。

七月份

7月1日，银川市统计局党组召开全体干部职工大会，组织学习扫黑除恶专项斗争。

是日，银川市启动限额以下零售业和餐饮业月度抽样调查试点工作。

7月12日，银川市统计局召开全局干部集中学习会议，传达市委常委会议精神安排部署十二届自治区党委第六轮巡视动员会贯彻落实工作。

7月25日–29日，银川市统计局对金凤区、西夏区、永宁县、贺兰县开展固定资产投资统计执法检查。

八月份

8月15日，银川市委第七巡察组莅临银川市统计局，召开市委第七巡察组巡察银川市统计局党组情况反馈会议。

8月23日，银川市统计局赴贺兰县立岗镇清水村开展机关干部下基层活动。

8月27日–29日，银川市统计局干部进基层进企业开展扫黑除恶专项斗争宣讲活动。

九月份

9月9日，国家统计局经普办主任贾楠、社科文司司长万东华、副司长杜燕一行到银川市调研养老机构和设施发展情况。

9月12日，银川市统计局召开“不忘初心、牢记使命”主题教育动员会。

9月23日，银川市统计局召开“不忘初心、牢记使命”主题教育专题研讨会。

是日，银川市统计局开展社会主义核心价值观及马克思主义民族宗教理论下基层宣讲活动。

9月25日，银川市统计局组织全体党员干部到自治区档案馆参观“不忘初心、牢记使命”红色档案文献展。

9月26日，银川市统计局邀请市委讲师团团长脱俊卿副教授作“不忘初心、牢记使命”主题教育学习专题讲座。

十月份

10月9日，银川市统计局举办全市人口变动情况抽样调查工作培训班。

10月11日，银川市统计局成立全市汽车消费市场现状调查研究小组，开展全市汽车消费市场现状调研工作。

10月8日–12日，银川市统计局组织召开2019年人口变动情况抽样调查培训会。

10月14日，银川市统计局“不忘初心、牢记使命”主题教育组织召开领导班子专题研讨交流会。

10月15日，银川市委第六指导组组长孔玮一行到银川市统计局开展个别谈话工作。

10月17日，银川市统计局参加银川市“全国扶贫日”启动宣传活动。

10月18日，银川市委常委、市委秘书长、市直机关工委书记王勇一行调研局机关党建工作。

10月21日，银川市统计局权责清单在市政府网站和统计内外网进行了公布，接受社会监督。

10月23日–24日，银川市统计局在闽宁党校举办银川市统计系统法治教育培训班。

十一月份

11月1日，银川市统计局组织全体党员干部观看违纪违法案件警示录《贪欲之祸》。

11月5日，银川市统计局召开“不忘初心、牢记使命”主题教育调研成果交流会。

11月6日，银川市统计局召开“不忘初心、牢记使命”主题教育对照党章党规找差距专题会。

11月15日，银川市统计局组织全体党员及干部职工集中学习观看《榜样的力量》专题片。

十二月份

12月4日，银川市统计局组织开展“12.4”法治宣传系列活动。

12月6日，银川市统计局开展“三转一高”大学习大讨论。

12月13日–14日，银川市统计局派员参加全区投资领域2019年年报及2020年定期报表统计制度方法培训会。

12月16日-18日，银川市统计局联合市妇儿工委办对银川市六个县(市)区2019年妇女与儿童发展规划实施工作进行了督查。

12月17日，银川市统计局党支部召开“不忘初心、牢记使命”主题教育专题组织生活会暨民主评议党员会。

12月24日，银川市统计局赴贺兰县开展2019年商贸专业统计年报培训工作。

12月26日，银川市统计局深入企业普法宣传和统计专业报表培训工作。

中国统计出版社有限公司最新图书简目

(仅供参考,以实际出版为准)

统计资料

中国统计年鉴　中国统计摘要　中国第三产业统计年鉴
中国第三次全国农业普查综合资料　国际统计年鉴　金砖国家联合统计手册
中国-东盟国家统计手册　中国农村统计年鉴　中国县域统计年鉴
中国农产品价格调查年鉴　中国城市统计年鉴　中国价格统计年鉴
中国贸易外经统计年鉴　中国零售和餐饮连锁企业统计年鉴　中国商品交易市场统计年鉴
大中型批发零售和住宿餐饮企业统计年鉴　中国住户调查年鉴　中国工业统计年鉴
中国环境统计年鉴　中国能源统计年鉴　中国建筑业统计年鉴
中国房地产统计年鉴　中国投资领域统计年鉴　长江经济带发展统计年鉴
中国人口和就业统计年鉴　中国劳动统计年鉴　中国社会统计年鉴
中国科技统计年鉴　中国高技术产业统计年鉴　全国企业创新调查年鉴
中国文化及相关产业统计年鉴　中国妇女儿童状况统计资料　中国青年发展状况统计年鉴
中国基本单位统计年鉴　中国教育统计年鉴　中国教育经费统计年鉴
中国民族统计年鉴　中国残疾人事业统计年鉴　中国电力统计年鉴

省级综合统计年鉴系列

北京 天津 河北 山西 内蒙古 辽宁 吉林 黑龙江 上海 江苏 浙江 安徽 福建 江西 山东 河南 湖北 湖南
广东 广西 海南 重庆 四川 贵州 云南 西藏 陕西 甘肃 青海 宁夏 新疆 新疆生产建设兵团

市(县)级综合统计年鉴系列

滨海新区 石家庄 唐山 邯郸 邢台 保定 承德 沧州 衡水 太原 大同 晋城 晋中 长治 忻州 朔州 临汾 运城
阳泉 吕梁 呼和浩特 包头 鄂尔多斯 赤峰 大连 长春 四平 延吉 延边 哈尔滨 齐齐哈尔 黑龙江垦区 浦东新区
南京 无锡 徐州 常州 苏州 南通 淮安 盐城 扬州 镇江 宿迁 江阴 丹阳 海门 张家港 通州 如东 杭州 宁波
绍兴 台州 温州 金华 嘉兴 湖州 丽水 舟山 合肥 安庆 福州 厦门 漳州 宁德 龙岩 莆田 泉州 三明 南平 思明
南昌 上饶 抚州 赣州 九江 景德镇 宁都 济南 青岛 枣庄 潍坊 聊城 郑州 洛阳 三门峡 南阳 商丘 平顶山
信阳 济源 武汉 宜昌 十堰 荆州 荆门 咸宁 黄冈 长沙 广州 东莞 惠州 深圳 汕尾 珠海 南宁 桂林 柳州
防城港 贵港 梧州 玉林 钦州 海口 三亚 儋州 成都 贵阳 毕节 黔南 昆明 文山 德宏 西安 安康 延安 汉中
渭南 商洛 榆林 银川 兰州 庆阳 乌鲁木齐

调查年鉴系列

天津 内蒙古 上海 河南 湖北 湖南 广西 重庆 四川 云南 甘肃 宁夏 南宁 桂林 贵港 昆明

统计方法应用/实用手册

Python数据分析基础(第二版)　非参数统计(第五版)　现代金融投资统计分析(第四版)
国民经济核算初级教程(第二版)　国民经济核算教程(第五版)　概率统计基础
全国统计专业技术资格考试系列考试用书:统计业务知识(第四版修订版)　统计业务知识学习指导与习题
全国统计专业技术资格考试系列考试用书:统计相关知识(第四版)　统计相关知识学习指导与习题

统计通俗读物/统计科普图书

领导干部统计知识问答(第二版)　统计公文写作及会议办理实用手册　大数据在统计工作中的应用案例汇编
中国国民经济核算知识问答(修订版)　地区生产总值核算国际比较研究　新中国统计制度方法的发展与改革

重点图书

第七次全国人口普查年鉴　第四次全国经济普查地图集　中国经济普查年鉴2018
新编英汉汉英统计大词典　中国国民经济核算体系2016　国民经济行业分类注释
挑大学选专业2020—考研择校指南　挑大学选专业2020—高考志愿填报指南　中华医学统计百科全书